# 薛暮桥年谱

1904—1952

范世涛
薛小和
|著|

中信出版集团 | 北京

图书在版编目（CIP）数据

薛暮桥年谱：1904—1952 / 范世涛，薛小和著 . --
北京：中信出版社，2022.5
ISBN 978-7-5217-2805-7

Ⅰ . ①薛… Ⅱ . ①范… ②薛… Ⅲ . ①薛暮桥（
1904-2005）－年谱 Ⅳ . ① K825.31

中国版本图书馆 CIP 数据核字（2021）第 028182 号

薛暮桥年谱：1904—1952
著者：　范世涛　薛小和
出版发行：中信出版集团股份有限公司
（北京市朝阳区惠新东街甲 4 号富盛大厦 2 座　邮编　100029）
承印者：　北京通州皇家印刷厂

开本：787mm×1092mm　1/16　　印张：51　　字数：710 千字
版次：2022 年 5 月第 1 版　　印次：2022 年 5 月第 1 次印刷
书号：ISBN 978–7–5217–2805–7
定价：158.00 元


服务热线：400–600–8099
投稿邮箱：author@citicpub.com

# 序　言

薛暮桥（1904—2005）是二十世纪中国杰出经济学家和经济工作领导人。[①]他于1932年在陈翰笙（1897—2005）的指引下进入经济研究领域，到1999年发表《薛暮桥晚年文稿》，在中国经济学界活跃近七十年。《薛暮桥年谱》以日为基本单元，记录薛暮桥的生活经历和思想轨迹，目的是将薛暮桥的思考和行动与历史背景建立严格的对应关系，从而为理解现代中国革命和财经体系的来龙去脉提供便利。

薛暮桥的一生波澜壮阔，经历过学生、火车站长、工会运动领导人、政治犯、经济学家、大学教师、报刊编辑、军政教官、参议会议员、地方经济工作领导人和中央经济工作领导人等种种生活。在这种种生活中，革命者、经济学家和经济工作领导人三个身份最为基本和重要。

## 革命者

薛暮桥是大革命时代入党的中共党员，因之亲历“四一二”反革命政变后的屠杀与白色恐怖，年轻时代在浙江陆军监狱就有直面死亡的经验。此后，他在1932年“一·二八”抗战、1937年“八一三”

① 吴敬琏（2011）：《薛暮桥与中国市场经济的开拓》，载《吴敬琏文集》下卷，北京：中央编译出版社，2013年，第1519页。

淞沪抗战以及加入新四军、领导山东根据地经济工作时期，又多次与死亡擦肩而过。一位作者在文章中这样写道：

“八一三”抗战后的上海闸北每天都在敌机轰炸中，记得是紧张、恐怖空气中的一天，敌机嗡嗡的在租界上空盘旋，得意扬扬的在我们屋顶上时上时下的飞旋，显出所谓“皇道”精神，一群难人们的薛先生及我等躲在楼底下，连楼上的房东太太也躲到我们的客堂楼的办公室来，（因为遇空袭时在楼下躲避比楼上安全之故，）有些人取点棉花毯把家门都遮起来，防流弹飞进来，真的，流弹是没有情的，砰的一声，大门口顷刻爆了一个如碗大的洞。我们慌忙地拟想开门去看，可是给薛先生阻住了，当时不约而同的一对对眼睛都集中在他的身上了，他教训地说：“我们遇空袭时不要心慌意乱地瞎跑，虽然在这安全的租界上，但是也难免有流弹的。我们要避在屋子里应机而变。”他又用经验来证明他的话了，“当‘一·二八’时我及数友在某战地服务，敌机来空袭时，有数友慌张乱跑，只有我及少数友人躲在屋子里的桌子下面，很幸运的我及少数友人是免遭此难，但是慌张的友人是牺牲了……”①

这种年轻时代直面死亡威胁的经验对薛暮桥的人格特质产生重要影响。在皖南事变中，新四军先行北撤队伍处于敌伪军队的堵截包围之中，薛暮桥作为领队安顿好所有队员后，这才化装通过敌伪控制地区，经上海辗转到苏北重建的新四军总部报到。这种勇气在数十年后仍然清晰可辨。1968年薛暮桥被关入“牛棚”，在这样的条件下他开始《中国社会主义经济问题研究》第一个稿本的写作。在下放湖北襄

---

① 叶成芳：《薛暮桥先生——是青年导师，是文化战士》，载《青年大众》第一卷第七、八期，1939年3月5日。文中标点符号与现在用法不尽一致，这里基本保留原文标点。

樊国家计委“五七干校”以及回京但尚未复出时，他坚持思考，写下一系列社会主义经济问题稿本，最终在1979年完成并出版《中国社会主义经济问题研究》这部销行近千万册、有“中国经济改革启蒙教科书”称誉的著名著作。他在该书序言中强调理论工作者“必须解放思想，开动机器，敢于实事求是，敢于大胆创新”[①]，其中也包含他的个人经验和自我期许。1978年10月薛暮桥在中共中央党校的报告《关于1958—1966年国民经济建设的情况和经验》中，率先反思“三面红旗”之一“大跃进”的教训，并提出“社会主义低级阶段”概念，在当时可谓“大胆创新”，担当巨大的风险。中国改革面临风浪和挫折时，薛暮桥于1991年初在《中国社会科学》杂志发表《关于社会主义经济的若干理论问题》，旗帜鲜明地系统陈述中国经济改革主张，将市场取向改革的理论和政策论述提升到新的高度。[②]这种理论勇气脱胎于年轻时代的革命经验，经历时间的淘洗而变得更为动人。

薛暮桥的革命经历还使他具备参与核心决策的必要条件。新中国经过“漫长的革命”（埃德加·斯诺语）[③]而成立，革命者群体在现代中国的建构过程中发挥了核心作用，随后在新中国的政治经济发展中发挥领导作用。薛暮桥作为大革命时代入党的中共党员，长期参与这场“漫长的革命”，并在此过程中成长为经济工作领导人。可以设想，如果薛暮桥是其他政治身份或同时代在欧美接受系统专业训练但未参加革命的经济学家，他在中国经济政策制定和经济学发展方面也就难以发挥独特而又重要的作用。

薛暮桥是大革命时代投身工人运动的资深中共党员。这一身份的

---

① 薛暮桥（1979）：《中国社会主义经济问题研究》，载《薛暮桥文集》第十九卷，北京：中国金融出版社，2011年，第4页。

② 薛暮桥（1991）：《关于社会主义经济的若干理论问题》，载《中国社会科学》，1991年第1期。

③ 埃德加·斯诺（1971）：《漫长的革命》，伍协力译，上海：上海人民出版社，1975年。

意义在以往是人人知道的常识，随着革命者陆续谢幕，革命者身份的社会含义变得模糊不清了。如果不充分重视革命者身份的意义，就很容易产生对中国改革开放史的误解。

## 经济学家

薛暮桥进入经济研究领域后，毕生保持以普通经济学家身份发表作品的习惯，即使在担任高级职务以后依然如此。因此经济学家通常视薛暮桥为自己的同类。2005 年薛暮桥荣获中国经济学杰出贡献奖，是唯一的全票当选的经济学家。①

但薛暮桥从未在大学经济系就读过，用他的话说，“我没有读多少书，倒不是不想读书，是环境造成的”②。他成为经济学家带有偶然性质，即 1932 年 1 月他有机会进入国立中央研究院，得以跟从陈翰笙从事农村经济研究工作。著名经济学家于光远谈及，薛暮桥明确表示自己“受业于陈翰笙”。③ 吴敬琏不止一次谈起这样一件事：1977 年他应邀出席中宣部召开的社会科学家座谈会，散会时发现薛暮桥和孙冶方“两个老头儿，一边一个，扶着另外一个老头儿”。他上前想替下薛暮桥和孙冶方，孙冶方告诉他：“这事还轮不到你呢！”吴敬琏由此得知，他的两位老师孙冶方和薛暮桥均师从中间的“老头儿”陈翰笙。

陈翰笙早年在波莫纳文理学院、芝加哥大学、哈佛大学和柏林大学学习西洋史，1924 年回国任北京大学史学系教授。任教期间经李

---

① 张卓元（2006）：《中国经济学论坛上最活跃的引领者》，载薛小和编（2006）：《百年沧桑　一代宗师——薛暮桥逝世一周年纪念文集》，北京：中国发展出版社，2006 年，第 67 页。

② 《沈宝祥笔记》，1977 年 7 月 4 日。参见《沈宝祥给薛小和的信》，2014 年 4 月 14 日。

③ 于光远（2003）：《陈翰笙的三个“最”，三个“家”和三个“人”》，载《太平洋学报》，2003 年第 3 期。

大钊介绍参加共产国际秘密工作，同时兼任著名杂志《现代评论》编辑。1927 年大革命失败后，陈翰笙流亡莫斯科，客座访问农民国际下设的国际农村研究所，在苏联驻上海总领事馆任职的匈牙利经济学家马扎亚尔 1928 年初回到莫斯科，他们成为同事并经常为中国农村经济问题争论。在争论中陈翰笙产生通过实地农村经济调查弄清中国经济实际的想法。回国不久，他应国立中央研究院院长蔡元培邀请，担任社会科学研究所社会学组主任，在任期间主持了著名的江苏无锡和河北保定农村经济调查。这两项调查由陈翰笙的学生、薛暮桥在江苏省立第三师范专科学校读书时的同学王寅生具体组织实施。① 正是由于王寅生等人邀请，薛暮桥进入国立中央研究院社会科学研究所，参加无锡和保定农村经济调查资料整理工作，从而有机会在陈翰笙指引下走上经济研究的道路。“薛暮桥”这个名字实际上也是陈翰笙为他取的。

陈翰笙不仅指引薛暮桥走上经济研究道路，而且在研究方法和职业生涯上强烈影响了薛暮桥。陈翰笙通过理论分析和实地调查相结合的方法建立了中国马克思主义农村经济研究范式，薛暮桥也终生在马克思主义概念框架下研究和写作，始终强调理论联系实际的重要性。他还参加陈翰笙主持的广东农村经济调查，在陈翰笙建立的范式下独立主持广西农村经济调查（1933—1934）、皖南农村经济调查（1938—1940）和山东农村经济调查（1943—1945）。陈翰笙建立并始终担任理事会主席的中国农村经济研究会（1933—1951）是民国时期共产党领导的主要经济研究团体，薛暮桥 1934—1938 年主持研究会日常工作，主编机关刊物《中国农村》杂志。在二十世纪四十年代，该团体会员已在一千人以上。

① 范世涛（2020）：《陈翰笙与国立中央研究院无锡农村经济调查》，载《中国经济史研究》，2020 年第 5 期。

如果与同时期著名左翼经济学家比较，薛暮桥及其他中国农村经济研究会成员的作品有着鲜明的特色：薛暮桥等人虽然具备马克思主义理论素养，但工作重心并不是以“传播马克思主义真理”为中心的译述介绍，而是跟踪调查和研究中国经济实际问题。薛暮桥不仅撰写实地调查报告，还开创了中国农村经济研究会倡导的一种非虚构写作类型，即所谓“农村写实”或“农村通讯”。他在陈翰笙指导下完成的第一篇专业作品《江南农村衰落的一个缩影》报告了家乡无锡礼社镇的社会经济动态，这篇文章是中国农村经济研究会非虚构写作的创始。这类“农村通讯”与实地调查报告相辅相成，相对而言实施更为灵活简便。中国农村经济研究会认为“农村通讯”的实际价值“往往在一般人的估计以上，它是研究中国农村问题的最宝贵的参考资料”[①]，因而将这种写作类型引入包括商务印书馆《东方杂志》和中华书局《新中华》在内的主流刊物，薛暮桥主编《中国农村》期间也始终保留这一栏目。于光远明确表示中国农村经济研究会此类作品对自己的“思想进步起过颇为重要的影响”,“给我们留下的印象很深刻”。[②]

走上经济工作领导岗位后，薛暮桥也始终强调调查研究、了解实际的重要意义，“研究资本主义，光靠《资本论》不够”，“要写社会主义，单靠马、恩，甚至列、斯不行”[③]。他还将了解实际的范围向历史纵深拓展，强调总结历史经验的必要性，自己身体力行，主编多种重要经济史文献。即使是纯理论作品，其中往往也包含丰富的经验内容和明确的实际考虑。这与普通经济学教授的同类作品是有所区别的。

薛暮桥重视经济事实和实践经验还有更为根本的考虑。马克思在

---

① 编者（1936）:《农村通讯怎样写法》，载《中国农村》第二卷第一期，1936 年 1 月 1 日，第 65—66 页。

② 于光远（1997）:《朋友和朋友们的书》，上海：汉语大词典出版社，1997 年，第 143 页。

③ 《沈宝祥笔记》，1977 年 7 月 4 日。参见《沈宝祥给薛小和的信》，2014 年 4 月 14 日。

《关于费尔巴哈的提纲》中指出过，“哲学家们只是用不同的方式解释世界，而问题在于改变世界”。陈翰笙、薛暮桥和他的朋友们正是以改进世界为研究的根本宗旨，因而，对经济现实的科学理解也就始终在其思考和行动中占据优先的地位。

薛暮桥作为经济学家的工作卓有成效。与薛暮桥一起荣获中国经济学杰出贡献奖的吴敬琏高度评价他在认识世界和改造世界方面的成就：“经济思想史专家海尔布鲁纳（Robert Heilbroner）把那些彪炳史册的经济学大师斯密、李嘉图、穆勒、马克思、熊彼特称作‘入世的哲人’（Worldly Philosopher），来表彰他们在人类认识世界和改造世界中的建树。可以毫不夸张地说，薛老也正是一位‘入世的哲人’。”① 在他眼中，借助薛暮桥的作品，“后学者不仅能够对 100 年来中国人建设现代国家所经历的曲折和艰辛有更深入的了解，而且能够从中获取丰富的知识和明达的智慧”，认为薛暮桥“对中国经济 20 世纪后期脱颖而出作出了杰出贡献”。② 曾任世界银行高级经济学家和世界银行驻华代表处首任首席代表的林重庚（Edwin R. Lim）也表示，“我是 1982 年在莫干山第一次见到薛暮桥老师的。从那时起我们多次会面，当然包括 1985 年在巴山轮上。跟薛老师见面并一起工作的所有国际专家和学者都对他高度崇敬。没有他的贡献，中国改革的历史将大不相同。”③

① 吴敬琏（2005）:《敬悼“入世的哲人”薛暮桥》，载《吴敬琏改革文选》，上海：上海三联书店，2021 年，第 993 页。

② 吴敬琏（2011）:《薛暮桥与中国市场经济的开拓》，载《吴敬琏文集》，北京：中央编译出版社，2013 年，第 1519—1529 页。

③ Edwin R. Lim, Letter to Xue Xiaohe, February 25, 2021. 林重庚信中有关英文表达如下：I should like to mention that I met 薛暮桥 teacher for the first time at Moganshan in 1982. Since then I have met him many times, including of couse at Bashan Lun in 1985. All the international economists and experts who have met and worked with him have very high respect for him. The history of Chinese reform would not be the same without his contribution.

## 经济工作领导人

薛暮桥在长达数十年的时间参与中国经济政策的制定和执行，是卓有成就的经济工作领导人。

薛暮桥走上领导工作岗位的第一步是主持山东根据地经济工作。1943 年他率队从华中根据地赴延安，途经山东时，应根据地领导人朱瑞和罗荣桓邀请留在当地工作。罗荣桓给薛暮桥的任务是“帮助解决吃饭问题”[①]，他通过改进粮食征收制度和土地租佃制度、发展纺织合作社实现山东根据地军民的衣食自给。薛暮桥在山东根据地更为著名的工作成就则是领导山东抗日根据地的对敌货币战，不仅实现根据地货币——北海币在根据地内统一流通，还在战时条件下保持了较低的通货膨胀率，这与国统区、敌占区形成鲜明对照，因而美联社记者和新华社记者均在报道中称之为“货币奇迹”。

1947 年春，薛暮桥率华东代表团出席华北财政经济会议，会后在董必武领导下起草《华北财政经济会议决议》，这是中共中央决定统一财经的第一个主要政策文件，也是薛暮桥参加中共中央财经政策制定的开端。不久薛暮桥调任华北财经办事处副主任兼秘书长、经济组组长，此后一直在中央财经机构工作。

薛暮桥从 1947 年到 1967 年，始终是中央财经工作的主要秘书，组织重要会议，执笔起草或主持起草重要经济工作文件。这种中央财经秘书的身份在他的履历表上有清楚的反映，如 1948—1949 年任中共中央财政经济部秘书长，1949—1952 年任政务院财政经济委员会委员兼秘书长，1958—1962 年任中央财经领导小组秘书，1962 年又在改组后的中央财经小组担任小组成员兼秘书，1963 年后担任国家

---

① 《当代中国人物传记》丛书编辑部（1991）:《罗荣桓传》，北京：当代中国出版社，1991 年，第 340 页。

计划委员会领导小组成员。

中国在不同时期面临的主要经济问题不同，领导体制也不断发展变化。但薛暮桥以中央财经秘书身份参与政策制定的情况则长期保持连续性。我们可以西柏坡工作时期为例，说明其工作方式和工作内容。当时解放战争正大规模展开，薛暮桥作为周恩来主要的财经秘书参与财经决策工作。据他回忆：

周恩来同志这时任党中央中央军委副主席兼总参谋长，我们大家称他周副主席。他习惯于晚间办公，规定处理财经、后勤工作的时间是晚10时至次晨2时。董老年高，晚间早睡，由我和杨立三两人按时到周副主席的办公室，在他的直接领导下处理日常工作。为此他叫我们两人到作战室（即他的办公室）去，向我们详细讲了解放军的全部编制、作战计划等机密情况。他说这里是“作战室”，讲的一切要绝对保守机密。从此，我们两人实际上就成为周恩来副主席管理经济（主要是战争供应）工作的秘书。不久，中央决定把晋冀鲁豫、晋察冀解放区合并成为华北区，成立华北局，少奇同志兼任华北局第一书记；成立华北人民政府，董老出任华北人民政府主席。[①] 中央财政经济部实际上由周副主席直接领导。[②]

中共中央办公厅主任杨尚昆也一度参加每日办公会。他这样回忆当时的工作情形：

我们坐在长桌子的一边，恩来同志坐在对面。要处理的电报摆在

---

① 刘少奇任华北中央局第一书记、董必武任华北联合行政委员会主席均为1948年5月9日。当时金融贸易会议尚未结束，薛暮桥尚在石家庄。此处薛暮桥回忆的时间不准确。

② 薛暮桥（1996）：《薛暮桥回忆录》，载《薛暮桥文集》第二十卷，北京：中国金融出版社，2011年，第146页。

桌上，属于财经方面的事，由薛暮桥先提出处理意见，经过研究后，恩来同志明确地讲个一二三；属于物资供应方面的问题，杨立三先发表意见。……凡是定下来的事，当场起草电报交给恩来同志，他修改后发出。会议每晚都要开到12点以后，常常到凌晨两三点。重要的电报，等毛主席起床后立刻送给他看后，再发出。这样，工作效率很高，办事比后来在中南海时还要快。①

除了担任中央财经秘书，薛暮桥还是独当一面的财经工作领导者。仍以西柏坡时期为例，他在货币统一和人民币发行方面的意见，或者被中央直接采纳，或者以中共中央文件的方式下发。在任职政务院财政经济委员会秘书长期间，他还兼任委员会私营企业局局长，直接领导工商业调整和《私营企业暂行条例》的起草工作。此后，他还担任第一任国家统计局局长，领导建立全国统一的统计体系。1962年至1968年担任全国物价委员会主任，直接领导全国物价的稳定和调整工作。

在改革开放年代，薛暮桥为中央财经决策机制作出一项重要贡献，即创立中央财经决策咨询工作，在经济学家与中央决策之间建立桥梁，使经济学家能够以制度化的方式参与经济政策制定。他自己创立国务院经济研究中心和国务院价格研究中心两个决策咨询机构并担任这两个机构的总干事，同时以顾问兼党组成员的身份参加国家计划委员会和国家经济体制改革委员会的领导工作。他在担任国务院体制改革办公室顾问期间，主持起草第一个市场化改革纲领文件，提出发展公有制为主体、多种所有制并存的商品经济。这在中国经济改革前期，始终是一个广泛研讨的中心议题，为明确中国经济转型的目标和实施路径发挥了难以替代的历史性作用。

---

① 杨尚昆（2001）：《杨尚昆回忆录》，北京：中央文献出版社，2001年，第262页。

## 关于本书

薛暮桥在中国“漫长的革命”、经济学发展和经济政策制定方面持久发挥作用，记录其生活经历和思想轨迹也就有了超出个人的意义。这是我们这本《薛暮桥年谱：1904—1952》的基本考虑。

在写作过程中，我们感到现代中国经历“漫长的革命”实现国家建构和社会转型，左翼经济学家在其中发挥的作用较其他社会更为显著。而研究革命者兼经济学家在中国革命和建设中的作用并不容易，尤其需要跨学科眼界和跨学术范式素养。

在薛暮桥的生活经历中，革命者、经济学家和经济工作领导人身份三位一体，既先后衔接，又相辅相成。研究薛暮桥的生活和思想特别需要超越现有学术分工体制的限制，在政治、社会、历史以及政治经济学、微观经济学、宏观经济学、比较体制分析方面均有所准备。我们在写三卷本《薛暮桥年谱》时边干边学，但知识上的捉襟见肘是经常体会到的。

年谱体例可以准确反映个人思想、行动与时代之间的互动关系。为避免头绪纷繁，通常以谱主为中心，其他人物作为背景，不那么重要的人则加以删略或精简。但薛暮桥无论是走上经济工作领导岗位之前还是之后，都自觉将个人与更大的群体结合起来。在浙江陆军监狱和浙江省反省院时期，他与骆耕漠、徐雪寒等狱友组成学习小组，出狱后又相互帮助，先后成为中国农村经济研究会、中国经济情报社、新知书店骨干。在主持中国农村经济研究会日常工作期间，薛暮桥与各地会员及《东方杂志》《新中华》《生活教育》《永生》等刊物都有着密切的联系。救亡运动兴起过程中，薛暮桥与妻子罗琼积极参与其事，所主持的中国农村经济研究会与救国会合流。从那时起一直到1952年结束政务院财政经济委员会秘书长职务，薛暮桥既是共产党员，又与民主人士保持广泛而密切的联系。在担任经济工作领导职务时，他离不开更高级别领导的指导帮助，也需要与同事密切合作。正因为这样，《薛暮桥年谱》虽然以薛暮桥为线索，在写法上尽可能提供这些人际互动信息，力求减少年谱体例的限制，使其具有明确的中国现代史意义。

薛暮桥作为成熟的经济工作领导人和经济学家，对自己的工作和思想都有较强的自觉性，擅长在总结和反思中推进工作和研究。因而薛暮桥往往在跨度很大的时期对同一件事有不同的看法。我们在这本《薛暮桥年谱：1904—1952》中尽力反映这种反思特点。在具体条目中选取薛暮桥在不同时期有关同一事件的不同文献，反映其角度和看法的多样性。事实方面优先引用更为细节的文献，薛暮桥晚年的看法则作为薛暮桥的代表性意见。比如20世纪九十年代初，他在忆及1952年的“三反”“五反”时指出应通过建立法治而非政治运动的方式治理贪污腐败问题，我们在对应“三反”“五反”的时间条目下会予以重点引用。

年谱体例往往并不标注来源。特别是党和国家领导人的年谱主要依据中央和地方档案编纂，在中国现代史研究中发挥着基础设施作用。我们从这些年谱中获益良多，但注意到其中有的记录不一定完全可靠，却苦于不清楚文献来源而难以校正。《薛暮桥年谱》的文献来源更为复杂，并包含大量考证内容。因而我们一一注明了来源和根据，以便利学界的复核检查。

经过漫长的写作和修改过程，本书终于以现在的面貌呈现在读者面前了。我们恳切期待读者的热心批评指正。

范世涛　薛小和

# 致 谢

在研究和写作《薛暮桥年谱：1904—1952》的过程中，我们得到各地图书馆、档案馆、中央机关以及老师、朋友、家人的帮助。这些帮助远远超出本书涵盖的范围，但希望借本书的篇幅表达我们的谢意。

感谢国家图书馆特藏部复制薛暮桥生前捐赠的著述手稿。感谢中国社会科学院经济研究所图书馆允许我们查阅和使用薛暮桥生前捐赠的工作笔记和书刊资料。感谢中国社会科学院近代史研究所允许查阅陈翰笙档案。感谢上海图书馆提供便利的条件，使文献发掘和考证得以顺利进行。感谢北京大学图书馆允许查阅特藏改革史文献。感谢哈佛大学费正清中国研究中心（Fairbank Center for Chinese Studies，Harvard University）为本项研究提供良好的条件，图书馆馆长南希（Nancy Hearst）女士检索和推荐美国、中国香港与中国台湾的图书馆系统书刊资源，不仅查到薛暮桥 1938 年版《战时粮食问题》（长沙：商务印书馆）一书，还帮助复制费正清旧藏、陈翰笙和邱茉莉（Elsie Fairfax Cholmeley，1905—1984）以太平洋国际学会名义编选英译的《农村中国：来自中国的作者文献选编》（*Agrarian China: Selected Source Materials from Chinese Authors*. London: George Allen and Unwin，Ltd.，1939）一书。感谢斯坦福大学胡佛研究所（The Hoover Institution on War，Revolution，and Peace）允许我们使用米尔顿·弗里德曼（Milton Friedmann，1912—2006）档案中有关薛暮桥的英文函件和讲演稿。

感谢中央档案馆、中共中央党校档案处、国家发展和改革委员会档案处、中国人民银行档案处、国家统计局档案处、北京市档案馆、山东省档案馆、山东省博物馆、上海市档案馆、河北省档案馆、天津市档案馆、广东省档案馆、中国人民银行总行旧址、西柏坡纪念馆、浙江财经大学孙冶方经济科学奖文献馆、无锡博物院的支持和帮助，允许我们摘抄或复印有关薛暮桥的档案。感谢北京医院允许我们查阅和使用薛暮桥的病历记录。

感谢吴凯泰、李克穆提供个人所藏的薛暮桥手稿、日记和笔记，多次回答我们提出的问题。感谢童瑜琼接受访问并允许我们使用陈翰笙手稿。感谢李昭、吕民生、张建清允许我们使用孙冶方未刊日记和书信。感谢王恒立允许我们使用个人工作日记。感谢吴甲选允许我们使用吴觉农未刊稿。感谢李莹允许我们使用李人俊日记手稿。感谢王耕今子女允许我们使用王耕今手稿。感谢苏晓环允许我们使用苏星未刊日记和个人自述。感谢沈宝祥整理并提供薛暮桥在中共中央党校的讲课笔记，并指导我们查阅中共中央党校档案。感谢鲁利玲提供薛暮桥有关国家经济体制改革委员会的文献。感谢毛雷提供关于杭州陆军监狱的资料。感谢肖梦提供薛暮桥手稿，并接受我们的访问。感谢高梁允许我们使用顾准手稿。感谢董然提供关于薛暮桥的出版史文献。感谢秦超帮助检索《人民日报》和《光明日报》数据库文献。感谢大众日报社李轶群、王红军检索《大众日报》数据库。感谢上海图书馆祝淳翔提供专业帮助。感谢陆阳提供无锡和玉祁镇的地方文献。感谢哈佛大学郭旭光（Arunabh Ghosh）教授提供印度统计学家马哈拉诺比斯（Prasanta Chandra Mahalanobis，1893—1972）访问中国的文件和报告。感谢朱利安·格维茨（Julian Gewirtz）博士提供薛暮桥访美英文报告以及“巴山轮”会议的外方资料，并讨论中国现代经济史问题。感谢韦一（Elizabeth Isabella）教授翻译古托夫斯基（Armin Gutowski，1930—1987）为薛暮桥著作德译本所写的序言。

本项研究自始至终在吴敬琏、吴凯泰、李克穆的指导和帮助下进行。在写作过程中，我们与张剑、杨波、张友仁、苏绍智、马家驹、恽希良、刘国光、张卓元、赵人伟、李剑阁、黄明生、程中原、曹树基、任涛、萧冬连、董志凯、黄振奇、敖本立、傅高义（Ezra F. Vogel，1930—2020）、麦克法夸尔（Roderick MacFarquhar，1930—2019）、林重庚（Edwin Lim）、鲍泰利（Pieter Bottelier）、吕丽云（Wendy Leutert）、叶维丽、徐滇庆、沈国弟、刘大可、李红云、丁宁宁、丁利刚、李建立、石鼎、徐淮、邓伍文、俞梅荪、吕立勤、李红云、齐东向、闫茂旭、董莹、魏众、隋福民、封越健、孟明锋、吴敏超、张会芳、蒋华杰、王昊、范增瑞、薛宛琴、李钧、文小刚、张蕾、薛幼桥等人进行广泛交流，从中获得事实或观点方面的帮助。2018 年以来，第一作者参加王中忱、张翔主持的《陈翰笙文集》工作组，使本项研究在跨学科、跨国界的思想史研究方面取得明显进展，这对本书的修改起到重要作用。感谢鲁利玲、张静、满奕辰，特别是满文旭协助我们查阅和摘抄档案。韩千多次帮助我们在上海图书馆和上海档案馆查询文献。本书出版前夕，张怡凡、周淑宁、陈婧曾协助核查文献。

感谢国务院发展研究中心对本年谱项目的立项资助。感谢中央党史和文献研究院对本书的指导、帮助和审核。根据审稿意见，我们对书稿进行了认真修改和完善。感谢中信出版集团的精心编辑工作。

本项研究由两位作者通力合作进行，共同为书中的不完善和不妥当承担责任。比如，我们未找到中国农村经济研究会这个学术团体结束时的宣言，只找到 10 期《中国农村经济研究会会报》。我们也未与李旸谷、孙晓村、王寅生、姜君辰、钱俊瑞、冯和法、张锡昌、陈洪进、薛樵（原名石凯福）、朱楚辛、黎玉、贾拓夫、徐禾、吴大琨等薛暮桥生前好友的家人建立联系。而中共中央财政经济部、政务院财政经济委员会、中共中央财经领导小组和中共中央财经小组档案尚未查询，国家计划委员会、国家统计局、全国物价委员会和国务院发展研究中心工作人员的工作笔记也有待进一步发掘利用。本书利用了相关英语文献，但对日语文献和俄语文献的利用尚不充分。除了这些不完善之处，书中必定存在错误或不当之处，恳请读者不吝批评指正。

我们的联系方式：范世涛，电子邮箱 fshitao@163.com；薛小和，电子邮箱 xuexiaohe@aliyun.com。

# 凡　例

一、《薛暮桥年谱：1904—1952》在记录薛暮桥生平事迹、思想脉络和经济工作时，通常省略主语。

二、“薛暮桥”之名为1933年陈翰笙所起，此后沿用至今。凡署名薛暮桥的作品，书中均不另作说明；凡使用本名（“薛與龄”）、笔名（“與龄”、“雨林”、“余霖”、“霖”、“浪花”、“天航”、“航”、“黎明”、“林芷青”、“朱清”、“暮桥”、“桥”、“莫乔”、“农英”、“余凌”等）以及机构名（中国农村经济研究会、《中国农村》、《大众日报》、新华社、中国国际贸易促进会等）所发表的作品，均在正文注明，并在脚注进一步说明。除了薛暮桥曾使用“浪花”、“天航”、“航”、“黎明”等笔名，还有其他作者使用这些笔名。本书仅收录可以确定为薛暮桥笔名的作品，在证据不充分的条件下通常不记入正文。这样处理会导致重要遗漏，期待学界进一步对尚未确定下来的薛暮桥笔名作品更进一步地考证和研究。

三、凡薛暮桥联署函电、声明或其他文件，除析出薛暮桥外，依照原文署名先后次序排列姓名。凡薛暮桥参加的社会活动，通常记载与会者，以便理解社会活动的特点，并保存进一步核查的历史线索。

四、对于与薛暮桥直接相关的事件和活动，年谱择其要者记入正文。

五、除了对薛暮桥影响重大的人物（如陈翰笙、罗琼），我们在正文或脚注给出简历以外，其余不注简历。苏联人名采用官方报道的中文译名。

六、年谱以年、月、日顺序排列。日为主要时间单元；日期不清楚时，以旬为单元；旬不清楚时，以季、半年或年为单元。

七、年谱条目凡简要介绍薛暮桥作品时，遵照原意和原有表达方式，一般不予以转述，但所提要内容系经过采择的结果，只宜作管中窥豹的参考。在连续直接引用句子时，以仿宋字体标识出来。

八、本书遵照现代学术规范，以脚注方式注明记录的根据和来源（包括口述访问记录、档案、公开著述、未刊日记、书信等）。在文献相互矛盾时，也以脚注方式加以考证说明。

九、薛暮桥广泛参与起草财经文件工作，除有明确档案、原稿根据以及薛暮桥明确谈及自己起草的文件外，本书难以一一确证，将少数薛暮桥参与起草可能性较大的作品写入正文。此类情况均不以薛暮桥为主语。

十、凡与《薛暮桥文集》《薛暮桥回忆录》不一致的，以本书内容为准。

# 目　录

## 1904—1917年

**1904年10月25日** 生于江苏省无锡县礼社镇，取名薛舆龄。

父亲薛魁标（1870—1919），字心源，清授登侍郎议叙，从九品，青城市[①]议员。母亲薛周氏（1871—1967），出身地主家庭，少时读书，到80岁仍常看报。1953年参加普选，以厅堂匾题为名，用“周慎修”填写选民证。[②]

**1910年** 入培本女塾读书。女塾系父亲薛魁标在家中大厅开办，聘请一名教师，父母均亲自讲课。因系女塾，仅薛舆龄一人为男孩。[③]据李钧回忆，薛暮桥曾向他讲过当时的情况：

5岁多的时候，上的是家里办的女子学校，刚开学上课时，老师每天只教几个字，谁学会了就可以出去玩。班里的同学都比他（指薛暮桥。——引者注）大，每当老师问谁学会了的时候，大家都跑到

---

① 青城市是明朝万历年间划分的无锡县属17个市之一。清朝末年至民国初年，该辖区范围相当于今玉祁、前洲两镇全部以及与前洲东南交界的石塘湾一部分，下设6个镇、7个乡，玉祁、礼社均为所辖镇。

② 薛暮桥晚年回忆：“父母都是忠厚传家，教育我们宁可自己吃亏，不能亏待他人。祖父母死后，叔父早死，我父母三子三女，叔婶四个男孩都要我父亲一人抚养。年长考入大学中学，开支浩大，变卖祖产后仍负债累累，无力偿还，在我十五岁时父亲悬梁自缢，我也被迫离开学校。”参见薛暮桥：《作者自传稿》，手稿，1988年，薛小和藏。

③ 薛暮桥（1996）：《薛暮桥回忆录》，载《薛暮桥文集》第二十卷，北京：中国金融出版社，2011年，第13页。

老师跟前举手，岳父（指薛暮桥。——引者注）怎么举手老师也看不见他。后来，老师刚一写完字，他就第一个跑到老师跟前，抱着老师的腿，说："我会了，我会了。"我问岳父："是贪玩才说会了，还是真会了。"岳父回答说："当然是真会了。那时候小，记忆力好嘛，一天就学几个字，老师写一遍就会了。"[①]

**1911年** 因家境困难，培本女塾停办[②]，转入薛氏义塾（后称群智小学）读书。义塾只收男生，不收女生。[③]

**1912年** 中华民国成立。礼社镇陷入混乱。父亲率全家男孩剪去辫子，表示拥护辛亥革命。[④]

**1915年** 群智小学停办，转入无锡县城的东林小学。[⑤]

---

① 李钧（2006）：《和岳父一起生活的日子》，载薛小和编《百年沧桑　一代宗师：薛暮桥逝世一周年纪念文集》，北京：中国发展出版社，2006年，第228页。

② 按规定每个学生每学期要交3元学费，但大部分学生并不交费，薛暮桥父亲也不好催要。

③ 薛暮桥（1996）：《薛暮桥回忆录》，载《薛暮桥文集》第二十卷，北京：中国金融出版社，2011年，第14页。

④ 同上。

⑤ 同上。据1906年刊印的一本介绍无锡乡土地理历史的书记载："东林书院，为宋杨龟山先生讲学遗址。明之高、顾诸公，亦讲学于此。清初邑中诸先生，修葺其居，为校士馆，延山长于其中，分官课师课以课士。自光绪二十八年，遂改为高等小学校，而院中犹祀先贤之神位。"参见侯鸿鉴（1906）：《锡金乡土地理历史合订》，载浦学坤、赵永良主编（2001）：《无锡掌故大观（附录）》，香港：香港天马图书有限公司，2000年，第522页。

## 1918年

**7月** 从东林小学毕业。

**8月** 考入江苏省立第三师范学校（以下简称“三师”）预科。同班学生合计56人，其中包括张锡昌、钱松嵒。[①] 高年级同学包括王寅生（1902—1956，字学溱）[②]。

**9月4日** 江苏省立第三师范学校开学。[③]

**9月5日** 上午，学校举行始业式。校长顾述之报告新聘教员，命全体同学行谒见礼；继而训话，并请三位教师先后训话。[④]

**10月8日** 三师附属小学召开五周年纪念会，请黄炎培到会演讲，三师全体学生列席旁听。[⑤]

---

① 《职员同学录（续前）：民国七年八月起八年七月止》，载《江苏省立第三师范学校校友会杂志》，1919年，第1—4页。

② 王寅生住无锡东河头巷。1916年毕业于无锡县立第二高等小学。自1913年起，该校只设高小年级，所以称高等小学，学制4年。参见《现在各级学生姓氏录》，载《无锡县立第二高等小学（后名东升学堂）十五周年纪念》，1917年10月，第3页。

③ 黄锡康、葛承训辑（1919）:《校内纪事》，载《江苏省立第三师范学校校友会杂志》，1919年，第1页、第5—6页。据当时在校教师解释：“预科为由小学入师范本科之过渡时代。程度之不齐者，应整之使齐。程度之过低者，应增之使高。故是期特注重国文、算学二项。非特时间独多，且更有课外补习，以期齐一，无非欲使入本科时足资应用耳。迨既入本科，则自一年至四年，实与预科别成一系。是年减少国文、算学时间，增加地理、历史、博物、手工四门，而注意之点实即在此。”

④ 同上书，第1—12页。

⑤ 同上书，第28页。

## 1919 年

**1 月 23 日** 学校举行休业式。顾述之校长和三位教师先后训话。[①] 据教务主任训话，本学期预科总评 17 人列入甲等。[②]

**1 月 24 日至 2 月 17 日** 学校放寒假。[③]

**2 月 18 日** 上午，学校举行始业式。校长及三位教师先后训话。[④]

**4 月 10 日** 父亲薛魁标因欠债无力偿还，悬梁自尽，享年五十岁。[⑤]

---

① 黄锡康、葛承训辑（1919）:《校内纪事》，载《江苏省立第三师范学校校友会杂志》，第 40 页。

② 同上书，第 43 页。

③ 同上书，第 40 页。

④ 同上书，第 1 页。

⑤ 薛培芳（2013）:《薛氏家谱》，2013 年 12 月 22 日发谱。关于薛魁标欠债的原因，可以追溯到几十年前。从家庭环境看，薛暮桥回忆："薛魁标 15 岁时，他的父亲（我的祖父）已经去世，由他的母亲（我的祖母）当家，造了一所有三间四进的住宅，把田地卖了一大半，家庭经济地位逐渐衰落。""当时全家有三房，薛魁标是长房，共生子女六人，三男三女；二房夫妻早丧，留下两个儿子；小房也有两个儿子，这四个都是我的堂兄。小叔平庸无能，在烟店当个普通的店员。这一个庞大的家庭，都靠我的父亲支撑，小辈长大要进中学、大学，开支很大。"从社会环境看，"19 世纪中叶开始，帝国主义步步入侵中国，冲击了民族工业和手工工业。连绵不断的军阀混战，给农村经济带来巨大灾难。我在师范读书时，由于纸烟占领了市场，家中卖土烟的生意越来越难以维持，从赚钱变为亏本出售"。"变卖田地家产后，还负债累累，家境艰难，""我父亲是读书人，很爱面子，怕债主追债无脸见人，就在他（接下页）

**5 月 9 日** 五四运动爆发的消息传到无锡，学校号召捐献救国贮金。于是将母亲给的铜圆留到次日，投入贮金筒内。后来听说贮金被经手人贪污，大哭一场。①

**6 月 7 日** 围绕是否罢课声援五四运动，三师同学产生两种意见：预科和一、二、三年级学生主张罢课，四年级多数学生担心毕业考试受影响反对罢课。顾述之校长参加无锡各界会议后，在学校召集学生，宣布罢课，并明示年龄小的学生不要参加。②

**6 月 8 日起** 虽在全校学生中年龄最小，仍参加无锡县全城 4 天的罢市、罢课活动，其间向市民讲演，抗议北洋政府缔结丧权辱国条约。③

**7 月** 暑期回到礼社镇，与同学创办油印周报，批判列强、军阀，宣传爱国救国、抵制日货。每份报纸售价一枚铜圆。报纸卖出后再买纸印刷下一期。因周报销路很好，坚持了一个暑期。④

---

50 岁生日前几天，估计债主快上门时悬梁自尽了。”参见薛暮桥（1996）:《薛暮桥回忆录》，载《薛暮桥文集》第二十卷，北京：中国金融出版社，2011 年，第 13、16 页。

① 《无锡词典》编委会（1990）:《无锡词典》，上海：复旦大学出版社，1990 年，第 508 页；薛暮桥（1996）:《薛暮桥回忆录》，载《薛暮桥文集》第二十卷，北京：中国金融出版社，2011 年，第 14 页。

② 薛暮桥（1996）:《薛暮桥回忆录》，载《薛暮桥文集》第二十卷，北京：中国金融出版社，2011 年，第 15 页。

③ 《无锡词典》编委会（1990）:《无锡词典》，上海：复旦大学出版社，1990 年，第 508 页；薛暮桥（1996）:《薛暮桥回忆录》，载《薛暮桥文集》第二十卷，北京：中国金融出版社，2011 年，第 15—16 页。薛舆龄上街游行、参加罢课的具体时间，根据《无锡词典》中的词条“无锡历史大事记”确定。

④ 薛暮桥（1996）:《薛暮桥回忆录》，载《薛暮桥文集》第二十卷，北京：中国金融出版社，2011 年，第 16 页。

## 1920年

**本年**　在三师开始接触宣传社会主义思想的小册子。薛暮桥曾回忆：

> 虽然不真懂，但觉得新鲜，激起我的救国热情。我开始感到自己不再是个孩子，已经走进了喧闹的社会大门，萌发了改变现状的朦胧念头。①

因家境困难，从江苏省立第三师范学校肄业。②

以“薛雨霖”的名字投考沪杭甬铁路练习生，考试时用英文写文章“The Communication of China”（《中国的交通》），顺利通过考试。

任沪杭甬铁路练习生，被派到杭州车站学习会计、收发电报等业务。三个月后被录取为正式职工，任代理会计。③据他回忆：

---

① 薛暮桥（1996）：《薛暮桥回忆录》，载《薛暮桥文集》第二十卷，北京：中国金融出版社，2011年，第16页。

② 同上。

③ 薛暮桥曾告诉李钧，那里的老会计精通佛经和禅学，能与寺庙的方丈、住持谈经论佛。“他总想云游名寺古刹，可是没有人能接替他的工作。岳父去了，可以接替他的工作，老会计非常高兴。”薛暮桥从老会计那里学到一些佛经故事和禅学知识。参见李钧（2006）：《和岳父一起生活的日子》，载薛小和编《百年沧桑　一代宗师：薛暮桥逝世一周年纪念文集》，北京：中国发展出版社，2006年，第230页。

做会计工作后，为了熟悉整个车站的业务，我一有时间就到售票房和行李房去学习，细心观察各个细节，逐渐对车站的各项业务都心中有数了。铁路局车务处长和段长对这个刚来三个多月的青年人比较满意，我几次得到越级提拔。

在代理会计期间，我每天上午10点钟去上班，直到深夜12点才下班。我利用休息时间读小说，偷偷地读学校里当时列为禁书的《红楼梦》。每天半夜里结账完毕以后，还读一两个小时。有一个寒冷的深夜，窗外雨声淅沥，室内灯光昏暗，我读到林黛玉葬花诗的“青灯照壁人初睡，冷雨敲窗被未温”两句，触景生情，不禁伤心落泪。这一情景使我记忆很深。现在已九十多岁，仍能背诵《红楼梦》中的一些诗句。我在工作、读书之余，产生了创作的欲望，曾写了几篇短篇小说，发表在无锡的《锡报》上。[①]

---

① 薛暮桥（1996）:《薛暮桥回忆录》，载《薛暮桥文集》第二十卷，北京：中国金融出版社，2011年，第17页。我们在《无锡新报》找到薛暮桥早年文学作品，但未能详细查询《锡报》。

## 1921年

**本年** 到沪杭甬铁路新龙华火车站任站长助理、替班站长[①]。此后曾担任多个车站的替班站长，几乎跑遍沪杭甬铁路所有的车站，结识很多铁路职工，为日后参加和领导铁路工人运动打下了基础。[②]

---

① 替班站长在站长休假时代替他做站长。当时站长每月休息三天，也可以两个月或三个月合并休假。

② 薛暮桥（1996）:《薛暮桥回忆录》，载《薛暮桥文集》第二十卷，北京：中国金融出版社，2011年，第19页。

## 1924年

**1月27日** 在《无锡新报 星期增刊》发表诗作《乐园》和小说《微波》。[①]

**8月10日** 在《无锡新报 星期增刊》发表小说《落花流水》。小说女主人公在学校读书期间经历恋爱、怀孕、被抛弃、母亲去世、流产。她最后站在湖边，"只见烟波缥缈，静寂无声。月儿冷冷的，湖儿冷冷的，却永远不向伤心的人们流一点热泪。猛然扑的一声，水花四溅，月影分散，湖面几圈皱纹，渐渐扩大，至于无穷"[②]。

**本年** 任新龙华火车站站长，时年20岁，是沪杭铁路线上最年轻的站长。据薛暮桥回忆：

> 新龙华虽然是个小站，但上海南、北两站开来的火车在新龙华连接后开往杭州，杭州来车也在此处分开驶往南、北两站，指挥工作相当繁重，是上海的西大门。那几年连年军阀混战，铁路是兵家必争之地。我在新龙华任站长时，苏浙两省军阀曾在此地激战。车站是浙军的进攻目标，几百颗子弹穿破车站的玻璃窗。江苏军败退时，浙军持步枪刺刀闯入站长的办公室。战后每天几十列军车频繁来往，我带领车站

---

① 與龄（1924）:《乐园》，载《无锡新报 星期增刊》第73号，1924年1月27日，第四版。

② 薛與龄（1924）:《落花流水》，载《无锡新报 星期增刊》第100号，1924年8月10日，第二—三版。

人员在站台上调度过往车辆，三天三夜没有休息。军队官兵对我们十分粗暴，每交代一项任务时总要说：“站长，你的脑袋要不要？”继而再说要做什么。连浙军一位旅长都看不过去，有时出来斥责无礼的士兵。我们敢怒而不敢言，只能带着满肚子的愤恨干下去。[①]

① 薛暮桥（1996）：《薛暮桥回忆录》，载《薛暮桥文集》第二十卷，北京：中国金融出版社，2011 年，第 18 页。

## 1925 年

**5 月 30 日** 中国共产党领导和发动上海工人、学生在街头宣传示威游行，抗议上海内外棉第七厂日本资本家枪杀工人、共产党员顾正红。上海租界英国巡捕突然开枪，打死学生、工人等 13 人，伤者不计其数。这就是震惊全国的五卅惨案。五卅惨案激起全国人民愤怒，形成工人罢工、学生罢课、商人罢市的反对帝国主义浪潮，即五卅运动。中共中央成立上海总工会和上海工商学联合委员会，加强对运动的领导。①

**7 月 1 日** 上海总工会（李立三为委员长）会计科收到莫干山外交后援会转来的薛與龄捐款大洋五元。②

---

① 本书编写组（2021）：《中国共产党简史》，北京：人民出版社、中共党史出版社，2021 年，第 23 页。

② 《上海总工会会计科七月一日收入捐款报告》，载《申报》，1925 年 7 月 3 日，第二张。

## 1926 年

**7 月**　在国共合作下，国民革命军誓师北伐。随北伐胜利进军，工农群众运动以空前规模迅速高涨。[①]

**10 月**　任沪杭甬铁路笕桥火车站站长。在军阀混战的极端艰难条件下履行了站长的职责。[②]

**年底**　中华全国铁路总工会代表、中共党员、杭州工人运动主要组织者陈志一到笕桥。经陈志一介绍，参加总工会组织工作，动员铁路工人支持逼近杭州的国民革命军“北伐军”。大约同时，开始读当时仍被列为禁书的《三民主义》《共产主义 ABC》，并向陈志一借阅上海大学油印的波格达诺夫著《经济科学大纲》，被这些书籍强烈吸引，特别是政治经济学书，但还不能完全看懂。[③]

---

① 本书编写组（2021）:《中国共产党简史》，北京：人民出版社、中共党史出版社，2021 年，第 25—27 页。

② 薛暮桥（1996）:《薛暮桥回忆录》，载《薛暮桥文集》第二十卷，北京：中国金融出版社，2011 年，第 18—19 页。

③ 同上书，第 19 页。薛暮桥在回忆录中谈及为什么支持北伐军：“我几年来在铁路目睹军阀祸国殃民的暴行，早就期待国民革命军的到来。”不过，书中称波格达诺夫的书为《政治经济学》，该书中译本名为《经济科学大纲》，此处已订正。薛暮桥回忆读这本书的时间较为混乱，有时说是在笕桥读，有时说是在看守所读，有时说是在陆军监狱读，有时说是在特别反省院读。因薛暮桥明确提到当时该书还是禁书，可以确定这是北伐军到来之前的事。因此，我们采用回忆录中的说法。

## 1927年

**2月17日** 北伐军东路军占领杭州。

**2月18日** 得知北伐军占领杭州的消息，立即从笕桥赶到杭州车站。见铁路工人游行队伍迎面走来，陈志一走在前面，当即加入游行队伍。[①]

游行后，陈志一、胡公冕在沪杭甬铁路杭州办事处主持召开铁路工人大会，经陈志一提名，代表车务处工人当选沪杭甬铁路总工会筹备委员会筹备委员。从此离开笕桥车站，专门从事沪杭甬铁路总工会筹建工作。[②]

**2月下旬** 与陈志一在西湖边见面。据薛暮桥回忆：

> （陈）向我提出了出乎意料的问题："我想介绍你参加国民党，你愿意吗？"我断然答道："要参加就参加共产党。"陈紧接着又问："共产党与国民党有什么区别？"我略略思索了一下说："国民党好像是火车开到嘉兴，就不走了，而共产党一直到上海，国民党革命不彻底，只有共产党领导的革命才彻底。"陈若有所思地说："你有

---

① 薛暮桥（1983）：《在杭州狱中斗争座谈会上的发言》，载《薛暮桥文集》第十卷，北京：中国金融出版社，2011年，第9页。

② 薛暮桥（1996）：《薛暮桥回忆录》，载《薛暮桥文集》第二十卷，北京：中国金融出版社，2011年，第19页；薛暮桥（1990）：《薛暮桥谈大革命时期沪杭甬铁路工人运动》，载《上海铁路工人运动史》编写组编《上海铁路工人运动史（沪杭、沪杭甬部分）》，北京：中共党史出版社，1991年，第239—240页。

没有共产党朋友？能介绍我参加吗？”我摇了摇头。他拉住我的手说：“让我们一起找共产党吧。你找到介绍我，我找到介绍你。”次日，陈志一同志拿来一份国民党入党申请书，其中有对“三大政策”（联俄、联共、扶助农工）的意见，说先填了这表再找共产党。我正确地回答了表中为什么要实行联俄、联共、扶助农工“三大政策”等问题。这时，我已经意识到陈志一同志可能是共产党员，填表是来考察我的。①

**3月1日**　上午，由陈志一带领，到中共杭州地委见到地委书记庄文恭、宣传部长华林和16岁的组织部长徐雪寒。庄文恭宣布，批准薛雨霖加入中国共产党。②

**3月21日**　在周恩来、罗亦农、赵世炎、汪寿华等同志的领导下，上海总工会发布总同盟罢工令，全市80万工人实现总罢工并立即转为武装起义。次日晚6时左右攻克全部据点，占领上海。沪杭甬铁路全体员工实现总罢工且部分员工参加武装起义。③起义胜利后恢复交通。

**3月22日**　出席在国民党浙江省党部礼堂召开的沪杭甬铁路总工会成立大会，与沈干城等当选总工会执行委员会执行委员（共计13人④）。总工会下设闸口铁路机厂、甬曹段、上海南站三个分会，

---

① 薛暮桥（1996）:《薛暮桥回忆录》，载《薛暮桥文集》第二十卷，北京：中国金融出版社，2011年，第19—20页。

② 同上。

③ 中华全国铁路总工会（1988）:《中国铁路工人运动史大事记（1881—1949）》，北京：中华全国铁路总工会，1988年，第140页。

④《薛暮桥回忆录》记为选出17人参加执行委员会，而《中共杭州党史（第一卷）》记为13人，此处以《中共杭州党史（第一卷）》为准。参见薛暮桥（1996）:《薛暮桥回忆录》，载《薛暮桥文集》第二十卷，北京：中国金融出版社，2011年，第21页；中共杭州市委党史研究室（2002）:《中共杭州党史（第一卷）》，北京：（接下页）

另外在杭州地区的车务、工务部门成立了工会小组，直属总工会领导。[①]会上传来上海工人第三次武装起义胜利的消息，全场欢腾，齐唱“打倒列强，除军阀”的《国民革命歌》。蒋介石委派的新任沪宁、沪杭甬两路局局长孙鹤皋参加会议。[②]

**3 月 23 日**　出席沪杭甬铁路总工会执行委员会第一次会议，被任命为组织部长，沈干城为委员长。[③]

晚，以沪杭甬铁路总工会代表的身份，陪同两路局局长孙鹤皋乘专车回上海。[④]

**3 月 24 日**　到达沪杭甬铁路局管理的上海南站。机务处、车务处分别在筹组工会，劝说合并。[⑤]

穿过租界，到上海总工会所在的闸北湖州会馆，交陈志一写给上海总工会委员长汪寿华的介绍信。经上海北站时，见到二三十具参加起义的工人的遗体。[⑥]

**3 月 25 日**　中华全国铁路总工会委员长王荷波到上海南站。随

---

中共党史出版社，2002 年，第 116 页。薛暮桥谈及总工会成立时表示：“我们大家主张选沈干城为执行委员会的委员长。后根据陈志一的意见，由丁继曾当委员长，沈干城当副委员长。实际上，沈干城那时的威信比丁继曾高得多，丁后来当了叛徒。”参见薛暮桥（1983）:《在杭州狱中斗争座谈会上的发言》，载《薛暮桥文集》第十卷，北京：中国金融出版社，2011 年，第 8 页。

① 中共杭州市委党史研究室（2002）：《中共杭州党史（第一卷）》，北京：中共党史出版社，2002 年，第 116 页。《薛暮桥回忆录》将 3 月 22 日在杭州举行的沪杭甬铁路总工会成立大会与 3 月 28 日在上海闸北举行的沪宁、沪杭甬两路总工会成立大会混在了一起，这里已经根据《中共杭州党史（第一卷）》订正。

② 薛暮桥（1996）:《薛暮桥回忆录》，载《薛暮桥文集》第二十卷，北京：中国金融出版社，2011 年，第 20—21 页。

③ 同上书，第 21 页。

④ 薛暮桥（1983）:《在杭州狱中斗争座谈会上的发言》，载《薛暮桥文集》第十卷，北京：中国金融出版社，2011 年，第 9 页。

⑤ 薛暮桥（1996）:《薛暮桥回忆录》，载《薛暮桥文集》第二十卷，北京：中国金融出版社，2011 年，第 21 页。

⑥ 同上。

即同往上海总工会，与汪寿华、孙津川（沪宁铁路总工会委员长）商谈工作联系等问题。[①]此后，参加上海总工会召开的数次重要会议。[②]

**3 月 28 日**　出席在闸北湖州会馆召开的沪宁、沪杭甬铁路总工会（简称两路总工会）成立大会。大会在上海总工会和中华全国铁路总工会领导下进行。大会选举 18 名委员，会址设在闸北恒通路南梅园里 1 号。[③]

**3 月 31 日**　沪杭甬铁路总工会致电上海蒋介石总司令，报告杭州金衢区四府同乡职工联合会与沪杭甬铁路总工会及其他各工会发生冲突。杭州全城本日罢工罢市罢课，沪杭甬铁路沪杭甬客车本日起，各客车一律暂停行驶。[④]

**4 月 1 日**　浙江省政府在工人罢工压力下答应杭州总工会提出的条件。3 日，杭州各业工人复工。沪杭甬铁路总工会根据杭州总工会

---

① 薛暮桥（1996）:《薛暮桥回忆录》，载《薛暮桥文集》第二十卷，北京：中国金融出版社，2011 年，第 21 页。该书将沪宁铁路总工会委员长孙津川误记为孙泽川，此处已订正。

② 薛暮桥谈到的一次重要会议是“上海市人民政府委员会选举大会，在会上我见到了上海市民代表提名的共产党代表罗亦农同志”。但第二次上海市民代表大会选举产生上海特别市临时市政府，提出临时市政府委员名单的时间是 1927 年 3 月 22 日，当日薛暮桥尚在杭州参加沪杭甬铁路总工会成立大会，似不可能在上海参加相关会议。薛暮桥回忆的会议或许是 1927 年 3 月 29 日召开的上海特别市临时市政府成立大会，会上市府委员举行就职典礼。参见薛暮桥（1996）:《薛暮桥回忆录》，载《薛暮桥文集》第二十卷，北京：中国金融出版社，2011 年，第 21 页；中共上海市委党史资料征集委员会主编（1989）:《中共上海党史大事记（1919.5—1949.5）》，上海：知识出版社，1989 年，第 133—136 页。

③ 中华全国铁路总工会（1988）:《中国铁路工人运动史大事记（1881—1949）》，北京：中华全国铁路总工会，1988 年，第 141 页；薛暮桥（1996）:《薛暮桥回忆录》，载《薛暮桥文集》第二十卷，北京：中国金融出版社，2011 年，第 21 页。后书将两路总工会成立大会时间错记为沪杭甬铁路总工会成立时间，此处已订正。

④《杭州大风潮之沪讯》，载《申报》，1927 年 4 月 1 日，第十四版。

复工命令，恢复通车。①

**4 月 2 日** 根据中华全国铁路总工会决议案精神，沪宁、沪杭甬两路总工会决定，两路工会分开组织。为此召开两路工会代表大会，决定两路总工会下设沪宁铁路总工会和沪杭甬铁路总工会。②

国民党中央监察委员会在上海举行会议。会上吴稚晖（即吴敬恒）提出《请办覆党卖国之共产派党员案》："公推蔡元培为主席，由吴敬恒提出共产党连结容纳于国民党之共产党员，同有谋叛证据一案。……姑将所开各人及各地共产党首要危险分子，经党部举发者，就近知照公安局或军警暂时分别看管监视，免致活动，致酿成不及阻止之叛乱行为。"③

蒋介石等人于 3 日至 5 日利用该议案决定"清党"，开列需采取"非常紧急处置"的 197 名共产党员名单，其中包括与浙江有关的张秋人、汪寿华等。④

**4 月 6 日** 参加由中共上海区委召开、赵世炎主持的活动分子会议，会上罗亦农作《目前时局与我们的策略》报告。报告指出："蒋与我们争斗的中心问题，为解除上总纠察队武装问题，他要取消上海

---

① 薛暮桥（1983）:《在杭州狱中斗争座谈会上的发言》，载《薛暮桥文集》第十卷，北京：中国金融出版社，2011 年，第 9—10 页；中共杭州市委党史研究室（2002）:《中共杭州党史（第一卷）》，北京：中共党史出版社，2002 年，第 121—123 页。前书记载全路罢工"第二天一早，就接到复工命令"，时间上与《中共杭州党史（第一卷）》不一致，这里采用后书所记时间。

② 中华全国铁路总工会（1988）:《中国铁路工人运动史大事记（1881—1949）》，北京：中华全国铁路总工会，1988 年，第 141—142 页。

③ 高平叔（1998）:《蔡元培年谱长编（下册）(1)》，北京：人民教育出版社，1998 年，第 30—31 页。

④ 中共上海市委党史资料征集委员会主编（1989）:《中共上海党史大事记（1919.5—1949.5）》，上海：知识出版社，1989 年，第 137 页；中共杭州市委党史研究室（2002）:《中共杭州党史（第一卷）》，北京：中共党史出版社，2002 年，第 125—126 页。

工人在政治上的地位……（一）我们……坚不缴械。（二）严取防守态度，无论他们怎样进攻，我们决不投降与退却。”[①]

离沪返杭州，在闸口铁路机厂传达蒋介石可能叛变，如果叛变，铁路机厂可自动罢工。[②]

**4 月 8 日** 沪杭甬铁路总工会代表全体工友，向两路局长孙鹤皋呈交总工会提出、沈干城和薛雨霖起草的《改善工人政治地位和生活待遇的三十条要求》，请局长完全承认。其中，改善工人政治地位的要求包括：承认总工会有代表工人之权，并拨给会所；不准辱骂工人，开除及添补工人须得总工会同意，惩罚工人总工会有复决权。关于生活待遇的要求包括：增加工资、津贴，罢工期间工资照发，每日工作八小时，遇必要时增加工作时间，工资加倍，路局拨款建立工人俱乐部、工人消费合作社，取消一切包工制等。[③]

**4 月 10 日** 沪杭甬总工会上海办事处通电各工友，经济斗争

---

① 中共上海市委党史资料征集委员会主编（1989）：《中共上海党史大事记（1919.5—1949.5）》，上海：知识出版社，1989 年，第 138 页；薛暮桥（1996）：《薛暮桥回忆录》，载《薛暮桥文集》第二十卷，北京：中国金融出版社，2011 年，第 21—22 页。薛暮桥在回忆录中说参加了“传达蒋介石可能叛变的秘密会议，主持人是赵世炎同志”，从上海党史文献看，对应的即为本条所记内容。但也有文献称沈干城、薛雨霖 1927 年 4 月 7 日参加上海总工会委员长汪寿华召集的党团活动分子会议，会上汪传达了上级党组织关于蒋介石叛变已露端倪的指示。参见杭州市政协文史委编（2001）：《杭州文史丛编（政治军事卷）》下册，杭州：杭州出版社，2001 年，第 562 页。

② 薛暮桥（1983）：《在杭州狱中斗争座谈会上的发言》，载《薛暮桥文集》第十卷，北京：中国金融出版社，2011 年，第 9 页；薛暮桥（1996）：《薛暮桥回忆录》，载《薛暮桥文集》第二十卷，北京：中国金融出版社，2011 年，第 21—22 页。

③ 沪杭甬总工会上海办事处（1927）：《沪杭甬铁路总工会提出要求三十条》，载《上海铁路工人运动史》编写组编《上海铁路工人运动史（沪杭、沪杭甬部分）》，北京：中共党史出版社，1991 年，第 194—196 页；李金美（2004）：《沈干城》，载宋传水、袁成毅主编：《杭州历代名人》下册，杭州：杭州出版社，2004 年，第 645—647 页。

三十条总要求已呈交局长，各工友静候答复。[①] 杭州公安局局长章烈携蒋介石“清党”密令从上海返回杭州，深夜宣布戒严。[②]

**4 月 11 日**　上午，开始杭州全城大搜捕，省政府被暴力解散，沪杭甬闸口铁路机厂工会办公地址被占，全城陷入白色恐怖之中。[③]

下午，先后用电话和电报向上海报告杭州军警包围国民党浙江省党部、封闭杭州总工会及其基层组织，并大肆搜捕公开工作的共产党员和左派人士。[④]

**4 月 12 日**　蒋介石发动反革命政变。借口“工人内讧”，强迫上海工人纠察队缴械，捕杀工人和共产党员。上海工人 13 日举行总罢工，遭军队屠杀。随即蒋介石下令封闭上海特别市临时市政府、上海总工会。赵世炎、汪寿华等先后牺牲。[⑤]

**4 月 13 日**　晚，国民党浙江省党部主要负责人宣中华在陈志一陪同下来访，商谈紧急赴上海向中共中央报告事。随即请闸口党支部派可靠的货车司机、司炉，帮助宣中华换铁路车长制服，并与宣同乘人力车至笕桥，次日黎明护送宣在笕桥车站上车。宣中华在上海郊区新龙华火车站下车，拟走小路去上海，中途被捕。17 日宣中华被

---

① 沪杭甬总工会上海办事处（1927）：《沪杭甬铁路总工会提出要求三十条》，载《上海铁路工人运动史》编写组编《上海铁路工人运动史（沪杭、沪杭甬部分）》，北京：中共党史出版社，1991 年，第 194—196 页。电文所谓“经济斗争三十条总要求”，内容即《改善工人政治地位和生活待遇的三十条要求》。

② 中共杭州市委党史研究室（2002）：《中共杭州党史（第一卷）》，北京：中共党史出版社，2002 年，第 131 页。

③ 沈谱、沈人骅（1992）：《沈钧儒年谱》，北京：中国文史出版社，1992 年，第 86 页；中共杭州市委党史研究室（2002）：《中共杭州党史（第一卷）》，北京：中共党史出版社，2002 年，第 126—127 页。

④ 薛暮桥（1983）：《在杭州狱中斗争座谈会上的发言》，载《薛暮桥文集》第十卷，北京：中国金融出版社，2011 年，第 9 页。

⑤ 中华全国铁路总工会（1988）：《中国铁路工人运动史大事记（1881—1949）》，北京：中华全国铁路总工会，1988 年，第 142 页。

杀害。[①]

**4月16日** 与沈干城等组织杭州铁路工人参加杭州市产业工人的反叛变、反屠杀示威游行。[②]

**4月17日至23日** 沪杭铁路总工会举行沪杭铁路工人罢工。[③]

**4月18日** 蒋介石在南京建立“国民政府”。政府下设交通部，掌握路、电、邮、航四政，开始接收长江南北铁路。[④]

**5月** 任中共杭州地委工人部长。[⑤]

**5月12日至19日** 针对国民党成立“杭州工会统一委员会”[⑥]，强令沪杭甬铁路总工会接受改组、派代表进行双边谈判，请示庄文恭后召开沪杭甬总工会执行委员会议，认为铁路工会跨地区，不能单独受杭州工会统一委员会领导，拒绝登记和改组，并派执行委员沈干城、钟鼎祥交涉，对改组和登记的要求严词拒绝。随后，沪杭甬铁路总工会转入半公开状态，与其他执行委员分两班轮流办公。[⑦]

---

① 薛暮桥（1996）：《薛暮桥回忆录》，载《薛暮桥文集》第二十卷，北京：中国金融出版社，2011年，第22页。

② 《上海铁路工人运动史》编写组（1991）：《上海铁路工人运动史（沪宁、沪杭甬部分）》，北京：中共党史出版社，1991年，第302页。

③ 李金美（2004）：《沈干城》，载宋传水、袁成毅主编《杭州历代名人》下册，杭州：杭州出版社，2004年，第645—647页。

④ 中华全国铁路总工会（1988）：《中国铁路工人运动史大事记（1881—1949）》，北京：中华全国铁路总工会，1988年，第144页。

⑤ 薛暮桥（1996）：《薛暮桥回忆录》，载《薛暮桥文集》第二十卷，北京：中国金融出版社，2011年，第22页。

⑥ “杭州工会统一委员会”主要任务是“改组赤色工会和纠正以往之错误，仲裁劳资纠纷”。

⑦ 中共杭州市委党史研究室（2002）：《中共杭州党史（第一卷）》，北京：中共党史出版社，2002年，第131—132页；薛暮桥（1996）：《薛暮桥回忆录》，载《薛暮桥文集》第二十卷，北京：中国金融出版社，2011年，第23页。《薛暮桥回忆录》中记此事发生时间为1927年6月，本书采用《中共杭州党史（第一卷）》的记录。

**5 月中旬** 代表沪杭甬铁路总工会赴上海面见两路局长孙鹤皋，要求接受改善工人待遇的三十条。孙表示还要研究，待研究后答复。[①]

**5 月 27 日** 与沈干城、钟鼎祥、王汝高、许仲平、丁继曾在沪杭甬铁路总工会召开执行委员会会议时被捕。沪杭甬铁路总工会被查封。[②]

被关押在杭州市公安局柴木巷拘留所。[③]薛暮桥回忆：

我们被捕后，最初被关在拘留所，这里是关流氓小偷的地方，所里只询问我们的姓名、籍贯、年龄、工作等，就关进脏臭不堪的小笼里。入狱前铁路工人要求罢工，我们苦口婆心说服他们，我已疲惫不堪，快要病倒。一进牢监反而觉得心怀宽松，总算对得起工人了。[④]

**6 月中旬** 在公安局拘留所关满 15 天后，移至杭州法院看守所，

---

① 薛暮桥（1996）:《薛暮桥回忆录》，载《薛暮桥文集》第二十卷，北京：中国金融出版社，2011 年，第 22 页。回忆录未记此事发生时间，我们根据所述内容推测判断。回忆录还将三十条错记为“二十三条”，我们已订正。

② 中共杭州市委党史研究室（2002）:《中共杭州党史（第一卷）》，北京：中共党史出版社，2002 年，第 132 页；薛暮桥（1996）:《薛暮桥回忆录》，载《薛暮桥文集》第二十卷，北京：中国金融出版社，2011 年，第 23 页。《中共杭州党史（第一卷）》记当日被捕的沪杭甬铁路总工会执行委员为五人，可能未计入丁继曾，《薛暮桥回忆录》记此事为六人。因薛暮桥系直接当事人，我们这里采用薛暮桥的回忆。

③ 薛暮桥（1983）:《在杭州狱中斗争座谈会上的发言》，载《薛暮桥文集》第十卷，北京：中国金融出版社，2011 年，第 10—11 页。

④ 薛暮桥（1992）:《薛暮桥回忆录稿》，手稿，1991 年，薛小和藏。薛暮桥在主持新四军军政训练期间，曾经检讨当时工农群众运动中的过左现象，指出：“领导者必须善于掌握群众斗争情绪，把这斗争纳入正轨。但当时我们领导群众运动的大多数党员还很幼稚，不能正确掌握群众的斗争情绪，不能正确把握党的统一路线政策。……因而在某些地方发生许多过左行动，如过度增加工资，破坏劳动纪律，以致生产衰落，物价飞涨，引起小资产阶级甚至农民的怨恨。如在农民运动中对参（接下页）

与沈干城、钟鼎祥、王汝高、许仲平“同笼”等待判决。[①]

在杭州法院看守所期间感染伤寒，卧病两月，头发脱光，得到待审难友、“笼头”俞章法的照顾，幸免于难。[②]

加革命的军官家属的策略不正确，使反革命派得以借此煽动军队叛变，间接帮助了反革命者挑拨离间的阴谋，如工会、农民协会的超越政府，直接逮捕、审问、监禁、处罚反动的资本家和地主，引起社会秩序的混乱。”参见薛暮桥（1942）：《中国革命的基本问题》，载《薛暮桥文集》第十七卷，北京：中国金融出版社，2011 年，第 74 页。

① 薛暮桥（1983）：《在杭州狱中斗争座谈会上的发言》，载《薛暮桥文集》第十卷，北京：中国金融出版社，2011 年，第 11 页。

② 同上。

## 1928年

**1月** 与俞章法等商量越狱。因不久移送陆军监狱，未参加此次越狱。[①]

**1月15日** 在特别法庭受审约五到十分钟。法官根据账簿上到上海出差的旅费记录，问到上海所为何事，答与铁路局长同去，组织上海段的工会。再问还做了什么，答没有了。法官即无话可问。此后未再受审。此次审讯是从被捕入狱到1930年底交保释放的三年多牢狱生活中唯一的一次受审。[②]因无证据（被捕前已清理），同案六人中的王汝高、许仲平经审讯后亦被释放。[③]

---

① 薛暮桥（1983）：《在杭州狱中斗争座谈会上的发言》，载《薛暮桥文集》第十卷，北京：中国金融出版社，2011年，第11—12页。

② 薛暮桥曾经解释过这种奇怪现象："在'四一二'后半年，上海是杀人如麻，陈群、杨虎这两个刽子手格杀不论，有些同志今天捉去明天就被杀害了，而杭州则忙于党内斗争，无暇审讯，直到特别法庭成立，只枪杀六人，其中二人还是在夏超起义后被杀的。杨虎曾亲往宁波，一到就把党部和工会的负责人杨眉山、王昆两位同志毒打，次日斩首，并枪毙二十余人。他想前来杭州，被当时的省长周凤岐阻止了。西山会议派执政后，与省党部的斗争十分激烈，省党部除派一人参加审讯外，判决权掌握在省政府手里。由于几次易手，许多档案已经散失，特别法庭也未认真追查。我关押三年多，只审讯一次，十几分钟（有时他说是五到十分钟。——引者注），使人难于置信（'文革'时期红卫兵对我审讯了几百次）。"参见薛暮桥（1991）：《薛暮桥回忆录稿》，手稿，1991年，薛小和藏。

③ 薛暮桥（1983）：《在杭州狱中斗争座谈会上的发言》，载《薛暮桥文集》第十卷，北京：中国金融出版社，2011年，第12页。

晚，转押至杭州的浙江陆军监狱甲监[①]五号，与中共浙江省委书记、原黄埔军校教官张秋人、中共浙江省委常委、共青团浙江省委书记徐玮（化名胡公达）、工人同事钟鼎祥、中共杭州地委交通员项志成等关在一间牢房。[②]张秋人当时 30 岁，“高大个子，右眼有点残疾，戴了一副眼镜，有时穿了一身西装，形象很魁伟”[③]。

与项志成在狱中见面不到半小时，项被提审，随即听到一阵枪声，项志成被杀。当晚狱中共计 8 人遇难。当晚为小年夜，即“灶王爷上天”的日子，爆竹之声不绝，在狱中一夜未眠。[④]薛暮桥回忆：

> 就是我被移押陆军监狱的那天晚上，枪毙了八个人，包括铁路工会的沈乐山、省委军人部长贝介夫[⑤]等。在法院看守所，我们几个同志可以同俞章法自由来往，在心情上比较轻松愉快。可是到了监狱，第一天晚上就枪毙了八个人。[⑥]

---

① 甲监、丙监关押政治犯，乙监关押军事犯。参见骆耕漠(2004)：《往事回忆》，北京：人民出版社，2004 年，第 59 页。

② 薛暮桥（1996）：《薛暮桥回忆录》，载《薛暮桥文集》第二十卷，北京：中国金融出版社，2011 年，第 24—25 页。薛暮桥被转押至陆军监狱是在丁卯年腊月廿三日晚，对应的公历日期即 1928 年 1 月 15 日。

③ 庄启东（1999）：《一个左联兵士的求索》，北京：人民日报出版社，1999 年，第 188 页。该书还谈及张秋人提倡监牢笼子打扫得干干净净，说：“我们共产党将来要管理一个国家，难道连一个笼子都管不好吗？”在他的倡导下，各笼轮流值日，木地板都擦得光滑如镜。

④ 薛暮桥（1996）：《薛暮桥回忆录》，载《薛暮桥文集》第二十卷，北京：中国金融出版社，2011 年，第 24—25 页。

⑤ 此处不准确。贝介夫于 1927 年 11 月 6 日被捕，12 月 18 日牺牲。参见骆耕漠（2004）：《往事回忆》，北京：人民出版社，2004 年，第 46 页。沈乐山于 1927 年 11 月 25 日被捕，1928 年 1 月 8 日深夜牺牲。参见《革命烈士传》编辑委员会（1987）：《革命烈士传（二）》，北京：人民出版社，1987 年，第 155 页。

⑥ 薛暮桥（1983）：《在杭州狱中斗争座谈会上的发言》，载《薛暮桥文集》第十卷，北京：中国金融出版社，2011 年，第 12 页。

**1 月 22 日** 腊月三十。一批政治犯被枪杀。牢房气氛压抑、悲痛、紧张。后以世界语写《我在狱中生活的一夜》，记述当晚的经历和悲愤心情（参见 1929 年 1—2 月条）。

同一牢房的张秋人依旧埋头读书，读完一本后自言："他们怎么还不枪毙我呢？"狱友安慰他："大概敌人证据不足，还不好判决吧？"张笑说："黄埔军校谁不知道我是大名鼎鼎的共产党员，还要什么证据？早就应该枪毙了。"薛雨霖坐在他旁边，问："为什么快要死了，每天还认真读书？"张秋人回答："我们共产党人，活一天就要为革命工作一天，在监牢里不能为革命工作，就要认真学习，岂能坐以待毙！"① 这对薛的一生产生深刻影响。他晚年回忆：

> 在狱中刚巧同黄埔军校政治教官、浙江省委书记张秋人同志同关在一间牢房，从生叙到死别只有短短一个月②时间；但他天天为我们讲述革命历史，特别指示共产党员在坐牢时要勤奋学习，为将来继续革命打好基础的言传身教，深深感动了我，使我没有虚度这三年半牢狱生活，至今仍能以毕业于"牢监大学"而自豪，并且把这种埋头学习、埋头工作的习惯留传至今。③

**2 月 7 日** 晚，与同一牢房难友听张秋人讲京汉铁路工人"二七"

---

① 叶炳南（1984）：《"田横壮士风还在，祖逖先鞭著未休"：张秋人传略》，载《不屈的共产党人（4）》，北京：人民出版社，1984 年，第 63—87 页。该文形容"这一席话象闪电一般，顿时照亮了薛暮桥那颗年轻而还有些朦胧的心，使他如同触电般地受到极大的震动，周身热血沸腾，激动万分"。语言带有明显的 20 世纪 80 年代色彩，但薛暮桥自己确实在不同场合反复讲到此事，且使用过"闪电"、"触电"这两个词形容当时的感受。参见邱健（1987）：《一个勇于探索和创新的人——访著名经济学家薛暮桥》，载《人·岁月·事业》，南京：江苏古籍出版社，1987 年，第 103 页。

② "短短一个月"是概说，薛暮桥与张秋人"同笼"相处尚不足一个月。

③ 薛暮桥（1991）：《薛暮桥回忆录稿》，手稿，1991 年，薛小和藏。

罢工历史。[①]

**2 月 8 日** 下午，与张秋人下棋时，看守传张开庭。张摘下眼镜送给同情革命者的看守，随后大声向难友说："同志们，今天要同你们分别了，你们继续努力吧！"当日张秋人被枪杀，时年 30 岁。[②]

**3 月** 徐梅君（后名徐雪寒）入狱，与薛雨霖同在甲监五笼。[③]

**5 月 3 日** 同一牢房难友徐玮被枪杀。徐玮等四人临刑时一路高呼："共产党万岁！"狱中三百余政治犯齐声高唱《国际歌》回应。[④]

**夏** 特别法庭宣判，入浙江反省院特别院，俗称"特别反省院"，不再面临枪杀危险。[⑤]经钟鼎祥托人打听，得知所判属第三类，即三到五年，到三年即可交保释放。表现不好，再延长半年。再表现不好，延长到五年。[⑥]

**下半年** 与徐梅君、李政（后名骆耕漠）、杨晟、庄启东等组成世界语学习小组，并任组长。小组成员参加上海世界语函授学校，学校定期寄讲义和练习题。每人做练习后，集中到薛雨霖那里。他选择

---

① 北辰（1983）:《张秋人狱中讲学》，载《经济日报》，1983 年 9 月 22 日，第 3 版。

② 钱之光、钱希均（1981）:《回忆张秋人同志》，载《人民日报》，1981 年 8 月 6 日。

③ 俞筱尧（2002）:《书林随缘录》，北京：中华书局，2002 年，第 311 页。

④ 薛暮桥（1996）:《薛暮桥回忆录》，载《薛暮桥文集》第二十卷，北京：中国金融出版社，2011 年，第 26 页；薛暮桥（1971）:《回忆胡公达烈士》，载中共海门县委党史办公室、海门县民政局编:《海门烈士传》第一集，1985 年，第 46—47 页；张容（1992）:《风云人物见闻录》，北京：中国文联出版公司，1992 年，第 187 页。

⑤ 中共杭州市委党史研究室（2002）:《中共杭州党史（第一卷）》，北京：中共党史出版社，2002 年，第 149 页；薛暮桥（1996）:《薛暮桥回忆录》，载《薛暮桥文集》第二十卷，北京：中国金融出版社，2011 年，第 27 页。骆耕漠谈过特别反省院生活的特点："一是有铺位可住。二是每日三餐可轮流到东、中、西三监外的食堂几张长餐桌用餐。按规定一次可容十几个人。特别反省院同普通反省院还有以下区别：就是它每周一不用举行总理纪念会，暂不进行强迫的反省教育。因此，我们东、中、西三监的难友相互沟通机会和办法就很多很方便了。"参见骆耕漠（2004）:《往事回忆》，北京：人民出版社，2004 年，第 52 页。

⑥ 薛暮桥（1983）:《在杭州狱中斗争座谈会上的发言》，载《薛暮桥文集》第十卷，北京：中国金融出版社，2011 年，第 19 页。

并修改成标准答案寄回学校。[①] 据骆耕漠回忆：

> 我记得雨霖辅导梅君世界语时一幅老大哥、小弟弟的情景，这个我的印象是很深的。因为自愿学习的难友渐渐多了（我也在内），有时就在饭堂里集体教课。还在饭堂的墙壁上出墙报，后来还把比较有内容、有趣味的短文贴在墙壁上供大家欣赏，有些世界语短文还在文后附上中文的意思。短文的内容大多数是一些民间故事、诗集，其中还略微带一点反帝、反封建的短文。这样国民党当局也只好同意我们这样的自学。而且有些看守员还前来观看墙报。这样就为我们把陆军监狱东监特别反省院改造成为铁窗下的自修大学奠定了基础。[②]

薛雨霖曾将墙报上好的文章合订为一册，出狱后保存了很长时间。[③]

在特别反省院期间认真读书。所读书籍包括：孙中山著《中山全集》、波格达诺夫著《经济科学大纲》、河上肇著《资本主义经济学之史的发展》、韦尔斯著《世界史纲》、王世杰著《比较宪法》、法国《人权宣言》、美国《独立宣言》、摩尔根著《古代社会》、达尔文著《物种原始》等。其中所读最多的是政治经济学，波格达诺夫《经济科学大纲》"反复细读"。[④]1979 年访问美国期间，在回答从什么大学

---

① 中共杭州市委党史研究室（2002）：《中共杭州党史（第一卷）》，北京：中共党史出版社，2002 年，第 132 页；庄启东（1999）：《一个左联兵士的求索》，北京：人民日报出版社，1999 年，第 202 页。

② 骆耕漠（2004）：《往事回忆》，北京：人民出版社，2004 年，第 53 页。

③ 薛暮桥（1983）：《在杭州狱中斗争座谈会上的发言》，载《薛暮桥文集》第十卷，北京：中国金融出版社，2011 年，第 16 页。

④ 薛暮桥（1996）：《薛暮桥回忆录》，载《薛暮桥文集》第二十卷，北京：中国金融出版社，2011 年，第 29 页。在不同时间，薛暮桥所回忆的狱中所读书目有出入。如他在 1980 年有一次接受访问，说在入狱前只看过孙中山的《三民（接下页）

毕业时，称从“牢监大学”毕业。

主义》、布哈林的《共产主义 ABC》。入狱后借到一本列昂节夫的《政治经济学》和河上肇的《资本主义经济学之史的发展》，“使他开始对经济学发生了兴趣”。参见邱健（1987）：《一个勇于探索和创新的人——访著名经济学家薛暮桥》，载《人·岁月·事业》，南京：江苏古籍出版社，1987 年，第 103 页。当时列昂节夫的《政治经济学》尚未出版中译本，他所读应为波格达诺夫的《经济科学大纲》；河上肇的经济学史中译本是林植夫翻译的《资本主义经济学之史的发展》。《经济科学大纲》和《资本主义经济学之史的发展》这两本书可以说是薛暮桥对经济学产生兴趣的入门书。另，狱友骆耕漠说狱中“较侧重自学的是其中的政治经济学”，而且设法读到蔡和森的《社会进化史》、河上肇的《经济学大纲》、列宁（当时用名“乌里扬诺夫”）的《国家与革命》《共产主义运动中的“左派”幼稚病》，还有布哈林、德波林的书。因当时他们主要采用传阅的方式，所以骆耕漠所读书也是薛暮桥所读书。参见骆耕漠（1991）：《骆耕漠求知集》，北京：中国财政经济出版社，1991 年，第 324 页。

## 1929 年

**1—2 月** 在上海世界语学会刊物《绿光》杂志创刊号发表《我在狱中生活的一夜》，文章记录年夜（1928 年 1 月 22 日）的狱中生活。该文经看守之手，以邮寄毕业论文的方式提交上海世界语函授学校，学校负责人胡愈之转交负责《绿光》杂志编辑工作的上海世界语函授学校教师巴金，得以在该杂志上发表。①

**2 月** 在狱中带头讨论关于反帝反封建的知识和如何过好眼前的苦难生活。②

**春夏之交** 参加特别反省院绝食斗争。此次斗争取得成功，生活条件有所改善。院方将邹子侃、杨晟、徐梅君等“能闹事”的狱友移解别处。③

---

① 李树德（2007）:《从监狱毕业的世界语者——薛暮桥》，http://www.espero.com.cn/old/epch/Cel/9/9-2/9-2-043.html。薛暮桥有时称该文为《牢狱生活中的一夜》，有时称为《牢狱中的一天》。因系译文，是否在标题中保留“我”字并不重要，但“一夜”与“一天”是不同的，后者是错误的说法。参见薛暮桥（1996）:《薛暮桥回忆录》，载《薛暮桥文集》第二十卷，北京：中国金融出版社，2011 年，第 25 页；薛暮桥（1983）:《在杭州狱中斗争座谈会上的发言》，载《薛暮桥文集》第十卷，北京：中国金融出版社，2011 年，第 16 页；庄启东（1999）:《一个左联兵士的求索》，北京：人民日报出版社，1999 年，第 205 页。

② 骆耕漠（2004）:《往事回忆》，北京：人民出版社，2004 年，第 55 页。骆耕漠所记时间为 1929 年“春节过后”，当年春节为 2 月 10 日，因此我们粗拟时间为 2 月。

③ 薛暮桥（1983）:《在杭州狱中斗争座谈会上的发言》，载《薛暮桥文集》第十卷，北京：中国金融出版社，2011 年，第 16 页。

**9 月底** 移送普通反省院。[①] 在普通反省院每周上课数小时，“他们要我们上课洗脑筋” [②]。课程包括三民主义、会计、音乐、世界史等，上课之外，每天读书五六个小时。薛暮桥晚年回忆：

> 普通反省院三民主义教员是不错的，有学者风度，还允许我们辩论。[③] 在那里还教会计，让大家出去有谋生手段。会计教员教得很好，过去做会计不懂原理，在那里学了原理。[④] 此外就是乌七八糟了，教员不学无术，乱讲，老朽昏庸，国文教员读白字，教音乐的教昆曲，要共产党员陶冶情操，所以我现在还会唱几句昆曲。[⑤]

**10 月 15 日** 中共中央政治局通过《中央关于反对党内机会主义

---

① 骆耕漠（2004）:《往事回忆》，北京：人民出版社，2004 年，第 59 页。

② 薛暮桥（1983）:《在杭州狱中斗争座谈会上的发言》，载《薛暮桥文集》第十卷，北京：中国金融出版社，2011 年，第 16 页。

③ 普通反省院的三民主义教员是国民党浙江省党部监察主任牟震西，他所使用的“党义”教材为周佛海所著《三民主义之理论的体系》。骆耕漠回忆，牟讲课“相当简单明了，态度比较温和，有师长态度。经过一个多月的讲课，我觉得他的教学风格是比较民主的，他对他所教的内容是经过考虑的，讲得简单而有条理”。参见薛暮桥（1996）:《薛暮桥回忆录》，载《薛暮桥文集》第二十卷，中国金融出版社，2011 年，第 29 页；骆耕漠（2004）:《往事回忆》，北京：人民出版社，2004 年，第 81 页。

④ 薛暮桥还曾谈及在普通反省院期间受会计教员之命刻印《会计学》:“‘双十节’那天，忽然每个人发一张纸，叫我们写一个‘遗嘱’。我们一听，大吃一惊，问怎么写法？他说，《总理遗嘱》还不知道？原来是，他要挑选哪个人字写得端正，会刻钢板。结果，挑中我了，因为我写的字比较规矩。刻钢板就是刻《会计学》，那本书就是我刻的。”参见薛暮桥（1983）:《在杭州狱中斗争座谈会上的发言》，载《薛暮桥文集》第十卷，北京：中国金融出版社，2011 年，第 17—18 页。

⑤ 根据薛暮桥晚年一次谈话的记录，谈话时间已无法考证。薛暮桥还曾谈到，音乐教师教他们唱的昆曲有《思凡》《西宫怨》等。他晚年喜欢看越剧电视节目，对唱词优美的昆曲尤为推崇。参见薛暮桥（1983）:《在杭州狱中斗争座谈会上的发言》，载《薛暮桥文集》第十卷，北京：中国金融出版社，2011 年，第 17 页；石家梅（1985）:《辛勤笔耕五十年——访薛暮桥》，载中国书展（1985·香港）筹备委员会编《书人书事新话》，北京：东方出版社，1985 年，第 85—89 页。

与托洛茨基反对派的决议》。《决议》指出："虽然在土地所有关系上，资本主义的形式占优势，但地主对农民的剥削关系，则封建的形式仍然占极大的优势。""现在全国的情形，支配全国的经济生活的：第一，是帝国主义的商品的侵略；第二，是封建的剥削关系；第三，是中国资产阶级的资本主义形式的剥削。资产阶级虽然企图发展资本主义，封建地主也想蜕化为资产阶级，可是受着帝国主义和封建势力的束缚，无法实现这样的企图。因此资产阶级便不能放弃他的改良政纲的斗争，而封建势力更加要保持，并且要更加紧他的封建剥削。这是明显的客观的事实。"[①]

① 中共上海市委党史资料征集委员会、中共上海市委党史研究室、中共上海市委宣传部党史资料征集委员会合编（1995）：《上海革命文化大事记（1919.5—1937.7）》，上海：上海书店出版社，1995 年，第 237 页。

## 1930年

**11月10日** 晚，写诗《夜风》。诗中写道："夜风啊！不见天上的，闪烁的星儿，在暗中咒骂！咒骂你的，狂吼，乱舞。最后，要赠你个，悲哀的符号。"这首诗发表在《无锡学会会刊》(署名"霖")。[①]

**12月3日** 经江苏无锡县教育局局长、同学好友陆仁寿发公函，补交铺保后，由兄长薛鹤龄保释出狱。从入狱到出狱，共计三年半。[②]他称这段经历为"牢监大学"，并得到昔日狱友们的赞同：

1983年，浙江党史研究所经省委决定，邀请陆军监狱幸存的二十余位同志在杭州开会，收集党史资料。当时相当多的同志把邹子侃领导的狱中暴动[③]作为斗争的典范，而把参加狱中斗争但未积极参加这次暴动、认真读书的同志称作"学院派"、"未来马克思主义者"。我和几个同志不同意这样的意见，认为前两次狱中绝食斗争是应该的、成功的，可这次狱中暴动是接受了地委盲动主义的错误指示，是

---

① 霖(1930):《夜风》，载《无锡学会会刊》，1931年，第70—71页。该刊说明原定1930年10月出版，后不断推迟，又赶上春节工友放假云云。据此推测，该刊大约出版于1931年3月。

② 薛暮桥(1991):《薛暮桥回忆录稿》，手稿，1991年，薛小和藏。

③ 这次暴动是指杭州陆军监狱特别支部书记邹子侃1931年3月组织的越狱。因在传递信息时被查获，越狱失败。当时薛暮桥已经出狱。参见中共杭州市委党史研究室(2002):《中共杭州党史(第一卷)》，北京：中共党史出版社，2002年，第154页。

错误路线的牺牲者。当然，错误路线应由地委负责，而邹子侃等同志是忠实执行地委指示的英雄。把认真读书的同志说成是“未来马克思主义者”是错误的，他们继承了张秋人同志的高尚品德。后来许多同志同意我的意见。有些同志纷纷承认自己也是“牢监大学”毕业生，其中有宋侃夫、张崇文、徐雪寒、骆耕漠①、庄启东等同志。②

**12 月**　出狱后，到闸口拜访已出狱的难友钟鼎祥，得知杭州的党组织已被破坏，遂与薛鹤龄一起回到无锡礼社，在码头受到乡亲们的迎接。③他在 1932 年写的《春假日记》中这样回忆：

> 码头上放着鞭炮，大厅上点着香烛，亲友们挤在大门前。
>
> “阿弥陀佛，总算回来了！”母亲连眼泪都笑出来了。
>
> “比做了官回来还阔气啊！”我冷冷地回答。④

---

① 骆耕漠当时用名“李政”，后曾用名“百蒙”或“佰蒙”。此处应为“李政”。参见骆耕漠（2004）：《往事回忆》，北京：人民出版社，2004 年，第 47 页。

② 薛暮桥（1996）：《薛暮桥回忆录》，载《薛暮桥文集》第二十卷，北京：中国金融出版社，2011 年，第 30 页。

③ 同上书，第 31 页。

④ 黎明（1932）：《春假日记》，载《民众周报》，第 213、214、215 期合刊，1932 年 4 月 20 日，第 17 页。

## 1931 年

**1 月 14 日**　全家为母亲周慎修庆贺六十大寿。[①]

**2 月**　到江苏无锡县立第三小学任五年级班主任，教国文和英文。[②] 在教国文作文课时，采用出题后充分讨论再写作的教学方法。这种方式带有实验性质，学生的写作兴趣和表达能力明显提高。他这样回忆：

> 回乡后我在小学教国文，发现学生做作文非常困难，两个小时写不出一百字。他们往往写一句开始想，又写第二句，又开始想，再写第三句。他们没有思想，硬往外挤，写不出来。后来我采取一个办法，先出题目，让大家讨论，讨论一个小时，有了想法再写一个小时，大家都可以写两三百字，最多可写五百字，作文水平超过六年级。[③]

**3 月 12 日**　受校长委托，在孙中山逝世纪念日作报告，背诵中山先生遗训，并介绍孙中山先生关于“民生主义就是社会主义”的

---

① 周慎修出生于辛未年十一月廿六日，庚午年十一月廿六日对应的公历时间是 1931 年 1 月 14 日。

② 薛暮桥（1996）：《薛暮桥回忆录》，载《薛暮桥文集》第二十卷，北京：中国金融出版社，2011 年，第 31—32 页。

③ 薛暮桥（1991）：《薛暮桥回忆录稿》，手稿，1991 年，薛小和藏。在教女儿薛小和写作的时候，薛暮桥也采用这样的教学方法。他始终认为，作文是思想的表达，没有思想就难以写出文章。

见解。[①]

**3月** 在《无锡学会会刊》发表新体诗《夜风》(参见1930年11月10日条)和二首“禽言诗”——《得过且过》与《切莫》。《得过且过》写得过且过,“三秋如一日”。《切莫》写切莫“蹉跎去光阴”,“快快努力,急忙忙底向前”。[②]

**4月2日** 本日开始放春假。

**4月3日** 早餐后,到群智小学访校长,校长去北平,未能见到。中午饭后去祭坟。据日记记载:

十一点钟就吃了饭去祭坟。我折了两枝杨柳,一路鞭着田岸上的蚕豆花和紫云英。到了父亲坟上,看着几乎埋在荒草中的土冢,我忽然想起了《棠棣之花》中姊弟俩墓前泣别时悲壮的歌声。“二弟啊,去罢!愿你鲜红的血液,迸裂成自由之花,开遍中华!”啊!假使我有一个像聂嫈一样的姊姊?我的心里痛起来了。[③]

**4月4日** 上午,动身去南京,中途祭祖坟。到南京后去铁道部与朋友见面,“我们谈着三四年来个人所受到的艰险情形,回想像梦一般的往事,忽忽已过夜半”[④]。

**4月5日** 上午,给朋友留言后离开,到中央大学访问弟弟薛遐龄和两位同乡。饭后同游鸡鸣寺、五洲公园,回来时绕道瞻仰国民

---

① 薛暮桥(1991):《薛暮桥回忆录稿》,手稿,1991年,薛小和藏。

② 霖(1931):《得过且过》,载《无锡学会会刊》,1931年,第44页;霖(1931):《切莫》,载《无锡学会会刊》,1931年,第44页。

③ 黎明(1932):《春假日记》,载《民众周报》,第213、214、215期合刊,1932年4月20日,第17页。

④ 同上书,第18页。

政府。[①]

**4 月 6 日** 上午，与弟弟、朋友参观中山陵：

> 我们出发去瞻仰中山陵墓，像虔诚的教徒般缓步前进。出了太平门，转过一座山脚，已经可以远远地看到紫金山。山坡上一列红墙，环抱着平民皇帝朱太祖的陵墓；再过去一座白墙蓝顶的祭堂，就是中山陵了。我们在明孝陵坐了一回，虽然荒芜不堪，还可以想见当年的雄伟情形。进门处有一座樱花林，可惜迟来数日，只剩得满枝花蒂了！
>
> 到了中山陵墓，踏上三百多层石级，步入祭堂，默默地在紧闭着的漆黑的两扇墓门前站了一回；再到祭台前呆看着崇高的大理石雕像。台基上的花纹几乎把中山先生雕成一个耶稣。俗话说："仁者见仁，智者见智。"在基督教徒眼里，自然中山先生也不免基督化了。
>
> 陵墓的工程伟大已极，现在还有几百石匠在继续工作，恐怕要算是国民政府成立以来规模最大的建设！过去不远有几间破得不像样的草屋，上面挂着一块"陵墓工人宿舍"的牌子，看了使人发生无限感慨！
>
> 回城时走宽阔的中山路，风景这边还好，但总不如太平门。据说路旁原来有许多草屋，在丹麦王子谒陵时由警察迫着完全拆掉了。这无家可归的数千贫民，将怎样感谢这友邦的贵人呢？[②]

随后又到夫子庙首都大剧院看电影《恋爱与义务》，"看不出什么好处来"，"像小客栈里的臭虫一样多的字幕，看着叫人作呕"。[③]

**4 月 7 日** 到铁道部向朋友辞行，午后乘路过无锡的快车返程。

---

① 黎明（1932）：《春假日记》，载《民众周报》，第 213、214、215 期合刊，1932 年 4 月 20 日，第 18 页。

② 同上书，第 18—19 页。

③ 同上书，第 19 页。

晚上住在亲戚家。①

**4 月 8 日** 返回学校。"在这四五天中，我东奔西走，几乎比上课时还要忙。但是换了一个环境，脑子却清醒了许多。"②

**5 月 21 日** 《民国日报》报道，江苏省高等检定考试卷业经评阅完毕，全部及格者 3 人，薛舆龄列于"一科及格通告"中的"国文及格者"和"比较宪法及格者"名单。③

**6 月** 暑假前大考，拟作文题目"理想的世界"。大家热烈讨论，表达了朴素的社会主义思想。校方因此不敢留任。④

**7 月初** 经薛臻龄介绍，到江苏省立南京民众教育馆（以下简称"南京民教馆"）任编辑。编辑部长赵光涛为江苏省立第三师范学校高一届的同学，为薛舆龄隐瞒了坐牢经历，请他主编馆刊《民众周报》。⑤

**7 月 5 日** 在《民众周报》第 182 期发表《全国棉产统计》（目录署名"古代"，内文未署名）。

根据上海华商纱厂联合会棉产统计部估计，《全国棉产统计》列出了 1926—1930 年间全国的棉田和棉产数量。⑥

**7 月 12 日** 所编《民众周报》第 183 期出版。在本期杂志发表《禁用洋文》（署名"古代"）。

---

① 黎明（1932）：《春假日记》，载《民众周报》，第 213、214、215 期合刊，1932 年 4 月 20 日，第 19 页。

② 同上。

③ 《苏高检考试揭晓》，载《民国日报》，1931 年 5 月 21 日，第 3 张第 2 版。

④ 薛暮桥（1996）：《薛暮桥回忆录》，载《薛暮桥文集》第二十卷，北京：中国金融出版社，2011 年，第 32 页。

⑤ 同上。回忆录中记薛暮桥到南京任职时间为"暑假后"，从他在《民众周报》发表文章的情况看，时间应在 1931 年 7 月初。

⑥ 《全国棉产统计》，载《民众周报》第 182 期，1932 年 7 月 5 日，第 11 页。"古""古代"均为薛暮桥编辑《民众周报》期间常用笔名。这取自摩尔根所著《古代社会》一书的书名。

《禁用洋文》认为，与外国通商、研究科学都不得不学习外国文。但中国地方的铁路，搭客是中国人，职员是中国人，其中又有几个外国职员，为什么铁路机关的一切命令、通报、来往文件使用外国文？政府现在命令津浦路禁用洋文了，但其他机关呢？①

**7 月 19 日**　所编《民众周报》第 184 期出版。在本期杂志发表《惩戒贪官污吏》（署名“古”）、《从低处到高处》（署名“古代”）。

《惩戒贪官污吏》表示，贪官污吏是政治轨道上的障碍物，拥护政府严明地惩戒贪官污吏。②

《从低处到高处》认为，事业的成功，决不是一蹴而就，得从远的扶梯的第一级，步步爬上去。许多青年太性急了，他们希望立刻成功，立刻发展，立刻爬到扶梯的顶头，却换来满怀的失望。大概做大事业的都得从下层做起，这样才能够洞悉底蕴，了解一切。一个总工程师，不但懂得机器的全部，也懂得每一部分的零件，他知道怎样使（机器）全部转动，也知道怎样装置一个螺旋。③

《本报告读者》表示，本报每逢暑假，照例停刊两期。本报下期要到 8 月 12 日才能与大家见面。④

**8 月 16 日**　所编《民众周报》第 185 期出版。在本期杂志发表《中国目前的大问题》（署名“古”）、《今后本报的路线》（署名“编者”）。

《中国目前的大问题》认为民为邦本，现在邦本——小民生活——动摇了，农村经济破产了，国家怎能安宁，社会怎能安定？文

① 古代（1931）:《禁用洋文》，载《民众周报》第 183 期，1931 年 7 月 12 日，第 1 页。该文在《民众周报》社论位置发表。我们据此判断本期《民众周报》为薛暮桥所编。同理，《本报告读者》虽未署名，但我们判断该启事系薛暮桥所撰。

② 古（1931）:《惩戒贪官污吏》，载《民众周报》第 184 期，1931 年 7 月 19 日，第 1 页。

③ 古代（1931）:《从低处到高处》，载《民众周报》第 184 期，1931 年 7 月 19 日，第 10 页。

④《本报告读者》，载《民众周报》第 184 期，1931 年 7 月 19 日，第 6 页。

章呼吁同胞为民众谋利益，为时代的先驱。[①]

《今后本报的路线》表示，周报将在此前基础上做如下改进：甲、《民众周报》是民众公开的园地。希望今后读者和民众说出要说的话，写出要写的文章，在报纸上发表。乙、明了民众生活真实状况，才能依照环境，对症下药。《民众周报》今后特别注意各地民众生活、社会状况，作为民众教育同志的参考。丙、以调查研究所得，要尽量报告民众的痛苦，尽量批评现代的政治，引导民众知道行使权利，了解三民主义的真谛。丁、每周选择重要的时事作深刻的评论。戊、登载普通常识如健康、生计、公民、科学等类文字。己、图画、摄影能引起读者的兴趣，每期要插入。庚、每期有小说、戏剧、漫谈、随笔等文艺作品，避免使读者感到枯燥无味。辛、多刊行专号，讨论社会问题及民众教育研究报告。[②]这是薛舆龄主编《民众周报》期间的主要做法。

**8 月 23 日**　所编《民众周报》第 186 期出版。在本期杂志发表《关于高等考试》(署名“古”)、《国富民穷的美国》(目录署名“雨霖”，内文署名“霖”)、《各国民歌拾零》(目录署名“雨霖”，内文署名“霖”)。

《关于高等考试》针对国民政府甄选人才的高等考试筹备数月，花费 87 万元印制试卷，仅仅招来 2 000 名考生，及格者 99 人，认为当局“最大的毛病——一个‘空’字”。文章表示考试不要以涂饰为工，要以选拔真才为是。[③]

---

① 古（1931）：《中国目前的大问题》，载《民众周报》第 185 期，1931 年 8 月 16 日，第 1 页。

② 编者（1931）：《今后本报的路线》，载《民众周报》第 185 期，1931 年 8 月 16 日，第 2—3 页。

③ 古（1931）：《关于高等考试》，载《民众周报》第 186 期，1931 年 8 月 23 日，第 1 页。这显然与薛暮桥 1931 年参加考试的经历有关（参见 1931 年 5 月 21 日条）。

《国富民穷的美国》指出美国现在是世界最富的国家，而美国劳工总会报告，到冬天预计失业人数达到 700 万。据此认为，要使全体民众富足，决不是单靠发展产业所能做到，要离开了资本主义，跑到民生主义的道路上才能成功。①

本期《各国民歌拾零》选译匈牙利《恋歌》、波兰《农夫与百灵》和德国《断环》三首民歌。译者所据底本为世界语《各国民歌歌曲集》。②

**8 月 30 日** 所编《民众周报》第 187 期出版。在本期杂志发表《哀我弱国无外交》（署名"古"）、《中国的恐慌，世界的恐慌》（署名"霖"）、《生物的生活》（目录署名"舆龄"，内文署名"薛舆龄"）、《各国民歌拾零》（署名"雨林"）。③

《哀我弱国无外交》就朝鲜的华侨被虐杀，而日本又硬指武官中村在东北被华兵所杀提出严重抗议条件，哀我弱国无外交，希望政府

① 霖（1931）:《国富民穷的美国》，载《民众周报》第 186 期，1931 年 8 月 23 日，第 4—5 页。

② 霖（1931）:《各国民歌拾零》，载《民众周报》第 186 期，1931 年 8 月 23 日，第 9—10 页。经查证，薛暮桥曾在《春假日记》中提及《各国民歌拾零》所据底本为世界语《各国民歌歌曲集》。参见黎明（1932）:《春假日记》，载《民众周报》第 213、214、215 期合刊，1932 年 4 月 20 日，第 17 页。薛暮桥曾回忆："（1932 年）旧历年后我写了一篇《伤兵医院服务十日记》，寄给南京《民众周报》接替我的编辑。他把这篇文章在《民众周报》发表了。"查核《民众周报》，对应的文章是第 213、214 期合刊所载的《伤兵医院服务三日记》一文，该文署名"黎明"。这表明"黎明"是薛暮桥的笔名之一。从该笔名及由这一笔名变化而来的"明"多次出现在《民众周报》社论判断，薛暮桥常用这两个笔名。

③ 薛暮桥主编《民众周报》期间，周报设有"一周大事记"栏目，作者或者不署名，或者署名"疯子"。这可能是薛暮桥所写。如第 188 期《民众周报》（参见 1931 年 9 月 6 日条）目录上有《日本滨口首相逝世》一文，署名"古"，但对应内容只是该期"一周大事记"中不足百字的"滨口逝世"条目。这表明"疯子"即"古"，而"古"正是薛暮桥。但目前我们只找到这一条证据。由于证据尚显薄弱，本书只提出这一有待研究的问题，未将这些署名"疯子"的"一周大事记"纳入年谱。

和同胞快快对付日本，政府负责任的人不要再关着大门打架了！[①]

《中国的恐慌，世界的恐慌》指出，中国近来水灾灾区 16 省，所淹多著名米麦产区。今年冬天明年春天，要有两万万人嗷嗷待哺，无法救济。而美国农务局报告棉花丰收引起各纺织中心的恐慌，棉花和棉纱价格猛跌，提议毁灭棉产三分之一，以维持市价，保障棉业。东欧各国因小麦年年丰收，无法销售，农民陷入恐慌之中。这三种恐慌产生同样的结果。[②]

《生物的生活》共计八节，前后四节各载本期和下期《民众周报》：一、觅食与自卫。认为生物的生活以“求生存”为唯一的中心。其求生方式可以概括为两大项：积极方面是觅食，消极方面是自卫。而觅食和自卫的方法，随生物种类不同而不同。二、互助。两个独立的生物相互依赖满足各自的需要，这种现象叫互助。如花和昆虫，蚂蚁和蚜虫。三、共生。生物生长在别种生物体内，同时替其房东做有用的工作作为报酬，这叫作共生。如豆类植物和根瘤细菌。四、寄生。生物生长在别种生物体内，但只吃饭不做工，使其房东受累无穷。这叫作寄生。如绦虫寄生在人的肠壁。五、团体生活。除了不同种类的生物相互依赖，还有的生物集合同类过团体生活。如苔虫。六、分工合作。蜜蜂和蚂蚁的团体生活格外复杂，其团体之中各个团员分担不同的工作，发生了同文明的人类社会类似的分工现象。七、保护色。弱的动物模仿所处环境的颜色形态，使敌人看不出来。最有趣的是木叶蝶的假冒行为。八、性生活。生物为求种族生存，必需生殖。植物花粉传布有风媒和虫媒两种。动物的性生活最显著的是

---

① 古（1931）:《哀我弱国无外交》，载《民众周报》第 187 期，1931 年 8 月 30 日，第 1 页。

② 霖（1931）:《中国的恐慌，世界的恐慌》，载《民众周报》第 187 期，1931 年 8 月 30 日，第 2 页。

昆虫类和鸟类。①

本期《各国民歌拾零》翻译意大利民歌《威尼斯船》。②

**9 月 6 日** 所编《民众周报》第 188 期出版。在本期杂志发表《自今以后》(署名“古”)、《当局者迷 旁观者清》(署名“霖”)、《生物的生活》(署名“舆龄”)。

《自今以后》对遭受水灾的五千万民众表示哀痛，希望当局者彻底觉悟，“用眼睛去看一看全民的痛苦”，“用耳朵去听一听全民的怨声”，“与其做千篇万篇文章，何如做一两件实事”。③

《当局者迷 旁观者清》认为革命政党领袖在野时总是名正言顺，理直气壮；一旦夺得政权，便一天到晚只想如何巩固地位，主义、政纲完全抛到九霄云外。德国社会民主党掌权多年，理想世界丝毫没有实现，只替德国造了几个新兴的大资本家和金融界的无冠帝王。最后失信于民众，政权只能拱手让人。英国工党的政纲是国外弱小民族和国内劳工的福音，但执政三年，对印度独立运动反用武力压迫，国内劳工也受经济恐慌影响，失业增加，实际工资暴跌。最近更是同保守党、自由党携手，组织混合内阁。当局者迷，旁观者清，这是一般政党领袖普遍存在的现象。④

**9 月 13 日** 所编《民众周报》第 189 期出版。在本期杂志发表《最后的奋斗》(署名“霖”)、《赈灾杂谈》(署名“霖”)、《人类的生活》(署名“舆龄”)、《水灾》(署名“黎明”)。

《最后的奋斗》认为，近来“天灾人祸，相荐以来；外患内忧，

---

① 薛舆龄(1931):《生物的生活》，载《民众周报》第 187 期，1931 年 8 月 30 日，第 6—8 页；《民众周报》第 188 期，1931 年 9 月 6 日，第 10—12 页。

② 霖(1931):《各国民歌拾零》，载《民众周报》第 187 期，1931 年 8 月 30 日，第 12 页。

③ 古(1931):《自今以后》，载《民众周报》第 188 期，1931 年 9 月 6 日，第 1 页。

④ 霖(1931):《当局者迷 旁观者清》，载《民众周报》第 188 期，1931 年 9 月 6 日，第 2 页。

接踵而起”，中华民族已经到了危急存亡之秋。苏俄和德国十年前所受苦痛比中国人民所身受有过之而无不及，但人民的觉悟使两国转危为安。以此向国人呼吁：“开始我们最后的奋斗！”[①]

《赈灾杂谈》批评治水空闹二三十年，而新的工程一项也未举办，旧的工程则一天天倒坏，以致酿成近年灾区十六省、灾民五千万的灾荒。这样的天灾非单靠政府所能救济，而人民中间有力量救灾的人数微乎其微，而他们能否慷慨解囊还是问题。[②]

《人类的生活》共计四个部分，第一至第三部分本期刊登，第四部分载第 190 期《民众周报》（参见 1931 年 9 月 20 日条）：一、人类是社会的动物。人生生死死于社会之中，人的经济、政治和两性三种活动结合起来形成人类社会。二、人类的经济生活。经济活动包括衣食住行等生活资料的生产、交换、分配和消费。生活资料的制造必须分工合作。在现代土地私有制下，农业经营有种种方式，法国多小规模的自耕农，英国多大地主和佃农，德国农民多把土地抵押给银行，成为徒具虚名的地主，美国多垦殖公司经营农业，苏俄奖励农民集体耕种，中国在英法之间，自耕农、半自耕农和佃农都很发达。工业将原料制成生活资料，其分工非常复杂。现代主要工业可分重工业和轻工业。交通事业也一天天发达，最重要的交通企业有独占性质，一部分归国家经营，一部分以特许制度归私人经营，受国家监督。资本主义经济逐渐发达，金融业逐渐取得经济活动指导地位。资本主义将人类分为资本家和劳动者两大阶级，这种不平等迟早有消灭的一天。三、人类的政治生活。太古时代家长是一切活动的指导者，无所谓政治生活。后来氏族征服产生贵族国家和封建国家。近代经济发展打破了狭小的政治组织，贵族政治和封建政治被现代民主制度代替。现代

① 霖（1931）：《最后的奋斗》，载《民众周报》第 189 期，1931 年 9 月 13 日，第 1 页。

② 霖（1931）：《赈灾杂谈》，载《民众周报》第 189 期，1931 年 9 月 13 日，第 3—4 页。本文在目录页署名“雨林”，文章标题错印为“赈杂灾谈”。这里根据正文记录。

民主制度下人民受政府的管理，政府受人民的监督，政府将治权通常分配在不同的机关。阶级的统治从历史和现在看均无可讳言，将来阶级对立消灭，真正的民有、民治、民享的民主政治才能实现。四、人类的两性生活。两性生活重要性不在经济生活和政治生活之下。通行的一夫多妻、一妻多夫和一夫一妻三种制度中，前两者不卫生、不道德，文明各国所采取的是一夫一妻制度。夫妇结合组成家庭。在百年前家庭是丈夫们过重的负担，妻子们的牢狱。妇女脱离愁苦的寄生生活一定要经济独立，自己养活自己。女子从事相当职业当然是好现象，但一面顾虑职业，又要照顾家庭，往往顾此失彼，精疲力尽。彻底改善人类两性生活，一定要办公共食堂、公共宿舍、育儿所、幼稚园，使妇女从家庭解放出来，同男子一样到社会上分担经济的和政治的工作。① 本文作为南京民教馆"生活小丛书"之一，同时独立成册出版。②

《水灾》为社会小说，写水灾中的村民金宝夜里愁虑着三轮大雨使收获蚕茧和稻米的希望破灭，而且为打水还欠了一屁股债。忽然听到锣声和人声，家门前的田岸倒了。按照日间在茶馆的约定，哪家门前的田岸倒了，大家就到他家坐吃。"金宝连忙翻身坐起，门外的水直涌进来。他急急忙忙在屋子里寻了一转，找不到堵水的东西；又伸首向门外看了一看，最后下死劲把那扇破旧的大门拉了下来，飞也似的跑了出去。"③

**9月20日** 南京民教馆召开第一次全体抗日会议。会上为东北殉难烈士静默三分钟。会议决定，组织南京民教馆反日宣传会，设计

① 舆龄（1931）:《人类的生活》，载《民众周报》第189期，1931年9月13日，第4—7页；舆龄（1931）:《人类的生活（续）》，载《民众周报》第190期，1931年9月20日，第5—6页。

② 我们未找到《人类的生活》单行本。这里根据《民众周报》第189期第7页所刊载的广告"本馆出版的生活小丛书"记载。

③ 黎明（1931）:《水灾》，载《民众周报》第189期，1931年9月13日，第7—8页。

反日陈列室；通电全国社教同志及国联中国代表。[①]

所编《民众周报》第 190 期出版。在本期杂志发表《养生送死》（署名“明”）、《一片和平统一声》（署名“雨林”）、《各国民歌拾零》（署名“雨林”），并续写完成《人类的生活》。本期《民众周报》随报附送南京民教馆同事捐资翻印的《所谓满蒙积极政策》（未署名）一书，编者称之为“送给大家一个好礼物！”。

《养生送死》批判国民党在内忧外患、人疲财乏时为谭延闿（1880—1930，曾任南京国民政府行政院院长）举行盛大国葬：“党国要人……戴月披星，亲临执绋”，“苏皖千万生灵，还比不上谭院长几块枯骨”，“真有生不如死之叹”。[②]

《一片和平统一声》表示“和平”与“统一”是老百姓最欢迎的两件事，但是从拥护和平统一的电报看，和平统一的希望似乎微乎其微了。[③]

《送给大家一个好礼物！》报告《所谓满蒙积极政策》是馆内同事用生活费翻印了几千册哈尔滨呼海铁路局寄来的《节译田中内阁对满蒙积极政策》，旨在“唤醒沉醉着的同胞的迷梦”，为国家生存和民族复兴而奋斗。[④]

本期刊载的《各国民歌拾零》收录法国民歌《客尼古山岭》和俄国民歌《溪畔》。《客尼古山岭》写“你山上的玫瑰，忧郁会把我笼罩；当我远居异国，想到了你的姣好”。《溪畔》写躺在溪流边草地上的失恋者，歌中写道：“溪儿，是你叫我，向你的底儿引诱？用你神

---

① 崔炎君（1931）：《本馆两月来之抗日救国工作》，载《民众教育月刊》1931 年第 10 期，第 93 页。

② 明（1931）：《养生送死》，载《民众周报》第 190 期，1931 年 9 月 20 日，第 1 版。

③ 雨林（1931）：《一片和平统一声》，载《民众周报》第 190 期，1931 年 9 月 20 日，第 3—4 版。

④《送给大家一个好礼物！》，载《民众周报》第 190 期，1931 年 9 月 20 日，第 12 页。

秘之力，把我拖入黑波？”[①]

**9 月 22 日** 南京民教馆召开反日宣传委员会第一次会议。赵光涛为会议主席。会议推举展览和宣传两部的负责人，确定宣传部工作大纲，指定编印宣传品由薛舆龄、胡超吾负责。决议通过后，即分头进行。[②]

**9 月 26 日** 江苏省立民众教育馆全馆职员参加南京市各界反日救国市民大会并游行，宣传队讲演并散发全体职员捐薪印刷的《所谓满蒙积极政策》。[③]

**9 月 27 日** 所编《民众周报》第 191 期“抗日运动专辑（一）”（合计五辑）出版。在本期发表社论《打倒日本帝国主义！》（未署名）、《异哉所谓革命的外交》（署名“雨林”）、《日本铁蹄下的满蒙条约》（目录署名“古哉”，内文署名“古”）。

《打倒日本帝国主义！》表示：“日本帝国主义不打倒，中华民族就不能生存，东亚和平就不能维持，势将造成第二次世界大战！”社论号召消灭内争，把全国兵力、武器、体力、财力集中起来，彻底打倒日本帝国主义。[④]

《异哉所谓革命的外交》称弱国外交以民气为后盾，青岛能够收回，是五四运动的结果，汉口英租界能够收回，靠的是激昂的民气。日本帝国主义的野心非抗议书所能抵御，也决不要梦想国际联盟的帮助。交涉胜利只有靠我们自己的力量，举国一致，厉行革命的外

---

① 《各国民歌拾零（续 188 期）》，载《民众周报》第 190 期，1931 年 9 月 20 日，第 11—12 页。

② 崔炎君（1931）：《本馆两月来之抗日救国工作》，载《民众教育月刊》1931 年第 10 期，第 93—94 页。

③ 同上书，第 94 页。

④ 《打倒日本帝国主义！》，载《民众周报》第 191 期，1931 年 9 月 27 日，第 1 页。

交。①

《日本铁蹄下的满蒙条约》指出甲午之战后，日本处心积虑锐意谋占南满、北满②和内蒙古东部地方，不断逼迫我国订立关于满蒙的条约。文章表列相关条约，作为研究参考。③

**9 月 29 日** 南京民教馆反日宣传委员会召开第二次会议，决定将委员会名称由“反日”改为“抗日”。④

**9 月下旬** 九一八事变后，在《民众周报》发表“反对不抵抗主义”社论。事后被馆长叫去，批评“不抵抗主义是国策，怎能反对”。不久宋庆龄在报纸发表批评“不抵抗主义”的文章，馆长又称赞他“有远见”。⑤

**10 月 4 日** 所编《民众周报》第 192 期出版。在本期杂志发表《民众自决》（署名“明”）、《求人不如求己》（署名“雨林”）、《甘地，开倒车》（署名“霖”）、《天文常识》（署名“舆龄”）、《世界的末日》（署名“浪花”）、《金镑被金元和法郎所屈服了么？》（目录署名“雨林”，内文署名“黎明”）、《各国俗谚拾零》（目录署名“浪花”，内文署名“霖”）。

《民众自决》认为，国民革命军统一中国虽然已经三年，但所谓统一，不过像国际和平一样，建筑在均势之上，均势破裂，内战便立刻发生。既然这样，还是调整我们自己的步伐。我们可以自动宣布对

① 雨林（1931）:《异哉所谓革命的外交》，载《民众周报》第 191 期，1931 年 9 月 27 日，第 3 页。

② “南满”与“北满”大致以松辽分水岭为界，是近代历史上帝国主义侵略中国的产物。1907 年日俄签署密约，划定“南满”“北满”为各自的势力范围。

③ 古（1931）:《日本铁蹄下的满蒙条约》，载《民众周报》第 191 期，1931 年 9 月 27 日，第 8—9 页。

④ 崔炎君（1931）:《本馆两月来之抗日救国工作》，载《民众教育月刊》第 10 期，1931 年 10 月，第 94 页。

⑤ 薛暮桥（1991）:《薛暮桥回忆录稿》，手稿，1991 年，薛小和藏。

日绝交。印度的抗英运动，未得到政府援助，居然使英帝国主义者寒心。我们要效法全印大会，组织全华抗日救国大同盟。中华民族前途的命运，只有让我们民众自己来解决。[①]

《求人不如求己》认为，过去的历史告诉我们，各国一切外交政策不过是谋自身的生存和发展。此次日军侵占辽宁、吉林骇人听闻。政府梦想着国际联盟的帮助，用人家的力量阻止日兵暴行。从报纸消息看，各国舆论多对我表示同情，而各国政府态度则模糊迟疑。预测各国方针，应充分分析各国对此次日军暴行的利害关系。英国在华利益集中在长江和珠江流域，日军不侵入长江和珠江流域，英国不会积极援助中国。美国的口号是门户开放，机会均等。因此，日本侵略中国，美国会说几句公道话。但美国对于日本视东北为属地早已默认，决不肯劳民伤财，叫日本把吃到的肥肉吐出来。苏俄为维持远东根据地海参崴的交通和中东眼前利益，日俄之间战云密布，但苏俄在远东的兵力过于单薄，恐怕远水难救近火。一旦两国宣战，苏俄苦心经营的五年计划势必功亏一篑。以这样大的代价去争夺中东路，苏俄是万万不肯的。结论是："记牢，靠人家是靠不住的。我们要收回辽吉，我们要保全满蒙，我们要继续维持整个民族的生存，只有靠我们自己！"[②]

《甘地，开倒车》认为："我总觉得甘地是一个宗教家，而不是一个革命家。"他领导印度民众的工具是宗教的热诚，不是革命的理论。非武力抵抗是否解放印度的最有效手段，未免使人怀疑。据说甘地在赴英途中每日纺纱。要用手工纺纱同英国机器竞争，未免忽视了时代的潮流。要解决旧式生产和新式消费的矛盾，决不能违反时代潮流使消费后退，只有打破帝国主义的束缚，使生产前进。甘地先生提

① 明（1931）：《民众自决》，载《民众周报》第 192 期，1931 年 10 月 4 日，第 1 页。

② 雨林（1931）：《求人不如求己》，载《民众周报》第 192 期，1931 年 10 月 4 日，第 2—3 页。

倡旧式生产，“这不是革命，这是开倒车”[①]！

《天文常识》将天空中的星星分为恒星、行星和卫星，三者关系如同祖孙三代，恒星是老祖父，行星是他的子女，卫星是他的孙子、孙女。随后分别写“地球的爸爸——太阳”“地球的女儿——月亮”“地球的兄弟姐妹——行星”“地球的伯叔们——恒星”“几种奇形怪状的旅客”（指彗星、流星和陨星）等。本文在第 197、198、199 期《民众周报》连载，并曾单行成册，列为民众常识丛书之一出版。[②]

《世界的末日》表示，世界末日的预言常常刺激着人们的心灵，科学家也在研究地球的未来命运。在种种理论中最使人注意的是：太阳是一个火球，它一点一点冷却，终于变成僵硬黑暗的死球。地球上的生物都依赖太阳的光和热生存，所以免不掉会随着太阳的冷却而逐渐死亡。[③]

《金镑被金元和法郎所屈服了么？》认为，英帝国的黄金时代已经过去了。战后各政府苦心焦虑研究英帝国的重兴计划，但收获只是

---

① 霖（1931）:《甘地，开倒车》，载《民众周报》第 192 期，1931 年 10 月 4 日，第 3—4 页。

② 舆龄（1931）:《天文常识》，载《民众周报》第 192 期，1931 年 10 月 4 日，第 4—5 页；《民众周报》第 197 期，1931 年 11 月 8 日，第 7 页；《民众周报》第 198 期，1931 年 11 月 15 日，第 8—9 页；《民众周报》第 199 期，1931 年 11 月 22 日，第 9 页。

③ 浪花（1931）:《世界的末日》，载《民众周报》第 192 期，1931 年 10 月 4 日，第 5—6 页。本期《各国俗谚拾零》在目录页署名“浪花”，正文则署名“霖”，二名显然系一人。据此判断，“浪花”是薛暮桥当时的常用笔名之一。这一判断与此前以笔名“霖”所译的《各国民歌拾零》正相衔接，进一步确证这一点。除了《民众周报》，“浪花”笔名还出现在其他期刊报纸，其中 1932 年《民众三日刊》尤其密集，内容多为大事记和时评，尚不清楚《民众三日刊》的实际编者，无法确定这些署名“浪花”的作品是否为薛暮桥所作。因此本书以存疑处理，未列入正文条目。在 1933 年《新秦先锋》上曾刊出署名“浪花”的长文，系薛暮桥在翻译陈翰笙笔名作品的基础上完成，而《新秦先锋》上还刊出陈翰笙所领导的国立中央研究院社会科学研究所工作人员的多种作品，我们据此确定该文作者为薛暮桥。（参见 1933 年 2 月 15 日条。）其余非《民众周报》发表的“浪花”作品有待进一步研究，均未纳入本书范围。

失败。现在非但失去了金融的王冠，金镑的市价也要靠金元和法郎维持。金镑将要被金元和法郎所屈服了。①

《各国俗谚拾零》收录译自拉丁文的 19 则谚语（如“人为生活而吃饭，不要为吃饭而生活”“在苦痛的时候，能保持着灵魂的安宁”“黎明是诗人的女友”“人的一生，永远是在希望之中”）和译自法语的 20 则谚语（如“最危险的水是死水”“星期五笑的，星期日要哭”）。②

**10 月 10 日**　所编《民众周报》第 193 期“抗日运动专辑（二）”出版。在本期杂志发表《凄风惨雨中的双十节》（署名“雨林”）、《当前准备的自救办法》（署名“古代”）、《十字街头》（小说，署名“黎明”）。

《凄风惨雨中的双十节》认为，最近三四个月，灾区十六省、灾民五千万的洪水未退，东北二十万平方里的土地建筑、二千万人民生命财产又在日本帝国主义铁蹄之下。在这生死存亡关头，我们要誓死反抗，我们要追随革命先烈，用推翻清政府的勇气来打倒日本帝国主义。③

《当前准备的自救办法》针对九一八事变如此严重，单是镇静呐喊无济于事。现在全国上下不求自救，唯一的办法还是“绝对不准抵抗”和“静待国联解决”。国际联盟的态度始终是站在帝国主义列强利益均势方面，绝对没有弱小民族伸冤余地。依赖列强解决日兵暴行，无异承认日本直接解决这个问题。在政府懦弱无能、只知道依赖外人援助、自己没有自救办法的时候，要靠民众起来自决。最重要的是，第一要作全国军事计划，第二谋全国经济计划，第三要筹全国教

---

① 黎明（1931）：《金镑被金元和法郎所屈服了么？》，载《民众周报》第 192 期，1931 年 10 月 4 日，第 6—8 页。

② 霖（1931）：《各国俗谚拾零》，载《民众周报》第 192 期，1931 年 10 月 4 日，第 9 页。

③ 雨林（1931）：《凄风惨雨中的双十节》，载《民众周报》第 192 期，1931 年 10 月 10 日，第 1 页。

育计划。一面彻底对日经济绝交，一面严厉监督政府。[①]

《十字街头》写的是由“武装同志”“西装少年”“摩登女子”三人组成的宣传队，借了一张凳子当临时讲台，在十字街口向有气无力的民众们讲演的故事。宣传队宣传“国家将亡，同胞快醒！”“亡国奴！”“不要买日本人的东西，不要卖东西给日本人；不要雇用日本人，也不要去替日本人做工！”，受到有气无力的民众们你一言我一语的质疑。宣传队员路上想着：“宣传工作一天难做一天，连那班老百姓也怀疑我们起来了！”[②]

**10 月 18 日** 所编《民众周报》第 194 期“抗日运动专辑（三）”出版。在本期杂志发表《抗日运动与工农群众》（署名“黎明”）、《谁是中华民国的主人》（署名“雨林”）、《国难临头，武力呢？外交呢？》（署名“古代”）。

《抗日运动与工农群众》认为，九一八事变以来，日本的侵略行动和中国的反抗行动日渐尖锐化，尤其在上海、汉口等地，大有重演五卅惨剧的趋势。在这严重的时期，痛哭怒骂不是应付的方法，标语口号的时期已经过去；此时要考虑的不是怎样去宣传，而是怎样去战斗，要扩大战线，充实武力，制止日本军阀暴行。过去三星期抗日运动的主力军只是少数青年学生，这样单薄的队伍不能担负如此重大的使命。我们要赶快扩大我们的战线，把广大工农群众立刻团结起来。[③]

《谁是中华民国的主人》针对日兵登陆的谣传中，曾痛骂政府怯弱的洋商买办采用不抵抗主义，拖着妻子箱笼逃避租界，爱国男儿也

---

① 古代（1931）：《当前准备的自救办法》，载《民众周报》第 193 期，1931 年 10 月 10 日，第 3—4 页。

② 黎明（1931）：《十字街头》，载《民众周报》第 193 期，1931 年 10 月 10 日，第 8—10 页。

③ 黎明（1931）：《抗日运动与工农群众》，载《民众周报》第 194 期，1931 年 10 月 18 日，第 2—3 页。

托庇帝国主义保护，提出中华民族的生命全在只有一双空手的贫苦民众肩上。“我们是无所顾虑，我们也无法逃避，我们只有挽着手儿奋勇前进！”[①]

《国难临头，武力呢？外交呢？》指出，九一八事变以来，政府和舆论未见筹谋确定紧急有效的办法。过去三十年来日本对“满蒙”积极侵略政策处心积虑，过去的侵略事实，无一件不是触目惊心的印象，但年复一年，卧薪尝胆、背水一战的五分钟热度就降低在零度了。暴日看到了我们的弱点，便不客气进兵，如入无人之境。我们过去向国联的呼吁，注定是要失败的。唯一办法是唤起民众抗日运动。但平时对民众镇压摧残，紧急时候民众决不能马上爆发。在一国受到侵略时，只有两个办法，不是用武力，便是用外交。如果没有军事准备，又不能武力抵抗，只能亡国。土耳其和德意志在国际冲突中利用革命外交获得成功，是我们革命外交的好榜样。如果再进一步，对日经济绝交，则日本经济势必恐慌，社会不安，成为革命外交的后盾。军事上说一旦对日开战，以五敌一，中国必胜。[②]

**10 月 25 日** 所编《民众周报》第 195 期“抗日运动专辑（四）”出版。在本期杂志发表《忙于对人，忽于对事》（署名“明”）、《日本暴力侵占东北之经济的背景》（署名“雨林”，参见 1931 年 10 月条）、《日本暴力侵占东北之面面观》（署名“古代”）、《怎样应付国难》（署名“清辉”）、《抗日声中中俄复交谈》（署名“黎明”）、《少爷请愿小姐兵》（署名“浪花”）。

《忙于对人，忽于对事》针对胡汉民到上海后通电各方，指出其

---

① 雨林（1931）：《谁是中华民国的主人》，载《民众周报》第 194 期，1931 年 10 月 18 日，第 3—4 页。

② 古代（1931）：《国难临头，武力呢？外交呢？》，载《民众周报》第 194 期，1931 年 10 月 18 日，第 4—7 页。目录页的本文标题为“国难当头：武力呢？外交呢？”，这里采用内文的标题。

中的“忙于对人，忽于对事”两句，的确是过去不和平、不统一最重要的原因。文中以“万流同归的总理”为例，指出纪念周的庄严隆重无以复加，陵园工程浩大，见者咋舌，而其主义多少已经实现？手定的政纲和实业计划，有几分之几已经完成？对人之忙，对事之忽，于此可见一斑。①

《日本暴力侵占东北之面面观》认为，我们不仅不能希望国联援助，而且要揭破其假面目。现在的世界求援于人毋宁求援于己。最近十余年间，太平洋能维持武装和平，依靠的是列强的均势。据此判断，中日战争发生，足以挑拨世界大战，牺牲最大的是中国民众。在此情势之下，纵不免悲惨的流血，但中华民族将随日本帝国主义的没落取得解放的前途。②

《怎样应付国难》指出：“我同胞于此危急存亡之秋，有两点切不可不注意：第一，认为东三省是地方的事。若说可以不管，无异手足已去，仍说生命无妨的呆话。第二，认为此事是政府的事，我们人微言轻，事事都不必问，问也问不了。要知政府不过是我们的公仆，代替我们行使义务的代理人；如我们做主人的不去管，不去问，他们还有什么办法？现在救亡的策略，不外教育救国、科学救国、读书救国。而现在是一个什么时候，我们要用什么方法去挽救，岂止学生要出来呼喊，全体民众都要喊，再说教育救国，来不及，科学救国也来不及，读书救国更来不及了！”文章呼吁：“把全国军人集中起来，政治人材集中起来，看看好河山能不能扶转来？看看四百兆黄帝后

---

① 明（1931）:《忙于对人，忽于对事》，载《民众周报》第 195 期，1931 年 10 月 25 日，第 1 页。

② 古代（1931）:《日本暴力侵占东北之面面观》，载《民众周报》第 195 期，1931 年 10 月 25 日，第 6—8 页；古代（1931）：《日本暴力侵占东北之面面观（二）》，载《民众周报》第 196 期，1931 年 11 月 1 日，第 6—8 页。

裔，是不是该长埋地狱？中国！中国！怒吼吧！”①

《抗日声中中俄复交谈》认为，要打破目下中国外交孤立的局面，中俄复交是值得研究的问题。中国全力讨赤、苏联五年经济计划没有完成时，要得到苏俄实力援助近乎梦想。但中国与苏俄签订互不侵犯的保安条约并非完全不可能。而中俄邦交恢复，能使日本政府感到重大威胁。而英美各国会大起恐慌，不得不变更袖手旁观态度，这比派代表到国联哭诉有力几十（上）百倍。②

《少爷请愿小姐兵》表示，昨天读了赴京请愿的某大学生写给（邹）韬奋的公开信，感到开头“全沪学生赴京请愿的一举失败了。蒋主席真有办法，迫我们回来”部分有加以修正必要。第一，“全沪学生赴京请愿的一举失败了”，应改为“全沪学生赴京请愿的一举成功了”。他们出发之前慷慨激昂，高叫“风萧萧兮荻港寒，不达目的兮誓不还”，现在太太平平回到上海，当然是目的已达，不是成功是什么呢？第二，“蒋主席真有本领，迫我们回来”，应改为“蒋主席真宽大，放我们回来”。赴京学生奋勇直前，义无反顾，轻轻一迫，当然不会迫回来的。而末尾一句“我们往南京走了一趟，对于国民政府及蒋主席有比较深切的认识”下，最好再加一句“而且，我们还学会了不抵抗主义”。③

**10 月**　在《民众教育月刊》发表《从经济的背景上来观察

---

① 清辉（1931）：《怎样应付国难》，载《民众周报》第 195 期，1931 年 10 月 25 日，第 2—3 页。本文开头写道：“九月十八日东省之变，这事的不能忍，不能让，不能镇静，我已于本刊一九三期说过。”第 193 期《民众周报》对应的文章为署名“古代”的《当前准备的自救办法》一文，而“古代”是薛暮桥当时常用的笔名，据此判断，“清辉”是薛暮桥的另一笔名，《怎样应付国难》为薛暮桥所作。

② 黎明（1931）：《抗日声中中俄复交谈》，载《民众周报》第 195 期，1931 年 10 月 25 日，第 8 页。内文标题为“抗日声中俄复交谈”，显有字词遗漏。这里根据目录页记载。

③ 浪花（1931）：《少爷请愿小姐兵》，载《民众周报》第 195 期，1931 年 10 月 25 日，第 8—9 页。

九一八事件》(署名“薛舆龄”)。文章认为，南满铁道会社在东北的投资超过四万四千万元，经营铁道、海运、矿山、森林、钢铁、农业、畜牧等种种事业，目的是效法 19 世纪初期英国的东印度公司，用经济力量并吞东北数省。但现在我国铁道政策和殖民政策在东北进行，使南满铁道会社掌握的经济霸权根本动摇，于是日本进一步以武力为后盾侵占东北。这是日本帝国主义在明治维新以来一贯的大陆政策，历次中日争端都起于经济利害冲突，决不是条约上的主权问题，更不是公理正义问题。文章建议认清这一背景，用大陆封锁政策对抗日本大陆侵略政策。文章还分析了中国抗日运动的经济背景，指出中国近百年来被先进国打得门户洞开，旧有封建组织如摧枯拉朽般迅速崩溃，而资本主义经济组织被不平等条约束缚，在这样青黄不接中，中国经济失去独立性，成为帝国主义的附属物。在这种变相的经济组织之中，旧的统治者——封建地主已失去支配权，新兴的资产阶级则受外国资本压迫，不能取得统治地位。加以政治上还保存着形式上的独立，帝国主义不得不借助部分华人达到侵略目的。于是军阀、官僚靠帝国主义获得政治统治权，洋商买办借助帝国主义变成经济上的支配者。我们不能希望军阀、官僚、洋商、买办推翻帝国主义统治，他们不会参加抗日运动，还反抗、镇压抗日运动，至少唱唱催眠曲以维持支配地位。国内资产阶级可以从经济绝交获得发财机会，但他们以维持和平为抗日界限。封建地主一部分成为帝国主义的间接工具，其余的在高利贷者压迫下奄奄待毙。他们麻木不灵，在抗日声中十二万分“镇静”。一般商人雇员伤心国难，而不敢抛弃一切，终于是忧郁、因循。经济组织的最下层工农群众感觉不如青年学生敏锐，但他们受到重重压迫，反抗的热情比谁都高，勇气比谁都强。他们什么都没有，所以什么都不用顾虑。在进攻时他们将站在最前线，在退却时也将成为最后的死守者。青年学生被热情驱使，常常成为革命运动的第一个觉醒者，但没有经济背景的斗争，经不起狂风暴雨，一到生死关头，大部分将动摇躲避，各自跑到自己的队伍中去。所以，在此次抗日运动中，一部分人抗日，一部分人旁观，一部分人媚外。[①] 本文两个部分还曾独立成篇，以《日本暴力侵占东北之经济的背景》《从经济的背景上来观察九一八事件》为题，发表在《民众周报》第 195、196 期上。

**11 月 1 日** 所编《民众周报》第 196 期“抗日运动专辑（五）”出版。这是“抗日运动专辑”的最后一辑。在本期杂志发表《不可思议的中华民族》（署名“明”）、《抗日运动之经济的背景》（署名“雨林”，参见 1931 年 10 月条）、《暴日侵占东北之面面观（二）》（署名“古代”，参见 1931 年 10 月 25 日条、1931 年 10 月条）和《〈谈谈检查日货事件〉附记》（署名“霖”）。

《不可思议的中华民族》表示：“在不能了解我们‘泱泱大国之风’的外国人眼光中看起来，中华民族真奇妙到不可思议了！”国际联盟只是一个较永久的国际会议，假使没有得到全体代表一致同意，毫无强制任何国家服从的权力。而派驻国联的中国代表在议案没有提出时，即表示服从，这是任何国家代表望尘莫及的。英法报纸对国联理事会结果充满悲观论调，美国官场也表示失望，中国的京粤代表却感谢国联主持公道。“国联没有能力制止日本暴行，吃亏的是中国；现在中国自己都已经满意，他们旁观人还要出来打抱不平，那也未免太喜欢多事了！”[②]

《〈谈谈检查日货事件〉附记》表示，过去检查日货弊端百出，是抗日史中最可痛心的事情。了愿先生在《谈谈检查日货事件》一文所主张的各点应当努力纠正，但公卖日货一层还应当列上三个条件：

---

① 薛舆龄（1931）：《从经济的背景上来观察九一八事件》，载《民众教育月刊》，1931 年第 10 期，第 27—31 页。

② 明（1931）：《不可思议的中华民族》，载《民众周报》第 196 期，1931 年 11 月 1 日，第 1 页。

1. 公卖日货，须逐件加盖抗日委员会戳记，以防假冒。2. 价格不宜过低，否则将使民众留下日货低于国货的错误印象。3. 货价不能按成本全部发还，最多只能发还一半。余款充抗日基金。[①]

**11 月 8 日** 所编《民众周报》第 197 期出版。在本期杂志发表《醒得太早了》（署名“明”）、《经济战争的防御线》（署名“雨林”）、《静候国联的吩咐》（署名“古代”）、《天文常识》（续，署名“舆龄”）、《各国俗谚拾零》（署名“浪花”）、《李代桃僵》（剧本，署名“黎明”）等。

《醒得太早了》认为，民众教育所负的责任是唤起民众，叫民众由睡而到醒，由静而到动。民众醒起来了，动起来了，而党国要人却调转篷来主张镇静，名人学士弹起“教育救国”“读书救国”“科学救国”“实业救国”等催眠曲来。“再睡一刻儿罢！你们醒得太早了，我们还没有准备好呢！”文章援引大禹治水的比喻，指出要导河入海，如果断河塞流，足以酿成洪水泛滥的大灾，决不是治国安民的良策。[②]

《经济战争的防御线》表示，“得过且过”心理在“息事宁人”的一般大人先生们胸中复活起来。新鲜的标语看不到了，游行演讲也已经寥若晨星。轰轰烈烈的抗日运动似乎又到了落潮时期。为了避免“五分钟热度”的耻辱重演，有必要趁热血未冷，重新整顿战线。目前请求政府出兵丝毫没有希望了，民众所能做到的只有经济战争，巩固防御战线，使日本的商品和资本不能侵入。怎样能使排货运动日渐严密？ 1. 商人自动不卖日货。2. 抗日委员会禁卖日货。3. 组织店员组合拒卖日货。怎样才能使日本在华企业全部破产？工人，尤其是日

---

① 了愿（1931）：《谈谈检查日货事件》，载《民众周报》第 196 期，1931 年 11 月 1 日，第 10 页；霖（1931）：《〈谈谈检查日货事件〉附记》，载《民众周报》第 196 期，1931 年 11 月 1 日，第 10 页。

② 明（1931）：《醒得太早了》，载《民众周报》第 197 期，1931 年 11 月 8 日，第 1 页。

本工厂中的工人是天生的抗日运动者。只要他们的生活有保障，他们立刻可以解除日本人的雇约，做最勇敢的先锋。为摧毁日本在华企业，赶快把日本工厂中的工人组织起来。指挥的统一也是必要条件。文章建议赶快组织全华抗日救国大同盟，做经济战争的最高指导机关。①

《静候国联的吩咐》针对国联理事会通过关于“满洲事件”的五个议案，统治阶级以镇静主义“静候国联的吩咐”，讽刺“好了，一切平静无事，镇静主义实现了。学生在读书，工人在做工，商人在经商，农人在耕作（本来大多数农人就不明了这回事），公务人员在办公（并不参加救国运动）。依旧是 9 月 18 日以前的和平镇静状态，只是中华民国地图上缺了一块领土——我们的东三省”②！

《各国俗谚拾零》是《民众周报》第 192 期所载同名专栏继续，收录 70 则德国谚语，如“不会服从，不能命令”“静默不一定是承认”“多学，少说，静听一切”“红日当天，星月无光”。③

《李代桃僵》以 1926 年冬北伐战争期间的某省会为背景，“浪漫女子”“富于热情的革命青年”“秘密侦探队队长”为主角，写侦探队长在追求浪漫女子过程中获得革命青年的情报，并将其逮捕入狱。浪漫女子得知情况痛苦万分，设法入狱将革命青年换出。在庭讯过程中，警察惊慌失措跑上来，报告“不好了，外面乱党打进来了”，女子呼：“革命！革命！”幕布急落，幕后是杂乱的叫喊声，夹着阵阵

① 雨林（1931）:《经济战争的防御线》，载《民众周报》第 197 期，1931 年 11 月 8 日，第 2—3 页。

② 古代（1931）:《静候国联的吩咐》，载《民众周报》第 197 期，1931 年 11 月 8 日，第 4—5 页。

③ 浪花（1931）:《各国俗谚拾零（续 192 期）》，载《民众周报》第 197 期，1931 年 11 月 8 日，第 9 页。

国民革命的歌声。[1]

**11 月 15 日** 所编《民众周报》第 198 期出版。在本期发表《一一一六以后》(署名“霖”)、《国难声中农民应有的认识》(目录署名“天航”，内文署名“航”)、《死得太冤枉了》(署名“黎明”)、《天文常识》(连载，署名“舆龄”)、《各国俗谚拾零》(目录署名“浪花”，内文无署名)和《李代桃僵》(连载，参见 1931 年 11 月 8 日条)。

《一一一六以后》针对政府除了向国际联盟哭诉和等候必然无效，“希望我们贤明的革命政府，赶快调转头来，换一条路走走”[2]！

《国难声中农民应有的认识》表示，农民在和平、坚忍、镇静的外衣下堆积着无限的伤心、悲哀、苦痛。文章认为，农民不但是国家的基础，也是革命的基础，是救国的唯一主力军。末尾号召农民团结起来，督促政府向日宣战。[3]

《死得太冤枉了》针对九一八事变后抗日标语贴过了，口号叫过了，日货检查过了，义勇军救护队组织过了，游行、演讲、通电、请愿应有尽有，结果日本帝国主义既没有被打倒，日兵暴行范围却一省省扩大，部分热血青年在日暮途穷、四顾苍茫时愤而自杀，指出这样未免死得太冤枉了。党国诸公不会因此感动悔悟，日兵不会因此撤退。热血青年何不到工厂里去，制造革命的战士；到田野中去，培植革命的武力。[4]

《各国俗谚拾零》继续选译各国谚语，收录 24 则英国谚语（如

① 黎明（1931）:《李代桃僵》，载《民众周报》第 197 期，1931 年 11 月 8 日，第 11—12 页；《李代桃僵》，载《民众周报》第 199 期，1931 年 11 月 22 日，第 11—12 页。

② 霖（1931）:《一一一六以后》，载《民众周报》第 198 期，1931 年 11 月 15 日，第 1 页。

③ 航（1931）:《国难声中农民应有的认识》，载《民众周报》第 198 期，1931 年 11 月 15 日，第 6—7 页。

④ 黎明（1931）:《死得太冤枉了》，载《民众周报》第 198 期，1931 年 11 月 15 日，第 7 页。

“言语只是叶，行动才是果”“一克的实用，抵得上一千克的理论”）、6 则拉丁文谚语（如“救济忘恩负义的人是侮辱上帝”）、7 则俄国谚语（如“一个烂南瓜，会损坏十个好南瓜”“忍耐和努力能穿过一切”）。①

**11 月 22 日** 所编《民众周报》第 199 期出版。在本期发表《最后的希望》（署名“霖”）、《国人对于日本此次提出五项要求应有之认识》（署名“天航”）、《中国人的“例外”》（署名“天航”）、《冲动》（署名“航”）、《血！血！血！》（署名“航”）、《天文常识》（连载，署名“舆龄”）、《枫叶》（署名“清辉”）、《李代桃僵》（续完，署名“黎明”）。

《最后的希望》指出，中华民族的盛衰存亡，独揽政权的中国国民党应负严重的责任。中华民族已经到了生死关头，中国国民党也到了生死关头，“认清你们对党对国所负的重大责任！”②

《国人对于日本此次提出五项要求应有之认识》认为，日本国际地位提高与其说是均势的胜利，毋宁说是外交的胜利。日俄战争中日本胜利的基础是英日同盟；此次日本出兵东三省，是看定列强的弱点趁火打劫。目前日本永久占领的计划已一步步准备妥善。为保证其结果，向国际联盟提出五项条件，要求中国承认：（一）否认相互之侵略政策及行动。（二）尊重中国领土之保存。（三）彻底地取缔妨害相互之通商自由及煽动国际的憎恶之念之有组织的运动。（四）对于满洲各地之帝国臣民之一切平和的业务，予以有效的保护。（五）尊重帝国于满洲之条约的权利。文章指出，关于第（一）项，中国从未侵略日本，安可谓之相互之侵略呢？关于第（四）项，日侨不但在东三省，且在其他各处有安全妥善的保障。第（三）和第（五）项是日本

---

① 浪花（1931）：《各国俗谚拾零》，载《民众周报》第 198 期，1931 年 11 月 15 日，第 7—8 页。

② 霖（1931）：《最后的希望》，载《民众周报》第 199 期，1931 年 11 月 22 日，第 1 页。

人的主要目的所在。如承认第（五）项，日本并吞满蒙政策便得到了保证，这一条是用外交手段保证这次武力侵略。第（三）项则更为深刻。如此一来，中国国内一切爱国行动，日本都可以据此请求取缔，直接干涉中国内政，是用外交将武力侵略转变为政治侵略，也是实现第（四）项的初步。为保全东三省，保证中日邦交，政府应抱定重新改订中日间一切不平等条约为平等条约的目标。最低限度，否认中日间一切不合法的条约。①

《中国人的“例外”》指出，在沉寂镇静、充满了死意的空气里发生两件例外的事情值得纪念和介绍。一是中国青年萧公典（译音）在沈阳以北的开原城内撕去日军告示并散发反日传单，被日军捕去后，10 月 5 日枪决。二是北洋大学工学院王院长宣告绝食，以死谏当局，请精诚团结，一致对外。文章对王院长所采取的办法未表赞同。因为在权利欲海里，稀薄微弱的祈祷不会发生什么效果。中国根本是不需要甘地的。当然，“我们对于王院长固然要表示敬意，但是我们却要努力做第二个萧公典，第三个萧公典……啊”②！

《冲动》认为，人是感情的动物，容易冲动兴奋起来。因为容易冲动，所以冲动也容易消失。爱国运动若纯粹建筑在冲动上面，不特无益，反可误国。所以真正的爱国者应具备三个条件：（一）热的血；（二）冷的眼；（三）清醒的头脑。③

《血！血！血！》认为，日本以武力占领东三省，是抱着牺牲精神，以热血换取我们的疆土。我们要收回河山，也只有用热血换回

---

① 天航（1931）：《国人对于日本此次提出五项要求应有之认识》，载《民众周报》第 199 期，1931 年 11 月 25 日，第 4—5 页。

② 天航（1931）：《中国人的“例外”》，载《民众周报》第 199 期，1931 年 11 月 25 日，第 7 页。

③ 航（1931）：《冲动》，载《民众周报》第 199 期，1931 年 11 月 25 日，第 6 页。

来。我们抗日的唯一办法，便是“血的对流”。[①]

《枫叶》为新诗。诗中写道：“天风吹来一叶丹枫，是人间仍有温情。不然这宇宙之大，何独落我手中？红枫洒满栖霞，我不曾一去会她；坐失这天然美遇，教我如何对得住她？”[②]

**12月6日**　在《民众周报》第201期发表《国难声中青年学生应有的觉悟》（署名“霖”）一文，对当时学生抗日救国运动中的一些现象提出批评。文中说：“从报章上看起来，这两月来学生的抗日救国运动，倒也慷慨激昂，有声有色；可是你假使走近去把这假面具揭开，仔细认认他们的本来面目，那真是叫人哭笑不得！他们骂政府不统一；可是他们自己开起会来，一般是溜的溜，逃的逃，叫的叫，骂的骂，甚至还要动手演全武行！东至京沪，西至武汉，北至北平，南至广州，各大学所演的抗日怪剧，救国怪剧，我们都已见过、听过；几乎没有一处不是替中华民国丢脸，没有一处不是替大和民族增光！假使你们要抗日，要救国，那就非要彻底的觉悟不可！”[③]

**12月20日**　所编《民众周报》第203期出版。在本期发表《扶植青年的牺牲》（署名“明”）、《生死关头告各界同胞》（署名“天航”）、《裁减军备之回顾》（署名“雨林”）。

《扶植青年的牺牲》针对官方所谓“培植一根树苗，要费几根大木头，四面支撑住它；培植一个青年，要牺牲几个成年人，四面去扶

---

① 航（1931）：《血！血！血！》，载《民众周报》第199期，1931年11月25日，第6页。

② 清辉（1931）：《枫叶》，载《民众周报》第199期，1931年11月25日，第12页。

③ 霖（1931）：《国难声中青年学生应有的觉悟》，载《民众周报》第201期，1931年12月6日。薛暮桥曾经谈过，当时蒋介石召开国民党中央全会，南下学生前去请愿，蒋派蔡元培、蔡廷锴出面与学生对话。几十个过左的学生前去骂了“两蔡”，企图用武，被军警驱散。“两蔡”在群众中有威信，第二天各报就改变态度，责怪南下学生，蒋就勒令学生回北平了。参见薛暮桥（1991）：《薛暮桥回忆录稿》，手稿，1991年，薛小和藏。

植他”，表示这种扶植方法只适用于公子千金，而“我们自恨命薄，决不敢仰仗大人先生们来扶植；同时希望名人学士们为国珍重，不要徒然做扶植青年的牺牲”①！

《生死关头告各界同胞》指出，目前国家处于危急之中。全国同胞要从死里逃生，惟有努力挣扎，挣扎是我们最后的权利，惟有挣扎，方能化险为夷。文章号召：“同胞们！不要恐惧，不要怯敌！更不要不信我们自己！”②

《裁减军备之回顾》就国际联盟将在次年2月召开的裁军会议指出：“我们要推测这防止第二次世界大战的最后挣扎能否成功，实有检点十年来裁军运动的成绩的必要。”文章指出，英国、美国和日本海军在太平洋的竞争日趋尖锐。针对日本势力的抬头，美国联合英国，努力打破日本独占远东的企图，重新确立太平洋上的均势。这是华盛顿会议的内幕。这次会议限制了各国的主力舰数量，各国遂发展补助舰。其中日本补助舰（尤其是潜水艇）发展最快。于是有1927年6月的日内瓦军事会议，但会议不欢而散。1930年英国召集伦敦会议，日本在会上提出英、美、日三国补助舰分配比例，并坚决反对废止潜水艇。日本军方对日本政府在会上的让步非常不满，猛烈攻击，使会议几乎再次失败。会议之后法国和意大利加快海军扩张，英国在地中海到印度洋的航线受到威胁，无法控制东方殖民地。如果英国加入海军竞争，则日本和美国也将扩张军备。伦敦海军协议等同废纸，且成为热烈的军备竞争导火索。国际联盟召开过一连串会议，但从未得到满意的结果。文章末尾引用最近的电讯，暗示会议难有

---

① 明（1931）：《扶植青年的牺牲》，载《民众周报》第203期，1931年12月20日，第1页。

② 天航（1931）：《生死关头告各界同胞》，载《民众周报》第203期，1931年12月20日，第5—6页。

结果。[①]

**本年** 在南京民众教育馆期间，出版《天文常识》《生物常识》两本小册子。[②]

① 雨林（1931）：《裁减军备之回顾》，载《民众周报》第 203 期，1931 年 12 月 20 日，第 7—9 页。

② 薛暮桥（1996）：《薛暮桥回忆录》，载《薛暮桥文集》第二十卷，北京：中国金融出版社，2011 年，第 29 页。我们没有找到这两本小册子。有学者提及，1931 年江苏省立南京民众教育馆出版书籍百余种，其中包括“常识小丛书”。《天文常识》和《生物常识》均为该丛书而写。参见伍卓琼（2009）：《浅论民国时期民众教育馆的出版事业》，载《黑龙江史志》，2009 年第 23 期，总第 216 期，第 150—151 页。

## 1932年

**2月** 经王寅生、钱俊瑞、张锡昌介绍[①]，到国立中央研究院社会科学研究所[②]社会学组担任调查员[③]。在所中结识孙冶

① 《薛暮桥写给宋任穷并报中央组织部的信》，手稿，1982年11月18日，薛小和藏；薛暮桥（1996）：《薛暮桥回忆录》，载《薛暮桥文集》第二十卷，北京：中国金融出版社，2011年，第35页。在前种文献中，薛暮桥没有提到王寅生的名字，在后种文献中提到。考虑到当时王寅生是陈翰笙的主要助手，而且两人为江苏省立第三师范学校同学，年龄接近，我们采用了《薛暮桥回忆录》的说法。

② 国立中央研究院社会科学研究所于1928年创办，所长由杨端六担任，1929年起改由院长蔡元培兼任。研究所下设四个组：民族学组，蔡元培兼主任；社会学组，主任陈翰笙；法制学组，主任王云五；经济学组，主任杨端六。1931年9月，国立中央研究院社会科学研究所位于南京钦天山（今北极阁）东南麓的新大楼建成，于是由上海福开森路（今武康路）378号迁入南京新所舍。1932年4月，民族学、社会学、法制学、经济学四组取消，改专任研究员作为从事研究工作的单位。蔡元培无暇兼顾所务，改由中央研究院总干事杨杏佛兼任该所所长。参见高平叔（1998）：《蔡元培年谱长编（下册）（1）》，北京：人民教育出版社，1998年，第553页。陈翰笙本人和“中国农村派”成员的多部回忆录均称陈翰笙曾担任中央研究院社会科学研究所副所长，实际上中央研究院当时并无这一职位。1945年孙冶方所写的《整风自传》明确指出，当时陈翰笙为中央研究院社会科学研究所社会学组主任，应以孙冶方的说法为准。参见薛暮桥（1996）：《薛暮桥回忆录》，载《薛暮桥文集》第二十卷，北京：中国金融出版社，2011年，第35页；秦柳方（1996）：《当代理论工作的楷模》，载《陈翰笙百岁华诞集》，北京：中国社会科学出版社，1998年，第27页；孙冶方（1945）：《整风自传》，载《孙冶方文集》第3卷，北京：知识产权出版社，2018年，第269页。

③ 薛暮桥在回忆录中说，当时他是编外人员，用办公费支付工资。参见薛暮桥（1996）：《薛暮桥回忆录》，载《薛暮桥文集》第二十卷，北京：中国金融出版社，2011年，第37页。

方。[①] 在社会学组主任、专任研究员、共产国际秘密党员陈翰笙[②] 博士的指导下，开始从事农村经济调查研究。当时陈翰笙已经进行无锡和保定农村经济调查（与北平社会调查所合作），薛雨林（当时所用名）参加了两次调查的资料整理工作。[③] 无锡调查报告为《无锡的土地分配与资本主义的前途》，当时未公开发表，原稿未能传世；保定调查报告没有

---

① 1927—1928 年陈翰笙在苏联做访问研究时，孙冶方在莫斯科中山大学从事翻译工作，两人在苏联相识。孙冶方返回上海后曾去找过陈翰笙，并得以认识钱俊瑞等人。1931 年 1 月，孙冶方被捕，随后由钱俊瑞交保释放，到中央研究院社会科学研究所做临时雇员，从事抄写剪报等工作。孙冶方与薛暮桥相识于社会科学研究所，时间应即薛暮桥到研究所工作的时间，据此判断为 1932 年 1 月。参见孙冶方（1945）:《整风自传》，载《孙冶方文集》第 3 卷，北京：知识产权出版社，2018 年，第 269 页。

② 陈翰笙（1897—2004），原名陈枢，江苏无锡人。20 世纪中国著名社会学家、经济学家、历史学家和社会活动家。1921 年获美国波莫纳文理学院学士学位，1924 年获德国柏林大学博士学位，同年应邀任北京大学史学系教授。1926 年由李大钊介绍秘密加入共产国际（1935 年转入中国共产党）。1927 年在农民国际下设的国际农村研究所（International Agrarian Institute）任研究员。1929 年任中央研究院社会科学研究所社会学组主任，发起并组织一系列中国农村经济实地调查，为 20 世纪 30 年代中国左翼经济学派“中国农村派”奠基人，王寅生、姜君辰、钱俊瑞、张锡昌、张稼夫、孙冶方、薛暮桥、陈洪进等人正是在参加由他主持的农村经济研究过程中成长为经济学家。1933 年 12 月，他发起的中国农村经济研究会（1932—1951）完成立案手续，陈翰笙始终担任该会理事会主席。在学术研究的同时，他还卓有成效地从事地下革命工作。1936 年至 1939 年在纽约任太平洋国际学会研究员（Research Associate）、《太平洋事务》（*Pacific Affairs*）季刊编辑，参加创办《美洲华侨日报》。1939 年赴香港协助宋庆龄从事国际工业合作运动，任中国工合国际委员会执行秘书，以及新华通讯社香港分社《远东通讯》（*Far East Bulletin*，英文半月刊）总编辑。1946 年，受周恩来委托担任中共在美工作小组领导小组顾问，指导成立“留美科学工作者协会”。1951 年回国后，历任外交部顾问、国际问题研究所副所长、中国社会科学院顾问等职务，1955 年当选中国科学院哲学社会科学部学部委员。著有《封建社会的农村生产关系》《中国现代土地问题》《南亚农业区域》等著作，在社会学、经济学、历史学等多个领域有杰出贡献，晚年自认经济史学家。

③ 范世涛（2020）:《陈翰笙与国立中央研究院无锡农村经济调查》，载《中国经济史研究》，2020 年第 5 期，第 165—192 页；范世涛（2019）:《陈翰笙、〈农村中国〉和中国农村派的国际化：全球视角的经济思想史研究》，载吴敬琏主编《比较》第 105 辑，2019 年第 6 期，第 208—225 页。

完成，后张培刚使用调查资料并补充调查，完成《清苑的农家经济》一文。在研究所期间，薛雨林除了整理无锡、保定农村经济调查资料，还阅读大量马克思主义作品[①]，参加陈翰笙组织的抗日爱国活动。[②]

**2 月中旬**　与钱俊瑞、张锡昌去参加上海左翼社会科学研究团体——中国社会科学家联盟（以下简称“社联”）。[③] 据薛暮桥回忆：

---

① 薛暮桥回忆他当时读的书有：马克思、恩格斯的《共产党宣言》，列宁的《国家与革命》《社会民主党在民主革命中的两个策略》《帝国主义论》，恩格斯的《社会主义从空想到科学的发展》《家族、私有财产及国家的起源》。参见薛暮桥（1996）：《薛暮桥回忆录》，载《薛暮桥文集》第二十卷，北京：中国金融出版社，2011 年，第 35 页。另，在实业部中国经济年鉴编委会工作的彭家礼，当时正在陈翰笙身边学习。据他回忆，陈翰笙指定他读的几本书是：瑞占诸夫英文版的《马克思传》、拉皮朵夫的《政治经济学》和李达翻译的《现代世界观》。这个书单可以作为了解薛暮桥当时读书类型的一个参考。参见彭家礼（1996）：《义兄——陈翰笙》，载《陈翰笙百岁华诞集》，北京：中国社会科学出版社，1998 年，第 163—164 页。

② 薛暮桥曾谈道：“我是在 1932 年初‘一·二八’淞沪抗战时期参加社会科学研究所工作的……陈翰老利用他多年的社会关系，成立一个地下通讯社，收集十九路军孤军奋战和国民党向日本军阀秘密求和等消息，向各报刊散发这些消息，其中一部分在党的地下刊物发表。”考虑到薛暮桥所用的词是“‘一·二八’淞沪抗战时期”，我们将时间判定为 1932 年 2 月。参见薛暮桥（1985）：《在不平凡的革命道路上沉着前进》，载《薛暮桥文集》第十一卷，北京：中国金融出版社，2011 年，第 174 页。

③ 1932 年 2 月 11 日，中共中央致上海反帝大同盟指示信指出，“上反”应立即组织各种各样的宣传队，公开到马路、工厂、作坊、学校、兵营、近郊农村进行宣传鼓动，号召广大民众自动武装起来，用募捐、分粮、占屋等一切紧急方法去援助和救济罢工工人、失业工人、贫苦难民与抗日兵士，吸引更广大的群众参加反日、反帝、反国民党的斗争，并使这些斗争同拥护苏维埃、拥护红军联系起来。指示信还号召群众同改组派、第三党、社会民主党、新生命派、托陈取消派进行斗争，并肃清他们的影响。这是“一·二八”淞沪抗战以来，中共中央最早的宣传策略，与当时“十九路军在上海抗战打得非常激烈”一致，也与薛暮桥回忆的情况一致。因此，我们将此事记于 1932 年 2 月中旬。参见中共上海市委党史资料征集委员会主编（1989）：《中共上海党史大事记（1919.5—1949.5）》，上海：知识出版社，1989 年，第 314 页。中国社会科学家联盟作为党领导的革命文化团体，“飞行集会”、游行示威、写标语、撒传单几乎是这一阶段社联各小组的主要活动。参见徐素华（1990）：《中国社会科学家联盟史》，北京：中国卓越出版公司，1990 年，第 40—41 页。

当我们同社联取得联系时，有位社联的主持人问我们参加社联有何目的？我们说："我们做农村经济调查，所有材料都说明我国农村是半殖民地半封建社会，但市场上畅销的任曙、严灵峰两本托派著作说是资本主义社会。我们理论水平低，希望社联指导我们做有力的批驳。"那位社联领导人轻蔑地说，这是"学院主义"思想，要革命就要进行实际斗争，命令我们每星期到街上去，至少写三条标语，内容是"武装保卫苏维埃""保卫苏联""参加红军"。我们奇怪地问为什么不支援十九路军抗日？那位社联领导人说："十九路军的欺骗性比蒋介石大，所以比蒋介石更危险。"这把我们弄糊涂了，但又不敢多说，所以既没有写标语，也就不敢再去。①

此后，又找到中国左翼教育工作者联盟主持人潘梓年，并每月资助《教育新闻》出版费五元。但刊物出版一期即被查封，编辑则被捕，潘梓年也找不到了。②

**3 月 20 日**　在《民众周报》第 213、214 期合刊发表《认识沪变》（署名"正禅"）、《伤兵医院服务三日记》（署名"黎明"）、《魔障》（小说，署名"浪花"）。

《认识沪变》就中国士兵在淞沪抗战中坚持一月之久后，不得已

① 薛暮桥（1996）：《薛暮桥回忆录》，载《薛暮桥文集》第二十卷，北京：中国金融出版社，2011 年，第 36—37 页。在 20 世纪 80 年代初接受访问时，薛暮桥曾忆及同一件事："那正是'一・二八'事件发生，十九路军在上海抗战打得非常激烈的时候。上海群众拥护十九路军抗战，情绪很高。社联却要我们去写什么'武装保卫苏联''武装保卫苏维埃''参加红军'等标语。王明说十九路军对群众有欺骗性，是比国民党更危险的敌人。我们那时又不懂得什么王明路线。但总觉得不对味，脱离群众，不合形势，得不到群众的拥护。我们没有去写标语。"参见齐卫平、杨雪芳访问整理（1983）：《薛暮桥回忆 30 年代中国农村社会性质论战有关情况》，载周子东等《三十年代中国社会性质论战》，上海：知识出版社，1987 年，第 120—121 页。

② 薛暮桥（1996）：《薛暮桥回忆录》，载《薛暮桥文集》第二十卷，北京：中国金融出版社，2011 年，第 37 页。

在 3 月 1 日晚安全撤退进行评论。作者指出，除放弃江湾外，日军从未突破中国军队防线。即使退兵后，从吴淞、纪家桥，以至庙行，延至江湾闸北，中国军队的防御工事也完整无恙。我军长官说明撤退的理由，一说此次撤退事前早有决定，一说为了战略上的关系，一说因浏河失守，一说顾全租界安全。而究竟为何“战略”上的什么“关系”，“事前”如何“决定”，其中奥妙明眼人自可明白。3 月 1 日双方战争最激烈时，前方士兵得到撤退命令。此次事件说明，唯有团结整个民族力量乃是殖民地及帝国主义阵线中的唯一武器，唯有统一我们的意旨，向日帝国主义以及一切帝国主义及其代理人坚决进攻，才是中国革命的唯一出路。[①]

《伤兵医院服务三日记》记录作者经陈翰笙介绍，与中央研究院社会科学研究所同事到伤兵医院服务的经历。[②] 与医院接洽时，共去十个同事，一位女工，两个德国女人[③]，合计十三人。因医院不需要许多人帮忙，第一天去六人，被分派至六处，每处负责两三个病房。作者在负责的两个病房帮助伤兵洗脸、料理早餐。在此过程中得知他们多为 12 日曹家桥之役受伤的六十一师官兵。事前未得政府允许，而作为义勇军开拔到上海。火车到南翔时已是晚上，突然得到开拔命

---

① 正禅（1932）:《认识沪变》，载《民众周报》第 213、214 期合刊，1932 年 3 月 20 日，第 3—4 页。该文谈及 1932 年 3 月 1 日晚，“僵卧在伤兵医院里受创的士兵，突闻了撤退的消息，而痛哭流涕的又不知多少”，与同期薛暮桥以笔名“黎明”发表的《伤兵医院服务三日记》所记当日到伤兵医院服务的情况相互印证。薛暮桥早年在杭州火车站任铁路练习生时结识通佛学的会计，他使用“正禅”这一笔名也就容易理解了。参见薛暮桥（1996）:《薛暮桥回忆录》，载《薛暮桥文集》第二十卷，北京：中国金融出版社，2011 年，第 17 页。

② 同上书，第 35 页。据陈翰笙回忆：“当时宋庆龄发起募捐活动，她要我迅速给在北京的顾淑型打电报，要求她来上海参加募捐工作。我们在交通大学找了房子住下来，一道工作的还有黄洛峰同志。”参见陈翰笙（1988）:《四个时代的我》，北京：中国文史出版社，1988 年，第 55 页。

③ 指汉堡嘉夫人（Ursula Hamburg，1907—2009）和武漪莲（Irene Wu，1908—？）。

令，在风雨泥泞中赶赴吴淞，在曹家桥遭遇敌军，虽已奔波一天，仍冲杀一天，使敌军撤退，但兵力死伤大半。作者告诉伤兵日本内部的情形，包括士兵哗变、学生示威以及反帝运动等。伤兵告诉作者："打日本人时老百姓都来帮我们；打红军时老百姓都跟着他们跑。""有钱的人早逃掉了，哪里会来帮我们！"晚饭后工作好不容易做完，作者与同伴都对医院不满意。接下来，作者记另一天"换了一件皮袍子，另外挂上了一个证章"到医院服务，看护和医生客气多了。伤兵请作者读报纸，他们听到民众捐助的金钱物品时都感到奇怪，这些钱和物去了哪里。作者还替伤兵写家信，得知了伤兵的经历，包括他们被红军包围、打三天三夜后逃出的事："我们欠了两个月饷，被红军知道了，也在墙上写起来，蔡（廷锴）军长看看急起来了，立刻打电报到南京和广东，一星期里面发了三次饷！""再要叫我们自己打自己，我们就把枪杆捆起来；再不然就开小差！"另一天，廖夫人（指何香凝。——引者注）来医院慰问，上午还有"一位美国朋友[①]来看我，我介绍他同伤兵谈话"。这位美国朋友解释："美国的工人、农民愿意帮助中国；但是美国的政府和资本家不愿意帮助中国，也不愿意帮助日本。"饭后作者遇到两位八十七师的士兵，告诉作者抗命出发的情形。当日从伤兵医院回来时，作者听到十九路军总撤退的消息，"绝望笼罩着整个上海，大家愤激得几乎要发狂"。同时作者认为十九路军和八十七师、八十八师士兵"已经可以告无罪于上海民众"，同时"上海民众突破了政府和帝国主义者所密布着的法网而参加抗日斗争，也可以告无罪于这五师士兵"。[②]这篇文章在《民众周报》五个版面刊出。发表后触怒江苏省教育厅，勒令《民众周报》停刊，

---

① 指《中国论坛》（*China Forum*，1932—1934）编辑伊罗生（Harold R. Isaacs，1910—1986）。

② 黎明（1932）：《伤兵医院服务三日记》，载《民众周报》第213、214期合刊，1932年3月20日，第8—12页。

继任编辑被撤职。而作者因已到国立中央研究院工作，未受牵连。[①]

《魔障》为书信体小说，内容是 S.Y. 写给朋友 T.Z. 的一封信。信中说自己最近两星期已经走上新的道路，但又碰到新的荆棘。5 天以前与男女同事在星期日远足蠡园，跑在前面的 K 使自己的游兴“格外好起来了”。星期三晚上，S.Y. 津津有味地看着从 K 那里借来的新俄小说，对面校长室 K 的笑声传入耳鼓，“她已经两天没有来看报了”！“每一阵笑声从我的心里鼓起一列巨浪，‘啊，我真的跌入魔障中去了！’”于是去到操场唱革命歌，“我不是把我的整个灵魂献给全人类了么？我只有从全人类的繁荣中去找到我的安慰，我不能把我的灵魂交给任何人，任何女子；就是极小极小的一部分也不能”。但回到办公室又是“可怕的笑声”，匆匆回到宿舍，心潮激荡，“你不过是刀锯之下残留下来的碎屑罢了，你有什么东西可以去交换少女们的爱情呢？不要做梦罢！”经过又一番挣扎，“笑我自己，但愿从此以后，就能一笑了之了”。[②]

**3 月**　从伤兵医院回到社会科学研究所岗位，与钱俊瑞、张锡昌等整理无锡、保定农村调查资料，[③] 业余时间参加上海民众反日救国联合会活动。[④]

---

① 薛暮桥（1996）：《薛暮桥回忆录》，载《薛暮桥文集》第二十卷，北京：中国金融出版社，2011 年，第 35—36 页。

② 浪花（1932）：《魔障》，载《民众周报》第 213、214 期合刊，1932 年 3 月 20 日，第 15—17 页。

③ 薛暮桥（1990）：《怀念杰出的马克思主义理论家张闻天》，载《薛暮桥文集》第十四卷，北京：中国金融出版社，2011 年，第 65 页。

④ 薛暮桥（1996）：《薛暮桥回忆录》，载《薛暮桥文集》第二十卷，北京：中国金融出版社，2011 年，第 36 页。回忆录所用的名称“民众反日同盟”不准确，此处已订正。该团体是九一八事变后，中国共产党在上海组建的抗日救亡团体。1932 年 3 月 1 日，十九路军为避免腹背受敌，撤离闸北。在无驻军情况下，中共上海临时中央和江苏军委认为可以利用这一时机，夺取闸北，建立苏维埃政权，在 3 月组织了一系列活动。薛暮桥参加相关活动应在此以后。因此，我们将时间暂定为 1932 年 3 月。《淞沪停战协定》后，该组织转入地下活动。关于上海民众反日救国联合会情况，参见陈首崔（2009）：《上海民众反日救国联合会研究》，上海师范大学中共党史专业硕士论文。

**4月20日** 在《民众周报》第213、214、215合刊发表《社会主义的利弊问题》(署名“黎明”)、《春假日记》(署名“黎明”)和《各国谣谚拾零》(署名“黎明”),并重印《魔障》(参见本年3月20日条)[①]一文。

《社会主义的利弊问题》对《民众周报》第208、209期合刊所载揆一的《社会主义》一文中关于社会主义经济在劳动力的分配、生产以及管理方面会缺乏效率内容提出不同意见,结语表示:“苏俄五年计划四年完成的事实,已经能够充分把这许多理论证实了。”[②]

《春假日记》记作者1931年4月春假期间从学校回家乡扫墓,又去南京看望弟弟和朋友的经历。末尾写道:

> 想到过去两月中间,我茫茫地生活着,没有读一部我所值得读的书,没有做一件我所值得做的事。过去的已经是过去了;将来又怎样呢?但愿从明天起,振作精神,不要再向着那幽黑的万丈深渊堕落!堕落![③]

《各国谣谚拾零》选译9则阿拉伯谚语(如“生命如火,开始时是烟,完结时是灰”“现在偷个鸡蛋,将来偷骆驼”)、3则西班牙谚语(如“爱情战胜一切,金钱成就一切,死亡结束一切,时间吞没一切”)、3则葡萄牙谚语(“机会造就盗贼”“魔鬼并不像人们所描写的那样丑恶”)、1则苏格兰谚语(“最小的毛发,也有它自己的影子”)、1则爱尔兰谚语(“我爱故乡的烟甚于客地的火”)、2则荷兰

---

① 浪花(1932):《魔障》,载《民众周报》第213、214、215期合刊,1932年4月20日,第14—16页。

② 黎明(1932):《社会主义的利弊问题》,载《民众周报》第213、214、215期合刊,1932年4月20日,第10—12页。

③ 黎明(1932):《春假日记》,载《民众周报》第213、214、215期合刊,1932年4月20日,第17—19页。

谚语（“不幸常带着弟弟妹妹”“求一牛，得一犊”）、2 则挪威谚语（“没有无骨的鱼，没有无过的人”“猎人争论熊安全”）、1 则瑞典谚语（“一鼓勇气是最好的铁甲”）、1 则丹麦谚语（“快乐在后房时候，悲伤已等在前房”）、2 则波兰谚语（“说谎可以走遍世界，但永远不能回来”“送东西给人家的手总是美丽的”）、草原民族谚语（“当你能做硬事时不要说软话”）、2 则南斯拉夫谚语（“被蛇咬过，见了壁虎都害怕”）、1 则比利时谚语（“不要向烂泥里掷石”）、2 则匈牙利谚语（“用小棒敬人家，人家将用大棒回敬他”）、2 则土耳其谚语（“受辱刻在石上，受恩刻在沙上，这不是个好人”）。①

**4 月底** 中央研究院社会科学研究所社会学组从上海迁至南京。② 因社会科学研究所缩小编制而被裁减，但仍与钱俊瑞等去了

---

① 黎明（1932）：《各国谣谚拾零》，载《民众周报》第 213、214、215 期合刊，1932 年 4 月 20 日，第 22 页。

② 《薛暮桥回忆录》中说："那时我们的社会活动太多，引起了国民党党部的注意。1932 年底，他们下命令把社会科学研究所搬到南京去，缩小编制，我被裁减。"因《浙江省的二五减租》（1932 年 6 月 30 日于杭州完成）是在研究所搬迁后完成的，所以 1932 年底搬迁显然不准确。又据张稼夫回忆，中央研究院社会科学研究所于 1932 年 2 月搬迁到南京，但这与薛暮桥、钱俊瑞等人在上海参加伤兵医院等活动时间有冲突，他们迁至南京时间应更晚。陈翰笙回忆："社科研究所迁到南京两个月，即发生杨杏佛被刺的事。"杨系 1933 年 6 月 18 日被刺，社会科学研究所迁南京是在 1932 年，所以陈的回忆也不准确，他指的可能是 1932 年 4 月。薛暮桥说，迁南京后他去家乡调查了一个月，大体是在五六月去调查的，这样 4 月搬迁就比较合理。因此，我们将搬迁时间记为 4 月。不过，孙冶方在 1945 年的《整风自传》中称 1932 年夏社会科学研究所搬往南京。参见张稼夫（1984）：《庚申忆逝》，太原：山西人民出版社，1984 年，第 31 页；薛暮桥（1996）：《薛暮桥回忆录》，载《薛暮桥文集》第二十卷，北京：中国金融出版社，2011 年，第 37 页；陈翰笙（1988）：《四个时代的我》，北京：中国文史出版社，1988 年，第 57 页；孙冶方（1945）：《整风自传》，载《孙冶方文集》第 3 卷，北京：知识产权出版社，第 273 页。上述说明完成后，我们读到《读书》杂志发表的《"翰档"之憾——兼议全面整理陈翰笙的学术遗产》一文，其中引用了《国际劳工消息》第四卷第二期所载《国立中央研究院社会科学研究所概况》："本所为将来发展计，故有自营建筑之计划，原拟在上海白利南路中央研究院新置基地，与物理化学工程等研究所合建巨厦，会以国民政府（接下页）

南京。[①]

**5 月至 6 月** 在家乡无锡礼社进行农村调查约一个月。在调查基础上完成调查报告《江南农村衰落的一个缩影》[②]（参见 1932 年 7 月 22 日条）。

**6 月 30 日** 以中央研究院社会科学研究所剪报资料为基础，在杭州完成《浙江省的二五减租》一文[③]（参见 1932 年 7 月 22 日条）。

**7 月 3 日** 陈翰笙自南京赴陕西，经徐州到江苏省立徐州民众教育馆参观。馆中召开农村经济讨论会，陈翰笙讲演并与全体职员讨论中国农村经济问题。他指出，中国是半殖民地的国家，中国经济

---

令中央研究院各机关集中首都，本所遵即勘定南京钦天山东麓隙地计划建筑。兹此项建筑已于二十年十二月全部落成。在未落成前，本所民族学经济学两组及图书馆等，已尊奉院令于二十年九月先行迁京，暂借中央研究院总办事处余屋办公。迨新屋落成，遂于二十一年一月正式迁入，四月末，复继续将上海之社会学法制学两组迁来。”因此，我们可以确定，社会学组迁至南京的准确时间为 1932 年 4 月底。参见王中忱（2018）：《“翰档”之憾——兼议全面整理陈翰笙的学术遗产》，载《读书》，2018 年第 6 期。

① 薛暮桥口述录音资料，未标明年份，薛小和整理。

② 《江南农村衰落的一个缩影》中有“今麦熟虽即在目前”语，而无锡麦熟通常是在 6 月上旬，可以推测薛回乡调查在五六月间。参见薛暮桥（1932）：《江南农村衰落的一个缩影》，载《薛暮桥文集》第一卷，北京：中国金融出版社，2011 年，第 24 页。虽然薛暮桥说回乡调查一个月，但是陈洪进在一篇文章中谈及：“曾记得江苏一个研究农村经济的朋友，久离家乡，有次偶然重返故里，亲戚好友，都少不得洗尘款待，登门拜访，闲话麻桑，不到一星期的工夫，他已经把这个村庄几年来的变化，弄得清清楚楚，在一个刊物上发表一篇极详细的文章，把这个中国农村的细胞做了一次标本式的考察，谁也看不出这会是利用一星期的时间有计划的发问，有计划的记录的成绩。”综合中国农村经济研究会成员关于江苏村庄“标本式的考察”作品来看，陈洪进所说的只可能是薛暮桥写《江南农村衰落的一个缩影》的情况。这里仍采用薛暮桥本人的回忆。参见陈洪进（1942）：《中国农村经济研究需要新的开展》，载《〈中国农村〉论文选》，北京：人民出版社，1983 年，第 103 页。

③ 薛暮桥（1996）：《薛暮桥回忆录》，载《薛暮桥文集》第二十卷，北京：中国金融出版社，2011 年，第 39 页。

的结构与特质是半殖民地性的。改变此种特质和结构，使其有独立的地位，根本必须求中国民族的自由独立，须从半殖民地的地位中解放出来。如何求中国民族的自由解放是研究的中心。研究中国农村经济的出发点在中国土地制度问题。中国历来没有独立的、彻底的私人产权，现在才逐渐出现。过去大多数为家族财产及宗社、义庄、祠堂、寺庙等公有财产。土地所有权集中，使用权分散，农村中资本主义不能发展，这是半殖民地半封建的中国农村生产关系的特质。中国农村制度破坏是一个根本事实，因此称为“崩溃”较为适当。①

**7 月 22 日** 在《新创造》（半月刊）第二卷第一、二期合刊“中国农村经济专号”② 发表《江南农村衰落的一个缩影》（署名“余霖”）和《浙江省的二五减租》（署名“林芷青”）两篇文章。

《江南农村衰落的一个缩影》标题由陈翰笙改定，是薛暮桥第一篇经济学专业作品。③ 文章记述了无锡礼社地主、自耕农、半自耕农、

---

① 陈翰笙先生讲、汝熊和增善记要（1934）：《中国农村经济的几个问题》，载《教育新路》第 59 期，1934 年 6 月 12 日，第 1—3 页。薛暮桥在回忆录中谈及江苏省立徐州民众教育馆任职情由时表示：“赵光涛已升任徐州民众教育馆馆长。堂兄薛臻龄又为我推荐，赵同意接受我去民众教育馆任职。因为陈翰笙的农村调查很有名，赵叫我作农村调查。我去后拟了调查提纲、调查表格，先在萧县作了一次调查，后来又在徐州作了一次调查。”从《教育新路》所载陈翰笙讲演情况看，陈翰笙到徐州民教馆讲演是薛暮桥到该馆任职的另一个关键。因此本书设立这一条目。参见薛暮桥（1996）：《薛暮桥回忆录》，载《薛暮桥文集》第二十卷，北京：中国金融出版社，2011 年，第 39 页。

② 薛暮桥错记这期杂志是《新创造》的“创刊号”，此处已订正。参见薛暮桥（1988）：《〈薛暮桥学术精华录〉自序》，载《薛暮桥文集》第十三卷，北京：中国金融出版社，2011 年，第 31 页。该杂志编者署名“新创造半月刊社”，总批发处写为“真理书店”。同一期杂志还刊登了陶直夫（即钱俊瑞）《中国地租的本质》、李作周（即张锡昌）《中国底田赋与农民》，这些文章反映了陈翰笙所带领的年轻经济学家当时的关切。

③ 1932 年 4 月至 7 月，无锡城乡发生抢米风潮。这从侧面印证薛暮桥调查报告所陈述的无锡农村生活困难情况。

佃农、雇农的分布，指出地主和佃农虽无法律上的隶属关系，但地主挟其经济及政治上的优势地位，凌驾农民之上："过去薛姓称雄一方，视青城全市为其势力范围。现虽已达强弩之末，然仍能支配礼社全镇，一切地方行政、民事仲裁、民众组织及党务、团防等实权，均入薛姓掌握。""过去地主在以收租、放债等经济上之势力驾驭农民而外，仅有甚少（权力），今则凭借党、政、团防，甚至民众组织，对于农民之统治，又加数重保障。更上之区公所本系地主集团，镇压农民，唯恐不力。至公安分局则更唯地主之命是听，催租讨债，仆仆道途，为地主最有力之工具。"地主与农民教育机会不平等，"且班次愈高，差别愈显。高级小学几为地主所独占。至中学以上教育，更完全无农家子弟插入之余地"。税捐以田赋为大宗，附税历年多寡不同，去年起附税增至 9 种，约当正税的 80%。田赋之外，又有烟酒特税为大宗，并有屠宰税、牙税、经忏捐、苗猪捐、营业税。豪绅鱼肉乡里，在礼社为显著事实。近年来因交通发达，自足经济迅速被破坏，都市工业品长驱直入，家庭手工业首当其冲。都市高利贷资本假手乡村地主侵入农村。农村破产，经济凋敝，人们纷纷离乡外出工作。"农村经济之恢复，已非空言改良所能奏效也。苟非有绝大之决心，行彻底之转变，决不能挽此厄运也。"①

《江南农村衰落的一个缩影》发表不久即被日本《改造》杂志译载。在上海的内山书店发现后"又惊又喜"②。

---

① 薛暮桥（1932）：《江南农村衰落的一个缩影》，载《薛暮桥文集》第一卷，北京：中国金融出版社，2011 年，第 9—25 页。

② 薛暮桥曾告诉张剑："曾到苏南一个农村里进行过调查访问，我写了一篇关于苏南某个农村经济情况调查报告。寄给一家报馆，他们很快地给我登出来了。我很高兴。此后，我就不断写一些农村经济研究通讯寄报上发表，接着也写起经济论文和其他方面的文章。"参见张剑（2003）：《忆沂蒙八年》，自印本，2003 年，第 263 页；薛暮桥（1996）：《薛暮桥回忆录》，载《薛暮桥文集》第二十卷，北京：中国金融出版社，2011 年，第 37 页。

《浙江省的二五减租》一文指出，浙江能够先于其他各省实行二五减租的主要原因是浙江在北伐期间所受损失较小，改良政策有实施的机会；杭州同上海接近，资产阶级所受地主的影响比较微弱；浙江的农民运动有悠久的历史，“清党”时期农民运动所受打击相较于其他各省为小。但自公布实行二五减租以来，受到地主们顽强的抵抗，省政府在1928年4月不顾党部反对，通令各县公布施行，引起党政之间严重的纠纷。经中央调解后的二五减租暂行办法比之前完密，但佃业间纠纷还是不能避免。“业主的仗势欺人，目无法纪，更是佃业纠纷的症结所在。”缴租、解约撤佃、田主立新约时故意提高租额，诸如此类纠纷不可胜数。“闹了几年的所谓二五减租，结果还是‘从地板上跳到地毯上’。”①

当时是否可以提出二五减租口号，是否应当用二五减租口号来公开动员农民？在浙江省，是否可以利用省党部和省政府的矛盾，建立二五减租的统一战线？薛暮桥听过刘少奇在华中局党校关于战略策略问题的报告后受到启发，于1942年3月致信刘少奇，认为“过去无条件地反对二五减租口号，不去积极宣传二五减租，这是一个严重的错误”。“我们对这个问题应当给它一个肯定的答复的。”②

本文由陈翰笙和邱茉莉英译后收录于《农村中国：来自中国的作者文献选编》一书。③

① 薛暮桥（1932）：《浙江省的二五减租》，载《薛暮桥文集》第一卷，北京：中国金融出版社，2011年，第1—8页。

② 薛暮桥（1942）：《关于中国农村经济研究会及白区工作问题》，载《薛暮桥文集》第二卷，中国金融出版社，2011年，第173—181页。

③ Lin Chu-ching, 1932, “The Twenty-five Percent Reduction of Rent in Chekiang”, *Sin Tsan Tsao*, Vol. II No.1 and 2, July 1932, Shanghai; translated as “The Kuomingtang Policy of Rent Reduction”, printed in *Agrarian China: Selected Souce Materials from Chinese Authors*, compiled and translated by the Research Staff of the Secretariat, Institute of Pacific Relations, London: George Allen & Unwin, Ltd., 1939, pp.144—149.

**8月** 经堂兄薛臻龄推荐，到江苏省立徐州民众教育馆工作，任该馆研究委员会干事。[①]

**9月3日** 出席徐州民众教育馆研究委员会召开的二十一年度（1932年）第一学期临时会议，并负责会议记录。这次会议首先由馆长赵光涛报告设立本会之意义及其组织办法，随后讨论审查研究委员会二十一年度工作计划大纲，决定起草研究委员会组织规程和办事细则，审查社会教育机关概况调查表，将本馆旬刊拟定名为《新路旬刊》。[②]

**9月10日** 江苏省立徐州民众教育馆旬刊《教育新路》创刊。在本期发表《社会调查的意义和进行步骤》（署名“孟进”）。

文章认为，要举办一件巨大事业，必须经过三个步骤：第一是调查，第二是研究，第三是实行。换句话说就是认识问题、考虑问题和解决问题，调查是研究的根据，研究又是实行的根据。实行虽是调查和研究的终极目的，但不经过精密的调查和详细的研究，也就无从着手。这三个步骤有一定的次序，但同时应当注意到三者之间的相互关系，把调查、研究、实行三个步骤打成一片。过去民教同志常常躲在图书室中去埋头研究民教理论和实施方法，对于民众的真实状况，并不能切实明瞭，因此他们研究所得结果，完全同民众格格不能相入，就是根据实施民教的经验而获得的几个比较切合实际的方法，也不外是头痛医头，脚痛医脚。要追求正本清源的根本解决办法，第一步先要切实明瞭民众所处的社会环境；第二步研究怎样使民众适应这社会

---

① 薛暮桥将他到江苏省立徐州民众教育馆工作的时间从1932年9月算起。但据徐州民众教育馆馆刊记录，他的任职时间为1932年8月至1934年1月。参见《江苏省立徐州民众教育馆周年纪念特刊》，徐州：江苏省立徐州民众教育馆研究委员会，1933年，第93页。

② 正式出版时名为《教育新路》（旬刊）。参见江苏省立徐州民众教育馆研究委员会（1933）：《江苏省立徐州民众教育馆周年纪念特刊》，徐州：江苏省立徐州民众教育馆研究委员会，1933年，第425页。

环境，或是改造这社会环境；然后可以跑上第三步，对民众教育问题作一个总的解决。社会调查的目的就在切实明瞭民众所处的社会环境，是实施民众教育的第一步。我们举行社会调查，是要从民众身上去寻出民教的正确理论和有效方法来，目的无非是想为行将干枯的民众教育开辟一条新的出路。社会调查的范围太广，首先应当确定调查范围，先从农村的经济和教育入手。为什么先要调查农村？第一是中国的农村人口要占人口总数的 80% 以上，农村可以说是整个中国社会的基础；第二是徐海各县的工商业太不发达，决不是调查都市状况的适当的对象。至于我们决定调查经济和教育两项，也有相当的理由：求生存是不分中外古今全体人类活动的中心；而取得生活资料的直接活动就是经济行为。经济关系是一切社会关系的基础；其他各种社会关系只能从经济关系之中才能找到正确的说明。这是我们首先要调查经济状况的理由。至于调查教育程度，无非是我们拿来做实施民教的参考。调查的方法第一是通信调查，预先拟定调查表格和详细说明，请各处热心民众教育和热心社会调查的同志们随时随地代为调查；我们一方面担任规划和联络的责任，一方面把各处调查结果汇合起来，略加整理，在《教育新路》旬刊分期发表。第二是实地调查——预先选定临近农村 12 处，每月调查 1 处，预备在一年之内完成，调查结果也在《教育新路》旬刊分期发表。农村调查的表格另外印刷，附在《教育新路》旬刊分送。①

**9 月 21 日** 出席徐州民众教育馆研究委员会召开的第一次会议。馆长赵光涛主持会议并报告工作进展，“进修组除世界语股、社会科学股已积极进行外，其余各股尚多因故未能顺利进行”。报告还称

① 孟进（1932）：《社会调查的意义和进行步骤》，《教育新路》创刊号，1932 年 9 月 10 日，第 2—4 页。薛暮桥在江苏省立徐州民众教育馆期间负责农村社会调查事宜，并在铜山县立师范学校负责讲演“社会调查”，而《教育新路》所载相关主题的文章署名“孟进”。据此判断，“孟进”是薛暮桥在江苏省立徐州民众教育馆期间开始使用的笔名。

"农村及农户调查表除徐毓生先生外，其余均已审查"，表明薛雨林已经拟定农村及农户调查表，并经馆方审查通过。①

这次会议议定若干事项，决定《新生》周刊"内容确定社会科学及文学各半，由进修组社会科学及文学股分别负责供给稿件"。该周刊由薛雨林与郭影秋（兼任坎子街民众教育实验区总干事）、陈向平等合办，在《徐报》附页出刊。②

会议还议决，请石晓钟、薛雨林、杨梦男负责审查决定农村社会调查表。③

**10 月 20 日** 出席赵光涛主持的徐州民众教育馆研究委员会第二次会议。据赵光涛报告，《教育新路》第四、五期合刊（"九一八"国难纪念专号，薛雨林在该期杂志发表了专文）正在排印。农村经济调查表正在排印，由薛雨林具体负责的第一次调查铜山及萧县实施计划亦已拟就。这次会议决定由本馆同人担任铜山县立师范学校民众教育讲演事宜，其中社会调查讲题由薛雨林负责。④

**10 月 30 日** 在《教育新路》发表《民众教育的新道路》（署名"孟进"）。

---

① 江苏省立徐州民众教育馆研究委员会（1933）：《江苏省立徐州民众教育馆周年纪念特刊》，徐州：江苏省立徐州民众教育馆研究委员会，1933 年，第 425 页。

② 数十年后郭影秋在诗中回顾创刊情况："《新生》新事物，日日盼红旗。风雨鸡鸣夜，《齿轮》转不疲。""《新生》新事物"，即指他们创办的《新生》周刊；"盼红旗"指当时他们定期收到上海寄来的党内刊物；"《齿轮》"指他们曾经一起商量，准备创办一份文艺刊物，但最后没有得到批准。参见郭影秋（1980）：《纪念向平诞辰七十一周年》，载《郭影秋纪念文集》，南京：南京大学出版社，2002 年，第 531 页；郭影秋口述，王俊义整理（2009）：《往事漫忆：郭影秋回忆录》，北京：中国人民大学出版社，2009 年，第 31—32 页。

③ 江苏省立徐州民众教育馆研究委员会（1933）：《江苏省立徐州民众教育馆周年纪念特刊》，徐州：江苏省立徐州民众教育馆研究委员会，1933 年，第 426 页。

④ 同上书。这次会议记录还表明，到这时《新生》周刊已出六期，并且从第六期起，标明徐州民众教育馆编辑字样，成为进修组对外的刊物。

文章认为，民众教育异于学校教育之点，在乎后者的教育范围偏重于学校以内，对象是学生；而前者则以整个社会的全体民众——尤其是下层的劳动民众——为教育的对象。可是各地民教同志还大多采用学校教育的方法来办理民众教育。我们要推行民众教育，只有离开了教育馆去“领导民众”，领导民众起来自己教育自己。说得具体一点，此后民教同志不应当躲在教育馆内盼望民众跑来专门受教，应当向外发展，跑到民众中间去，利用种种旧的或是建立种种新的团体机关，以推行民众教育。再进一步，民众教育应当以民众为主体，一切民教团体机关应当以民众自己组织、自己管理、自己享用为原则，民教同志所负的责任不过是从旁扶助、指导。此后的教育馆将不再是实施民众教育的唯一场所，而是指挥民众教育事业的参谋部、大本营、剧场、讲演厅、会议室、图书馆等等。①

**11 月 3 日**　出席徐州民众教育馆研究委员会第三次会议。赵光涛主持会议并报告工作进展。据报告，进修组各股（薛雨林参加进修组活动）此前因筹备农事展览会事务繁忙，一度暂停。现在已全部恢复进行。会议还讨论了社会调查计划应如何处理，议定“照原案通过。关于经费一项，临时酌定”。②

**12 月 1 日**　出席徐州民众教育馆研究委员会第四次会议。赵光涛主持会议并报告工作进展。据报告，《新生》周刊已刊至第十二期；八里屯农村调查已开始进行，长安村调查尚待接洽；11 月，社会科学组讲经济科学五次、人口问题两次，世界语组继续研究者尚有三人。会议决定，铜山县农村经济调查在民众教育馆寒假期间进

① 孟进（1932）：《民众教育的新道路》，载《教育新路》第 6 期，1932 年 10 月 30 日，第 2 页。

② 江苏省立徐州民众教育馆研究委员会（1933）：《江苏省立徐州民众教育馆周年纪念特刊》，徐州：江苏省立徐州民众教育馆研究委员会，1933 年，第 428 页。

行。[①]关于徐州民众教育馆进修组读经济学书的情况，薛暮桥这样回忆：

馆里同事中有郭影秋同志（新中国成立后曾任中国人民大学校长），思想先进，同我在徐州组织了一个读书会，读的书是新出版的陈豹隐翻译的日本河上肇教授的《经济学大纲》……读书会每星期天学习一章，由我主讲，还写了简要的讲稿，在《徐州日报》（应为《徐报》。——引者注）发表。我们读的书名是“经济学”，不是《资本论》，所以没有引起什么人的怀疑，但读书会的人是知道真情的。赵光涛是个有势力的国民党员，左右逢源，对我们很想装出一副进步面孔，见人说人话，见鬼说鬼话，这也是时代的潮流，仿佛不如此就不能提高社会地位。[②]

**12月28日** 《农村经济调查杂谈》完稿。文章表示，我们既然抱着改造社会的宏愿，自然非脚踏实地调查民众贫困情况、研究民众贫困原因不可。所以社会调查好像医生量体温、数脉搏，是推求消灭贫困方法的基础，研究新兴教育的起点。现今农民贫困的原因十分复杂，最主要的不外八项：一是地权分配不均和地租苛重；二是高利借贷；三是商业资本操纵农产市价；四是苛捐杂税、兵灾匪患；五是经营方法无法改良；六是水旱灾荒不能预防；七是耕畜农具缺乏；八是农村副业衰落。前四项使农民负担增加，后四项使农民收入减少。这些原因各自有其社会基础，是其他原因造成的结果。追求这些原因的原因，才能把握农民贫困的源泉。除了内的原因，还要去看帝国主义

① 江苏省立徐州民众教育馆研究委员会（1933）：《江苏省立徐州民众教育馆周年纪念特刊》，徐州：江苏省立徐州民众教育馆研究委员会，1933年，第428—429页。

② 薛暮桥（1996）：《薛暮桥回忆录》，载《薛暮桥文集》第二十卷，北京：中国金融出版社，2011年，第39—40页。

统制全球的潮流，现在穷乡僻壤的农产价格都受到世界市场的影响。农村经济调查的任务是用事实推翻种种肤浅的见解，而不是油盐酱醋的账单，要有一个预定的中心问题。本馆农村经济调查已计划 4 个月，因没有专人负责，也没有专款办理，前两个月除编印农村调查和分户调查两种表格供各县民教机关参考，丝毫没有成就。11 月份研究委员会通过八里屯和长安村调查计划，抽派职员着手进行。八里屯离馆稍近，我们骑着驴子朝出晚归；长安村远一点，住在那里调查，综合调查 364 户（八里屯 150 户，长安村 214 户），两人调查只有 7 天，调查费用 6 元 3 角（文具纸张不计）。这样的人力财力，县民教机关也不难筹集，不妨努力进行，同时我们筹划规模更大的农村经济调查。[①]

**12 月 30 日**　在《教育新路》（农村经济调查专辑）发表《铜山县八里屯农村经济调查报告》（未署名）、《萧县长安村农村经济调查报告》（未署名）和《农村经济调查杂谈》（目录署名“雨林”，内文未署名，参见 12 月 28 日条）。

《铜山县八里屯农村经济调查报告》所调查的八里屯原在徐州通往平津的驿道上，以前常派兵驻守，居民多为屯户，所以叫八里屯。津浦路通车后，驿道衰落，八里屯一落千丈，成为满目荒芜的穷乡僻壤。铜山县四乡土地多已集合在城市地主手中，八里屯全村耕地归村外地主者占总数的 57%。加上本村地主及公产，占耕地总数 59%。农民手中的耕地只占 41%。从耕地使用看，至少 60 户农民（占农户总数 47%）即使在丰年也不能靠农产物过活。当地农民贫困，第一原因是田租负担，其次是负债，合计 150 户中查明负债的有 112 户之多，此外 38 户一半没有查明，一半并不负债。当地流行称为“当空”的

---

① 《农村经济调查杂谈》，载《教育新路》第 12 期，1932 年 12 月 30 日，第 12—15 页。本文刊出时内文未署名，目录页署名“雨林”。

借贷制度。农民在借款时将土地押给人家，不付利息，但如佃户一般缴纳谷租。农民没有土地但能够按期缴租时也可以凭空押当。此时债主获得的不是田权而是债权。“当空”与普通借贷的不同是缴纳定额谷物代替利息。当地平均三户合用一牛，两户合用一驴，九户合用一辆大车，五户合用一副犁耙。耕畜中包括许多不堪再用的老牛老驴。大车几乎一半破旧不堪，数年来无新的添置。在日暮途穷之中，农民苟延残喘的办法一是经营副业，二是减省生活资料。全村农民已经破产的约在半数以上。上海车夫所吃的大饼、馒头，在八里屯农民看来已是奢侈食品，富农也不能全吃小麦。房屋全是土壁，器具简陋，窗户不全，有些低得不敢抬头，小得不能转身。衣服破旧，更不难想象。[①] 这份报告发表后，陈翰笙先后在《中国经济的分解》和《现代中国的土地问题》两篇英语论文中引用。[②]

《萧县长安村农村经济调查报告》统计了该村户数、人数、耕地、大族户数、地权分配、各户使用土地情况、耕畜农具、佃农租入耕地、作物产量和农产价格，认为八里屯和长安村可以做徐州所属两种农村的代表。在社会环境方面，长安村远离城市，八里屯接近城市；长安村地主债主多系本村富农，八里屯地主债主多远居城市；长安村人口较稀，八里屯人口较密。长安村最大的特色是“封建残迹比较显著”，“大户人家聚族而居，他们掌握生产手段（土地和耕畜农具），控制全村经济”，“分租的发达，也可以证明它还滞留在更早的经济阶段”，粮食借贷也可以看出有若干部分没有脱尽封建色彩。两相比较，“我们或许能够得到这样一个结论：在现代中国，都市势力

---

① 薛暮桥（1932）：《铜山县八里屯农村经济调查报告》，载《薛暮桥文集》第一卷，北京：中国金融出版社，2011 年，第 27—33 页。

② Chen Han-seng, 1933, “Economic Disintegration in China,” in Xin-Yu Li edited, *Chen Han-seng's Writings 1919-1949*, Beijing: The Commercial Press International Ltd., 1996, p.171; Chen Han-seng, *The Present Agrarian Problem in China*, Shanghai: China Institute of Pacific Relations, 1933, p. 29. 前一篇文章中的“Pai-Li-Den”，即“八里屯”英译名。

侵入农村，封建残迹就会迅速崩溃，同时农村的破产也格外急速，但这是时代潮流之中不可避免的事实”①。

调查报告刊发后受到批评和责难。据同事回忆：“当时在徐州民众教育馆工作的革命同志，稍向群众提出革命道理即遭破坏，图书馆所办的诗会、青年俱乐部被迫解散。辅导委员薛暮桥写的《八里屯农村调查》登载《教育新路》后被严加指责；郭影秋同志对青年稍谈真理，即遭拘禁。”②

**12 月** 在徐州民众教育馆期间，开始关注合作社问题。薛暮桥这样评论：

> 我过去曾经在一个省立民众教育馆做过事情，这个教育馆也办了几个合作社，不过合作社的理事大多是乡长、村长。钱是一批一批放出去了，但有一大部分没有落到农民手里，被乡长、村长扣去纳租还债和缴捐了。到了收钱时候，农民都说我们没有用到钱，所以现在不能够还，但是银行的钱却是非还不可的。教育馆没有办法，只有叫警察到一家一家去硬讨。农民不知道详细情形，反而埋怨民众教育馆和合作社。③

---

① 薛暮桥（1932）:《萧县长安村农村经济调查报告》，载《薛暮桥文集》第一卷，北京：中国金融出版社，2011 年，第 34—41 页。

② 徐毓生（1983）:《抗战前的省立徐州民众教育馆》，载《徐州文史资料》第三辑，1983 年 9 月，第 76—81 页。

③ 薛暮桥（1937）:《农业建设问题——“国民经济建设”系统播音演讲稿》，载《薛暮桥文集》第一卷，北京：中国金融出版社，2011 年，第 247 页。

## 1933 年

**1 月 10 日**　在《教育新路》发表译文《苏联教育的进步》。文章节译苏联人民委员会主席莫洛托夫在苏俄中央执行委员会关于苏俄文化建设的报告，认为苏联几年来进步最显著的恐怕还是教育。[1]

在《民族战线》发表《中国农村的根本问题》(署名“黎明”)。文章认为，南京行政院组织的农村复兴委员会集复兴农村运动之大成，想以金融资本救济农村，使其繁荣；英美国棉麦借款为加大金融资本势力，加紧治标治本。但从中国农村崩溃原因考察，即知道中国农村问题根本不在那里，结果走上“此路不通”的道路。而“左倾”急性病的中国革命论者，误解了中国农村的性质，以否定所有权的色彩造成农村的恐怖，形成城市与农村绝不相通而相销毁的现象。中国农村是前资本主义的小农经济，还流行着浓厚的封建剥削、超经济的前资本主义的地租、农奴与徭役制度的遗留，加上苛捐杂税，“土皇帝”武断乡曲，孔教伦理、宗法观念、身份从属制度等支配着农民的意识。城市的金融资本一大部分也建立在农村前资本主义的剥削关系基础上。所以城市金融资本家与农村地主同样要保守这种前资本主义的剥削关系。而这些现象有一个基因，即现存的前资本主义土地

---

① 《苏联教育的进步》，孟进译，载《教育新路》第 13 期，1933 年 1 月 10 日，第 1—2 页。译文未注明作者，当时苏联人民委员会主席是维·米·莫洛托夫。

关系。[①]

**1月12日** 徐州民众教育馆放寒假三周。[②]

**1月中旬** 回无锡家乡过春节时路过南京，到国立中央研究院社会科学研究所看望陈翰笙、钱俊瑞、姜君辰、刘端生等人。陈翰笙见面即说："你来得正好，刚才收到广西省立师范专科学校（以下简称'广西师专'）[③]校长杨东莼来信，要我介绍一个农村经济教员。[④]我想你去最合适。"薛暮桥说："我连中学都没有毕业，怎能去大学教书？"陈翰笙说，"不要紧"，当即写信推荐。临行陈翰笙嘱咐，要利用教书机会，对广西农村经济状况进行调查。[⑤]

携陈翰笙介绍信到上海。为使工作顺利，陈翰笙为薛雨林改名"薛暮桥"，从此一直沿用。对于改名情由，薛暮桥晚年回忆：

当时为去广西，陈翰笙为我写了介绍信，说是北京大学经济系毕业，还写了哪年毕业。到了上海，王寅生说打听一下杨东莼是哪个学

---

① 黎明：《中国农村的根本问题》，载《民族战线》第2期，1933年1月10日，第4—5页。

② 江苏省立徐州民众教育馆研究委员会（1933）：《江苏省立徐州民众教育馆周年纪念特刊》，徐州：江苏省立徐州民众教育馆研究委员会，1933年，第439页。

③ 据《广西省立师范专科学校设立旨趣》："真正的革命，非人民觉醒不可，要人民觉醒，非教育不能成功。因此，借助教育改造农村社会，是最自然、最切实、最方便的事体。由此明确，设立本校，一是培养办理乡村师范及中小学的人才，二是做研究乡村社会及其改造方面的机构。"转引自王枬、李殷青编（2012）：《图映岁月：广西师范大学建设发展历史图片集》，桂林：广西师范大学出版社，2012年，第28页。

④ 薛暮桥曾这样解释杨东莼重视农村经济的原因："杨知道陈翰笙做农村经济调查，掌握了大量的资料，可以证明党的六大路线的正确性，所以请陈推荐我来讲农村经济。"参见薛暮桥（1986）：《在师专校友座谈会上的讲话》，手稿，1986年12月，国家图书馆藏。

⑤ 薛暮桥（1981）：《回忆杨东莼同志》，载《薛暮桥文集》第九卷，北京：中国金融出版社，2011年，第158—159页；薛暮桥（1985）：《在不平凡的革命道路上沉着前进》，载《薛暮桥文集》第十一卷，北京：中国金融出版社，2011年，第174页；薛暮桥（1991）：《薛暮桥回忆录稿》，手稿，1991年，薛小和藏。

校毕业的。一问他是北京大学经济系，与我假造的毕业年代一样，应是同学。后来就电告陈，说杨是北大的，不能去了。当晚陈回电说，改个名字叫薛暮桥，是劳动大学①毕业的。我去见杨，他说陈先生介绍的，非常欢迎，什么都没问。②

杨东莼当场给薛暮桥发聘书，并预付80元旅费，约定春节（1月26日）后去桂林。薛暮桥用其中40元购买书籍，包括冯和法编

---

① 劳动大学全称“国立劳动大学”，1927年5月国民党中央政治会议第九十次会议决定成立，1931年被解散。该校以“双手万能，劳动神圣”为校训，陈翰笙、王寅生曾在该校讲授“中国农业经济问题”课程，吴觉农在该校教授农业经济学课程。参见秦含章（1986）：《昙花一现的劳动大学》，载上海市文史馆、上海市人民政府参事室文史资料工作委员会编《上海地方史资料（四）》，上海：上海社会科学院出版社，1986年，第168—172页。

② 薛暮桥晚年口述录音资料，薛小和整理。罗琼提到，当时陈翰笙政治处境困难，曾言及“末路穷途，有桥可渡”。“暮桥”之名可能取义于此。参见李克穆（2006）：《桃李不言　下自成蹊——在薛暮桥同志身边的所见所闻》，载薛小和编《百年沧桑　一代宗师：薛暮桥逝世一周年纪念文集》，北京：中国发展出版社，2006年，第51页。另外，张友仁在一篇文章中说：“1933年1月，薛暮桥在徐州民众教育馆任职时，寒假回家探亲路过南京，他到已经搬到南京的社会科学研究所看望陈翰笙先生等人。陈翰笙先生对薛暮桥说：‘我刚才接到广西师范专科学校杨东莼校长的来信，他们那里要开设农村经济课程，要我介绍一位教员前往。我想介绍你去任教最为合适。’薛暮桥说：‘不行！不行！我连中学（初级师范）都没有毕业，怎么能到大学里去教书？！’陈先生接着说：‘不要紧，我为你改一个名字，你说你是北京大学经济系毕业的，就可以到广西师范去教书了。’这时南京正下着大雪，陈翰笙先生望着窗外的雪景，心里想着‘雪满过桥’的俗语。在无锡方言中，‘暮’与‘满’是谐音，他就给薛起了‘薛暮桥’这个新的名字。”薛发现杨东莼是北京大学毕业生后问陈，陈说：“你就说你是上海劳动大学毕业的好了！”这样，薛在广西师范专科学校开始用薛暮桥的名字和上海劳动大学毕业的学历教书。张友仁曾经是薛暮桥在北京大学任兼职教授时的课程助教，关于陈翰笙推荐薛暮桥去广西教书的描述应来自薛暮桥本人。事隔多年，关于改名地点的回忆不准确，但其中“‘暮’与‘满’是谐音”而取名“暮桥”，应为薛暮桥本人的猜测。参见张友仁(2014)：《薛暮桥的生平和学术》，载《西安财经学院学报》第27卷第3期，2014年5月，第125页。

《中国农村经济资料》等。[①]

**2 月 15 日** 在《新秦先锋》发表《上海抗日战争的回顾与批评》（署名“浪花”）。该文在节译伊罗生编辑的英文周报《中国论坛》上发表的陈翰笙笔名文章《日本帝国主义：过去、现在和未来》的基础上写成。[②]

文章认为，在 1 月 28 日至 3 月 1 日这五星期中，十九路军居然不避艰险，抵抗日本海陆军在上海顽强的袭击。为什么三十万东北军在日军攻击下不战而退，而三万十九路军反能苦守月余？主要原因是上海的民众中，一般小资产阶级具有明显的意识和坚强的力量，而东北民众则不然。一部分坚强的小资产阶级集团和失意政客越过上海市长和富商巨绅支配了十九路军。而十九路军在连年内战中一向所向无敌，有丰富的作战经验。军中的英勇战士激于热血，不惜任何牺牲阻挡日本和其他帝国主义的入侵。从上海事变中，我们知道许多人口头的“长期抵抗”是靠不住的。彻底的抗日反帝，只有我们民众和艰苦奋斗的战士密切联合起来，同一切敌人搏战。[③]

**2 月** 乘船去广西，在路上读农村经济书。行至柳州，遇到杨

---

① 薛暮桥（1981）：《回忆杨东莼同志》，载《薛暮桥文集》第九卷，北京：中国金融出版社，2011 年，第 159 页；薛暮桥（1996）：《薛暮桥回忆录》，载《薛暮桥文集》第二十卷，北京：中国金融出版社，2011 年，第 40 页。薛暮桥在回忆录中记所购买的书中有冯和法编《中国农村经济论》。经查，冯编《中国农村经济论》于 1934 年初版，薛所买应为冯编《中国农村经济资料》，而不是《中国农村经济论》。此处已订正。

② The Observer, “Japanese Imperialism: Past, Present and Future”, *China Forum*, March 15, 1932, p.1, 6; Xin-Yu Li, ed., *Chen Han-seng's Writings 1919-1949*, Beijing: The Commercial Press International Ltd, 1996, pp.115-126. 陈翰笙在《中国论坛》以笔名“The Observer”撰写专栏文章。这些文章由陈翰笙口述、伊罗生笔录完成。《日本帝国主义：过去、现在和未来》一文将上海军民的反帝反日称作“爱国运动”，因此曾受到来自共产国际方面的批评。参见 W. I., “Letter to the Editor”, *China Forum*, June 18, 1932, p.3。

③ 浪花（1932）：《上海抗日战争的回顾与批评》，载《新秦先锋》第 5 期，1933 年 2 月 15 日，第 9—12 页。

东莼，一同前往距桂林城约五十里的广西省立师范专科学校所在地——良丰花园。教室和学生宿舍均为新造，住在位于教室和学生宿舍之间的一所房子里，与学生朝夕相处。学生108人，都是农家子弟，“朴实可爱”。[①]

学校开学。在开学典礼上，校长杨东莼、生活指导主任朱竹箬（即朱克靖[②]）讲话，因薛暮桥为新任教师，也请他讲话。于是在会上用事先准备的《怎样研究中国农村经济》发言（参见1934年10月10日条），讲完后杨东莼、朱克靖表示赞赏，从此成为志同道合的朋友，薛暮桥也成为学校领导层核心成员。[③]杨东莼曾与朱克靖、薛暮桥商量是否在校内建立中共党组织问题。商讨结果是：在当时环境下，还是以不在学校建立党组织为好，因为一方面他们与中共党组织失去联

---

① 薛暮桥（1981）：《回忆杨东莼同志》，载《薛暮桥文集》第九卷，北京：中国金融出版社，2011年，第159页；薛暮桥（1991）：《薛暮桥回忆录稿》，手稿，1991年，薛小和藏。薛暮桥回忆学校第一届学生120人，实际上部分学生在1932年退学。

② 朱克靖（1895—1947）：1924—1925年在莫斯科东方劳动者共产主义大学学习，北伐战争中任国民革命军第三军副党代表、政治部主任兼江西省政府秘书长，是著名的共产党员。薛暮桥曾四度与朱克靖共事。朱克靖1927年参加南昌八一起义，失去组织关系后应杨东莼之邀，任广西省立师范专科学校生活指导主任。这是薛暮桥与他第一次共事。1937年，朱克靖在南昌任中国农村合作出版社总编辑期间，请薛暮桥推荐编辑。薛遂将中国农村经济研究会和《中国农村》月刊迁至南昌。这是薛暮桥与朱克靖第二次共事。1938年，朱克靖应叶挺之邀到新四军任战地服务团团长，薛暮桥很快也参加新四军，这是他们第三次共事。1946年1月，中共中央、中央军委决定新四军军部与山东军区合并，朱克靖为山东野战军政治部联络部部长，薛暮桥任省政府秘书长兼实业厅厅长，与他第四次共事。参见赵勤轩、康青星（2006）：《朱克靖传》，北京：中共党史出版社，2006年；薛暮桥（1996）：《薛暮桥回忆录》，载《薛暮桥文集》第二十卷，北京：中国金融出版社，2011年。

③ 薛暮桥（1996）：《薛暮桥回忆录》，载《薛暮桥文集》第二十卷，北京：中国金融出版社，2011年，第41—42页。他称杨东莼“对历史有广博的知识，对哲学有较深的造诣，他对学生作报告或同教职员座谈进行专题讨论的时候，对问题进行深入分析，多方论证，有时也谈得很诙谐，上下古今，妙趣横生，令人折服。他也能团结同志，发挥大家的积极性”。参见薛暮桥（1981）：《回忆杨东莼同志》，载《薛暮桥文集》第九卷，北京：中国金融出版社，2011年，第162页。

系，不好建立党支部；另一方面不建立党组织，反而可以把师专办得更长久一些，可以多培养革命青年。[①]

教授农村经济课，讲中国农村土地关系、租佃制度、借贷制度、雇佣制度等。每讲完一课，即指定参考书让学生阅读，并将来自广西六个区的 108 名学生按地区分成三组，各自结合自己家乡的情况和所见所闻讨论本地区的生产关系，启发学生独立思考。教学活动生动活泼，深受杨东莼重视，也受到同学欢迎。经一学期授课，大体掌握了广西农村经济情况。[②]

**4 月 8 日**　出席所指导发起的广西省立师范专科学校农村经济研究会成立大会。韦伟吾担任广西师专农村经济研究会理事会主席，周思宝为研究部主任，麦世法为事务部主任，与杨东莼、朱克靖、王伯达同为顾问。共 59 人参加这次会议。[③]

**4 月上旬**　春假期间，远足桂林会仙（白崇禧的家乡）。[④]

---

① 王枬、罗元编（2012）：《英烈书生——广西师范大学英烈故事集》，桂林：广西师范大学出版社，2012 年，第 70 页。

② 薛暮桥（1985）：《广西师范专科学校的回忆》，载《薛暮桥文集》第十二卷，北京：中国金融出版社，2011 年，第 77—78 页；薛暮桥（1986）：《在师专校友座谈会上的讲话》，手稿，1986 年 12 月，国家图书馆藏；何砺锋（1993）：《杨东莼与广西》，载广西师范大学社会科学联合会编《纪念杨东莼先生文集》，桂林：广西师范大学出版社，1994 年，第 78 页；魏华龄（2005）：《薛暮桥在桂林》，载《中共桂林市委党校学报》第 5 卷第 3 期，2005 年 9 月，第 62—64 页。

③ 陈大文（1992）：《广西师专中国社会性质问题论战的回忆》，载《桂林文史资料第 20 辑：三十年代广西师专》，桂林：漓江出版社，1992 年。值得注意的是，广西省立师范专科学校农村经济研究会较中国农村经济研究会正式立案时间（1933 年 12 月）要早 8 个月。

④ 薛暮桥以笔名“农英”发表的调查日记中写道：“记得今年（指 1933 年）春天还远足桂林会仙时候，曾去瞻仰白崇禧将军的书香门楣。”在广西师专任教期间，能够在“春天”远足的机会集中在春假。按照国民政府规定，春假安排在每年 4 月，具体时间由各地自行安排。广西纬度低，春假在 4 月上旬。我们据此记录。参见农英（1935）：《容县玉林两县农村调查日记》，载《东方杂志》第 32 卷第 18 号，1935 年 9 月 16 日，第 106—107 页。

**5月21日** 节录吴万、韦若松等同学观察桂林南路六塘市场的日记，以此为基础，写成《桂林六塘的劳动市场》。文章指出，雇工摆行，本来并非桂林的特点。就我所已经知道的而论：平乐、荔浦一带，农忙时期，大多雇佣兴安、全县、灌阳甚至湖南跑来的游行工人。柳州、北流等县，也有游行男工，摆行待雇。武鸣秋收时候也有雇工摆行，男女都有，尤以青年女子为最多；其他各处，虽未一一调查，大概也很普遍。又说：俄国改革时期，精明的地主跑进雇工市场，惯用手杖去拨雇工的布袋。假使里面装满面包，他就掉头而去。假使面包吃完，已成一个空袋，他就提出苛刻条件，廉价收买这些急货。广西很少经营地主：所有雇主，大多只是富农中农，因为他们同是农民，多少总要客气一点；大概不至于像俄国地主那样毒辣吧！[①]（参见1934年1月10日、1934年4月1日条。）

**6月20日** 《师专校刊》发表薛暮桥《农村经济讲述大纲（节录一）》和广西师专同学所写的多篇农村见闻杂记。

《农村经济讲述大纲（节录一）》系为农村经济课程准备的讲义，其中对农业资本、农业劳动、农业恐慌和农业政策分别进行讨论，认为“苏联农业改革的终极目标要使农村和都市合而为一。在未来的农业都市之中，市民春秋雨季从事农业劳作，余下来的时间就到工厂中去工作。从此再没有孤僻闭塞的农村，也没有困苦怨恨的农民，农村同都市之间的对立永远消灭”[②]。

**7月** 在杨东莼支持下，利用暑期组织广西师专农村经济研究会

---

① 薛暮桥（1933）:《桂林六塘的劳动市场》，载《中国农村经济研究会会报》，第一期，1934年4月1日。

② 薛暮桥（1933）:《农村经济讲述大纲（节录一）》，原载《师专校刊》第二卷第二、三期合刊，转引自中共广西壮族自治区委员会党史研究室编：《党在广西师范专科学校的活动》，南宁：中共广西壮族自治区委员会党史研究室，2006年，第373—397页。该书所转载《农村经济讲述大纲（节录一）》一文并不完整，只是从第五部分开始，或许一至四部分在《师专校刊》未刊出，或许转载时编者删节了前面的四节。

全体会员百余人对广西 6 区 38 县 74 村 4 919 户进行挨户调查。[①] 自己带领最优秀的学生刘敦安到苍梧、容县、博白、思恩、龙州等县进行一个半月的面上调查。[②] 途经李明瑞领导的苏区遗址下冻时，目睹红军失败后农民逃跑、房屋被焚、田地荒废的惨状。[③]

在广西农村调查所得资料基础上，薛暮桥与刘端生主持，暑期后挑选刘敦安等十多个同学分别对调查材料审查汇总，次年合作完成《广西农村经济调查报告》一书，由广西省立师范专科学校农村经济研究会出版（参见 1934 年 6 月 25 日条），从而共同完成陈翰笙交代的任务（参见 1933 年 1 月中旬条）。

**7 月下旬**　与刘敦安到广西苍梧农村调查，[④] 完成《广西苍梧农村——三乡八个村庄视察记》（参见 1934 年 1 月 25 日条）。

薛暮桥曾谈及在苍梧附近及玉林（亦写作“郁林”）所见到的劳动妇女景象：

作者去年夏季[⑤]曾到苍梧附近各县农村中去考察。那时早熟已经

---

① 薛暮桥曾经提到，暑期期间发给每个同学 100 张表格，让他们调查家乡的 100 户人家。参见齐卫平、杨雪芳访问整理（1983）：《薛暮桥回忆 30 年代中国农村社会性质论战有关情况》，载周子东等《三十年代中国社会性质论战》，上海：知识出版社，1987 年，第 121—122 页；薛暮桥（1981）：《回忆杨东莼同志》，载《薛暮桥文集》第九卷，北京：中国金融出版社，2011 年，第 159 页。

② 薛暮桥（1996）：《薛暮桥回忆录》，载《薛暮桥文集》第二十卷，北京：中国金融出版社，2011 年，第 42 页。

③ 薛暮桥（1996）：《在师专校友座谈会上的讲话》，手稿，1986 年 12 月，国家图书馆藏；王枬、罗元编（2012）：《英烈书生——广西师范大学英烈故事集》，桂林：广西师范大学出版社，2012 年，第 68 页。

④ 薛暮桥在 1933 年 8 月 5 日的调查日记中言及，“前几天在苍梧冠盖乡又曾遥望李济深将军的第宅”。据此判断，他和刘敦安在苍梧调查的时间是 7 月下旬。参见农英（1935）：《容县玉林两县农村调查日记》，载《东方杂志》第 32 卷第 18 号，1935 年 9 月 16 日，第 106—107 页。

⑤ 根据发表时间，这里实际应为“前年夏天”。

收割，晚熟正待插秧。妇女们三三两两地站在渍着浅水的田中，一手依着一支木杖，一手插在腰间，两只紫红色的脚不住地移动着，在把稻根插入泥中。当然，她们没有淡白的粉脸，没有轻盈的细腰；但是那副健硕的体态，看着也会使人发生另一种的快感。苍梧农民十之七八都是佃农，他们种的都是租田。因此，假使她们的脚是踏在自田中间，就像上海小姐坐着自备汽车一样值得钦羡。

日子跟着车轮一天一天滚过去，当我踏入郁林农村时候，她们已在插秧。满田都是健硕的劳动妇女，她们排着长列；嘴里唱着声调悠长的秧歌，弯腰曲背的在迅速工作。虽然她们大多来自不同的农家，甚至不同的农村，但是就这暂时的共同工作，也可充分体验着集体劳动的伟大。真的，插秧季节是农家妇女最快乐的时期，因为这时她们能从孤寂的家庭中间解放出来，而且可得若干工资来满足个人的需要。①

**夏**　建议学校增设政治经济学课，作为农村经济课的先修课程，推荐中央研究院社会科学研究所时期的同事刘端生教授农村经济课。两项建议均获得校方同意。②

**8月4日**　与刘敦安到广西容县调查。容县“人才济济，一共出

---

① 农英（1935）：《广西农村中的劳动妇女》，载《东方杂志》第32卷第6号，1935年3月16日，第98—99页。

② 薛暮桥（1985）：《在不平凡的革命道路上沉着前进》，载《薛暮桥文集》第十一卷，北京：中国金融出版社，2011年，第175页；薛暮桥（1986）：《关于广西师范专科学校的回忆》，载《薛暮桥文集》第十二卷，北京：中国金融出版社，2011年，第78页。魏华龄指出，薛暮桥提出这一课程安排建议的理由可以用他在《怎样研究中国农村经济》一文中的话来说明：“事实是理论的具体基础，而理论又是事实的一般化和抽象化的表现。我们研究中国农村经济，当把这两者结合起来：一方面用正确的理论来分析具体事实，另一方面由于事实的分析，理论的内容也就跟着充实起来。此后我们讨论的程序，首先是去认识封建的、资本主义的、农村社会的各种生产关系，从事这种特殊结构的分析和研究。”参见魏华龄（2005）：《薛暮桥在桂林》，载《中共桂林市委党校学报》第5卷第3期，2005年9月，第62—64页。

了5个军长”，“旅长团长更是屈指难数”。在经济萧条的冲击下，海外归侨大量增加。据薛暮桥记载：

岑溪和容县是广西出洋侨工最多的地方。容县华侨人数并无可靠统计，大约两户中间有一人以上在海外做工。以前每年华侨汇回款项约有三百万元；十八年起因受经济恐慌影响，汇款锐减；去年汇款只有十余万元，仅及十六七年的百分之五。近年华侨纷纷归国，使容县乡间骤然增加千万失业农民；依靠汇款补助家用的千万农家，更陷入朝不保暮的困境。失业和贫困的结果，地价每亩从250元跌到150元，工资从每工2角5分跌到1角5分，利息（本银10元）从20斤谷涨到50斤谷。今年春天吃稀粥、甘薯和木薯过活的农户十居六七，有些用蕨捣汁滤粉充饥；富贵之地已经变成饥饿之乡了。预料此后农民所有细小土地将更快地集中到少数地主的手里；同时高利贷者的气焰也会日渐高涨。①

**8月5日**　清晨乘火车到容县城南五十里的翊正乡绿荫村调查。该乡四大地主约占全乡耕地的1/4。各村平均每户种田多的5亩，少的4亩；自耕兼佃农中半数所有土地不满二亩，自耕农中也有半数以上所有土地不满4亩。②

**8月6日**　到玉林。玉林是广西省人口密集、土地集中显著的县份。全县所有耕地5 000亩以上、年收租谷1万余担的大地主约占全县耕地的1/4。玉林农民所种土地平均每户4亩左右，还要缴租40%至50%。据自治筹备会调查，全县农民百家之中只有3家能够全年吃

① 农英（1935）：《容县玉林两县农村调查日记》，载《东方杂志》第32卷第18号，1935年9月16日，第106—107页。

② 同上。

饭，其余都是吃稀粥、吃杂粮。[①]

**8 月 7 日**　早晨，到城南 35 里的福棉乡。福棉为玉林南乡的大墟，全墟人口农户十之八、商户十之二；全乡耕地几乎全被黄、萧、蒋三大地主瓜分。福棉附近很难找到自耕农民，农民以织布和挑担运盐为主要副业。[②]

**9 月 18 日**　广西师专举行总理纪念周和“九一八”二周年联合纪念仪式。薛暮桥报告广西农村经济调查经过。[③]

**9 月**　开始在广西省立师范专科学校为新生讲授政治经济学。[④]

**10 月 12 日**　参加朱克靖主持[⑤]的广西省立师范专科学校周年会，并在会上作关于广西农村经济调查的报告[⑥]，朱克靖作“过于露骨”的反蒋抗日报告[⑦]。会议临近结束，朱克靖将剩余的花生、糖果放在会场一角的木桶中，号令一下，学生们以最快速度奔向木桶，将桶里的糖果、花生抢光。此事被报告给白崇禧，称师专生活指导员搞

---

① 农英（1935）：《容县玉林两县农村调查日记》，载《东方杂志》第 32 卷第 18 号，1935 年 9 月 16 日，第 106—107 页。

② 同上。

③ 王枬、罗元编（2012）：《英烈书生——广西师范大学英烈故事集》，桂林：广西师范大学出版社，2012 年，第 98—99 页。书中引用了麦世法 1933 年 9 月 18 日的一则日记，这则日记提到“薛先生刚报告完他的调查经过，同学们都怪我为什么不早到一点”。

④ 根据学校于 1933 年 9 月开学判断，薛暮桥开始讲授政治经济学课程的时间为 1933 年 9 月。参见杨东莼（1933）：《我们对团体训练应有的认识》，载《杨东莼文集·论文卷》，武汉：华中师范大学出版社，2014 年，第 307 页。

⑤ 会前杨东莼被白崇禧邀去南宁，因此朱克靖主持周年纪念会。参见赵勤轩、康青星（2006）：《朱克靖传》，北京：中共党史出版社，2006 年，第 103 页。

⑥ 陈大文（1997）：《关于〈桂林抗战文化研究文集〉（1~3）中若干问题的意见》，载刘寿保、魏华龄主编《桂林抗战文化研究文集》（5），桂林：广西师范大学出版社，1997 年，第 517 页。

⑦ 薛暮桥（1996）：《薛暮桥回忆录》，载《薛暮桥文集》第二十卷，北京：中国金融出版社，2011 年，第 45 页。

“暴动演习”。[①]

**10 月**　陈翰笙被中山文化教育馆聘任为特约研究员，准备组织广东农村经济调查。[②]

**11 月下旬**　陈翰笙从上海到广东，主持中山文化教育馆、岭南大学广东农村经济调查团联合进行的广东农村经济调查。王寅生、孙冶方作为调查团干事参加调查。[③]

所参与筹备发起的中国农村经济研究会在南京市党部登记立案（参见 1933 年 12 月 11 日条）。

**12 月 10 日**　《教育新路》发表钱俊瑞、薛雨林、陈增善（后名陈向平）合写的《关于手工业形态与中国社会性质问题》。该文由陈增善《徐州八十八家手工业调查报告》[④] 一文发表后所收到的钱俊瑞、薛暮桥来信和陈增善的复信组成。薛暮桥在复信中表示，行会手工业和家庭手工业的重要区别在生产手段的所有问题。前者归直接生产者所有，所以还是“单纯的商品生产”；后者由商人供给，已经到了“资本主义的商品生产”的萌芽时期。徐州手工业者想来已有许多变成工资劳动，这是认识徐州社会性质和转变趋向的重要标志。《徐州八十八家手工业调查报告》对此还嫌忽视，而且报告中的“家内劳动”指行会手工业或家庭手工业过于含混。“帮手”与“工匠”如何分别，我还弄不清楚。工场手工业是手工业的第三阶段，显然已经踏

---

① 王枬、罗元编（2012）:《英烈书生——广西师范大学英烈故事集》，桂林：广西师范大学出版社，2012 年，第 35 页。

② 陈翰笙谈、陈洪进笔记（1998）:《地下工作二十五年》，载《陈翰笙百岁华诞集》，北京：中国社会科学出版社，1998 年，第 289 页。

③ 同上。

④ 陈增善（1933）:《徐州八十八家手工业调查报告》，载《教育新路》第 33 期，1933 年 9 月 10 日，第 1—19 页。该文末尾落款完稿时间为 1933 年 10 月 4 日，而该期《教育新路》出刊时间标记为 9 月 10 日，实际出刊时间显然晚于 10 月 4 日。这里仍采用该刊标注时间 。

入资本主义时代，报告所调查工场，是否全用工资劳动？工匠是否还有升任东家机会？学徒是否还是升任工匠和东家的必经阶段？东家收入主要靠自己劳动，还是靠投资所得利润？凡此种种，皆有研究必要。陈增善对这些问题均一一作答，并强调观察某一社会性质，不当以局部的、从属的、派生的特殊事项或偶发事项作为标志，而应向全社会的结构联系中去考察和分析。[①]

**12月11日**　杨东莼完成《我们对团体训练应有的认识》一文。文中称“农村经济研究会已有半年的历史和相当的成绩”；又表示“我们日常生活中第四个组织”远足旅行团的目的“固在于健康体魄和补助农村调查，但我们的用意，却还不止此”；远足旅行“已举行过两次，在组织和计划上都很好，但第一次不免有些幼稚行动，不过经过了自我批评，第二次却没有发现这些幼稚行动了”。[②]

所参与筹备发起[③]、以陈翰笙为首的左翼经济学研究团体——中国农村经济研究会得到南京市社会局文字第十号文化团体立案证书，在

① 钱俊瑞、薛雨林、陈增善（1933）：《关于手工业形态与中国社会性质问题》，载《教育新路》第42期，1933年12月10日，第1—5页。

② 杨东莼（1933）：《我们对团体训练应有的认识》，原载《师专校刊》第二卷第四、五、六期，转引自中共广西壮族自治区委员会党史研究室编：《党在广西师范专科学校的活动》，南宁：中共广西壮族自治区委员会党史研究室，2006年，第342—352页；杨东莼著，周洪宇主编（2014）：《杨东莼文集·论文卷》，武汉：华中师范大学出版社，2014年，第300—309页。前书将杨东莼这篇文章标注为1934年12月出版的《师专校刊》第二卷第四、五、六期（第352页），后书进一步称该文于1934年12月7日写完初稿、12月11日补写（第577页），后在《师专校刊》发表。该文所谈显然是杨东莼任广西省立师范专科学校校长时的校内生活，1934年12月杨早已离任校长，不可能再去写这篇文章，而1933年12月11日完成该文则合情合理。因此，我们未采用两书的注释。

③ 中国农村经济研究会于1932年秋在南京准备发起；薛暮桥在广西教书时，收到钱俊瑞、张锡昌来信，信中要薛暮桥参加中国农村经济研究会筹委会。参见薛暮桥（1985）：《在不平凡的革命道路上沉着前进》，载《薛暮桥文集》第十一卷，北京：中国金融出版社，2011年，第175页；范世涛（2020）：《陈翰笙与“国立中央研究院”无锡农村经济调查》，载《中国经济史研究》，2020年第5期，第165—192页。

南京正式成立。[①] 据 1936 年中国农村经济研究会会务报告，中国农村经济研究会"（开始筹备）在 1932 年的秋天，因为那时大部分的发起人在南京，筹备处就设在南京。[②] 经过了种种手续，到 1933 年的 11 月 [③]，本会才算成立，会所设在南京。那时会员只有六十多人" [④]。

《中国农村经济研究会简章》如下：

一、本会以研究中国农村底经济结构为宗旨，定名为中国农村经济研究会。

二、凡赞同本会宗旨，具有研究兴味，由本会会员介绍，经理事会通过，而照章缴纳入会费者，均得为本会会员。

三、本会设理事会，由全体会员推选理事五人组织之。理事任期

---

① 有关中国农村经济研究会的回忆和研究文献均记中国农村经济研究会在上海成立，成立时间众说纷纭。参见冯和法（1988）：《〈中国农村〉》，载《中国大百科全书　经济学》第Ⅲ卷，北京、上海：中国大百科全书出版社，1992 年，第 1356—1357 页。此处根据当年的《中国农村经济研究会会报》记录。

② 筹备处设在南京，与陈翰笙、王寅生等仍在国立中央研究院社会科学研究所任职有关，也与时任行政院农村复兴委员会专员的孙晓村有关。冯和法指出："（中国农村经济）研究会为取得合法地位，要向南京政府有关部门登记，晓村同志利用他在农村复兴委员会工作的方便，担任研究会的代表，取得有关部门的登记表，同时还把研究会的通讯地址放在农村复兴委员会内。如果不是他奔走，要取得登记执照，研究会公开工作就不可能了。"参见冯和法（1993）：《半个世纪同志情》，载中国人民政治协商会议全国委员会文史资料委员会编《孙晓村纪念文集》，北京：中国文史出版社，1993 年，第 105 页。

③ 指中国农村经济研究会在南京市党部立案登记的时间。

④ 中国农村经济研究会（1936）：《会务报告》，载《中国农村经济研究会会报》复刊号，1936 年 4 月 15 日，第 7 页。1934 年的会务报告也谈到"经过一段很长的筹备期间"："中国农村底社会和经济的结构，自从十九世纪中叶以来，已起了很大的变化。尤其是近五年来，加以世界经济恐慌的打击，中国农村经济便堕入于空前急激的破产过程中。于是农村经济问题，便为当代人士赋予深切的注意。在这样的客观条件之下，便有本会底发起。经过一段很长的筹备期间之后，于民国二十三年十一月、十二月两个月中在南京分别向南京市党部、南京市社会局暨教育部完成立案手续。"参见中国农村经济研究会（1934）：《会务报告》，载《中国农村经济研究会会报》第一期，1934 年 4 月 1 日，第 12 页。

一年，由会员大会改选之。

四、本会理事互推主席一人，掌理考核会务及对外接洽等事宜。

五、本会理事会分设下列二部：

（1）事务部　由理事互推一人为主任，掌理本会组织、文书、出版、会计、庶务等事宜。

（2）研究部　由理事互推一人为主任，掌理本会调查、研究、编辑、报告等事宜。

六、本会理事会各部得就会员中聘请干事若干人，经各该部主任推荐，由理事会通过聘请之。

七、本会遇必要时得由理事会组织各种委员会，其规程另订。

八、本会会员大会，每年举行一次，必要时得开临时大会。年会及临时大会俱由理事会负责召集。理事会由主席召集，每二月举行常会一次，必要时得开临时会。

九、本会会员入会时须缴入会费大洋二角。至常年会费额数则由各人自由认定。

十、本会研究工作纲要①另拟订。

十一、本简章须经会员大会通过施行。如有未尽善处，得由会员

---

① 中国农村经济研究会研究工作纲要内容如下：一、本会研究方法，为谋协力合作，并适应各会员自由研究之兴趣起见，分下列两种，由会员认定，分别进行。唯各会员所认问题，应在本会所研究范围之内。第一，由若干会员共同研究一个问题。在研究每个问题前，由研究部制定研究大纲、会员意见书、调查表格及参考资料索引等，印发参加该项问题研究之会员。各会员得将意见书及调查材料寄交研究部负责整理。整理时如遇必要，得再征询各会员意见。第二，由会员自己认定问题，从事研究。如有疑难或需用参考及实际调查材料等，得提交研究部解答或征集之。二、本会研究范围规定如下：1. 研究中国农村经济之方法；2. 中国农业经营底形态和性质；3. 中国的土地分配和租佃制度；4. 中国的农村借贷制度；5. 中国农村市场底结构和商业资本底作用；6. 中国的税捐及其性质；7. 中国的农村手工业；8. 中国农业劳动的雇佣制度；9. 中国农民的离村；10. 中国的灾荒及其性质；11. 中国的农民运动。三、凡本会会员共同研究及个别研究之结果，得经本会理事会审查，（接下页）

十人以上之连署，提交会员大会修改之。[①]

中国农村经济研究会（以下简称“农研会”）理事会主席由陈翰笙担任。[②]成立之初陈洪进负责日常工作[③]，1934 年夏至 1938 年 10 月，薛暮桥专职主持中国农村经济研究会工作。1934 年 1 月起，中国农村经济研究会为会员在《新中华》杂志辟“农村通讯”专栏，发表农村

---

由本会刊行之。四、本会会员在举行年会时，得分组或由个别人宣读研究论文，并提交大会讨论。参见《中国农村经济研究会研究工作纲要》，载《中国农村经济研究会会报》第一期，1934 年 4 月 1 日，第 12 页。这份研究工作纲要最早刊登在《新秦先锋》。原标题中有“概要草案”字样，内容则完全相同。参见《中国农村经济研究会研究工作概要草案》，载《新秦先锋》，第一卷第四期，1932 年 9 月 30 日，第 42 页。

① 《中国农村经济研究会简章》，载《中国农村经济研究会会报》第一期，1934 年 4 月 1 日，第 11—12 页；又载《中国农村》第一卷第十二期，1935 年 9 月 30 日，第 130 页。《中国农村经济研究会简章》始见于 1932 年 9 月 30 日出版的《新秦先锋》杂志，标题略有不同，内容完全相同。参见《中国农村经济研究会简章草案》，载《新秦先锋》，第一卷第四期，1932 年 9 月 30 日，第 41 页。

② 中国农村经济研究会成立时的理事会情况目前尚不清楚。据孙晓村回忆，除陈翰笙担任理事长（应为“理事会主席”）外，吴觉农任副理事长，钱俊瑞、薛暮桥、孙冶方、冯和法和孙本人任理事；薛暮桥也说过，理事会由七人组成；冯和法所回忆的理事会成员就更多了。这些都与中国农村经济研究会简章所规定的理事会由五人组成矛盾，无法采信。参见孙晓村（1993）：《我的回忆》，载《孙晓村纪念文集》，北京：中国文史出版社，1993 年，第 22 页；薛暮桥（1993）：《革命艰险岁月中的挚友》，同上书，第 100 页；冯和法（1993）：《半个世纪同志情》，同上书，第 105 页。

③ 陈翰笙在一封信中写道：“我认识陈洪进是在 1926 年，……1933 年我请他在中国农村经济研究会料理会务。”参见陈翰笙给世界历史所党委并社会科学院党委的信，1982 年 12 月 20 日，中国社会科学院中国近代史研究所藏陈翰笙档案。陈洪进回忆：“在农研会成立之前，中国农村研究是在‘中央研究院’围墙里面做事情的，‘农研会’成立后，全国人民，特别是农村知识青年，也开始研究中国农村。这也叫作中国农村研究走出象牙之塔。在 1933 年前后，在‘农研会’成立不久的时候，我在‘农研会’内部做编辑工作，总是小看这个团体，认为不过是学术团体。建国以后，到了 60 年代，正在‘四清’时候，我在世界历史研究所工作，所长对我说，他过去经常阅读中国农村经济研究会出版的《中国农村》，思想上受了影响，所以才去延安。听了他的话，我才认清了‘农研会’的革命意义。”参见陈洪进（1994）：《翰老至少立过三个大功》，载《陈翰笙百岁华诞集》，北京：中国社会科学出版社，1998 年，第 260—262 页。

通稿，每期约4 000字[①]，为期一年；1935年，商务印书馆《东方杂志》第32卷第2号（1935年1月16日）起开辟“农村写实”专栏，每月一期，至第33卷12号（1936年6月16日）止，共18期85篇，由中国农村经济研究会代编。这些通稿通过对一村、一乡、一地、一业所进行的实地调查，展现了中国农村经济凋敝的情况。[②]这些作品在当时产生重大影响，尤其是在青年中留下了深刻印象。[③]

**12月** 在《师专校刊》发表《农村经济讲述大纲（节录二）》。本文系为农村经济课程准备的讲义，计分九节。

一、中国社会发展史的轮廓。农业获支配地位决非始于周代，封建制度的产生大概在周代以前，周室东迁以后封建制度逐渐衰落，商业资本是破坏封建基础的主要动力。秦代改革承认土地私有，并确立官僚制度，实现地主和商业资本的结合。为什么商业资本发展二千多年，不能发展为工厂工业，是值得研究的问题。解决这个问题，非把中国同英国比较不可。英国是海洋国家，中国是大陆国家，英国商人发展要从事海外贸易，而中国则没有向外发展的必要。英国商人将日用品卖给海外，引起大量生产甚至机器生产，中国商人则多贩卖奢侈品、特产品，几乎没有机器发展的可能。“这种地理上的差别，或许可以说是造成这种结果的主要原因。”帝国主义入侵引起中国农村社会转变，商品经济代替多数农民的自然经济，都市资本主义发展和控制农村，农村人口贫富分化。

---

① 冯和法（1982）：《中国农村经济研究会的战斗历程（上）》，载《农业经济丛刊》，1982年第4期，第Ⅳ—52页；中国农村经济研究会（1934）：《会务报告》，载《中国农村经济研究会会报》第一期，1934年4月1日，第12页。

② 编者（1936）：《读者、作者与编者》，载《东方杂志》第33卷第12号，1936年6月16日，第91页；李斯颐（1989）：《抗战时期的〈东方杂志〉》，载中国社会科学院新闻研究所《新闻研究资料》编辑部编《新闻研究资料》总第45辑，1989年，第28—29页。

③ 薛暮桥（1984）：《〈解放前的中国农村〉序》，载《薛暮桥文集》第十卷，北京：中国金融出版社，2011年，第172页。

二、土地所有形态及其分配。井田制是否存在争论不决，证诸俄罗斯的密尔、德意志的马克以及其他社会的情形，这种土地制度似乎并没有令人怀疑的地方。但地有肥瘠，人有众寡，单位参差，制度复杂，《周礼》《孟子》《墨子》的数字记载则没有考证必要。秦代“废井田，开阡陌”，土地可以自由买卖，自由租佃，历代各有损益。而现行土地制度非但类似明清，同秦汉时代也没有多大差别。不过皇庄、官庄早已消灭，军屯、民屯名存实亡。耕地所有形态可分为私人所有、氏族所有、寺庙所有及其他公地三种。私人所有土地可以自由买卖、自由租佃，但氏族公有制度未完全打破，出卖土耕往往须亲属同意。宗法观念浓厚的地方，大族往往限制本族土地卖给异姓。近数十年来这些古老限制逐渐衰微，实际是敲诈勒索的陋规或买卖契约上的官样文章。氏族所有土地盛行于南方。寺庙所有土地数量不很多，但在中国很普遍。这种庙宇是乡民特别是豪绅地主集会地点，同时附设公共机关。庙宇附近常常是节日娱乐场所。永佃制度是从封建租佃制度到资本主义租佃制度的过渡桥梁，各省还很普遍。其发生大概始于唐代，近来主要有三种方式，一是自耕农民典当土地，无力回赎，田底被没收，自己保留田面，二是地主奖励农民改良土地，以永久租佃为报酬，三是佃农出资购买田面。在商品经济发展中，永佃制度迟早会变成长期或短期的自由契约。地权转移普遍采取绝卖、活卖两种方式，拖泥带水，常常经过若干年代才能交割清楚。在落后的农村典当常常是地权转移的主要方式。随商品经济发展，世袭地主纷纷没落，富农、商人成为新兴地主，军阀官僚缺乏投资经验，往往也收买土地。没落地主的土地分散不足以抵偿新兴地主的收买兼并，因此地权集中一天天显著起来。

三、租佃制度。《周礼》《孟子》的记载全是凭空追忆，大多不很确实，但同欧洲通行的强役制和赋役制比较起来，也大同小异，似乎没有根本否认的理由。从秦汉到宋元明清，虽然战乱后有浓厚封建色彩的封地制度，但土地私有制已无法动摇，统治阶级则想建立封建庄园制度，如明代皇庄、官庄，清代皇室庄田、宗室庄田、八旗庄田、驻防庄田，多用武力强占，或帝王分封，官吏、庄头往往“擅作威福，肆行武断”。但在商业资本侵蚀下，庄园制度腐朽崩坏。在商品经济的发展潮流中，租佃制度也新陈代谢，异常复杂。但身份关系转化为契约关系，口头契约转化为书面契约，永佃制转化为定期租佃，力租逐渐消灭或转化为折租、钱租，分租转化为定租，都是目前不能否认的事实。但资本主义生产关系还没有成为农业一般基础时，资本主义地租范畴还是不能适用于小农经济。二五减租是中国国民党的政纲之一。假使能普遍实行，资本主义农业经营会迅速发展，中国农村生产关系脱尽封建束缚跑上新的阶段。

四、农业经营。水利工程和人工灌溉、人工排水，经营水田，集约耕作，畜牧在农村不占重要地位，均为中国农业的特征，欧美农民不易了解。农业技术上说，土地集中并没有造成大农经营，近数十年田场面积似乎还在逐渐缩小，农业机械几乎完全无法采用。中国农村雇佣劳动已很普遍，但大多保留封建色彩。

五、高利贷资本的作用。高利借贷在欧洲常受社会唾骂，在中国则视为缙绅先生的高贵职业。当铺设立遍及僻远市镇。在这种借贷关系中，债户一般是衣食不全的贫苦农民，所借金钱谷物多用来维持生活，决无借款扩大农场经营的可能。借贷利息不是剩余价值而来，不受平均利润限制，反而会限制甚至侵蚀利润。借贷形态非常复杂，包括借钱还钱、借谷还谷、借钱还谷、借谷还钱、做工偿债等形式。钱会几乎各地都有，谷会则已很少。

六、商业资本在农村中的活动。中国农民对市场的依赖已十分密切。销路、市价足以影响农民生计。最近洋米洋面侵入中国市场，江、浙、皖、赣、湘、鄂等省形成“谷贱伤农”现象，这是中国农民依赖都市甚至国际市场的明证。地主、债主、商人形成一大连环，在封建废墟上支配农民，但观察中国经济转变的趋向，他们已跑上没落的途程。

七、田赋税捐。现代中国财政混乱已达极点。田赋制度千余年来很少改革。唐代两税法后，田亩为抽税标准。只是民元以来，全征货币。在正税之外，田赋还要加收附加税。两者合并，普通每亩每年纳田税一元左右。预征田赋司空见惯。明代清丈田亩，编制鱼鳞册，现代征收田赋，计算钱两、漕米，仍以此为根据。粮书、区书并不随土地买卖如数转移田赋，因此往往“有粮无田，有田无粮，田多粮少，粮多田少”。加以层层中饱，政府收入所余无几。田赋之外，还有盐税、农产品税、厘金等项，繁重同田赋不相上下。兵差和滥发纸币，也都是变相的税捐。

八、农村副业与农民离村。中国是小农经济的国家，小农经济同农村副业几乎不可分离。都市工业发展迟缓，大农经营缺乏，使中国农民出卖劳动力的机会异常稀少。他们想获得充分的货币，只有经营副业。在这情形之下，帝国主义入侵破坏了中国的旧式手工业，产生若干新式手工业，这对农民的生活影响，自然十分重大。江苏无锡民国初年平均两户一架旧式织机，现在残留下来的已不到原来的十分之一。农村副业的破坏和机器生产的侵入，必然引起农村人口的相对减少，老死不相往来的中国农民不得不离乡背井另觅生路，他们大多流入都市。华南农民移殖南洋，华北农民流亡东北，是失业农民的另外一条出路。这些出路还不能容纳全体失业农民，劳力过剩还是普遍现象，于是流氓、兵士、土匪，成为祸乱的根源。种种离村农民多同乡间亲属保持密切关系。都市工人同乡村农民的密切联系使都市工人生活格外恶劣。劳动后备军致工作条件很少改进可能。另一方面，他们又把工人意识带入农村。

九、帝国主义的侵略与中国农村经济的崩溃。近代资本主义在中国农村经济取得支配地位不是由于中国资本主义内在的发展，而是因为帝国主义向中国输入商品与资本的关系。所以，要认识中国农村经济转变的动力和动向，非先把握帝国主义这个中心问题不可。世界经济恐慌扩大和深入，使中国农村经济崩溃格外迅速。而农民破产农业衰落之中，鸦片种植反日见繁荣。中国农民的出路只有两条，一是资本主义迅速发展，靠都市资产阶级力量改进农业生产，二是在无产阶级领导之下来改进农业生产，中国的农业生产关系跳过资本主义阶段直接跑上社会主义建设的道路。中国农民是否能够跑上这条道路，要看整个中国甚至整个世界是否向这方向推移才能决定。① 该讲义经大幅修改后，以《中国农村经济常识》为名单行出版（参见 1937 年 1 月 31 日条）。

中国经济情报社编《中国经济论文集》第一集由生活书店出版。书中收录薛暮桥署名“莫乔”的文章 4 篇：《“新广西”的经济基础》（参见 1934 年 6 月 4 日条）、《国民经济废墟上的公路建设》（参见 1934 年 9 月 16 日条）、《日本帝国主义控制下的东北对外贸易》（参见 1934 年 7 月 7 日条）、《控制东北的南满铁道公司》（参见 1934 年 9 月 2 日条）。②

**下半年** 结识因代表北平社会调查所进行广西经济调查到桂林的千家驹。③

---

① 薛暮桥（1933）：《农村经济讲述大纲（节录二）》，原载《师专校刊》第二卷第三、四、五期，转引自中共广西壮族自治区委员会党史研究室编《党在广西师范专科学校的活动》，南宁：中共广西壮族自治区委员会党史研究室，2006 年，第 398—465 页。

② 中国经济情报社编（1934）：《中国经济论文集》第一集，上海：生活书店，1934 年，第 29—35 页、第 204—209 页、第 277—283 页、第 285—294 页。

③ 王文政（2014）：《千家驹年谱》，北京：群言出版社，2014 年，第 39 页。调查期间，韩德章带领一个组，调查广西农业；吴半农、千家驹调查广西工商业。在调查基础上完成下书：千家驹、韩德章、吴半农（1936）：《广西省经济概况》，上海：商务印书馆，1936 年。千家驹从此开始接触农村经济问题。经社会经济调查所所长陶孟和推荐，主编天津《益世报》的《农村周刊》。参见詹若文（1987）：《少年好学歌燕市　白首穷经尚直言——千家驹传略》，载《中国当代经济学家传略（二）》，沈阳：辽宁人民出版社，1987 年，第 330—331 页。

**年底** 写信介绍夏天出狱后谋职困难的徐雪寒去上海找钱俊瑞（当时在塔斯社上海分社工作）和姜君辰（《中华日报》社编辑）。徐雪寒与钱俊瑞、姜君辰相见之后，“交谈甚洽”。[①]

① 徐雪寒自陈，1933年夏天从杭州监狱出来后，找工作很困难，“甚至谋每月15元工资的小学教员的职位也不成功，真是走投无路”。不难推测，在薛暮桥写信之前，徐雪寒曾致信薛暮桥告知近况。参见徐雪寒（1993）：《一片哀思寄晓村》，载《孙晓村纪念文集》，北京：中国文史出版社，1993年，第117页。

## 1934年

**春** 与刘端生一起到广西思恩调查。“端生在朋友中以体格硕健著称，记得他在广西思恩调查时候，每天翻山越岭步行三四十里至八九十里，同时进行调查工作，如是一月未有间断。”[①]

**1月10日** 中华书局《新中华》第二卷第一期“新年特大号”设立“农村通讯”栏目，开始发表中国农村经济研究会会员农村通讯作品。[②]本期刊登三篇：《桂林六塘的劳动市场》（署名“暮桥”，参见1933年5月21日条）；《高利贷支配下的滑县农村经济》（署名“西超”，即张锡昌）；《黄渡农村》（署名“徐洛”，即罗琼[③]）。

---

① 薛暮桥（1938）：《报告一个不幸的消息》，载《薛暮桥文集》第三卷，北京：中国金融出版社，2011年，第67页。现不清楚刘端生和薛暮桥在思恩调查的具体时间。鉴于薛暮桥5月即离开广西师专，而刘端生于1933年9月开始授课，1934年1月中下旬进行苍梧农村调查，他们访问思恩的时间最可能是在1934年春。

② 农村通讯是中国农村经济研究会成立后“编辑工作的一个主要的部分。因为乡村青年对于材料的组织和字句的修饰太少训练，外来稿件常须费很大的力量来修改。所以每一篇通讯稿件的完成，大概须经一两次的通信补充”。参见中国农村经济研究会（1936）：《会务报告》，载《中国农村经济研究会会报》复刊号，1936年4月15日，第8页。

③ 罗琼（1911—2006），原名徐寿娟，笔名徐洛，后名罗琼。江苏省江阴人。1935年5月与薛暮桥结婚，育有三女。1935年2月参加中国农村经济研究会日常工作，12月参与发起和组织上海妇女界救国会，任宣传部主任。1938年5月加入中国共产党，同年8月参加新四军，任新四军军部直属教导队政治教员。1940年任延安《解放日报》副刊《中国妇女》编辑主任。1945年任山东解放区妇联宣传部部长，兼任山东大学合作专修科主任。1948年任中共中央妇女运动委员会委员，当选为全国妇联执委、常委。1949年以后，历任全国妇联宣传部副部长、部长，全国妇联副秘书长、执委、常委、书记处书记、第一书记，全国妇联第四、第五届副主席。（接下页）

**1 月 10 日至 30 日**　刘端生与两个朋友在广西苍梧农村调查。事后发表日记体《苍梧农村杂记》（署名“端”）。[①]

**1 月 25 日**　在《新中华》杂志第二卷第二期发表《广西苍梧农村——三乡八个村庄视察记》一文（参见 1933 年 7 月下旬条）。[②]

**3 月上旬**　徐雪寒（当时用名“徐梅君”）在上海致信 1933 年冬出狱、正准备报考浙江省电话局报务员的骆耕漠[③]，告知通过在桂林的薛暮桥介绍，认识了钱俊瑞、姜君辰等新朋友。他们正接下一笔“生意”，为《中华日报》每周包编、包写、包校《中国经济情报》周刊一期，约一万言，报社每月供一百几十元报酬。[④] 特邀请骆参加这一工作。同时附上钱俊瑞以“陶直夫”署名在《新中华》杂志上发表

---

她是中共第七、第八、第十二次全国代表大会代表，第一、第二、第三、第六届全国人大常委会代表，第三、第六届全国人大常委会常委，第五、第七届全国政协常委。著译有《新妇女论》（与沈兹九合译，1937）、《战时的妇女工作》（与季洪、姜平合著，1937）、《妇女问题基本知识》（1947、1955、1985）、《妇女丛书》（主编，11 册，1948）、《妇女解放论丛》（1990）、《苦难与抗争——三十年代中叶经济与妇女》（1995）、《改革开放与妇女解放》（1995）、《罗琼访谈录》（2000）、《罗琼文集》（2000）等。

① 端（1934）:《苍梧农村杂记（一）》，载《新中华》第二卷第七期，1934 年 4 月 10 日；端（1934）:《苍梧农村杂记（二）》，载《新中华》第二卷第八期，1934 年 4 月 25 日；刘端生（1934）:《苍梧农村杂记》，载陈翰笙、薛暮桥、冯和法合编《解放前的中国农村》第三辑，北京：中国展望出版社，1989 年，第 600—604 页。鉴于薛暮桥和刘端生一起主持广西农村经济调查，薛暮桥可能是刘端生调查日记中所说同行的“两个朋友”之一。

② 薛暮桥（1933）:《广西苍梧农村——三乡八个村庄视察记》，载《薛暮桥文集》第一卷，北京：中国金融出版社，2011 年，第 45—48 页。

③ 骆耕漠（2004）:《往事回忆》，北京：人民出版社，2004 年，第 88—89 页。

④ 姜君辰与《中华日报》编辑吴清友联系，在该报增辟《中国经济情报》周刊，由钱俊瑞出面揽下编务。薛暮桥等人在纪念钱俊瑞的文章中称《中国经济情报》周刊“姜君辰任主编”并不正确，当时姜是《中华日报》国际版的主编。参见吴敏超（2014）:《国难中的学术与政治：中国经济学界的争鸣（1932—1937）》，北京：中国社会科学出版社，2014 年，第 29—30 页；薛暮桥、孙晓村、徐雪寒、骆耕漠、石西民、秦柳方（1985）:《勤奋的学者　忠诚的战士——回忆钱俊瑞同志》，载《薛暮桥文集》第十一卷，北京：中国金融出版社，2011 年，第 147 页。

的关于中国农村经济的文章。①

骆耕漠收到来信后赴上海，与徐雪寒负责《中国经济情报》周刊各项事宜。骆负责编辑，徐主要建立资料库，创办中国经济情报社。②中国经济情报社借鉴国立中央研究院社会科学研究所的资料分类法，选择重要报刊加以分类剪贴。③中国经济情报社前期工作主要由钱俊瑞、姜君辰主持，后由骆耕漠、徐雪寒主持。④朱楚辛、石西民、张锡昌等参加了中国经济情报社工作。⑤《中国经济情报》周刊自 1934 年 4 月创刊，到 1937 年 3 月共出版 141 期。其中，1934 年 3 月至 1935 年 6 月均由中国经济情报社主编，此后该刊由中华日报馆

---

① 骆耕漠（1987）:《骆耕漠早年文录》，大连：东北财经大学出版社，1987 年，第 1—2 页。钱俊瑞的文章指以笔名“陶直夫”发表的《中国农村经济现阶段性质之研究》（载《新中华》第一卷第二十三期，1933 年 12 月 10 日出版）。薛暮桥称这篇文章“响起了（中国社会性质）论战即将进入新阶段的钟声”。参见薛暮桥（1996）:《薛暮桥回忆录》，载《薛暮桥文集》第二十卷，北京：中国金融出版社，2011 年，第 61—62 页。钱俊瑞自己则称该文和他的另外一篇文章《现阶段中国土地问题的研究》可以作为陈翰笙《现今中国的土地问题》一书“重要的补充”。参见钱俊瑞（1935）:《评陈翰笙先生著〈现今中国的土地问题〉——兼评陈先生近著〈广东农村生产关系与生产力〉》，载《钱俊瑞文集》，北京：中国社会科学出版社，1998 年，第 109 页。

② 徐雪寒（1993）:《一片哀思寄晓村》，载《孙晓村纪念文集》，北京：中国文史出版社，1993 年，第 117 页。

③ 薛暮桥（1996）:《薛暮桥回忆录》，载《薛暮桥文集》第二十卷，北京：中国金融出版社，2011 年，第 47 页。钱俊瑞在一本小册子中详细介绍了中国经济情报社的剪报分类法。参见钱俊瑞（1936）:《怎样研究中国经济》，载《钱俊瑞文集》，北京：中国社会科学出版社，1998 年，第 169 页。

④ 周朝阳（1986）:《深入调查实际　潜心农业经济——姜君辰传略》，载《中国当代经济学家传略（一）》，沈阳：辽宁人民出版社，1986 年，第 270 页。

⑤ 徐雪寒这样回忆朱楚辛等参加中国经济情报社工作的过程：不久（应指承包《中华日报》的《中国经济情报》周刊后不久。——引者注），狱友朱楚辛（原文误印为“朱楚章”。——引者注）也从杭州而来，他又介绍了石西民，钱、姜又约中央研究院社会科学研究所被解职的张锡昌等，一起研究中国现实经济问题。我们写文章在上述周刊上发表。参见徐雪寒（1993）:《一片哀思寄晓村》，载《孙晓村纪念文集》，北京：中国文史出版社，1993 年，第 117 页。

收回自办。[①] 薛暮桥于 1934 年 6 月下旬回上海后，参加了中国经济情报社工作。[②] 后来专职主持中国农村经济研究会日常会务并实际主编《中国农村》，中国经济情报社与中国农村经济研究会即“打成一片”。[③]

**3 月** 在桂林完成《新广西的乌托邦——垦殖水利试办区》。文中根据 1933 年暑期调查期间的访问和报刊材料，介绍柳州、柳城之间的垦殖水利试办区改造农村的情况，指出花费二三十万巨款建立五百小康农户的“先造农场，后造农家”做法，“恐怕同时会使一千农户因此破产”！而“改造旧农村”的办法中，只有设立农民借贷处的直接放款制度比较实际且最有成效，借款均用农产做担保，十人一组，连环保证，前年放款竟有 95% 能够如期收回。“但借款最多的自然常是最有支付能力的富农，至于多数贫农雇农，既无充分农产可供担保，也无充分信用可以求人保证。他们所得利益，无论如何总是非常有限的。”[④] 该文于次年 1 月公开发表。

**4 月 1 日** 《中国农村经济研究会会报》在南京创刊。该刊为非卖品，面向中国农村经济研究会会员发放，不定期出版。《中国农村》月刊 10 月 10 日创刊后一度停刊，1936 年 4 月复刊。1943 年《中国农村》被禁后，《中国农村经济研究会会报》继续出刊，发挥与《中国农村》相似的作用。

---

① 吴敏超（2014）:《国难中的学术与政治：中国经济学界的争鸣（1932—1937）》，北京：中国社会科学出版社，2014 年，第 29、31 页。

② 《新知书店的战斗历程》编辑委员会编（1994）:《新知书店的战斗历程》，北京：生活·读书·新知三联书店，1994 年，第 2 页；薛暮桥（1996）:《薛暮桥回忆录》，载《薛暮桥文集》第二十卷，北京：中国金融出版社，2011 年，第 47 页。

③ 徐雪寒（1993）:《一片哀思寄晓村》，载《孙晓村纪念文集》，北京：中国文史出版社，1993 年，第 117—118 页。

④ 雨林（1934）:《新广西的乌托邦——垦殖水利试办区》，载中国农村经济研究会编《农村通讯》，上海：中华书局，1935 年，第 75—80 页。

创刊第一期所署通信处为："南京北门桥居安里二十号孙晓村转。"所载《会务报告》称会员已达 80 余人。[①]"会员消息"（第 11 页）中提到薛暮桥、刘端生，称："薛、刘两会员去岁即任广西桂林省立师范专科学校专任教员。刘会员正举行广西农村经济调查，约于暑假方能完毕。薛会员曾著有《广西游记》，以生动之文学笔调描写农村生活，刻正在接洽出版中。"

在《中国农村经济研究会会报》第一期发表《桂林六塘的劳动市场》（署名"暮桥"），并被编为会报第一期第一篇文章[②]（参见 1933 年 5 月 21 日条）。

**4 月** 因朱克靖身份暴露，杨东莼和朱克靖不得不辞去广西省立师范专科学校校长和教务长职务。薛暮桥与杨东莼、朱克靖商量后，拟留到暑假后再辞教职，以完成广西农村经济调查报告。[③]

**5 月** 新任广西省立师范专科学校校长罗尔棻到职。军训教官约谈，表示"薛先生在这里教书，我们是很欢迎的，但是我们没有办法保证你的安全"。只好辞职。同时被辞退的还有张汉辅、金奎光、杜敬斋（汪泽楷）、沈起予等数位进步教师。[④]在此之前，因学生常常要求解答"中国究竟是个什么社会"，已收集大量参考资料，准备进

---

① 到 1935 年 10 月为止，中国农村经济研究会会员只有 86 人。从 1934 年 4 月 1 日至 1935 年 10 月，基本没有发展新会员。会务报告称："从这里，我们不难看出一个特点，即过去本会是局限在学院式的范围之内。"参见中国农村经济研究会（1936）：《会务报告》，载《中国农村经济研究会会报》复刊号，1936 年 4 月 15 日，第 7 页。

② 暮桥（1934）：《桂林六塘的劳动市场》，载《中国农村经济研究会会报》第一期，1934 年 4 月 1 日，第 1—2 页。同期还刊登徐洛（即罗琼）《黄渡农村》一文。暮桥、徐洛的文章均曾发表于《新中华》第二卷第一期新年特大号。

③ 赵勤轩、康青星（2006）：《朱克靖传》，北京：中共党史出版社，2006 年，第 105 页。

④ 同上；薛暮桥（1996）：《薛暮桥回忆录》，载《薛暮桥文集》第二十卷，北京：中国金融出版社，2011 年，第 45 页。两书均将沈起予错记为"沈启宇"，此处已订正。

行公开讨论。[①] 离开广西师专时，关于中国社会性质的讨论准备工作将要完成，讨论最终未来得及正式展开。[②] 但师专同学在困难的处境下维持了传统，在薛暮桥等人离校后仍开展了关于农村社会性质的论战，与当年 10 月创刊的《中国农村》月刊遥相呼应。[③]1936—1937 年间，师专毕业生成为广西党组织重建的骨干力量。[④]

离开广西师专（良丰）到桂林，发现常有特务尾随。告杨东莼后，与准备离开桂林的教师联名致信白崇禧，要求保证他们安全离开广西。白崇禧随即到旅馆看望，后送来沿途免予检查的护照。新校长罗尔荣则请辞退的教师吃饭，补发一个月的工资送行。[⑤]

**5 月至 6 月** 与杨东莼离开桂林。途经广州，街头偶遇国立中央研究院社会科学研究所时期的同事王寅生，得知王寅生、孙冶方参加陈翰笙组织的广东农村经济调查团[⑥]，正在广州整理调查资

① 朱克靖在广西师专期间，倡导“自由研究，集体生活”的校风。师专第一届同学刘敦安提议在朝会上集体讨论上海神州国光社《读书杂志》关于中国社会性质论战的问题。朱克靖作为班主任给予了肯定和支持，并向其他班推荐。因此，薛暮桥对这一问题的兴趣并非偶然。参见王枬、罗元编（2012）：《英烈书生——广西师范大学建设发展历史图片集》，桂林：广西师范大学出版社，2012 年，第 67 页。

② 薛暮桥（1937）：《封建、半封建和资本主义》，载《薛暮桥文集》第十六卷，北京：中国金融出版社，2011 年，第 4 页。

③ 薛暮桥（1986）：《在师专校友座谈会上的讲话》，手稿，1986 年 12 月，国家图书馆藏。

④ 薛暮桥（1996）：《薛暮桥回忆录》，载《薛暮桥文集》第二十卷，北京：中国金融出版社，2011 年，第 44 页。

⑤ 薛暮桥（1986）：《关于广西师范专科学校的回忆》，载《薛暮桥文集》第十二卷，北京：中国金融出版社，第 78—80 页；魏华龄（2005）：《薛暮桥在桂林》，载《中共桂林市委党校学报》第 5 卷第 3 期，2005 年 9 月，第 62—64 页。

⑥ 陈翰笙主持的广东农村经济调查于 1933 年 10 月开始准备，11 月底以中山文化教育馆和岭南大学的名义实施调查。前后历时 9 个月，1934 年 6 月结束。调查团实地考察广东番禺 69 个村庄计 10 321 户，通信调查广东梅县、潮安、惠阳、中山、台山等 38 县计 335 个村庄。参见陈翰笙（1935）：《广东的农村生产关系与农村生产力》，载《陈翰笙集》，北京：中国社会科学出版社，2002 年，第 61 页。另据 1934 年（接下页）

料。随即，王寅生带薛暮桥到调查团驻地见陈翰笙，留在那里协助陈翰笙整理和汇总调查资料。①

**6 月 4 日**　完成《"新广西"的经济基础》一文。文章认为，帝国主义者对殖民地半殖民地的经济侵略可以采取三种方式：输出商品、工业资本或劳动资本。第一种方式对殖民地半殖民地经济发展只是起着破坏作用，第二种方式排挤民族工业，又建立资本主义的生产组织，第三种方式甚至会使民族工业获得形式上的发展。广西由于地理位置偏僻和政治孤立，所受帝国主义的侵略仅限于第一种方式。这是广西经济较各省更加落后的一大原因。广西工业和交通事业的发展，几乎全在适应军事和政治上的迫切需要，对于国防省防虽有细微补助，但对全省经济发展反而起消极破坏作用，征工筑路变成农民的过重负担。手工业几乎全在外货激流下冲荡一空，只有若干商业资本支配下的家庭手工业苟延残喘。商业发展比较迟缓，全省对外国外省贸易输出很少有发展，输入有显著增长。输入商品中国货所占比重迅速增加。农业上一方面存在大批荒地，一方面有无数农民忍受着土地的饥馑。农业资金枯竭和吓人的利率使农户非但无法开辟荒地，甚至原有耕地也陷入半休耕状态。农产价格狂

---

4 月 1 日《中国农村经济研究会会报》第一期所载"会员消息"（第 11 页）称："会员陈翰笙于去岁应中山文化教育馆暨广州岭南大学之聘，主办广东农村经济调查团，调查广东全省农村经济。会员王寅生亦参加该项工作。目前详细调查已经完毕，不久即将进行整理工作。"又提到王已经"先期赴粤参加广东农村经济调查团"。其中并未提薛暮桥，可以推测该期会刊出版时，薛暮桥尚未到广州。他到广州后参加的主要是调查资料整理工作。

① 薛暮桥有时称 1934 年 4 月从广西回来，路过广州，有时说是 1934 年 5 月。应以 1934 年 5 月为准，原因是广西省立师范专科学校校长罗尔瑛系 1934 年 5 月到任。薛暮桥（1985）：《在不平凡的革命道路上沉着前进》，载《薛暮桥文集》第十一卷，北京：中国金融出版社，2011 年，第 175 页；薛暮桥（1996）：《薛暮桥回忆录》，载《薛暮桥文集》第二十卷，北京：中国金融出版社，2011 年，第 45 页。

跌更使广西农民受到致命打击。经济奄奄一息，广西政府不得不从烟、赌捐上想办法，两项收入竟占全省总收入的 70% 左右。“新广西”呼声传遍全国，然而幻想只是幻想，事实还是事实。

该文在《中国经济情报》(署名“朱清”)发表，是薛暮桥在该刊发表的第一篇文章。到 1937 年 3 月为止，他在该刊至少发表 8 篇文章。①

**6 月下旬** 广东农村调查团工作结束，同陈翰笙、王寅生、孙冶方经香港乘轮船回到上海。② 途中曾经听陈翰笙的讲演，他这样描述：

---

① 据吴敏超研究，中国经济情报社主编《中国经济情报》周刊共计 61 期（1934 年 3 月至 1935 年 6 月），骆耕漠、徐雪寒、石西民、钱俊瑞、薛暮桥、罗琼、朱楚辛提供稿件 60 篇，占发表文章总数的 52%。参见吴敏超（2014）：《国难中的学术与政治：中国经济学界的争鸣（1932—1937）》，北京：中国社会科学出版社，2014 年，第 31、33 页。上述数字中薛暮桥所发表文章数是根据“莫乔”“朱清”两个笔名计算的。该书末尾所附的论文目录中有一篇《广西的租佃制度》，署名“秉璋”，从标题看可能是薛暮桥所写的广西农村调查报告的一章。

② 孙冶方（1969）:《交代材料》, 1969 年 6 月 30 日，未刊稿，李昭藏；陈翰笙（1935）:《广东的农村生产关系与农村生产力》，载《陈翰笙集》，北京：中国社会科学出版社，2002 年，第 61 页。薛暮桥曾记回上海的时间为 1934 年 8 月（齐卫平、杨雪芳访问）和 7 月下旬（《薛暮桥回忆录》），实际上 7 月他已经开始为中国经济情报社写文章，不大可能是 8 月回上海；薛暮桥有时说 1934 年 7 月与陈翰笙、孙冶方同回上海，但陈翰笙在《广东农村生产关系与生产力》中提到广东农村调查团工作于 1934 年 6 月结束，这与中国农村经济研究会第二次理事会议在 6 月 25 日召开可以相互印证，也与孙冶方所说 6 月返回上海的时间吻合。因此，我们将陈翰笙、王寅生、薛暮桥、孙冶方回到上海的时间记为 1934 年 6 月下旬。参见齐卫平、杨雪芳访问整理（1983）:《薛暮桥回忆 30 年代中国农村社会性质论战有关情况》，载周子东等《三十年代中国社会性质论战》，上海：知识出版社，1987 年，第 120—121 页；薛暮桥（1996）:《薛暮桥回忆录》，载《薛暮桥文集》第二十卷，北京：中国金融出版社，2011 年，第 47 页；薛暮桥（1985）:《在不平凡的革命道路上沉着前进》，载《薛暮桥文集》第十一卷，北京：中国金融出版社，2011 年，第 175 页。

在回上海途中，曾到某大学去听过某教授的学术演讲。当他讲毕以后，就有一个学生站起来问："中国究竟是个封建社会，还是一个资本主义社会？"[①] 某教授的答复是很巧妙的。他说："你们以为两种社会制度也像男女两性一样简单明白，不是男人便是女人，不是女人便是男人。可是两种社会制度并不这样容易分得开来，在旧社会中孕育着新社会的萌芽，在新社会中也保留着旧社会的残渣。至于它的过渡阶段，更加来得复杂，不是几句话所能说得完的。"那时我也有点茫茫然了。[②]

回上海后，参加中国经济情报社工作，为《中华日报》《中国经济情报》周刊，以及中华书局《新中华》杂志"农村通讯"专栏写稿。薛暮桥这样说："我们到上海后都没有职业，没有工资怎么办？专门写文章。除了向别的刊物投稿外，自己还有几个阵地，《中国经济情报》就是其中的一个。"[③]

**6 月 25 日** 出席中国农村经济研究会举行第二次理事会扩大

① 1933 年，中国社会性质在广州已经是引人注目的问题。据何干之的妻子刘炼回忆，1933 年 5 月，中国左翼文化总同盟广州分盟曾组织集会，讨论关于中国的社会性质、革命性质、革命动力和前途等问题。何干之在会上旗帜鲜明地批判了托派观点。由此可以理解，为什么会有同学向陈翰笙提问中国社会性质的问题。参见杨雪芳、齐卫平访问整理（1983）：《刘炼谈何干之和中国社会性质论战》，载周子东等《三十年代中国社会性质论战》，上海：知识出版社，1987 年，第 131—134 页。

② 薛暮桥（1937）：《封建、半封建和资本主义》，载《薛暮桥文集》第十六卷，中国金融出版社，2011 年，第 4 页。

③ 齐卫平、杨雪芳访问整理（1983）：《薛暮桥回忆 30 年代中国农村社会性质论战有关情况》，载周子东等《三十年代中国社会性质论战》，上海：知识出版社，1987 年，第 122 页。

会议。[①] 研究部 [②] 和事务部分别报告半年来的工作。据研究部报告，《中国农村经济研究大纲》准备拟定，《中国农村经济参考资料索引》已经印出 [③]；"农村通讯"[④] 已出 12 期；事务部报告立案经过，以及半年内的收支情况。会议还讨论筹备《中国农村》月刊（参见本年 10 月 10 日条）问题，决定由薛暮桥专职主持研究会月刊编辑和日常会务，通过新会员 20 人。[⑤]

---

① 薛暮桥（1996）:《薛暮桥回忆录》，载《薛暮桥文集》第二十卷，北京：中国金融出版社，2011 年，第 47 页。这里没有采用《薛暮桥回忆录》中所说的这次扩大会议于 1934 年 8 月召开并选举孙晓村、王寅生、钱俊瑞、姜君辰、张锡昌、冯和法、孙冶方和他自己为理事的说法。从时间上说，中国农村经济研究会会务报告记录 6 月 25 日召开第二次理事会扩大会议，再在 8 月召开一次理事会扩大会议的可能性很小。因此，1933 年 8 月举行中国农村经济研究会理事会扩大会议应系错记。从理事会组成方面说，中国农村经济研究会成立时，会章规定理事为 5 人而不是 7 人，直到 1936 年 3 月 29 日中国农村经济研究会第二届、第三届理事会联席会议才决定扩大理事会为 7 人。根据《中国农村经济研究会会报》可以知道，中国农村经济研究会第三届理事会于 1935 年底选出，钱俊瑞、孙晓村、陈翰笙、薛暮桥、吴觉农当选为第三届理事会理事，而第二届、第三届理事会联席会议的与会理事为吴觉农、孙晓村、薛暮桥、王寅生、张锡昌五人，根据这两个名单，可以推知王寅生、张锡昌均为第二届理事，但不是第三届理事，而钱俊瑞和薛暮桥均为第三届理事，但不是第二届理事。这样我们可以判定第二届理事会成员为陈翰笙（理事会主席）、吴觉农、孙晓村、王寅生、张锡昌。

② 当时王寅生任中国农村经济研究会研究部主任。参见王易今（1999):《深切怀念王寅生同志》，载《王寅生文选》，北京：中国财政经济出版社，1999 年，第 8 页。

③ 中国农村经济研究会编（1934）:《中国农村经济参考资料索引》，上海：汉口路江海关四楼国际贸易局总务处，1934 年。此书被列为"国际贸易导报附刊第四种"，现已收入张妍、孙燕京主编的《民国史料丛刊》第 497 册（郑州：大象出版社，2009 年）。该书初稿是在 1933 年春季根据南京各图书馆的材料编成，内容涵盖 1932 年以前的中国农村经济文献。据编者说，中国农村经济研究会正在编集 1932 年以前遗漏了的有价值的材料和 1933 年春季以后的材料。但我们未找到出版记录。

④ 指中华书局《新中华》杂志"农村通讯"专栏。

⑤ 中国农村经济研究会（1934):《会务报告》，载《中国农村经济研究会会报》第二期，1934 年 7 月 1 日，第 20 页。薛暮桥曾经提到，"1934 年 7 月(应为 6 月。——引者注)，陈翰老、王寅生、孙冶方和我同回上海，当时钱俊瑞、姜君辰、张锡昌（接下页）

与刘端生合著的《广西农村经济调查报告》一书由广西省立师范专科学校农村经济研究会出版。[①] 此书在 1933 年暑期调查基础上完成。正如作者所说：

广西是个边省，同时也是一个在几种势力交互影响之下发展起来的异常复杂的农业社会，所以对于广西农村的经济状况，非但外界很少认识，就连本省学者也常犯着“只见树木，不见森林”的毛病。本校此次所做暑期农村经济调查，目的在使学生利用科学方法，认识农村真相；同时也想收集一点实际材料，提供世人研究。但因那时没有专员专款办理调查工作，就连整理统计也多利用学生的课余时间，尤其因为许多工作人员缺乏经验，往往事倍功半。同时作者也无充分时间可以编制详细报告，因此竟把已经收集到的许多材料忍痛抛弃。不过能有这样一点小小成绩，也可算是百余师生七八个月来共同努力所得到的报酬。

---

也在上海工作，就正式建立中国农村经济研究会”。参见薛暮桥（1985）：《在不平凡的革命道路上沉着前进》，载《薛暮桥文集》第十一卷，北京：中国金融出版社，2011 年，第 175 页。因中国农村经济研究会于 1933 年 12 月已经完成全部登记手续，也开过一次理事会议，说研究会在上海正式成立是不准确的。薛暮桥所指的应为中国农村经济研究会在上海增设会址以及《中国农村》月刊的创办。陈翰笙也曾经有类似回忆：“1934 年我未离上海去日本前，同吴觉农讨论要组织‘中国农村经济研究会’，并且编辑《中国农村》月刊，目的是使我们曾经在中央研究院工作过的人离开那里后能继续工作。吴觉农……同意帮助我们发起这个组织，并由他为我们到上海有关机关去登记，我是研究会的理事长（应为理事会主席。——引者注），他是常务理事长。薛暮桥主编的《中国农村》月刊影响很大。因此，我们研究会的会员最后到八百多人。”陈这里的回忆也将中国农村经济研究会的成立与《中国农村》月刊的创刊混淆了，他所说吴觉农“为我们到上海有关机关去登记”，实际上指的是中国农村经济研究会在上海增辟会址。参见陈翰笙、薛暮桥、冯和法合编（1987）：《解放前的中国农村》第二辑，北京：中国展望出版社，1987 年，第 18 页。

① 此书初版未注明作者，收入《薛暮桥文集》时，时间错记为 1935 年，标题为“一九三四年广西农村经济概况调查报告”，此处用原书封面书名。在标注引文来源时，我们使用订正后的时间和书名。

“不说无根据的话，这是科学家应有的态度”，尤其是编制调查报告，更当奉为铁则。本篇任务，旨在提供调查所得实际材料，至于如何利用这些实际材料，探求农村破产的病源和治疗方法，那是读者们的责任。①

全书共计九章：一、导言；二、耕地分配；三、农业经营；四、租佃制度；五、借贷制度；六、雇佣制度；七、农村副业；八、垦荒；九、结论。前面六章由薛暮桥起草，最后三章由刘端生撰写。书中对广西农村经济的主要方面与河北保定、江苏无锡进行了比较，借以明确广西农村所处的位置。书中注意到，除换工互助外，还包括奴隶劳动、佃奴劳动、债奴劳动和廉价预买劳动在内的强制劳动。②钱俊瑞称这部著作属于“本研究阶段正确介绍事实的重要著作”。③

**7月7日**　完成《日本帝国主义控制下的东北对外贸易》一文。文章指出，东北本来是全国独一无二的出超区域，1933年突然输入骤增，输出减少，转为入超。在对外贸易急剧转变中，日本在贸易中所占比重直线上升，且输入比输出增加速度更快；中国本部所占地位恰巧相反，同东北经济上的联络显趋衰微，输出输入普遍减少，输入只及输出数额的40%左右。该文在《中国经济情报》第一卷第十四期（署名“莫乔”）发表。④

---

① 薛暮桥、刘端生（1934）：《广西农村经济调查报告》，载《薛暮桥文集》第十五卷，北京：中国金融出版社，2011年，第1—39页，引文第38—39页。

② 同上书，第1—39页。

③ 钱俊瑞（1935）：《评陈翰笙先生著〈现今中国的土地问题〉——兼评陈先生近著〈广东农村生产关系与生产力〉》，载《钱俊瑞文集》，北京：中国社会科学出版社，1998年，第109页。

④ 在编辑二十卷本《薛暮桥文集》时，我们注意到20世纪30年代中期署名“莫乔”的文章，推测“莫乔”二字由“暮桥”而来，但当时作为存疑处理，相关文章未收入《薛暮桥文集》。文集出版后，我们注意到吴敏超在研究《中国经济情报》周刊时，也指出“莫乔”为薛暮桥的笔名。她给出的证据有二：一是薛暮桥在回忆（接下页）

**8 月** 选定上海“法租界蒲柏路赓馀里十七号”一间统厢房作为中国农村经济研究会增设会址。在此之前，研究会无固定办公地址，通讯处设在农村复兴委员会孙晓村处。增设会址后，统厢房分隔成两间，大间为办公室，小间薛暮桥居住。①

**9 月 2 日** 完成《控制东北的南满铁道公司》。文章指出，东北四省真正的统治者可以说是南满洲铁道株式会社，它间接控制着东北三千万民众的经济命脉，席卷日本帝国主义者强占东北所得利益的一大部分。1931 年“满铁”因世界经济恐慌、银价跌落、中东铁路和东北当局铁道计划的竞争，营业衰落到了谷底。日本强占东北，竟把南满洲铁道株式会社挽上繁荣轨道。而在“日满经济提携”的口号下，由“满洲国”委托“满铁”开发东北四省经济，进一步确立了它对东北经济的最高统制权力。② 该文在《中国经济情报》（署名“莫乔”）第一卷第二十二期（9 月 5 日）发表。

**9 月 16 日** 改定《国民经济废墟上的公路建设》。文章报告工商各业凋敝衰落情况下，公路建筑在政府奖励督促下迅速发展，指出近年来公路建筑主要是为了满足军事需求，对商业运输尚无多大作用；

---

录中谈及为《中国经济情报》写稿，但该刊并没有以“薛暮桥”名义发表的文章；二是“莫乔”为“暮桥”两字的半边。参见吴敏超（2014）：《国难中的学术与政治：中国经济学界的争鸣（1932—1937）》，北京：中国社会科学出版社，2014 年，第 33 页脚注。在查阅《中国农村》月刊时，我们看到大量署名“莫乔”和“乔”的文章，作者只可能是薛暮桥。现在可以确定，“莫乔”是薛暮桥常用笔名之一。

① 冯和法（1983）：《孙冶方和中国农村经济研究会》，载《孙冶方颂》，北京：光明日报出版社，1983 年，第 78—80 页；骆耕漠（2004）：《往事回忆》，北京：人民出版社，2004 年，第 95 页。上述回忆将中国农村经济研究会上海会址写为“法租界蒲柏路赓馀里十八号”，但据《中国农村》创刊号所载“《中国农村》月刊投稿简例”，当时的来稿邮寄地址为：“上海蒲柏路赓馀里十七号《中国农村》月刊委员会”（该刊第 128 页）。迁移到“法租界蒲柏路赓馀里十八号”是 1936 年 5 月的事（参见 1936 年 6 月 1 日条）。

② 莫乔（1934）：《控制东北的南满铁道公司》，载中国经济情报社编《中国经济论文集　第一集》，上海：生活书店，1934 年，第 285—293 页。

黔桂公路主要是运输鸦片；浙江最近兴筑的富春、天目诸路，大多是供达官巨绅游山玩水之用。一般农民因运费昂贵，非但不能利用公路宣泄农产，而且还要忍受各种苛重负担。①

**9 月 22 日** 沈干城因病在苏州的江苏陆军监狱去世。得知消息后，与徐雪寒、钟鼎祥到沈家，希望将沈干城棺椁运到杭州闸口，安葬在沈乐山墓旁。沈干城妻子拒绝。20 世纪 80 年代薛暮桥重提旧事，希望迁坟到杭州，并立碑纪念沈干城。②1987 年 4 月 4 日，浙江省民政厅和原杭州铁路分局及各界代表 450 多人在闸口机厂集会，举行沈干城、沈乐山烈士塑像揭幕仪式。塑像刻有薛暮桥 1986 年 11 月题字。③

**10 月 10 日** 中国农村经济研究会机关刊物《中国农村》月刊创刊。刊名由陈翰笙请蔡元培题写，封面标明“中国农村经济研究会主编”，常务编辑工作（或实际编辑工作）由薛暮桥负责。④ 杂志代表人孙晓村、冯和法对外负责。第一卷由黎明书局发行，民光印刷公司

---

① 莫乔（1934）：《国民经济废墟上的公路建设》，载中国经济情报社编《中国经济论文集　第一集》，上海：生活书店，1934 年，第 204—209 页。

② 薛暮桥（1983）：《在杭州狱中斗争座谈会上的发言》，载《薛暮桥文集》第十卷，北京：中国金融出版社，2011 年，第 15—16 页。

③ 陈慈林（2015）：《浙江第一颗无产阶级革命火种》，《浙江工人日报》，2015 年 6 月 20 日，第三版。

④ 当时通过王昆仑和孙晓村在国民政府内政部和国民党中央宣传部登记；到法国总领事馆向法国巡捕房登记是陈翰笙亲自去办的。关于杂志主编，各家回忆不尽一致。如徐雪寒的说法是“晓村（和冯和法）任主编，对外负责，实际则由暮桥主持编务”；冯和法在回忆中则说：“因为当时出版这种进步刊物有风险，晓村同志认为，他同我都有公开职业，可以掩护，便慨然主张由他和我共同对外。直到因救国会事件，晓村被捕后，才从刊物封面上把他的‘主编’名义去掉。抗战爆发后，《中国农村》改为战时版，才刊上了‘薛暮桥主编’的字样。我当时很钦佩晓村的想法周到，同时更钦佩他勇担责任的精神。刊物的出版登记证也是晓村经过一些周折办妥的。……曾有几次刊物被禁止邮寄，研究会办公室也两次被查抄，甚至刊物被强迫停刊。经晓村和吴觉农奔走疏通，才化险为夷。研究会遇到困难，我们都找晓村来商量。”冯和法为《中国大百科全书》所写的“《中国农村》”词条则记为“前四卷由薛暮桥主编”。经查《中国农村》原件，第一卷的十二期《中国农村》月刊封面（接下页）

印刷。[①]《中国农村》一直维持到 1943 年 5 月被查封，连续出刊近 9 年，是民国时期连续出刊多年的少数经济杂志。[②] 创刊第一年，杂志开展了中国农村社会性质论战，并发表大量调查报告及论文，理论色彩比较浓厚。在第一卷第十一期以前，除付编辑费外，每篇稿件所支付稿费，都是会员捐助或经募。到第十一期时，因经费困难，改用"派稿"的方法，只有"农村通讯"和"农村文艺"栏目使用外稿并支付稿费。在《中国农村》月刊上，薛暮桥发表文章时经常使用"编者"[③]"薛雨林""雨林""余霖""霖""桥""莫乔"等署名，有时则不署名。

创刊号由薛暮桥、张锡昌和陈洪进共同编辑。不久张锡昌、陈洪进离开上海，刘怀溥、于化琪、李隆、朱楚辛、吴允中、陈少景等先

---

署名始终是"中国农村经济研究会主编"，广告页所记编辑者、出版者也是中国农村经济研究会。参见冯和法（1993）：《半个世纪同志情》，载中国人民政治协商会议全国委员会文史资料委员会编《孙晓村纪念文集》，北京：中国文史出版社，1993 年，第 105—106 页；冯和法（1988）：《中国农村》词条，载《中国大百科全书　经济学》第Ⅲ卷，北京、上海：中国大百科全书出版社，1992 年，第 1356—1357 页；薛暮桥（1993）：《革命艰险岁月中的挚友》，载《孙晓村纪念文集》，北京：中国文史出版社，1993 年，第 100 页；薛暮桥（1996）：《薛暮桥回忆录》，载《薛暮桥文集》第二十卷，北京：中国金融出版社，2011 年，第 48 页；徐雪寒（1993）：《一片哀思寄晓村》，载《孙晓村纪念文集》，北京：中国文史出版社，1993 年，第 117 页。

① 这里根据《中国农村》第一卷第二期所载《中国农村》订阅广告插页。

② 胡寄窗曾指出，在民国时期一百多种经济刊物中，创刊后一年内停刊的占一半以上，维持一两年的已经不错，能够维持三年以上的，只有 10 种左右。虽然他没有具体说明是哪 10 种左右的刊物，但可以断言《中国农村》是唯一连续出版 5 年以上的农村经济研究杂志。参见胡寄窗（1984）：《中国近代经济思想史大纲》，北京：中国社会科学出版社，1984 年，第 10 页。

③ 中国农村经济研究会早期会员的各种回忆中均提到，中国农村经济研究会日常工作和《中国农村》实际的主编是薛暮桥；且编辑《中国农村社会性质论战》一书时，封面所写的是"中国农村经济研究会编"，序言的作者是"《中国农村》编者"，据俞筱尧查证，该书系新知书店华应申提出选题，由薛暮桥编选。我们可以确定，"编者"是薛暮桥常用的署名之一。

后协助编务。[①]

《发刊词》由钱俊瑞起草，中国农村经济研究会讨论定稿。[②]《发刊词》说明《中国农村》月刊的宗旨："本会为谋求民族独立和全世界和平，而从事中国农村经济的研究。""根据我们底目标来研究农村经济，最根本的问题是要彻底地明了农村生产关系和这些生产关系在殖民地化过程中的种种变化。简单地说，就是要找寻那些压迫中国农民的主要因子，这些压迫中国农民主要的因子一经铲除，非但农民可以活命，我们的民族也便有翻身独立的一日。同时中国民族的独立，间接地可以促成资本主义内在矛盾的消灭，完成全世界的和平和全人类的自由。"[③]

创刊号设"专论""农村调查""农村通讯""农情汇志""读者问答"和"书评"栏目。"专论"栏目的编辑计划是登载"农业经济理论的分析、中国社会性质的探讨、中国农村经济各方面的解剖、世界农业经济的报告等性质的文字"。"农村调查"栏目刊登"整理完善的农村经济材料"。"农村通讯"是"直接从农村寄出来的，他们有些是采用素描的方法"，"这部分使我们刊物中，增加有意义的软性读物"。"农情汇志"采集报纸期刊，每期"均拟选择当前严重问题，以后读者从简短篇幅中，可以领会当前问题的轮廓"。"读者问答"是编者和读者关于有价值问题的讨论，因《中国农村经济研究会会报》"在本刊出版后即停止继续付印，所有以前还没有答复的'农村通讯'中的问题，便在这里答复，以代本期的读者问

① 冯和法（1988）：《中国农村》词条，载《中国大百科全书　经济学》第Ⅲ卷，北京、上海：中国大百科全书出版社，1992 年，第 1356—1357 页；薛暮桥（1996）：《薛暮桥回忆录》，载《薛暮桥文集》第二十卷，北京：中国金融出版社，2011 年，第 80 页。

② 陈翰笙、薛暮桥、冯和法合编（1987）：《解放前的中国农村》第二辑，北京：中国展望出版社，1987 年，第 8 页。

③ 钱俊瑞（1934）：《〈中国农村〉发刊词》，载《解放前的中国农村》第二辑，北京：中国展望出版社，1987 年，第 8 页。

答。[①] 也因为这期是本刊底第一期，还不能有读者的问答的缘故”[②]。末有署名“中国农村月刊编辑委员会”的《致读者》。[③]

创刊号“专论”栏发表薛暮桥在广西省立师范专科学校的讲稿《怎样研究农村经济》，“这是著者整部论文底‘楔子’，以后陆续在本刊发表，分别来读，是独成体系的论文，综合起来便是一部专册”[④]。文章与《发刊词》相呼应：“中国是个农业国家，农村社会构成中国社会底极大部分；因此农村经济底研究，对于整个社会性质底认识自然占有重要地位。”“我们研究农村经济的对象，不是什么自然条件，不是什么生产技术，也不是单纯的封建剥削或是商品生产——虽然这些问题都应或多或少地加入我们底考虑之中。我们必须进而研究中国农村社会底复杂的经济结构[⑤]，以及直接间接支配着中国农民的

---

① 本期三则读者问答没有署名，其中第一则在会报刊出时末尾署名“瑞”，可以确定是钱俊瑞所写。参见瑞（1934）：《怎样分类观察农户》，载《中国农村经济研究会会报》第二期，1934 年，第 16—18 页。

② 中国农村月刊编辑委员会（1934）：《致读者》，载《中国农村》第一卷第一期，1934 年 10 月 10 日，第 127—128 页。

③ 薛暮桥在《中国农村》月刊中经常使用“编者”名义，且从第二期起每期写《致读者》性质的《编余后记》。据此判断，这篇《致读者》也出自薛暮桥之手。参见中国农村月刊编辑委员会（1934）：《致读者》，载《中国农村》第一卷第一期，1934 年 10 月 10 日，第 127—128 页。

④ 中国农村月刊编辑委员会（1934）：《致读者》，载《中国农村》第一卷第一期，1934 年 10 月 10 日，第 127 页。

⑤ 这里的“经济结构”一词有特定含义。我们可以根据陈翰笙《中国的农村研究》的描述来理解：“一切生产关系的总和，造成社会的基础结构，这是真正社会学研究的出发点。而在中国，大部分的生产关系属于农村。农村问题的中心，集中在土地之占有与利用，以及其他的农业生产手段上。从这些问题，产生了各种不同的农村生产关系，因而产生了各种不同的社会组织和社会意识。”参见张椿年、陆国俊编（2002）：《陈翰笙集》，北京：中国社会科学出版社，2002 年，第 32 页。薛暮桥也曾经在《中国农村》第一卷第八期讲过：“什么是经济结构？经济结构就是生产诸关系的总和；分开来讲就是生产关系，合起来讲就是经济结构，这里并无先后主从之分。”参见薛暮桥（1935）：《研究中国农村经济的方法问题》，载《薛暮桥文集》第一卷，（接下页）

整个经济体系。”文章认为，研究农村经济当把两者结合起来：一方面用正确的理论来分析具体事实，另一方面由于事实的分析，理论的内容也就跟着充实起来；文章还认为，要研究为什么同样的土地和其他自然条件影响之下，有时会产生封建制的小农经营，有时会产生资本主义的农业公司，有时会产生社会主义的集体农场；目前农村破产是由于大批劳力和大批土地因受现存生产关系阻碍无法配合起来。①

创刊号还发表与刘端生合写的《广西农村经济调查》。文章分全省经济鸟瞰，地权的继续集中，各类经营的比较，租佃、借贷、雇佣以及结语五个部分，指出广西农村笼罩着一层浓厚的封建色彩，镇南各县土司权力到 1927 年、1928 年还未完全消灭，贵州边境至今还有奴隶存在，豪绅权势根深蒂固。但地主和农民之间的恩情关系已在动摇，田租以外的封建剥削渐趋消灭；同时雇佣劳动在广西农村已经相当普遍，但成千上万农户迅速破产，整个农村在普遍衰落。文章认为，政府企图使古老的广西农村逐渐变成一个现代社会，但这种转变能否顺利完成是一个问题。②

**11 月 1 日** 所编《中国农村》第一卷第二期出版，并在“专论”栏目发表《封建社会底农业生产关系》，在“读者问答”栏目谈《关

---

北京：中国金融出版社，2011 年，第 120 页。对薛暮桥的这句话，孙冶方认为是“完全正确的”，“这几乎是科学理论之基本原则了”。参见孙冶方（1935）：《一封讨论生产力和生产关系的来信》，载《孙冶方文集》第 1 卷，北京：知识产权出版社，2018 年，第 269 页。

① 薛暮桥（1934）：《怎样研究中国农村经济》，载《〈中国农村〉论文选》，北京：人民出版社，1983 年，第 33—42 页。该文以“怎样研究农村经济”为题，略作修改收入《农村经济底基本知识》一书，作为该书绪论。参见薛暮桥（1937）：《农村经济底基本知识》，载《薛暮桥文集》第十五卷，北京：中国金融出版社，第 47—54 页。

② 薛雨林、刘端生（1934）：《广西农村经济调查》，载《〈中国农村〉论文选》，北京：人民出版社，1983 年，第 427—444 页。

于“生产教育”问题》（署名“霖”）以及山西农村破产问题[①]，末有《编余后记》（署名“中国农村月刊编辑委员会”），此后《编余后记》成为各期的固定栏目，但署名略有出入。[②]

《封建社会底农业生产关系》[③]将政治组织上的分权和等级制度当作封建社会特征[④]称为“目下流行的误解”，因为“生产方法和生产关系在人与人的社会关系中间是最基本的东西，也是决定社会性质的关键”。“我们研究封建制度，首先应当把握着它最主要的生产方法和生产关系，然后可以进而研究从这基本上面派生出来的其他一切。”[⑤]文章认为，封建社会范畴包含几种不同的生产方式，主要是赋役制、强役制和向资本主义过渡中的雇役制、分益制。它们建立在共同的基础上：第一，自然经济占支配地位，和农业及手工业互相结合。第

① 本期“读者问答”中的《山西农村底特异现象》没有署名。我们判断该文系薛暮桥所作，根据如下：第一，薛暮桥作为杂志编辑，在《中国农村》发表的大量文章没有署名（如 1936 年第二卷第一期的“都市和农村”栏所发表的七篇短文均没有署名）；第二，本期杂志“读者问答”中的两则问答，前一则署名“霖”，本则没有署名。内容与薛暮桥当时在其他文章中表达的看法完全一致。

② 中国农村月刊编辑委员会（1934）：《编余后记》，载《中国农村》第一卷第二期，1934 年 11 月 1 日，第 107 页。

③ 这是计划中的《研究中国农村经济的基本知识》的一章。薛暮桥计划分上下两篇：上篇介绍农村经济一般理论，下编分析中国农村经济机构。所以该文还有副标题“研究中国农村经济的基本知识（二）”，这是接着《中国农村》创刊号所载《怎样研究中国农村经济》说的。参见中国农村月刊编辑委员会（1934）：《编余后记》，载《中国农村》第一卷第二期，第 107 页。

④ 陶希圣在《中国社会与中国革命》中认为，春秋战国时代封建制度已经崩溃，“封建制度分解的第一个征象是等级制度的崩坏……第二个征象是战争的连续，封建领地逐渐并吞而为集权国家……第三个征象是社会连带的松懈……第四个征象是个人及社会阶级对社会再建之无力……第五个征象是士人阶级的勃兴及官僚制度的成立”。转引自薛暮桥（1937）：《农村经济底基本知识》，载《薛暮桥文集》第十五卷，北京：中国金融出版社，2011 年，第 55 页。

⑤ 薛暮桥（1937）：《农村经济底基本知识》，载《薛暮桥文集》第十五卷，北京：中国金融出版社，2011 年，第 56 页。

二，地主同农民两大阶级对立；地主把农民束缚在土地上面，并用超经济的强制权力来剥削农民。从赋役制到强役制（普通所谓“农奴制”）的转变，主要由于商品经济的发展。雇役制的产生一般来说需要两个必要条件：一是农奴制度已被破坏，但是地主经营仍然占支配地位；二是资本主义生产不能充分发展，多数农民仍受土地束缚。所以雇役制最流行的是革命以前的俄国。德国具备第一个条件，但因资本主义生产方式发展比较迅速，所以雇役制尚未普遍流行以前，便被更进步的生产方式代替，它只占有次要地位。西欧各国因地主经营没有充分发展，或者被革命所粉碎，所以雇役制所占地位更不重要，这里较流行的是分益制。中国因为资本主义经营不易发展，分益制占更重要的地位。分益制是指多数地主把全部或大部分土地租给小农经营。如果说雇役制是强役制的残渣，那么分益制便是赋役制的遗迹。①

《关于“生产教育”问题》提出“一个研究社会科学的人，对于任何问题的解答，最应注意之点不是应当不应当，而是可能不可能。我们应当不应当用生产教育来挽救农村破产呢？自然应当。可是再问，我们能不能用生产教育来挽救农村破产？我的回答却是老老实实的‘不能’两字”。“我们理想中的生产教育应以生产大众为主体，并以改革生产大众的物质生活为其终极目标。”②

---

① 薛暮桥（1934）：《封建社会底农业生产关系》，载《中国农村》第一卷第二期，1934 年 11 月 1 日，第 25—34 页。

② 薛暮桥（1934）：《关于“生产教育”问题》，载《薛暮桥文集》第一卷，北京：中国金融出版社，2011 年，第 49—50 页。在广西师专教书期间，薛暮桥已经注意到广西省立师范专科学校筹备主任唐献之多讲“生产教育”和“教育救国”，于是在对学生讲话中指出：“我们江浙一带的教育，比广西发达得多，但是外有帝国主义，内有封建势力的压迫，农村经济破产，城乡人民失业。单纯靠教育，既不能救国，也不能发展生产，今后教育怎么办？是值得我们认真去探索和思考的。”参见赵勤轩、康青星（2006）：《朱克靖传》，北京：中共党史出版社，2006 年，第 101 页。

《山西农村底特异现象》认为，假使山西农村因少数人经商失败而破产，那说明在极少数人经商失败之前农村已经遭到了极度破坏。停止输血固然会使病人立即死亡，却不是病人必死的原因。农村经济破产的主要原因，还是帝国主义者的侵略和半封建农村社会关系的钳制。[①]

**11 月 7 日、14 日** 在《中国经济情报》第一卷第三十一期、第三十二期发表《减轻田赋与废除苛杂》（署名“莫乔”）。文章认为，国民政府对于减轻田赋和废除苛杂用心良苦，但收效甚微。因为地方政府的财政负担已经入不敷出，再减轻田赋无疑将使地方政府陷入绝境；割据局面的存在和战乱频仍也使减赋流于空文。要减轻田赋、废除苛杂，必须从根本上改变整个社会状况入手。[②]

**12 月 1 日** 所编《中国农村》第一卷第三期出版。《编余后记》表示：“许多懂得研究方法的作者因对农村情形不大明了，所发议论不免浮泛空洞；许多生活在农村中间的作者又因不懂研究方法，常常犯着支离破碎、不能把握问题中心的毛病。本刊想要补救这些缺陷：因此一方面同有志研究的农村青年常作通讯讨论，灌输一点研究农村经济所应有的基本知识；另一方面特辟‘农村通讯’一栏，时时提供许多活泼新鲜的研究材料。”[③]

在本期发表《资本主义社会底各类农业经营》和《评古楳先生所著〈中国农村经济问题〉》（署名“余霖”）。

《资本主义社会底各类农业经营》认为，商品生产发展只是资本

---

① 佚名（1934）：《山西农村底特异现象》，载《中国农村》第一卷第二期，1934 年 11 月 1 日，第 87—88 页。

② 莫乔（1934）：《减轻田赋与废除苛杂》，载《中国经济情报》第一卷第三十一、三十二期，1934 年 11 月 7 日、14 日；吴敏超（2014）：《国难中的学术与政治：中国经济学界的争鸣（1932—1937）》，北京：中国社会科学出版社，2014 年，第 155 页。

③ 编者（1934）：《编余后记》，载《中国农村》第一卷第三期，1934 年 12 月 1 日，第 117 页。

主义生产发展的必要条件，并不就是资本主义生产发展本身；资本主义农业生产发展的另一个必要条件，是占有生产手段的农业资本家的产生。封建制度原以分散的农业生产为基础，在农业部门资本主义往往遭遇顽强的反抗。劳动的季节性等因素更使其迂回曲折，以至用复杂的姿态表现出来。不过，千差万别的发展方式可以分成两大类型：法兰西式和普鲁士式。其主要区别是，前者采用革命手段摧毁封建制度，没收封建领主的所有土地，分配给农民，使新兴资产阶级取得自由发展的绝好机会；后者采用改良手段，封建领主逐渐转化为资本主义的地主或农业资产阶级。英国采用改良手段，但由于资本主义早熟，农奴制度未充分成熟就已崩溃，资本主义农业发展远远超过德国、法国。美国发展过程同法兰西接近，不过因为生活在几乎没有封建残渣的干净土地上，所以其资本主义发展又远超过法兰西。革命以前的俄罗斯走着普鲁士发展道路，1861 年解放农奴后农业发展异常困难，各党对农业政策的辩论，一派主张保全地主的巨大地产，一派主张没收地主土地，前者争取普鲁士式道路，后者争取法兰西式或美利坚式道路。斯托里宾农业改良政策的实行，表示着普鲁士式的胜利。小农经营从封建社会遗留下来，但在资本主义发展过程中，也会改头换面，成为资本主义生产的一种特殊方式。小农经营到处存在，这与工业部门不同甚至相反。农民则不再成为一个阶级，而是分化成富农、中农、贫农、雇农四个阶层。①

《评古楳先生所著〈中国农村经济问题〉》称《中国农村经济问题》一书为“一本平凡，或者可以说是浅薄的著作”，并就研究方

① 薛暮桥（1934）：《资本主义社会底各类农业经营——研究中国农村经济的基本知识（三）》，载《中国农村》第一卷第三期，1934 年 12 月 1 日，第 34—47 页。该文略经修改，成为《农村经济底基本知识》的第二章。参见薛暮桥（1937）：《农村经济底基本知识》，载《薛暮桥文集》第十五卷，北京：中国金融出版社，2011 年，第 66—75 页。

法、研究对象、统计材料提出商榷意见。[①] 但不久又表示："评者在评《中国农村经济问题》一书时候没有看到古先生的这篇大作[②]，因此对于古先生的估量有时未免失之过低。"[③]

**12 月 5 日** 在《中国经济情报》发表《中国农村中的耕地分配》（署名"莫乔"）。[④]

**12 月** 陈翰笙主编《广东农村生产关系与生产力》一书由上海中山文化教育馆出版[⑤]，书序致谢列有薛雨林（即薛暮桥）："我们的工作所以能顺利进行，不得不感谢各地帮忙的诸位先生，尤其是黄枯桐先生、李熙斌先生、何家海先生、薛雨林先生、李禄超先生、王敬止先生、廖崇真先生、冯梯霞先生、李锡周先生、林纯煦先生、罗琼豪先生、何立才先生和许紫垣先生。"[⑥] 薛暮桥曾告诉李克穆，帮助

---

① 薛暮桥（1934）：《评古楳先生所著〈中国农村经济问题〉》，载《薛暮桥文集》第一卷，北京：中国金融出版社，2011 年，第 51—58 页。

② 指古楳《农村复兴与土地问题》一文。该文收入杨幼炯主编（1934）：《中国农村经济问题》，上海：中国社会科学会出版部，1934 年。

③ 薛暮桥（1935）：《介绍并批评〈中国农村经济问题〉》，载《〈中国农村〉论文选》，北京：人民出版社，1983 年，第 938 页。

④ 莫乔（1934）：《中国农村中的耕地分配》，载《中国经济情报》第一卷第三十五期，1934 年 12 月 26 日。我们尚未查到此文，现根据吴敏超著作附录立此条目。参见吴敏超（2014）：《国难中的学术与政治：中国经济学界的争鸣（1932—1937）》，北京：中国社会科学出版社，2014 年，第 286 页。

⑤《薛暮桥回忆录》错记为此书"用太平洋国际学会的名义发表"，此处已予以订正。参见薛暮桥（1996）：《薛暮桥回忆录》，天津：天津人民出版社，1996 年，第 49 页。《薛暮桥文集》收录回忆录时，已订正此处。

⑥ 陈翰笙主编（1934）：《广东农村生产关系与生产力》，上海：中山文化教育馆，1934 年。在收入陈翰笙的文集或其他文集时，书名中多了一个"的"字，也没有再用原刊封面所署"陈翰笙主编"字样。薛暮桥曾经谈到，陈翰笙为此书"夜以继日地工作"，可见陈翰笙"主编"名副其实。因书序写于 1934 年 9 月，我们可以将"夜以继日"工作的时间定为 1934 年 6 月下旬至 9 月。这也可以解释《中国农村》创刊上的《发刊词》为什么由钱俊瑞而不是陈翰笙本人来起草。参见陈翰笙（1934）：《广东的农村生产关系与农村生产力》，载《陈翰笙集》，北京：中国社会科学（接下页）

陈翰笙整理和汇总广东农村经济调查资料，“主要是我和孙冶方”。[①] 陈翰笙在《广东农村生产关系与生产力》基础上于 1936 年发表两种英文著作，分别由别发洋行（Kelly & Walsh Ltd.）和国际出版社（International Publishers）出版。[②]

经包括陈翰笙本人在内的集体讨论后[③]，钱俊瑞不久发表书评，提出在土地问题中间，关于农业经营方式和性质的分析，应当和土地占到同样重要的地位。因为土地的分配只能说明那种最重要的农业生产手段的所有关系；而农业经营的分析却能更进一步地阐明就在此种生产手段的分配状态之下，农业生产力在怎样地发展。英国（指英格兰和威尔士两地，据 1873 年调查）有 67% 的土地集中在占户口 1.1% 的大地主手里；同时这些大土地所有者将 83% 的耕地租给别人耕种。中国半数以上的土地在地主手里，地主所有的土地也大部分租给人家耕种。同样是土地分配的不均，而且同样是地主不事耕作，后者却是半封建的小农经济。这里区别的关键不是土地所有的关系，而

---

出版社，2002 年，第 61 页；薛暮桥（1985）：《在不平凡的革命道路上沉着前进》，载《薛暮桥文集》第十一卷，北京：中国金融出版社，2011 年，第 175 页。

① 《李克穆日记》，手稿，1984 年 4 月 27 日，李克穆藏。

② Chen Han-seng, 1936, *Agrarian Problem in Southernmost China*, Shanghai and Hong Kong: Published for Lingnan University, Canton, by Kelly & Walsh, Ltd.; Chen Han-seng, 1936, *Landlord and Peasant in China: A Study of the Agrarian Crisis in China*, New York: International Publishers. 这部著作在国际上享有盛誉，爱德乐（Sol Adler，1909—2009）称之为“经典著作”，江勇振称之为“陈翰笙农村经济研究中最好的一部”，“他对中国农村危机最雄辩的说明”( the finest of Chen’s Agrarian crisis )。参见 Sol Adler, “Speech at the Meeting to Celebrate Chen Hanssheng’s 90th Birthday, ” unpubished typescript, 1985; Yung-Chen Chiang, *Social Engineering and Social Science in China, 1919—1949*, New York: Cambridge University Press, 2021。

③ 薛暮桥参加广东农村调查资料的整理工作，且已独立主持了广西农村经济调查，可以确定参加了书评的讨论。参见钱俊瑞（1935）：《评陈翰笙先生著〈现今中国的土地问题〉——兼评陈先生近著〈广东农村生产关系与生产力〉》，载《钱俊瑞文集》，北京：中国社会科学出版社，1998 年，第 109—117 页。

是农业经营的方式。其次，我们应当指明土地所有的形态一般地和农业生产方式相适应。土地所有的形态非但不足以决定整个农村的生产关系；反之，土地所有本身的性质，一般地还要由农业经营的性质来规定。”“因为土地的分配只能说明那种最重要的生产手段的所有关系；而农业经营的分析却能更进一步地阐明就在此种生产手段的支配状态之下，农业生产力在怎样地发展。”①

**年底** 中国农村经济研究会、中国经济情报社核心人员共同组织读书会，命名为“× 团体”②。据薛暮桥、孙晓村等人回忆：

在1934年，一批意气相投追求进步的青年继续地走到了一起，组成了一个读书会，努力学习马列主义经典著作，参加各种革命活动。我们这个读书会是秘密的有严肃纪律的团体。我们公开活动的机关，就是上述两个刊物，再加上1935年由读书会的成员创办的新知书店（由徐雪寒、华应申主持），从而形成了以读书会为核心，领导着三个公开的出版机关，这就是我们当时主要的战斗阵地，而钱俊瑞

---

① 钱俊瑞（1935）：《评陈翰笙先生著〈现今中国的土地问题〉——兼评陈先生近著〈广东农村生产关系与生产力〉》，载《钱俊瑞文集》，北京：中国社会科学出版社，1998年，第109—117页。

② “× 团体”这种读书会形式源自南京。由于南京是白色恐怖的中心，中国社会科学家联盟、中国左翼作家联盟之类的组织形式无法存在。1933年，孙晓村从上海到南京，在南京的无锡同乡会访问王昆仑和他的妹妹王枫，讨论决定再吸收几人组织读书会。读书会定期开会，会址设在成贤街无锡同乡会王昆仑的宿舍。吴茂荪、吴元戌、汪季琦、顾清侣、张锡昌、秦柳方、袁轶群、薛宁人、孙克定、华应申、狄超白等人参加。1935年夏末前又增加薛葆鼎、汪德彰、季洪等人。参见孙晓村（1993）：《我的回忆》，载中国人民政治协商会议全国委员会文史资料委员会编《孙晓村纪念文集》，北京：中国文史出版社，1993年，第25页。钱俊瑞和张锡昌离开中央研究院社会科学研究所前，因农村经济研究认识了孙晓村，并由孙介绍参加了南京的读书会。参见薛葆鼎（2002）：《为救国运动加一把力——记无锡“万方楼会议”》，载《爱国主义的丰碑：中国人民救国会纪念文集》，北京：群言出版社，2002年，第132—139页，特别是第135—136页。

是大家公认的领导者。1935 年钱俊瑞同志由周扬、胡乔木同志介绍，光荣地参加中国共产党，并受文委委托来领导我们这个小团体。①

① 薛暮桥、孙晓村、徐雪寒、骆耕漠、石西民、秦柳方（1985）：《勤奋的学者 忠诚的战士——回忆钱俊瑞同志》，载《薛暮桥文集》第十一卷，北京：中国金融出版社，2011 年，第 147 页。对于“× 团体”的成立时间，不同作者的回忆出入很大。其中所记时间最早的是薛葆鼎，他称钱俊瑞“1934 年一到上海就组织了薛暮桥、姜君辰、徐雪寒等参加的一个读书会。这个读书会，首先支持中国农村经济研究会在社会上创办了《中国农村》月刊，由薛暮桥主编……其次，由姜君辰主编《中国经济情报》周刊……再次，由徐雪寒、姜君辰、华应申负责创办了新知书店”。照这一说法，“× 团体”的成立时间早于《中国农村》月刊创刊，且《中国农村》、《中国经济情报》和新知书店都是“× 团体”讨论的结果，其发起人是钱俊瑞。但薛葆鼎的叙述在时间和先后次序方面有多处错误，很难采信。参见薛葆鼎（2002）：《为救国运动加一把力——记无锡“万方楼会议”》，载《爱国主义的丰碑：中国人民救国会纪念文集》，北京：群言出版社，2002 年，第 132—139 页，特别是第 135—136 页。所回忆时间最晚的是骆耕漠。据他回忆，1935 年以后，上海文救、妇救、职救以及沪西小沙渡一带的团体救国浪潮连续增长起来，北四川路基督教青年会刘良模等所组织的爱国歌唱会也开展起来。从这时起，《中国农村》月刊、中国经济情报社、新知书店较多参加文救、妇救和职救的战友，在参加以上活动中常遇到一些有关党的统一战线政策和问题，觉得最好有一个临时碰头商量的机会。他对徐雪寒说：“我们现在有中国经济情报社、《中国农村》月刊社和新知书店三个集体组织在一起工作的人员，约有三四十人分布在上海各救国会团体里，其中在各救国会团体里起重要作用的约有十余人。在遇到疑难和较复杂的问题时就感觉到需要有一个互相督促的组织。如果你有同感，我们主动向俊瑞、君辰、暮桥他们三个提出建议，由他们带头由上而下地组织十几个人为上述组织的成员。”雪寒表示同意，并认为不用另取名字，就用“× 团体”。最后，大家公推俊瑞同志为“龙头”，对外不使用“× 团体”。新知书店、中国经济情报社、《中国农村》月刊社的三四十人都知道。参见骆耕漠（2004）：《往事回忆》，北京：人民出版社，2004 年，第 102 页。按照骆耕漠的回忆，“× 团体”的成立就是 1936 年 2 月以后的事了，因为上海职业界救国会正式成立已经是 1936 年 2 月。而据正文所引薛暮桥等人回忆，“× 团体”建立时，钱俊瑞尚未入党且未与党组织建立正式联系，新知书店尚未成立，但中国经济情报社和《中国农村》月刊均已创办。因为薛暮桥等人的回忆是六位当事人联名合写，相互可以核对，可信度更高。该文与罗琼的回忆也比较一致，所以这里采用薛暮桥等人的回忆，不用薛葆鼎和骆耕漠的回忆。尽管如此，我们认为骆耕漠关于“× 团体”由骆耕漠提议、徐雪寒命名的回忆是可信的。

先后参加“× 团体”的人员包括钱俊瑞、薛暮桥、徐雪寒、姜君辰、骆耕漠、朱楚辛、于化琪、罗琼、石西民、华应申、刘怀溥、张锡昌、孙克定、马宾、林立[①]等。作为左翼文化运动中一个有作为的团体，其工作主要是三个方面：一是用一切力量维持上述三项事业，开展左翼文化事业；二是推动工作人员参加当时的救亡运动；三是组织工作人员学习马列主义基本理论（如政治经济学、社会发展史、《国家与革命》等）。[②]

孙冶方 1935 年 9 月从日本回国（参见 1935 年 9 月条）后，薛暮桥和骆耕漠邀请他参加“× 团体”，但被孙冶方婉拒。据孙冶方回忆，当时的情况如下：

> 关于中国农村（经济）研究会等三个团体的核心组织“×”，我没有参加，因为沙文汉曾对我说过，“×”不是正式的党组织，里面

---

① 马宾的妻子林立是罗琼的同学。她于 1935 年 7 月到上海，经罗琼介绍，认识了钱俊瑞、薛暮桥、孙克定、姜君辰、徐雪寒、石西民、沈兹九、杜君慧等人。1935 年 11 月底，由钱俊瑞介绍，马宾和林立两人加入中国共产党。参见林立（1980）：《回忆上海“妇救”和行动指挥部》，载《“一二·九”以后上海救国会史料选辑》，上海：上海社会科学院出版社，1987 年，第 420—424 页。

② 罗琼（1952）：《党员登记表》，手稿，薛小和藏。罗琼晚年还谈到该团体的学习情况：中国农村经济研究会只有四个人，都是志同道合自愿来的。为做好工作，必须学习。所以他们除工作外，又同中国经济情报社、新知书店的工作人员一起组织读书会，起名“× 团体”，总共十来个人。他们理论水准高，能读懂恩格斯著《家族、私有财产及国家的起源》，而我跟不上，薛暮桥就介绍我先读蔡和森的《社会进化史》，先对人类社会发展有基本认识，过一段时间再跟大家读马列原著。我过去没有读过这类书，刚开始觉得很吃力。当读列宁的《共产主义运动中的“左派”幼稚病》时，真费劲，朋友们热心帮助我，常同我一起讨论，这才逐渐入门。《中国农村》编辑部的几位朋友清晨常到当时的“法国公园”（即现在的复兴公园）去读书，那里空气好，薛也常去，还约我同去。我们一面看书，一面谈论，我不懂的地方就向他请教，理解力逐渐提高了。参见罗琼谈、段永强访（2000）：《罗琼访谈录》，载薛小和编《把国放在家前面：罗琼逝世一周年纪念文集》，北京：中国妇女出版社，2007 年，第 98 页。

的一些人，情况很复杂。当骆耕漠和薛暮桥叫我参加时，我就说：在莫斯科时，感到情况很复杂，将来有正式的组织，我再参加。①

抗日战争爆发以后，特别是撤离上海以后，“× 团体”无形解散。该团体纪律严格，“必须严守秘密，组织纪律比现在的党支部还严格”②，主要成员常认为自己参加了共产党。1943 年整风运动中，组织审查曾被认为问题严重，刘少奇指出：“在白区，有些人向往共产主义，向往共产党，由于不懂得党的组织原则，自行结合建立组织，这是追求进步的表现，不算什么问题。”③也正因这样，“文革”期间“× 团体”被看作与“三十年代文艺黑线”并列的“三十年代经济黑线”，《中国农村》和中国农村经济研究会成员著作大量被当作“黑材料”焚毁。④

---

① 孙冶方（1979）：《对采访简历的谈话记录》，载《孙冶方文集》第 7 卷，北京：知识产权出版社，2018 年，第 121 页。沙文汉 1935 年冬从日本回到上海，薛暮桥、骆耕漠请孙冶方参加“× 团体”应发生在此之后。参见沙文汉（1944）：《整风自传》，载《沙文汉诗文选集》，上海：上海社会科学院出版社，1998 年，第 338 页；孙冶方（1945）：《整风自传》，载《孙冶方文集》第 3 卷，北京：知识产权出版社，2018 年，第 276 页。

② 薛暮桥（1991）：《薛暮桥回忆录稿》，手稿，1991 年，薛小和藏。

③ 石西民回忆：“有一次在（‘× 团体’）集会时，钱俊瑞告诉我，说已经与党联系上了，我们这个组织就是党的组织，我们都是党员。……大概是 1959 年，上海市开党代会，当时要选我当候补书记，市委曾调查、审查了我的历史。事后据柯庆施同志跟我谈话说：‘你原来党籍从 1935 年算起，但钱俊瑞现在不承认你们在上海的组织是党的组织，不承认你是党员。因此，决定你的党籍从 1937 年算起。’”参见南开大学卫东红卫兵批判刘邓陶联络站（1967）：《挖出三十年代经济黑线及其后台》，天津：南开大学卫东红卫兵批判刘邓陶联络站，1967 年 6 月，第 5 页。

④ 薛暮桥、钱俊瑞（1984）：《漫漫黑夜中的一线光明——纪念〈中国农村〉创刊五十周年》，载《薛暮桥文集》第十卷，北京：中国金融出版社，2011 年，第 243—244 页。

## 1935 年

**1月1日** 所编《中国农村》第一卷第四期出版。在本期发表《土地施用形态问题的分析》、《关于雇役制的商榷》（署名“桥”）、《如何利用寒假举行农村调查》（未署名）①。

《土地施用形态问题的分析》共分为历史上的土地所有形态、资本主义各国的土地关系、土地的租借和抵押三节。文章扼要介绍了原始的、古代的、封建的土地所有形态，认为封建社会土地所有包括国家的土地所有（如魏晋均田制度），封建诸侯、教会以及私人地主的土地所有（最普遍、最典型，周室分封诸侯后大规模建立），农民的土地所有（秦汉以来异常普遍）三种基本形态。资本主义国家的土地所有异常复杂，有英吉利式、德意志式、法兰西式和美利坚式。美国直接从自由土地之上建立，德国走改良主义道路，英法两国都曾经过剧烈的土地革命，不过英法的土地革命恰恰相反：英国的土地革命取

① 佚名（1935）：《如何利用寒假举行农村调查》，载《中国农村》第一卷第四期，1935年1月1日，第99—100页。我们判断该文系薛暮桥所作，根据如下：第一，薛暮桥作为杂志编辑，在《中国农村》发表的大量文章没有署名（如1936年第二卷第一期的“都市和农村”栏所发表的7篇短文均没有署名）；第二，薛暮桥的《广西农村经济调查报告》就是利用暑假完成的，所以非常重视利用假期进行调查（如在1936年7月1日《生活教育》发表《社会调查》，在《中国农村》第二卷第七期以“编者”名义发表《暑期调查研究工作大纲》）。本期杂志“读者问答”有两则问答，前一则署名“桥”，本则没有署名，而且本则回答中特别谈到值得关注的问题中有一个是农业恐慌对农村生活各方面的影响，而这正是下期薛暮桥长篇文章的主题。综合上述情况，我们判断本文作者为薛暮桥。

消农民的土地所有，把几十万、几百万半自由的农民从他们的农场上驱逐出去；法国的土地革命取消贵族地主的土地所有，把他们的土地卖给农民。南北美洲新兴殖民地的土地关系，多采取同美国相似的形态。法国土地所有形态，可以作为比利时、意大利的一部分，甚至日本等国家的典型。丹麦的情形接近德国，不过丹麦中农的经营较占优势，而在德国则为大地主的农业企业所支配。俄国土地关系同德国十分近似，只是富农经营没有德国发达，地主经营多利用半自由的雇役劳动，封建意味更为浓厚。文章还认为，土地私有制度下，仅仅基于历史原因的无理由的土地分割，使合理的农业经营几乎完全不可能。为打破这一障碍：第一，必须把土地变成可以自由买卖的商品，经交换过程使土地所有不断同合理的经营方式互相适应；第二，用租借和抵押两种方式，使土地所有同土地使用相互分离。租借制度在英国最为普遍，因为土地所有极端集中，而当时还没有完整的信用机关供给大地主以经营巨大农场所必需的资金。租借人多是富足的农业资本家。不过，德国零细借地更为普遍，土地所有和使用的分离，用抵押制度表现出来。[①]

《关于雇役制的商榷》和《如何利用寒假举行农村调查》均系“读者问答”栏目的答复。《关于雇役制的商榷》指出雇役制最流行于革命前的俄国，它本是俄国的一个特别名称，并非各国都有；我们可以借用这名称来称呼其他各国相类似的制度。德国农奴制度被破坏后，地主经营占支配地位，但因资本主义生产方式发展迅速，雇役制未普遍流行前就已被更进步的生产方式所代替，它只占次要地位。在华北地主经营较发展的地方也有雇役制度存在，又如宝山县所

① 薛暮桥（1935）：《土地施用形态问题的分析——研究中国农村经济的基本知识（四）》，载《中国农村》第一卷第四期，1935 年 1 月 1 日，第 33—48 页。本章略经修改，收入《农村经济底基本知识》一书第三章。参见薛暮桥（1937）：《农村经济底基本知识》，载《薛暮桥文集》第十五卷，北京：中国金融出版社，2011 年，第 76—89 页。

谓的“脚色”（薛暮桥在其他文章中又称之为“脚塞”。——引者注），也可以说是雇役制度的一种特殊方式。但一般而论，在中国不占有支配地位。在地主经营没有充分发展，或是已被革命粉碎的国家，走法兰西式发展道路的国家，它们采取另外一种过渡形态，就是封建性的“零细借地制度”。这和资本主义借地制度有以下不同点：第一，它是生产使用价值的家庭经营，或则虽已生产交换价值，但仍是不以使用工资劳动者为原则的单纯的商品生产；第二，佃农所纳田租包括全部剩余生产物。在这时期农民必然迅速分化；资本主义的借地制度往往同封建性的借地制度并肩存在，而且逐渐跃登主要地位。这一过渡形态过去尚无适当名称，不过它在西欧各国尤其是中国南部异常流行。“零细借地制度”同雇役制度最显著的区别是：在前一场合，零细的农民经营最占优势；在后一场合，规模较大的地主经营占有支配地位。假使我们说雇役制是强役制度的残渣，那么我们也可以说这种“零细借地制度”是赋役制的残渣。①

《如何利用寒假举行农村调查》认为，读者进行农村实地调查，“最好先找一两个能得农民信仰的开明的乡村父老（青年更好），同他详谈调查意义。待他深信不疑，然后请他召集农民谈话或是请他领着挨户调查。如果还有少数农民不肯老实报告，含糊吞吐，敷衍了事，可以酌量采用间接调查方法，请他的邻里代为报告。农村不比城市邻舍的情形，彼此都很熟悉，并不会有重大错误”。文中推荐张锡昌《农村社会调查》一书，并希望读者调查时留意银行投资农村对各类农户的影响，农业恐慌对农村生活的影响，以及农民在一天一天贫困的情况下对现状抱何种态度。②

---

① 桥（1935）：《关于雇役制的商榷》，载《中国农村》第一卷第四期，1935 年 1 月 1 日，第 97—99 页。本文未收入《薛暮桥文集》第一卷。

② 佚名（1935）：《如何利用寒假举行农村调查》，载《中国农村》第一卷第四期，1935 年 1 月 1 日，第 99—100 页。

**1 月 13 日**　写《答复古楳先生“一封公开讨论中国农村经济问题的信”》(署名“余霖”)。文中就古楳讨论中国农村经济的信[①]中提出的问题做出答复，指出“地价是由地租决定”系廖谦珂著《农业经济学》、考茨基《农村问题》和拉比杜斯、渥斯特罗维查诺夫《政治经济学教程》所共同认可。[②]该文在《中国农村》第一卷第五期发表(参见 1935 年 2 月 1 日条)。

**1 月 19 日**　天津《益世报》副刊《农村周刊》编者千家驹发表《几种农村研究刊物的介绍》，首先推荐《中国农村》月刊，称之为“比较最理想的研究中国农村经济之定期刊物”，“理论与事实并重，一扫以前有空论而无材料，或有材料而无理论的缺憾”。[③]

**1 月 24 日**　完成《粤桂的“自梳女”和“不落家”》。文章指出，“自梳女”和“不落家”在粤桂农村、小城市还很有势力地存在着。行政长官虽多方告示严加申禁，这种带着历史性根源的风俗，显示得比官厅告示还要有力。“自梳女”在粤省是一种独身主义、不婚主义的女子名称。她们自食其力，参加各种劳动，如丝厂女工、采桑者、厨役使妈、摇船或挑夫。她们组织姊妹会，宣誓不嫁男人，自由谈笑，但相互监视严厉，不守誓约的姊妹要受到严厉处罚和揶揄，甚至有被秘密处死的。这种“自梳女”在顺德、南海、高明等县尤其显著。她们多为贫困之家的女儿，自梳不嫁和性的自由，我想是从事劳动的一种结果。“不落家”现象在粤桂较“自梳女”更加普遍。广东高明、顺德、南海、鹤山、东莞，广西桂林、武宣、邕宁各县均为显著。在广东高明和南海的“不落家”女子在父母之命、媒约之言下出

---

① 古楳(1934):《一封公开讨论中国农村经济问题的信》，载《教育与民众》第六卷第四期，1934 年 12 月 28 日。

② 余霖(1935):《答复古楳先生“一封公开讨论中国农村经济问题的信”》，载《中国农村》第一卷第五期，1935 年 2 月 1 日，第 91—96 页。

③ 千家驹(1935):《几种农村研究刊物的介绍》，载《益世报》，1935 年 1 月 19 日，第 11 版。

嫁，到男家第二天天未亮时就逃返母家，之后在家里从事劳动，等到怀孕要生产时才送返男家。正式结婚后不和丈夫同居，她的性行为是自由的。广西的“不落家”现象大同小异。民政厅长三令五申各处禁绝“不落家”，但很不容易发生效力。这篇文章署名“金生”，发表在《东方杂志》(参见本年 4 月 16 日条)。①

薛暮桥晚年对“不落家”现象仍印象深刻：

广西是少数民族聚居的地方，除僮族(现称壮族，师专学生中有汉族、僮族，很难区别，都说汉话)外，还有苗、瑶等族，在他们(包括僮族)中还残留着原始社会群婚制的痕迹。每年春节要举行十天到半月歌墟(歌会)，农民相信不举行歌墟要发生天灾。所以未婚男女，都盛装参加歌墟，互相对歌，类似电影《刘三姐》的歌词，这是选择配偶的机会。男方选中时，给女方一个银手镯。但这并非订婚，女方还可以接受别的男友的手镯，手镯戴得愈多愈光荣。男女双方感情深厚，就可订婚结婚。结婚时女方要带几十个女友来伴送，人愈多愈光荣；男方也要请同样多的男友作伴。行结婚礼后，双方共同对唱，直到天明。新娘就随女友回家，此后逢年过节到男家住几天，平时仍住娘家，称为“不落家”，要到生第一个孩子后才到男

---

① 金生(1935)：《粤桂的“自梳女”和“不落家”》，载《东方杂志》第 32 卷第 8 号，1935 年 4 月 16 日，第 89—90 页。这篇文章为薛暮桥笔名作品的理由如下：第一，本文发表于中国农村经济研究会供稿的《东方杂志》“农村写实”栏目，因而作者为中国农村经济研究会早期会员。第二，在中国农村经济研究会早期会员中，只有薛暮桥进行过广西和广东两省农村经济调查，熟知粤桂两省情况。第三，这篇文章受到《古代社会》的影响，薛暮桥早在浙江陆军监狱已经熟读此书，在江苏省立南京民众教育馆任职时以“古”和“古代”为笔名写过多篇文章，1933—1934 年间更与《古代社会》的主要译者杨东莼密切共事。第四，这篇文章与罗琼《江苏江阴农村中的劳动妇女》一起发表，反映不同地区的妇女问题。第五，薛暮桥直到晚年仍对“不落家”现象印象深刻。综合这些因素，“金生”是薛暮桥的笔名，《粤桂的“自梳女”和“不落家”》的作者实际上是薛暮桥。

家长住。在“不落家”期间，男女双方都可以与其他异性交往，过几年放荡生活，这是从群婚制到一夫一妻制的过渡阶段，从此以后一夫一妻制才算合法。这种情况在摩尔根的《古代社会》中也有类似的记载。[①]

**1 月 26 日** 王宜昌在天津《益世报》副刊《农村周刊》第 48 期发表《农村经济统计应有的方向转换》。文章针对《中国农村》月刊创刊号上的《发刊词》和《怎样分类观察农户经济》(两篇文章均未署名，均由钱俊瑞起草)，提出中国农村研究的第一方向转换，便在人和人的关系注意之外，更要充分注意人和自然的关系；中国农村经济研究的第二方向转换，便是注意农业生产内部的分析，从技术上来决定生产规模经营的大小，从农业生产劳动上来决定雇农的质与量，从而决定区别出农村的阶级及其社会属性；中国农村经济研究的第三方向转换，是在注意农业经营收支的情形、资本运用的情形和其利润分剖的情形。这里，不仅要注意到农业的主要业务，而且要注意到副业的作用。[②]

文章发表后，千家驹希望《中国农村》作一答复[③]，王宜昌也致信《中国农村》希望表示意见[④]。钱俊瑞读到这篇文章后，向朋友说起，认为“不管王先生本人的意向如何，他这篇文章很够做成一般落后分子重起挣扎的幌子，因为它能相当地用前进的言辞，来掩盖其后

---

① 薛暮桥（1996）：《薛暮桥回忆录》，载《薛暮桥文集》第二十卷，北京：中国金融出版社，2011 年，第 43 页。

② 王宜昌（1935）：《农村经济统计应有的方向转换》，载《益世报》，1935 年 1 月 26 日，第 11 版。

③ 该期报纸《编后》说，王宜昌的意见“有的是为我们所同意，有的是为我们所不同意的。我们相信《中国农村》月刊的编者会给王先生以答复，到那时编者再发表个人的意见”。参见千家驹（1935）：《编后》，载《益世报》，1935 年 1 月 26 日，第 11 版。

④ 薛暮桥（1935）：《答复王宜昌先生》，载《薛暮桥文集》第一卷，北京：中国金融出版社，2011 年，第 75 页。

退的内容”[①]。薛暮桥随即著文《答复王宜昌先生》，逐条回应，寄至《益世报》发表（参见 1935 年 2 月 9 日条）。

**1 月** 以中国农村经济研究会名义所编《农村通讯》由中华书局出版。书中收录 30 篇在《新中华》杂志发表的“农村通讯”中“较精彩的一部分”。书序说，本会理想中的“农村通讯”，“是有它的特殊风格的，这 30 篇文章，大部分可以代表我们所希望的特殊风格”。“大众的要求是要明确地认识他们日常生活中的一切社会现象。可是，这种要求绝不是枯燥的统计表册和庞杂的经济理论所能满足的。‘农村通讯’底使命就想补救这种缺陷，要纯客观地将农村的经济生活表现出来，使得复杂的农村社会易于认识和分析。它不但提供可靠的农村经济实况，而且具有很浓厚的兴趣，这就是说，它一方面运用社会科学的分析方法，同时采取报告文学底特长。所以，‘农村通讯’不但要成为社会经济学家底参考资料，也要成为一般研究文学艺术学者底可爱读物。总括起来，‘农村通讯’底特殊风格有下列四点：1. 在文字上，它运用生动地笔调，描写农村的经济生活；2. 在内容上，它引用扼要的数字，表现农村中的社会关系；3. 在体裁上，它不是烦琐的随感录式的游记，而是精彩的社会内层底素描；4. 在篇幅上，它不是冗长的农村经济调查报告，而是短小紧凑的经济实录。”[②]

---

① 钱俊瑞（1935）：《现阶段中国农村经济研究的任务》，载《钱俊瑞文集》，北京：中国社会科学出版社，1998 年，第 122 页。

② 中国农村经济研究会编（1935）：《农村通讯》，上海：中华书局，1935 年，第 1—2 页。该书序言写于 1934 年 8 月。薛暮桥第一篇农村经济作品《江南农村衰落的一个缩影》是农村通讯，并很快被日本刊物翻译转载。这给了他极大的鼓励，也使他一直对这一体裁有着浓厚的兴趣。在主持《中国农村》月刊期间，他发表了不少此类作品，广西省立师范专科学校农村经济研究会多篇会员作品也由他推荐发表。《农村通讯》一书出版时薛暮桥正主持会务。因此，此书应系薛暮桥所编。值得注意的是，中国农村经济研究会与陈翰笙主持中央研究院社会科学研究所社会学组农村调查时的作品体裁有所不同。

书中收录的30篇“农村通讯”中6篇有关广西农村[①]，这可视为1933—1934年广西师专农村经济调查的自然延伸和组成部分。

**2月1日** 所编《中国农村》第一卷第五期出版。《编余后记》提出：“近几年来，因为农村破产，农村建设工作可以说是盛极一时。除掉政府机关和银行所办合作事业以外，还有许多文化团体正在刻苦进行农村建设的实际工作。例如邹平梁漱溟先生所主持的村治运动，定县晏阳初先生所主持的平教运动，都是口碑载道，誉满全国。本刊对于此等农村建设工作，实有详加讨论之必要。”《编余后记》希望读者踊跃参加讨论，相关稿件于3月10日以前寄到。[②]

在本期发表《中国农业生产关系的检讨》（署名“余霖”）、《农业经营中的劳动问题和资本问题》和《答复古楳先生“一封公开讨论中国农村经济问题的信”》（署名“余霖”，参见1935年1月13日条）。

《中国农业生产关系的检讨》对中国社会性质论战的情况进行了评论，指出“论战中间最大的困难，就是对于农业生产关系如何正确分析”，因此文章旨在“提供个人意见以及比较新鲜的研究材料，希望可以用作解决中国社会性质问题的一块小小的基石”。在援引调查资料的基础上，文章指出：第一，中国的大小地主占有全国耕地的半数，可是地主自营农田只占所有农田中的极小部分；出租农田中绝大部分租给零细佃农。因此，一般来说中国的地主既不是普鲁士式，也不是英吉利式，大多是剥削零细佃农的半封建收租地主。第二，中国富农经营不及经营总数的10%，使用的农田则占农田总数的20%左

---

① 除薛暮桥的两篇署名文章外，另外四篇分别是：《广西镇边县的白苗》，作者凌焕衡；《苍梧农村杂记》，作者端（即刘端生）；《广西土官田祠堂田村镇公田的佃耕制》，作者再生（即刘端生）；《一个落后社会的素描——广西思恩县》，作者端（即刘端生）。从这些文章看，薛暮桥和刘端生在广西除了主持农村经济调查，还倡导农村通讯的写作。

② 编者（1935）：《编余后记》，载《中国农村》第一卷第五期，1935年2月1日，第117—118页。

右。在数量上尚未压倒单纯商品生产，以及家庭经营式的中农贫农经营。质量方面，富农往往出租一小部分土地，带有小地主性，或是利用半封建的雇役劳动。第三，中国的雇农大概只占农民总数的 10%，如把半无产者（贫农）加入计算，数量则相当庞大。但同家族工人比较，后者仍占显著优势。质量方面，很多雇农仍有若干强制性质，类似半封建的雇役农民。总的来说，整个国民经济已经隶属整个资本主义体系并受其支配，但就农村内部农业生产方式来说，资本主义生产方式虽已相当发展，但半封建的零细经营仍然占优势。关于“华南稻作区域土地所有相对华北旱作区域更为集中，借地经营较华北旱作区域格外普遍”的原因，文章列出两点：一是旱地生产力远比水田来得薄弱，收租地主较难发展，借地农民也不易立足；二是华北一般经济发展比较落后，而经济发展越先进，土地所有的集中和借地经营往往越显著。①

《农业经营中的劳动问题和资本问题》指出资本主义各国农业部门较占优势的是独立的小生产者。由于农业劳动是季节性的，农场主必须采用两种不同的雇佣工人：一种是纯粹的工资劳动者，一种是农业特有的日工劳动。这种日工劳动往往构成邻近小农的重要副业，因此成为半无产者。但在一般统计中常被当作独立生产者，不能代表雇佣劳动者的全体。由于多数日工劳动没有脱离土地束缚，封建残渣依旧保留下来。文章还认为，农业生产资本的有机构成也在逐渐提高，而且农场大小与有机构成有密切关系。对于机械化问题，文章认为越是工资低廉的场合，机械的采用越难发展。但机械生产相对于手工生产来说处于优势地位，迟早会侵入农业部门。这会引起对雇役制和其他陈腐生产方式的排挤，使经营扩大、生产集中。文章认为，农业劳

---

① 薛暮桥（1935）：《中国农业生产关系的检讨》，载《薛暮桥文集》第一卷，北京：中国金融出版社，2011 年，第 63—74 页。

动不如工业劳动易于监督，机械的采用增加了农业劳动的强度，排挤农业工人造成农民失业和工资普遍下降。①

**2 月 9 日**　在《益世报》副刊《农村周刊》发表《答覆王宜昌先生》，表示“作者个人对于王先生所提各点大致表示同意②，但是也有若干意见不同的地方”。

文章指出，研究中国农村经济，除注意生产关系之外，还要注意生产力的一面，这点作者表示完全同意。同时，如果离开了生产关系研究生产力，或把生产力当作某种技术上的东西，而同生产关系分割开来研究，均非作者所敢赞同。如机器生产资本主义社会，但并不能作为决定资本主义社会的直接因素，否则苏联的社会形式就被纳入了资本主义范畴；同样用犁耕田、用镰割禾的农民，不妨有小所有者的农民和无所有者的雇农的区别。农村副业要同农业生产关系联系起来观察才有意义，否则只是次要问题。

文章就王宜昌对五阶层农户分类（地主、富农、中农、贫农、雇农）的批评做出重点答复，指出五阶层分类方法是以土地关系和雇佣关系来做主要的标准，因为现阶段的中国农村，土地关系和雇佣关系是具体表现人与人之间关系的主要标志，耕畜、农具占次要地位。也就是说，分类是根据农业经营中主要生产手段的所有形态和农业劳动的社会性质来划分的，标准不是生产规模的大小，而是各农户的社会性质。其目的是按照各农户的社会性质划分集团，观察各集团的相互

---

① 薛暮桥（1935）：《农业经营中的劳动问题和资本问题——研究中国农村经济的基本知识（五）》，载《中国农村》第一卷第五期，第 31—44 页。该文收入《农村经济底基本知识》第四章。参见薛暮桥（1937）：《农村经济底基本知识》，载《薛暮桥文集》第十五卷，北京：中国金融出版社，第 90—101 页。

② 《薛暮桥回忆录》中称王宜昌为“托派观点的鼓吹者”，这实际上反映事后的看法。在争论的当时，薛暮桥等人的文章并没有称他们为“托派观点的鼓吹者”。参见薛暮桥（1996）：《薛暮桥回忆录》，载《薛暮桥文集》第二十卷，北京：中国金融出版社，2011 年，第 62 页。

关系及其消长过程。生产技术或生产力的一面，应当同农户分类问题联系起来。例如在手工生产基础上，贫农（半无产者）、中农（小生产者）必然占有较大的比重；机器生产的普遍采用，必然促成中农的没落，富农的发展和贫农沦为雇农。反过来，中农贫农普遍存在，对于机器生产的推进却是一大障碍，因为他们非但自身不能采用机器，而且还能提供廉价的劳动力去同机器竞争。在中国农村，除去地主、企业家（富农）、雇佣劳动者之外，小生产者和半无产者数量明显占优势。要想分析这种复杂的社会关系，只能采用复杂的五阶层分类法。①

**2月16日** 在《东方杂志》“农村写实”栏目发表《龙州农村视察记》（署名“沈西林”）。文章分“蛮夷之邦”“农民与商人”“国防空虚”“中越关系”“地肥人瘦”“贫困与懒惰”六节，报告作者1933年暑假在刘敦安陪同下，访问广西边县龙州的见闻。②

**2月** 应薛暮桥之邀，徐洛（即罗琼）③到上海，为中国农村经济

① 薛暮桥（1935）:《答覆王宜昌先生》，载《益世报》副刊《农村周刊》第50期，1935年2月9日，第11版；又见《薛暮桥文集》第一卷，北京：中国金融出版社，2011年，第75—79页。《薛暮桥文集》收录此文时标注的时间是该文在《中国农村》月刊转载的时间，但标题改为“答复王宜昌先生”。

② 沈西林（1935）:《龙州农村视察记》，载《东方杂志》第32卷第4号，1935年2月16日，第85—87页。我们判断“沈西林”为薛暮桥笔名的理由是：《东方杂志》“农村写实”栏目刊出时，薛暮桥正主持中国农村经济研究会日常工作，负责向《东方杂志》提供中国农村经济研究会稿件；该文与此前在《新中华》杂志以笔名“雨林”发表的《广西苍梧农村——三乡八个村庄视察记》篇章结构及行文风格一致；薛暮桥晚年在回忆录中对龙州调查的记录与本文内容相互印证。参见薛暮桥（1933）:《广西苍梧农村——三乡八个村庄视察记》，载《薛暮桥文集》第一卷，北京：中国金融出版社，2011年，第45—48页；薛暮桥（1996）:《薛暮桥回忆录》，载《薛暮桥文集》第二十卷，北京：中国金融出版社，2011年，第42—43页。

③《中国农村经济研究会会报》创刊号载有徐洛的消息：“徐会员在黄渡乡村师范担任教师时，曾调查黄渡农村百余户；研究该地之土地分配情形，现已将调查所得之表格全部交会中整理。”参见《会员消息》，载《中国农村经济研究会会报》第一期，1934年4月1日，第11页。

研究会编制《中国农村》月刊所订报刊的经济参考资料索引。[①]

**3 月 1 日** 所编《中国农村》第一卷第六期出版，“现阶段中国农村经济研究的任务的商榷（究竟研究生产关系，还是研究生产技术），可以说是本期中的一个中心问题”[②]。本期发表钱俊瑞的专论《现阶段中国农村经济研究的任务》，并经千家驹同意，附录转载王宜昌、韩德章和薛暮桥在《益世报》副刊《农村周刊》上的三篇文章。

除转载薛暮桥《答覆王宜昌先生》一文，本期还发表薛暮桥《资本主义社会底农业恐慌——研究中国农村经济的基本知识（六）》一文。文章认为，农业恐慌常采取一种“滞泥”姿态，不像工业那样激烈。原因有三：第一，地租往往比利润占更大比重，恐慌时期地租跌落，使农业资本家损失减轻。第二，农业生产多少带有一点自给性质，农业恐慌爆发，为避免市场威胁，更易向自给方向发展，而且粮食消费缺乏弹性，价格涨落对消费影响不那么敏锐。第三，恐慌时期，许多失业工人回到农村从事自给自足生产。但在恐慌中，都市工业总是尽力向农业转嫁。文章对于瓦尔加（V. C. Varga，1879—1964）区分资本主义国家和殖民地、半封建殖民地两类国家的农业恐慌，认为是对于农业恐慌的“不可饶恕的误解”，认为即使封建性的小农经营仍占绝大比重，也不能说这种农业恐慌以半封建的生产方式为其根本动因，更不能说是封建性的农业恐慌。现阶段的农业恐慌波及各国，在先进的大农业国中一面摧毁小农经营，一面促使农业生产更为

---

① 罗琼谈、段永强访（2000）：《罗琼访谈录》，载薛小和编《把国放在家前面：罗琼逝世一周年纪念文集》，北京：中国妇女出版社，2007 年，第 95—98 页。在访谈中罗琼说，1933 年她经姜君辰（江苏省立第二女子师范学校同学姜玉荷之兄）介绍，加入中国农村经济研究会。在这一年开始与薛暮桥有通信往来。1934 年下半年信件往来比较多，信中表示想到上海做有益的工作。薛暮桥回信，告知需要书报索引工作人员，但报酬只有每月 15 元生活费。她去信表示同意。

② 编者（1935）：《编余后记》，载《中国农村》第一卷第六期，1935 年 3 月 1 日，第 118 页。这表明薛暮桥是批评中国乡村建设运动的主要组织者之一。

集中。在落后的农业国则发挥着“野兽般的破坏作用”，“非但最落后的小农经营纷纷破产，就连较进步的富农经营也常不能立足”。[①]

**3月16日** 在《东方杂志》发表《广西农村中的劳动妇女》(署名“农英”)。文章认为，两广的妇女不像江浙那样要做家庭奴隶，而是生产领域中的劳动者。论理她们应当过着像男子一样的自由生活，可是事实并不如此，她们大多是在地主富农家里过着奴隶生活。在中农、贫农家庭，因为妇女经济能够独立，所以行动也就比较自由，种种传统的道德束缚也不如北方来得严密。但妇女劳动一般总是比较男子劳动更不值钱。除了婚后的劳动妇女，文章末尾还写道：

> 最自由的当然还是未婚少女。假使她们侥幸不被父母卖作婢女，侥幸没有早年送到婆家去做童养媳（这在广西农村中间也很流行），那么就可享受几年（实际每年只有几天）无挂无碍的自由生活。她们带着清脆的歌喉去受人家雇佣，在工作中间同年轻的男子们唱着笑着。唱歌是广西妇女们，尤其是少女们的特别嗜好。她们往往到了夜深人静时候还在引吭高歌。作者踏过思恩时候，曾有几次被这歌声从梦中惊醒。但在这种一池死水般的广西农村中间，少女们的歌声是无论在何时何地不会引人厌恶的。[②]

---

① 薛暮桥（1935）：《资本主义社会底农业恐慌——研究中国农村经济的基本知识（六）》，载《中国农村》第一卷第六期，1935年3月1日，第33—46页。该文略作修改，收入《农村经济底基本知识》第六章。参见薛暮桥（1937）：《农村经济底基本知识》，载《薛暮桥文集》第十五卷，北京：中国金融出版社，2011年，第111—120页。

② 农英（1935）：《广西农村中的劳动妇女》，载《东方杂志》第32卷第6号，1935年3月16日，第98—99页。本年《东方杂志》“农村写实”栏目刊出多篇署名“农英”的作品。薛暮桥在与陈翰笙、冯和法合编《解放前的中国农村》时，曾收入署名“农英”的作品，并未注明这是薛暮桥的笔名。但分析农英的作品即可发现，这些文章均为薛暮桥主持中国农村经济研究会日常工作期间，发表于中国农村经济研究会供稿的《东方杂志》“农村写实”栏目，并与薛暮桥广西农村经济调查作品相互衔接和一致，也与《薛暮桥回忆录》记载一致。可以确认，“农英”是薛暮桥（接下页）

**4月1日** 所编《中国农村》第一卷第七期出版。本期中心问题是中国农村建设运动讨论，“本来我们想出一个专号，因几篇特约稿件没有收齐，只得分期登载”[①]。

在本期发表书评《评陈正谟先生著〈各省农工雇佣习惯之调查研究〉》（署名“余霖”）。书评称劳动力的商品是“打开资本主义社会的门户，而深入堂奥的锁钥”，尤其是在中国农村社会中“新的萌芽常和旧的滓渣杂然并存”。因此，陈正谟《各省农工雇佣习惯之调查研究》在中国“具有特殊的重大意义”。书评认为，农业劳动同工业劳动相比最显著之点是：第一，在工业部门雇佣劳动常占绝大优势，但在农业部门，家族劳动往往占有显著的多数。第二，农业中间除掉纯粹的雇佣劳动者（长工）之外，同时还有一面自己经营农业，一面受人雇佣（包括大部分的短工）的半无产者存在，后者的数量往往压倒前者。短工大多兼事农业经营，他们是贫农而非雇农。陈著告诉我们

---

的笔名之一。参见薛暮桥（1933）：《广西苍梧农村——三乡八个村庄视察记》，载《薛暮桥文集》第一卷，北京：中国金融出版社，2011年，第45—48页；薛暮桥（1996）：《薛暮桥回忆录》，载《薛暮桥文集》第二十卷，北京：中国金融出版社，2011年，第42—43页；农英（1935）：《广西农村中的劳动妇女》，载陈翰笙、薛暮桥、冯和法合编（1989）：《解放前的中国农村》第三辑，北京：中国展望出版社，1989年，第630—632页。

① 编者（1935）：《编余后记》，载《中国农村》第一卷第七期，1935年4月1日，第116页。薛暮桥这样评论本期关于中国乡村建设运动的讨论：千家驹先生的《中国的歧路》对邹平的乡村建设工作做了一个很明晰的批评，末后还有一节“乡村建设乎？工业救国乎？”，批评“工业救国”，因受篇幅限制，未得作者同意而被编者删去，应向作者道歉！去年千先生曾做了一篇《中国农村建设之路何在》，批评定县的平教运动，登在《东方杂志》第3卷第10号，可以说是本文的姊妹著作，特向读者介绍。另外，张志敏先生的《从整个民族经济上观察现阶段的乡村建设工作》也对乡村建设工作表示怀疑。这两篇文字的来源虽然完全不同，但是有一共同见解，就是“农村问题决不能够单在农村中间找到解决”。此外，杨立人（秦柳方的笔名。——引者注）先生的《在农村改进的实际工作中》更能根据了实际的经验来批判农村改进工作，可以发人深省。我们很想收集另一方面的意见，合并发表；希望从事农村建设运动的诸位先生不吝赐教！

许多落后的、半强制的短工和长工雇佣方式，如短工类型中的做工偿债，是贫农由于缺乏货币或粮食，受地主富农束缚的雇佣；人工换畜工，是贫农由于缺乏耕畜而受地主富农束缚的另外一种雇佣方式。长工的落后雇佣方式更为繁多，如奴隶式的当身制度，比做工偿债的短工更为落后；支付劳役地租的工偿制度，是贫农因缺乏土地而受地主富农束缚的雇佣方式；带地佣工，也不会像纯粹雇工那样自由；“娶妻成家之长工”娶妻之后一般仍依附雇主；“养老长工”，更是十足的家奴。这些受雇都多少带有强制性质，但书中将这些“黑暗的残渣理想化了”，把“半封建的雇役制度当作最理想的雇佣方式”。对于陈著中关于工资的调查，指出中国农村除谷物工资仍相当流行外，还有使用土地、耕畜以代工资，娶妻成家以代工资等落后的工资形态，“封建意味一般总是愈益浓重，同时劳动报酬往往也就愈益恶劣”。而且城市中的日工同农村日工绝然不同，前者多系长年工人，不过按日计算工资；而农村日工一年只有几天受人雇佣。两种工资不能互相比较。[①]

**4 月 15 日**　完成《介绍并批评王宜昌先生关于中国农村经济的论著》一文。文章指出，中国农村社会性质论战中，“仍有若干地方对于对方所抱意见任意曲解，乃至有意曲解，这种曲解除掉增加纠纷之外，对于论战本身并无丝毫利益。……评者觉得任何一方对于对方所已发表的关于本问题的重要论著，实有详加研究的必要。本文目的，就在促使读者注意王先生的全部意见，同时对此作一较完全的批评”。“评者个人看来，此次参加论战的双方，除掉对于中国农村社会性质的估计绝然不同之外，其他各点的差异，并不真如双方文字中间所表示的那样遥远。”[②]

---

① 陈正谟（1934）：《各省农工雇佣习惯之调查研究》，载《中山文化教育馆季刊》创刊号及第二期，1934 年 8 月、11 月，第 330—369 页、第 751—775 页。

② 薛暮桥（1935）：《介绍并批评王宜昌先生关于中国农村经济的论著》，载《薛暮桥文集》第一卷，北京：中国金融出版社，2011 年，第 90—91 页。书中将该文中的“绝然不同”错印成“决然不同”，我们已根据《中国农村》月刊订正。

文章认为，农村社会性质首先应当取决于农业生产过程之中所包含的内在矛盾，其次是农村同都市的矛盾或对立。中国农业生产一般已经通过交换过程隶属整个资本主义体系而受其支配，而在农村内部的农业生产方式中，半封建的零细经营依然占优势。中国农村中的自耕富农比借地富农更为普遍，与其说他们同地主对立，毋宁说他们和地主站在一起与贫农雇农对立。文章还针对王宜昌对国立中央研究院无锡农村田权调查的评论，指出无锡的田权形态中，赎取权（卖活田）和暂业权（买活田）是同一过程的两端，永耕暂耕同永属暂属相适应，永业权是所有田的田面，可以自由出卖、自由出租的自由田，本身并不包含任何封建意味，反而是最适宜于资本主义社会的田权状态，而暂业权是买活田，暂属权是永佃制的买活田，这些“拖泥带水式的买卖制度和租佃制度”，可以说是封建社会的遗迹[①]，而不是“自由买卖土地的资本制所有”。[②]

---

① 薛暮桥还曾称永佃制为“介于（土地）所有者和借地人之间”的制度，欧洲“过去可以说是到处存在，现已逐渐消灭”。参见薛暮桥（1937）:《农村经济底基本知识》，载《薛暮桥文集》第十五卷，北京：中国金融出版社，2011年，第86页。这似乎是中国农村派共同的看法。如钱俊瑞也将永佃制看作“中国古旧的土地所有形态”，说“中国古旧的土地所有形态（如族田和永佃）所以不能急速崩坏者，那又是资本主义的生产方法没有十分发展的结果”。理由是在永佃制度下，“这种土地底分割所有形态，对于田产的转移，以及经营的发展无疑地是一种有力的障碍，因此当资本主义的经济逐渐扩展的时候，它必然地归于消灭。意大利、日本等地原来也存在着永佃制度，可是当近代的经济形式开始发展，资本的势力开始凌驾一切的时候，这种制度就告崩溃。中国很多省份如江苏、浙江、湖北、安徽、福建、广东、广西等地，现在都有永佃制度的存在；不过这种田产形式目下已在采取各种方式（如地主收回田面，少数的佃户也在收买田底，最普通的是地主否认田面权而强迫收回），变成田底和田面归于合一的形式，也就是变成一种较近代的土地所有形态”。参见钱俊瑞（1935）:《评陈翰笙先生著〈现今中国的土地问题〉》，载《钱俊瑞文集》，北京：中国社会科学出版社，1998年，第11页；钱俊瑞（1934）:《中国现阶段的土地问题》，载《钱俊瑞文集》，北京：中国社会科学出版社，1998年，第94—95页。

② 薛暮桥（1935）:《介绍并批评王宜昌先生关于中国农村经济的论著》，载《薛暮桥文集》第一卷，北京：中国金融出版社，2011年，第90—106页。

**4 月 16 日** 薛暮桥、罗琼在《东方杂志》分别发表《粤桂的“自梳女”和“不落家”》（署名“金生”，参见本年 1 月 24 日条），《江苏北部农村中的劳动妇女》（署名“罗琼”），[①] 这是徐洛第一次使用“罗琼”笔名发表作品。此后，这个名字一直沿用下来。罗琼在上海的两年多时间，曾在《申报》副刊《妇女园地》、《妇女生活》杂志、《救亡情报》、《大众生活》等报刊发表 50 余篇文章。[②]

**5 月** 参加中国农村经济研究会第二届理事会第二次会议。[③] 会议议决公开征求会员。[④]

**5 月 1 日** 所编《中国农村》第一卷第八期出版。本期转载两篇有关中国农村社会性质论战的《益世报》文章，并发表《介绍并批评王宜昌先生关于中国农村经济的论著》（署名“余霖”）一文，继续关于中国农村社会性质的论战。《编余后记》表示，此次论战的中心，最近

---

① 罗琼（1935）：《江苏北部农村中的劳动妇女》，载《苦难与抗争——三十年代中叶经济与妇女》，北京：中国妇女出版社，第 85—88 页。这是罗琼到上海后发表的第一篇文章，文章标题令人想起薛暮桥的第一篇经济学作品《江南农村衰落的一个缩影》。

② 罗琼谈、段永强访（2000）：《罗琼访谈录》，载薛小和编《把国放在家前面：罗琼逝世一周年纪念文集》，北京：中国妇女出版社，2007 年，第 95—98 页。

③ 此次理事会议的召开应与陈翰笙回国有关。陈翰笙当时在东京从事研究和地下工作，看到报纸上要与他接头的“朋友”身带三个护照在上海被捕，随即从日本回国。参见任雪芳（1986）：《马克思主义农村经济学的先驱——陈翰笙事略》，载《中国当代经济学家传略（一）》，沈阳：辽宁人民出版社，1986 年，第 101 页。

④ 1936 年的中国农村经济研究会《会务报告》说明了 1935 年第二届理事会第二次会议决定的意义：过去本会是局限在学院式的范围之内，因而本会的“组织之门”可以说是向广大的乡村工作人员关闭着的。去年五月第二届第二次理事会议决公开征求会员，并在月刊一卷第十二期刊登《征求会员广告》，从此我们的会员人数就很快增加起来，月刊二卷内容和形式革新以后，会员增加更速；到本年一月为止，本会的会员已经几乎增加一倍。第二届第二次理事会会后，薛暮桥的朋友们决定帮助操办他和罗琼的婚礼。参见中国农村经济研究会（1936）：《会务报告》，载《中国农村经济研究会会报》复刊号，1936 年 4 月 15 日，第 7 页；罗琼谈、段永强访（2000）：《罗琼访谈录》，载薛小和编《把国放在家前面：罗琼逝世一周年纪念文集》，北京：中国妇女出版社，2007 年，第 106—107 页。

似乎已从“生产技术”和“生产关系”的讨论，移转到“土地问题”和“中国农村社会性质”的辩论上面去了。编者以为，不如聚精会神来对这个中心问题做一详细研究。所以此次论战，除掉上述这个中心问题之外，预备告一段落。①

**5 月 5 日** 与罗琼在上海结婚。为表明共同的信仰，结婚时间选在马克思诞辰纪念日。据罗琼回忆：

1935 年 4 月的一天，中国农村经济研究会理事会开会②，会后不知哪位朋友说：“暮桥，你怎么还不结婚？”当年，暮桥 30 岁，我 24 岁，到了该结婚的年龄了。暮桥一向内向，微笑着没说话。热心肠的朋友知道我俩的心意，便提议：“他们不办，我们来替他们办，好吗？”大家一致赞同，于是每人送贺礼 5 元，在酒楼吃了一餐饭，我俩就这样举行了婚礼，参加的有我们双方的朋友，也有我们双方的亲属。大家热热闹闹，高高兴兴。我俩挑的吉日是 5 月 5 日，这天是马克思诞辰，表明我俩志同道合，携手并肩为共产主义奋斗终生。我俩的洞房就在办公室楼上一间 8 平方米的亭子间，只能放进两张单人床、一张二屉桌和两把椅子，两人把自己的床和衣物搬到一块，仅此而已。老同学冯光灌捧着一束鲜花、一块圆桌布来贺喜，可是洞房里既没有圆桌，更无花瓶。我们没有觉得寒酸，也不感到尴尬，大家相视一笑：“真正的无产者！”

按老家习俗，女儿出嫁，讲究娘家陪嫁。陪嫁越多，娘家和女儿越有面子。我为了要读书，亲口向祖母承诺：结婚时“一粒木屑屑都不要”。如今结婚了，真的没有向娘家要一粒木屑。我们在那个小亭子住了一个月。《中国农村》编辑部经济很困难，为了节省开支，我们搬到

① 编者（1935）：《编余后记》，载《中国农村》第一卷第八期，1935 年 5 月 1 日，第 123 页。

② 这里是指中国农村经济研究会第二届理事会第二次会议。关于此次会议时间，中国农村经济研究会《会务报告》记载为 1935 年 5 月。

办公室住，房租同样交；白天卷起铺盖办公，晚上摊开铺盖睡觉，就像黄梅戏《天仙配》里唱的："寒窑虽破能避风雨，夫妻恩爱苦也甜。"[①]

改写定稿《公路建设与中国农民》一文。文章从路捐摊派、民工生活和民田的收用三个方面，指出中国公路建设突飞猛进对中国农民的负面影响。这篇文章以笔名"万巨渊"发表于《中国经济情报》，后收入《中国经济论文集》第二集（参见本年 12 月条）。[②]

**5 月 16 日** 在《中国经济情报》发表《中国手工业底分析》（署名"莫乔"）。文章引用列宁《俄国资本主义的发展》，认为家庭手工业概念中"普通包含了所有的各种的工业形态：从（自然经济的）家

---

① 罗琼谈、段永强访（2000）：《罗琼访谈录》，载薛小和编《把国放在家前面：罗琼逝世一周年纪念文集》，北京：中国妇女出版社，2007 年，第 106—107 页。

② 《公路建设与中国农民》为薛暮桥笔名作品的理由如下：第一，薛暮桥 1934 年 9 月 16 日"改作"定稿的《国民经济废墟上的公路建设》先以笔名"莫乔"发表在《中国经济情报》，后收入《中国经济论文集》第一集。文章指出虽然各业凋敝衰落，国民经济一片废墟，公路建筑在政府当局奖励督促下却迅速发展，而农民却从中获益甚少，甚至带来不便，筑路经费、劳力则全部或大部加在农民身上，抽捐征工成为普遍现象，因筑路而毁弃农田、破坏水利均是严重问题。《公路建设与中国农民》署名"万巨渊"，落款也注明"改作"，先发表在《中国经济情报》，后发表在《中国经济论文集》第二集。这篇文章开头即表示"中国铁路建设的日益发展，在整个国民经济的废墟上，的确是呈现着独异的姿态"。"我们只想从和中国农民有切身之感的几件事态之中，作一个比较真切的分析，以供国内人士讨论公路建设时参考，我们想说的只是下列三点：1. 路捐的摊派；2. 民工的生活；3. 民田的收佣。"从用词到文章立意，都与《国民经济废墟上的公路建设》一文高度衔接和一致，是后者的进一步展开。而二者的发表渠道也完全一致，作者应系同一个人。第二，罗琼在同一时期发表与《公路建设与中国农民》一文主题高度重叠的《征工与工赈》一文，指出古老的徭役制度披上征工和"以工代赈"的新衣跑上中国舞台。这进一步确证"万巨渊"即"莫乔"，即薛暮桥。参见莫乔（1934）：《国民经济废墟上的公路建设》，载中国经济情报社编《中国经济论文集》第一集，上海：生活书店，1934 年，第 204—209 页；万巨渊（1935）：《公路建设与中国农民》，载中国经济情报社编《中国经济论文集》第二集，上海：生活书店，1935 年，第 284—296 页；罗琼（1935）：《征工与工赈》，同上书，第 168—174 页。

庭工业与（单纯商品生产的）手工业者起，最后至很大的手工作坊内的雇佣劳动止”，“这话可以适用于革命以前的俄罗斯，同样也可以适用于现阶段的中国”。[①]

**6月1日** 所编《中国农村》第九期出版。本期刊发陈正谟《为农工雇佣习惯答余霖先生》。[②]《编余后记》表示：

> 读者园地中间所登陈正谟、言心哲两先生的答辩[③]，都是特为本刊而写；虽然我们对于陈、言两先生的答辩不是完全满意，但仍愿意竭诚地向读者介绍。编者觉得陈、言两先生答辩已经没有再答必要，因为：第一，陈、言两先生同我们之间的根本差异，似乎还在研究方法方面：这就要牵涉到哲学问题，不是几句话所能解决。……第二，许多枝节问题最好还是不加答复，因为愈辩就愈加离开中心问题，反而模糊了论战的目标。第三，答辩中有很多地方乃是出于误解；只要细细地同原文对读，就会完全明了，似乎没有必要再把已经说过的话重说一遍。[④]

**6月14日** 因“新生事件”[⑤]，国民党政府发布《敦睦友邦令》，

---

① 莫乔（1935）：《中国手工业底分析》，载《中国经济情报》第二卷第十七期，1935年5月16日。

② 陈正谟（1935）：《为农工雇佣习惯答余霖先生》，载《中国农村》第一卷第九期，1935年6月1日，第73—84页。

③ 本期所载言心哲《论农村社会学》系针对冯和法《评言心哲先生著〈农村社会学概论〉》一文。参见冯和法（1935）：《评言心哲先生著〈农村社会学概论〉》，载《中国农村》第一卷第六期，1935年3月1日，第95—106页；言心哲（1935）：《论农村社会学》，载《中国农村》第一卷第九期，1935年6月1日，第82—86页。

④ 编者（1935）：《编余后记》，载《中国农村》第一卷第九期，1935年6月1日，第115页。

⑤ “新生事件”指1935年5月4日生活书店出版的《新生》周刊第二卷第十五期发表的《闲话皇帝》一文有涉及日本天皇的文字，日本驻沪总领事于6月照会上海市长，声称该文“妨碍邦交，侮辱元首”，必须为此“向日谢罪”，并“派亲日作家检查图书”，“处《新生》作者、编者徒刑”。《新生》周刊1935年6月被迫停刊。

规定："对于友邦，务敦睦谊，不得有排斥及挑拨恶感之言论行为，尤不得以此为目的，组织任何团体，以妨国交"，"凡以文字图画或演说为反日宣传者，处以妨害邦交罪"。7 月 7 日国民党通令，"以后国民务须尊敬皇家之尊严，严禁同类之记事，违者严惩不贷"。[①]

**7 月 1 日** 《妇女生活》月刊（参见 1936 年 2 月 8 日条）创刊。该刊由沈兹九主编，后曹孟君接编。罗琼为特约撰稿人之一。杂志初为月刊，1936 年 7 月 16 日第三卷第一期起改半月刊。[②]

**7 月 10 日** 所编《中国农村》第一卷第十期出版。《编余后记》说："本刊过去全恃私人捐款维持；出版以来，无日不在艰苦奋斗之中。目下因亏累过多，无法维持；故经议决取消稿费（'农村通讯'仍照旧章），分请原有作者义务写稿。此后读者来稿，如愿获得稿费，均须预先声明；否则亦当酌赠本会刊物，以报盛意。本期因受经费牵累，延期十日；此后仍将依次递延，第十一期于 8 月 20 日出版，第十二期于 9 月 30 日出版。应向读者郑重道歉！第二卷之出版计划，尚在筹拟之中，不久当可详告。"[③]

在本期发表书评《介绍并批评〈中国农村问题〉》（署名"余霖"）。书评称赞杨幼炯主编《中国农村问题》与冯和法编《中国农村经济论》是"最近关于中国农村问题的相映并辉的两本巨著"。《中国农村问题》"虽然不是什么集体研究的产物，但是从头到尾却仍一脉贯通；他们的著作中间似乎或多或少地搀杂着社会改良主义的血液"。书评针对书中提出的治本方策，认为解除帝国主义的经济束缚和铲除残余封建势力的剥削两项最重要，但提出者没有看到买办式的新兴资

---

① 中共上海市委党史资料征集委员会、中共上海市委党史研究室、中共上海市委宣传部党史资料征集委员会合编（1995）：《上海革命文化大事记（1919.5—1937.7）》，上海：上海书店出版社，1995 年，第 479—480 页。

② 同上书，第 482 页。

③ 编者（1935）：《编余后记》，载《中国农村》第一卷第十期，1935 年 7 月 10 日，第 115—116 页。

产阶级所占的优越地位。因此只能提供几句不完全的口号，至于能够如何实现、动力何在，“却是比较上述口号更为重要”。对于书中提出的“治标方案”，认为“支离破碎”，“最使评者感到失望”；二五减租等似乎只是复述政府法令，而今日所应研究的早已不是是否需要这些改良政策，而是这些法令为何公布多年还是无法推行。对于书中提出的“农村统制”主张，书评怀疑国家资本主义是否还有前途？资本统制对于被统制的农村影响如何，令人怀疑。而半殖民地经济机构上生长起来的买办式资本巨头，能否负担反帝反封建的使命，“又是一个值得研究的问题”。关于土地问题，书评认为问题不单单因为分配太不公平，更主要的倒在掩护封建残余，阻碍生产力向前发展方面。“过分轻视现实，虚拟图式，同过分重视现实，畏惧改革，两者表面虽然恰恰相反，但从实践的意义上说，却是同样阻滞了农业生产方式的可能的改革。”至于书中除土地问题外最被重视的农村合作运动，书评认为并不能够创造新的经济制度，亦不能变更原有的社会性质。①

**7 月 12 日**　国民党政府立法院修正通过《出版法》，规定一切出版物须先经地方主管署核准后始能出版，掌握出版物审核权力的部门为内务部。地方政府有监督、取缔新闻纸和杂志发行之权。②

**7 月 22 日**　中共上海临时中央局等机关再次遭到破坏。中共中央文化工作委员会与上级组织失去联系，但仍坚持独立自主开展工作。③

---

① 薛暮桥（1935）:《介绍并批评〈中国农村问题〉》，载《〈中国农村〉论文选》，北京：人民出版社，1983 年，第 926—937 页。

② 中共上海市委党史资料征集委员会、中共上海市委党史研究室、中共上海市委宣传部党史资料征集委员会合编（1995）:《上海革命文化大事记（1919.5—1937.7）》，上海：上海书店出版社，1995 年，第 483 页。

③ 中共上海市委党史资料征集委员会主编（1989）:《中共上海党史大事记（1919.5—1949.5）》，上海：知识出版社，1989 年，第 385 页；中共上海市委党史资料征集委员会、中共上海市委党史研究室、中共上海市委宣传部党史资料征集委员会合编（1995）:《上海革命文化大事记（1919.5—1937.7）》，上海：上海书店出版社，1995 年，第 463 页。

**7 月 25 日至 8 月 20 日**　共产国际第七次代表大会在莫斯科召开，季米特洛夫在会上作《关于法西斯的进攻以及共产国际在争取工人阶级团结起来反对法西斯的斗争中的任务》报告。报告指出："我们赞同英勇的兄弟的中国共产党这一倡议：同中国一切决心真正救国救民的有组织的力量结成反对日本帝国主义及其走狗的广泛的反帝统一战线。"大会通过的决议提出，在殖民地与半殖民地国家，共产党人最重要的任务是建立人民反帝战线。在中国，必须扩大苏维埃运动和加强红军的战斗力，同时要在全国范围内开展人民反帝运动。派往莫斯科的中共驻共产国际代表团以"中华苏维埃共和国中央政府和中国共产党中央委员会"的名义起草的《为抗日救国告全体同胞书》(《八一宣言》）于 9 月 10 日经共产国际书记处成员表决通过，中文本于 10 月 3 日在巴黎出版的中文《救国报》刊载。宣言号召，全国各党派，无论过去和现在有何政见和利害的不同，无论各界同胞有任何意见上和利益上的不同，无论各军过去和现在有任何敌对行动，大家都应当停止内战，以便集中一切人力、物力、财力、武力，去为神圣的抗日救国事业而奋斗。共产国际第七次代表大会和《八一宣言》对上海党团工作有重大影响。[①]

**7 月**　与钱俊瑞、姜君辰、骆耕漠、徐雪寒、朱楚辛、石西民、华应申、孙克定等[②]，在中国经济情报社开会研究当下经济形势，以及日本侵华的发展，红军长征的前途。因黎明书局表示出完《中国农村》第一卷，不再继续签订出版合同；中华日报馆也因政治原因通知

---

① 中共上海市委党史资料征集委员会主编（1989）:《中共上海党史大事记（1919.5—1949.5)》，上海：知识出版社，1989 年，第 385—388 页。

② 华应申（1978）:《新知书店初创时期回忆片段》，载《新知书店的战斗历程》编辑委员会编《新知书店的战斗历程》，北京：生活 · 读书 · 新知三联书店，1994 年，第 56—57 页；周朝阳（1986）:《深入调查实际　潜心农业经济——姜君辰传略》，载《中国当代经济学家传略（一)》，沈阳：辽宁人民出版社，1986 年，第 271 页。

姜君辰[①]，不再出版《中国经济情报》周刊；生活书店因“新生事件”而形势险恶。[②]会议决定，发起创办书店，自行出版《中国农村》，并公推徐雪寒、华应申具体负责筹建工作。征得孙晓村同意，由他担任发起人，在南京筹股。[③]

**8 月 5 日** 出席新知出版合作社[④]第一次会员大会，并担任会议

---

① 姜君辰回忆因“《中华日报》亲日原形日益暴露”，而不再请他们办《中国经济情报》周刊。这与 1935 年 6 月的“新生事件”有关。参见姜君辰（1982）：《温故知新　共勉共进》，载《新知书店的战斗历程》编辑委员会编《新知书店的战斗历程》，北京：生活·读书·新知三联书店，1994 年，第 40 页。

② 钱俊瑞明确将新知书店的创办与“新生事件”联系起来：“新知书店是怎样搞起来的呢？就是‘新生事件’发生后，国民党反动派准备把我们的生活书店封掉。所以我们先筹备一个新知书店，同时搞一个读书出版社。”孙晓村也说过，因国民党将生活书店看作“眼中钉，肉中刺，非置之死地而后快”，在此形势下决定创办书店，“以应付必将到来的更严重的局面”。参见钱俊瑞（1982）：《钱俊瑞同志的讲话》，载《生活·读书·新知革命出版工作五十年纪念集》，北京：中国出版工作者协会，1984 年，第 44—46 页，引文见第 45 页；孙晓村（1978）：《学习、继承和发扬这种精神》，载《新知书店的战斗历程》，北京：生活·读书·新知三联书店，1994 年，第 47 页。

③ 徐雪寒（1993）：《一片哀思寄晓村》，载《孙晓村纪念文集》，北京：中国文史出版社，1993 年，第 118 页。徐雪寒回忆的时间是 1935 年夏天，而 8 月 5 日新知出版合作社已经召开第一次会议。因此我们这里将会议决定筹办书店的时间记为 1935 年 7 月。因 1935 年 7 月 10 日出版的《中国农村》第一卷第十期《编余后记》谈到“第二卷之出版计划，尚在筹拟之中”，含蓄说明黎明书局不再续签出版合同。因此我们推测开会商讨的时间应在 7 月上旬。相关回忆还可参见骆耕漠（2004）：《往事回忆》，北京：人民出版社，2004 年，第 97 页。

④ 新知书店采用合作社模式系受生活书店的启发。邹韬奋 1932 年在《生活周刊》基础上创办生活书店时，胡愈之建议内部办成生产合作社，即把全部财产作为职工共有，以职工过去工资数额多少为比例，作为股份分给全体职工。新进职工，则于一定时间，将月薪十分之一投入书店作为资金。分配股息时，有股份二千元以上者，其超过二千元之数不分股息。胡愈之起草合作社出版计划后，经全体职工讨论修改通过。当时法律上合作社出版组织非法，不许登记，因此合作社制度只是在内部实施，对外仍然作为股份有限公司注册。合作社社员限于书店任职领工资的职工。参见胡愈之（1990）：《我的回忆》，南京：江苏人民出版社，1990 年，第 155 页。新知书店也是这样的组织模式。邵公文这样说：“（生活书店、读书出版社、新知书店）三店在合并以前，由于历史发展情况不同，最初集资的时候，都是以私人投资方（接下页）

记录。[①] 曹亮、孙晓村主持会议，钱俊瑞报告筹备经过，社员及社员代表40人出席大会。大会通过章程，确定以集股方式自筹资金，创办新知出版合作社，对外称“新知书店”。“新知”之名由徐雪寒提议，有两层含义：一是介绍新知识、新思想；二是旧雨新知两相依，书店既要依靠老朋友，也要广泛结交新朋友。[②] 社员投票选举钱俊瑞、孙晓村、张仲实、张锡昌、徐雪寒5人为理事会理事，曹亮、沈兹九、俞庆棠为监察。[③] 新知出版合作社创办资金合计2 000元，其中，中国农村经济研究会驻会工作的会员李如柏（即陈少景）变卖家产投资500元[④]；经胡愈之、钱俊瑞介绍，邹韬奋代表生活书店投资

---

式搞起来的，如生活书店是一个合作社，新知书店也是合作社的性质，最初参加股份的，大部分都是党内同志，如薛暮桥、钱俊瑞、徐雪寒、姜君辰、华应申等同志都是有股份的。”参见邵公文（1949）：《生活·读书·新知三联书店工作报告》（1949年10月8日），载生活·读书·新知三联书店文献史料集编委会编（2004）：《生活·读书·新知三联书店文献史料集》，北京：生活·读书·新知三联书店，2004年，第78—91页。

① 秦柳方（1992）：《参加新知书店工作》，载《云海滴翠——秦柳方选集之二》，北京：中国财政经济出版社，1995年，第257—262页。秦柳方在该文提及，新知书店的部分档案现存于中国人民银行上海分行档案室。但我们未在该行找到这批档案。

② 华应申（1978）：《新知书店初创时期回忆片段》，载《新知书店的战斗历程》，北京：生活·读书·新知三联书店，1994年，第56—57页。

③ 秦柳方（1992）：《参加新知书店工作》，载《云海滴翠——秦柳方选集之二》，北京：中国财政经济出版社，1995年，第257—258页。有些文献根据华应申回忆，称新知书店社员大会公推钱俊瑞、姜君辰、张仲实、薛暮桥、孙晓村、张锡昌、徐雪寒等7人为理事会理事。秦柳方的文章细节丰富，并使用了新知书店档案，他的文章只提了5人理事，应以秦柳方文章为准。参见中共上海市委党史资料征集委员会、中共上海市委党史研究室、中共上海市委宣传部党史资料征集委员会合编（1995）：《上海革命文化大事记（1919.5—1937.7）》，上海：上海书店出版社，1995年，第491页；华应申（1978）：《新知书店初创时期回忆片段》，载《新知书店的战斗历程》，北京：生活·读书·新知三联书店，1994年，第56页。

④ 陈少景不止一次变卖家产投资书店。据华应申回忆，陈少景可说“倾家相助”，前后投资4 000元左右。新知书店1937年底从上海迁汉口以后之所以能较快开展出版业务，陈少景在经济上支持较大是一个因素。参见华应申（1991）：《华应申同志遗作两篇》，载生活 · 读书 · 新知三联书店北京老同志联谊会编《联谊通讯》第19期，1991年4月25日，第4—5页。

1 000 元（他还决定新知书店的出版物归生活书店总经售）；剩余的 500 元由创办者 5 元、10 元凑起来。[①]新知书店在上海期间，先在华龙路元昌里，1936 年 2 月因原地址不敷使用，迁至上海爱尔多亚路 1382 号（重庆路口）。[②]书店一直经营到 1948 年 10 月，奉命在中国香港和生活书店、读书出版社合并成立生活·读书·新知三联书店，独立存在约 14 年。在这 14 年中，前后参加新知书店工作的有 230 多人，出版期刊十余种，图书 400 种左右。[③]1949 年前薛暮桥的著作大部分由新知书店出版，进而在大后方、敌占区和香港等地广为翻印传播。

**8 月 6 日**　出席新知出版合作社理事会召开的第一次常会，与骆耕漠、吴清友、杜君慧、冯和法五人被推选为出版委员会委员。聘请徐雪寒为经理，张谔为装帧设计主任。[④]

**8 月 20 日**　所编《中国农村》第一卷第十一期出版。自本期起取消稿费。[⑤]本期仍以中国农村经济论战为中心。《编余后记》表示："在此次论战中间，我们深深感到关于帝国主义如何支配或破坏中国的农业生产和农村经济，是一个值得注意的重要问题。可是对于这一

---

① 据徐雪寒回忆："我第一次见到韬奋先生，是 1935 年 9 月，他刚从美国和苏联考察回来……那时党要在上海创办一个出版机关，我去找韬奋先生帮助，他不但热情地接待了我，而且竭力支持我们的工作。"这样来看，邹韬奋出资支持新知书店是在书店成立之后。参见徐雪寒（1984）：《临终前的韬奋先生》，载《生活·读书·新知革命出版工作五十年纪念集》，北京：中国出版工作者协会，1984 年，第 120—124 页，引文见第 120 页。

②《新知书店启事》，载《中国农村》第二卷第三期，1936 年 3 月 1 日，第 10 页。

③ 沈静芷（1994）：《编后记》，载《新知书店的战斗历程》，北京：生活·读书·新知三联书店，1994 年。

④ 秦柳方（1992）：《参加新知书店工作》，载《云海滴翠——秦柳方选集之二》，北京：中国财政经济出版社，1995 年，第 257—258 页；秦柳方（1991）：《深切怀念孙晓村同志》，载《云海滴翠——秦柳方选集之二》，北京：中国财政经济出版社，1995 年，第 64 页。

⑤ 编者（1935）：《编余后记》，载《中国农村》第一卷第十一期，1935 年 8 月 20 日，第 123—124 页。

问题，过去只有一点理论上的探讨，很少实际材料可作研究参考。”[①]

在本期发表《研究中国农村经济的方法问题》，对王宜昌、王毓铨、张志澄、王景波[②]等人论战文章做出答复。对于论战开始时生产力与生产关系这一中心问题，文章指出，生产力有技术的一面，同时还有社会的一面，并引用《政治经济学教程》加以说明：“要进到了生产关系的框子里，劳动力、生产工具及生产手段，才从一个一个的东西，转变为劳动的社会的生产力。”[③]如一个苏联的集体农场和一个英美的资本主义农业经营，可以有同样的土地和生产工具，同样的技术水准，可是它们的生产关系却完全不同。在这种场合，我们主要是按经营方式来规定上述两个经营的社会性质。[④]在中国农村，一方面看到农民向两极分化，另一方面可以看到整个农村经济的衰落、崩坏，贫农的增加远比资本主义经营发展来得迅速。对于王景波认为中国农村主要是整个农民阶层已成为外国资本“外在的工人”，文章认为“我们并不否认中国农村中的内在的矛盾，主要是被外在的矛盾所

① 编者（1935）:《编余后记》，载《中国农村》第一卷第十一期，1935 年 8 月 20 日，第 123—124 页。

② 王景波是尹宽的化名。他寄给《中国农村》的《关于中国农村问题的研究之试述》一文刊登在该杂志第一卷第十期。薛暮桥当时以编者身份称该文“为我们纠正许多重大错误，例如我们有些地方每将农村问题孤立起来观察，忽视帝国主义对于中国农业生产发展中的决定作用。不过王先生的过于忽视农村内部矛盾，以及如何决定社会性质等类问题，也非我们所能完全同意”。参见王景波（1935）:《关于中国农村问题的研究之试述》，载《中国农村》第一卷第十期，1935 年 7 月 10 日，第 51—71 页；编者（1935）:《编余后记》，载《中国农村》第一卷第十期，1935 年 7 月 10 日，第 115 页。

③ 薛暮桥未说是哪一个版本的《政治经济学教程》，可能指拉比杜斯与渥斯特罗维查诺夫合著的《政治经济学教程》第六版。

④ 薛暮桥在文中提到：“目下苏联的技术水准（物质因素）比较美国落后，可是它的社会生产关系（社会因素）比较美国前进。”参见薛暮桥（1935）:《研究中国农村经济的方法问题》，载《薛暮桥文集》第一卷，北京：中国金融出版社，2011 年，第 123 页。这反映了薛暮桥当时的认识。

维持，可是我们同样不愿忽视，这些内在的矛盾，只要它们是在被维持着的时候，就同样构成农业生产进步中的一大障碍”[①]。

**8 月底** 致信 1934 年留学日本的孙冶方，建议他从东京回国。[②]这封信由吴大琨和苏州女子师范学校一位教师去日本时带去。[③]

钱俊瑞受上海地下文委和沈钧儒、章乃器等人之托，在无锡太湖边鼋头渚万方楼的会议上，向上海、南京、无锡读书会二十余位

---

① 薛暮桥（1935）:《研究中国农村经济的方法问题》，载《薛暮桥文集》第一卷，北京：中国金融出版社，2011 年，第 118—127 页。

② 据孙冶方回忆，1935 年秋，“我在东京的生活实在无法维持，而国内薛暮桥和钱俊瑞等同志也劝我返国，于是我就在9月间到了上海”。参见孙冶方(1945):《整风自传》，载《孙冶方文集》第 3 卷，北京：知识产权出版社，2018 年，第 273 页。至于薛暮桥和钱俊瑞劝孙冶方回国的原因，孙冶方也曾经提到过。因 1933 年福建事变，在广东进行农村经济调查的陈翰笙受到牵连，调查团中的孙冶方是苏联留学生，也受到牵连，因此他们两人都去了日本。到 1935 年 8 月，薛暮桥信中告知，“现在国内空气有好转，要办《中国农村》，叫我回来”。参见孙冶方（1979）:《对采访简历的谈话记录》，载《孙冶方文集》第 7 卷，北京：知识产权出版社，2018 年，第 120 页。

③ 吴大琨回忆日本的情况：“我参加了这一研究团体（指中国农村经济研究会。——引者注），因此认识了薛暮桥等人。当时，我是苏州一个教会大学——私立东吴大学的学生，由于在苏州进行了一些进步的革命活动，早就成了苏州地区国民党特务分子的注意对象。1935 年，当我预感到有一双魔手正在向我伸来时，我就和当时在苏州女子师范教书的一位老师一起，决心离开苏州，索性到日本去读书。在我出国去日本之前，路过上海时，我去中国农村经济研究会访问了薛暮桥夫妇。当时，他们向我说，上海有一些朋友想发起组织成立一个书店，正在招募‘股本’，每股十元。于是我立刻从我的旅费中‘挤’了十元钱出来，认购了一‘股’。”参见吴大琨(1982):《祝三联书店把爱国和革命的文化火炬永远传下去》，载《生活・读书・新知革命出版工作五十年纪念集》，北京：中国出版工作者协会，1984 年，第 163—168 页，引文见第 164 页。吴大琨还忆及：“我是 1935 年 8 月离开上海，带了薛暮桥同志的介绍信，去日本东京访问了孙冶方同志的。那时冶方同志在东京用的名字是孙勉之。我是与和我同去日本的一位苏州女子师范的老师一起去访问他的。他穿了一身和服出来开门迎接我们，看过介绍信后，他就热情地去更换了西服，陪我们一起上街，去帮忙办了不少生活上的事情。他一边走路，一边向我们介绍了不少日本的情况，特别是理论界的情况，留给我的印象很深。”参见《吴大琨投书本报提出建议　设立经济科学奖金纪念孙冶方　并为本报一篇通讯报道作了更正》，载《光明日报》，1983 年 3 月 1 日，第 1 版。

代表，传达从塔斯社国外电讯中得知的共产国际第七次代表大会精神。[①]会后王昆仑、孙晓村、曹孟君决定以南京读书会为基础筹建南京各界救国会，争取合法、公开地进行抗日救亡活动。[②]南京救国会公开活动时，以中国农村经济研究会名义进行。[③]孙晓村从南京到上海，中国农村经济研究会即召开理事会或座谈会。[④]此后，中国农村经济研究会与救国会运动合流，研究会骨干会员成为救国会中坚力量。

**9月16日**　在《东方杂志》发表《容县玉林两县农村调查日记》（署名“农英”）。该文系节录1933年暑期在广西农村经济调查时的日记而成，分“富贵之乡”“海外归鸿”“耕者无其田”“人疲地竭”四节报告调查所得。[⑤]

**9月30日**　所编《中国农村》第一卷第十二期出版。本期刊载《中国农村经济研究会简章》及《中国农村经济研究会征求会员启事》，公开征求会员。《编余后记》表示：“我们以为过去所做论战工作，到此可暂时告一段落；所以选出最精彩的十篇，预备印一小册，以作《中国农村》的‘周岁纪念’。”“过去一年中间，本会所发表的

---

① 薛葆鼎（1997）：《吴地经济学家》，南京：南京大学出版社，1997年，第38—39页；孙晓村（1985）：《谈南京救国会》，载《孙晓村纪念文集》，北京：中国文史出版社，1993年，第41—48页。孙晓村回忆，钱俊瑞在万方楼会议上传达的是共产国际第七次代表大会（1935年7月25日至8月20日）上第米脱洛夫（今译季米特洛夫）报告（1935年8月2日）的精神，当时《八一宣言》全文尚未传到上海。

② 孙晓村（1985）：《我的回忆》，载《孙晓村纪念文集》，北京：中国文史出版社，1993年，第25—26页。

③ 孙晓村（1985）：《谈南京救国会》，载《孙晓村纪念文集》，北京：中国文史出版社，1993年，第41—48页。

④ 冯和法（1993）：《半个世纪同志情》，载《孙晓村纪念文集》，北京：中国文史出版社，1993年，第106页。

⑤ 农英（1935）：《容县玉林两县农村调查日记》，载《东方杂志》第32卷第18号，1935年9月16日，第106—107页。

农村通讯已在百篇以上。现在预备选出最精彩的三四十篇印一小册；等到编辑完竣以后，再向读者介绍。”[①] 本期杂志是《中国农村》第一卷最后一期，也是本年最后一期，11 月和 12 月停刊准备第二卷。编者称“一年来的挣扎”“已尽够困难”,“唯其饱经风霜，所以到这‘周岁’时期，我们更感快乐”！[②]

在本期发表《中国农村社会性质问答》( 署名“余霖”) 和《〈中国农村〉的过去和今后》( 署名“编者”)。

《中国农村社会性质问答》认为，帝国主义在破坏了自然经济以后，只是部分地帮助了中国资本主义生产方式的发展，但就一般而论，通过商业资本和残余封建势力（豪绅地主）维持着半封建的农业生产方式反而起着相反的作用。中国农村最占优势的却是过渡性的生产形态。这是我们叫它“半封建的农村生产关系”的主要根据。文章还指出，中国的农业恐慌主要原因是世界经济恐慌的转嫁。结果生产愈益分散，各类经营普遍衰落，半封建的农业生产方式更见普遍，而帝国主义和买办资本对于农业生产的支配日益强固。[③]

《〈中国农村〉的过去和今后》总结了一年的工作：

> 回想一年中间，我们所做工作，能有相当成绩的是下列数项：
>
> 第一，我们做了一个中国农村社会性质和农村经济研究方法的论战。此次论战虽然不能够说已经获得正确结论，但是自信已把多数读者的认识水平提到一个较高阶段。

---

① 编者（1935）：《编余后记》，载《中国农村》第一卷第十二期，1935 年 9 月 30 日，第 126 页。

② 同上。

③ 薛暮桥（1935）：《中国农村社会性质问答》，载《薛暮桥文集》第一卷，北京：中国金融出版社，2011 年，第 128—138 页。

第二，我们做了一个目下流行的“农村建设工作”的批评。此次批评或许能使一般读者揭破改良主义者的虚伪面幕，而来认识它的真实内容，这样可以免于误入歧途。

第三，我们对于若干农村问题书籍做了一点极诚恳的批判；结果不仅已为许多读者纠正许多错误观念，并使作者本身多少受到一点良好影响。不过在这方面，我们的批评无疑地还不太普遍。

第四，我们的农村通讯已经络续提供许多宝贵材料。这种材料虽很零碎，但是它们所描写的都是活生生的事实，因此它们对于中国农村问题研究的贡献，决不次于统计数字。

同时提出了未来一年的改进方向：

过去一般读者给我们的批评，最主要的：第一是太不通俗，往往夹杂许多古怪的术语，以及佶屈聱牙的文句。第二是太不现实，过于重视学院式的研究，许多最迫切的现实问题反而常被忽视。对这两点批评，我们只有诚意接受；并把它们当作第二卷的两个改进方针。[①]

所编《中国农村社会性质论战》（署名“中国农村经济研究会编”）一书由新知书店出版。本书由华应申提出选题，薛暮桥撰写序言（署名“《中国农村》月刊编者”）。[②]这部文集是新知书店出版

① 编者（1935）：《〈中国农村〉的过去和今后》，载《中国农村》第一卷第十二期，1935年9月30日，第117—119页。

② 俞筱尧指出此书是“华应申建议，由薛暮桥编辑后用‘中国农村经济研究会编’的名义出版”，张剑则称此书是薛暮桥主编。参见中国农村经济研究会编（1935）：《中国农村社会性质论战》，上海：新知书店，1935年；俞筱尧（2002）：《书林随缘录》，北京：中华书局，2002年，第367页；张剑（2003）：《忆沂蒙八年》，自印本，2003年，第262页。

的第四部作品[①]，被薛暮桥看作"《中国农村》月刊第一卷的最丰富的收获，同时也可以说是目前中国农村经济研究的最高表现"[②]。书中收录《中国农村》第一卷关于中国农村社会性质论战的主要文章，"其中孙冶方先生所作《财政资本统治与前资本主义生产方式》一文，尤为本次论战中最大之收获"[③]。

**9月** 经中共中央文化工作委员会书记周扬和中国左翼文化界总同盟宣传部长胡乔木介绍，"×团体"核心成员、中国农村经济研究会发起人之一钱俊瑞加入中国共产党。[④]不久任中国左翼文化

① 新知书店出版的第一本书是由钱俊瑞、章乃器、朱楚辛等集体著作的《中国货币制度往那里去？》，第二、三本书是钱亦石、姜君辰等集体著作的《意阿战争与第二次世界大战》和孙冶方译述的《帝国主义铁蹄下的阿比西尼亚》。参见徐雪寒（1982）：《新知书店的战斗历程》，载《徐雪寒文集（增订版）》，北京：生活·读书·新知三联书店，2006年，第521页。

② 编者（1936）：《研究农村经济的参考书籍》，载《中国农村》第二卷第五期，1936年5月1日。该文不久被编入薛暮桥《农村经济底基本知识》一书，可以确定作者是薛暮桥。

③ 这里根据《中国农村》第二卷第一期（1936年1月）刊登的消息。薛暮桥既是《中国农村社会性质论战》一书的编者，同时也是《中国农村》月刊的实际编者，我们有理由认为这条消息的作者也是薛暮桥。

④ 浦山（1998）：《〈钱俊瑞文集〉序》，载《钱俊瑞文集》编辑组编《钱俊瑞文集》，北京：中国社会科学出版社，1998年，第1页；薛暮桥、孙晓村、徐雪寒、骆耕漠、石西民、秦柳方（1985）：《勤奋的学者 忠诚的战士——回忆钱俊瑞同志》，载《薛暮桥文集》第十一卷，北京：中国金融出版社，2011年，第147页；《胡乔木传》编写组（2015）：《胡乔木传》，北京：当代中国出版社、人民出版社，2015年，第30页。中共中央文化工作委员会于1929年10月在上海成立，由中共中央宣传部领导。中国左翼文化界总同盟于1930年下半年在上海成立，是中国共产党领导的革命文化团体联合组织，包括中国左翼作家联盟、中国左翼社会科学家联盟（后称中国社会科学工作者联盟）、中国左翼戏剧家联盟、中国左翼新闻记者联盟（后称中国左翼报人联盟）、中国左翼教育工作者联盟（后称中国新兴教育者联盟）、中国左翼美术家联盟、中国左翼世界语联盟、中国妇女运动大同盟，另外还有音乐小组和电影小组。1935年2月和7月，上海的中共地下党组织遭遇两次大破坏，约8月重建新文委，成员为周扬、章汉夫、夏衍、钱亦石、吴敏（杨放之）。

界总同盟宣传委员（书记胡乔木，组织委员邓洁）。[①] 胡乔木表示："一九三五年秋，周扬指定我介绍他入党。在中国农村经济研究会的一批同志中，他是最早入党的。""他活动能力强，有公开的社会身份，英语也好，各方面上层人士和国际友人同他有经常来往。"[②] 文总委托钱俊瑞领导中国农村经济研究会、新知书店和中国经济情报社核心成员组成的"× 团体"工作。[③]

依照薛暮桥和钱俊瑞的建议，孙冶方从日本回到上海，义务协助中国农村经济研究会和《中国农村》编辑工作，但对外不出面。[④] 对于这段经历和他所发挥的作用，孙冶方这样评论：

《中国农村》月刊在当时的白区可以说是以马列主义理论说明中国革命基本问题（土地问题）的唯一刊物。该刊不是只做理论研究而已，而是对于许多乡村中的实际问题的解决提供了一些具体意见（如对待改良主义运动的态度问题；乡村工作者的统一战线问题；如何组织农民的问题等）。在同托派和国特[⑤] 的理论斗争中，《中国农村》几乎可以说是白区党大破坏后，坚持马列主义旗帜的唯一刊物。而我

---

① 徐雪寒（1982）：《新知书店的战斗历程》，载《徐雪寒文集（增订版）》，北京：生活·读书·新知三联书店，2006 年，第 519 页。

② 胡乔木（1987）：《一九三五年至一九三七年间在上海坚持地下斗争的文委、文总和江苏省临委》，载中共上海市委党史研究室编《上海党史资料汇编　第二编 土地革命战争时期》（上），上海：上海书店出版社，第 223—231 页，引文见第 225 页。

③ 薛暮桥、孙晓村、徐雪寒、骆耕漠、石西民、秦柳方（1985）：《勤奋的学者　忠诚的战士——回忆钱俊瑞同志》，载《薛暮桥文集》第十一卷，北京：中国金融出版社，2011 年，第 147 页。

④ 孙冶方（1945）：《整风自传》，载《孙冶方文集》第 3 卷，北京：知识产权出版社，2018 年，第 275 页。

⑤ 由于苏联和共产国际整肃托洛茨基派影响，肃清中国托洛茨基派是整风运动的重要内容。因此孙冶方在信中将"托派"和"国特（国民党特务）"相提并论。

自认为在这一理论斗争中，我在《中国农村》以及其他刊物[①]上所写文章是把问题提得最尖锐的。[②]

**10 月 5 日** 《生活知识》半月刊创刊。沙千里、徐步编辑《发刊词》表示："我们刊物的目标，为我们底刊物的名称所示，是生活知识。但不是生活于任何时间地方的自然人所应有的知识，而是生活于国土丧失、农村破产、'天灾'因人祸加剧的现代中国的社会所特应有的知识。"[③]薛暮桥为该刊经常撰稿人。杂志于 1936 年 10 月 5 日被查禁。

**10 月 25 日** 中共中央文化工作委员会和中国左翼文化界总同盟根据共产国际英文杂志《国际通讯》（*Inpreco*）和巴黎出版的中文报纸《救国报》刊载的共产国际七大文件精神，在失去与中央和上级联系的情况下，制定《中国左翼文化总同盟纲领草案》及《中国社会科学工作者联盟纲领草案》等文件，要求"左翼文化运动，必须综合广大群众的积极要求，不问政治的立场和派别，在争取民族独立自由与领土完整，在反帝、抗日、反蒋，在保卫新文化等等口号之下，结成广泛的统一战线，而以抗日反蒋为主要目标"[④]。《中国社会科学工作者联盟纲领草案》规定："中国社会科学者联盟的盟员为发挥马克思

---

① 1937 年孙冶方以笔名"倪江"在钱俊瑞主编的《现世界》杂志连载两期《反映在外国报纸上的莫斯科审判案》。参见孙冶方（1937）：《反映在外国报纸上的莫斯科审判案（一）》《反映在外国报纸上的莫斯科审判案（二）》，载《孙冶方文集》第 2 卷，北京：知识产权出版社，2018 年，第 213—229 页。

② 孙冶方（1945）：《整风自传》，载《孙冶方文集》第 3 卷，北京：知识产权出版社，2018 年，第 278 页。

③ 中共上海市委党史资料征集委员会、中共上海市委党史研究室、中共上海市委宣传部党史资料征集委员会合编（1995）：《上海革命文化大事记（1919.5—1937.7）》，上海：上海书店出版社，1995 年，第 492 页。

④ 胡乔木传编写组（2015）：《胡乔木传》，北京：当代中国出版社、人民出版社，2015 年，第 32—33 页。

列宁主义的中国社会科学，要进行社会科学的通俗化与大众化的工作。”①

**11月2日** 在《交易所周刊》发表《本年中国对外贸易之展望》，检讨前三季度中国对外贸易情况后，“知其构成入超之原因，一为‘中国农村之衰落’，二为‘中国工商业之不振’，此两者互为因果，而各资本帝国主义国家之侵略、破坏、榨取，实总中国农工商业崩溃之大成”②。

**11月上旬** 王纪华等创办的《生存线》杂志创刊。薛暮桥等经常为该刊撰稿，发表文章多用笔名。③

**11月10日** 《读书生活》半月刊创刊，李公朴主编，柳湜、艾思奇、夏征农编辑。《发刊词》说：“我们提倡读书，但一定要读我们生活需要的书；我们提倡读书，但一定要配合我们的生活实践的读书；我们提倡读书，但一定要有正确的指针的读书。”薛暮桥为该刊经常撰稿人。1936年11月该刊被当局查禁，共出50期。④

**11月14日** 在《小朋友》杂志发表儿歌《登高》（署名“孟进”）。儿歌写道：“登高，登高，步步向上跑。站在高处看，景物全

---

① 中国社会科学者联盟常务委员会（1935）：《中国社会科学工作者联盟纲领草案》，载孔海珠著《左翼·上海：1934~1936》，上海：上海文艺出版社，2003年，第378—381页。孔著收录胡乔木致孔海珠的一封信，信中胡乔木表示这些纲领“有其意义，代表一种新思路，但并未实施，故不宜过分重视”（第112页）。

② 薛暮桥（1935）：《本年中国对外贸易之展望》，载《薛暮桥文集》第一卷，北京：中国金融出版社，2011年，第139—141页。

③ 顾准曾经提及骆耕漠与王纪华创办《生存线》。这样，薛暮桥成为主要撰稿人之一就比较容易理解了。参见顾准（2002）：《顾准自述》，北京：中国青年出版社，2002年，第85页。该杂志于1936年3月因所谓“非法出版”“煽动抗日”被迫停刊。参见谢胥甫、程豪（1994）：《王纪华传（1910—1984）》，载《为革命事业奉献终生——王纪华纪念集》，北京：华龄出版社，1995年，第303—330页。

④ 中共上海市委党史资料征集委员会、中共上海市委党史研究室、中共上海市委宣传部党史资料征集委员会合编（1995）：《上海革命文化大事记（1919.5—1937.7）》，上海：上海书店出版社，1995年，第456—457页。

明瞭。我们求学问，也要这样兴致好！”[①]

**11月15日** 出席新知书店第四次理事会与第三次出版委员会召开的联席会议。[②]

**11月16日** 在《东方杂志》发表《广西各地的农业劳动》（署名“农英”）。文章认为，不同的劳动方式表现着不同的生产关系。广西各地农业生产关系异常复杂，所以农业劳动方式也是形形色色，可以说应有尽有。随后，从最原始的火耕和集团劳动制度说起，继而考察邻近贵州各地的蓄奴劳动、长工劳动、非终身的债奴劳动、半强制半自由的雇役劳动，最后讨论工资劳动。[③]

**12月3日** 南京妇女文化促进会、中国农村经济研究会、中国自然科学社等九团体联名通电全国，要求政府“严惩汉奸，以实力保持领土之完整，提倡民众运动，开放言论、出版、集会、结社之自由”。[④]这里所说的严惩汉奸，系针对1935年11月日本扶植的殷汝耕在河北通县成立“冀东防共自治委员会”，该组织后改为“冀东防共自治政府”，冀东22县落入日本控制。

**12月12日** 薛暮桥、罗琼与上海文化界马相伯、沈钧儒、邹

---

① 孟进（1935）:《登高》，载《小朋友》第681期，1935年11月。当时《小朋友》杂志由中华书局印刷所印刷，中华书局总店总发行。薛暮桥当时为中华书局机关刊物《新中华》杂志提供“农村通讯”稿件，已经与书局建立密切的联系。“孟进”则是薛暮桥1932年在江苏省立徐州民众教育馆任职时开始使用的笔名。儿歌的主旨与他在1931年主编《民众周报》期间的思想一致。综合这些情况，我们可以确定本儿歌系薛暮桥笔名作品。同样的理由，可以确定稍后发表署名“孟进”的《新年献辞》（参见1935年12月26日条）也是薛暮桥作品。

② 秦柳方（1992）:《参加新知书店工作》，载《云海滴翠——秦柳方选集之二》，北京：中国财政经济出版社，1995年，第258页。

③ 农英（1935）:《广西各地的农业劳动》，载《东方杂志》第32卷第22号，1935年11月16日，第95—97页。

④ 中共南京市委党史办公室编（1991）:《南京人民革命史》，南京：南京出版社，1991年，第150—151页。

韬奋、章乃器、陶行知、李公朴等共计 283 人签名的《上海文化界救国运动宣言》在《大众生活》周刊发表。《宣言》表示："在这生死存亡间不容发的关头，负着指导社会使命的文化界，再也不能够苟且偷安，而应当立刻奋起，站在民众的前面而领导救国运动！"《宣言》提出八项主张：（一）坚持领土、主权的完整，否认一切有损领土、主权的条约和协定；（二）坚决反对在中国领土内以任何名义成立由外力策动的特殊行政组织；（三）坚决否认以地方事件解决东北问题和华北问题——这是整个中国的领土、主权问题；（四）要求即日出兵讨伐冀东及华北伪组织；（五）要求用全国的兵力、财力反抗敌人的侵略；（六）严惩一切卖国贼并抄没其财产；（七）要求人民结社、集会、言论、出版之自由；（八）全国民众立刻自动组织起来，采取有效的手段，贯彻我们的救国主张。[①]

薛暮桥、孙晓村等人这样回顾《上海文化界救国运动宣言》的背景：

1935 年下半年，各种座谈会在上海如雨后春笋一样发展起来。上海文化界救国大联合的组织工作，已经酝酿成熟。当《上海文化界救国运动宣言》正在讨论初稿时，传来了北平"一二·九"学生运动的重大消息，加速了这个文件的形成。[②] 不久，一个由马相伯老人领

① 中共上海市委党史资料征集委员会编（1987）：《"一二·九"以后上海救国会史料选辑》，上海：上海社会科学院出版社，第 7—9 页；李勇、张仲田（1988）：《抗日民族统一战线大事记》，北京：中国经济出版社，1988 年，第 80 页。值得注意的是，徐寿娟和罗琼的名字均出现在签名中。徐寿娟是罗琼的原名。

② 罗琼有类似的回忆，称"一二·九"运动"把抗日救国运动推向新高潮"；"当时上海爱国进步人士谈的写的中心内容都是抗日救国问题，分析国内国际形势变化，探讨团结抗日的路子，研究民族解放与妇女解放的关系等。气氛十分热烈，表达了早已蕴藏在人民群众心中的怒火和呼声，千言万语，归结到一句话：抗战（接下页）

衔、有三百多名文化界人士[①]签名的《上海文化界救国运动宣言》在邹韬奋主编的《大众生活》周刊上发表了。紧接着以沈钧儒、邹韬奋、章乃器、陶行知、李公朴等为首的“上海文化界救国会”成立，像一声声春雷，震动了大地。停止内战、抗日救国的呼声南北呼应，救国怒潮奔腾澎湃，国民党反动派再也压制不下去了。当时，钱俊瑞被“文委”委任为文化界救国会的党团（即现在的党组）书记。[②]

关于党组织和救国会的关系，徐雪寒回忆：

据我所知，上海党开始与延安党中央无直接联系。1935年共产国际“七大”后，王明与康生成立办公室，起初在巴黎，后来在海参崴。上海党主要受王、康领导。上海党有两个系统，一是上海文化工作委员会，简称“文委”，另一个是中华武装自卫委员会。“文委”和救国会联系，主要负责人是钱俊瑞。救国会许多活动与钱俊瑞有关，他起了比较大的作用。[③]

对于后续的进展，薛暮桥这样评论：

此后虽然发生了“两广事件”“西安事变”等类险恶风波，但任

---

则生，不抗战则死；团结则胜，内战则亡”。参见罗琼谈、段永强访（2000）：《罗琼访谈录》，载薛小和编《把国放在家前面：罗琼逝世一周年纪念文集》，北京：中国妇女出版社，2007年，第100页。

① 薛暮桥此处将上海文化界救国会载1935年的两次宣言签名人数弄混了，第一次宣言人数应为283人。

② 薛暮桥、孙晓村、徐雪寒、骆耕漠、石西民、秦柳方（1985）：《勤奋的学者　忠诚的战士——怀念钱俊瑞同志》，载《人民日报》，1985年8月11日。

③ 周天度、孙彩霞编（2006）：《救国会史料集》，北京：中央编译出版社，2006年，第1099页。

何风波，都不能够颠覆全国民众和平统一的要求。这些事件终于和平解决，而且每经一次风波，和平统一运动也就跟着获得一个新的进展。到最后抗战爆发，中国共产党发表宣言放弃土地革命和苏维埃运动，红军也正式改编而为国民革命军第八路军，于是抗日民族统一战线运动便算大功告成。①

**12月16日** 为《中国农村》第二卷第一期（参见1936年1月1日条）写《编后记》，指出民族危机已经到了最严重的时期，可是大多数的农村劳动大众还在重重束缚之下，不能起来担负民族解放的重任。许多青年深入农村，然而深陷在改良主义的泥潭中，得不到预期的效果。这时候，我们自然不得不来检讨过去乡村建设工作所犯的错误和今后乡村工作青年应走的道路。②

**12月21日** 上海妇女界救国会成立。据胡子婴回忆：

12月21日，上海妇女界在北四川路男青年会召开大会，支援北平学生运动。大会由史良任主席，并发表了演讲。何香凝应邀出席，也发表了演说。罗琼上台讲话时，台下有人高呼，要求成立妇女界救国会。史良问大家，是否马上成立，群众就一致鼓掌通过。于是当场选出了史良、沈兹九、杜君慧、罗琼、韩学章、陆慧年、我及一位工人代表为理事，成立了理事会。南京派了曹孟君、王枫、胡济邦三位妇女代表来上海串连，也参加了大会。会后天色已晚，举行了示威游行，参加游行的有与会的女学生、女工、律师、作家、医生、教员、家庭妇女等一千余人。马路两旁许多看热闹的人也参加到游行队伍中

① 薛暮桥（1938）：《民族自卫抗战的基本问题》，载《薛暮桥文集》第二卷，北京：中国金融出版社，2011年，第104页。

② 编者（1935）：《编后记》，载《中国农村》第二卷第一期，1936年1月1日，第89—90页。

来。理事会后进行了分工，史良、沈兹九、胡子婴任总务，罗琼任宣传，杜君慧任组织。[①]

大会上罗琼当选理事会理事，参加上海妇女界救国会领导工作。理事会下设三个部，罗琼为宣传部主任。大会发表罗琼起草、钱俊瑞修改[②]的宣言，提出：（一）坚决保持中国领土和主权的完整；（二）反对秘密外交，否认一切破坏领土和主权完整的条约或协定；（三）反对一切在中国境内由外人操纵的特殊行政组织；（四）集中全国兵力、财力，讨伐冀东伪组织；（五）严惩汉奸卖国贼；（六）要求人民结社、言论、出版之绝对自由；（七）要求立即释放北平被捕之爱国学生，严惩肇祸军警；（八）全国妇女立刻自动地组织起来，贯彻我们的主张。下午散会后，怀孕七个月的罗琼等走在最前列，冲破警察拦阻，在南京路、西藏路一带游行示威。[③]

钱俊瑞和薛暮桥帮助了上海妇女界救国会的成立。[④] 据罗琼回

① 周天度、孙彩霞编（2006）：《救国会史料集》，北京：中央编译出版社，2006 年，第 1101 页。

② 同上书，第 1105 页。

③ 罗琼谈、段永强访（2000）：《罗琼访谈录》，载薛小和编《把国放在家前面：罗琼逝世一周年纪念文集》，北京：中国妇女出版社，2007 年，第 100—102 页；薛暮桥（1996）：《薛暮桥回忆录》，载《薛暮桥文集》第二十卷，北京：中国金融出版社，2011 年，第 50 页；李勇、张仲田（1988）：《抗日民族统一战线大事记》，北京：中国经济出版社，1988 年，第 83 页。罗琼回忆，在“一二·九”运动第二天，中共地下党员杜君慧与《妇女生活》主编沈兹九商量，如何把爱国妇女组织起来，团结才有力量。沈兹九决定约集读书会（即编委会）和经常撰稿人到家中商量，赞同筹组上海妇女界救国会。随后与会者分别与有联系的姐妹交换意见，再同上层人士商讨，再由赞同者去联系，“像滚雪球一样越滚越大”。

④ 薛暮桥、孙晓村、徐雪寒、骆耕漠、石西民、秦柳方（1985）：《勤奋的学者　忠诚的战士——怀念钱俊瑞同志》，载《人民日报》，1985 年 8 月 11 日。

忆："在（上海妇女界）救国会成立前，我看了共产党的'八一'宣言，是薛暮桥给我看的，钱俊瑞先交给薛看。"[①]"我当时认真学习了'八一'宣言。"[②]

**12月24日** "×团体"在上海的主要成员参加党领导的上海全市游行示威和组织筹备工作。据游行总指挥王纪华回忆：

12月23日，一部分大中学生已占领了北站，准备去南京请愿。24日清晨，各界爱国群众数千人在南京路大陆商场量才补习学校所在地附近集中，以散发传单为信号，群众就集合成队伍开始游行。游行队伍遭到巡捕房的马队和警备车的冲击殴打，几个麦伦中学的学生受伤了。总指挥当即紧急决定：游行队伍转向闸北宝山路东方图书馆行进，最后抵达北站，与占领北站的学生群众相汇合。在北站广场举行了大会。孙克定主持会议，石西民讲了话，并宣告游行示威胜利结束。这次游行，可以说是上海各个革命群众组织的力量的总检阅。游行队伍的基本力量来自"武自会"[③]和"文总"两大系统的群众组织，以职业界为主力，公开出面领导的有以后的"七君子"[④]，党内的指挥人员是钱俊瑞、徐雪寒、孙冶方、沙文汉等。"七君子"出钱，组织了指挥部。王翰是指挥部顾问，我是公开的总指挥。妇女界的总指挥

---

① 周天度、孙彩霞编（2006）：《救国会史料集》，北京：中央编译出版社，2006年，第1105页。

② 罗琼谈、段永强访（2000）：《罗琼访谈录》，载薛小和编《把国放在家前面：罗琼逝世一周年纪念文集》，北京：中国妇女出版社，2007年，第100页。

③ 指1934年8月1日宣告成立的中国民族武装自卫委员会筹备会。参见林里夫（1995）：《王纪华与武装自卫会》，载《为革命事业奉献终生——王纪华纪念集》，北京：华龄出版社，1995年，第15—18页。

④ 参见1936年11月23日条。

是大林（马宾的爱人林立①）。②

根据钱俊瑞要求，新知书店在此次游行示威中负责编印数万张四开版《爱国新闻》送到会场。工作人员鲍悲国（鲍浙潮）完成任务后邮寄《中国农村》月刊第二卷第一期时被绑架。据新知书店华应申回忆：

记得 1935 年 12 月还在元昌里期间，为响应北京“一二·九”爱国学生运动，在闸北举行示威大游行，俊瑞同志要雪寒同志会同胡绳同志编辑《爱国新闻》，要求 12 小时内完成，第二天一大早就要赶印出来送到会场分发。他们两人连夜动手，完成了编、校和排版工作时已过午夜，胡绳同志先回去了，于是监督印制和输送的任务便落在雪寒同志的身上。雪寒同志通宵工作，直到次晨 6 时才回来，请鲍悲国同志去提货，并负责送到会场。悲国同志完成任务后在下午四、五点钟才回到书店，按理该休息了。但悲国同志在参加示威游行时被特务盯上梢，当他从会场回到书店时见到刚刚出版的《中国农村》月刊待邮寄给订户的已卷好尚未送出，便不管饥饿疲倦，赶紧提了几捆打算送到八仙桥邮局去，谁知他一走出里弄，便被南市公安局特务绑架而去。悲国同志是我和雪寒同志在筹办新知书店时最早参加书店工作的

---

① 林立为罗琼的同学，1935 年 7 月到上海。经罗琼介绍，结识钱俊瑞、薛暮桥、孙克定、姜君辰、徐雪寒、石西民、沈兹九、杜君慧等人。参见林立（1984）：《回忆上海“妇救”和行动指挥部》，载中共上海市委党史资料征集委员会编《“一二·九”以后上海救国会史料选辑》，上海：上海社会科学院出版社，1987 年，第 420—424 页。

② 王纪华（1979）：《关于职教社、进社、救国会谈话记录》（1979 年 12 月 23 日），载《为革命事业奉献终生——王纪华纪念集》，北京：华龄出版社，1995 年，第 225—234 页，引文见第 229 页。要指出的是，上述回忆只能说明钱俊瑞、徐雪寒、孙冶方、孙克定、石西民等“× 团体”成员在此次游行示威中发挥的重要作用，徐雪寒、孙冶方等人的党籍当时尚未恢复。

> 一位同志。他刚从浙江陆军监狱出狱不久，在狱中时同薛暮桥、骆耕漠和雪寒同志都是难友，在书店工作只有个把月时间，但他的工作热情和干劲很大，富有组织能力和经营才干，给我的印象很深。……事件发生后，我们向俊瑞同志作了汇报，为防万一，雪寒同志也一度转移到南京亲戚家去；新知书店暂由君辰同志担任经理职务。[①]

徐雪寒在南京期间，得到孙晓村热情款待。[②]鲍浙潮于1984年去世，薛暮桥、张崇文、骆耕漠、陈伯清、徐雪寒和庄启东联名撰文悼念，并特别谈及此事。[③]

**12月26日** 在《小朋友》杂志发表新诗《新年献辞》（署名“孟进”）。诗中写道：“新年新年，这是一个喜讯；时光刻刻不停，推着我们前进！我们更要努力，懒惰便是停顿。好比登山游行，越走越有胜境；必须斩除荆棘，开出一条路径！”[④]

**12月27日** 上海文化界救国会召开成立大会，各界知名人士三百多人出席会议，沈钧儒主持大会并致开幕词，会议选出三十五人为执行委员，并发表《民族解放运动的呼声》，提出下列救亡主张：（一）根本改变目前外交政策，公布过去的外交经过；（二）开放民众组织，保护爱国运动，迅速建立民族统一战线；（三）停止一切内战；（四）武装全国民众；（五）保障集会、结社、言论、出版的绝对

---

① 华应申（1994）：《新知书店初创时期回忆片段》，载《新知书店的战斗历程》，北京：生活·读书·新知三联书店，1994年，第55—66页，引文见第63—64页。

② 徐雪寒（1993）：《一片哀思寄晓村》，载《徐雪寒文集（增订版）》，北京：生活·读书·新知三联书店，2006年，第600页。

③ 薛暮桥、张崇文、骆耕漠、陈伯清、徐雪寒、庄启东（1984）：《悼念鲍浙潮同志》，载《薛暮桥文集》第十卷，北京：中国金融出版社，2011年，第147—148页；徐雪寒（1993）：《一片哀思寄晓村》，载《徐雪寒文集（增订版）》，北京：生活·读书·新知三联书店，2006年，第598页。上述两篇文章所记游行时间均不正确，前者记为1935年12月16日，后者记为1935年12月26日。我们已订正。

④ 孟进（1935）：《新年献辞》，载《小朋友》第687期，1935年12月26日，第71页。

自由；（六）罢免并严惩一切卖国亲敌官吏；（七）对敌经济绝交，全国恢复抵制仇货；（八）释放一切政治犯，共赴国难。①

上海文化界救国会的成立大大推动了上海各界救国会的组织，为各界救国会树立了良好的组织榜样：

这就是广泛争取知名人士公开站在救亡运动的第一线，这样就大大加强了救国会的威望和公开活动的便利，而把主持具体日常工作的干事会（由总干事、干事组成）保密起来。很多共产党员、进步青年积极参加了各个救国会干事会的具体工作。这种公开工作与秘密工作相结合的组织形式的产生，大大有利于救国运动排除障碍壮阔发展，并且使党的领导走出了关门主义、宗派主义的狭隘小圈子，把广大中上层爱国人士和爱国热情洋溢的群众团结在党的抗日救国统一战线的旗帜之下。我们“读书会”（指“× 团体”。——引者注）的人全部参加了救亡运动，徐雪寒、罗琼、朱楚辛等则成为“全救”“妇救”等团体的重要骨干。②

**12月**　中国经济情报社编《中国经济论文集》第二集由生活书店出版。书中收入薛暮桥以笔名“莫乔”和“万巨渊”所写的3篇文章：《中国手工业底分析》（参见1935年5月16日条）、《减轻田赋与废除苛杂》（参见1934年11月7日、14日条）和《公路建设与中国

---

① 李勇、张仲田（1988）：《抗日民族统一战线大事记》，北京：中国经济出版社，1988年，第83—84页。

② 薛暮桥、孙晓村、徐雪寒、骆耕漠、石西民、秦柳方（1985）：《勤奋的学者　忠诚的战士——回忆钱俊瑞同志》，载《薛暮桥文集》第十一卷，北京：中国金融出版社，2011年，第149—150页，这篇文章谈到钱俊瑞与其他同志一道，在上海文化界救国会整个筹备过程中，非常仔细地部署了会议程序，发动一切可能参加到救国运动中来的文化界著名人士参加会议，十分周到细致地安排理事人选，制定了严防敌人捣乱破坏的种种防卫措施。“钱俊瑞为了筹备这个大会，忙得有许多个晚上彻夜不眠。”

农民》(参见1935年5月5日条)。[①]

**年底** 出席中国农村经济研究会理事会。会议选举产生第三届理事会，当选第三届理事会理事。当时会员122人，发选票122张，寄回选票68张，选举结果如下：钱俊瑞，54票；孙晓村，53票；陈翰笙，52票；薛暮桥，42票；吴觉农，30票；王寅生，27票；张锡昌，25票；冯和法，20票；千家驹，8票。[②]

**本年** 中国农村经济研究会上海会员先后举行七八次座谈会，讨论农户分类和农村社会性质等问题。[③]

---

① 中国经济情报社编(1935):《中国经济论文集》第二集，上海：生活书店，1935年，第107—116页、第247—259页、第284—296页。在这本论文集中还有两篇署名"应墨如"的文章，其中一篇标题为《列强压迫下的华侨》，或许也是薛暮桥笔名作品。因为薛暮桥在广西省立师范专科学校期间已经高度关注华侨问题，并在不止一篇文章讨论同一问题。1934年协助陈翰笙整理广东农村经济调查资料，华侨华工问题继续突出出来。

② 中国农村经济研究会(1936):《第二、三届理事会联席会议记录》(1936年3月29日)，1936年3月29日，载《中国农村经济研究会会报》复刊号，1936年4月15日，第6页。

③ 乔(1937):《我们的研究工作》，载《中国农村经济研究会会报》第七号，1937年4月10日，第1页。

## 1936年

**1月1日** 所编《中国农村》第二卷第一期出版。封面仍写“中国农村经济研究会主编”，发行则改为“新知书店发行”。排版由横排改为竖排。“第二卷开场白”说明了第二卷与第一卷的不同：

> 这是《中国农村》革新后的第一声。在上卷结束的时候，编者曾向读者宣告：以后我们要向“通俗化”和“现实化”方面发展；因为不是这样，《中国农村》决不能够成为大众的读物。现在读者可来检查一下，我们是否已经对上述两点有了相当的努力。
>
> 中国农村不能不受世界经济的影响，更不能不同整个国民经济发生最密切的关系。因此我们决意要扩大我们的研究范围，在每期开始的时候，首先来看看都市和农村中间新发生的大小事件；并特辟“经济动向”栏来分析国民经济中的巨大变化，同时又添了“世界的农村”一栏来扩大我们的认识范围。
>
> 此后我们要把乡村工作[①]青年当作最重要的对象，通过他们而来影响农村劳动大众。因此各篇专论尽量讨论农村中许多现实问题；来做他们实践中的参考。自然我们也不能够完全放弃学术上的介绍工

---

① 薛暮桥严格区分使用“乡村工作”和“乡村建设”概念：“因为抗敌是一种对外斗争的革命工作，而‘乡村建设’乃是一种反对斗争，并同革命对立的和平建设工作。”他认为乡村建设并不能够“挽救中国危难”。参见薛暮桥（1937）：《抗战爆发后的乡村工作》，载《薛暮桥文集》第一卷，北京：中国金融出版社，2011年，第278页。

作，我们已经另辟“农村经济常识”一栏，来做一个有系统的研究。不过就在这里，我们的对象也不是少数专门学者，而是广大的乡村工作人员。

过去许多读者来信，总觉得《中国农村》的面貌过于“道学”，往往使人“敬而远之”，现在我们必须努力矫正这一缺点；除上述各栏文字力求活泼生动之外，又增加了“农村文艺”一栏，以及漫画、图表等等。同时“农村通讯”也尽量排除千篇一律的“老调”，努力使它变成最活泼的生活记录。

《中国农村》出版仅仅一年。但这一年来的变化，已使我们感到再不能在研究室中高谈学理。我们必须跑上十字街头，必须跑到每一个乡村中间，去启发潜伏着的“民族解放”的巨大力量。所以《中国农村》第二卷的转换方向，或许也可说是时代变迁中的必然的结果吧！①

本卷《中国农村》“农村文艺”栏目请中国左翼作家联盟（简称“左联”）行政书记徐懋庸②约稿编辑。他邀请林淡秋等写了农村题材的作品，自己也写了《对于农村文艺写作的几点意见》。③

本期目录页后刊载马相伯、杨荫溥、江问渔、陶行知、郑振铎、章乃器、邹韬奋、孙师毅、陈彬龢、徐懋庸等三百余人同启的《上海

---

① 《第二卷开场白》，载《中国农村》第二卷第一期，1936年1月1日，第1—2页。该开场白没有署名，但与第一卷最后一期的《编余后记》相呼应和衔接，应系薛暮桥所写。

② 孔海珠（2003）：《左翼·上海：1934~1936》，上海：上海文艺出版社，2003年，第52页。

③ 冯和法（1983）：《在国立劳动大学的岁月》，载上海市出版工作者协会《出版史料》编辑组编《出版史料》第二辑，上海：学林出版社，1983年，第116—121页，关于徐懋庸编“农村文艺”见第119页；力生（1936）：《对于农村文艺写作的几点意见》，载《中国农村》第二卷第二期，1936年2月1日，第79—82页。

文化界救国运动宣言》。[①] 末附《中国农村经济研究会征求会员启事》公开征求会员，谓“凡乡村工作青年、中国农村问题研究者、本刊读者，如愿加入本会，共负巨艰，本会十分欢迎”[②]。这一启事在本卷各期（十二期中的十期）不断刊出。

在新设栏目“都市和农村”，薛暮桥发表《不堪回首》（第3页）、《中日经济提携》（第4页）、《英美枪法不同》（第5页）、《秋风落叶的民族工业》（第6页）、《棉花减少二百万担》（第7页）、《“租妻团”和“遣嫁团”》（第7页）、《国民劳动服务》（第8页）七篇短文（均署名“编者”）；在新设栏目“农村经济常识”发表《中国农村中的基本问题》；在“农村通讯”栏目发表《农村通讯怎样写法》（署名“编者”）；在“介绍和批评”栏目发表《乡村工作的理论与实践》（署名“余霖”）；在新设栏目“世界的农村”发表六篇短文[③]；在新设栏

① 该宣言在该期杂志目录中没有出现。这一宣言系1935年12月27日上海文化界会员大会所通过。因此前发表的《上海文化界救国运动宣言》虽然得到大众的响应，但并没有被政府采纳，日本帝国主义加紧逼迫政府缔结中日军事同盟，而政府又竭力镇压学生爱国运动，向手无寸铁的人民宣布戒严，上海文化界第二次发表宣言。参见马相伯等（1936）:《上海文化界救国运动宣言》，载《中国农村》第二卷第一期，1936年1月1日。

② 《中国农村经济研究会征求会员启事》，载《中国农村》第二卷第一期，1936年1月1日，末页。

③ 这六篇短文标题是：“在‘世界的屋脊’上开辟集体农场”（第78页）、“机械化的秋收”（第80页）、“一百零五岁的老牧人在克列姆尔宫”（第82页）、“希腊人民失去土地数十万英亩”（第83页）、“宁可放火烧毁而不愿送人白吃的咖啡”（第84页）、“日本北海道荒年”（第86页）。这六则“世界的农村”专栏短文没有署名。这种情况一直延续到本卷第三期，但从第四期到第六期则署名“编者”。在第七期至第九期重新不署名，第十期本栏目暂停，第十一期至第十二期才恢复。第四期到第六期的署名应也是其他各期该栏目短文的作者。第十期至第十二期因薛暮桥生病，《中国农村》由他人编辑，我们可以将第十期专栏暂停看作换编辑所致。之前各期的编者是薛暮桥，我们从而可以确定该栏目诸篇的作者也是薛暮桥。以下凡属薛暮桥所写的“世界的农村”篇目，我们不再详细介绍，只注明篇目。

目“小辞典”发表八则词条[①]；末尾有“编后记”（参见 1935 年 12 月 16 日）。

《中国农村中的基本问题》提出，怎样发展农业生产？有人认为应当学美国或英国的资本主义经营，有人认为应当去学苏联的集体农场。然而讲堂里“天花乱坠”，对中国农民还是丝毫没有影响。原因是无论英美式还是苏联式的农业经营，都须具备若干基本条件。英美式的资本主义经营的基本条件，在消极方面，要肃清各种封建束缚，使资本家能很自由很便宜地买得或租得土地，大规模地经营农业。积极方面，都市工业要向资本主义路上迅速发展。都市中需要大批原料、大批粮食，保证农业资本家能获得丰厚的利润。中国已没有典型的封建制度，可是半封建的土地关系——半封建的收租地主和半封建的饥饿佃农——仍束缚着农业生产。地主可以征收高额田租，不愿意自己经营，宁可把田地租给农民。富农因田租太高，不愿多租田地，反而出租一部分田地。贫农只有抱着小块田地，利用陈旧的方法经营农业。另外，中国都市工业受了帝国主义束缚，不能迅速发展，中国的农产市场受帝国主义和买办资本的操纵，农业生产不能得到丰厚的利润，这就是中国不能学美国英国的根本原因。至于模仿苏联，那差得更远！文章认为，中国农业生产要想自由发展，最小限度必须打破帝国主义和残余封建势力的束缚，两重束缚相互联系，不能单独解决。在实践上，农村劳动大众的反帝反封建工作有轻重先后之分。

---

① 本期“小辞典”的标题分别是：“资本主义经营”（第 28 页）、“集体农场”（第 28 页）、“凯末尔顾问团”（第 29 页）、“美国白银政策”（第 29 页）、“平教会”（第 29 页）、“俄国农奴解放”（第 30 页）、“资本化的地租”（第 30 页）、“改良政策改良主义”（第 31 页）。这些词条没有注明作者，但从第四期到第六期该栏目均署名“编者”，而薛暮桥正是编者。此后的第七期至第九期重新不署名。第十期至第十二期在薛暮桥因病未能编辑的情况下，这一栏目停刊。这表明实际上是薛暮桥所写，在杂志上带有补白性质。以下凡属薛暮桥所写的“小辞典”篇目，我们不再详细介绍，只注明篇目。

但这并不是说，集中力量解救民族危机的时候，不要减轻封建性的剥削。[①]

《农村通讯怎样写法》称农村通讯的实际价值，“往往在一般人的估计以上，它是研究中国农村问题的最宝贵的参考资料”，并提出写作农村通讯的七个要点：（一）目的是说明某一农村社会问题。（二）同样一件事情，对于农村各阶层的利害关系可以完全不同，这点应特别注意。（三）一切事实要从它们的动态上去把握，这样才能看到它们发展的趋势。（四）各地农村的情形大同小异，要选定一个专门问题，对这问题做一深刻的研究。选择问题时，应当首先选择最新鲜和最重要的问题。（五）农村通讯应当向着多方面去发展，不要专谈几个问题。农业固然要研究，家庭工业以至盐业渔业也要研究；经济固然要研究，政治、教育以至风俗习惯也要研究。（六）农村通讯应当有充实的内容，不讲空洞的话；应当有丰富的材料，不说模糊的话。（七）农村通讯的文字要活泼生动，力避呆板，力避枯燥。要能深入浅出，用文学的手腕，来表达科学的真理。[②]

《乡村工作的理论与实践》系读《教育与民众》杂志乡村建设运动权威的 12 篇论文后的感想。文章指出，一切社会改良主义者都忽视社会政治经济的中心问题，专从枝节上去用力。这是什么时候？这是中华民族生死存亡的关键。晏阳初、梁漱溟、高践四先生有一个共同认识，就是挽救民族危机须从组织民众着手。而诸位先生对于组织

① 薛暮桥（1936）：《中国农村中的基本问题》，载《中国农村》第二卷第一期，1936 年 1 月 1 日，第 49—56 页。该文即《中国农村经济常识》一书的第一章。参见薛暮桥（1937）：《中国农村经济常识》，载《薛暮桥文集》第十五卷，北京：中国金融出版社，2011 年，第 182—188 页。

② 编者（1936）：《农村通讯怎样写法》，载《中国农村》第二卷第一期，1936 年 1 月 1 日，第 65—66 页；又见《〈中国农村〉论文选》，北京：人民出版社，1983 年，第 424—426 页。《〈中国农村〉论文选》收入这篇文章时，将时间错记为 1934 年 10 月 10 日《中国农村》第一卷第一期。此处已予以订正。

民众忽略了最重要的问题，谈到“斗争”两字，结果不是“扰乱治安”，就是会“妨碍邦交”，不是诸位先生所乐闻。真要组织民众，免不了有这些“不祥”的结果，硬要避免，“民众伟大的力量”只能永远让它埋没而已。[①]

**1 月 18 日** 为《中国农村》第二卷第二期写《编后记》：“本刊二卷一期，刚刚是在全国学生的游行请愿声中出版；我们觉得非常惭愧，对于这个轰轰烈烈的救国运动竟不曾有充分表示。现在，学生们的救国运动，已从都市深入农村；因此我们更觉得有必要来讨论‘乡村工作青年怎样参加救国运动’这一迫切问题。所以在这期中，我们一连登了两篇这方面的论文。……我们希望各地乡村工作青年，能够多提供这一类的具体事实，借以交换经验！”[②]

**1 月 20 日** 国民政府颁布《维持治安紧急治罪法》，抗日救亡被污蔑为“危害国家”，规定军警有枪杀抗日群众和镇压抗日团体的“合法”权力。[③]

**1 月 28 日** 上海文化界救国会、上海妇女界救国会、上海市民联合会等团体及各界代表举行纪念“一・二八”四周年大会，正式成立上海各界救国联合会。沈钧儒为主席，章乃器、李公朴、陶行知、邹韬奋、王造时、史良、沙千里等为执行委员。大会结束后结队前往庙行镇，公祭“一・二八”阵亡将士墓。[④]上海各界救国联合会由胡

---

① 薛暮桥（1937）：《乡村工作的理论和实践》，载《薛暮桥文集》第一卷，北京：中国金融出版社，2011 年，第 142—147 页。

② 编者（1936）：《编后记》，载《中国农村》第二卷第二期，1936 年 2 月 1 日，第 78 页。杂志目录页错标为第 80 页。

③ 中共上海市委党史资料征集委员会、中共上海市委党史研究室、中共上海市委宣传部党史资料征集委员会合编（1995）：《上海革命文化大事记（1919.5—1937.7）》，上海：上海书店出版社，1995 年，第 509 页。

④ 同上书，第 506 页。

子婴任总干事，“×团体”核心成员徐雪寒、朱楚辛任副总干事。①

**2月1日** 所编《中国农村》第二卷第二期出版。本期转载陶行知撰《上海文化界救国会国难教育方案》②。在“都市和农村”专栏发表《市民国货年》《华北农村的自力更生？》《枪杆子和老头子票双管齐下》《“真调查假分配”》《究竟是哪一个损失来得大》《平津学生深入农村》《“追租”和“减租”》七篇短文（均署名“编者”），在“专论”栏目发表《救国运动中的乡村工作青年》，在“农村经济常识”专栏发表《帝国主义和中国农村》，在“读者园地”栏目回答“我们是否应当改进生产技术”问题，在“世界的农村”栏目写3则短文③，在“小辞典”栏目写9则词条④，并有《编后记》（参见1936年1月18日条）。

《救国运动中的乡村工作青年》指出，为领导农村劳动大众来参加救国运动，乡村工作青年要有明确的认识：首先，救国运动是大众运动，决不是靠政府或少数人的阴谋诡计所能完成的。与民为敌的政府可以用大众的力量来促其改革，多数人的革命运动非任何力量所能消灭。在救国运动中间，农村劳动大众需要训练，格外需要组织，我

---

① 周天度、孙彩霞编（2006）：《救国会史料集》，北京：中央编译出版社，2006年，第1101页。

② 陶行知（1936）：《上海文化界救国会国难教育方案》，载《中国农村》第二卷第二期，1936年2月1日，第97页。该方案于1936年1月6日上海文化界救国会通过，在本期《中国农村》的广告页刊登，未在目录页出现。参见王文岭（2012）：《陶行知年谱长编》，成都：四川教育出版社，2012年，第364页。

③ 本期“世界的农村”栏目标题如下：被判死刑的美国农业调整法（第87页），德意志发明以木材代替食物（第89页），1935年苏联畜养事业的大成功（第91页）。目录页显示，“世界的农村”栏目还有《侵略者的后方不太平》和《日本农村消费合作社运动》两则短文，但翻查该期杂志并没有找到对应的内容，且类似的条目分别出现在同卷第3期和第4期，我们判断这两篇短文因版面问题延后刊登。

④ 本期“小辞典”词条如下：经济调查团（第46页），军国主义（第46页），非战区域（第47页），法西斯蒂（第47页），地主经营（第48页），义务劳役（第48页），不等价的交换（第48页），超经济的剥削（第48页），超额利润（第48页）。

们乡村工作青年最重要的任务，就在于怎样协助他们来解决训练、组织等重要问题。假使我们不能组织大多数的农民，那么就要尽可能地组织一小部分最前进的农民；假使就连这点也不可能，那么至少要团结几个同自己站在同一立场上的乡村工作青年，经常讨论国内外的政治经济问题及其解决方案。其次，乡村工作青年应当尽量利用自己的各种社会关系，来训练农村劳动大众。假使我们做乡村教育工作，就可以利用这种教育组织来训练大众；假使我们做农村合作工作，就可以利用这种合作组织来训练大众。任何救国青年，假使他能坚决地站在大众前面，受到了大众的信仰和拥护，那么他的力量立刻可以增加百倍千倍。到了民族解放斗争大规模爆发的时候，千百支力量汇合起来，谁又能够断定他们不会震撼世界呢？①

《帝国主义和中国农村》一文指出，帝国主义者支配殖民地和半殖民地农村经济，可以采取两种不同的方式：第一种是掠夺殖民地或半殖民地的土地，经营大规模的农场，并用政治的、经济的力量，强迫殖民地或半殖民地的民众到农场工作。非洲和南洋群岛的棉花、橡胶等类经营，多采取这种方式。第二种是维持着殖民地或半殖民地的小农经营，都市中的买办资产阶级和农村的地主豪绅成为中间的桥梁。这是帝国主义者在中国支配农村经济的方式。首先，帝国主义者剥削中国农民，是利用赔款、借款来鼓动内战，扑灭革命，巨大的债务支出一大部分由中国农民以苛捐杂税方式承担；其次，最主要的剥削方式还是不等价的交换，购买原料和推销商品的方式。农业本身趋向商品生产，如东北的大豆，华北各省的棉花，山东等省的烟草。日本则在东北实施统制经济政策，以达到

① 薛暮桥（1936）：《救国运动中的乡村工作青年》，载《薛暮桥文集》第一卷，北京：中国金融出版社，2011 年，第 148—151 页。这篇文章是我们所读到的关于尽一切可能动员和训练农民参加救国运动的第一篇文章。

垄断农产贸易的目的。[①]

《我们是否应当改进生产技术》一文指出，如果没有改革生产关系，如果没有彻底改革社会组织，那么生产技术的改进，至多只是“点点滴滴”，绝不会有很显著的成效。[②]

**2 月 6 日** 国民党在沪市党部开会，策划定出取缔文化界救国会的七项办法，要求由市党部密令，禁止参加文化界救国会等社会团体，不许假座开会；令新闻检查所封锁其消息。[③]

**2 月 7 日** 答复读者关于研究农村问题的基本工作是什么以及怎样走上实际的前线的来信。答复指出，本会简章第一款说：本会以研究中国农村的经济结构为宗旨，概括地说一句，农村问题研究的主要对象就是农村社会的经济结构。但是研究农村经济的任务不仅在于认识农村，而且在于改变农村。照这样的原则而行，就能完成研究农村问题的“基本任务”了。答复还指出，至今我们还没有一本很理想的关于农村经济理论的书籍，“我们觉得比较还不差的就是：马扎亚尔的《中国农村经济研究》，廖谦珂的《农业经济学》，冯和法先生编的《中国农村经济论》和本会编辑之《中国农村社会性质论战》”。对于怎样推动青年、领导青年走上实际的前线问题，答复提请参考《中国农村》第二卷第一期千家驹论文和第二期余霖、西超两先生的文章[④]

① 薛暮桥（1936）：《帝国主义和中国农村》，载《中国农村》第二卷第二期，1936 年 2 月 1 日，第 51—58 页。该文也是《中国农村经济常识》一书的第二章。参见薛暮桥（1937）：《中国农村经济常识》，载《薛暮桥文集》第十五卷，北京：中国金融出版社，2011 年，第 189—194 页。

② 编者（1936）：《我们是否应当改进生产技术》，载《中国农村》第二卷第二期，1935 年 2 月 1 日，第 83—84 页。

③ 中国共产党上海市委党史资料征集委员会编：《“一二 · 九”以后上海救国会史料选辑》，上海：上海社会科学院出版社，1987 年，第 79 页。

④ 通信讨论组（1936）：《通信讨论：A. 研究农村问题的基本工作是什么；B. 怎样走上实际的前线》，载《中国农村》第二卷第四期，1936 年 4 月 1 日，第 90—92 页。关于“通信讨论组”署名的考证，参见本年 4 月 1 日条。

（参见 1936 年 4 月 1 日条）。

**2 月 8 日** 史良通知，罗琼主编的上海妇女界救国会会刊《妇女救国导报》未在法租界登记，法租界巡捕房已经将罗琼列入黑名单[①]，要她火速离家。得到消息，薛暮桥将临产的罗琼送到堂兄薛雪龄在上海东郊引翔港开办的一家小医院，从而避免孩子在监狱出生。[②] 此后《妇女生活》杂志实际成为上海妇女界救国会会刊。

**2 月 10 日** 大女儿（后由薛暮桥的母亲取名薛宛琴）在上海出生，体重 8 磅。这带给薛暮桥、罗琼夫妇极大的快乐。不久罗琼产热病发作，高烧 40 摄氏度，转到教会医院治疗才得以治愈。[③]

**2 月 12 日** 国民党中央宣传部发表《告国人书》，称苏联为“赤色帝国主义”，救亡团体为“赤色帝国主义者之汉奸”，“反对中央，颠覆政府”。[④]

**2 月 22 日** 《大众生活》（韬奋主编）第一卷第十五期发表[⑤]上海文化界救国会针对国民党中央宣传部《告国人书》的公开信《上海

---

① 上海各界妇女救国会在 1935 年 12 月 21 日成立后，理事会决定由罗琼主编《妇女救国导报》并作为会刊。该刊仅出一期。参见罗琼谈、段永强访（2000）：《罗琼访谈录》，载薛小和编《把国放在家前面：罗琼逝世一周年纪念文集》，北京：中国妇女出版社，2007 年，第 103 页。

② 据薛暮桥与罗琼的大女儿薛宛琴回忆：“接到史良报信，妈妈躲进了一家小医院。两天后生下我，她自己却得了产热症。”本条的时间根据薛宛琴生日时间推定。参见薛宛琴（2006）：《思念》，载薛小和编《百年沧桑　一代宗师：薛暮桥逝世一周年纪念文集》，北京：中国发展出版社，2006 年，第 189 页；薛暮桥（1996）：《薛暮桥回忆录》，载《薛暮桥文集》第二十卷，北京：中国金融出版社，2011 年，第 50—51 页。

③ 罗琼谈、段永强访（2000）：《罗琼访谈录》，载薛小和编《把国放在家前面：罗琼逝世一周年纪念文集》，北京：中国妇女出版社，2007 年，第 107 页。

④ 马良春、张大明编（1980）：《三十年代左翼文艺资料选编》，成都：四川人民出版社，1980 年，第 102 页。

⑤ 《薛暮桥回忆录》称这一文件当时只能秘密散发，此处已予以订正。

文化界救国会对中宣部〈告国人书〉之辩正》[①]，声明“我们倘使是中宣部一纸文告所能吓倒的人，我们早就不敢在‘救国有罪’的环境下，公然以救国相号召”[②]。

**2月23日** 陶行知发起的国难教育社在上海召开成立大会。会议通过《国难教育社成立宣言》《国难教育社简章》和《国难教育社工作大纲》。[③]国难教育社理事长为陶行知，总干事为张劲夫。[④]张劲夫为中国农村经济研究会会员[⑤]，回忆《中国农村》“也较畅销，并约我写了一篇文章”[⑥]。

**2月27日** 答复读者关于《中国农村》的通俗化和现实化问题、理论斗争和实际工作的联系问题、形式逻辑问题的来信。答复表示，来信希望《中国农村》继续以前的理论斗争，“我们当然完全接受”。至于把理论斗争的工作与实际问题连在一起来讨论，“理论研究与实际问题的研究非但可以联在一起，而且也只有联在一起以后才有意义”[⑦]（参见1936年4月1日条）。

---

① 这一公开信由章乃器执笔，已收入《章乃器文集》。参见章乃器（1936）：《上海文化界救国会对中宣部〈告国人书〉之辩正》，载章立凡选编（1995）：《章乃器文集》下卷，北京：华夏出版社，1995年，第200—203页。

② 中共上海市委党史资料征集委员会、中共上海市委党史研究室、中共上海市委宣传部党史资料征集委员会合编（1995）：《上海革命文化大事记（1919.5—1937.7）》，上海：上海书店出版社，1995年，第509页。

③ 王文岭（2012）：《陶行知年谱长编》，成都：四川教育出版社，2012年，第368页。

④ 张劲夫（2000）：《张劲夫文选：世纪回顾》，北京：中国财政经济出版社，2000年，第200页。

⑤《新会员名录》，载《中国农村经济研究会会报》复刊号，1936年4月15日，第6页。在这份名录上张劲夫使用的姓名是“张新夫”。

⑥ 张劲夫（2000）：《张劲夫文选：世纪回顾》，北京：中国财政经济出版社，2000年，第50页。张劲夫当时笔名较多，我们尚不清楚他指的是《中国农村》上的哪一篇文章。

⑦ 通信讨论组（1936）：《通信讨论：A. 关于本刊的通俗化和现实化问题；B. 理论斗争和实际工作的联系问题；C. 形式逻辑问题》，载《中国农村》第二卷第四期，1936年4月1日，第89—90页。

**2 月** 所编《中国农村描写——农村通讯选》（署名“中国农村经济研究会编”）由新知书店出版。书序说，这本小册子所包含的 23 篇短文，是从最近一年来本会所发表的一百多篇农村通讯中选出来的最精彩的作品。全书分成五个部分：第一部分叙述帝国主义势力如何支配中国农村经济，都市资本如何侵入农村，和各种改良主义如何到处碰壁；第二部分叙述中国农村中的生产方式，以及中国农民所受种种半封建的剥削；第三部分叙述中国农村经济如何破产，中国农民如何在死亡中挣扎；第四部分叙述中国农村中的几种副业，以及失业农民如何又从这些副业中被抛弃到街头；第五部分叙述几种最落后的社会制度，及其如何没落与蜕变。[①]

钱俊瑞称通过这本书可以“立体地了解中国社会的轮廓”，“在中国，社会的构造中间那些活跃着的人物，一个个地，一群群地，在创造他们自己的历史：有的在唱他们自身的挽歌，而有的却在唱他们的胜利之曲”。这本描写实际生活的书“目的不仅在使你对于中国经济生活的探讨发生浓厚的兴趣；顶重要的是在使你把你自身实际生活的经验渗透到两本书[②]所描写的生活过程里去，同时把你自身的经验重

---

① 中国农村经济研究会编（1936）：《中国农村描写——农村通讯选》，北京：生活·读书·新知三联书店，2012 年。此书系薛暮桥所编。理由如下：第一，薛暮桥的第一篇公开发表的经济作品《江南农村衰落的一个缩影》是农村通讯，他对这种文体有着独特的感情。他曾告诉 40 年代担任秘书的张剑：“曾到苏南一个农村里进行过调查访问，我写了一篇关于苏南某个农村经济情况调查报告。寄给一家报馆，他们很快地给我登出来了。我很高兴。此后，我就不断写一些农村经济研究通讯寄报上发表，接着也写起经济论文和其他方面的文章。”参见张剑（2003）：《忆沂蒙八年》，自印本，2003 年，第 263 页。在广西任教，他也写过多篇农村通讯，并鼓励学生写作。第二，序言若干文句与《农村通讯怎样写法》（参见本年 1 月 1 日条）相同。第三，序言将这本书与同样署名“中国农村经济研究会编”的《中国农村社会性质论战》一书相提并论，认为二者相互补充：“过去我们曾经编了一本《中国农村社会性质论战》，想在理论方面多少有点贡献；现在又要来介绍这本小册子——《中国农村描写》。”而《中国农村社会性质论战》的实际编者正是薛暮桥。

② 钱俊瑞所说的两本书中的另一本书，指茅盾的小说《子夜》。

新加以组织，使它扩大和丰富起来”[①]。《中国农村描写——农村通讯选》对于光远的“思想进步起过颇为重要的影响”，六十年后他称这本书“给我们留下的印象很深刻”[②]。

经钱俊瑞推荐，在塔斯社上海分社从事电讯稿翻译工作。但主要精力仍放在《中国农村》月刊编辑工作上。[③]他曾谈及应聘时的情况：

> 我由钱俊瑞推荐，接替他在塔斯社的电讯稿翻译工作。我的英语是自学的，口语不行，第一天社长谈话，结结巴巴说得不好，他们怀疑能否胜任。那天来稿是“斯大林宪法”，我一小时能翻译一千字，近两万字的宪法两天就译完了。社长把翻译稿送到领事馆请翻译审查，说我译得很好，社长就放心让我干了。工作时间随稿件多少不定，多数时间只需要两三小时，所以，我仍能以主要精力编辑《中国农村》。[④]

---

① 钱俊瑞（1936）：《怎样研究中国经济》，载《钱俊瑞文集》，北京：中国社会科学出版社，1998 年，第 155—156 页。

② 于光远（1997）：《朋友和朋友们的书初集》，上海：汉语大词典出版社，1997 年，第 143 页。他这样评论：“三十年代我读过的文章和书籍中，有中国农村经济研究会的经济学家们写的那些书籍和文章，它们曾对我的思想进步起过颇为重要的影响。它们的作者是陈翰笙、薛暮桥、钱俊瑞、骆耕漠、秦柳方等。后来才知道，张稼夫也曾同陈翰笙一起工作。……有一本《中国农村描写》给我们留下的印象很深刻。”

③ 薛暮桥（1996）：《薛暮桥回忆录》，载《薛暮桥文集》第二十卷，北京：中国金融出版社，2011 年，第 51 页。

④ 薛暮桥（1991）：《薛暮桥回忆录稿》，手稿，1991 年，薛小和藏。薛暮桥并没有谈过何时接替钱俊瑞的塔斯社工作，也不清楚钱俊瑞为什么请薛暮桥接替。我们推测这是由于救国运动兴起后，钱俊瑞任务繁重，难以抽出足够时间继续翻译工作。鉴于救国运动在“一二·九”运动后才蓬勃兴起，薛暮桥接替钱俊瑞塔斯社工作的时间应在 1935 年 12 月以后。而《中国农村》第二卷第一期和第二期薛暮桥所写文章比重相当高，不计卷首语、编后记均为 10 篇文章，第三期则降至 4 篇，因此我们判断他到塔斯社任职的时间为 1936 年 2 月。另，“斯大林宪法”（即《苏维埃社会主义共和国联盟宪法》）1936 年 12 月 5 日正式通过，薛暮桥在就职塔斯社上海分社时所译的系该宪法的草案。我们尚未找到这一译本。

**3月1日** 所编《中国农村》第二卷第三期出版。受文委委托，本期转载《告国人书》和《上海文化界救国会对中宣部〈告国人书〉之辩正》，刊出时采用了同页上下栏对照的方式。[①]在"都市和农村"栏目发表短文《禁烟与救国》（署名"乔"）[②]，在"农村经济常识"栏目发表《中国农村中的土地问题》，在"介绍和批评"栏目发表《怎样"助成地方自治"？怎样"促兴社会生产"？》（署名"余霖"），在"世界的农村"栏目发表3则短文（未署名）[③]，在"小辞典"栏目

---

① 《告国人书》（1936年2月12日）、《上海文化界救国会对中宣部〈告国人书〉之辩正》（1936年2月14日），载《中国农村》第三卷第三期，1936年3月1日，第96—99页。《〈中国农村〉论文选》末尾所附《中国农村》各期目录将《上海文化界救国会对中宣部〈告国人书〉之辩正》不很妥当地简化为《上海文化界救国会辩正》。另，薛暮桥等人曾忆及，《中国农村》月刊刊发《上海文化界救国会对中宣部〈告国人书〉之辩正》系"接受我党文委的指示"。当时负责联系中国农村经济研究会的文委成员是钱俊瑞。参见陈翰笙、孙晓村、薛暮桥、冯和法、秦柳方（1990）：《缅怀革命的农学家吴觉农同志》，载《人民日报》，1990年1月18日。《薛暮桥回忆录》记此事为"在当时的历史条件下，这封公开信只能由救国会秘密印发"。而《"一二·九"以后上海救国会史料选辑》所收录的这份文件来自《生活知识》第一卷第十期，这表明《中国农村》并不是唯一刊载这份文件的杂志。参见中共上海市委党史资料征集委员会编（1987）：《"一二·九"以后上海救国会史料选辑》，上海：上海社会科学院出版社，1987年，第70—74页。

② 《禁烟与救国》针对禁烟总会首次会议（2月1日）上总监的演说加以辩正。该演说提出："一般人还有一种错误的观念，以为国家当前的危机，第一是外侮，其次才是鸦片。殊不知外侮是外来的侵略和压迫，鸦片是本身的堕落与自杀。所以从事态的性质上讲，鸦片比外侮不知道要危险若干倍。"薛暮桥援引多条报纸报道，指出近年来随着领土的丧失，烟祸也在迅速扩大。"要想彻底禁绝烟毒，首先就要把××帝国主义的军队逐出中国领土，假使我们从从容容地去禁烟，把抵抗外侮搁了下来，恐怕烟祸愈禁愈扩大，而没有多久××帝国主义已把整个中国吞去了！"参见乔（1936）：《禁烟与救国》，载《中国农村》第二卷第三期，1936年3月1日，第8—10页。值得注意的是，这篇文章所引用的报道中，包括英文《密勒氏评论报》（*The China Weekly Review*）和日本左翼杂志《时局新闻》，这表明薛暮桥当时能够使用英语和日语文献。

③ 本期"世界的农村"短文标题如下：德国国社党政府的饥饿政策底"理论根据"（第34页）；苏联食品工业现状（第37页）；日本农村消费合作社（第41页）。

发表 6 则词条（未署名）[1]，末尾有署名“编者”的《编后记》。[2]

《中国农村中的土地问题》指出，现今中国土地问题之所以如此严重，最主要的还是这种土地关系妨碍农业生产力的自由发展。在引用多项统计的基础上，指出仅占村户 10% 的地主和富农占有最多和最好的土地。许多博士教授看到华北各省自耕农占多数，以为土地问题并不怎么严重。其实这些自耕农也异常缺乏土地，单靠田地上的收入不足以维持生活。他们所受剥削，不亚于华南各省贫苦佃农。中国资本主义的经营地主和收租地主都异常稀少。华北各省，许多中小地主往往留着一大部分土地自己经营；华南各省，无论大小地主多把全部或绝大部分土地出租。半封建的收租地主，在全国地主中间占着很大优势。中国的富农除极少数例外，主要利用自己的土地和自己的劳力，并不去向地主租进广大土地，多少带着一点小地主的性质。贫农在农民中占极大部分，其中大部分由贫苦佃农（或半自耕农）组成。总体来说，中国地主甚至富农多把土地分割开来租给贫苦佃农耕种，贫农多向地主或富农租地经营。这种半封建的收租地主和半封建的饥饿佃农的对立，是现存土地关系的主要特征。近年来，这种土地关系还在一天天地巩固起来。[3]

《怎样“助成地方自治”？怎样“促兴社会生产”？》一文针对梁漱溟所报告的中国社会教育社第四届年会中心问题“助成地方自治”和“促兴社会生产”提出批评意见。他指出，“官办”“绅办”的所谓地方自治，非但不能“助成地方自治”，反而是实行地方自治最重大的

① 本期“小辞典”条目如下：加答儿（第 58 页）、剪刀差度（第 59 页）、经营地主（第 59 页）、收租地主（第 59 页）、负债劳役（第 60 页）、拜物教（第 61 页）。

② 编者（1936）：《编后记》，载《中国农村》第三卷第三期，1936 年 3 月 1 日，第 95 页。

③ 薛暮桥（1936）：《中国农村中的土地问题》，载《中国农村》第二卷第三期，1936 年 3 月 1 日，第 53—62 页。该文即《中国农村经济常识》一书第三章。参见薛暮桥（1937）：《中国农村经济常识》，载《薛暮桥文集》第十五卷，北京：中国金融出版社，2011 年，第 195—202 页。

障碍。而社会教育专家提出的土地问题解决办法，对没有土地的佃农雇农怎样处置根本不谈。对于帝国主义和地主豪绅削弱社会生产不愿了解，"改良技术""推进合作"也就变成纸上谈兵。最后，文章指出，在国难最严重的时候，社会教育同志应当把抗敌救国当作最重要的任务。在这时候来空谈"助成地方自治，促兴社会生产"，是避重就轻，自愿放弃"民众领导"地位。①

**3月上旬** 因刊出《上海文化界救国会对中宣部〈告国人书〉之辩正》，国民党上海市党部下令禁止《中国农村》出版。经吴觉农向国民党上海市党部书记长潘公展争取，当月下旬得准复刊。② 吴觉农当时未告知薛暮桥经过。"文革"期间群众组织怀疑《中国农村》被查禁后又顺利复刊是因为薛暮桥"暗中勾结"国民党上海市党部，组成"人民法庭"反复审讯。薛暮桥先回答不知道，经军代表提示后才说出潘公展的名字。"文革"结束后吴觉农告诉了薛暮桥具体情况。③

**3月29日** 与吴觉农、孙晓村、王寅生、张锡昌出席中国农村经济研究会第二届、第三届理事会联席会议，孙冶方、刘怀溥、朱致信列席会议。会议由孙晓村主持。会议讨论若干事项，拟将理事由五人增为七人，决议通过，因牵涉会章，应再提交全体会员复决。会议分配工作事项如下：常务理事陈翰笙（陈翰笙回国前由吴觉农

---

① 薛暮桥（1936）：《怎样"助成地方自治"？怎样"促兴社会生产"？》，载《薛暮桥文集》第一卷，北京：中国金融出版社，2011年，第152—156页。

② 沈谱、沈人骅（1992）：《沈钧儒年谱》，北京：中国文史出版社，1992年，第137页；薛暮桥（1996）：《薛暮桥回忆录》，载《薛暮桥文集》第二十卷，北京：中国金融出版社，2011年，第51页。

③ 薛暮桥（1991）：《薛暮桥回忆录稿》，手稿，1991年，薛小和藏。吴觉农在一份手稿中谈到1936年第一次被国民党市党部勒令停刊问题，表示"由我写了'研究会'的呈文向潘公展要求复刊"，"要设法复刊一事，记得是薛暮桥和我谈的，当时钱俊瑞是否在上海我记不得了，钱没有和我直接谈过这事"。参见吴觉农（1968）：《有关〈中国农村〉的问题》，手稿，1968年10月21日，吴甲选藏。

代理）；事务部主任薛暮桥，组织兼文书干事朱致信，庶务兼会计干事刘怀溥；研究部主任钱俊瑞，编辑主任钱俊瑞（兼），通讯兼调查干事孙冶方；月刊委员会主席孙晓村，委员兼常务编辑薛暮桥，委员冯和法、孙冶方、王寅生、钱俊瑞、陈洪进、张锡昌、徐雪寒；决定旧有会员重新登记，以便编印会员录；各地会员经常举行讨论会，决定由组织部和研究部办理；每月定一中心问题，发交会员研究讨论，由研究部办理；决定推广《中国农村》月刊销路，由事务部与新知书店商定优待会员介绍及推销特别办法，请各会员举行月刊推销竞赛，并另发优待券四千张。联席会议还决定，5 月 25 日举行下次理事会会议。①

**3 月** 在《生活知识》（沙千里、徐步编辑）发表《商品和商品的价值》。②

**4 月 1 日** 所编《中国农村》第二卷第四期正常出刊。自本期起，“读者园地”栏改为“通信讨论”。理由如下：

本会研究部之下原来有一个通讯讨论组，专门同会员作通信研究。如今本刊“读者园地”栏所收到的来信，大半也是关于理论问题的讨论。因此以后凡是读者来信讨论这一类问题的，全部交本会通信讨论组答复。③通信讨论组所答复的信件，选重要的仍旧在本刊发表，

---

① 中国农村经济研究会（1936）：《第二、三届理事会联席会议记录》（1936 年 3 月 29 日），载《中国农村经济研究会会报》复刊号，1936 年 4 月 15 日，第 6 页。

② 薛暮桥（1936）：《商品和商品的价值》，载《薛暮桥文集》第一卷，北京：中国金融出版社，第 180—183 页。本文原刊《生活知识》第二卷第一期。

③ 中国农村经济研究会以前与会员的通讯讨论并不多。正如会务报告指出的，“因为人手的缺乏，这方面的工作过去可以说是没有建立起来，直至最近一二月，我们才与新旧会员作了几次讨论，但仍旧感到非常不够，本年三月份共计通讯 9 次，月刊四期上的通信讨论栏，就是这些通讯中的一部分。以后本会一方面准备每月提出一个中心问题，请各会员参加讨论，另方面希望全体会员加倍努力来把通讯讨论工作扶植起来”。参见中国农村经济研究会（1936）：《会务报告》，载《中国农村经济研究会会报》复刊号，1936 年 4 月 15 日，第 8 页。

但是把“读者园地”栏，改为“通信讨论”栏。希望本会会员和本刊读者积极参加这讨论工作。[①]

本期通信讨论共有读者提出的三组问题，薛暮桥以“通信讨论组”名义答复。第一组是本刊的通俗化和现实化问题、理论斗争和实际工作的联系问题以及形式逻辑的问题（参见 1936 年 2 月 27 日条）；第二组是研究农村问题的基本工作是什么和怎样走上实际的前线两个问题；第三组是现行社会经济制度、关于组织民众和减少冲突问题。在第三组问题的答复中，指出我们最迫切而应该先解答的是对于整个社会“过去和现在”的认识问题。如果我们认为现社会的缺陷是枝节问题，而不是社会经济制度上的基本缺陷问题，那么我们就不必否认现行的社会政治经济制度，而只要在现制度的基础上加些枝节的改良就够了。否则，除了从根本上否认这制度，便不能解决现在的整个社会问题。至于组织民众，任务不是应该怎样去减少冲突，而是怎样使民众能够在冲突中以最小的牺牲获得最大的胜利。[②]

在本期发表《“经济提携”中的民族工业》（署名“乔”）、《海外和关外的同胞》（署名“乔”）、《春荒一瞥》（署名“霖”）三篇短文[③]，在“专论”栏目发表《从山额夫人[④]谈到人口问题》（署名“余

① 《中国农村》第二卷第四期，1936 年 4 月 1 日，第 84 页。这一变化显然与 1936 年 3 月 29 日的第二、三届理事会联席会议有关。

② 通信讨论组（1936）：《通信讨论：A. 关于现行社会经济制度；B. 关于组织民众和减少冲突》，载《中国农村》第二卷第四期，1937 年 4 月 1 日，第 92—93 页。

③ 《薛暮桥文集》收录了这三篇文章中的第三篇，遗漏了前面的两篇。

④ 山额夫人（Margret Sanger，1879—1966），又译山格夫人、桑格夫人、珊格尔夫人，美国节育运动发起人，1922 年和 1936 年两次访问中国。第一次访问中国受到热烈欢迎，使国民开始广泛讨论生育观念转变问题。第二次访问中国则引起巨大的争论。参见陈东原（1928）：《中国妇女生活史》，北京：商务印书馆，1998 年；安樱（2010）：《从〈妇女生活〉到〈妇女专刊〉——三十年代〈申报〉女性副刊研究》，安徽大学新闻学专业硕士论文，2010 年。

霖”），在“农村经济常识”栏目发表《中国现阶段的租佃关系》，在“世界的农村”栏目发表 9 则短文（均署名“编者”）[①]，在“小辞典”栏目发表 6 则词条（均署名“编者”）[②]，末有《编后记》。

《“经济提携”中的民族工业》指出，去年倒闭的纱厂有 6 家有名的大厂，停工的 24 家，减工的 14 家，去年的停工时间较前年更加严重，而“友邦”在华工厂却随“敦睦外交”迅速发展。金融窘迫、机器陈旧是华商纱厂失败的经济原因，政治上的种种压迫更将使华北各省改良棉花受日本资本的统制。[③]

《海外和关外的同胞》援引日文《上海日报》关于意大利在南洋和华南各地秘密募集华人苦力到阿比西尼亚（今埃塞俄比亚）战线从事筑路、搬运炮弹等工作的消息，指出热河华工同样没有保障，马来半岛发生华侨反日示威，“这又似乎竟连奉命‘敦睦外交’的国内同胞，都要自叹不如了呀”[④]！

《春荒一瞥》报道了丹阳、商城、仪陇等地的饥荒惨状，而赈济却徒然便宜了许多“灾官”和“灾绅”。[⑤]

《从山额夫人谈到人口问题》对《申报》欢迎山额夫人的时评进

---

① 本期“世界的农村”短文标题如下：苏联外高加索的茶叶（第 38 页）、侵略者后方不太平（第 42 页）、日本岛田新农相底土地制度改革论（第 43 页）、三十万集体农场的运动员（第 45 页）、波兰那洛溪湖渔人罢渔（第 46 页）、德国的乡村反对国社党统治（第 48 页）、美国农产品将在菲律宾倾销（第 50 页）、苏联集体农场的文化生活（第 51 页）、西班牙革命中的土地问题（第 52 页）。

② 本期“小辞典”词条如下：劳动力的价值（第 62 页）；剩余价值（第 63 页）、社会必需劳动（第 63 页）、劳动生产率（第 63 页）、台尔曼（第 64 页）；小红角（第 64 页）。

③ 乔（1936）：《“经济提携”中的民族工业》，载《中国农村》第二卷第四期，1936 年 4 月 1 日，第 1—3 页。

④ 乔（1936）：《海外和关外的同胞》，载《中国农村》第二卷第四期，1936 年 4 月 1 日，第 5—6 页。

⑤ 薛暮桥（1936）：《春荒一瞥》，载《薛暮桥文集》第一卷，北京：中国金融出版社，2011 年，第 157 页。

行评论，指出粮食入超最多的一年，也就是“谷贱伤农”呼声最高最惨的一年，中国的“粮食入超”问题，不是来自“人口膨胀”，而是来自帝国主义经济侵略；中国的荒地年年增加，同时大部分的耕地经常陷入半荒半熟状态，解决的唯一办法是发展农业生产以及打破束缚农业生产发展的重重锁链，不是“节制生育”“限制人口”的慢性自杀政策；中国耕地分配不均，农民“三亩有半”耕地上的收获，大部分被帝国主义和地主豪绅剥夺，这是农民收入问题的主要根源。文章进而认为，在半殖民地的中国，人口问题同民族解放问题极密切地结合。[①]

《中国现阶段的租佃关系》认为，现今中国流行的租佃制度要在租佃双方同意时才能成立，任何一方都有权变更这种租佃关系。但实际上除小地主外，大多数地主一般不愿随便更换佃农，而佃农更不愿放弃很难租到手的小田地。所以十年、二十年甚至两三代佃农，在各省还相当普遍。他们对地主毕恭毕敬，多少带着一点封建式的主奴关系。租佃关系还停留在从封建关系到资本主义关系的过渡阶段。更具体的是，除游牧区域盛行奴隶制度之外，云贵等地还残留着封建性的土司制度。更为普遍的租佃方式有：1. 永佃制。东南各省流行。其特点是田面权是永久的土地使用权，除佃户欠租，地主没有权力撤佃。出租田面后，也可以向佃农征收“小租”。2. 分益雇役制。在西北各省，如山西、河南、陕西流行“二八分种”制度。与永佃制相反，这种佃农不仅没有田面，耕畜、农具、种子、肥料都由地主供给。他们

---

① 薛暮桥（1936）：《从山额夫人谈到人口问题》，载《薛暮桥文集》第一卷，北京：中国金融出版社，2011 年，第 158—162 页。这篇文章与 1936 年的“三八节”游行有关。当天刘王立明等召集妇女界在四川路青年会礼堂开会，内容是讲节育运动。救国会发动了各界群众一万多人站在礼堂外面，高吼反对他们宣传节育，并由妇女救国会史良上去主持会议，号召组织抗日救亡的示威，把节育运动引到抗日救亡轨道。游行队伍从四川路经南京路、西藏路、爱多亚路冲往南市。在行进中与法国巡捕发生冲突，一些人受伤，史良、沈兹九、罗琼等带头游行。参见张执一（1983）：《自述》，载《张执一文集》，北京：华文出版社，2006 年，第 1—156 页，有关部分见第 82 页。

介于佃农和雇农之间，可以说是变相的雇佣劳动。这种租佃关系很不稳定，年年可以变更。3. 分益制。流行于全国各省，其特点是收获中的一定比例作为给地主的地租。4. 定额物租制。这是全国各省最流行的租佃制度，除农本全由佃农负担，只是地租数额由佃业双方预先议定，不一定受收获丰歉影响。不过定额物租也有硬租、软租两种，后者较前者更为普遍。5. 钱租制。盛行于大城市附近、集团地主和商品作物区域。大城市附近通常流行“折租”制度，地租仍按谷物计算，但把应缴谷物按照市价折成货币缴给地主。这是从物租到钱租的过渡方式。6. 力租制。力租制是用劳力来抵偿地租，这在中国已很少见。据统计，现物地租（含谷租分租）占全部地租的 80%。①

**4 月 15 日** 《中国农村经济研究会会报》复刊。② 会报的内容分下列几项：（1）研究和讨论；（2）会员通讯；（3）会务报告。③ “复

---

① 薛暮桥（1936）:《中国现阶段的租佃关系》，载《中国农村》第二卷第四期，1936 年 4 月 1 日，第 59—68 页。这篇文章改题“中国农业中的租佃关系”，作为《中国农村经济常识》的第四章收入该书。参见薛暮桥（1937）:《中国农村经济常识》，载《薛暮桥文集》第十五卷，北京：中国金融出版社，2011 年，第 203—209 页。

② 中国农村经济研究会事务部称：本会自今年 4 月起出有《会报》一种，作为会中与全体会友之联系，第一期《会报》业于 4 月 15 日寄出，同时附有复决票与登记表各一张。参见中国农村经济研究会事务部（1936）:《致中国农村经济研究会全体会友的信》，载《中国农村》第二卷第五期，1936 年 5 月 1 日，第 97 页。

③ 本期所载《会务报告》报告《中国农村》月刊的稿费和组稿情况如下：“因为月刊对于本会发展上的意义上的重大，所以特别组织月刊委员会来负责编辑，稿费也保持着相当的独立。在一卷十一期以前，除付编辑费外每篇稿件也都支付稿费，这个经费的来源是由各会员自己捐助或经募起来的。到十一期，因为经费困难，改用‘派稿’方法，只有‘农村通讯’与‘农村文艺’二项，须收外稿，所以仍旧还需一笔稿费的支出。编辑费也减少一部分。二卷归新知发行以后，编辑费由书店每月津贴 40 元，稿件来源仍旧沿用一卷十一期以后的办法。现在，这个负担加在下列几位会员的肩上，计：薛暮桥、孙冶方每人全年 24 个单位；朱致信全年 12 个单位；孙晓村、钱俊瑞、张锡昌、刘怀溥每人全年 6 个单位；姜君辰、陈洪进、王寅生、徐雪寒、李百蒙、吴觉农、冯和法、千家驹每人全年 3 个单位；陈晖、赵梅生每人全年 2 个单位。共计 112 个单位。从这个派稿标准看，这几位会友的负担（接下页）

刊词”称，我们对于农村青年工作人员的注意委实太少，我们很迟很迟才部分地接受大众化文化运动的启示，才跟周遭的文化浪潮合流起来。“我们要把这个会报作为扩大我们的组织，检查和改进我们的工作，以及交换关于农村问题的意见的工具。”①

在《中国农村经济研究会会报》发表《我们的任务》。文章提出：中国农村经济研究会应当把研究工作和教育工作作为最重要的任务；过去，我们对教育工作太过放松。自《中国农村》月刊革新以来，短短三个月中，会员已经增加到一倍以上，而且大多来自乡村。此后，我们应当加紧训练自己，并同乡村工作青年建立更广泛更密切的联系；最后使中国农村经济研究会成为中国乡村改造运动理论上的领导机关。②

《中国农村经济研究会会报》刊发研究部拟订的“这一次的中

---

当然太重，而从全年月刊的篇幅说来，还是很感不足。”参见中国农村经济研究会（1936）:《会务报告》，载《中国农村经济研究会会报》复刊号，1936 年 4 月 15 日，第 7 页。

① 我们判断，这篇复刊词的作者可能是钱俊瑞。因 1936 年 3 月 29 日召开的中国农村经济研究会第二届、第三届理事会决定，中国农村经济研究会研究部主任为钱俊瑞，他还兼任编辑组干事。所谓“编辑主任”指的是编《中国农村经济研究会会报》。据此推断，《中国农村经济研究会会报》复刊词应由他来写。参见中国农村经济研究会（1936）:《第二、三届理事会联席会议记录》（1936 年 3 月 29 日），载《中国农村经济研究会会报》复刊号，1936 年 4 月 15 日，第 6 页。但是，复刊词也有可能系薛暮桥所写。原因是钱俊瑞为救国会的事情工作非常繁忙，因此不得不辞去塔斯社上海分社职务。不仅如此，1936 年 5 月 13 日中国农村经济研究会第三届理事会第二次会议还改由薛暮桥任研究部主任，并兼任编辑组干事（参见 1936 年 5 月 13 日条）；上条注释所引的信则系中国农村经济研究会事务部发出，而当时的事务部主任正是薛暮桥。另外，薛暮桥 1937 年在《中国农村经济研究会会报》署名发表的“我们的研究工作”一文口气是代表中国农村经济研究会会报的。参见乔（1937）:《我们的研究工作》，载《中国农村经济研究会会报》第 7 号，1937 年 4 月 10 日，第 1—2 页。

② 乔（1936）:《我们的任务》，载《中国农村经济研究会会报》复刊号，1936 年 4 月 15 日，第 1—3 页。

心研究问题”。内称这次所规定的研究问题本是“中日经济提携对于中国农民的影响”，“这是我们目前最迫切应该研究的问题；但是因为若干地方的会员，缺乏关于此项的实际材料，不能着手研究，故此另外又规定了一个研究问题：‘中国农村中富农经营底现状和前途’”。[①]

**4月28日** 国民党中宣部下令停止发行《中国农村》。[②]5月6日，《救亡情报》刊载消息：“最近当局又查禁救国刊物书报多种，计有《中国农村》《社会评论》《中国旬刊》《泡沫》《文学青年》《学生救国运动的根本问题》等多种。救国的文化运动，定又损失了不少生力军。”[③]经孙晓村、吴觉农奔走疏通[④]，5月16日及6月2日先后奉中宣部函及上海特别市党部训令准予继续出版。[⑤]

**4月** 因工作、生活过于紧张，致使女儿严重营养不良，遂托妹妹薛杏珍将女儿送回无锡老家，请祖母抚养。祖母给孙女取名宛琴。8个月后回去看望女儿，她已长得白白胖胖，活泼可爱。此后薛暮桥夫妇两人辗转各地，和宛琴一别14年[⑥]（参见1949年8月条）。

---

① 中国农村经济研究会研究部（1936）：《这一次的中心研究问题》，载《中国农村经济研究会会报》复刊号，1936年4月15日，第3—4页。

② 中国农村经济研究会（1937）：《紧急启事》，载《中国农村》第三卷第四期，1937年4月1日。

③ 《救国刊物多种被禁》，载《救亡情报》，1936年5月6日；又见中共上海市委党史资料征集委员会编（1987）：《“一二·九”以后上海救国会史料选辑》，上海：上海社会科学院出版社，1987年，第227页。

④ 冯和法（1993）：《半个世纪同志情》，载《孙晓村纪念文集》，北京：中国文史出版社，1993年，第106页。

⑤ 中国农村经济研究会（1937）：《紧急启事》，载《中国农村》第三卷第四期，1937年4月1日。

⑥ 罗琼谈、段永强访（2000）：《罗琼访谈录》，载薛小和编《把国放在家前面：罗琼逝世一周年纪念文集》，北京：中国妇女出版社，2007年，第107页；薛暮桥（1996）：《薛暮桥回忆录》，载《薛暮桥文集》第二十卷，北京：中国金融出版社，2011年，第51页。

在《生活知识》(沙千里、徐步编辑)发表《怎样计算价值?》。文中指出:“所谓价格,不过是两种价值——商品价值和货币价值——的比率。”[①]

**5月1日** 所编《中国农村》第二卷第五期出版。本期发表孙冶方应薛暮桥要求而写的《为什么要批评乡村改良工作》,薛暮桥称之为“本刊革新以后最重要的一篇论文”[②]。这篇文章开头即说:

> 《中国农村》编辑部最近接到读者许多来信,讨论或质问《中国农村》对于乡村改良主义运动(即所谓乡村改进运动或乡村建设运动)的批评。该刊编者认为这是一般读者都感兴趣的问题,所以决定在《中国农村》上发表一篇文章,对这问题做一个全面解释,但是编者自己没有工夫写,他要我来做这工作。我对这个问题本来很感兴趣,所以就接受了编者的要求。[③]

---

① 薛暮桥(1936):《怎样计算价值?》,载《薛暮桥文集》第一卷,北京:中国金融出版社,2011年,第184—186页,引语见189页。本文原刊《生活知识》,我们尚未找到该刊原件。

② 编者(1936):《编后记》,载《中国农村》第二卷第六期,1936年6月1日,第98页。

③ 孙冶方(1936):《为什么要批评乡村改良工作》,载《中国农村》第二卷第五期,1936年5月1日,第21—28页。这里所说的“该刊编者”显然指薛暮桥,“编者自己没有工夫写,他要我来做这工作”,与薛暮桥当时需要兼顾塔斯社上海分社翻译、《中国农村》编辑、照看孩子有关。另,在本文末尾刊有一则《代邮》:“林罕先生:来信早收到。谢谢你对于本刊的热诚的建议。我们希望孙冶方先生的这篇文章已经帮助我们说明了本刊对乡村改进工作的态度。但是对于来信所提若干具体问题仍愿同先生做个别讨论,望来信将先生通信处示知!”参见《代邮》,载《中国农村》第二卷第六期,1936年6月1日,第28页。这则《代邮》是编者的口气,应为薛暮桥所写。

本期“通信讨论”栏目问题由孙冶方以“研究部通信讨论组”的名义答复。[①] 从此孙冶方参加《中国农村》编辑工作。[②]

在“都市和农村”栏目发表《银行出路与农村出路》(署名“乔”)和《从改书到烧书》(署名“乔”)[③]，在“专论”栏目发表《研究农村经济的参考书籍》(署名“编者”)，在“农村经济常识”栏目发表《中国农业中的雇佣劳动》，在“世界的农村”栏目发表 2 篇短文(署名“编者”)[④]，在“小辞典”栏目发表 5 则词条(署名“编者”)[⑤]，

---

① 在第二卷第四期“通信讨论”栏目前的说明中，已经表示以后此栏目由中国农村经济研究会研究部通讯讨论组负责，而孙冶方当时正负责研究部通讯讨论组。不仅如此，本期“通信讨论”的两组问题均有关乡村改良工作，孙冶方《为什么要批评乡村改良工作》也已说明是针对《中国农村》编辑部许多来信而写。因此，我们可以判定本期两篇通信讨论答复系孙冶方所写。

② 薛暮桥在一篇纪念孙冶方的文章中谈及“三十年代我们共同编辑《中国农村》的时候”，应是从《中国农村》第二卷第五期开始。实际上这也是中国农村经济研究会第二届、第三届理事会联席会议所作出的决定。

③《银行出路与农村出路》认为银行带着很浓厚的高利贷性质，储蓄存款利息月利七厘、八厘甚至一分左右，这样高的利息只能去做投机事业，决不能用来扩张工业、农业生产，且小额放款手续繁重，用来投资农业不要说获利，够本也是不可能的。另外，在农村破产的时候，农业放款不是用于运销，便是用于农产抵押，或是更进一步放给地主富农。这种贷款不会变成生产资本，只会变成高利贷和商业资本。参见乔(1936):《银行出路与农村出路》，载《中国农村》第二卷第五期，1936 年 5 月 1 日，第 3—4 页。《从改书到烧书》报道了冀东伪政府修改教科书和勒令各地小学教员寻觅铺保，保证他们不做救国宣传的政策。这些政策从冀东传到冀南，还传到河南，而商务印书馆为利润则要焚 10 万册书。这件事情“不但烧掉的是中国人民的财富，而且是中国人民的‘民心’啊”！参见乔(1936):《从改书到烧书》，载《中国农村》第二卷第五期，1936 年 5 月 1 日，第 5—6 页。两篇文章均未收入《薛暮桥文集》。

④ 本期“世界的农村”篇目如下：苏联编纂中的世界农村史(第 40 页)和日本的“生产奖励祸”(第 42 页)。

⑤ 本期“小辞典”条目如下：雇役制度(第 54 页)、劳动力的商品化(第 55 页)、自由劳动(第 55 页)、二五减租(第 56 页)、纳朴曼(第 56 页)。

末有《编后记》[①]。

《研究农村经济的参考书籍》认为关于农村经济问题，“直到考茨基的《农业问题》出版，方才形成一个完整的体系；后来乌里亚诺夫的许多农村经济著作络续发表，这使它的内容更加充实。在中国，农村经济的第一部完整著作，要推马扎亚尔的《中国农村经济研究》；此后这方面的研究逐渐发展起来”。随后推荐了“适合初步研究者的需要”的“较正确的书籍”。[②]

《中国农业中的雇佣劳动》指出，在中国农业中，只有极少数的地主富农经营才使用大量的雇佣工人；至于大多数中农贫农经营，除农忙或雇短工之外，可以说是完全依靠家族劳动。除了数量方面，中国农村存在各种劳动方式，从封建性的强役劳动到典型的资本主义雇佣工人。首先是封建的甚至奴隶的劳动方式，在西南若干最落后的农村中还相当流行。来源普遍有两种：一种是从小买来的男孩，长大以后变成奴隶；另一种是忠实而年轻的长工，同主人家里的婢女结婚后，同在主人家中服役。奴隶结婚以后，有时从主人那里领到几亩薄田，一间茅屋，过着较独立的生活，但仍经常到主人家里去做各种无报酬的工作。这样便从奴隶变成农奴。比农奴劳动更进一步的是半封建的雇役劳动，这在全国尤其是华北各省异常普遍。这种雇役劳动普通分成三种：第一种是农民因缺乏土地而去接受半强制的工作，如江

① 《编后记》称《生活教育》杂志是《中国农村》“唯一的姊妹刊物”，“因为她的对象也是乡村工作青年”。参见编者（1936）：《编后记》，载《中国农村》第二卷第六期，1936 年 6 月 1 日，第 98 页。

② 编者（1936）：《研究农村经济的参考书籍》，载《中国农村》第二卷第五期，1936 年 5 月 1 日，第 45—49 页。该文经修改（如删除了两种政治经济学书籍，增加了薛暮桥 1937 年 1 月出版的《农村经济底基本知识》和《中国农村经济常识》），作为附录收入：《农村经济底基本知识》一书。参见薛暮桥（1937）：《农村经济底基本知识》，载《薛暮桥文集》第十五卷，北京：中国金融出版社，2011 年，第 133—140 页。

苏宝山流行的“脚塞”制度[1]，湖北枣阳的“赶工”制度。此种制度农民的劳动报酬便是使用土地。地主经营较发展的地方，佃农到农忙时，大多被迫去接受地主们的雇佣，得到比较少的工资，甚至毫无报酬。第二种是农民因负债而去接受地主、富农们的强制性的雇佣。这种方式最落后的是童工的当身制度；往往为了一二十块钱债务，工作五年十年以后，偿还本银方才恢复自由。也有许多农民预付工资，约定工作几年偿还本利。更普通的是短期的预卖劳力，即农历年底去向地主富农借钱借谷，到明年农忙时做工偿债。这种负债劳役所得工资，往往少于自由劳动，有些地方甚至仅仅抵偿利息。第三种是农民缺乏耕畜农具，用人力去换畜力。这在广西、江苏等各省很流行。“带地佣工”也多少类似。第四种是不受任何束缚，纯粹根据自由契约去受雇佣的资本主义工资劳动。这已相当普遍，最显著的便是流行各省的“游行工人”。文章比较了日工和年工的平均工资收入，以及与产业工人的工资差距，指出中国农村除货币工资以外，还有各式各样的现物工资，包括谷物工资、用土地或耕畜使用权来抵偿工资、娶妻代替工资。工资的数量同工资的形态保持着一定联系，大体来说，工资形态越落后，劳动报酬越微薄。[2]

**5月2日**　在《永生》周刊（金仲华编辑）发表《教育救国与救国教育》（署名“莫乔”）。文章批评近来许多所谓教育专家“鱼目混珠”，企图用“教育救国”的口号来代替“救国教育”（国难教育）。救国教育要组织民众，训练民众，培养民众伟大的力量，去同帝国主

---

① 当时宝山县的“脚塞”，租田一亩，每年要替地主工作 25—30 天。参见薛暮桥（1936）：《中国农村经济常识》，载《薛暮桥文集》第十五卷，北京：中国金融出版社，2011 年，第 215 页。

② 薛暮桥（1936）：《中国农业中的雇佣劳动》，载《中国农村》第二卷第五期，1936 年 5 月 1 日，第 51—59 页。该文已作为第五章收入《中国农村经济常识》一书。参见薛暮桥（1937）：《中国农村经济常识》，载《薛暮桥文集》第十五卷，北京：中国金融出版社，2011 年，第 210—216 页。

义、残余封建势力相抗战，求得中华民族的完全解放。[①]

**5 月 6 日** 上海文化界救国会、妇女界救国会、职业界救国会、各大学教授救国会、国难教育社共同创办的上海各界救国联合会机关报《救亡情报》创刊。[②]《救亡情报》初期由“× 团体”核心成员徐雪寒主持，“当时王造时先生是文化界救国会的宣传部长，我们每期稿子编好后，由我亲自送给造时先生审阅，有关报纸的经费筹措等等，则常常请示衡老（指沈钧儒。——引者注），得到他的帮助”[③]。中国农村经济研究会会员吴大琨回国后，在章乃器领导下专门从事《救亡情报》编辑工作，直至同年 12 月停刊。[④]《救亡情报》合计出刊 29 期。

**5 月 10 日** 在拉丁化理论刊物《中国语言》月刊创刊号发表与蔡元培、孙科、刘长胜、柳亚子、陶行知、李公朴、陈望道、叶绍钧、巴金、鲁迅、郭沫若、茅盾、邹韬奋、胡愈之、徐懋庸、沈钧儒等共计 688 人共同签名的《我们对于推行新文字的意见》。这份意见表示：

---

① 莫乔（1936）:《教育救国与救国教育》，载《永生》周刊第 1 卷第 9 期，第 207 页。

② 中共上海市委党史资料征集委员会主编（1989）:《中共上海党史大事记 1919.5—1949.5》，上海：知识出版社，1989 年，第 402 页。

③ 周天度、孙彩霞编（2006）:《救国会史料集》，北京：中央编译出版社，2006 年，第 88 页；徐雪寒（1983）:《衡老把一生献给伟大的祖国——关于衡老领导救国活动的片段回忆》，载《徐雪寒文集（增订版）》，北京：生活·读书·新知三联书店，2006 年，第 496—497 页。另据《上海革命文化大事记（1919.5—1937.7）》，《救亡情报》钱俊瑞为总领导，徐雪寒任经理，章乃器管报纸言论方针。具体编辑工作由刘群担任，陆诒、恽逸群是义务记者。上述记载与当事人回忆不尽一致，我们仅录以备考。参见中共上海市委党史资料征集委员会、中共上海市委党史研究室、中共上海市委宣传部党史资料征集委员会合编（1995）:《上海革命文化大事记（1919.5—1937.7）》，上海：上海书店出版社，1995 年，第 519 页。

④ 吴大琨（1981）:《在全国各界救国联合会工作时期的石辟澜同志》，载周天度、孙彩霞编《救国会史料集》，北京：中央编译出版社，2006 年，第 1076—1079 页。

> 中国已经到了生死关头，我们必须教育大众，组织起来解决困难。但这教育大众的工作，开始就遇着一个绝大难关。这个难关就是方块汉字。方块汉字难认、难识、难学。每一个人必须花费几年工夫、几十几百块钱，才能学得一点皮毛。一个每天做十二、（十）三点钟苦工的大众是没有这些空闲时间，也花不起许多钱来玩这套把戏的。手头字、简字是方块字的化身，不是根本的解决。注音字母是为方块字注音的工具，不是根本的解决。……中国大众所需要的新文字，是拼音的新文字，是没有四声符号麻烦的新文字，是解脱一地方方言独裁的新文字。这种新文字，现在是已经出线（现）了。当初是在海参崴的华侨，制造了拉丁化新文字，实验结果很好。他们的经验学理的结晶，便是北方话新文字方案。……我们深望大家一齐来研究它，推行它，使它成为推进大众文化和民族解放运动的重要工具。

《意见》还提出一系列推行北方话新文字方案的具体建议。[①]1937年3月1日，国民党上海市党部令上海书业同业公会“对于新文字任何书刊一律停售”[②]。

**5月13日** 与吴觉农、孙晓村、钱俊瑞、王寅生、孙冶方（代张锡昌）、冯和法共同出席第三届理事会第二次会议，刘怀溥、朱致信列席会议。会议报告，经向全体会员征求增加理事至7人的意见，赞成者超过半数，得到多数会员同意，王寅生、张锡昌当选为理事，

---

① 倪海曙（1987）：《拉丁化新文字运动的始末和编年纪事》，上海：知识出版社，1987年，第102—103页。正如陈原指出的，拉丁化运动是为了中国文字的改革，但又不单纯为了汉字的改革；它包含着一种深层意思：为了“开发民智”，由此昂扬民众的救国心。当时的拉丁化运动是三十年代救亡运动的一个分支。参见陈原（1997）：《不是回忆录的回忆录》，上海：文汇出版社，1997年，第130—138页。

② 中共上海市委党史资料征集委员会、中共上海市委党史研究室、中共上海市委宣传部党史资料征集委员会合编（1995）：《上海革命文化大事记（1919.5—1937.7）》，上海：上海书店出版社，1995年，第566页。

冯和法、千家驹、钱俊瑞为候补理事；会议重行分配理事会成员工作：常务理事陈翰笙（陈回国前，由吴觉农代理）；事务部主任钱俊瑞，组织组干事朱致信，文书庶务会计组干事刘怀溥；研究部主任薛暮桥，编辑组干事薛暮桥，通讯讨论组干事孙冶方，调查组干事王寅生；月刊委员会主席孙晓村，委员薛暮桥、冯和法、孙冶方、王寅生、钱俊瑞、陈洪进、张锡昌、徐雪寒；会议决定加强上海会员之间的联络，决议由事务部和研究部会同办理，于最短期间举行叙谈会，进行研究及讨论事宜；会议决定出版季刊加深学术研究，指定冯和法、孙冶方、陈翰笙、毕相辉、千家驹、李紫翔、王寅生、薛暮桥、钱俊瑞九人组织季刊委员会，并由冯和法、孙冶方二人主持筹备事宜；决定改进《中国农村》月刊，封面形式不变，内容自第七期起增设“中国经济讲座”，分请名家执笔，“介绍和批评”一栏改为介绍和批评一个月来的农村问题书籍或杂志论文。[①]

**5 月**　在《时代论坛》（金则人、骆耕漠、王达夫合编）发表《宪法给我们些什么？》（署名“莫乔”），对国民政府 1936 年 5 月 5 日公布的《中华民国宪法草案》（简称《宪法草案》）提出批评意见，表示所公布《宪法草案》“并没有给我们什么良好的印象”。

文章表示，纯从条文方面讲，此次《宪法草案》还有许多值得研究的地方。第一，《宪法草案》在五院之外再加上一个国家元首——总统。总统的职权除掉国民大会之外，谁都不能加以限制。《宪法草案》规定：“在全国完成地方自治的省区未达半数以上时，立法委员和监察委员都是由国民大会选举半数，还有半数由立法院院长和监察院院长提请总统任命。”（第 143 条）这样，总统在掌握全部行政大权

① 中国农村经济研究会（1936）：《第三届理事会第二次会议记录》，载《中国农村经济研究会会报》第二号，1936 年 5 月 20 日，第 4 页。根据这次会议的名单，我们可以推知中国农村经济研究会第二届理事会的组成为：陈翰笙、吴觉农、王寅生、张锡昌、冯和法。

之外，还掌握着半个立法院和半个监察院。这种民主政治究竟同意大利和德意志的独裁有多大分别呢？第二，根据《宪法草案》，国民大会是全国的最高权力机关。而国民大会代表选举的时候，各党各派都不能够提出政纲，参加竞选；这已违背《宪法草案》所规定的言论、出版、集会、结社的自由原则。第三，《国民大会组织法》规定："中国国民党中央执行委员、中央监察委员为国民大会当然代表。"这非但违背《宪法草案》，而且从根本抛弃了民主政治的基本精神。

文章列明实行宪政和建立民主政治的五个先决条件。第一，解放人民的政治信仰，使各党各派（只要不是汉奸）都有发表政治主张和参加竞选的平等权利。第二，全国人民应有同等的选举权利和提出候选人的权利。恢复民众组织，并准许他们单独或联合提出候选人。第三，上至国民政府，下至坊长、镇长、乡长、村长，都不应当限制或干涉选举。取消非由人民选举的当然代表。第四，立法委员和监察委员应当全由国民大会选举；保障五权的各自独立，并贯彻立法院和监察院内部的民主精神。第五，宪法的精神，在保障民权，维护领土完整行政与独立，然而目前颁布的宪法中，竟把恢复民族问题置之不提。目前所要的宪法是一种民族革命的宪法，而不是维持特权者利益的宪法。[①]

**5 月 31 日至 6 月 1 日**　全国各界救国联合会在上海圆明园路中华基督教青年会全国协会召开成立大会，二十余省市六十多个救亡团体代表七十余人出席会议。会议通过《全国各界救国联合会成立大会宣言》《抗日救国初步政治纲领》《全国各界救国联合会章程》等文件，选举宋庆龄、何香凝等四十余人为执行委员和候补执行委员，沈钧儒、章乃器、李公朴、王造时、史良、沙千里、陶行知、孙晓村、

① 莫乔（1936）：《宪法给我们些什么？》，载《时代论坛》第一卷第四号，1936 年 5 月，第 185—186、199 页。

曹孟君、张申府、刘清扬、何伟等14人为常务委员。该会宗旨是："团结全国救国力量，统一救国方案，保障领土完整，图谋民族解放。"现阶段要求各党各派立即停止军事冲突，派遣正式代表谈判，"以便制定共同抗敌纲领，建立一个统一的抗敌政权"①。徐雪寒奉命做此次会议记录，随后任全救会组织部干事，在部长沈钧儒领导下联络各方②；吴大琨任宣传部干事，在章乃器领导下工作③。中共江苏省临时工作委员会委托钱俊瑞为全救会党团书记。④

**6月1日** 所编《中国农村》第二卷第六期出版。所载《中国农村经济研究会迁移会址启事》称，中国农村经济研究会会址已迁至"萨坡赛路蒲柏路赓馀里十八号"办公。⑤

在本期"都市和农村"栏目发表《震动全国的走私问题》（署名

---

① 周天度、孙彩霞（2008）：《救国会史》，北京：群言出版社，2008年，第35—40页。

② 徐雪寒：《回忆全国各界救国联合会片段情况》，载《徐雪寒文集（增订版）》，北京：生活·读书·新知三联书店，2006年，第557页。

③ 吴大琨（1981）：《在全国各界救国联合会工作时期的石辟澜》，载周天度、孙彩霞编《救国会史料集》，北京：中央编译出版社，2006年，第1077页。

④ 胡乔木传编写组（2015）：《胡乔木传》，北京：当代中国出版社、人民出版社，2015年，第36页。薛暮桥、孙晓村、徐雪寒、骆耕漠、石西民、秦柳方联名在《人民日报》发表的文章称钱俊瑞被文委任命为全国各界救国联合会的党团书记。当时文委已经解散，党在上海的领导机关是中共江苏省临时工作委员会。因此，文委任命的说法不准确，应以《胡乔木传》所记为准。参见薛暮桥、孙晓村、徐雪寒、骆耕漠、石西民、秦柳方（1985）：《勤奋的学者 忠诚的战士——回忆钱俊瑞同志》，载《薛暮桥文集》第十一卷，北京：中国金融出版社，2011年，第150页。除此之外，上述文章的作者之一徐雪寒在1979年接受访问时，表示"救国会中没有党团组织，各个党员只是在不同的岗位上起作用。党员之间不发生横的关系，有时知道别人是党员，也只是心照不宣，这是为了安全起见"。由于徐雪寒当时是个人接受访谈，而联名文章更为正式，且发表在《人民日报》，我们未采用徐雪寒关于"救国会中没有党团组织"的说法。参见周天度、孙彩霞编（2008）：《救国会史料集》，北京：群言出版社，2008年，第1100页。

⑤《中国农村经济研究会迁移会址启事》，载《中国农村》第二卷第六期，1936年6月1日，第8页。

“乔”)，在“专论”栏目发表《贫困现象的基本原因——土地报酬递减法则批判》，在“农村经济常识”栏目发表《中国现阶段的农业经营》，在“通信讨论”栏目发表三篇回复①，在“世界的农村”栏目发表 4 则短文（署名“编者”）②，在“小辞典”栏目发表 4 个条目（署名“编者”)③，在“介绍和批评”栏目发表书评《中国乡村建设批判》（署名“凌琛”④)，末尾写有《编后记》。

---

① 本期“通信讨论”栏目共计四组问题：（一）A. 关于农户分类问题；B. 关于农村调查方法（第 85—86 页）。（二）关于一个人而站在两个阶级上的农户（第 86 页）。（三）A. 关于大小经营的利弊；B. 关于最适宜的副业；C. 如何可以应用新式农具（第 86—87 页）。（四）关于“为什么要批评乡村改良工作”（第 87—92 页）。这四组问题的答复均署名“通信讨论组”。经考证后，我们认为前三组问题答复的作者是薛暮桥，第四组问题答复的作者是孙冶方。第四组问题是针对孙冶方所写的《为什么要批评乡村改良工作》一文，答复由孙冶方负责顺理成章。文章篇幅也比较长，从问题本身到答复共计五页半，符合孙冶方的风格。前面三组问题与答复合在一起只有两页的篇幅，符合薛暮桥简明的风格，也与他当时极为忙碌的情况吻合。问题的类型与薛暮桥当时正在《中国农村》月刊连载的“农村经济常识”紧密相关，答复中也重点推荐了薛暮桥的文章。综合这些情况，我们判定前三篇答复的作者是薛暮桥。

② 本期“世界的农村”篇目如下：比利时的农人（第 26 页），美国新农业法（第 28 页），北极地带的农业（第 31 页），三公斤麦种一吨收获（第 32 页），苏联农业机器生产（第 33 页）。这些篇目在目录页统一署名“编者”，但“比利时的农人”一文末尾署“孟元节译”，因此该文非薛暮桥所写。

③ 本期“小辞典”条目如下：粗放·集约（第 51 页）；生产过程、交换过程（第 52 页）；自然经济、商品经济（第 52 页）；市集（第 53 页）。

④ 我们判断该文作者为薛暮桥的理由如下：第一，“凌琛”在《中国农村》月刊仅出现过一次，谐音为“凌晨”，而此栏目作者通常是中国农村经济研究会的核心人物。第二，本文是关于千家驹、李紫翔编《中国乡村建设批判》一书的书评。该书于 1936 年 4 月 30 日由新知书店出版，5 月 1 日出版的《中国农村》第二卷第五期所刊薛暮桥《研究农村经济的参考书籍》（署名“编者”）一文中已经推荐：“关于中国乡村建设运动的意义和效果，也是研究中国农村经济问题的人所应特别注意；最近新出一籍可以介绍：《乡村建设运动批判》——千家驹、李紫翔合编，新知书店出版，定价六角。这也是从各大杂志所载论文精选而成；内容：A. 关于一般的；B. 关于邹平的；C. 关于定县的；D. 关于合作社的；E. 关于土地村公有的。”5 月 1 日出（接下页）

《贫困现象的基本原因——土地报酬递减法则批判》认为，现社会的贫困，离开了历史的社会的原因，无法解释。苏联人口增加，生产食料的困难反而迅速减少，“完全消灭”了农村的贫困现象。[①]

《中国现阶段的农业经营》认为，工资劳动的使用和经营的集约程度，应当特别重视。如 20 世纪初，美国南部各州农场面积一般比北部各州大得多，但使用工资劳动的经营比例大大小于北部，经营的集约程度也远小于北部，北部各州的中小农场反而更加进步。中国农业生产中，工资劳动还没有被广泛利用，土地比较资本占有更重要的地位，生产本身还没有被资本彻底改造。但农产的一大部分已经变成商品生产，帝国主义和买办资本已经可以通过市场来直接或间接地支配农业。更具体地说，中国有些地方地主的超经济的强制权力还很强固，农民名义上获得了自由，但大部分土地继续掌握在地主手中，一般农民还不能完全脱离地主的束缚。半封建的出租地主和经营地主普遍流行。与此同时，资本主义的地主经济还异常稀少。江苏南通曾经有地主大规模雇工经营，但不久即失败，仍将土地分割开，租给贫苦

---

版的《中国农村》最迟也要 4 月下旬编好，表明薛暮桥在该书正式出版前已经了解此书内容。考虑到薛暮桥是新知书店的出版委员，并在广西农村经济调查和农村社会性质论战中与千家驹多有交往，书中的多篇论文来自《中国农村》月刊，我们有理由认为该书的出版正是薛暮桥的提议，撰写书评责无旁贷。第三，书评与薛暮桥主编第二卷《中国农村》时的指导思想完全一致，且他当月还出版了同样主题的《中国农村问题》一书。书评认为《中国乡村建设批判》“内容还不足以充分解答序文所提的几个重要问题。固然，这责任不在编者汇罗不齐，而是由于整个批判界不曾充分注意到这些重要问题的缘故”。这也反映了薛暮桥的看法，他所写的《中国农村问题》一书实际上正是对千家驹所编文集的补充。署名谐音“凌晨”，可以理解为薛暮桥凌晨完成。参见编者（1936）:《研究农村经济的参考书籍》，载《中国农村》第二卷第五期，1936 年 5 月 1 日，第 49 页；凌琛（1936）:《中国乡村建设批判》，载《中国农村》第二卷第六期，1936 年 6 月 1 日，第 93—97 页；千家驹、李紫翔编（1936）:《中国乡村建设批判》，上海：新知书店，1937 年。

① 薛暮桥（1936）:《贫困现象的基本原因——土地报酬递减法则批判》，载《薛暮桥文集》第一卷，北京：中国金融出版社，2011 年，第 163—166 页。

农民耕种。在商品经济的冲击下，中国农民向着两极分化发展，但分化结果往往是一部分富裕农民转化为地主，而不是资本主义性的富农经营。大多数小农仍不能摆脱地主债主的重重束缚，很少有机会去受人雇佣。很多小农只能去做半封建的负债劳役。资本主义生产并没有在农村自由发展起来。①

在“通信讨论”中回答了三组问题：首先，关于地主、富农、中农、贫农、雇农应如何去分别？调查农村经济应如何着手？答复指出，关于农户分类，原则上说是这样的：凡土地所有者不亲自耕种自己所有的土地，而把它出租给别人耕种的都是地主；反之，凡是直接从事耕作（不论他所种田地是自己的抑或是地主的）的都是农民。在农民中间，如果他收入的全部或一部分是以剥削他人为来源的（不论以雇工的形式，利息的形式或是地租的形式），都是富农；凡是田间收入不够自己生活，而必须从其他方面去找寻补充收入的（如兼营农村副业，或受雇于人以赚取工资等），就是贫农；凡是田间收入可以勉强维持自己生活，但并不以雇工形式或放债形式去剥削别人，但同时亦不受人剥削的，可以算作中农。此外只是经常受雇于人，以工资收入为主要生活来源的统是雇农。②其次，答复指出，要决定此种村户是地主还是佃农或自耕农，需视其租出和租入田地的原因和数量而定。③最后，关于大小经营的利弊、最适宜的副业以及如何能应用新农具问题，答复认为，从社会的立场来说，不论在什么时代，栽种何种作物，大规模经营总比小农经营有利。小农的零细经营只是

---

① 薛暮桥（1936）：《中国现阶段的农业经营》，载《中国农村》第二卷第六期，1936 年 6 月 1 日，第 49—57 页；薛暮桥（1937）：《中国农村经济常识》，北京：中国金融出版社，2011 年，第 225—231 页。

② 通信讨论组（1936）：《通信讨论：A. 关于农户分类问题；B. 关于农村调查方法》，载《中国农村》第二卷第六期，1936 年 6 月 1 日，第 85—86 页。

③ 通信讨论组（1936）：《通信讨论：关于一个人而站在两个阶级上的农户》，载《中国农村》第二卷第六期，1936 年 6 月 1 日，第 86 页。

私有制下的，尤其是半封建的土地关系的畸形产物足以阻碍生产力发展。只有从帝国主义和封建残余势力的压迫下解放出来，中国农业才能应用新式的农具（大规模地，不是在少数的试验场和富农经营中）。①

书评称千家驹、李紫翔编《中国乡村建设批判》一书是“二三年来，对于中国乡村改良主义运动的批判的总集”，但“对于这种整个运动的社会背景，历史意义，特别是它的前途，它对于民族危机的意义，还缺少一个有系统的总的批判。同时，在编制的体系上，各部门也不十分完全。所以，既不是狭义的乡村建设批判，又不能代表广义的农村建设的批判。因此，这还不是最完全的”。②

**6 月 28 日** 出席上海著作人协会在静安寺路基督教女子青年会礼堂举行的成立大会，大会要求中央“顺应民情，领导全国民众，立即对日作战，以抗敌求民族之生存，于对日战争中，建立国内和平与统一”③。在宣言上签字的有：子冈、王纪元、王造时、石西民、成舍我、艾思奇、吴全衡、李公朴、沈志远、沈兹九、沈体兰、沙千里、周谷城、周新民、金仲华、胡子婴、胡绳、倪文宙、徐雪寒、孙冶方、柳湜、张仲实、张明养、张执一、陶行知、章乃器、彭文应、张东荪、刘良模、潘大逵、诸青来、钱俊瑞、骆耕漠、薛暮桥等

---

① 通信讨论组（1936）：《通信讨论：A. 关于大小经营的利弊；B. 关于最适宜的副业；C. 如何可以应用新式农具》，载《中国农村》第二卷第六期，1936 年 6 月 1 日，第 86—87 页。

② 凌琛（1936）：《中国乡村建设批判》，载《中国农村》第二卷第六期，1936 年 6 月 1 日，第 93—97 页。

③ 转引自徐素华（1990）：《中国社会科学家联盟史》，北京：中国卓越出版公司，1990 年，第 51—55 页。据书中记载，上海著作人协会是中国社会科学家联盟 1936 年春解散后，以一部分原“社联”成员为骨干成立的、以传播新兴社会科学理论为主要任务的统一战线文化团体。

140 人。[①]

**6 月** 在金仲华、章乃器的支持下，经钱俊瑞、姜君辰同意，以中国经济情报社为基础，骆耕漠、徐雪寒成立对外营业的文化资料供应所，同时为社会活动提供便利。[②]

所著《中国农村问题》列入杨东莼主编的"大众文化丛书"第一辑第十九种，由大众文化出版社出版，北新书局、生活书店和黎明书局总经售。[③]内容如下：序论——各人心目中的农村问题；一、农村问题是从哪里来的；二、帝国主义要想"农业中国"；三、山西正在提倡"土地村有"；四、被人忘记了的"二五减租"；五、换汤不换药的"合作运动"；六、国民政府下令"减轻田赋"。作者认为，劳动大众的农村问题是怎样消灭那些剥削农民大众，摧毁农村经济，阻碍农业生产发展的国内外种种势力，怎样解放农村劳动大

---

① 李勇、张仲田（1988）:《抗日民族统一战线大事记》，北京：中国经济出版社，1988 年，第 104—105 页。薛暮桥在回忆上海时期的活动时，还提到参加"编辑者协会""苏联之友"座谈会等进步的社会活动。"编辑者协会"应为以谢六逸、周建人等为首的上海编辑人协会。该协会于 1937 年成立，党的负责人为姜君辰，机关刊物为《文化战线》旬刊。参见薛暮桥（1996）:《薛暮桥回忆录》，载《薛暮桥文集》第二十卷，北京：中国金融出版社，2011 年，第 49 页；姜宣（1999）:《当代经济学家姜君辰》，载《无锡文史资料》第 39 辑，第 93—98 页。

② 苡平（1936）:《金仲华章乃器创办文坛新事业：文化供应所》，载《铁报》，1936 年 5 月 30 日，第二版；骆耕漠（2004）:《往事回忆》，北京：人民出版社，2004 年，第 112—115 页；钱俊瑞（1936）:《怎样研究中国经济》，载《钱俊瑞文集》，北京：中国社会科学出版社，1998 年，第 169 页。骆耕漠在回忆录中错记以中国经济情报社为基础成立的独立营业机构名称为"上海资料供应所"和"上海经济资料供应所"，成立时间则错记为救国会"七君子"被捕后的 1937 年 1 月。钱俊瑞在 1936 年 9 月出版的《怎样研究中国经济》一书明确称该机构为"上海文化资料供应所"并推荐访问。这表明骆回忆的时间和机构名称均不准确。当时的报道称该机构为"文化资料供应所"，这与钱俊瑞书中所记一致。苡平的报道写于文化资料供应所营业前夕，由此确定文化资料供应所于 1936 年 6 月营业，更具体地说是 6 月中旬开业。

③ 薛暮桥（1936）:《中国农村问题》，上海：大众文化出版社，1936 年 6 月。

众，使他们能够走上自由平等的光明大道。①

因劳累过度病倒。②

**7 月 1 日** 所编《中国农村》第二卷第七期出版。从本期起至本年最后一期（第二卷第十二期），封面由以前所写的“中国农村经济研究会主编”改为“中国农村经济研究会孙晓村编”。③

在本期发表《国民经济建设运动》（“都市和农村”栏目，署名“乔”）、《暑期调查研究工作大纲》（目录页和正文分别署名“编者”和“中国农村经济研究会研究部”④）、《农产商品化和农村市场》，在“通信讨论”栏目以“通信讨论组”名义发表两篇答复⑤，在“世界的农村”栏目发表 3 篇短文（未署名）⑥，在“小辞典”栏目发表 4 则词条（未署名）⑦，末有《编后记》。

---

① 薛暮桥（1936）：《中国农村问题》，载《薛暮桥文集》第十五卷，北京：中国金融出版社，2011 年，第 141—173 页。

② 孙冶方给洪克平的信，1936 年 6 月 30 日，李昭藏。信中说：“今天刚接到（中国农村经济）研究会朋友寄来一不幸消息，我们的月刊编辑薛暮桥患了肺病。医生嘱他休养，今后月刊事，恐要我多负些责任，我真要忙死了。”

③《中国农村》在 1936 年 3 月和 5 月两次遭禁，6 月方得允许继续出版。在第二卷第七期封面署名孙晓村编，这是薛暮桥晚年称孙晓村“革命艰险岁月中的挚友”的例证之一。参见薛暮桥（1993）：《革命艰险岁月中的挚友》，载《孙晓村纪念文集》，北京：中国文史出版社，1993 年，第 99 页。

④ 该文目录页署名为“编者”，而薛暮桥正是“编者”；正文又署名为“中国农村经济研究会研究部”，薛暮桥当时任研究部主任。因此可以确定，该文出自薛暮桥之手。

⑤ 我们认为两篇答复的作者是薛暮桥，理由是：第一，两篇答复写法完全一致，应是同一个人在连续时间内完成的；第二，两篇文章都采用推荐《中国农村》相关文献的方式，这是薛暮桥经常采用的问题回答方式；第三，对第一个问题的回答与薛暮桥《封建·半封建和资本主义》一书完全一致。孙冶方当时在苏州看护病人，这可能是他没有写本期“通信讨论”栏目回复的原因。

⑥ 本期“世界的农村”篇目如下：德国底农业展览会（第 48 页）；容纳五千观众的乡村运动场（第 49 页）；西班牙农民夺取土地的风潮（第 50 页）。

⑦ 本期“小辞典”条目如下：利润平均法则（第 62 页），生产价格（第 62 页）；超额利润（第 63 页），铜圆本位（第 64 页）。

《国民经济建设运动》指出，过去的国民经济建设运动为什么毫无效果？首先，因为政府不能够同人民合作，所有建设事业全是官督官办。其次，过去各种经济建设往往是为完成国民经济以外的其他目的，并不能够真替国计民生着想；各项建设事业往往同大多数劳苦人民利益背道而驰；更进一步来说，领土的完整和主权的独立，是完成国民经济建设的必要前提，重工业、轻工业、农村经济都是如此。走私事件的扩大，中国国民经济正在遭受重大打击。[①]

《暑期调查研究工作大纲》"为着打破帝国主义者和买办资产阶级的欺骗政策，并把民族解放问题和农村改造问题很密切地联系起来"而制订。大纲所拟中心问题是帝国主义者和银行资本家的改良政策的意义和效果，研究项目为农村合作运动和农产贸易统制政策，调查对象为：甲、棉花方面，例如日本帝国主义者的推广华北棉产计划，中华农业贷款团的棉花运销合作等。乙、烟草方面，例如英美烟公司在鲁、豫等省的收买烟草方式等。丙、茶叶方面，例如皖、赣两省的茶叶运销统制等。丁、蚕茧方面，例如江苏农民银行的养蚕合作，过去浙江省的收购统制和最近无锡的烘茧统制等。戊、其他方面，例如农村信用合作、农产贮押、耕牛农具抵押等。[②]

《农产商品化和农村市场》指出，农产商品化的发展，首先，从原料种植增加上表现出来。如东北的大豆，东南的蚕茧，河北、山东、陕西等地的棉花，山东、河南、安徽的烟草。这些作物最适宜大规模的资本主义生产，但因农产价格的低落阻碍农业投资，而贫农因负债需要货币，迫使他们向商品生产发展。其次，随着农村破产的日益深刻，原来农民的食料米麦，向专为出卖而生产的商品作物方向迅

---

① 乔（1936）：《国民经济建设运动》，载《中国农村》第二卷第七期，1936 年 7 月 1 日，第 1—3 页。该文未收入《薛暮桥文集》。

② 中国农村经济研究会研究部（1936）：《暑期调查研究工作大纲》，载《中国农村》第二卷第七期，1936 年 7 月 1 日，第 55—58 页。

速发展。它是贫困和饥饿的结果。总的来说，中国农村中有性质不同的两种商品生产：第一种是地主资本家的商品生产，如番禺的一些果园经营，上海附近的许多菜园经营，垦殖区域以及浙江、湖南滨湖区域的水田经营中，资本主义商品生产已相当发展。第二种是贫农的商品生产，如城市附近的菜农，自己种植，自己挑到市场上去卖。这种小商品生产在中国农村占更显著的地位。[①]

"通信讨论"栏目答复两组问题：第一组问题是关于哪种人属于封建阶层，封建残余和帝国主义的关系，怎样反封建。答复指出，封建制度与资本主义制度处于对立地位，基本特点在政治上是国家之封建割据（整个国家分为若干封建侯国，而每个国内又分成若干小的采邑）和法律上规定的等级身份的不平等，土地所有权和政治的统治权在这制度下是合一的。经济上是以土地所有者对农民的非经济剥削为基础的自然经济，这种非经济的剥削以政治上的等级制度为依据。农民被束缚在土地上，不管农民愿意与否，总要农民为地主耕田，并向农民征收种种贡赋和礼物，所得报酬就是可以在地主分给他们的份地上耕作以维持饥饿生活。典型的封建制度在中国社会中不存在了，但残余形态仍处处支配着，尤其是乡村。军阀割据以及因此而发生的行政、税务、货币制度的不统一，就是以前封建割据的变形。农民在法律上是自由的，但事实上被债务或其他关系束缚在土地上。他们缴纳的地租带有非经济的剥削性，深深限制了资本主义经济的发展。此外，高利贷、商业资本和苛捐杂税起了同样的作用。目前中国社会中，属于封建阶层的人是地主、高利贷者、商业资本家和封建割据的军阀官僚机关。封建阶层和帝国主义的关系，是经济和社会两种不同

---

① 薛暮桥（1936）：《农产商品化和农村市场》，载《中国农村》第二卷第七期，1936 年 7 月 1 日，第 59—67 页。该文已收入《中国农村经济常识》一书。参见薛暮桥（1937）：《中国农村经济常识》，载《薛暮桥文集》第十五卷，北京：中国金融出版社，2011 年，第 232—237 页。

的、甚至完全相反的体系的结合。封建残余势力有帝国主义为靠山，所以反封建斗争不能跟反帝斗争分开。一切封建势力都以土地私有为基础，所以要铲除封建势力便非从铲除这个基础上着手不可。① 第二组问题是关于歧途中的农村改良主义工作。答复指出，每一个不愿当亡国奴的乡村工作青年的唯一任务，就是怎样去唤醒广大的乡村民众，把他们组织起来，准备与敌人和汉奸做最后的斗争。我们希望你们把普通的识字运动改为抗敌救国的教育宣传工作，把合作社运动和造林运动改为抗敌救国的组织训练工作。②

在《生活教育》（陶行知主编）“怎样利用暑假推行国难教育专号”发表《社会调查》一文。③

**7月3日** 孙冶方致信洪克平。信中说：“这两天我在母亲的病中呻吟声中，每日要赶译四五千字，也没有功（工）夫去欣赏大自然的风景了。同时我又记念着研究会工作（薛暮桥养肺病去了，无人负责编辑月刊），想着沪上的朋友们。”④

**7月5日** 中午，出席中国农村经济研究会上海会员第一次座谈会。中国农村经济研究会会员共计333人，其中40人在上海，21人参加此次座谈会。⑤ 吴觉农主持会议，各位自我介绍后，薛暮桥简要报告中国农村经济研究会会务，孙晓村报告南京会员发展情况以及金陵大学、地政学会对于土地问题见解的变化，随后热烈讨论。会上

---

① 通信讨论组（1936）：《通信讨论：A. 哪种人是属于封建阶层的；B. 封建残余和帝国主义的关系；C. 怎样反封建》，载《中国农村》第二卷第七期，1936年7月1日，第81—83页。

② 通信讨论组（1936）：《通信讨论：关于歧途中的农村改良工作》，载《中国农村》第二卷第七期，1936年7月1日，第83—84页。

③ 薛暮桥（1936）：《社会调查》，载《生活教育》第三卷第九期，1936年7月1日。

④ 孙冶方致洪克平的信，1936年7月3日，李昭藏。

⑤ 出席会议的21人（不含吴觉农）有：吴元戌、徐洛（即罗琼）、孙晓村（南京地方代表）、钱兆熊、姜君辰、薛暮桥、陈传纲、钱俊瑞、卢文迪、孙冶方、徐雪寒、冯和法、李如白、刘怀溥、李百蒙（即骆耕漠）、王朗齐、毛崇洁、章乃焕、蔡问寰、朱致信、毛求真。

徐雪寒提出“本会应有计划地去扩大上海的会员组织”，李百蒙（即骆耕漠）、王朗齐提出“设立农村经济图书室”，王朗齐提出“降低《中国农村》的定价”，均在会上通过，拟提交理事会讨论。随后，钱俊瑞报告《目前研究中国农村经济的新工作》，薛暮桥对钱俊瑞报告做事实补充。①

晚，与孙晓村、钱俊瑞、王寅生、冯和法出席第三届理事会第三次会议，刘怀溥、蔡问寰、孙冶方、李如白列席会议。冯和法主持会议，薛暮桥分别就中国农村经济研究会的组织、研究、出版、财政四个方面报告会务②。会议讨论了季刊筹备计划③、月刊征稿问题、组织图书室问题、重新确定预算以及筹划经常费、编印丛书、举行全国农村通讯调查等问题，决定“原有派稿办法严厉执行；并设法增加新撰稿人。每期稿费预算增至 50 元，以便于必要时收用外稿”，组织干事朱致信因事他就，遗缺由常务理事及事务部主任另聘一人充任。④

**7 月 20 日**　在《中国农村经济研究会会报》发表《我们的出版工作》（署名“乔”）。文章指出会报作用是策动会务发展，具体来说

---

① 佚名（1936）：《上海会员座谈会记》，载《中国农村经济研究会会报》第三号，1936 年 7 月 20 日，第 4、5 页。同期会报第 2—3 页载有钱俊瑞的《目前研究中国农村经济的新工作》，其中规定研究中国农村经济的新工作原则为：（1）农村改造问题的研究和实践必须与民族解放联系。（2）中国农村经济是一般研究部门中的特殊部门，我们不应忽略特殊部门的研究，相反地，我们应该加紧特殊部门的研究，去充实一般部门的研究。（3）我们应该扩大我们的范围，开展我们研究会的组织，争取一切愿意研究农村问题的分子加入我们的研究阵线，共同进行广泛的研究工作。钱俊瑞的这篇文章是中国农村经济研究会号召乡村工作者联合起来的代表性文章。

② 我们根据同日下午举行的中国农村经济研究会上海会员座谈会上薛暮桥报告会务，判断晚上的理事会第三次会议也应由薛暮桥报告会务。《会务报告》载《中国农村经济研究会会报》第三号，1936 年 7 月 20 日，但未署名。

③ 1936 年 11 月《中国农村》刊载《中国农村季刊》征订广告，但 1937 年 1 月的中国农村经济研究会理事会议因稿件质量问题，暂停《中国农村季刊》出版计划。

④ 第三届理事会会议记录，1936 年 7 月 5 日，载《中国农村经济研究会会报》第三号，1936 年 7 月 20 日，第 7 页。

是：提供会务改进意见，并做工作检讨；推进研究工作，发动通信讨论；报告各地分会及各会员之工作状况，俾得相互鼓励；报告会中各部各组工作状况，发表会议记录。《中国农村》月刊最主要的任务，是教育乡村工作青年，纠正各种错误观念，指出农村改造和农民解放最正确的道路。[①]

**7 月**　在正风暑期学校讲[②]《“国民经济建设”与民族危机》，对国民经济建设运动为什么没有效果进行了分析。首先是金融方面，过去中国的纸币有白银为保证，现因白银外流，中国纸币的保证改为 25% 的白银，此外可以用外国货币。如果某国纸币发生动摇，即能使中国纸币不生效力。中国经济权全入帝国主义之手。其次是工业方面，重工业最重要的煤、铁都在东北、华北，矿产已入外人之手，重工业发展从何处着手呢？轻工业本来很有前途，但日本竞争使中国企业受到严重威胁，华北棉花已握在日本人之手。交通有进步，但实际上还是帝国主义手中的工具。公路到农村，大车、牛车行走被禁止了，农产物不能运输出去，农村也加速恐慌。最后是中国航空事业，中国航空公司是美国的资本，欧亚航空公司是德国的资本，航空线是帝国主义者划分中国的武器，如此等等。要建设中国国民经济，首要的条件，就是要解除帝国主义的压迫。[③]

**8 月 1 日**　所编《中国农村》第二卷第八期出版。“因为编者病了两个星期，这一期的编辑工作碰到了极大的困难。现在总算靠着平

---

① 乔（1936）：《我们的出版工作》，载《中国农村经济研究会会报》第三号，1936 年 7 月 20 日，第 1—2 页。同期专栏“这一次的：中心研究问题”——《暑期调查研究工作大纲》，载明刊入《中国农村》月刊第七期，可能出自薛暮桥之手。

② 我们还不清楚这一暑期学校所讲与秦柳方所回忆的“暑期乡村工作讲习会”是否指同一回事，这里我们按照两件不同的事情处理。因暑期通常在七八月份，故我们将时间暂记为 7 月。

③ 薛暮桥（1936）：《“国民经济建设”与民族危机》，载《薛暮桥文集》第一卷，北京：中国金融出版社，2011 年，第 176—179 页。

心和张宗麟诸先生努力帮忙，把这难关渡过。”[①] 本期刊登修订的《中国农村经济研究会简章》。[②]

在本期“农村经济常识”栏发表《中国农村中的高利贷》，在“小辞典”发表3则词条（未署名）[③]，在“世界的农村”栏发表了一篇短文（未署名）[④]，末尾有《编后记》。

《中国农村中的高利贷》指出，高利贷与资本主义的借贷关系不同，债务人借债目的不是取得企业利润，而是维持生活。负债农民常常要在债主面前低头屈膝，债权人和债务人并不是处在平等地位。都市资本侵入农村以后，中国农村的高利贷向两个方向发展：第一，在接近巨大都市且资本主义农业生产比较发达的地方，利息相当低落，借贷数额普遍增加。这表示高利贷向资本主义借贷关系缓缓发展。第二，内地农村资金枯竭，资本主义农业生产不能自由发展，利息在逐

---

① 编者（1936）：《编后记》，载《中国农村》第二卷第八期，1936年8月1日，第95页。

② 《中国农村经济研究会简章》共计十一条（参见1933年12月11日条），其中五条有所修订。这次修订系7月5日第三届理事会第三次会议所做出的决定（参见1936年7月5日条）。修订情况如下：1. 第二条“凡赞同本会宗旨，具有研究兴味，由本会会员介绍，经理事会通过，而照章缴纳入会费者，均得为本会会员”，在“本会会员介绍”后补充“（或径自书面请求）”。这反映了自《中国农村》第一卷第十二期公开征求会员以来的新情况。2. 第三条“本会设理事会，由全体会员推选理事五人组织之”中的“五人”，改为“七人”。3. 第五条事务部，“由理事互推一人为主任，掌理本会组织，文书，出版，会计，庶务等事宜”，删除了“出版”，这是由于新知书店已经专门负责出版事务。4. 第八条“理事会由主席召集，每二月举行常会一次，必要时得开临时会”中的“每二月”改为“每三月”。5. 第九条“至常年会费额数则由各人自由认定”后，加“（每人每年至少五角）”。参见《中国农村经济研究会简章》，载《中国农村》第二卷第八期，1936年8月1日，第96页；《中国农村》第二卷第九期，1936年9月1日，第14页。

③ 本期“小辞典”条目如下：人民阵线（第56页）、企业利润（第57页）、工业革命（第58页）。

④ 本期“世界的农村”篇目如下：什么是幸福（署名“芳”，第34页）；西班牙的土地改革（署名“刚”，第38页）；印度农民生活素描（未署名，第41页）。未署名一则应系薛暮桥所写。

渐提高，借贷数额也没有跟着增加，连封建性的高利贷也跟着农村破产而奄奄待毙。就全国范围而论，后一种趋势远比前一种来得普遍。中国农村借贷的高利贷性质，从借贷形态和利息形态上表示出来，粮食借贷几乎同货币借贷占同样的重要地位，利息支付则采用更复杂的形态，钱息、谷息之外有些地方还用力役抵偿。利息苛重，货币借贷年利常达三分、四分。贫苦农民借款时间，普通在一年以下。此外中国农村还有比较特殊的借贷形式，即典当和合会。随着农村放款和合作运动的广泛发展，银行资本在农村借贷中逐渐占显著地位，但银行资本没有动摇地主、商人高利贷者在农村的巩固势力。农村借贷关系虽然发生若干形式变化，但仍保留着半封建的社会性质。①

**8 月 10 日**　毛泽东致函章乃器、陶行知、邹韬奋、沈钧儒并转全国各界救国联合会诸位先生，对《团结御侮的几个基本条件与最低要求》公开信②作出回应，郑重声明："这些文件已经在我们这里引起了极大的同情和兴奋，认为这是代表全国最大多数不愿作亡国奴的人民之意见与要求，……我们同意你们的宣言、纲领和要求，诚恳的愿意与你们合作，……以便如你们纲领与要求上所提出的一样，来共同进行抗日救国的斗争。"信中表示接受公开信对中共和红军的要求，指出中共党员"应当参加各地方的救国组织和各种形式的救国运动。……无条件地服从这些组织大多数所通过的规则、纲领和

---

① 薛暮桥（1936）：《中国农村中的高利贷》，载《中国农村》第二卷第八期，1936 年 8 月 1 日，第 53—62 页。本文已收入《中国农村经济常识》一书。参见薛暮桥（1937）：《中国农村经济常识》，载《薛暮桥文集》第十五卷，北京：中国金融出版社，2011 年，第 238—244 页。

② 公开信分析了"一二·九"学生救亡运动以来，国内政治形势的重大变化；表示赞同和支持中国共产党提出的建立抗日民族统一战线的主张；要求政府做到："第一，停止对西南军事行动；第二，和红军停战议和，共同抗日；第三，开放抗日言论自由和救国运动自由"；表示要坚定不移地站在救亡战线的立场上，不躲避，不退却，不动摇意志，一直到中华民族解放运动取得完全胜利。参见李勇、张仲田（1988）：《抗日民族统一战线大事记》，北京：中国经济出版社，1988 年，第 107—108 页。

决议”[①]。

**8月28日** 与吴觉农、千家驹、冯和法、孙冶方（代王寅生）、刘怀溥（代张锡昌）出席中国农村经济研究会第三届理事会第四次常会，蔡问寰、于化琪列席会议，吴觉农主持会议。会议听取了会务报告，对如何审查全国乡村工作讨论会提案，决定推薛暮桥、孙冶方二人会同生活教育社修改乡村工作纲领[②]，然后分别向各理事征求意见；会议推派冯和法、薛暮桥二人出席乡村工作年会；会议决定，请薛暮桥负责起草下卷《中国农村》月刊改进计划，提交下次理事会讨论。[③]

**8月** 因病辞去塔斯社上海分社的工作。[④]

**9月1日** 所编《中国农村》第二卷第九期出版。正如《编后记》所说，“自从张宗麟先生在上期本刊发表了《乡村运动的联合阵线》一文[⑤]以后，我们觉得这个问题实在太重要了。所以最近两期本刊，想多留一点篇幅来讨论这个问题。本期除了登载中国农村经济研究会、生活教育社、妇女生活社对于10月10日第四届全国乡村工作讨论会的提案以外，又发表了孙冶方先生的《乡村运动大联合的基本认识》”[⑥]。

本期特载中国农村经济研究会、生活教育社、妇女生活社联名发

---

① 中央文献研究室、中央档案馆编（2011）：《建党以来重要文献选编（1921—1949）》第十三册，北京：中央文献出版社，2011年，第232页。

② 即中国农村经济研究会、生活教育社、妇女生活社联名的《第四次全国乡村工作讨论会提案》（参见本年9月1日条）。

③ 第三届理事会第四次常会记录，1936年8月28日，载《中国农村经济研究会会报》第四号，1936年9月10日，第7页。

④ 薛暮桥（1996）：《薛暮桥回忆录》，载《薛暮桥文集》第二十卷，北京：中国金融出版社，2011年，第51页。

⑤ 张宗麟（1936）：《乡村运动的联合战线》，载《〈中国农村〉论文选》，北京：人民出版社，1983年，第656—661页。

⑥ 编者（1936）：《编后记》，载《中国农村》第二卷第九期，1936年9月1日，第96页。

表的《第四次全国乡村工作讨论会提案》。全文如下：

## 本会应以全力使全国乡村工作人员一致团结共赴国难案

年来主权丧失，土地沦陷，民族存亡，危在旦夕。处此非常时期，我乡村工作人员，如再闭门自守，斤斤于一乡一县之从容试验，则敌军所至，非惟积年心血，行将尽付东流；即我各地乡村工作实施机关，亦恐难免尽为覆巢之卵。故今日而言乡村工作，自以抗敌救国为唯一前提。而欲救国，又非全国一致，共同奋斗，不能取得最后胜利。

过去数年来，全国乡村工作人员不辞艰巨，埋头苦干。虽名称不同，方式各异，但其目标则一。目标为何？即自农村改造，以达民族复兴之域。然而过去各地乡村工作人员，每因囿于成见，以致派别分歧，壁垒森严。纵自言组织民众，而自身之散漫也如故；纵自言训练民众，而自身之偏狭也如故。因此国难日急，而我素以改造农村复兴民族为己任之乡村工作人员，仍不能集中全国力量，共同奋斗。此则不仅可耻，抑且深可痛心者也。

各地乡村工作人员，纵有不同信仰，不同立场；此等差别，未能泯灭。然而同属中华民族，际兹国难时期，自必同以抗敌救国为其首要工作。故其联合不仅必要，且有充分可能。猛虎破扉，时不可失！我全国乡村工作人员应在民族共同立场之上，一致团结；并领导我全国三万五千万乡村民众，共赴国难。而本届大会，更应出其全力，以负提倡开创之责。兹为完成上述工作起见，特再提出四项具体办法如下：

1. 本届年会应以上列提案为一中心讨论问题，并作广泛宣传。
2. 设立经常联合机关，欢迎全国乡村工作人员及团体自由参加。
3. 上述联合机关以抗敌救国为其首要工作；并应提出简明工作

纲领。

4. 下届年会应以检讨联合机关效果为一中心讨论问题。

提案者：中国农村经济研究会

生活教育社

妇女生活社[①]

上列提案欢迎各地乡村工作人员及团体签名附议，并希望各地读者发表意见。在“救国有罪”的局势下，第四届全国乡村工作讨论会本定于 10 月 10 日开会，因这一提案而决定停止开会。[②] 延搁一年多后，乡村建设领袖相继提出类似主张。[③]

在本期“农村经济常识”栏目发表《农村副业和农民离村》，在“世界的农村”栏目发表 3 篇著译[④]，在“小辞典”栏目发表 4 则词条

① 中国农村经济研究会、生活教育社、妇女生活社（1936）：《第四次全国乡村工作讨论会提案》，载《中国农村》第二卷第九期，1936 年 9 月 1 日，第 63—64 页。

② 张西超（即张锡昌）评论说：“我觉得在国难这样严重的今日，全国乡村工作人员，正宜共同讨论团结御侮的具体方法，停止开会是绝无理由的。我们一致要求，全国乡村工作讨论会，应于本年召集开会，而且希望各地乡村工作同人，多多提出救亡的具体意见，促成乡村运动的大联合。”参见张西超（1936）：《对“全国乡村工作人员一致团结共赴国难”的一点意见》，载《中国农村》第二卷第十期，1936 年 10 月 1 日，第 59—60 页。

③ 佚名（实即薛暮桥，1937）：《发动农民抗战》，载《中国农村战时特刊》第三号，1938 年 11 月 1 日，第 3 页。

④ 本期“世界的农村”篇目如下：在莫斯科近郊的集体农场里（第 81 页）；美国旱灾（第 84 页）；拯救一个农妇性命的故事（第 86 页）。《在莫斯科近郊的集体农场里》作者路易·菲尔士，未注译者，文前有说明：“美国驻莫斯科的新闻记者路易·菲尔士先生，曾在苏联的集体农场参观过。在他的文章里，写着台尔曼集体农场和‘列宁之路’公社所给的他的印象。”（第 81 页）这篇文章由英语翻译而来，译者应为薛暮桥。原因有二：其一，薛暮桥在编辑《中国农村》期间，发表作品时常常不署名，这一栏目的创办和写作几乎全是薛暮桥，此篇也不应例外；其二，薛暮桥当时在塔斯社上海分社任职，可以方便地得到大量关于苏联的英文报道。

（未署名）[1]。文章认为，封建社会的生产方式是农业和手工业的结合。在封建社会的崩坏时期，也就是在资本主义社会的萌芽时期，手工业常常较农业更早踏入商品生产的阶段。[2] 其第一个阶段是单纯商品生产，这在 19 世纪末已相当普遍。在内地农村至今仍相当流行。手工生产的交换媒介从零细交易的小贩，过渡到大批收买大量运销的商号，中间有质的转变，手工生产者通过交换过程隶属商业资本。进一步，家庭手工业者通过商人供给原料甚至供给工具、收回制成品而给予工资的出卖劳动力形式替商人工作。这种商人雇主制与手工工场相差只有一步。但由于帝国主义廉价商品侵入和国内大规模及其生产竞争，使中国乡村手工业陷入艰苦的挣扎，但仍不能挽救没落的命运。而乡村手工业的破产速度在都市新兴工业的发展之上，农村过剩人口无法在新兴都市中找到充分出路，只得长期大量沉淀在农村中，努力从狭隘的农场上寻求生活，半封建的零细佃农更加普遍，农业劳动者工资愈加降落。同时，离村也特别踊跃。他们首先到城市中去做产业工人、手工业者、店员、苦力等，其次是华南农民移殖南洋和华北农民流亡东北，许多农民不能找到适当职业，于是做兵士、流氓、土匪。“年年防饥，朝朝防匪”几乎成为各地农村的普遍现象。[3]

在《现世界》半月刊（钱俊瑞主编）发表《给农村工作人员的公开信——两个最严重的问题》。

---

① 本期“小辞典”词条如下：量和质（第 60 页）、行会手工业（第 61 页）、家庭手工业（第 61 页）、手工工场（第 62 页）。

② 这是我们所看到的谈“资本主义萌芽”问题较早的文献。

③ 薛暮桥（1936）：《农村副业和农民离村》，载《中国农村》第二卷第九期，1936 年 9 月 1 日，第 53—62 页。本文已作为第十一章收入《中国农村经济常识》一书。参见薛暮桥（1937）：《中国农村经济常识》，载《薛暮桥文集》第十五卷，北京：中国金融出版社，2011 年，第 252—258 页。文集第 254 页“民国十二年”应订正为“民国二十一年”。

公开信针对农业改造中土地和民族解放“两个最严重的问题”，提出在这民族存亡的生死关头——农村工作人员究竟应当怎样联合农村各界各层的力量，来做抗敌救国的工作呢？在抗敌救国的中心口号之下，应当怎样把反帝反封建的基本任务，来配合着当前最神圣的民族解放战争呢？作者认为，目前中国农民大众的最重要任务是把一切力量集中在抗敌救国上面。为着发挥农民们的伟大力量，保证民族解放战争的彻底胜利，应当解除农民们的封建束缚，至少要减轻农民们的种种不合理的负担。目下半数以上的农民是经常被饥饿所威胁；他们空着肚子，是不能够向帝国主义军队去做持久战争的。千百万饥饿农民的生活要得到合理的解决，一定要参加抗敌救国的工作，同时要使农民积极参加抗敌救国的工作，也必须改善他们的生活，然后民族解放战争才有胜利的把握。解除封建束缚和争取民族解放怎样按照客观环境巧妙地配合起来，要留待以后详谈。[①]

**9 月**　玉木英夫（尾崎庄太郎笔名）著《中国农村社会性质论战》一书中译本由不二书店出版。这部作品在东京丛文阁出版的《经济评论》第四、五、六期连载文章基础上略加删改并加附记而成。[②] 内容主要依据薛暮桥以中国农村经济研究会名义编选的《中国农村社会性质论战》（参见 1935 年 9 月 30 日条）为基础对这场论战加以评述，“一般地说，著者在两派中是赞同《中国农村》派的主张的，所以在这篇论文内，首先叙述《中国经济》派的主张，其次介绍《中国农村》派对于他的批判乃至主张，在后者的理论不充分时，作

① 薛暮桥（1936）：《给农村工作人员的公开信——两个最严重的问题》，载《现世界》半月刊第一卷第二期，1936 年 9 月 1 日，第 104—106 页。

② 刘怀溥、徐德乾（1936）：《译者前记》（1936 年 8 月 22 日），载玉木英夫著《中国农村社会性质论战》，刘怀溥、徐德乾译，上海：不二书店，1936 年，第 1—2 页。两位译者谈及，“去年中国学术界所发生的关于中国农村社会性质的论争，先后曾引起了好几位外邦学者底注意”，但未列明“好几位外邦学者”具体指谁。

者再附加以自己的意见”[①]。

与吴觉农合译《农业经济学（下）》[②]由上海黎明书局出版。《农业经济学》作者为苏联的廖谦珂[③]（п. и. Лященко, P. I. Liaschenko），上卷写于 20 世纪 20 年代末，下卷完成于 30 年代初。中文版从日译本转译，列入复旦大学孙寒冰教授主编的“社会科学名著译丛”，先后于 1934 年和 1936 年出版。

廖谦珂著《农业经济学》篇幅浩荡，中译文也较为生涩。[④]因此，薛暮桥以书中材料为基础，改写为《农村经济底基本知识》一书（参见 1937 年 1 月 31 日条）。

**10 月 1 日** 《中国农村》第二卷第十期出版。因为肺病，这期月

① 玉木英夫（1936）:《中国农村社会性质论战》，刘怀溥、徐德乾译，上海：不二书店，1936 年，第 4 页。不二书店为中国农村经济研究会理事冯和法创办，旨在不受束缚出版进步书籍。参见冯和法（1983）:《回忆孙寒冰教授》，载《文史资料选辑》第八十七辑，1983 年，第 189—221 页。

② 《农业经济学》上册译者为吴觉农、赵南柔、章育武，共计 8 章：第一章介绍农业经济学研究的对象和方法；第二章讨论农业经济学的自然主义和肥沃度递减法则（或称土地报酬递减律）；第三章至第六章主要讨论土地问题，为苏联土地国有化提出理论依据；第七章讨论资本主义农业劳动和苏联革命前后农村人口过剩的问题；第八章是农业经济学上的资本问题，包括其本质、有机构成、技术的特殊性、大生产和小生产、合作化和资本主义化等。下册共计 6 章：第一章介绍农业经济组织和农业生产形态，农业技术方式的经济结构和农业生产的经济分类，苏联革命前后的农民经济论，以及农民经济分化问题；第二章市场与农业；第三章农业的配设问题（即现在所谓的“区位”问题）；第四章农业收益分配；第五章资本主义的农业恐慌；第六章农业与资本主义，主要是农业资本主义的社会矛盾以及各种矛盾的发展趋向。

③ 中文又译“梁士琴科”。《农业经济学》一书因据日译本转译，吴觉农曾留学日本，因而主持其事。而翻译出版该书，则由冯和法提议。书译成后，曾经孙冶方校阅修改。新中国成立后，梁士琴科所著三卷本《苏联国民经济史》先后被译成中文出版。参见吴觉农、陈宣昭（1983）:《我们所认识的冶方同志》，载《孙冶方颂》，北京：光明日报出版社，1983 年，第 75—77 页。

④ 《中国农村》第二卷第七期所载《农业经济学》一书“特价预约”广告中，称“凡是读过上册的人，都会承认这是研究农村经济的最完全的参考书籍。下册译文特别流利通俗”。参见《中国农村》第二卷第七期，1936 年 7 月 1 日，第 67 页。

刊由孙冶方等编辑。据《编后记》:

向来负担本刊实际编辑工作的薛暮桥先生在这一年来把自己的健康在月刊编辑中牺牲了。如今他病了，需要长期的休养。因此，这期间的编辑就剩下几个生手在此做替工。这次月刊和读者见面时，读者在它的内容和形式上，如果发现到了以前所没有的缺陷，那就是替工还没有学会的缘故。我们一方面在此努力避免这些缺陷发生，另一方面希望薛先生早日痊愈，免我们——替工们——继续出丑露面。

薛先生执笔的农村经济常识栏，在这一期也就因他的病而暂时停止了。①

本期《中国农村》是乡村运动联合战线问题特辑，刊发章乃器、平心、千家驹、孙晓村、陈君谋的五篇特辑文章和七篇响应“全国乡村工作人员一致团结共赴国难”的文章。②

**10 月 19 日** 鲁迅在上海逝世。鲁迅灵堂设在上海胶州路万国殡仪馆礼堂。次日至 22 日上午为瞻仰遗容时间。薛暮桥、罗琼参与发起的团体挽联如下:

---

① 编者（1936）:《编后记》，载《中国农村》第二卷第十期，1936 年 10 月 1 日，第 98 页。

② 本期还刊有第二种研究会刊物的预告，内容如下:《中国农村》自第二卷起，根据现实化通俗化原则革新以来，较之第一卷已有了质的变化，虽然一般来说“通俗化”“现实化”两点都做得很不够。正因为这个原因，对于一部分理论水准较高而研究兴趣较浓厚的读者来说，第二卷《中（国）农（村）》使他们不能满足。而我们也感觉到对于正确理论作较深刻的分析，对于歪曲理论作较深入的批判，在目前确实是需要的。现在我们决定在明年出版第二种刊物。内容偏重于理论及批判，每期字数十五万左右。希望读者供给稿件，并惠赐意见。参见《中国农村经济研究会出版第二种刊物预告》，载《中国农村》第二卷第十期，1936 年 10 月 1 日，第 39 页。该则预告应系薛暮桥所写，反映了他对《中国农村》月刊的改进计划。但因病以及随后的抗日形势变化，这一计划未能实施。

至死无妥协心，百战不挠真勇士；一生反恶势力，万身莫赎此伟人。

中国农村经济研究会挽联

救亡阵线中失一重镇，学术思想界见此完人。

上海文化界救国会挽联

方悼国际大文豪陨落，光明大地正哀痛思慕。

又哭中国高尔基窒逝，血腥奴场更悲愤欲绝。

上海妇女救国联合会挽联

一生反封帝，至死不宽容。

上海著作人协会挽联[①]

**10 月 25 日**　下午，参加中国农村经济研究会办公室举行的上海会员座谈会。会议由吴大琨主持，合计 16 位会员参加会议。吴大琨报告会议筹备经过，热烈讨论后，杨东莼讲演《救国运动与中国目前的局势》，“讲完以后，大家还很热烈地提出许多问题请杨会友解答。嗣因夜幕下降，室内中的暗影逐渐加深，大家才尽欢而散”。[②]

**10 月 31 日**　天津《益世报》开始发表中国农村经济研究会供给的农村通讯。编者千家驹表示，中国农村经济研究会为《东方杂志》“农村写实”栏提供稿件，计有一年半的历史。1936 年 7 月起，《东方杂志》取消该栏，而研究会收到的农村通讯源源不绝，所以商《益世报》《农村周刊》编者千家驹，可否腾出篇幅来登载农村通讯。编者表

① 史莽（1998）：《鲁迅的最后一年》，杭州：浙江人民出版社，1998 年，第 130—131 页。

② 出席会议的会员为：吴大琨、张剑萍、薛暮桥、张新夫、朱泽甫、于化琪、王朗齐、杨东莼、朱造坦、宗企贤、员克宽、张人伋、李名各、章乃焕、饶振廉、郭映艇。参见《上海会员第二、三次座谈会纪要》，载《中国农村经济研究会会报》第五号，1936 年 11 月 20 日，第 3 页。张新夫为张劲夫笔名。参见张劲夫（2000）：《张劲夫文选》，北京：中国财政经济出版社，2000 年，第 48 页。

示可择优刊载，只要描写生动而材料真确，隔几期刊登一次。①

**10月** 在《中山文化教育馆季刊》（左恭主编）1936年冬季号发表《封建土地关系的资本主义化》。文章研究资本主义如何采取各种不同形式完成封建土地关系的改革，并谈及苏联如何通过土地革命从半封建的小农经营之上直接建立社会主义生产关系。文章认为，封建土地关系的主要特征是封建大地主占有最主要的生产手段——土地，并采取赋役制或强役制将土地分割开交给农民经营；地主与农民的土地关系不是根据自由契约，而是根据世袭身份建立起来的。资本主义发展要求把土地集中到新兴农业资本家手中，而封建性的世袭土地关系不能自由变更，所以新兴资产阶级要求取消地主对土地的所有权或取消农民对土地的永久使用权，使农民或地主可以自由处分土地。同时，资本主义发展需要大批脱离土地的自由劳动者，而这时大部分农民被束缚在土地上，没有出卖劳动力的可能。新兴资产阶级需要把农民从土地上解放出来，从地主的隶属下解放出来，这是当时革命的资产阶级高呼“自由”“平等”的基本原因。新兴资产阶级可以采取不同形式使封建性的土地所有形态符合资本主义生产方法：他们或者牺牲封建地主，发展富农经济，这是18世纪法兰西所走过的道路。他们或者牺牲农民，慢慢把封建的地主经济改为资本主义的地主经济，使封建地主转化为新兴的农业资产阶级，这是19世纪的普鲁士道路。此外还有许多复杂的形式，但我们可以归入这两条基本路线。二者的主要区别是，前者用革命的手段，没收封建领主所有的土地，分配给农民；后者采用改良手段，改革封建领主的土地所有制度为资本主义的土地所有制。②

**11月1日** 《中国农村》第二卷第十一期发表《小说家》《少年知识》《中国农村》等二十家杂志联合声明《我们对于现阶段中日关

① 《编者按》，载《益世报》（天津）《农村周刊》第138期，1936年10月31日，第12版。

② 薛暮桥（1936）：《封建土地关系的资本主义化》，载《中山文化教育馆季刊》，1936年冬季号，1936年10月，第1225—1237页。

系之共同意见》。针对国民党舆论工具在 10 月 3 日发表的《中日关系紧张中吾人之共同意见与信念》，提出六项共同主张：

一、保持领土主权的原则之下——至少要能根据二中全会的意旨，我们不反对和日本作外交谈判，然而我们要求外交的公开，我们否认一切的秘密协定。

二、我们反对和 ××[①] 帝国主义订立任何以对付第三国为目的的协定，因为那是变相的投降，那是陷中华民族于万劫不复的卖身契。

三、虽然我们认为单靠外交谈判是不能收复失地的，但是我们反对“承认已成事实”的原则，而且请求政府坚持保障领土主权的立场与敌周旋，拒绝敌人一切无理的要求。

四、我们反对任何在华北放弃领土主权的事实，不管是用“自治”、“自主”的名义，或者用“经济合作”的名义。我们要求除条约限制外——地点的限制和人数的限制——华北日本驻兵无条件的撤回，冀东伪组织无条件的取消，以及察北四县和东北四省无条件的收回；我们反对任何新的退让去交换这种旧的损失。

五、我们反对压迫人民的抗 × 言论与抗 × 运动，不管是明白的应允敌人的要求或者是戴上“自动执行”的面具。我们要求一个抗 × 的言论自由和抗 × 的民众组织自由。

六、我们认为按照二中全会的意旨，现时已经到了最后牺牲的关头，我们主张政府应该立刻下抗战的决心，用抗战去反对侵略。[②]

在《中国农村》第二卷第十一期发表《中国农村经济的新趋

---

① “××”指日本。因当时政府禁止抗日言论，只好以“××”或“×”代之。

② 《小说家》《少年知识》《中国农村》等（1936）：《我们对于现阶段中日关系之共同意见》，载《薛暮桥文集》第一卷，北京：中国金融出版社，2011 年，第 167—170 页。

势》。文章认为，中国的农民经济正从半殖民地向着殖民地的道路发展。这种趋势随着领土和主权的丧失，从东北而华北，从华北而华中、华南，正节节推进。“我们要用什么力量，来阻止这种最野蛮的侵略政策呢？”①

**11 月上旬** 因肺病，应王昆仑邀请，与罗琼去无锡的太湖别墅休养。②他次年说道：

> 记得去年秋日，作者因病到太湖中的一个小山上去休养，当我动身那天，报纸上面已经登着玛德利（即马德里。——引者注）的陷落消息，并且报告全城教堂已在那里鸣钟欢迎叛军入城。可是隔了几天，读者朋友寄给我的报纸，出我意外地玛德利仍在政府军的手里，而且此后防务竟能一天天地巩固起来；当时在我看来，几乎可以说是一个奇迹！③

---

① 薛暮桥（1936）：《中国农村经济的新趋势》，载《中国农村》第二卷第十一期，1936 年 11 月 1 日，第 55—66 页。该文收入《中国农村经济常识》一书第十二章。参见薛暮桥（1937）：《中国农村经济常识》，载《薛暮桥文集》第十五卷，北京：中国金融出版社，2011 年，第 259—265 页。

② 薛暮桥所回忆的时间是 1935 年 10 月，但他还曾经提到，动身那天报纸上有马德里陷落的消息。而 1936 年 7 月 18 日佛朗哥发动武装叛乱，西班牙内战爆发后，叛军 11 月 6 日才进抵马德里城郊，并在德国和意大利的援军支持下发起猛攻，一周内占领大学城四分之三的地区。因此，他去太湖养病的时间必定是 11 月 6 日之后。关于休养的时间，薛暮桥回忆时间为一个月，但 11 月 22 日薛暮桥已经在上海出席中国农村经济研究会理事会议，实际在无锡休养的时间大约两周。参见薛暮桥（1996）：《薛暮桥回忆录》，载《薛暮桥文集》第二十卷，北京：中国金融出版社，2011 年，第 51 页。

③ 薛暮桥（1937）：《筑成我们新的长城》，载《薛暮桥文集》第一卷，北京：中国金融出版社，2011 年，第 314 页。薛暮桥另外一次提到此事时说，记得去年冬天回家养病时，本乡的镇长告诉我在邻镇曾经发现一个汉奸机关。这是指在太湖别墅休养后，回家看望女儿的事。参见薛暮桥（1937）：《“到农村去”的总动员令》，载《薛暮桥文集》第一卷，北京：中国金融出版社，2011 年，第 264—265 页。

**11 月 22 日**　与吴觉农、钱俊瑞、张锡昌、孙冶方（代王寅生）出席中国农村经济研究会第三届理事会第五次会议，蔡问寰列席会议。会议讨论各地是否可以成立分会，议决各地可以采取叙谈会、读书会和联欢会等方式，毋庸成立分会；议决暂时不收团体会员；议决常年会费可以根据会员要求酌量减免，入会费必须缴纳；月刊的改进，议决照月刊编辑委员会计划通过[①]；会议还通过 153 人为会员。[②]

**11 月 23 日**　全国各界救国联合会领袖沈钧儒、邹韬奋、李公朴、史良、沙千里、王造时、章乃器七人（“七君子”）被国民党当局以“组织非法团体，勾结赤匪，煽动罢工、罢课、罢市，阴谋扰乱治安，企图颠覆政府”的“罪名”逮捕。12 月 4 日，被移送苏州关押，由江苏高等法院审理。[③]

---

① 在第二卷第十期《中国农村》编后记中已经谈道：“本刊已出到二卷第十期了，三卷出版即在目前。那时我们预备再来一次大革新。希望读者对本刊内容、形式的批评和希望在十一月中旬以前函告本刊委会，以便采纳。”参见编者（1936）：《编后记》，载《中国农村》第二卷第十期，1936 年 10 月 1 日，第 98 页。

②《第三届理事会第五次会议记录》（1936 年 11 月 22 日），载《中国农村经济研究会会报》第六号，1937 年 1 月 25 日，第 5 页。薛暮桥回忆，1936 年 10 月与罗琼去王昆仑的太湖别墅休养一个月，12 月初回上海，“我们回到上海不久，就听到西安事变的喜讯”。从这一会议记录来看，去无锡太湖别墅休养更晚，回上海的时间更早，在无锡的时间尚不足两周。参见薛暮桥（1991）：《薛暮桥回忆录稿》，手稿，1991 年，薛小和藏；薛暮桥（1996）：《薛暮桥回忆录》，载《薛暮桥文集》第二十卷，北京：中国金融出版社，2011 年，第 51 页。需要指出的是，《第三届理事会第五次会议记录》发表在孙晓村被捕之后，记录未必完整。据千家驹回忆：“‘七君子’被捕前一天，我们到上海参加一个会，可能是援助绥远抗战，在功德林聚餐，回到青年会，当晚沈老等即被捕。”作为中国农村经济研究会理事，孙晓村应出席第三届理事会第五次会议，而会议记录并未反映出来。参见周天度、孙彩霞编（2006）：《救国会史料集》，北京：中央编译出版社，2006 年，第 1111 页。

③ 中共上海市委党史资料征集委员会、中共上海市委党史研究室、中共上海市委宣传部党史资料征集委员会合编（1995）：《上海革命文化大事记（1919.5—1937.7）》，上海：上海书店出版社，1995 年，第 553 页。

**11月25日** 为《中国农村经济常识》一书写“作者自序”。序言说：“前年10月《中国农村》月刊出版，作者试写农村经济底基本知识，每期登载一篇，这种有系统的叙述颇受读者欢迎。可惜又因某种原因，写了一半只得暂时搁笔。按照作者预定计划，前半部写农村经济的一般理论，下半部写中国的农村经济。后面这一部分，直到今年1月《中国农村》二卷一期出版，方才能够开始来同读者见面。现在全部登载完毕，把它酌加补充，集成这样一个小册。作者本想把上半部的一般理论合在一起发表，但因《中国农村》月刊第二卷起通俗化了，前后两部分的叙述方法颇多歧义，所以决定把它分为两册出版。”“今年秋天突患肺疾，到今没有恢复健康，同时新知书店却因稍有时间性的关系，急欲付印。因此只得就精力所及，稍加补充，这是一件很苦痛的事情，想来读者是会原谅我的。”[①]（参见1937年1月31日条。）

**11月28日** 中国农村经济研究会理事、《中国农村》月刊委员会主席、南京救国会负责人孙晓村和中国农村经济研究会南京会员曹孟君以“赤匪嫌疑，危害民国”罪名被捕，关押在南京宪兵司令部。[②]两天后，孙冶方在信中说：“我们的月刊编者，在财部任职的，据说在京因参与救亡运动而被捕了。这恐怕要影响到我们的月刊。”[③]

**12月1日** 《中国农村》第二卷第十二期出版。本期杂志全文刊载《大家看》《大众话》《大众论坛》《小学生》《小姊妹》《中学生》《中流》《中国农村》等34个杂志社发出的致傅作义将军暨前线将士

---

① 薛暮桥（1937）：《中国农村经济常识》，载《薛暮桥文集》第十五卷，北京：中国金融出版社，2011年，第180—181页。

② 中国人民政治协商会议全国委员会文史资料委员会编（1993）：《孙晓村纪念文集》，北京：中国文史出版社，1993年，第434页。

③ 孙冶方给洪克平的信，1936年11月30日，李昭藏。

的通电，并决定向各杂志编者、作者及读者募集捐款，慰劳傅作义率驻绥远部队奋勇抵抗日军入侵绥远。[①] 钱俊瑞在本期发表《关于乡村服务人员大团结的一个建议》，认为全国乡村服务人员在“共赴国难”前提下“精诚团结”，“不但是必要，而且是完全可能的”。[②]

薛暮桥在本期《中国农村》发表《〈中国农村〉两周岁纪念——过去的清算和未来的计划》（未署名）[③]，以及《农村合作运动与农产统制》。据《编后记》记载：

> 薛暮桥先生此次又在病中写就了最后两篇的“农村经济常识”：一篇就是本期发表的《农村合作运动与农产统制》，一篇是《知识分子的乡村改良运动》，后一篇因篇幅不够未及排入。好在预定的十二个题目，都已写完，不久即可刊行单行本问世，故《知识分子的乡村改良运动》不在第三卷本刊发表了。[④]

---

① 《上海杂志界为绥远抗战致傅作义将军电》《发起全国读者以一日供献绥军抗战启事》，载《中国农村》第二卷第十二期，1936 年 12 月 1 日，第 73—74 页。当时救国会领导人被捕，很多杂志不敢刊出通电和募捐启事。参见秦柳方（2001）：《柳风拂晓——秦柳方选集之三》，北京：中国财政经济出版社，2001 年，第 280—281 页。

② 钱俊瑞（1936）：《关于乡村服务人员大团结的一个具体建议》，载《〈中国农村〉论文选》，北京：人民出版社，1983 年，第 642—647 页。

③ 这篇《中国农村》两周年总结性质的文字通篇是《中国农村》编者的口气。如“这一年来，因为经费困难，‘农村通讯’和‘农村文艺’两栏以外，我们对于其他稿件不曾能够支付分文报酬。《中国农村》能够维持到今天，是全靠各位认识的和不认识的朋友们的义务帮忙。所以，当《中国农村》两周岁的时候，我们首先就应该向各位帮忙的朋友们致谢”！又如“第二卷第一期出版的时候，我们就提出了‘通俗化’和‘现实化’的口号。在今日看来，这两个口号仍然是正确的”。参见《〈中国农村〉两周岁纪念——过去的清算和未来的计划》，载《中国农村》第二卷第十二期，1936 年 12 月 1 日，第 85—87 页。考虑到出版时孙晓村已经被捕，孙冶方参加《中国农村》编辑工作比较晚，该文的作者非薛暮桥莫属。次年《中国农村》第三卷第一期载有《中国农村读书会编者的话》《编后记》，均对照这篇总结文字评估杂志内容，可以进一步印证这篇《中国农村》两周年纪念文章的作者是薛暮桥。

④ 编者（1936）：《编后记》，载《中国农村》第二卷第十二期，1936 年 12 月 1 日，第 88 页。

《农村合作运动与农产统制》指出，随着社会环境各异，合作组织所尽的任务大不相同。中国农村合作运动并非出于农民的自动要求，而是几种上层势力竞向农村发展的结果。首先，帝国主义者和民族资本家追求廉价原料，所以河北、陕西两省植棉区域，成为合作运动最发展的地方，河北合作社数最多，陕西社员人数最多。其次，银行家开辟投资道路，多数合作社集中于邻近金融中心的各省。最后，政府企图用这“和平建设”来消灭农民的土地斗争，因此江西、安徽等地合作运动比其他各省发达。从合作社的种类和发展趋势看，信用合作所占比率显著减少，但在各类合作组织中还占绝对多数。许多信用合作社的放款常被地主富农独占，通过他们再用更高的利息借给贫苦农民。许多地方农民借到的放款，未到手便被扣去抵偿田租利息或抵偿田赋税捐。运销合作发展特别迅速，实际上只是帝国主义者和银行资本家的收货机关。生产合作表面占了相当大的比率，实际仅限手工业等不重要的经济部门。农村合作社几乎全被地主富农所操纵，入社资格和放款保证，把大部分贫苦农民关在门外。文章还指出，中国的农产统制事实上以帝国主义者收买农产做基础。丝、茶两项是输出农产的主要项目，所以农产统制首先在两个部门实施。结果非但没有提高中国丝茶商的国际市场地位，甚至没有动摇外商在中国市场的垄断权力。银行和工商巨头是农产统制事实上的实施者，政府所设统制机关，实际只是它们的代理人。因此银行巨头和工商巨头是农产统制的灵魂。各地农村商人虽受统制政策打击，但势力比较大的地主豪绅则在统制政策下势力更加扩大。[①]

---

① 薛暮桥（1936）：《农村合作运动和农产统制》，载《中国农村》第二卷第十二期，1936 年 12 月 1 日，第 57—65 页。本文已收入《中国农村经济常识》一书第十三章。参见薛暮桥（1937）：《中国农村经济常识》，载《薛暮桥文集》第十五卷，北京：中国金融出版社，2011 年，第 266—272 页。

## 1937年

**年初** 中共江苏省临时工作委员会重建，李凡夫任书记，胡乔木、王翰、徐雪寒为委员。胡乔木分管救国会党团（书记钱俊瑞）工作。[①]

**1月1日** 所编《中国农村》第三卷第一期出版。由于孙晓村被捕，自本期起，封面所署“中国农村经济研究会孙晓村编”改为“冯和法主编”。

在本期发表《社会科学研究什么》《怎样进行集体读书》（署名“编者”），以及《编者附白》《编者的话》和《编后记》。[②]《社会

---

① 胡乔木传编写组（2015）：《胡乔木传》，北京：当代中国出版社、人民出版社，2015年，第36页。

② 《编者附白》系对同期陈洪进《国难期间农村团体组织》一文（第13—25页）的评论。《编者附白》指出：“中华民族在目前是处在千钧一发，生死存亡的最后关头中。民族自觉和人民团结的急需比任何时代都迫切。在目前，召集几个乡下人在一起，谈谈国家民族的前途大事的机会和可能都不容易得到。在这种环境下，任何组织、任何团体，只要是有群众（所谓群众不一定要几千几百，就是几十或几人也是好的）参与在内的，我们都不应该轻视它，更不应该仇视它：我们应该把它转变成为抵抗外敌，挽救民族危亡的力量。我们应该把这些团体统统汇合起来，团结成一个抵御外侮的大力量。我们不要因为这些团体底旧的形式和旧的意识，而轻视了这些团体影响之下的千百万大众。我们应该以新的内容去充实这些旧的形式。我们可以相信，在伟大的民族自救运动的铁流中，一切团体底旧的形式旧的思想都会被熔化过，被改造过的：所以目前的唯一任务就是在于把这些团体吸收到这铁流中来。”参见编者（1937）：《编者附白》，载《中国农村》第三卷第一期，1937年1月1日，第25—26页。《中国农村读书会编者的话》是对新设栏目“中国（接下页）

科学研究什么》指出，乡村工作的特殊使命是“改造乡村”，除了一般理论，还要“学习怎样运用基础理论给我们的工具，去分析现社会的各种具体问题”，“尤其是同我们有切身关系的中国现阶段的土地问题和民族解放问题”。①

《怎样进行集体读书》指出，任何青年要想改造社会，那就应当时时刻刻充实自己。“中国农村读书会”的组织，就是乡村工作青年或者乡村师范学生充实自己的一件最基本的工作。但组织如果不够严密，会发生许多相反的流弊。文中介绍了预防流弊的办法，读书的类型和读书的指导，讨论的程序等问题。②

**1 月 12 日**　孙冶方致信洪克平。信中说：“暮桥已回来，我把（《中国农村》）月刊编辑交还他，可是他刚病好，我还应帮他看些稿；同时会中数百会员的组织教育工作从未好好做过，我预备来负担起这个工作。这些很有意义的事，我是应该做的。但这是一件很忙的事。”③

**1 月 17 日**　与张锡昌、吴觉农、王寅生、冯和法出席第三届理事会第六次会议，孙冶方、吴允中列席会议。会议听取会务报告，并重订经常费预算和月刊收支预算，第三卷起一律支付稿酬，以改进

---

农村读书会”的说明。参见编者（1937）：《中国农村读书会编者的话》，载《中国农村》第三卷第一期，1937 年 1 月 1 日，第 55 页。《编后记》同时为“代第三卷开场白”，指出上期预告的“国防和中国农村特辑”因故临时取消，但原定特辑中的文章大部分在本期发表了；同时对照上期的《中国农村》两周年纪念文章提出的计划，“大半是已在这一期执行了”。参见编者（1937）：《编后记》，载《中国农村》第三卷第一期，1937 年 1 月 1 日，第 88—89 页。

① 薛暮桥（1937）：《社会科学研究什么》，载《薛暮桥文集》第一卷，北京：中国金融出版社，2011 年，第 195—199 页。

② 编者（1937）：《怎样进行集体读书》，《中国农村》第三卷第一期，1937 年 1 月 1 日，第 63—66 页。

③ 孙冶方给洪克平的信，1937 年 1 月 12 日，李昭藏。

稿件品质。此次理事会通过 25 位新会员，中国农村经济研究会会员达到 673 人，其中 472 人已经登记。《中国农村》月刊第三卷第一期销售 4 000 份左右，订户 1 000 户以上。会议议决编印论文集（《中国土地问题和商业高利贷》），组织编辑委员会负责编辑，推定薛暮桥、王寅生、孙冶方、冯和法四人负责；农村通讯（《中国农村动态》），请陈洪进负责、薛暮桥协助；农村经济调查，请王寅生负责编辑；请陈洪进翻译英文本《广东农村生产力与生产关系》；会议议决，《中国农村季刊》因很多困难不能解决（如人手缺乏，来稿部分内容不够充实），暂缓出版；对于本届理事任期已满应如何改选问题，因会友散处各地，且许多新会员彼此多不相识，故先由本届理事会提出陈翰笙等 28 名会员[①]为候选人，请各地会员补推候选人若干名，再进行通讯选举；月刊暂时不登征求会员启事，在《中国农村经济研究会会报》上刊登要求会员介绍的启事。[②]

这次理事会还讨论了营救孙晓村、曹孟君的问题。吴觉农提议，用研究会理事会名义出具呈文，要求保释孙晓村、曹孟君。冯和法、薛暮桥自愿前往。钱俊瑞、薛暮桥等人即写出《要求保释本会理事孙晓村、曹孟君》。冯和法、薛暮桥持书到南京宪兵司令部请愿，临行吴觉农说："如果你们也被捕了，我再去营救。"呈文请孙晓村同事张孟休转交后返回上海。半月之后，吴觉农、孙冶方又去南

① 据《改选理事启事》（载《中国农村经济研究会会报》第六号，1937 年 1 月 25 日，第 7 页），第三届理事会第六次常会推定下届理事候选人如下：陈翰笙、吴觉农、王寅生、孙晓村、冯和法、钱俊瑞、薛暮桥、张锡昌、陈洪进、千家驹、孙冶方、李紫翔、姜君辰、黄枯桐、赵梅僧、李景汉、毕相辉、秦柳方、薛培元、伍忠道、张农、郭人全、刘端生、刘怀溥、刘存良、张稼夫、张健冬、蓝梦九。

② 《第三届理事会第六次常会记录》（1937 年 1 月 17 日），载《中国农村经济研究会会报》第六号，1937 年 1 月 25 日，第 5 页。

京，也无结果。[①]

**1月31日** 所著《农村经济底基本知识》和《中国农村经济常识》由新知书店出版。因两书相辅相成，作者称两书为“姐妹著作”，“作者年少失学，上述两书，全是四五年来自己研究所得到的成绩”。[②]

《农村经济底基本知识》以苏联廖谦珂著《农业经济学》（参见1936年9月条）为蓝本改写。作者自序写道：前年廖谦珂《农业经济学》的译本出版，作者细读一遍，觉得这书所包含的基本问题，确有必要广向中国读者介绍。不过理论的深奥和篇幅的庞大，使得大多数的青年完全无法接受。因此我想抽出这书最重要的部分，辑成一本适合中国文化水准的通俗读物。作者在《中国农村》第一卷中

---

① 冯和法（1993）:《半个世纪同志情》，载《孙晓村纪念文集》，北京：中国文史出版社，1993年，第106—107页；邓加荣、田羽（2011）:《章乃器传》，北京：民主与建设出版社，2011年，第172—173页。上述文献未谈薛暮桥、冯和法赴南京的时间，因冯和法谈到此事经理事会讨论，第三届第五次理事会在1936年11月22日，当时孙晓村尚未被捕，第六次理事会即本次会议。我们据此确定讨论此事是1937年1月17日。这与《中国农村经济研究会会报》所刊载的1月18日《会员消息》可以相互印证补充。这则消息内容如下：“近接各地会友来函，每以会友孙晓村先生近状见询。爰述孙先生近状以慰系念。孙晓村先生原在南京财政部供职，现任赋税司第二科科长，兼任所得税事务组主任。曾任行政院农村复兴委员会专员，主持各地粮食调查，著述农村经济论文及粮食调查多种。在会中曾主编《中国农村》月刊，热心会务素为会友钦佩。上年11月间，南京各界成立首都援绥抗敌后援会，孙先生曾出席参加。至11月28日，即自财政部办公室被传，至今未蒙开释。孙先生平素纯洁坦白，热心社会公益，此事当出自误会，不难获释。凡属友好，均望其早日恢复自由，赓续社会服务。至于各会友慰问函件，均已转交孙先生家属查收，尚祈释怀。”这次中国农村经济研究会理事会关于不成立分会的决定，也应与孙晓村、曹孟君以及救国会七君子先后被捕的严峻形势有关。参见中国农村经济研究会（1937）:《会友消息》，1937年1月18日，载《中国农村经济研究会会报》第六号，1937年1月25日，第2页。

② 薛暮桥（1937）:《农村经济底基本知识》，载《薛暮桥文集》第十五卷，中国金融出版社，2011年，第44页。

所发表的几篇论文，除最初两篇之外，便是主要利用上书所供给的材料写成功的。[①]至于《农村经济底基本知识》第五章“殖民地农村经济底特质”，则主要利用孙冶方《财政资本的统治与前资本主义的生产关系》一文资料完成（参见本年 2 月 1 日条）。本书侧重讲述 17 世纪至 19 世纪欧洲和北美国家农村经济的转型，共计七章：从封建社会的农业生产关系讲起，叙述资本主义农业经营如何发展，接着分析农业经营中的土地问题、劳动问题、资本问题、殖民地农村经济的特质和各国的农业恐慌，最后是各国农业改良政策和苏联农业革命。

《中国农村经济常识》以在广西省立师范专科学校授课时的讲稿为基础修改而成，全书十四章中的十一章曾经在《中国农村》月刊发表，另外三章（第六、十、十四章）则是后来补充，第三章最后一节已经改写。此书是 20 世纪 30 年代中国农村派农村经济调查的总结性作品，作者自信“关于研究中国农村经济的最重要的方法和材料，都已说到一点”[②]。陈洪进在《中国农村》“每月书报”栏目这样评论：

近几年来，中国农村经济的调查，虽然发展了不少，可是关于中国农村经济，在理论和趋势方面的分析，还缺乏综合的有系统的著述。这本著作，恰巧可以补救这种缺陷。在名称上，它虽然

---

① 薛暮桥（1937）：《农村经济底基本知识》，载《薛暮桥文集》第十五卷，中国金融出版社，2011 年，第 43 页。

② 《中国农村》第三卷第二期目录页之后，即为两部作品的书籍广告，称之为“薛暮桥著农村经济二大力作”。《中国农村经济常识》作者“以简洁而通俗的笔调，阐明高深的科学理论；所用材料丰富而扼要，都经过精密整理；与理论部分互相融和”。《农村经济底基本知识》“所研究的是农村经济的一般理论，即资本主义社会中农业发展的特殊法则；后者（指《中国农村经济常识》——引者注）所研究的是中国农村经济的特质。读了《中国农村经济常识》，应当再读，使认识更加深刻”。参见《中国农村》第三卷第二期，1937 年 2 月 1 日。

叫做“常识”，可是实际上，它却是一本“中国农村经济的基本理论”。作者把中国农村经济的基本问题，都加以系统的分析，并且每一问题，都从方法论上提出许多有启发作用的问题。

它的范围相当的广泛。它包括：

1. 中国农村问题底方法论——第一章，第二章（第一节），第三章（第一节），第七章（第一节），第八章（第一节），第十三章（第一节）。

2. 土地问题——土地问题（第三章），租佃关系（第四章）。

3. 劳动问题——农业中的雇佣劳动（第五章），农村商业和农民离村（第十一章）。

4. 农业经营问题——耕畜、农具和资金（第六章）、现阶段的农业经营（第七章）。

5. 农村货币流通——第八章，第九章，第十章。

6. 农村经济的趋势和运动——第十二章、第十三章、第十四章。

作者在这本著作当中，表现出好几种优点：

第一，作者在分析问题的时候，很详细地解剖它的中心问题，并且提出解剖问题的方法。除开专门讨论方法论上问题部分而外，在别的地方，也是这样。例如，在分析“帝国主义侵入后的农村经济”（第16页）时候说道“一部分人以为帝国主义只是通过了残余的封建势力，而来实行间接剥削，对于农村生产关系，并未引起任何显著的变化”，接着便用具体事实来说明“这并不是帝国主义剥削中国农民的主要方式”。在讨论土地问题的时候，就提出“直到现在，还有许多博士教授以为土地问题，只是一个‘耕地不足’，或是‘人口过剩’的问题”或者“转头去提倡‘工业救国’，这只是取消土地问题”，接着又加以扼要的说明。在第六章上又提出，农业经营问题，有两种错误的见解：“以为只要生产技术进步，一切经济问题便可完全解决”；或者“以为土地是农业中的最重要的生产资料，所以只要研究土地，其它问题可以搁着不谈”。作者随后就用具体事实来说明这种意见不能成立的理由。在第七章讨论农业经营的时候，又提到“若干学者因为资本已经支配农业生产，因此便说：中国的农业生产方式已是资本主义性的，中国农民实际都是资本主义商品生产的‘外在的工人’”。作者对于这一点，就从“农业生产方式的发展过程，做一个更详细的分析”。在第八章论到中国农产商品化的时候，作者说：“中国有一部分学者，看到农村中的商品生产已经相当发展，因而断定资本主义已在农业生产中占着优势”。作者都曾加以明确的解答。这里当然不能把作者在这本著作中，所清算的问题，一一列举出来。由于这个优点，作者能够帮助读者，更深刻地探讨中国农村问题的各方面，而不至于仅仅得到一些呆板的机械的理论。

第二个优点，著者并不是抽象地来讨论许多问题，而是引用了很充实的具体事实。关于具体事实的引证，以及统计数字的证明，很明显地表现出著者对于问题底了解非常之深刻。许多的统计材料运用得非常之扼要，而且经过很好的整理。由于这一个优点，读者还可以对于中国农村经济全部得着一个综合的认识。

第三个优点，是对于农村各阶层有明确的分析。虽然在各章当中，并没有专门一章来分析这个问题，可是全书的各章几乎对于这个问题都曾联系到的。读者可以看到，在论土地问题时（第三章），这个问题是一个主要的课题。由此，把中国农村各阶层的特质，解说得清楚。关于富农问题（联带地对于贫农问题）在29页、30页、101页也有扼要的说明。

第四个优点，著者考察中国农村问题，从它的发展过程中去考察。在第一章以及最后的三章（第十二、十三、十四章）上，著者把问题的发生的趋势，都解说明白。并且不是把农村问题，离开了人的能动性去观察。在这一方面，著者扼要地指出中国农村的动向，并且很正确地批判了当今各地的乡村建设运动。最后指示出乡村运动的出路。

这本著作对于农村经济研究者，确是有很大的帮助，尤其对于开始研究农村经济的人。

全部的著作，著者固然有一个很完整的系统，可是过去是按期在《中国农村》月刊上发表的，因此，多多少少要受着月刊篇幅上的限制和束缚。所以在编排的形式上，不能使它表现出问题原有的系统。

为了更能适合初步研究的读者的便利，笔者愿意提供几点意见：

第一，著者在再版的时候可以增加一个研究问题的纲要，用问话的形式把许多扼要的问题提出来，提起读者的注意。这样，初步研究者，如果把所有的问题，都能作出答案，它对于这些问题，就可以更容易地把握住。

第二，因为这本著作包括的问题很广泛，往往一个问题，要从各方面去观察，才能明白，所以一个问题一定散见在许多章节上。这就需要一个很详细的索引。

第三，著者应该适应读者更进一步研究的要求，在每章的后面，提出较详细的书目，鼓励读者自动地行较深刻的研究。

在著者的序言上说："不幸今年秋天突患肺疾，到今没有恢复健康"，我们很希望，著者早日恢复健康，可以再写一本更详细的著作，作为读者继续研究的资料。①

日本学者米泽秀夫1937年7月将此书译成日文出版，书名《支那农村经济概论》。农业出版社1980年重印《中国农村经济常识》，改题《旧中国的农村经济》。在编选《薛暮桥学术精华录》时，薛暮桥选入此书"帝国主义和中国农村""中国农村中的土地问题""知

① 陈洪进（1937）：《薛暮桥：〈中国农村经济常识〉》，载《中国农村》第三卷第三期，1937年3月1日，第45—51页。

识分子的乡村改良运动”，认为是“其中较重要”的章节。[1]

**1月** 所写《怎样研究地租问题》在中山文化教育馆研究部编《中国地租问题讨论集》一书发表。文章指出，租佃制度建筑在土地私有制度上，它表示土地所有和土地使用的分离。奴隶社会没落时，土地租佃制度来解决土地和劳动力之间的矛盾，使多余的土地和多余的劳动力结合起来，保证农业生产顺利进行。封建社会没落时期，即资本主义萌芽时期，封建性土地关系和租佃制度转化为束缚生产力发展的桎梏。地主不易撤佃，农民不易退租的凝滞土地关系不能迅速扩张农业生产，半封建的剥削（苛重佃租和廉价劳动力）保证地主的收入，阻止他们改良农具和采用资本主义的生产方式，农民无力改进生产技术。中国现行租佃制度研究首先应注意对于农业生产起什么作用，它和帝国主义经济侵略及整个国民经济发展究竟是何关系。就租额问题而论，关键不是从理论上规定“适当租率”，而是从实践上发现实行减租的社会势力，能否扶植拥护减租政策的社会势力——缺乏土地的农民大众和能否推翻反对减租政策的地主豪绅的统治。更进一步说，土地问题的解决，更同帝国主义和民族解放问题息息相关。这才不是乌托邦的空想。[2]

在《改造》创刊号发表《究竟是谁的错误》，对日本原胜君在《上海杂志》所发表的《陶直夫、薛暮桥的方法论上的误谬》[3] 作出回应。文章指出原胜君的批评“无的放矢”，重复“陶薛两君”的话，

---

① 薛暮桥（1988）：《〈薛暮桥学术精华录〉自序》，载《薛暮桥文集》第十三卷，北京：中国金融出版社，2011年，第31页。

② 薛暮桥（1937）：《怎样研究地租问题》，载《薛暮桥文集》第一卷，北京：中国金融出版社，2011年，第191—194页。收入《薛暮桥文集》时，本文标记为“1936年”，这里已订正。

③ 薛暮桥没有说原胜君《陶直夫、薛暮桥的方法论上的误谬》发表在上海的哪一种杂志上，也有可能专指《上海杂志》。

“现在来写这篇答复文字，实在也是一件多余的事情”。[①]

**2 月 1 日** 所编《中国农村》第三卷第二期出版。《编后记》表示：“此后本刊预备一面注重学术研究，藉以提高乡村工作者的知识水准；另一方面，我们特别重视工作和生活上的具体指导。”[②] 并在本期发表《殖民地农村经济底特质》和《历史上的人类社会——社会形式发展史》（署名“余霖”）。

《殖民地农村经济底特质》引用具体事实说明殖民地农民的悲惨命运[③]：“直到现在，中国还有若干学者以为帝国主义者的经济侵略，会使殖民地的农业趋向资本主义。这种虚伪幻想，读了这篇文章便可不攻自破。”[④] 这篇文章已编入《农村经济底基本知识》一书。

《历史上的人类社会——社会形式发展史》指出，农奴制度破坏后，资本主义农业经营沿着两条道路发展起来：第一是地主解放农奴，用工资劳动者经营农业，成为资本主义的土地所有者兼农业资本家。但过渡期农民受土地束缚，因租地或借债，被迫到地主农场上工作，这是半封建的雇役制度。第二是地主把土地租给农业资本家经营，自己成为单纯的资本主义的土地所有者。在大多数农民还没有分化为农业资本家和农业无产者的时候，地主常把土地分割来出租给许多小农耕种，征收封建性的现物地租或货币地租。这是半封建的零细借地制度。[⑤]

**2 月 6 日** 在《自修大学》（平心主编）第一卷第一辑第二号发

---

① 薛暮桥（1936）：《究竟是谁的错误》，载《薛暮桥文集》第一卷，北京：中国金融出版社，2011 年，第 171—175 页。

② 编者（1937）：《编后记》，载《中国农村》第三卷第二期，1937 年 2 月 1 日，第 95 页。

③ 薛暮桥（1937）：《殖民地农村经济底特质》，载《中国农村》第三卷第二期，1937 年 2 月 1 日，第 17—25 页。

④ 编者（1937）：《编后记》，载《中国农村》第三卷第二期，1937 年 2 月 1 日，第 95 页。

⑤ 薛暮桥（1937）：《历史上的人类社会——社会形式发展史》，载《薛暮桥文集》第一卷，北京：中国金融出版社，2011 年，第 203—209 页。

表《什么叫作半封建社会》。文章认为："资本能否控制生产是一个问题，生产方式是否已经资本主义化——是否已经改用资本家的生产方式又是一个问题。我们决定社会性质的主要标识，不是前者，而是后者"。同时，"帝国主义资本的控制农业生产，如果不通过都市中的买办资本，和农村的高利贷与商业资本，几乎可以说是全不可能"。封建社会的基本特质是自然经济占支配地位，农业同手工业互相结合；地主和农民两大社会层对立，地主把农民束缚在土地上面，并用超经济的强制权力，剥削全部剩余劳动或全部剩余生产物。封建社会的农民与资本主义社会的工人主要区别在于，前者占有一小块狭小土地和若干简陋的生产工具，独立经营；后者完全脱离土地和一切生产工具，被资本家雇佣。同时，封建社会的地主用地租名义榨取农民的全部剩余劳动或全部剩余生产物，后者的地租是剩余劳动生产物除去农业资本家平均利润后的剩余部分。从封建社会向资本主义社会的转变不能一下子彻底完成。首先是工业方面，手工业者不能完全摆脱封建束缚，实际还是封建社会的特殊构成部分，直到后来商业资本控制手工业生产，再从商业资本转化为工业资本，资本家的生产方式才完全确立。农业部门中，由于大多数农民还没有从土地上解放出来，又没有充分的土地可以独立生活，仍然不得不去仰仗地主；生产工具还没有集中到地主和农业资本家手中，所以地主仍只能用封建性的剥削方式，这时产生两种生产方式：第一，地主自己经营，强迫借地或负债的农民来替自己耕种；第二，地主出租全部或极大部分土地，向农民征收封建性的佃租。这些生产方式虽然已经解除封建性的身份关系，形式上采取资本主义的"自由"契约，但基本特征还是地主同农民的对立。所以叫作半封建的生产方式。东方诸殖民地商品经济已相当发展，土地可以自由买卖，"自由"的雇佣制度和租佃制度已经确立起来，农民层已开始分化。不过农村中的基本关系，还不是资本家同工资劳动者的对立，而是地主同贫苦农民的对立；地主所征收的佃租，不是属于资本主义性质，而是属于封建生产的范畴。所以这种农业经济虽然已经转向商品生产，而且受着帝国主义资本的控制，但是它的生产关系还是封建性的，还阻碍着资本主义生产力的自由发展。这种殖民地或半殖民地农业社会，我们也称为半封建社会。[①]

**3 月 1 日** 所编《中国农村》第三卷第三期出版。《编后记》表示：本期“差不多已经变成了一个乡村工作专号”[②]，除了“都市和农村”栏目以及“专论”栏文章，还特辑收录十篇“我的乡村工作经验谈”文章。[③]

在本期“都市和农村”栏发表《乡村建设工作的新动向》（署名“雨林”）；在“农村读书会”栏发表《资本主义社会解剖——经济学的基本理论》，以及《编后记》。

《乡村建设工作的新动向》表示，读了梁漱溟《我们对时局的态度》一文[④]，认为“梁漱溟先生的主张已经相当转变了”，同时“来同梁先生公开讨论下面几个问题”：第一，我们主张“各地乡村工作人员，际兹国难时期，应当同以抗敌救国为其首要工作”，梁先生却主张抗敌救国只是不能不应付的临时工作；我们希望梁先生的主张根本不是缓不济急的“建设伦理社会”，而是同“急于对外”相对立的“积极地准备来培养自己”。第二，在全国人民大联合的大目标还没有完成之前，我们应从自身做起，即“从乡村工作人员的大联合来促成全国人民的大联合”。第三，关于“对外”和“培养自己”孰先孰后的问题，我们以为这两件事情事实上是分不开的。第四，关于解散党

---

① 《薛暮桥文集》第一卷收录本文时标注为 1937 年 1 月。这里已根据《自修大学》订正。

② 编者（1937）：《编后记》，载《中国农村》第三卷第三期，1937 年 3 月 1 日，第 96 页。

③ 编者（1937）：《“我的乡村工作经验谈”特辑导言》，载《中国农村》第三卷第三期，1937 年 3 月 1 日，第 33 页。

④ 梁漱溟（1936）：《我们对时局的态度》，载中国文化书院学术委员会编（2005）：《梁漱溟全集》第五卷，济南：山东人民出版社，2005 年，第 924—930 页。

派问题，“我们觉得在进行乡村工作人员大联合的时候，原有乡村工作团体是不需要‘自己解散’的；尤其像邹平这样有稳固基础的团体，更不应当解散”。第五，“我们希望梁先生能更积极地根据全国人或多数人的意见，提出抗敌救国的具体主张，并在实际工作之中使其实现。假使这样，我们相信全国乡村工作人员，一定乐于在梁先生的领导之下来‘彻底联合’的”。①

《资本主义社会解剖——经济学的基本理论》共计四节：商品经济；剩余价值；利润、利息、地租；经济学的参考书籍。② 文中指出：“在商品生产社会中间，一切生产工作都是无计划的。那么究竟谁替我们计算价值，谁替我们决定交换比率呢？承担这种任务的是市场。”③

**3月9日** 参加中国农村经济研究会上海会员讨论会，讨论国民经济建设问题。这次讨论会源于钱俊瑞著《中国国防经济建

---

① 雨林（1937）：《乡村建设工作的新动向》，载《中国农村》第三卷第三期，1937 年 3 月 1 日，第 1—3 页。

② 在“经济学的参考书籍”部分，薛暮桥做了如下推荐：1.《通俗经济学讲话》，狄超白著，新知书店。这是经济学的初级读物，内容简单明白，颇合初学需要。不过叙述方式似乎过于呆板，不够生动活泼。这是因为专讲抽象理论，不曾去同具体事实配合起来。日文《资本论读本》可以免去这个缺点，听说中文译本不久就能出版。2.《大众政治经济学》，莱渥铁爱夫著，吴大琨、庄纪尘合译，新知书店。这是研究经济学最适当的中级读物，原文出版虽然不久，但在国内已有三种译本。是根据英文版翻译出来的，比从俄文版（也是原著）译出的其他两种译本简单一点。其他两种译本第一种是胡明译的《政治经济学基本教程》（光明），第二种是张仲实译的《政治经济学讲话》（生活）。3.《新经济学大纲》，沈志远著，生活书店。这是根据《政治经济学教程》写出来的，算是国内最完整的经济学书籍。《政治经济学教程》也有几种中文译本，可惜最近两版都没有译全。《薛暮桥文集》在收录《资本主义社会解剖》时，遗漏了上述推荐。参见薛暮桥（1937）：《资本主义社会解剖——经济学的基本理论》，载《中国农村》第三卷第三期，1937 年 3 月 1 日，第 71—81 页。

③ 薛暮桥（1937）：《资本主义社会解剖——经济学的基本理论》，载《薛暮桥文集》第一卷，北京：中国金融出版社，2011 年，第 210—216 页。

设》一书[①]，以及《国民经济建设方案》[②]和《我们要建设国家资本主义》[③]两篇短文。会上钱俊瑞先行报告，提出抗战和国民经济建设不是矛盾的，建设可以增大抗战的力量，抗战可以保证经济建设的完成。国民经济建设和组织唤起民众“相等重要”，“相互联系不能分开”。薛暮桥认为：“对于不对的方案[④]，我们的态度应是批判的，而不是竞赛的。我们要指出他们的建设方案是买办性的，是使中国更殖民地化的。至于抗战准备中的‘人’和‘物’的问题，我觉得在抗战前或抗战中，人的因素也比物的因素重要。”孙冶方、何干之、朱楚辛、冯和法、郑森禹、骆耕漠出席讨论会并发表意见。[⑤]

孙冶方致信洪克平，信中评论薛暮桥：“他虽不多谈，然而是很有趣的，一开口就是引人发笑的幽默。在玩的时候，他更是有意思。”[⑥]

**3 月 14 日**　与吴觉农、钱俊瑞、孙冶方（代王寅生）、冯和法（代陈翰笙）、秦柳方（代张锡昌）出席中国农村经济研究会第三届理事会第七次会议，吴允中、蔡起庸列席会议。会议由吴觉农主持，听取会务报告，通过秦柳方等人补推潘一尘为候选理事，决定再发改选

① 即钱俊瑞主编“黑白丛书”的第一种。

② 钱俊瑞（1937）：《国民经济建设方案》，原载《现世界》第二卷第一期，又载《钱俊瑞文集》，北京：中国社会科学出版社，第 221—225 页。“国民经济建设”系蒋介石 1935 年春首次提出，1936 年元旦演说词中再次强调，同年 6 月 3 日颁布国民经济建设运动委员会总章，蒋介石同日通电号召“举国人民，急起直追，实行推动”。国民经济建设运动的主要内容包括提倡征工、振兴农业、鼓励垦牧、调节消费、振兴工业、开发矿产、流畅货运、调节金融八个方面。

③ 载《自修大学》第一卷第一辑第三期。

④ 指国民经济建设方案。

⑤ 佚名（1937）：《“国民经济建设”讨论会略记》，载《中国农村经济研究会会报》第七号，1937 年 4 月 10 日，第 3—4 页。

⑥ 孙冶方给洪克平的信，1937 年 3 月 9 日，李昭藏。

通知书，附选举票。决定每 3 个月在《中国农村》上征求一次会员。会议通过新会员 41 人。①

**3 月**　所著《封建、半封建和资本主义》由黑白丛书社②出版。全书 36 开 78 页，6 月再版。该书是钱俊瑞主编“黑白丛书”第六种。③“绪论”通过回顾中国农村社会性质论战双方的研究方法，交代了全书重心所在。薛暮桥晚年称该书是为了“解释‘半封建’这个疑团”。④

**4 月 1 日**　所编《中国农村》第三卷第四期出版。本期刊登中国农村经济研究会“紧急启事”，就“若干地方邮局常有扣留该刊事件发生”，表示“恐系误会所致”，并影印刊出 1936 年 5 月 16 日中宣部公函、6 月 2 日上海市党部训令证明杂志已“准予继续出版”。

在《中国农村》“专论”栏目发表《反对？联合？投降？》一文，并写有《编后记》⑤。

《反对？联合？投降？》表示：“在‘精诚团结，共赴国难’这个原则之下，我们也不拒绝——而且十分欢迎——任何乡村工作团体（包括各种乡村改良运动团体）和乡村工作人员来同我们合作。……在民族危机最严重的今日，任何乡村工作团体只要真为民族前途着想，都有可能起来参加抗敌救亡运动的缘故。”“对于民族资本家，甚

---

① 《第三届理事会第七次会议记录》（1937 年 3 月 14 日），载《中国农村经济研究会会报》第 7 号，1937 年 4 月 10 日，第 2 页。

② “黑白丛书社”其实是生活书店所用名义。

③ 曹鹤龙、李雪映编（1995）：《生活 · 读书 · 新知三联书店图书总目：1932~1994》，北京：生活·读书·新知三联书店，1995 年，第 74 页。另据罗琼回忆，罗琼、季洪、姜平合著《战时妇女工作》也是黑白丛书中的一本。参见罗琼谈、段永强访（2000）：《罗琼访谈录》，载薛小和编《把国放在家前面：罗琼逝世一周年纪念文集》，北京：中国妇女出版社，2007 年，第 108 页。

④ 薛暮桥（1988）：《〈薛暮桥学术精华录〉自序》，载《薛暮桥文集》第十三卷，北京：中国金融出版社，2011 年，第 31 页。

⑤ 编者（1937）：《编后记》，载《中国农村》第三卷第四期，1936 年 4 月 1 日，第 74 页。

至对于地主们的反帝情绪也不能加以忽视，而应该把他们导入民族解放的洪流中去。”[①]

**4 月 3 日**　在《自修大学》(平心主编)第一卷第一辑第六号发表《关于农业经济学的初步认识》。文章认为，研究农业经济学的目的，在于认识现存农业生产方式，进而改革现存农业生产方式。各国农业发展走着不同的道路。例如，用革命没收封建大地产的法国，发展了资本主义富农经营，由于农民的分化而向资本主义自由发展；普鲁士用改良手段解放农奴，保存封建大地产，发展了资本主义地主经营；落后的农业国资本主义农业发展受到阻碍，发展了半封建的工偿制和分益制；等等。地租的形式也可用来区分各种不同的生产方式。文中还讨论了农业中的劳动问题、大小经营问题以及农业和民族问题。[②]

**4 月 10 日**　在《中国农村经济研究会会报》发表《我们的研究工作》(署名“乔”)。文章指出，过去一年，本会会员在数量上飞快增加，在性质方面也有显著变化。过去，会员大多是学术研究机构中的工作人员，他们对于高深的科学理论有相当的修养和兴趣。但是这些会员现在多数已经离开上海，或是去做其他文化教育工作，事实上已没有方法再把他们集合起来。[③]新加入的会员，大多数是在乡村埋头苦干的青年；他们固然需要科学理论，但是他们更需要的是解答各种现实问题，以及工作上的指导。对于这些会员，我们所要做的是尽可能多地灌输一点基本知识，尤其是帮他们去解答各种现实问题。我们应当把工作重心放在教育工作上。在整理旧有工作之外，举办几件新的工作：一是读书指导，二是假期训练。如果某地会员已有假期讲

---

① 薛暮桥(1937):《反对？联合？投降？》，载《薛暮桥文集》第一卷，北京：中国金融出版社，2011 年，第 217—223 页。

② 薛暮桥(1937):《关于农业经济学的初步认识》，同上书，第 236—241 页。

③ 这里实际上指出了“× 团体”难以再聚集研讨的情况。

习会的组织，我们应当尽可能多地派员去做研究指导。[①]

中国农村经济研究会编《中国土地问题和商业高利贷》一书由中国农村经济研究会出版。[②]此书由中国农村经济研究会第三届理事会第六次会议决定编印（参见 1937 年 1 月 17 日条），薛暮桥、王寅生、孙冶方、冯和法四人负责[③]。全书共收入十篇论文：一、中国土地问题：中国土地问题的本质，赵梅生；现代中国的土地问题，陈翰笙[④]；中国现阶段的土地问题，陶直夫（即钱俊瑞）；现代中国的土地问题，孙晓村；现代中国的农业经营问题，孙晓村；二、商业高利贷：商业和高利贷资本底本质，Dubrovsky；高利贷资本论，王寅生；中国农产商品化的性质及其前途，孙晓村；现代中国的农业金融问题，孙晓村；中国农产物的原始市场，冯和法。书前序言称，书中所讨论的并不仅仅是这两个问题，所以“假使我们称这小册子为《中国农村经济论文集》，也不能算十分夸大”；“在这以前，我们已经有两本很好的论文集出版，第一本是会友冯和法先生所编《中国农村经济论》，第二本是本会所编《中国农村社会性质论战》。为着避免重复，凡是上述两书所采用的论文，都不收入中间。只有陈翰笙先生的

---

① 乔（1937）：《我们的研究工作》，载《中国农村经济研究会会报》第 7 号，1937 年 4 月 10 日，第 1—2 页。

② 中国农村经济研究会编（1937）：《中国土地问题和商业高利贷》，上海：中国农村经济研究会出版，1937 年 4 月。该书由黎明书局经售。

③《第三届理事会第六次常会记录》（1937 年 1 月 17 日），载《中国农村经济研究会会报》第六号，1937 年 1 月 25 日，第 5 页。对比该书序言和薛暮桥的署名书评可以发现，此书主要编者是薛暮桥。

④ 该文原为英文，中文本由钱俊瑞校译。参见中国农村经济研究会编辑组（1937）：《〈中国土地问题和商业高利贷〉序》，载《中国土地问题和商业高利贷》，上海：中国农村经济研究会，1937 年 4 月，第 1 页。需要指出的是，钱俊瑞校译的版本与陈翰笙原作仍有重要出入，特别是原文中的表格整理者说明均未译出，正文也有少量删节。参见范世涛（2020）：《陈翰笙与国立中央研究院无锡农村经济调查》，载《中国经济史研究》，2020 年第 5 期，第 165—192 页。

《现代中国土地问题》（原著系用英文出版）因为以前所发表的译文错误太多，所以请钱俊瑞先生详细校正，再在中间发表。”[①] 薛暮桥书评重申序言的上述意见，认为此书“编辑方面多少有些缺点：第一，上半部分在理论上和材料上有很多重复的地方；这是因为作者不同，而且每篇都是独立的论文，并不专为而写，所以作者当然不能负此责任。第二，对于中国农村经济的最近发展趋势，虽然各方面都谈到一点；但是还不曾有很充分的分析。关于这点，还待于我们今后的继续努力。第三，偏重理论方面，很少谈到实践问题，例如农村复兴和乡村建设运动；这是因为这方面的论文大多数已经收入《乡村建设问题批判》[②] 的缘故”[③]。

**4 月 17 日**　在中华基督教青年会讲演“农业建设问题”。讲演针对 2 月 15 日国民党第五届三中全会宣言提出的“第一要发展农业生产和农业生产力，第二要解决土地问题，实现‘耕者有其田’”加以评论。他认为，发展农业生产有两个原则问题：第一，应当顾到国民经济的独立发展。如南北战争期间，英国奖励印度和埃及农民种棉，而战争结束，印度农民因棉花卖不出去而饿死，埃及政府因种棉而欠债，被英国灭亡。英美烟公司让山东和河南农民种烟叶，后来种烟叶的多起来，烟叶价格下跌，许多农民亏本。所以，发展农业，应当优先发展中国人民自己需要的东西，不要饿着肚子同人家谈经济合作。第二，要改进农民的生活。比如丝茧统制，只有银行和丝厂得到好处，养蚕和农民反而受到损失。茶叶统制后，价钱更低，种茶叶的农民没有得到什么好处。还有政府奖励合作运动，但是办理这些工作

---

① 中国农村经济研究会编（1937）：《中国土地问题和商业高利贷》，上海：中国农村经济研究会，1937 年 4 月，第 1—2 页。

② 指千家驹、李紫翔编《中国乡村建设批判》一书。此处书名不准确。

③ 雨林（1937）：《书评：〈中国土地问题和商业高利贷〉》，载《中国农村》第三卷第六期，1937 年 6 月 1 日，第 93—94 页。

的人，往往不顾农民，甚至假借名义来剥削农民。还比如造公路，管理公路的人没收农民的田地不给钱，叫农民做了工不给钱。公路造好后，农民的大车反而没有路走了。至于“怎样耕者有其田”，土地是地主的命根子，所以我觉得解决土地问题无论用哪一种办法都有一个先决条件，就是农民要有团体，要有力量。目前，要解决土地问题，要减轻农民的负担，就应采用下面的办法：第一，减轻一部分租佃。这是中国地政学会和许多农村经济学者的共同主张，包含在南京国民政府《土地法》和许多省份的《土地租用条例》中。但因为大部分的区长、乡长是靠收租吃饭的地主，他们不赞成二五减租。第二，减轻利息。第三，用经济或政治的力量来调节农产价格。第四，废除苛捐杂税。第五，农业建设应同时顾到乡村中的政治组织。假使乡村政治权力还在土豪劣绅手里，农民没有团体，没有力量，一切农业建设政策都是做不到的。所以，我们应该组织农民，提高农民的政治地位。[①]

在《自修大学》（平心主编）第一卷第一辑第七号发表《作者致读者：几个经济学上的问题解答》，对自然经济与商品经济、农业资本家与地主、富农的区别做出解释。[②]

**4 月 20 日**　在《中国—世界经济情报》（上海《中华日报》每周增刊）发表《1936 年的中国农业》。

文章在 1936 年秋冬丰收和农产价格上升的背景下，提出关于中国农村经济复兴的看法，援引统计数字看“丰收”和“农村复兴”的意义。对于 1936 年农产的丰收，作者认为并不能归功于农村复兴和技术改良工作，因为事实上农民到现在还是靠天吃饭，得不到科学的恩惠，而化学肥料和改良品种，除极少数商品作物实在太不普遍。丰收的主要原因，第一是天时比较顺调，雨水比较调和；第二是数年灾

---

① 薛暮桥（1937）：《农业建设问题——国民经济建设系统播音演讲稿》，载《薛暮桥文集》第一卷，北京：中国金融出版社，2011 年，第 244—251 页。

② 薛暮桥（1937）：《作者致读者》，同上书，第 242—243 页。

荒后，收获平平也特别耀眼。从统计来看，除与“中日经济提携”密切联系的棉花种植面积飞速增加，其他主要作物均见减少。这表明中国农业生产愈加殖民地化。农产品贸易方面，输出增加，输入减少，其中棉花输出中日本占输出总额的绝大部分。虽然农产“丰收”，各地粮食缺乏仍十分严重，四川、河南及西北各省仍在闹一年一度的春荒。农产运输和市场不统一，大多数贫苦农民并不能享受“丰收”的福利，仍被贫困和饥饿压迫，虽然输出增加，许多农民继续吃着树皮、草根和观音粉。①

在《新学识》（徐步编辑）半月刊发表《关于“耕者有其田”》。针对中国地政学会在青岛举行的第四届年会上建议发行土地债券，“实现耕者有其田”，指出这在财政万分困难的中国是做不到的事情。不仅如此，发行土地债券非但不能避免地主们的反对，而且不会得到农民们的欢迎。②

**4 月**　在《中山文化教育馆季刊》（左恭主编）第四卷夏季号发表《〈农业经济学导论〉书评》③。书评将美国的土地关系分为三种：在东北部发展了资本主义的小农场，西部和中部发展了资本主义的大农场，南部庄园式的大地产仍然束缚着大多数的贫苦农民，“保留着各种封建制的残渣”。书评将佃工制度看作“半封建的雇役制的变相”，认为“分收制同现租制比较起来，是种较落后的方式……现租制流行于富裕佃农中间，分收制流行于贫苦佃农中间”。书评批评约

---

① 薛暮桥：《1936 年的中国农业》，载《中国—世界经济情报》新第一卷第六期，1937 年 4 月 20 日，第 2—3 页。该刊注明《中华日报》每周增刊于 1934 年 4 月 19 日创刊。这显然指的是 1934 年中国经济情报社在该报的“世界经济情报”和“中国经济情报”增刊。

② 薛暮桥（1937）：《关于“耕者有其田”》，载《新学识》第一卷第六期，1937 年 4 月 20 日，第 275—276 页。

③ 约德（Fred Roy Yoder，1929）著，万国鼎译：《农业经济学导论》（*Introduction to Agricultural Economics*），南京：正中书局，1936 年。

德教授与卜凯（John Lossing Buck，1890—1975）教授类似，把美国的农民划分为雇农、佃农、抵押的半自耕农、无抵押的半自耕农、抵押的自耕农和无抵押的自耕农六个阶层[①]，“似乎并不知道，美国有一部分佃农——而且是很大一部分的佃农——已经不是‘饥饿农民’，他们已是‘光荣的’农业资本家了”。“看不到美国农民——包括自耕农和佃农——的资本主义的前途，所以他像一般庸俗经济学者那样，老是迷恋自耕小农这种古老生产方式。”[②]

**5月1日** 所编《中国农村》第三卷第五期出版。在“都市和农村”栏目发表《如何实现“耕者有其田”》（署名“雨林”）、《“农产丰收”的实际意义》（署名“莫乔”），在“专论”栏目发表《农业建设问题》（参见 1937 年 4 月 17 日条），在“每月书报”栏目发表中国农村经济研究会编《中国土地问题和商业高利贷》一书书评（署名“雨林”，参见 1937 年 4 月 10 日条），末有《编后记》。

《如何实现“耕者有其田”》认为，首先，中国地政学会第四届年会将“耕者有其田”当作中心问题提出讨论，“值得我们特别注意”。其讨论结果有若干进步意义，同时他们所定的实施办法是“不彻底而且不可能的”。如用土地债券收买土地办法，过去山西省曾经推行，结果农民还要偿付债券本息，地主的土地债券没有充分保证而失败。其次，地政学会创设自耕小农场主张，“也是我们所不敢赞许的”。因为小农制度妨碍农业的机械化和科学管理，不能发展农业彻底改善农民生活。最后，“我们认为解决土地问题的主要关键不是方法问题，而是力量问题，有了这种力量，土地问题不难彻底解决；否则连极温和的减租政策都是行不通的。所以我们希望中国地政学会今后能够少花一点时间在制定土地方案上面，多花一点时间来研究如何培植解决

---

① 卜凯将中国农民划分为自耕农、半自耕农、佃农、雇农四个阶层。

② 薛暮桥（1937）：《〈农业经济学导论〉书评》，载《薛暮桥文集》第一卷，北京：中国金融出版社，2011 年，第 224—235 页。

土地问题所必需的社会力量。即如何消灭农村中的封建性的政治机构，建立民主化的乡村政权等等，这不但对于解决土地问题，而且对于充实国防力量，同样也是一个不可缺少的前提”[①]！

《“农产丰收”的实际意义》针对美国商务部《中国经济状况周年报告》祝贺我们“五谷丰登”并将主因归于农业技术改进上，认为“未免是太乐观了”。文章使用中央农业实验所的估计数字，指出粮食作物种植面积反而减少，农产丰富只是同过去灾荒年成所得到的假象，棉花种植面积和产量迅速增加，同一年来的“中日经济提携”有密切关系，商品作物生产扩张和较为自给性的粮食生产相对减缩，农民更加依赖市场了。中国是半殖民地国家，农业生产越来越依赖国外市场即表示国民经济愈益失去独立性质。[②]

**5 月 16 日** 在《读书与出版》（张仲实、林默涵编辑）发表《农村经济研究大纲》。

文章指出，农业经济学是政治经济学的一个分支。最初经济学家专心研究经济学的一般理论，直到考茨基的《土地问题》和乌利雅诺夫（指列宁）的几种农业问题著作出版，才替农业经济学奠定了一个科学研究的基础。至于中国农村经济问题的研究，最初金陵大学卜凯教授根据布尔乔亚经济学的理论和若干调查材料，做了一本《中国农场经济》。不久马扎亚尔（Lajos Magyar，1891—1940）的《中国农村经济研究》[③]出版，他开始运用科学方法来有系统研究中国的农村经济问题；“这本书对于中国农村经济研究的影响也是很大的”。此后国内学者如陈翰笙、王寅生、钱俊瑞、冯和法、孙晓村等，先后根据理

---

① 雨林（1937）：《如何实现“耕者有其田”》，载《中国农村》第二卷第五期，1937 年 5 月 1 日，第 1—2 页。

② 莫乔（1937）：《“农产丰收”的实际意义》，载《中国农村》第二卷第五期，1937 年 5 月 1 日，第 3—5 页。

③ 马札亚尔：《中国农村经济研究》，上海：神州国光社，1930 年。陈代青、彭桂秋译：《中国农村经济研究》，神州国光社 1930 年版。薛暮桥将作者记为“马扎亚尔”。

论研究和农村经济调查所得到的丰富知识，写了许多论文，农村经济的内容也就逐渐充实起来。该文分别就“农村经济的一般理论”（包括“农业发展的特殊法则”“土地问题”“农村经济问题”“殖民地的农村经济”）和“中国的农村经济”（包括“总的观察”“土地问题”“农业经营问题”“商业高利贷问题”“农村复兴问题”“中国农村社会性质及其前途”）问题列出研究大纲和基本参考文献。①

**6 月 1 日** 所编《中国农村》第三卷第六期出版。本期刊有“乡村工作问题特辑”，收集来自乡村建设研究院、中华平民教育促进会、无锡教育学院、中原社会教育馆、江西农村改进会、中山大学农学院的作者所写的 12 篇文章。编者说明，“我们抱着这样一个企图，想使《中国农村》变成全国乡村工作者的共同刊物，此次特辑，便是准备踏上这个阶段之一个小尝试”。这 12 篇论文，“已经充分地反映着全国乡村工作者的共同要求。第一，他们大多已经看清楚了乡村工作和民族的危机，因而把目前乡村工作的主要任务，安置在救亡图存这一伟大事业上面。第二，他们大多已经厌弃着过去的狭隘态度，很坦白地举行自我批判，并要求全国乡村工作者的精诚团结。这证明各地乡村工作者虽然站在不同的立场上面，但在抗敌救亡这一个共同目标之下，是有一致团结的充分可能性的”。② 本期末尾附《中国农村经济研究会简章》《中国农村经济研究会会员入会表》和《会员入会手续》。③

---

① 薛暮桥（1937）：《农村经济研究大纲》），载《读书与出版》第 26 期，1937 年 5 月 16 日，第 4—7 页。

② 佚名（1937）：《乡村工作问题特辑导言》，载《中国农村》第三卷第六期，1937 年 6 月 1 日，第 49 页。这篇未署名的导言与《编后记》相互衔接，可以确定作者为编者薛暮桥。

③ 本期杂志刊登的《中国农村经济研究会简章》较前略有变动，一是第三条末尾增加“（在会员大会不能开会时，暂用通信选举）”，理事的产生办法更为灵活；二是（接下页）

在本期发表《土地法的修改原则》(署名“雨林”)、《国民大会的组织和任务》,末有《编后记》。

《土地法的修改原则》指出,在现状下扶植自耕农的政策假使能够彻底实行,比土地国有口号更能得到大多数农民的拥护。目前最重要的问题,是如何使这个政策得以很迅速地实现。土地法修改原则所提出的“耕地出租人为不在地主时,或承租人继续耕作五年以上,而其出租人非农民,或非老弱孤寡,藉土地为生活时,承租人得依法请求征收其耕地”,应把“不在地主”扩大为所有土地超过标准自耕农场并不自经营的地主,“继续耕作五年”应把《土地法》修正以前的耕作年数计算进去,并限制地主无故撤换佃农。许多国家扶植自耕农政策往往只能使极少数富裕农民获得利益,贫苦佃农仅仅得到一个可望而不可即的幻想。这种政策反不如减租政策更有利于贫苦佃农。[①] 本文经太平洋国际学会研究员陈翰笙和邱茉莉翻译,以“国民党最新土地政策”为题,收入《农村中国:来自中国作者的文献选编》一书。[②]

---

第八条重新恢复“理事会由常务理事召集,每二月举行常会一次,必要时得临时开会”,不再是“每三月举行常会一次”(见第 125 页)。《会员入会手续》规定如下:一、填入会表,寄交本会,或由本会会员征得本人同意,代填入会介绍表。二、组织干事审查,报告审查意见。三、提交理事会审查通过。四、发入会通知及登记表。五、收到入会费及登记表后正式登记。六、未登记之会员,不得享受本会一切权利。七、过去已登记而未缴入会费之会员,屡催不复者,作为自动退出。八、不缴常年会费会员(缴月捐者除外),屡催不复者,得暂行停止其会员权利。(参见该刊第 126 页。)

① 雨林(1937):《土地法的修改原则》,载《中国农村》第三卷第六期,1937 年 6 月 1 日,第 1—2 页。

② Yu Lin, 1937, “On the Revision of the Land Law”, CHUNG-KUO NUNG-TS' UN, Vol. III, No.6, June 1937, Shanghai; translated as “The Latest Agrarian Policy of Kuomingtang”, printed in *Agrarian China: Selected Souce Materialss from Chinese Authors*, Compiled and Translated by the Research Staff of the Secretariat, Institute of Pacific Relations, London: George Allen & Unwin, Ltd., 1939, pp.154-156.

《国民大会的组织和任务》就国民大会组织法和代表选举法修正案[①]提出意见。文章指出，过去代表选举法最大的缺点，不仅在候选人的圈定上，而且在候选人的推选方法上，都没有容许人民或者人民团体表示意见。现在圈定办法虽然取消，但少数政客操纵下推出的区域选举和职业选举候选人仍旧继续有效，这是一大遗憾。当然代表名称与民主主义不相符合，现在不但不能取消，反而把数额扩大，似乎“会使人民怀疑到国民党是否已有把政权交还给人民的准备和决心”。同时，目前中国人民最迫切需要的是如何“精诚团结，共赴国难”，以期达到保全主权和收复失地的目的。我们应利用此次国民大会，立刻决定许多御侮救亡的具体计划。[②]

**6 月 11 日** 救国会案在苏州高院刑事第一法庭第一次正式开庭审理。救国会除“七君子”之外，罗青也到庭。罗青称 1936 年 10 月经薛暮桥介绍在上海拜访章乃器后，拟去苏北筹建江苏省救国会，并刻印图章，10 月 21 日晚因被查抄出随身携带的中国共产党《致中国国民党书》、毛泽东致沈钧儒等公开信而被捕。1936 年底罗青案与救国会案并案。[③]

---

① 1936 年 5 月 5 日国民政府颁布宪法草案、国民大会组织法和代表选举法，决定 11 月 12 日召集第一届国民大会，但国民大会因国民代表候选人难产而延期。1937 年 5 月通过国民大会组织法和代表选举法修正案最重要的修正是：第一，取消政府圈定候选人的办法，并承认过去推选的候选人继续有效；第二，把国民大会的当然代表（中央执监委员）从 170 名增加到 260 名（加上候补执监委员），并在人民选举的 1 200 名代表外加上政府指定的 240 名代表；第三，取消国民大会执行宪法的职权，使其任务仅限于制定宪法。参见薛暮桥（1937）：《国民大会的组织和任务》，载《薛暮桥文集》第一卷，北京：中国金融出版社，2011 年，第 252—253 页。

② 薛暮桥（1937）：《国民大会的组织和任务》，载《薛暮桥文集》第一卷，北京：中国金融出版社，2011 年，第 252—256 页。

③ 申春（1996）：《罗青与“七君子事件”》，载《炎黄春秋》，1996 年第 12 期。

**6 月中旬** 收到沈钧儒来信，信中要薛暮桥到苏州面谈。[①]

到苏州高等法院见关押中的沈钧儒。沈钧儒交薛暮桥阅看相关庭审记录抄件，告知同案的罗青在庭审中称薛暮桥带他去见章乃器，章乃器交罗青《中国共产党致中国国民党书》和毛泽东致章乃器、陶行知等人关于团结御侮的公开信等文件[②]。沈钧儒认为可能会传薛暮桥对质，要他预作准备。[③]

**6 月下旬** 宋庆龄、何香凝等发起救国入狱运动，联名向江苏高等法院具状，要求也像“七君子”一样被拘押起来，理由是“具状人等，或为救国会会员，或为救国会理事，或虽未加入救国会而在过去与沈钧儒等共同从事救国工作。爱国如竟有罪，则具状人等，皆在应与沈钧儒等同受制裁之列”[④]。救国会会员和各界人士纷纷响应，要求

---

① 薛暮桥（1996）:《薛暮桥回忆录》，载《薛暮桥文集》第二十卷，北京：中国金融出版社，2011 年，第 52 页。回忆录未记沈钧儒与薛暮桥的见面时间。因 6 月 11 日庭审中罗青谈到薛暮桥，故我们判断沈去信和薛到苏州时间应在此后不久，因此将时间记为 6 月中旬。

② 据罗青当时的辩护律师回忆，罗青之所以说所有印刷品来自章乃器，是认为救国会是上海公开的合法组织，可以避免牵连地下党安全，实际上一些文件来自中共党员金奎光（薛暮桥在广西师专时的同事，杜君慧的丈夫，《中国农村》撰稿人）。而罗青被捕并被搜出这些文件后，因牵涉到沈钧儒、章乃器等人，七人因此在上海同时被捕。参见谢居三（1983）:《救国会“七君子”被捕案轶闻》，载中国人民救国会纪念文集编辑组编《爱国主义的丰碑：中国人民救国会纪念文集》，北京：群言出版社，2002 年，第 270—277 页。薛暮桥曾谈及，“救国会没有省的组织，我也没有见过罗青，章乃器当然更不承认了”。参见薛暮桥（1991）:《薛暮桥回忆录稿》，手稿，1991 年，薛小和藏。

③ 薛暮桥（1996）:《薛暮桥回忆录》，载《薛暮桥文集》第二十卷，北京：中国金融出版社，2011 年，第 52 页。

④ 胡子婴（1980）:《“一二·九”到“七七”上海抗日救亡运动的发展》，载《“一二·九”以后上海救国会史料选辑》，上海：上海社会科学院出版社，1987 年，第 388—404 页。

入狱关押。法院不敢扩大拘审范围，薛暮桥未被传讯。[①]

**6 月 26 日** 在《自修大学》（平心编辑）第一卷第二辑第十二号发表《略谈研究经济问题的方法论》。文章认为，个人的职业教育、技术训练以及各企业的合理化和科学管理尤其必要，但在不合理的现存社会经济体系下，这些改良工作就是行之有效，也只能使少数大有产者受到利益，而且所谓行之有效本身很有限度。我们要研究怎样改造整个社会经济体系，怎样使各个人的生活获得最彻底的解决。[②]

**夏** 在格兰尼奇夫妇（Max Granich 和 Grace Granich）创办的英文杂志《中国呼声》（*The Voice of China*）[③] 发表《一项土地新政策》（"A New Agrarian Policy"，署名"HSIEH MO-CHIAO"）。本文是《土地法的修改原则》（参见本年 6 月 1 日条）的英译。[④]

**7 月 1 日** 所编《中国农村》第三卷第七期出版。在本期发表《乡村工作者和参政运动》（署名"雨林"）、《"到农村去"的总动员令》、

---

① 薛暮桥（1996）：《薛暮桥回忆录》，载《薛暮桥文集》第二十卷，北京：中国金融出版社，2011 年，第 52 页。

② 薛暮桥（1937）：《略谈研究经济问题的方法论》，载《薛暮桥文集》第一卷，北京：中国金融出版社，2011 年，第 257—261 页。

③ 格兰尼奇夫妇均为美国共产党党员，格蕾丝曾任美国共产党总书记白劳德（Earl Browder，1891—1973）的秘书。在美共支持和史沫特莱的奔走联络之下，格兰尼奇夫妇于 1935 年来华，1936 年创办并编辑英文半月刊《中国呼声》。这项工作得到宋庆龄的指导和帮助。该刊 1936 年 3 月 15 日创刊，1937 年 11 月 1 日最后一期，共计出刊 30 期，是中国第一份支持和系统报道学生运动和抗日救亡运动的英文杂志。宋庆龄、鲁迅、茅盾、陶行知、史沫特莱、路易·艾黎（Rewi Alley，1897—1987）、埃德加·斯诺（Edgar Snow，1905—1972）等作者均有重要作品在该刊发表。参见陆璀（1991）:《发出"中国呼声"的美国老朋友——格兰尼奇夫妇》，载《晨星集》，北京：人民日报出版社，1995 年，第 109—117 页。

④ Hsieh Mo-chiao, "A New Agrarian Policy" , *The Voice of China*, Vol.II (14), 1937, pp.14-15. 我们只找到这篇文章的电子版，尚不清楚准确发表时间，只能根据有限的文献推测该文发表于夏天。

译作《侵略政策和人口问题》(译者署名"雨林")[①]和《编后记》[②]。

《乡村工作者和参政运动》希望全国乡村工作者和农业技术改良者起来公开讨论参政问题,联合发动大规模的参政运动。[③]

"'到农村去'的总动员令"指蒋介石所谓"暑假期间对于救国最有效的工作是什么?救国的工作,莫过于救民;救民的工作,莫过于到农村去服务了"[④]。文章认为,教育农民是大中学生农村服务最重要的工作,比教育自己更加重要。教育农民最迫切者,不外乎怎样完成民族解放、怎样建立民主政治和怎样改善农民生活三大问题。[⑤]对于响应暑期农村服务运动一事,薛暮桥晚年谈及:

> 1937年抗日战争爆发前夕,蒋介石为怕学生聚集在城市中举行抗日宣传,号召学生分散服务。我们利用这个机会,号召学生到农村去动员农民,组织起来,保家卫国,要求民主,要求减租减息。中国农村经济研究会大部分会员在抗日战争爆发后到农村去领导农民武装斗争。他们参加新四军、八路军,对苏北、苏南、浙东、皖北、山东等解放区的经济工作作出了重要的贡献。[⑥]

---

① 陈翰笙(1937):《侵略政策和人口问题》,雨林译,载《中国农村》第三卷第七期,1937年7月1日,第29—34页。原文参见Chen Han-seng, "Conquest and Population,"*Pacific Affairs*, Vol.10(2), pp. 201—207。

② 编者(1937):《编后记》,载《中国农村》第三卷第七期,1937年7月1日,第81页。

③ 雨林(1937):《乡村工作者和参政运动》,载《中国农村》第三卷第七期,1937年7月1日,第2—4页。这篇文章未收入《薛暮桥文集》。

④ 蒋介石(1937):《暑假期间对于救国最有效的工作是什么》,载《中国农村》第三卷第七期,1937年7月1日,第83—86页。这是蒋介石1937年6月15日在庐山对暑期农村服务生所讲。

⑤ 薛暮桥(1937):《"到农村去"的总动员令》,载《薛暮桥文集》第一卷,北京:中国金融出版社,2011年,第262—267页。

⑥ 陈翰笙、薛暮桥、冯和法合编(1987):《解放前的中国农村》第二辑,北京:中国展望出版社,1987年,第14页。

在《文摘》杂志（孙寒冰主编）发表“特译稿”——厄特利（Freda Utley，1898—1978）所作《日本盼望英国的友谊》一文。该文原载 5 月 22 日出版的美国《新政治家与民族》（*New Statesman and Nation*）杂志。①

**7 月 7 日** 日军向北平郊区宛平县卢沟桥中国驻军发起进攻，守军奋起抵抗。这就是卢沟桥事变，又称七七事变。日本由此开始全面侵华战争，中国则展开全国性抗战。

**7 月 9 日** 在《国民周刊》（谢六逸编辑）发表《农村服务的组织问题》。文章认为，大中学生到农村中去孤零零地工作，遇到的意外困难一定很多。所以在下乡以前，最好先来集体讨论，请有经验的老师和同学担任指导，共同商定一个最有效的工作方式；并组织一个联络中心，由教师和留校同学来主持，负责各地同学们的通讯和指导工作，传达各地工作消息，帮助他们解决一切困难问题。分赴各乡村去服务的学生，除与学校中的中心组织经常联络以外，还应当注意同一地域中的农村服务学生，应当密切联络起来，并应当联合本地的乡村小学教师和各种乡村工作青年，假使有必要的时候还可以通过学校、新运会、其他团体和私人的介绍，而同本地的政治组织、职业团体和民众团体取得联络，消除误会，协助工作进行。农村服务者的扩大组织，还应当注意到自身的进修问题。通过组织读书会、时事讨论会和乡村问题研究会等，来帮助各人的进修，并加深相互间的友谊。这种农村服务青年团体，到暑假开学以后还可以在另一方式之下维持下去。②

**7 月上旬** 在上海虹口老垃圾桥审美女校，为张劲夫主持的国难

---

① 广西师专毕业生李隆当时在上海复旦大学文摘社工作。薛暮桥在《文摘》杂志发表译作应与李隆有关。参见厄特利著，薛暮桥译：《日本盼望英国的友谊》，载《文摘》，第三卷第一期，第 58 页。同期刊载史诺（今译斯诺）的《毛泽东自传》译文。

② 薛暮桥（1937）：《农村服务的组织问题》，载《国民周刊》第一卷第十期，1937 年 7 月 9 日，第 222 页。

教育社和中国农村经济研究会举办的暑期讲习会授课。[①]

**7 月 16 日**　在《国民周刊》（谢六逸编辑）发表《农村服务的工作方式》。文章指出，暑假是农民最忙碌的时候，学生们的农村服务应当采用最活泼的形式，不可同农民们的工作冲突，日校或是夜校都不会有良好成绩。但暑期讲习会或暑期学校训练乡村儿童和一部分的青年，是一件必要工作。因为一定要有大队的儿童和青年来帮助我们，工作效果才能扩大。训练儿童和青年，不应当偏重文字教育，应当同时灌输各种社会、政治、经济知识。对于年龄比较大的学生，我们应当有系统地去同他们讨论各种现实问题；从乡村中的切身事件，一直讨论到国际大势——例如国际的和平阵线和侵略阵线，国内的和平统一和守土抗战，国民大会和宪法问题，耕者有其田和土地法，农村复兴和民族解放问题等。训练他们要用训练小先生的办法，养成他们服务的精神，和单独地去教育人家的能力。在教育农民的时候，首先可以利用的是市集。在市集可以经常地做壁报、通俗讲演、表演等工作：迎神赛会也是教育农民的绝好机会。纳凉时最好的工作方式是唱歌和表演。在开始时候最好先把本地的歌调和农民们所熟知的事情编起来唱；到有多数农民群集附和时候，然后再教他们比较好的歌曲。不久以后，救亡歌曲自然会在田野中间飘漾着了。在纳凉时候可以团结若干青年农民讨论时事和各种社会、政治、经济问题——例如中日问题，国民大会，土地政策，合作运动，创新训练等。在农村服务中应当明了农民的意识和生活习惯。任何真理如果同他们的意识和生活习惯距离太远，决不可以突然地去强迫他们接受；应该一步一步

---

① “言平首语的博客”http://blog.sina.com.cn/u/3514482840：《陈啸天与生活教育》，2013 年 8 月 14 日；冯和法（1937）：《中华农学会年会及其他》，载《中国农村》第三卷第八期，1937 年 8 月 1 日，第 51—62 页。冯和法文章实际上是写给薛暮桥的信，末尾谈及“讲习所想已举行过半，诸兄努力，令人心折”，结合博客文章，我们可以确定准确名称应为“暑期讲习会”，时间在 1937 年 7 月上旬。

想法克服他们，否则就会引起他们的疑虑和厌恶。[①]

**7 月 20 日**　在《中华公论》(张志让、张仲实等编辑)创刊号发表为暑期农村服务的青年而作的《目前的农村复兴运动》。文章指出："所谓农村复兴运动，简单说来，就是农村合作，农产统制，品种改良等类改良工作的大规模的实施。"最近四五年，因为政府的尽力提倡，各银行的热心赞助和各地乡村工作者的群起附和，农村复兴运动开展迅速。但帝国主义者的侵略和豪绅的封建剥削原因不排除，改良工作非但不容易获得预期的效果，甚至变成他们控制农业生产、榨取农民的工具。华北很多地方的农村合作组织，成为"中日经济提携"的重要环节，即为最明显的例子。同时，眼前的点滴利益固然不能挽救农村经济破产，但要大多数农民抛弃眼前的点滴利益，而去争取极远大的胜利，事实上是很困难的。我们应当尽力去替农民争取眼前的利益，并从实践中去教育农民，使他们认识阻滞农业发展的更主要的障碍。如从运销合作社的创办过程中，可以暴露豪绅、买办、商人以及帝国主义者的操纵破坏，如何阻滞农村复兴事业的开展。[②]

**7 月 23 日**　在《国民周刊》(谢六逸编辑)发表《暑期服务中的农村调查》。文章认为，农村服务学生应当做点调查工作，目的是认识农村。农村调查所采用的方式，普通有概况调查和挨户调查两种。租赁制度、雇佣制度、借贷制度只要做概况调查就够了；土地分配、经营比较、农业收支非挨户调查不能圆满。挨户调查的表格不可过于复杂，所要调查的主要项目可以根据客观情形酌量增减，如劳动人口、土地分配、耕畜农具、农业收支、租佃制度、雇佣制度、借贷制度、农产市场、田赋税捐、农村副业等。此外还要特别注意帝国主

---

① 薛暮桥：《农村服务的工作方式》，载《国民周刊》第 1 卷第 11 期，1937 年 7 月 16 日，第 247 页。

② 薛暮桥（1937）：《目前的农村复兴运动》，载《薛暮桥文集》第一卷，北京：中国金融出版社，2011 年，第 268—276 页。

义经济侵略对于农村经济的影响，研究帝国主义侵入以后农作物的商品化、副业的盛衰、农民的离村，尤其是农产涨落对于各类农民的影响；注意各种农村新事业——合作社、仓库、农产统制、品种改良——的发展情形，研究它们同都市资本（尤其是银行资本）和帝国主义之间的关系，以及它们对于农村各阶层（地主、富农、中农、贫农、雇农）的影响。①

**7 月 31 日** 救国会“七君子”被释放出狱。②

**7 月** 收到广西省立师范专科学校同事朱克靖来信，信中告知江西省财政厅厅长文群③创办的《农村合作月刊》④人手不足，请薛暮桥介绍编辑到江西，月薪 50 元。⑤

**8 月** 由于孙晓村、曹孟君迟迟未获释，与陈志皋、吴羹梅、施蛰存、陈高佣、张志让等联名，为关押 8 个多月的孙晓村联名呼吁，并赴南京请愿。⑥直到 9 月 4 日，孙晓村才得以保释出狱。⑦

**8 月 1 日** 与张志让、艾思奇、萨空了、胡子婴、张仲实、钱亦

---

① 薛暮桥（1937）：《暑期服务中的农村调查》，载《国民周刊》第 1 卷第 12 期，第 272—273 页。

② 参见罗琼谈、段永强访（2000）：《罗琼访谈录》，载薛小和编《把国放在家前面：罗琼逝世一周年纪念文集》，北京：中国妇女出版社，2007 年，第 105 页。

③ 朱克靖的姨丈。

④《薛暮桥回忆录》和《罗琼访谈录》均称这份杂志为《中国农村合作季刊》；但薛暮桥 1938 年的文章称这份杂志为《农村合作月刊》，有的论文也引用过薛暮桥载于该刊的论文。可以确定，《薛暮桥回忆录》和《罗琼访谈录》均为误记。参见薛暮桥（1938）：《战时合作运动的特殊任务》，载《薛暮桥文集》第二卷，北京：中国金融出版社，2011 年，第 91 页；罗琼谈、段永强访（2000）：《罗琼访谈录》，载薛小和编《把国放在家前面：罗琼逝世一周年纪念文集》，北京：中国妇女出版社，2007 年，第 110 页。

⑤ 薛暮桥（1981）：《抗日战争初期在南昌》，载《南昌青年运动回忆录》，南昌：中国人民政治协商会议江西省委员会文史资料研究委员会，1981 年，第 181 页。

⑥ 黄慕兰（2004）：《黄慕兰自传》，北京：中国大百科全书出版社，2004 年，第 204 页。

⑦ 中国人民政治协商会议全国委员会文史资料委员会编（1993）：《孙晓村纪念文集》，北京：中国文史出版社，1993 年，第 434 页。

石、顾执中、姜君辰等在复旦大学文摘社《文摘》杂志“卢沟桥浴血抗战特辑”发表《文化界一致主张全面抗敌》的声明。薛暮桥在声明中表示，我们“不是求战，而是应战”。假使敌人继续进攻，我们便不得不“从抗战中去求和平”。这是卢沟桥事件爆发以后中国政府一再表示着的态度。现在，敌人的侵略范围已在步步扩大，敌军已经切断我们津浦和平汉线的交通，并用重兵包围我们的故都——北平，最近且更进占廊坊，并在上海挑衅，可是冀察当局还不起来应战，反将中国驻军撤退。宛平、廊坊、丰台这都是中国自己的领土。只要这些地方还有敌军存在，我们便不应当停止抗战。驱逐侵略军队，是和平的最有效的保证。敌军既在扩大侵略范围，中国军队就应当毫不犹豫地“予打击者以打击”。[①]

在《认识月刊》（艾思奇主编）“中国经济性质特辑”发表《资本主义农业在中国》。[②]文章认为，资本主义农业的发展开始于农民层的分化，完成于农业劳动者脱离土地，脱离其他生产资料，成为资本主义大农场的雇佣工人。因为受着土地私有制的束缚，农业资本主义化常常远比工业来得落后，这种转变过程并不能在短时期中迅速完成。尤其是在农奴解放极不彻底，或者整个国民经济的发展被帝国主

---

① 《文化界一致主张全面抗战》，载《文摘》1937 年第 2 期，1937 年 8 月 1 日。

② 薛暮桥（1937）：《资本主义农业在中国》，载《认识月刊》第 1 卷第 2 期，1937 年 8 月 1 日，第 223—238 页。本期“中国经济性质特辑”除薛暮桥文章外，还收录孙冶方《资本主义工业在中国》、贝叶（即冯定）《半封建性与半殖民地性》、骆耕漠《论目下中国经济的景气》、沈志远《如何把握现代的中国经济结构》、杨永年《日本社会性质论战》。编者以“编辑室”名义写道：“薛先生的关于农业经济的研究，是最值得推荐的。中国的主要生产是农业生产。薛先生告诉我们这在农业里封建经济的残余是怎样不能消灭，资本主义的农业虽然有一点点萌芽，然而又怎样为着灾荒和侵略（也就是半殖民地性）的关系没有方法发育起来。孙先生告诉我们在工业经济方面，民族工业是怎样受压迫而没落，帝国主义者的工业怎样支配着中国工业界，使它成为半殖民地性的经济的一环。贝叶先生是给半殖民地性和半封建性一个综合的说明。骆先生论到中国目前的景气问题，这里似乎对于资本主义性（接下页）

义所束缚着的殖民地和半殖民地国家，农业生产往往长久地停留在各色各样的过渡阶段。在关于农业生产的社会性质的争论中，最易引起纠纷的是小农经营问题。小农经营在两个场合已成为资本主义农业生产关系中的构成部分。第一，经营面积虽然狭小，但因耕作极度集约，而且时常使用雇佣劳动，也可成为资本主义的富农经营。第二，小农经营本身虽然没有进入资本主义阶段，但是它的主人——小农时常向资本主义大农场出卖劳动力，成为农业半无产者。农业劳动因为富有季节性，这种季节性地出卖劳动力的小农民的存在，是发展资本主义大农场的必要条件。反过来讲，假使把商品生产的小农经营无条件地当作资本主义经营，或者把商业资本支配下的小农民无条件当作资本主义企业的"外在的工人"，也是一种重大错误。在殖民地和半殖民地国家，帝国主义者的掠夺原料，常常迫令许多小农经营从事某种商品生产。然而不等价的交换以及各种封建性的剥削，掠夺了他们的全部剩余价值，甚至侵及工资部分，使这小农经营没有机会可以发展而为耕作极度集约、而且时常使用雇佣劳动的资本主义商品生产。所以，研究资本主义农业的发展时，最重要的问题是有多少农场已经时常使用雇佣劳动，和有多少农民已经成为时常出卖劳动力的雇佣工人。因为农村经济统计资料残缺不完全，在上述问题以外，常常同时要注意经营面积的大小和耕作的集约程度。中国包括畜牧区、垦殖

---

有较多的插足余地，在景气之前，资本主义产业的投资都活跃了，然而仍然有一个危险：这景气更有利于外商的资本，它有起来压倒民族资本的危险，这又证明了中国经济的半殖民地性。"（无标题，下同，第 342 页）"这几篇文章的内容，都是客观的科学的论述，对于中国民族的任务是没有提到的，然而在这里已经有了暗示了：中国经济是半封建的，因此还需要资本主义要素的发展，然而又因为是半殖民地的，所以那资本主义的发展要以打破帝国主义资本势力的压迫为前提。这里，就得提高了中国民族反帝的任务了。"（第 380 页）"此外值得提出的是沈志远先生关于方法论的论文，不但叙述了正确的方法论，而且对旧的错误方法论也给与了反驳。杨永年先生的《日本社会性质论战》，是可以用来和中国的社会性质问题作比较研究的。"（第 380 页）

区、黄土区、水田区四大部分。畜牧区情形研究材料极度缺乏，只能弃之不谈。垦殖区（包括东三省和热河、察哈尔、绥远的一部分）的一大部分已被敌人侵占，也难得到较正确的统计材料。所以，只是华北黄土区和华南水田区这两大部分能够成为我们主要研究对象。根据土地委员会发表的调查报告，全国 20 亩以下的小经营占经营全数的 70%，50 亩以上的大经营仅占 13%。从农场中的雇佣劳动和家族劳动看，中国各地能够勉强列入资本主义范围的农业经营比重还不很显著。从农业收益看，大多数农业经营完全不能得到农业利润，甚至不能够全部地得到家族劳动所应得的工资，这同资本主义企业所应得的平均利润相差很远。中小农民大多要靠副业和工资收入来维持农业的再生产；农场非但不能够给他们任何利润，甚至不能够保障他们牛马般的生活。这就不难明白资本主义农业为什么在中国不易发展了。如果希望资本主义农业能够顺利发展起来，首先就要解除帝国主义和残余封建势力两重束缚；至少要树立农业的保护和奖励制度，改革土地关系，实行较进步的减租政策。

所编《中国农村》第三卷第八期出版。本期编印期间，“时局是在迅速地变化着，敌人强占我们的廊房，包围并残杀我们通州的驻军，要求中国军队退出平津全线。恰好当我们在印刷所中校毕全部稿件时候，爆竹声像雷鸣一样响了起来，大街小巷都像疾电般遍传着‘国军克复丰台收回廊房’[①] 的消息；大家的心弦紧张得几乎不能继续工作。我们为使本刊能够早日和读者相见，所以不再临时增补稿件。希望这千万爆竹，能够变作粒粒子弹，驱尽国内的敌军，使全世界都知道中华民族决不是任人侮欺的奴隶”[②]！由于战事影响，本期是《中国农村》第三卷最后一期。

---

① “国军克复丰台收回廊房”原文用黑体字排印。

② 编者（1937）:《编后记》，载《中国农村》第三卷第八期，1938 年 8 月 1 日，第 89 页。

在本期《中国农村》发表《抗战爆发后的乡村工作》(署名“余霖”)、《经验主义和公式主义》。

《抗战爆发后的乡村工作》从本期刊载的梁漱溟《我们如何抗敌》一文[①]说起，认为他提出的两个抗战原则（“一定不能靠有限的兵力，而靠无限的兵力”；“我们摧败敌人，要能支持长久”）是“我们抗敌战争取得最后胜利的最重要的保证”，“蒋（介石）院长在庐山谈话”，“同梁先生的意见可以说是‘所见略同’”。随后介绍了梁漱溟的抗敌具体办法，一方面要“加强政府统治的力量”，“就是政府必须能够得到多数国民的支持”，为此必须打破“过去上下不通的情形”；另一方面“增厚国民抗敌的情绪与能力”，因为“所谓无限的兵力，所谓能够持久，这个要靠国民”。指出要加强政府统治的力量，打破过去上下不通的情形，主要就是政府自己的工作。而“增厚国民抗敌的情绪与能力”，是抗战前后乡村工作者最重要的任务。为此，必须采用迅速有效的办法来实施农民的政治训练，使他们明白民族的危机，以及民族存亡对于自身生活的影响，鼓励他们起来参加抗敌斗争。为增强国民抗敌的能力，我们必须采用迅速有效的办法来实施农民的军事训练，暂时搁置与抗敌没有直接关系的乡村建设工作。在战区，乡村工作者至少要对农民施以战术、交通、谍报、侦查、救护等方面的工作。在远离作战区域的后方，乡村工作者的主要工作有：一、动员有训练有组织的农民，供给无限制的兵力；二、领导农民征集战区所需要的粮食和各种军用物品和慰劳物品；三、扩大各种民众团体，并使之在抗敌救亡的目标下联合起来；四、训练乡村知识分子，尤其是农民干部，使他们对最高国策有深刻的了解，并知道怎

① 梁漱溟（1937）：《我们如何抗敌》，载中国文化书院学术委员会编《梁漱溟全集》第五卷，济南：山东人民出版社，2005 年，第 1023—1032 页。

样应付非常局面，还要同都市救亡运动保持联系。①

《经验主义和公式主义》批评轻视理论的经验主义者一方面“不愿意正视着历史的远景，老是看着脚尖走路，因此走来走去，只在现社会中打转”；另一方面，“假使我们所发表的全是在现在‘只能讲，不能做’的理论，那我们的理论便会变成学院式的空谈，或者称为公式主义”。任何社会问题都是具体的、千变万化的，研究社会问题就需要更为复杂的理论。比如研究中国农村问题，要在一般理论之外，再研究农业生产的特殊情形和中国农村社会的特殊性质，使它接近现实。同样一个问题，在不同的时期和不同的地点，我们应当审查环境，权衡轻重，提出不同的解决办法。这样，我们的理论才不至于变成“只能讲，不能做”的空谈。公式主义者根据理论，指出土地非但应当公有，而且公营，以为“国家统制管理”和“大农业生产制”可以在中国现阶段直接建立起来。还有许多学者想在土地私有制的基础上，建立社会主义性的合作农场或集体农场，他们并不知道这种生产方式同土地私有制是根本不相容的，因此他们的理论和计划，都变成了乌托邦的幻想。还有一种公式主义者对于土地问题有了较正确的认识，他们知道土地应当国有私营，然后通过合作方式，逐渐达到集体经营和国营的目的。然而他们忽视农民根深蒂固的私有观念和迫切要求，随时随地高谈土地国有，不能利用它来对付封建残渣，结果他们的主张得不到大多数农民的拥护，不会产生解决土地问题的社会力量，同时他们的努力反而阻滞各种目前可能的进步，延缓了土地问题的彻底解决。理论的研究者应当同时是实践的指导者。他一方面要有远大的眼光，正视社会发展的前途；另一方面又应当时时刻刻注意眼前的现实问题，提出最恰当的解决办法，使这局部问题的解决能够同

---

① 薛暮桥（1937）：《抗战爆发后的乡村工作》，载《薛暮桥文集》第一卷，北京：中国金融出版社，2011 年，第 277—281 页。该文实际上也是稍后中国农村经济研究会《非常时期乡村工作大纲草案》的雏形。

社会发展的总路线互相配合。①

**8月8日** 参加上海文化界救亡协会②、中国文艺家协会、上海编辑人协会和宪政协进会四团体组织的集会，欢迎沈钧儒、章乃器、邹韬奋、王造时、李公朴、沙千里、史良出狱，郭沫若回国③。上海市国民党党部书记长、上海文化界救亡协会理事长潘公展主持会议④，首先称这是欢迎郭沫若回国的大会，对郭沫若称颂一番，绝口不提“七君子”。随即请郭讲话。郭沫若开头即说，今天的会是欢迎“七君子”出狱。“七君子”领导全国人民抗战救国，不怕坐牢。然后，沈钧儒上台讲话，略谓“希望国民党切实领导民众，组织民众，在国民政府指导下来抗战”。章乃器、李公朴也相继发表演说。⑤

---

① 薛暮桥（1937）：《经验主义和公式主义》，载《薛暮桥文集》第一卷，北京：中国金融出版社，2011年，第282—286页。

② 上海文化界救亡协会1937年7月28日成立，理事长潘公展兼宣传部长，组织部长钱俊瑞，国际宣传委员会主任胡愈之。该协会存在三个月。

③ “七君子”于1937年7月31日出狱后，8月1日由苏州抵沪，8月2日晚离沪去南京，8月7日晚返沪。郭沫若1937年7月27日从日本回到上海，结束10年流亡。

④ 薛暮桥回忆:“上海各界救国会召开有数千人参加的大会，欢迎救国会‘七君子’和郭沫若先生。国民党市党部书记长潘公展厚着脸皮赶来参加，并自封为大会主席。”实际上，当时上海文化界救亡协会已经代替了上海各界救国会，潘公展是上海文化界救亡协会理事长兼宣传部长，且1937年7月31日上海文化界救亡协会召开理事会，议案中有谓“沈钧儒等即将出狱，本会将如何表示”一案，议决：应召开欢迎会。因此，回忆录称潘公展“自封为大会主席”不妥。参见薛暮桥（1996）：《薛暮桥回忆录》，载《薛暮桥文集》第二十卷，北京：中国金融出版社，2011年，第80页；沈谱、沈人骅（1992）：《沈钧儒年谱》，北京：中国文史出版社，1992年，第186页。

⑤ 沈谱、沈人骅（1992）：《沈钧儒年谱》，北京：中国文史出版社，1992年，第189页；薛暮桥（1996）：《薛暮桥回忆录》，载《薛暮桥文集》第二十卷，北京：中国金融出版社，2011年，第80—81页；罗琼谈、段永强访（2000）：《罗琼访谈录》，载薛小和编《把国放在家前面：罗琼逝世一周年纪念文集》，北京：中国妇女出版社，2007年，第105页。各种文献所回忆的郭沫若讲话内容不尽一致。如《沈钧儒年谱》记郭沫若的第一句话是“我是一个逃兵，到了日本，抗战爆发后，现在从日本偷偷溜回来的。国民党是负领导责任的，好比开火车头的司机喝醉了酒，把我们（接下页）

2 000 余人参加了这一集会。[①]

**8 月 13 日**　淞沪抗战爆发。由于战事，邮局停寄印刷品，《中国农村》被封锁在租界内，与内地读者的联系被切断。[②]

**8 月 14 日**　孙冶方向钱俊瑞、薛暮桥等提出，文化工作者应向内地，特别是向农村撤退，各自找社会关系，去组织广大群众，特别是发展游击战争。[③]《中国农村》月刊应搬到内地出版。[④] 但中国农村经济研究会迁往何处、经费何处来仍难解决。于是薛暮桥复信朱克靖，应聘《农村合作月刊》编辑职务，并说明拟将《中国农村》迁到江西。[⑤]

**8 月 22 日**　携带中国农村经济研究会仅有的 40 元，从上海北站

---

开到别处去了，不抗日”。这与薛暮桥、罗琼的回忆大体一致。骆耕漠的回忆是，郭沫若“讲话的大意是：十多年前的北伐中途出有差错，这已是往事。当前日本军国主义的武装侵略，一步步扩大，国难当头，所幸国共两党合作，上下军民亦携起手来为救亡图存。在这次更艰巨的抗日战车上，总驾驶手如有一些偏差，我们要以国家民族为重，上去搀扶一把，我这次从日本兼程返回祖国，也想尽一点绵薄之力。这段话，引起全场掌声雷动，坐在主席台上的潘公展也举手鼓掌”。参见骆耕漠（2004）：《往事回忆》，北京：人民出版社，2004 年，第 119 页。

① 中共上海市委党史资料征集委员会、中共上海市委党史研究室、中共上海市委宣传部党史资料征集委员会合编（1991）：《上海革命文化大事记》，上海：上海翻译出版公司，1991 年，第 24 页。

② 罗琼谈、段永强访（2000）：《罗琼访谈录》，载薛小和编《把国放在家前面：罗琼逝世一周年纪念文集》，北京：中国妇女出版社，2007 年，第 110 页。

③ 沈树正（2000）：《孙冶方年谱》，载《锡山文史资料》第十六辑，锡山：锡山市政协学习和文史资料委员会、锡山市玉祁镇人民政府，2000 年，第 71 页。

④ 当时孙冶方已经恢复组织关系，据他回忆，该提议经中共江苏省委批准。参见孙冶方（1981）：《在“28 个半布尔什维克”问题调查会上的发言》，载《孙冶方文集》第 8 卷，北京：知识产权出版社，2018 年，第 109 页。

⑤ 罗琼谈、段永强访（2000）：《罗琼访谈录》，载薛小和编《把国放在家前面：罗琼逝世一周年纪念文集》，北京：中国妇女出版社，2007 年，第 110 页。

乘火车到杭州，然后改乘浙赣铁路去往南昌。①

**8月23日** 中国农村经济研究会会员曹孟君被保释出狱。②

**8月26日** 抵达南昌。③当地抗战气氛比较沉闷，政府还没有抗战准备。④

到南昌后，朱克靖带领薛暮桥拜访江西省财政厅厅长、豫鄂赣闽四省合作社联合会主任文群：

在朱克靖带我去见文群时，我向他声明我是来办《中国农村》的，希望得到他的支持。他表示欢迎，并一下子把我的薪金提到90

① 齐卫平、杨雪芳访问整理（1983）：《薛暮桥回忆30年代中国农村社会性质论战有关情况》，载周子东等《三十年代中国社会性质论战》，上海：知识出版社，1987年，第123页；薛暮桥（1981）：《抗日战争初期在南昌》，载《南昌青年运动回忆录》，南昌：中国人民政治协商会议江西省委员会文史资料研究委员会，1981年，第181页；骆耕漠（2004）：《往事回忆》，北京：人民出版社，2004年，第127页。在上述文献中，骆耕漠回忆录提到，中国农村经济研究会和《中国农村》月刊社编辑部"由暮桥先带几个同志"到南昌。但朱克靖信中请薛暮桥推荐编辑时，提供的编辑费是每月40元。这样只能勉强支持月刊和编辑工作。甚至罗琼到南昌，也是在薛暮桥见到文群、文群提供杂志补助之后的事。而且，《薛暮桥回忆录》还提到朱克靖"看我太忙了，又加聘广西师专毕业生李隆同志来协助"（第97页）。因此，我们没有采用骆耕漠回忆录中关于薛暮桥"带几个同志"到南昌的说法。

② 《曹孟君被释出狱　孙晓村尚待保释》，载《抗战三日刊》第四号，1937年8月29日，第3页。

③ 薛暮桥（1942）：《关于中国农村经济研究会及白区工作问题》，载《薛暮桥文集》第二卷，中国金融出版社，2011年，第179页；罗琼谈、段永强访（2000）：《罗琼访谈录》，载薛小和编《把国放在家前面：罗琼逝世一周年纪念文集》，北京：中国妇女出版社，2007年，第110页。

④ 罗琼谈、段永强访（2000）：《罗琼访谈录》，载薛小和编《把国放在家前面：罗琼逝世一周年纪念文集》，北京：中国妇女出版社，2007年，第110—111页。据不久也来到南昌的夏征农回忆，当时南昌离战争前线远一些，但街上行人很少，商店大都半开着门，散发着一种惶惶不安的气氛。党政机关实际上已经停止办公，看不出有什么抗战准备。学校则大多迁往乡下，没有迁移的也已经停课。参见夏征农（1981）：《江西省青年服务团的成立经过》，载《南昌青年运动回忆录》，南昌：中国人民政治协商会议江西省委员会文史资料研究委员会，1981年，第185页。

元，说明 40 元是补助《中国农村》的，因此我可能把我的爱人罗琼接来，在南昌做妇女工作，并请李隆同志来帮助我做编辑、出版、发行工作。①

在南昌期间与朱克靖住在一起，一面协助朱克靖编辑《农村合作月刊》，参加中国农村合作出版社工作；一面筹备中国农村经济研究会新的会址和出版《中国农村》。中国农村合作出版社给予了印刷等方面的帮助。②

**8 月 29 日**　在《抗战三日刊》(韬奋编辑)发表《农村组织》。文章认为"负责后方工作的抗敌后援会和文化界救亡协会应当把租界中间一部分青年输送到内地去，介绍他们到战区后方和京浙杭沿线乡村中间去做组织民众的工作"③。文章还指出，过去下乡青年的"几件最重大的缺点"是：第一，过去青年下乡大多抱着游历态度，想在一天中做完宣传、组织等工作。而想同农民混熟，就要十天八天；何况现在交通困难，下乡青年更非决心放弃都市生活不可。第二，过去下乡青年往往轻视区乡村长，以为这些都是土豪劣绅，我们应当直接去同农民发生关系。其实农民对于外来的人最不信任，就是你同他们谈得很好，只要区乡村长一两句话就会把你丢掉。为了打破这重难关，下乡青年应当携带较有力的证明文件，先去拜访区乡村长，诚恳地要

① 薛暮桥(1981)：《抗日战争初期在南昌》，载《南昌青年运动回忆录》，南昌：中国人民政治协商会议江西省委员会文史资料研究委员会，1981 年，第 182 页；赵勤轩、康青星(2006)：《朱克靖传》，北京：中共党史出版社，2006 年，第 110 页。

② 薛暮桥(1996)：《薛暮桥回忆录》，载《薛暮桥文集》第二十卷，北京：中国金融出版社，2011 年，第 81 页。

③ 本期《抗战三日刊》登载的薛暮桥文章题目为"到后方去"，但内文出现是《农村组织》一文。参见薛暮桥(1937)：《农村组织》，载《抗战三日刊》第四号，1937 年 8 月 29 日，第 9 页。《薛暮桥文集》第一卷收入本文时，时间错记为 1937 年 9 月。这里已订正。

求他们协助工作。①

邹韬奋在文后写《编者附言》:

农村的民众组织，诚然非常重要，本文作者已慨乎言之，但是要希望抗敌后援会和文化界救亡协会来输送许多青年到内地去，并使他们留在那里工作，恐怕在事实上办不到，因为这也须最低限度的经费，并须有组织的权力，非中央有整个计划在各处责成党政机关出来努力主持不可。②

将中国农村经济研究会理事会在上海拟订的《战时乡村服务团工作纲要草案》修改定稿。③纲要草案后在《中国农村战时特刊》第一期发表。

**9月** 选定中国农村经济研究会新会址：南昌五台庵侧八号农村合作社。④

**9月1日** 《文化战线》创刊号发表《中国农村经济研究会乡村

---

① 薛暮桥（1937）:《农村组织》，载《薛暮桥文集》第一卷，北京：中国金融出版社，2011年，第297—298页。

② 《编者附言》，载《抗战三日刊》第四号，1937年8月29日，第9页。

③ 孙冶方曾经论及该草案的编写背景："这次沪战爆发后，上海有许多热心的爱国运动者从上海回到内地去做乡村工作，而原来在乡村中的乡村工作者为了适应抗战开始后的新的要求，也有急速改变他们的工作方式的必要，他们都要求能够具体地告诉他们，目前在乡村中'可以做什么，要做什么'。中国农村经济研究会理事会为了适应这客观要求，就在匆忙中拟了一个非常时期工作大纲草案。在当时，恐怕上海同内地的交通要发生障碍，因为我们希望第一批回乡去工作的朋友能够把我们的工作大纲草案随身带了走！""这不是一个政治纲领，而只是为乡村工作者列举了若干在抗战爆发后马上应该执行的项目而已。""希望每一个乡村工作者在执行这一工作的时候应该了解，当前的中心目标不是土地革命而是求得民族解放的对日抗战，我们的工作绝对不能越过民族统一战线的总立场。"参见孙冶方（1937）:《〈非常时期乡村工作大纲〉的修正》，载《孙冶方文集》第3卷，北京：知识产权出版社，2018年，第13—16页。

④ 薛暮桥等（1938）:《抗战与乡村工作》，汉口：生活书店，1938年，第116页。

服务团计划》。[①] 对于该计划，孙冶方曾指出："中国农村经济研究会同人是向来反对脱离了农民生活现状而从事空洞的抗日号召的。"[②]

**9 月 14 日** 经吴觉农、孙冶方奔走[③]，孙晓村被保释出狱。[④]

**9 月中旬** 罗琼从上海到南昌。应管梅蓉邀请，到江西省妇女生活改进会编写训练农村妇女支援抗战的教材。[⑤]

**9 月 19 日** 与朱克靖、罗琼等人组织南昌爱国青年参加的抗战座谈会，每周一次。[⑥] 罗琼曾简要报告这一座谈会的情况和宗旨：

由于中国农村合作出版社、中国农村经济研究会和省立民众教育

① 中国农村经济研究会（1937）：《中国农村经济研究会乡村服务团计划》，载《文化战线》创刊号，1937 年 9 月 1 日。《文化战线》是上海编辑人协会主办的旬刊。施复亮、艾思奇、宋易、金则人、周木斋、姜君辰、陶亢德组成编辑委员会。姜君辰是上海编辑人协会中国共产党负责人。参见周朝阳（1986）：《深入实际调查 潜心农业经济——姜君辰传略》，载《经济日报》主编《中国当代经济学家传略（一）》，沈阳：辽宁人民出版社，1986 年，第 272 页。

② 赵勤轩、康青星（2006）：《朱克靖传》，北京：中共党史出版社，2006 年，第 109—110 页。

③ 吴觉农、陈宣昭（1983）：《我们所认识的冶方同志》，载《孙冶方颂》，北京：光明日报出版社，1983 年，第 75—77 页。

④ 吴元戌、孙阳生（1993）：《孙晓村主要活动年表》，载中国人民政治协商会议全国委员会文史资料委员会编《孙晓村纪念文集》，北京：中国文史出版社，1993 年，第 434 页。

⑤ 罗琼谈、段永强访（2000）：《罗琼访谈录》，载薛小和编《把国放在家前面：罗琼逝世一周年纪念文集》，北京：中国妇女出版社，2007 年，第 110 页。

⑥ 此处时间根据罗琼所说的抗战座谈会在中秋节（1937 年 9 月 19 日）成立推定。罗琼在回忆抗战座谈会时，发起人中还包括夏征农。但据夏征农回忆，到南昌后，省立民众教育馆邹文宣（邹韬奋的弟弟）带他去拜访薛暮桥、罗琼夫妇，见面首先谈的是成立南昌市文化界救国会而不是抗战座谈会的事。"不多几日"，就被国民党党部知道，并找朱克靖、薛暮桥和夏征农谈话。据薛暮桥回忆，国民党江西省党部找他们谈话是在陈毅讲演之后的事。因此，1937 年 9 月 19 日，抗战座谈会发起时，夏尚未认识薛暮桥夫妇。参见薛暮桥（1996）：《薛暮桥回忆录》，载《薛暮桥文集》第二十卷，北京：中国金融出版社，2011 年，第 82 页；夏征农（1981）：《江西省青年服务团的成立经过》，载《南昌青年运动回忆录》，南昌：中国人民政治协商会议江西省委员会文史资料研究委员会，1981 年，第 186—187 页。

馆等若干人的努力，南昌在中秋遽然也成立了一个抗战座谈会，参加的有二十余人。座谈会的任务是“联络感情，交换意见，讨论问题，协助救亡工作”；“每星期开会一次……”①

南昌的抗战气氛随之逐渐活跃起来。

**9月20日** 在朱克靖帮助下，《中国农村战时特刊》在南昌创刊。“战时特刊”第一号16开16页②，第一页标明“中国农村经济研究会出版”，“发行所 中国农村社”，“编辑人 薛暮桥”。《编后记》表示：“杂志社无经济来源维持原有篇幅，因而改为小的战时特刊，把全部篇幅用来讨论最迫切的抗敌救亡问题。”“因为搬家关系，出版日期已经比预定日期延迟了二十天，……以后我们预备每期提早十天，到第三号就可以再在一日出版，我们如果行有余力，想再增加篇幅，或在明年一月起改为半月刊。”③

“战时特刊”有时得到上海的稿源，但难以保证。因此，写稿、编辑、校对都由薛暮桥一人负责，有时一期要写数篇文章，用余霖、雨林、霖等不同笔名发表。④《中国农村战时特刊》是江西出版界第一家以宣传抗日为主旨的刊物，也是当时上海内迁江西发行的唯一一家

---

① 罗琼（1937）：《一线曙光（南昌通讯）》，载《罗琼文集》，北京：中国妇女出版社，2000年，第322—324页。《薛暮桥回忆录》记抗战座谈会“每两星期开会一次”，此处已予订正。参见薛暮桥（1996）：《薛暮桥回忆录》，载《薛暮桥文集》第二十卷，北京：中国金融出版社，2011年，第82页。

② 《中国农村战时特刊》各期第一页均写“本期8页”，其实是8张16页。我们这里按照现在通行的页码标准标注。

③ 编者（1937）：《编后记》，载《中国农村战时特刊》第一号，1937年9月20日，第16页。

④ 齐卫平、杨雪芳访问整理（1983）：《薛暮桥回忆30年代中国农村社会性质论战有关情况》，载周子东等《三十年代中国社会性质论战》，上海：知识出版社，1987年，第123页。

刊物[①]。本地报纸没有副刊，没有社论，中央社所发表的消息也常常被隐匿，因而《中国农村战时特刊》“颇受各地读者欢迎，销数很快超过五千”[②]。这是通过分散在各省的中国农村经济研究会会员代销实现的：

> 当时南昌没有一个书店能为我们发行，我们靠各地中国农村经济研究会的会员来为我们推销。[③] 当时上海的进步刊物搬到内地来发行的只有《中国农村》一家，所以各地青年买到《中国农村》如获至宝；很多推销员都埋怨我们寄的份数太少。但再多印没有钱，也要冒有些地方收不回书款的风险。[④]

在“战时特刊”第一号发表《怎样准备长期抗战》（署名“霖”）、《怎样救济战地难民》（署名“霖”）、《怎样防止汉奸活动》（署名“霖”）、《抗敌战争与民众救亡运动》和《编后记》。

《怎样准备长期抗战》认为，战争的扩大和延长，是有利于中国的趋势。同时，战争延长，我们便应当在军事之外，更努力于动员民众，维持生产。“要使民众帮助政府，政府就得切实注意民众利益，至少应当信任民众，对于民众救亡运动不再加以不必要的限制”；同

---

① 《中国共产党江西出版史》编写组编（1994）：《中国共产党江西出版史》，南昌：江西人民出版社，1994 年，第 200—201 页。

② 罗琼（1937）：《一线曙光（南昌通讯）》，载《罗琼文集》，北京：中国妇女出版社，2000 年，第 322—324 页。

③ 发行所改为“中国农村社”时，“原有定户，一律照寄，至于书价差数，仍由新知书店负责退还；或者即以差数续订本刊。我们希望各地读者能够帮我们来解决发行上的困难！我们已经决定外埠读者优待办法：函购本刊，一律免收寄费（每期仅收邮票三分）；如愿代为推销，十份以上每份收费二分，寄费也归本社负担”。参见编者（1937）：《编后记》，载《中国农村战时特刊》第一号，1937 年 9 月 20 日，第 16 页。

④ 薛暮桥（1981）：《抗日战争初期在南昌》，载《铁军出山风云》，南昌：江西省新四军历史研究会《红色源流》编辑部，1992 年；又载江西省文化厅革命文化史料征集工作委员会编《江西抗战文化史料汇编》，1997 年，第 153—156 页。

时，在长期抗战中，都市工业破坏不可避免，“我们应当更努力于扶助农业和乡村手工业的生产，并把一部分工业移植内地安全区域”，并且提醒工人的失业和农民失却生产资金，会使生产陷于停顿，希望赶快决定一个完整计划，来维持甚至发展工农生产。①

《怎样救济战地难民》指出，战争爆发不久，上海一地就由于战争造成至少五六十万无家可归的难民。这些难民单靠慈善机关救济万万不够。而战争范围在逐渐扩大，我们必须想办法把这些难民从消费者变成生产者，使他们到内地从事农业或手工业生产。政府和民众团体必须有计划地帮助他们，供给他们土地和生产资金，并予以技术上的指导。同时，战争的扩大和延长，会使各地农民受到直接的或间接的影响，生活更加困难，以致陷于难民或者准难民的地位。政府和乡村工作团体一方面要劝诱有钱的人出钱或按照收入征收来做难民救济基金，另一方面对参加抗敌的农民和受战争影响失去生活能力的农民予以救济。②

《怎样防止汉奸活动》一文指出，汉奸的活动遍及战区，而且深入内地农村，成为抗战的心腹之患。原因是：第一，过去政府怕友邦干涉，对于救亡运动百般约束，汉奸活动却在“友邦”的保护之下。政府已改变政策，但流毒非一朝一夕所能完全消灭。第二，官僚制度和土豪劣绅统治有意无意成为汉奸活动的屏障。第三，民众生活困苦和平日所受压迫，使他们的民族观念逐渐沉没。怎样消灭汉奸，决不能够依靠军警，这是我们民众自己的工作。③

《抗敌战争与民众救亡运动》一文指出，军队和广大民众结合着的民族解放战争能够持久，能够继续不断产生抗战力量。虽然免不掉

---

① 薛暮桥（1937）：《怎样准备长期抗战》，载《薛暮桥文集》第一卷，北京：中国金融出版社，2011 年，第 291—292 页。

② 薛暮桥（1937）：《怎样救济战地难民》，同上书，第 293—294 页。

③ 薛暮桥（1937）：《怎样防止汉奸活动》，同上书，第 295—296 页。

要忍受重大牺牲，但最后胜利一定属于我们。过去，许多人轻视民众力量，甚至畏惧民众力量，他们单纯地把武器去同敌人比较。这种错误观念，在抗战爆发前便变成准备主义，在抗战爆发后便变成失败主义。而持久战争必须消耗极巨大的人力和财力，因此民众的协助更加重要。如果民众有了严密的训练和组织，战争失利，沿海若干重要都市落入敌人之手，我们还有力量再把他们驱逐出去。因为敌人深入内地，他们所受中国民众的威胁逐渐增大，结果势必深入重围，以致全军覆没，或者被迫退出中国。两星期的淞沪抗战告诉我们，过去四五年的准备，在军事技术上不能说没有进步，但在民众组织上却江河日下。民众对于军队的协助，就同"一·二八"战争比较起来也有逊色。这是一个最严重的问题。文章强调，对于民众自动组织各种抗敌救亡团体，"应当鼓励他们，扶助他们，使得民众团体也能够像民国十五六年一样蓬勃发展"[①]。

由日本学者米泽秀夫翻译薛所著《中国农村经济常识》，在东京丛文阁出版日文本。1960 年译者访华，薛暮桥得知有这一译本。[②]

**9 月 22 日**　国民政府中央通讯社发表搁延两个多月的《中国共产党为公布国共合作宣言》。次日，蒋介石发表《对中国共产党宣言的谈话》，实际承认了中国共产党的合法地位。中共《宣言》和蒋介石谈话的发表，标志着以国共合作为主体的抗日民族统一战线正式形成。[③]

**9 月**　与朱克靖、夏征农共同筹备发起成立"南昌市文化界救国会"。国民党省党部认为救国会吸收群众，比共产党更危险，因而强

---

① 薛暮桥（1937）：《抗敌战争与民众救亡运动》，载《薛暮桥文集》第一卷，北京：中国金融出版社，2011 年，第 287—290 页。

② 薛暮桥（1988）：《〈薛暮桥学术论著自选集〉自序》，载《薛暮桥文集》第十三卷，北京：中国金融出版社，2011 年，第 31 页。

③ 刘树发主编（1995）：《陈毅年谱》上卷，北京：人民出版社，1995 年，第 199 页。

烈反对。[①]

**10月10日** 所编《中国农村》第四卷第二号出版。据《编后记》记载："因人力财力过于缺乏，所以一时还不能使改为半月刊的计划立即实现。现在我们仍照上期预告每二十天出一期。"[②]本期增设"播音"栏目，转载上海刊物有关乡村救亡工作的重要论文。

在本期发表《救国公债》（署名"霖"）、《战时外交问题》（署名"霖"）、《征兵问题》（署名"霖"）和《编后记》。

《救国公债》一文指出，救国公债、积谷、征兵都是抗战中的急要工作，但由于实施方法不妥，非但不受欢迎，反被农民视为苛政。文章认为，"主要还是负担不公平的缘故"，要在"有钱出钱，有力出力"的原则下，使全国人民都有机会参加救亡工作。[③]

---

① 1934 年夏征农在朱克靖、薛暮桥离开广西省立师范专科学校后，到该校编辑校刊《月牙》半月刊，对朱克靖、薛暮桥闻名已久。因此，1937 年 9 月到南昌不久即相互认识了。参见夏征农（1992）：《江西省青年服务团的成立经过》，载黄宗林主编《铁军出山风云》，南昌：江西省新四军历史研究会《红色源流》编辑部，1992 年；又载江西省文化厅革命文化史料征集工作委员会编：《江西抗战文化史料汇编》，1997 年，第 88—93 页，引文见第 89 页。

② 编者（1937）：《编后记》，载《中国农村战时特刊》第二号，1937 年 10 月 10 日，第 13 页。《编后记》还提到，因为发行问题到今天都没有解决，所以我们竭诚希望各地读者来替我们尽力介绍。凡寄邮票一角，开列地址姓名，便可以由我们分寄本刊四份（并将赠送者的姓名附告收受的人）；更多以此类推。如果合寄一、二两期，每份收费五分。当然这不能称是读者的权利，只能称是读者的义务；希望同情本刊的读者同来负担这文化战线上的一分子的责任！如愿负责推销本刊，十份以上每份收费二分，寄出邮费也归本社负担，书价可用邮票代替，但请预先寄来。（第 13 页）

③ 薛暮桥（1937）：《救国公债》，载《薛暮桥文集》第一卷，北京：中国金融出版社，2011 年，第 299—300 页。孙冶方在 1937 年 10 月 1 日出版的《东方杂志》发表《抗战和农村》一文，其中说道："据一位朋友从内地来信说，在该省乡村工作人员的一个会议上曾经提出个在乡村中摊派救国公债的问题来讨论。大多数的出席者都主张用摊派的方式。他们说，上级的命令催得很紧，如果用劝募方式叫他们募捐，恐怕要误公事。不过这中间有一部分人主张先摊派以后，再同农民做解释工作，如此对公事和农民两方面都可以顾全到了。而少部分人则根本认为农民没有知识，缺乏爱国心，解释是无用的，他们所根据的是古人的'民可使由之，不可使知之'的（接下页）

《战时外交问题》认为，“我们应当更努力地唤起英美法苏各国对我们的同情，并使德意两国继续保持中立地位。对于我们的敌国——日本，则应立即断绝邦交，停付一切赔款以及外债本息”；“我们希望负有国际声望的学者，例如曾在太平洋国际学会痛斥日本侵略暴行的胡适博士，日前正在美洲各国讲学的陶行知先生和陈翰笙先生等能以国民代表的资格，有计划地分赴欧美各国，向各国民众宣布日本帝国主义者的残暴行为，要求他们起来督促政府制裁远东侵略国家；或者自动对日经济绝交，并予以我们各种精神上和物质上的援助”。[①]

《征兵问题》指出，征兵是先进国家所采用的一种军事政策。中国最近几年试行，“给农民一个很可怕的印象”。第一，因为不了解征兵制在民族抗战中的特殊意义。过去政府不鼓励农民自动起来接受军事训练，而是采用强制抽征办法。强制越严，逃避越多；逃避越多，强制越严。政府同农民之间形成难以超越的鸿沟。第二，因为政府对于被征农民没有安定他们的家属生活。现在一得到征兵消息，农民便像大难临头，避之唯恐不及。第三，土劣利用抽征机会敲诈。征兵制在平时极为重要，但今日已经缓不济急，没有充分发挥征兵制的优点，而其含有强制性的弱点还没有办法补救。为适应非常时期需要，最好尽量从民族意义较浓厚的工人都市去招募志愿兵补充军队缺额。假使仍有征募农民必要，最好就在附近训练，暂使他们负责保证乡土，缓和农民的恐惧心理。训练成功，再开赴前线作战。[②]

---

原则。我想发行救国公债而用摊派的方式，本来已经是要不得了，摊派了而连解释的工作都不愿意做，那更会影响到我们为保证抗战胜利所不可缺少的全民族团结。”参见孙冶方（1937）：《抗战和农村》，载《孙冶方文集》第 3 卷，北京：知识产权出版社，2018 年，第 12 页。这里所说的“从内地来信”的“一位朋友”，指薛暮桥。

① 薛暮桥（1937）：《战时外交问题》，载《薛暮桥文集》第一卷，北京：中国金融出版社，2011 年，第 301—302 页。

② 薛暮桥（1937）：《征兵问题》，同上书，第 303—304 页。

**10 月 15 日** 所编《农村合作月刊》第三卷第一期出版。在本期发表《卷头语》(未署名)、《〈农村合作月刊〉编辑计划》(未署名)、《抗战时期的合作事业》(署名"薛暮桥")、《战时合作问题的探讨》(未署名)、《战时农民组织问题》(未署名)、《论抗战时期的银行紧缩政策》(未署名)、《农村通讯怎样写法》(未署名),并为文群代笔《解决战时经济财政问题之我见》。①

《卷头语》表示,合作组织是整个国民经济的一部分,不能不受国民经济的特质、发展趋势和上层的政治制度影响。在帝国主义势力支配的中国,假使随波逐流,会产生半殖民地性的合作组织。因此要深刻地研究中国国民经济,从中认识农村合作运动所处地位及其特质;从中国国民经济,尤其是农村经济问题的解决路线中研究农村合作运动所应走的道路;在民族生死存亡关头,合作工作人员要在长期抗战中,特别努力扶植乡村手工业和农业生产,协助生产物的合理分配,并动员全国合作社员参加抗敌救亡运动。最后提出三个重要问

---

① 薛暮桥回忆 1937 年到南昌后除了《中国农村战时特刊》,还"兼管《中国农村合作季刊》(应为《农村合作月刊》。——引者注)的编辑工作,除写《发刊词》外,还在创刊号(应为第三卷第一期。——引者注)写了一篇用文群署名的文章,宣传农村合作社除协助农业生产外,还要动员农民抗日"。经查第三卷第一期《农村合作月刊》,薛暮桥所回忆的《发刊词》指的其实是《卷头语》,文群署名文章即《解决战时经济财政问题之我见》一文。因薛暮桥"兼管"编辑工作,《〈农村合作月刊〉编辑计划》虽未署名,只能是薛暮桥起草;而该计划明确规定:"论著、农村调查、农村通讯、农村文艺各栏征求外稿。稿费每千字三元至六元。其余各栏均由编辑负责。"据此判断,发表在"评论"栏目的三篇未署名作品《论抗战时期的银行紧缩政策》《战时合作问题的探讨》《战时农民组织问题》作者均为薛暮桥,特别是后两篇文章的文风和观点与薛暮桥高度吻合,而薛暮桥当时在编辑《中国农村战时特刊》时也采用一人写多篇文章但署不同笔名或不署名的方式。"农村通讯"栏目除署名文章外,还有未署名的《农村通讯怎样写法》一文。自 1932 年发表《江南农村衰落的一个缩影》以来,薛暮桥持续推动和指导农村通讯的写作,可以判定这篇《农村通讯怎样写法》作者也是薛暮桥。参见薛暮桥(1996):《薛暮桥回忆录》,载《薛暮桥文集》第二十卷,北京:中国金融出版社,2011 年,第 81 页。

题，希望各地读者参加讨论：中国农村合作运动过去有何本质上的缺陷？今后农村合作运动所应循的路线为何？农村合作运动应如何与抗敌救亡运动互相配合？①

《〈农村合作月刊〉编辑计划》列出杂志集中关注的 5 种问题：中国农村经济现状及其出路；农村合作运动的任务及其路线；农村合作组织的技术问题；各国农村合作事业的介绍和批评；农村合作与抗敌救亡运动。杂志设立“评论”“论著”“特载”“农村调查”“农村通讯（农村社会动态素描）”“一月时事”“合作消息”“农村文艺”“书报介绍”等栏目，其中“论著”“农村调查”“农村通讯”“农村文艺”4 个栏目征求外稿，其余各栏均由编辑负责。②

《抗战时期的合作事业》指出，战争爆发以来，最大的工业中心落入敌人之手，其他工业都市受空袭威胁，工厂不能照常工作。手工业和农业生产因金融紧缩和交通困难陷入停滞。现在需要赶快树立非常时期的经济政策，发展战时生产，尤其是极为分散的手工业和农业生产，它们可以成为非常时期最坚固的经济堡垒。而合作运动可以在这一方面以及保障全国将士和民众最低限度生活方面发挥重大作用。③

《战时合作问题的探讨》认为，抗战时期应发挥合作组织的政治作用，组织力量，增加生产，供给军需，流通物品，统制消费，形成战时经济体系和战时政治组织的主要支柱。战时合作工作要加强其政治性，与民族解放运动结合起来，与抵抗战争打成一片；要加快组织

---

① 《卷头语》，载《农村合作月刊》第三卷第一期，1937 年 10 月 15 日，未标注页码。

② 《〈农村合作月刊〉编辑计划》，载《农村合作月刊》第三卷第一期，1937 年 10 月 15 日，未标注页码。

③ 薛暮桥（1937）：《抗战时期的合作事业》，载《农村合作月刊》第三卷第一期，1937 年 10 月 15 日，第 17—21 页。

消费合作社，推行国货，统制消费。[①]

《战时农民组织问题》援引参加淞沪抗战的宋希濂师长谈话，指出缺乏有效的战时农民组织，造成极严重的军事问题。[②]

《论抗战时期的银行紧缩政策》呼吁国家银行迅速改变紧缩政策，贴放范围扩大到各生产部门，由于农村将成为长期抗战的支点，特别要着重农村放贷。[③]

《农村通讯怎样写法》称农村通讯为“农村中间最进步的青年，直接地从生活中间体验到的极深刻的现实问题”。文章根据最近两年收集农村通讯的实际经验，指出写作的要点：农村通讯的目的，是在说明某一农村社会问题，所需要的材料是人与人的社会关系；同样一件事情对于农村各阶层的利害关系可以完全不同，这点应特别注意；一切事实要从其动态上把握，最好不要从静态上来观察；不要样样讲到，必须选定一个专门问题作深刻研究，聚精会神地有系统说明；农村通讯应当向多方面去发展，如家庭工业、盐业、渔业、农村政治、教育、风俗习惯，只要从社会经济变迁中去观察，便极有意思；内容应充实，有丰富的材料，不说模糊的话；文字要活泼生动，力避枯燥。[④]

《解决战时经济财政问题之我见》指出，战时工业、商业和农业均遇到严重困难，不但影响人民生活，也影响政府财政收入。而战时财政问题不能单从加税募债解决，而只能从战时国民经济健全发展

---

① 《战时合作问题的探讨》，载《农村合作月刊》第三卷第一期，1937年10月15日，第5—6页。

② 《战时农民组织问题》，载《农村合作月刊》第三卷第一期，1937年10月15日，第6页。

③ 《论抗战时期的银行紧缩政策》，载《农村合作月刊》第三卷第一期，1937年10月15日，第3—4页。

④ 《农村通讯怎样写法》，载《农村合作月刊》第三卷第一期，1937年10月15日，第69—70页。

中获得根本解决。战时经济至少应遵守三个原则：1. 用迅速有效的方法，发展生产，适应战时需要。2. 用公平合理的手段，保障民众生活，减少社会各阶层的矛盾。3. 开辟财源，解决战时财政问题。①

《抗战时期的合作事业》认为，农村合作运动虽给江西农村带来些许新的气息，但没有改变江西农村落后、衰败的气象。原因是江西省政当局与基层社会未能实现有效互动和响应。主要表现是：合作资金匮乏，合作运动开展步履维艰；合作运动未有效深入农村下层，乡村士绅、部分地主和自耕农上层把持合作运动主导权；背离合作运动的初衷，由扶助小农变为背离小农。文章指出："合作事业不是一种普通的行政工作，而是一种社会建设或者社会改造运动"；"谁都不能否认，保甲制度的作用是在消极统治农民，而合作事业的目的则在于积极增加生产"。②

**10 月 16 日** 致信沈钧儒，报告"此间救亡运动沉寂异常"，"现因外埠来赣青年日多，近已稍有起色。日下已成立者有南昌抗战座谈会（已举行四次，参加者三四十人），组织中有江西战时文化工作协会（类似文化界救亡协会）、青年战时服务团等。此外中国农村经济研究会、上海战时教育服务团等亦正鼓吹救亡工作，不久或可稍有成绩"。"南昌党政诸公，大多忙于避难，忽于抗敌，甚至于前线负伤归来之英勇将士，亦无适当处置，殊可痛心！"信中希望沈钧儒转达京中人士，对伤兵给予救助慰劳。③

---

① 文群：《解决战时财政经济问题之我见》，载《农村合作月刊》第三卷第一期，1937 年 10 月 15 日，第 1—4 页。

② 薛暮桥（1937）：《抗战时期的合作事业》，载《农村合作月刊》第三卷第一期，1937 年 10 月 15 日，第 28—32 页。

③ 薛暮桥（1937）：《薛暮桥致沈钧儒函（1937 年 10 月 16 日自南昌寄）》，载《近代史资料》，1999 年总第 99 号。该信在《近代史资料》刊发时将时间记为 1938 年，但从信中关于抗战座谈会等情况判断，此信为 1937 年 10 月所写。与此相印证，罗琼大约同时以本名"寿娟"在上海出版的《妇女生活》杂志发表《请大家注意后方（接下页）

**10 月 23 日** 罗琼在《抵抗》三日刊（韬奋编辑）[①] 发表《一线曙光（南昌通讯）》，报告“住在上海的朋友，无论如何想象不到南昌的救亡运动，竟会如此沉寂”！“然而南昌文化界的启蒙运动，现在已经露出一线曙光了。”[②] 国民党江西省党部书记长看到《抵抗》三日刊这篇文章后，“不思悔改，反扬言要驱逐作者等人出南昌”[③]。

**10 月 25 日** 中国农村合作出版社与中国农村经济研究会合编《抗战言论集》（上、下）一书出版。该书旨在“把各杂志报章最精彩的言论分类编辑，介绍给痛感文化饥馑的内地青年”[④]。书名由沈钧儒题写。作者包括蒋介石、冯玉祥、宋庆龄、郭沫若、施复亮、孙怀仁、潘汉年、钱亦石、朱克靖、薛暮桥、胡愈之、恽逸群等。全书分为总论、外交、政治、经济、文化教育、民众运动、军事知识、通信、附录九个部分，合计 60 篇文章。书后附录《中国共产党宣言》

---

的伤兵》，反映同一问题。参见罗琼（1937）：《请大家注意后方的伤兵》，载《罗琼文集》，北京：中国妇女出版社，第 325—328 页。另外，《沈钧儒年谱》记 1937 年 10 月薛暮桥两次致信沈钧儒，报告南昌情况，并反映前线负伤归来的英勇战士，因无人负责遣送、照顾和管理的悲惨状况。但我们只找到这一封信。参见沈谱、沈人骅（1992）：《沈钧儒年谱》，北京：中国文史出版社，1992 年，第 194 页。

① 《抗战三日刊》迫于上海英租界压力，从第七至十二号、十四号、十五号、十七号、十九至二十六号更名为《抵抗》三日刊。1937 年 11 月 16 日第二十七号起恢复《抗战三日刊》名称。参见邹嘉骊（2008）：《韬奋年谱》中卷，上海：上海文艺出版社，2008 年，第 351 页。

② 罗琼（1937）：《一线曙光（南昌通讯）》，载《抵抗》三日刊第二十号，1937 年 10 月 23 日，第 3—5 页。该文收入《罗琼文集》时，错记为“发表在 1937 年 10 月 10 日邹韬奋主编的《抵抗》三日刊上”。实际上，该文发表时，末尾注明“二十六年双十节于南昌”，因此，1937 年 10 月 10 日是成稿时间而不是发表时间。参见罗琼（1937）：《一线曙光（南昌通讯）》，载《罗琼文集》，北京：中国妇女出版社，2000 年，第 322—324 页。

③ 罗琼（1937）：《一线曙光（南昌通讯）》，载《罗琼文集》，北京：中国妇女出版社，2000 年，第 325 页。

④ 同上书，第 322—324 页。

与《毛泽东论中日战争》。[①]

编者指出，自平津陷落、沪战爆发以来，南北两大文化中心全被炮火包围，很难继续担负全国言论界的领导责任。内地青年在这非常时期，骤然失却思想上和行动上的领导，他们不但自己感到苦闷，而且更使内地民众救亡运动不能随着抗战的需要而迅速发展起来，以致整个民族受着极重大的损失！[②]

**11 月 1 日** 所编的《中国农村战时特刊》第三号出版。自本期起，战时特刊改为半月刊，并改由黎明书店发行；“本刊定户有一部分已经满期。但因书款差额数目太小，不便退回，所以一律按照已付书款续寄本刊。原余一期改寄四期，更多类推；但至十二期以上，即退回书款差额或续寄本刊，应由定户自己决定。书款差额仍由新知书店负责退回；但本社可以代为交涉”[③]。《编后记》对于读者来函索取战时乡村工作服务团组织条例，表示乡村服务“重在实际工作”，“只要工作能够发展，就是放弃‘战时乡村服务团’的名称也无

---

① 冯雪峰谈及，他听周恩来总理说，毛主席要总理在国统区出蒋介石主张抗战言论的书，来打击蒋介石的投降阴谋，逼蒋继续抗日。这或许是本书收录蒋介石抗战言论的原因。参见方厚枢（1998）:《颠倒黑白的诬蔑　义正辞严的批驳》，载生活·读书·新知三联书店北京联谊会编《联谊简讯》第 62 期，1998 年 6 月 10 日，第 9—16 页，引文见第 15 页。

② 中国农村合作出版社、中国农村经济研究会合编（1937）:《抗战言论集》（上、下），南昌：中国农村合作出版社，1937 年 10 月 25 日。当时中国农村合作出版社由朱克靖主持，薛暮桥主持中国农村经济研究会并兼任中国农村合作出版社编辑。我们推测《抗战言论集》（上、下）由朱、薛编辑。该书书名由沈钧儒题写，也从侧面印证薛暮桥是主要编者之一。另外，《中国农村战时特刊》第四号第 2 页有书广告，称该书为“各种救亡刊物的菁华，全国抗敌言论的总汇”，且“优待本刊定户，连邮七折”，也表明薛暮桥参与其事。参见薛暮桥（1938）:《战时合作运动的特殊任务》，载《薛暮桥文集》第二卷，北京：中国金融出版社，第 91 页。

③ 编者（1937）:《编后记》，载《中国农村战时特刊》第三号，1937 年 11 月 1 日，第 16 页。

多大关系”。[①]

在本期《中国农村战时特刊》发表《断绝中日邦交》（署名“霖”）、《改革乡村政治》（署名“霖”）、《改善农民生活》（署名“霖”）、《发动农民抗战》（未署名[②]）、《乡村工作的民主与独裁》和《编后记》。

《断绝中日邦交》指出，中日两国陷入交战状态，而中日两国没有断绝邦交是旷古未有的矛盾现象。文章呼吁，政府立即宣布断绝中日邦交，召回驻日使节，并使日本使节和日本的顾问间谍立即离开中国；废止中日间的一切条约，取消中国领土内的中立区，收回日本租界和租借地，取消日本在华驻军权和日本公民的领事裁判权；停止中日贸易，停付日本赔款和日本债权本息，取消日本在华设厂权和矿山土地等的租借权；由于日本飞机轰炸中国非武装平民，中国政府得随时没收日人在华财产，以作救济难民和抚恤伤亡之用；如日机继续轰炸，没收范围亦将继续扩大。[③]

《改革乡村政治》指出，中国的政治机构越到下层便越顽固，抗战爆发以后，这种现象更加显著。一般乡村因为土豪劣绅掌握政权，民众没有救国自由，不能自由组织各种救亡团体，所以我们特别提出民主化的口号，主张根据民主原则，来改革乡村政治组织；为使民主政治充分实现，主张鼓励农民组织农会，用来保证农民政治上和经济

① 编者（1937）：《编后记》，载《中国农村战时特刊》第三号，1937 年 11 月 1 日，第 16 页。

② 《中国农村战时特刊》的写稿、编辑、校对都由薛暮桥一人负责，有时一期要数篇文章用署名发表。第一号四篇“抗战时评”、第二号三篇“抗战时评”均署名“霖”，本期四篇“抗战时评”的前三篇也是如此，因此，我们判断第四篇未署名的“抗战时评”也系薛暮桥所写。参见齐卫平、杨雪芳访问整理（1983）：《薛暮桥回忆 30 年代中国农村社会性质论战有关情况》，载周子东等《三十年代中国社会性质论战》，上海：知识出版社，1987 年，第 123 页。

③ 薛暮桥（1937）：《断绝中日邦交》，载《薛暮桥文集》第一卷，北京：中国金融出版社，2011 年，第 305 页。

上的应享权利。这是建立民族联合阵线，发展乡村救亡运动最重要的前提。①

《改善农民生活》一文指出，乡村救亡运动除改革乡村政治以外，最重要的就是怎样改善农民生活。其主要意义是怎样减轻农民的负担，主要就是减租、减息、废除苛捐杂税。同时，不容许土豪劣绅假借政治权力，任意摊派勒索。否则战争延长，如不明令减轻农民负担，会造成严重的社会纠纷。②

《发动农民抗战》援引 10 月 11 日汉口《大公报》"乡工先进晏阳初先生"《农民抗战的发动》一文，认为"晏先生很正确地指出：'持久战与全面战与其赖前方武力，毋宁赖后方的充实与坚强。中国不怕败，只怕崩。纵使前方打败，只要后方雄厚巩固，便能源源不断地和敌人周旋，终究叫他疲于奔命"，号召农村工作同志"共赴国难"。文章指出，去年 9 月本刊即向第四次全国乡村工作讨论会要求，"全国乡村工作人员一致团结，共赴国难"，不幸被乡村工作者延搁一年。"我们竭诚希望全国乡工先进立即抛弃一切成见，集合各方面的力量和组织一个联合机关，制定乡村救亡工作纲领，全力推行。这样才能领导全国乡工同志和热血爱国青年，同来发动最伟大的农民抗战！"③

《乡村工作的民主与独裁》认为大多数农民世代过着"自顾自"的生活，没有体验到团体力量的伟大。因此他们对于公共事业，常常抱着"好是好的，可惜大家不会齐心"的悲观态度，觉得"不管闲事"才是最高明的哲学。对于农民的这种弱点，文章认为，对于少数

---

① 薛暮桥（1937）：《改革乡村政治》，载《薛暮桥文集》第一卷，北京：中国金融出版社，2011 年，第 306—307 页。

② 薛暮桥（1937）：《改善农民生活》，同上书，第 308—309 页。

③ 佚名（1937）：《发动农民抗战》，载《中国农村战时特刊》第三号，1938 年 11 月 1 日，第 3 页。

不尽职的农民，某种限度的强制事实上不可避免。但所谓强制，应该是由多数强制少数，而不应该是由个人强制团体。民主方式执行的团体纪律，得到全体或多数人的拥护，所以效率十分巨大。独裁方式执行个人命令则不得不设立一层层的监督，形成以压榨民众为职责的官僚体系。贤明的领袖有时也能用个人独裁方式保障民众利益，但结果总是“人来政举，人去政息”。民众救亡工作，民主化的团体训练更加重要。因为民众不站在主动地位，便不能自动起来推动各种救亡工作。乡村工作者绝不应在接到上级机关命令以后才去训练民众，组织民众。有一部分工作，因为违反农民的日常生活习惯，在开始的时候常难得到多数农民的欢迎。这时候应先用宣传方法去吸收一部分较进步的青年农民先来接受训练。到他们感到团体训练的好处时，他们便能影响大多数的落后农民。①

**11 月 12 日** 上海沦陷。从此上海租界地区成为日本侵略军包围中的“孤岛”。孙冶方作为中共江苏省委文化工作委员会书记，在“孤岛”领导抗战文化工作。②

**11 月 16 日** 所编《中国农村战时特刊》第四号出版。从本期起增设“读者园地”栏目，“供读者提供简短意见，发表零星消息”③。

在本期发表《乡村救亡工作大会》(未署名)、《九国公约会议》(未署名)、《略谈干部训练问题》，并在“读者园地”以中国农村经济研究会名义答复读者来信。

《乡村救亡工作大会》指出，直到现在所谓发动农民抗战，在全

① 薛暮桥（1937）：《乡村工作的民主与独裁》，载《中国农村战时特刊》第三号，1938 年 11 月 1 日，第 6—7 页。

② 孙冶方（1945）：《整风自传》，载《孙冶方文集》第 3 卷，北京：知识产权出版社，2018 年，第 279 页。

③ 编者（1937）：《附告》，载《中国农村战时特刊》第三号，1938 年 11 月 1 日，第 16 页。本期《中国农村》没有例行的《编后记》。

国大部分的地方都还只是一个很渺茫的希望。如何能使乡村救亡工作很迅速地普及全国，并使它的内容充实起来，这是目前全国乡村工作者最重大的责任。文章对南京的乡村救亡工作大会提出四点希望：1. 提出健全乡村政治机构，肃清贪污土劣；改善农民生活，尤其是优待抗敌将士和抗敌民众的具体办法，要求政府迅速公布，切实推行。2. 制定乡村救亡运动的工作纲领，动员全国乡村工作者来共同推行。这个纲领应当以训练农民和组织农民，鼓励他们自觉自发地去参加各种抗敌救亡工作为最高原则。任何压迫农民、削弱农民救亡情绪和救亡力量的方法，应当绝对避免采用。3. 整理旧有乡村工作团体，使之适合抗战需要。同时应当尽量吸收有志气、有能力的青年，让他们来参加乡村救亡工作。4. 建立一个中心领导机关，出版救亡工作指导刊物；通信解答各地乡村工作者所提出的困难问题；并分派巡回指导员到各地方协助和调整乡村救亡工作。[①]

《九国公约会议》一文援引上海抗敌后援会联合各团体对九国公约会议发表的宣言，指出离开该宣言所提的各项要点讨论“和平调解”，“那么我们应当昭告友邦，这种调解决非中国民众所愿接受”[②]！

《略谈干部训练问题》指出：“负有时代使命的青年知识分子，不能单靠党政教育机关，应当自己来解决干部训练问题。”文章认为工农运动已经消沉多年，要在短期内找到许多工农先进分子有许多困难，在这种时候，我们只能把青年知识分子当作主要对象，通过他们去教育工农大众，提拔工人农民中的青年干部。对于什么是适当的训

---

① 佚名（1937）:《乡村救亡工作大会》，载《中国农村战时特刊》第四号，1937 年 11 月 16 日，第 1—2 页。这期《中国农村战时特刊》上的两篇“评论”（《乡村救亡大会》和《九国公约会议》）均未署名，因当时只有薛暮桥负责编辑“战时特刊”，这两篇文章只可能是薛暮桥的作品。

② 佚名（1937）:《九国公约会议》，载《中国农村战时特刊》第四号，1937 年 11 月 16 日，第 2 页。

练方式，文章认为，第一，应当从工作中训练干部，第二，应当注意集体的自我教育，尽可能避免强迫灌注方式。工作干部至少要对下列问题应有深刻的研究：第一，对于国内外的政治形势，应当经常讨论。第二，对于民族联合阵线的理论和实践，必须要有很深刻的了解。第三，对于政治、经济、军事、外交诸问题的基本知识，应当详细研究。第四，对于民众救亡运动的基本原则和最有效的工作方式，应有极深刻的了解。第五，对于各种最基本的军事知识，也要尽可能地多懂一点。第六，工作干部还要养成团体生活的习惯。干部训练的方式有演讲会、读书会、讨论会、工作讨论会等。①

“读者园地”的两则答复内容分别有关组织游击队抗敌和召集全国乡村工作会议。《组织游击队抗敌》表示：“关于游击战争我们没有经验，除掉赞成以外，恕不表示意见。至于教育队员，我们以为最好经过短时期的集中训练，然后分散；或者集合同地队员组织小组，经常举行集体讨论。”②《召集全国乡村工作会议》表示：“本会因为力量不够，不能负责召集全国乡村工作人员会议。我们觉得此项会议还是由中央召集最为适当；本会已经前派代表接洽召开该项会议。”③

**11 月 25 日** 在《新学识》（徐步编辑）发表《抗战中的乡村政治问题》。文章指出，为着支持长期抗战，必须健全政治经济机构，使其适应抗战需要。目前的乡村政治机构，乃是全国政治机构中间最软弱的一环。为着抗战而来健全乡村政治机构，乃是目前一件极重要的工作。乡村政治组织无力动员农民，最主要的原因是官僚主义作

---

① 薛暮桥（1937）:《略谈干部训练问题》，载《中国农村战时特刊》第四号，1937 年 11 月 16 日，第 4—5 页。

② 中国农村经济研究会（1937）:《组织游击队抗敌》，载《中国农村战时特刊》第四号，1937 年 11 月 16 日，第 15 页。

③ 中国农村经济研究会（1937）:《召集全国乡村工作会议》，载《中国农村战时特刊》第四号，1937 年 11 月 16 日，第 15—16 页。

祟，且在那里摧残农民很幼弱的救亡情绪及其救亡力量。肃清官僚主义，最根本的办法便是树立民主制度，培养民众自觉自发精神，自动地来推行各种抗敌救亡工作，同时应当扶植农民团体，让他们在不削弱抗战力量的前提之下，用和平合法的手段来保障他们自身的利益。保甲制度在古代曾经成为防止农民“犯上作乱”的很有效的工具，这种特性现在也还保存着。要革除乡村政治中的官僚化的弊病，最好用人民直接选举的“乡政委员会”和“村政委员会”来代替保甲制度；委员会中应当包括乡村各阶层的代表，使地主和农民以平等合作的精神来管理乡政村政。①

**11月下旬** 与朱克靖、张锡昌（当时为无锡抗日救国青年流亡团领队）、罗琼一起，拜访来南昌与江西省政府讨论改编八省红色游击队为国民革命军新四军的陈毅。陈毅“身着灰军衣，脚登力士鞋，打绑腿，扎皮带，目光炯炯，谈笑风生”②。虽在深山打游击三年，但也知道《中国农村》月刊和薛暮桥其人，所以一见面就握手。③陈毅指出，赣东和赣南农民富有游击战经验，如果政府把他们武装起来，给予很好的训练和有力的领导，一定能够成为极坚强的游击队。④薛暮桥等请陈毅为抗战座谈会作关于抗日游击战争的报告。陈毅立即答应。临别时，陈毅希望他们介绍文化人和进步青年到新四军工作，薛

---

① 薛暮桥（1937）：《抗战中的乡村政治问题》，载《新学识》半月刊第2卷第4期，1937年11月25日，第134—135页。

② 罗琼谈、段永强访（2000）：《罗琼访谈录》，载薛小和编《把国放在家前面：罗琼逝世一周年纪念文集》，中国妇女出版社，2007年，第111页。

③ 薛暮桥（1981）：《抗日战争初期在南昌》，载共青团南昌市委员会编《南昌青年运动回忆录》，南昌：中国人民政治协商会议江西省委员会文史资料研究委员会，1981年，第181—184页。

④ 薛暮桥（1937）：《筑成我们新的长城》，载《薛暮桥文集》第一卷，北京：中国金融出版社，2011年，第315页。该文发表于1937年12月1日，文中称“昨天有位朋友谈及……”，“朋友”即指陈毅。考虑到薛暮桥的写作速度，我们将他们的见面时间推定为11月下旬。

暮桥和罗琼立即报名。陈毅笑说新四军还没成立，等军部成立再请他们来帮忙。[①]

应抗战座谈会邀请，陈毅作“关于抗日游击战争”的报告，“可容四五百人的礼堂座无虚席，门外熙熙攘攘，挤满了听众，玻璃窗都挤破了”[②]。演讲时掌声不断，陈毅还赋诗一首：“抗日是中心，民主能自救，坚定勉吾侪，莫作陈独秀。”[③] 国民党江西省党部事后传朱克靖、薛暮桥去谈话。[④]

**12 月 1 日**　所编《中国农村战时特刊》第四卷第五号出版，刊物改由生活书店总经售。正如《编后记》所说：

> 自从我军退出南市，上海已经变成敌军包围着的孤岛；因此在事实上，黎明书局没有方法来替我们继续负担总经售的责任。从本期起，我们预备改请汉口生活书店来替我们负担总经售。但为免得浪费时间，定户和各地会友所推销的本刊，暂时仍由本社直接寄送。
>
> 跟着战区的扩大，本刊的市场已在一天天地缩小。尤其因为许多负责推销本刊的书店和会友，往往不能按期寄回书款；这使我们在经济上受着非常大的打击！现在纸价飞涨，收回书款不够抵偿成本

---

① 薛暮桥（1981）：《抗日战争初期在南昌》，载共青团南昌市委员会编《南昌青年运动回忆录》，南昌：中国人民政治协商会议江西省委员会文史资料研究委员会，1981 年，第 181—184 页。。

② 罗琼谈、段永强访（2002）：《罗琼访谈录》，薛小和编《把国放在家前面：罗琼逝世一周年纪念文集》，北京：中国妇女出版社，2007 年，第 85—243 页，引文见第 111 页。

③ 云峰（1997）：《江西抗战文化运动大事记（1937—1945 年）》，载江西省文化厅革命文化史料征集工作委员会编《江西抗战文化史料汇编》，1997 年，第 565—599 页，引文见第 568 页。陈独秀当时被共产国际视为“托派汉奸”，所以陈毅有“莫作陈独秀”之语。

④ 薛暮桥（1996）：《薛暮桥回忆录》，载《薛暮桥文集》第二十卷，北京：中国金融出版社，2011 年，第 82 页。

（印刷费和邮费）；加上各地拖欠书款多至二三百元，已使我们快要无法支持。我们竭诚希望各地负责推销本刊的书店和会友，为着维持本刊生命，赶快把欠的书款扫数寄来；更希望在此后批购本刊时候，能够预付全部或者大部分的书款！好在负责推销本刊的人都是爱护本刊的读者；想来这点要求，总是大家所乐于接受的。①

在本期发表《争取最后胜利》（署名“霖”）、《国民政府迁移重庆》（署名“霖”）、《筑成我们新的长城》（署名“桥”）、《迅速展开乡村救亡运动》、《一个乡村工作纲要》和《编后记》。

《争取最后胜利》针对动摇的空气，指出战端既开，“再不容许我们中途妥协；须知中途妥协的条件，便是整个投降，整个灭亡的条件”②。

《国民政府迁移重庆》指出，我们应当“以最大的勇气和最大的决心”，消灭政治上和经济上的弱点，使战斗能力增长起来，其中“开放民众救亡运动”和“武装农民协助抗战”，是“一件最迫切的工作”。③

《筑成我们新的长城》指出，我军节节退却，一般人民心中无形中涌起一种恐惧心理。挽救心理危机最有效的办法是政府当局以身作则，把抗战决心昭示国人。同时，动员民众和武装民众协助抗战，也是很急需的工作。我们要有正确的、有效的方法，来把我们千万人的血肉，筑成一条新的长城！④

---

① 编者（1937）：《编后记》，载《中国农村战时特刊》，1937 年 12 月 1 日，第 15 页。

② 薛暮桥（1937）：《争取最后胜利》，载《薛暮桥文集》第一卷，北京：中国金融出版社，2011 年，第 310—311 页。

③ 薛暮桥（1937）：《国民政府迁移重庆》，同上书，第 312—313 页。

④ 薛暮桥（1937）：《筑成我们新的长城》，同上书，第 314—315 页。

《迅速展开乡村救亡运动》指出，我们不但要普遍来动员，而且要用最迅速最有效的方法来动员农民，放弃过去各种缓不济急的教育方式。现在，乡村中有几十万乡村工作者和小学教师，都市中还有几万刚从日本、平津、上海等地回来的流亡学生。如果能够充分动员起来这些青年，通过他们再去动员广大农民，一定能够立收巨效。[①]

**12月上旬** 刘端生"率领着数十流亡青年，从武汉到浙江去服务。路过南昌时候，他苦苦地要拉我同走，我看他那种破釜沉舟的坚毅精神，不禁为之神往"[②]。

**12月13日** 南京沦陷。

**12月14日** "×团体"核心成员孙克定带领无锡抗日青年流亡服务团（简称"锡流"）从无锡陆区桥出发，辗转到达南昌（部分人到湖北），行程一千余里。[③]薛暮桥、罗琼得知后去锡流居住的江苏会馆看望，并转交刘端生、顾钟英夫妇留给锡流成员程桂芬（刘端生为其姐夫）的钱和衣服。[④]不久应孙克定之邀，与孙晓村为锡流作报

---

① 薛暮桥（1937）：《迅速展开乡村救亡运动》，载《中国农村战时特刊》第五号，1937年12月1日，第4页。

② 薛暮桥（1938）：《报告一个不幸的消息》，载《薛暮桥文集》第二卷，北京：中国金融出版社，2011年，第67页。

③ 包厚昌（2005）：《"锡流"千里行》，载无锡市新四军历史研究会、无锡市史志办公室编《锡流：无锡抗日青年流亡服务团纪念文集》，北京：当代中国出版社，2005年，第43—51页。

④ 程桂芬（1996）：《人生不是梦》，北京：中国妇女出版社，1996年，第22页。刘端生曾资助妻子程银娥（又名顾钟英）和妻妹程桂芬读书。同上书，第9—10页。程在回忆录中称当时"薛暮桥、罗琼同志从长沙来，带给我姊姊、姊夫寄来的一大包衣服及钱，内中有咖啡色的毛衣、蓝布黑边的旗袍"。薛暮桥、罗琼此时尚未从南昌去长沙，程的回忆恐不准确。刘端生夫妇于1937年12月初经过南昌去浙江时曾与薛暮桥见面，当时锡流正在流亡的途中。托薛暮桥转交钱和衣物应该是刘端生过南昌时留下来的。

告。[①]

**12 月 15 日** 在《时论汇刊》(时事研究会编辑兼出版)发表《乡村救亡运动中的几个技术问题》，对怎样建立领导中心(注意上层联络；注意同工团结；注意干部训练；注意自我教育)、怎样组织农民(采取自下而上的原则；注意政治教育)、怎样开展救亡工作(确立工作纲领；建立团体生活；培养牺牲精神；提倡工作竞赛)提出具体意见。[②]

**12 月 16 日** 所编《中国农村战时特刊》第六号出版。《编后记》表示，我们打算立即随着新知书店一同搬往长沙。此后预备恢复原来的发行办法，即由新知书店出版，并由汉口、广州、重庆、西安等地生活书店代负总经销的责任。因为迁移后的地址还没确定，此后来信，请暂寄下列两位先生转交：汉口江汉路联保里十二号　冯和法；长沙通泰门草墙湾 106 号　周荇荪。[③]

在本期发表《怎样取得国际援助》(署名“霖”)、《如何动员农民》(署名“霖”)、《从抗战四个月中所得到的教训》和《编后记》。

《怎样取得国际援助》一文强调“从坚决抗战中去求得全世界的同情”[④]。

《如何动员农民》指出，动员农民可以采取两种截然不同的方式：第一种是通过保甲组织，自上而下地去动员农民；第二种是开发

---

① 孙克定(1981)：《关于无锡抗敌人员流亡服务团的情况》，载无锡市新四军历史研究会、无锡市史志办公室编《锡流：无锡抗日青年流亡服务团纪念文集》，北京：当代中国出版社，2005 年，第 33—35 页。

② 薛暮桥(1937)：《乡村救亡运动中的几个技术问题》，载《时论汇刊》(莆田)第 1 卷第 1 期，1937 年 12 月 15 日，第 9—11 页。

③ 编者(1937)：《编后记》，载《中国农村战时特刊》第六号，1937 年 12 月 16 日，第 6 页。

④ 薛暮桥(1937)：《怎样取得国际援助》，载《薛暮桥文集》第一卷，北京：中国金融出版社，2011 年，第 322—323 页。

民众运动，自下而上地去动员农民。官僚化的动员方式流弊是使农民厌恶和畏惧抗战，甚至被汉奸利用来反抗救亡工作。作者强烈呼吁采取后一种方式，指出要广泛发展民众游击战争，便需开发民众救亡运动；从健全的民众救亡团体中去产生坚强的乡村武装自卫组织。[①]

《从抗战四个月中所得到的教训》检讨六年来的抗战准备，指出各省政治没有完成实质上的统一，许多准备工作不容易顺利进行；忍辱负重的外交政策，使我们不能在民众中做大规模的救亡运动。抗战爆发，这些缺点才有机会迅速补救。但多年的宿疾不易顷刻消灭。文章将所看到的危机分军事、政治、经济、教育、民众运动加以检讨。军事方面，大部分军队还不能够同民众力量配合起来，战略上只能采用不利于我们的阵地战，不能广泛采用有利于我们的运动或游击战；只能用守势防御消耗敌军力量，不能用攻势防御分散和破坏敌军力量；军事指挥上不能够完全统一，各报战地记者指出若干险要陷落，不是军事上的失败，而是政治上的失败；各军待遇不能完全平等，有些军队欠饷太多，影响抗战热忱，退却时骚扰人民，伤兵救护欠缺，引起不必要的纠纷，破坏军民合作；募兵制军队的补缺和扩充困难，各省壮丁训练办理不善，很少取得成效，最近实行征兵，因抽征方法流弊很多，一般不但不能自动应征，反而逃避兵役。政治方面，一部分负责当局不能完全抛弃门户之见，各方不能精诚团结；政府机关在非常时期大多数消极应付，征兵、募债以及伤兵救护和难民救济等焦头烂额，政府应变更组织，切实提高效率；保甲组织常被土劣把持，不能动员和组织农民协助抗战。经济方面，国民经济组织不能实行非常处置，全国半数以上工厂沦入敌手，苏州、嘉兴、无锡等地大量米谷未能预先转移；各地富豪对军费供应多采取观望态度；难民数额迅

① 霖（1937）:《如何动员农民》，载《中国农村战时特刊》第五号，1937 年 12 月 1 日，第 2 页。

速增加，生活问题不能有计划解决。教育方面，流亡学生绝大部分还在苦闷中虚度岁月；几十万名乡村工作者和小学教师能够成为动员农民的最有力分子，但现在多数不能积极起来负担救亡重任；各级学校还不能实施适应抗战需要的国难教育。民众运动方面，由于全国民众平时缺乏训练，缺乏组织，不能充分发挥他们所具有的伟大力量。①

**12 月中旬** 与徐雪寒到一家小旅馆拜访陈毅。② 据薛暮桥回忆：

> 记得陈毅同志曾说，国民党军队在溃退时，在上海、南京一带丢下了三四十万支步枪，如果上海的党组织不是动员一二万爱国青年到后方去，而是动员他们组织农民捡起这些枪支，建立游击部队，那么，东战场的抗战力量势必大为加强。③

---

① 薛暮桥（1937）：《从抗战四个月中所得到的教训》，载《薛暮桥文集》第一卷，北京：中国金融出版社，2011 年，第 316—321 页。

② 徐雪寒在八一三抗战爆发后离开新知书店，奉命到第六战区司令部工作。不到两个月后第六战区撤销，徐雪寒也从华北前线辗转到南昌，与薛暮桥住在一起。1938 年 1 月，两人均发表关于东战场工作的文章，实际反映陈毅的意见。由此判断，两人同去拜访陈毅的时间为 1937 年 12 月。徐在回忆文章中这样描述陈毅："当时，军长下山不久，任新四军驻南昌办事处主任，负责组建新四军。我见军长身穿一套藏青哔叽立领的学生装，脸色清瘦憔悴，但双目炯炯有神。他用生动简明的语言，向我们说明了抗日战争的战略方针，抗战必胜的信念和新四军的任务。军长的言谈和气度，处处显示着一位雄才大略的无产阶级革命家的智慧、坚毅和敏锐的洞察力，强烈地感染着我。"我在《中国农村战时特刊》等报刊上，发表的几篇鼓吹在大江南北和平原水网地带坚持游击战争的文章，多半是受了军长这次谈话的教育和启示而写的。参见徐雪寒（1991）：《海枯石烂　风范永存》，载《徐雪寒文集（增订版）》，北京：生活 · 读书 · 新知三联书店，2006 年，第 585 页；徐雪寒（1994）：《武汉时期的新知书店》，载《新知书店的战斗历程》，北京：生活 · 读书 · 新知三联书店，1994 年，第 114 页。

③ 薛暮桥（1988）：《〈徐雪寒文集〉序》，载《薛暮桥文集》第十三卷，北京：中国金融出版社，2011 年，第 63 页。薛暮桥在南昌大约见过陈毅三次，第一次是朱克靖介绍他给陈毅，第二次是陈毅在抗战座谈会上作报告，第三次是带徐雪寒去见陈毅。他回忆陈毅的话到底是哪一次说得不明确，因提到南京沦陷，我们将陈毅的意见置于第三次见面条目下。

**12月25日** 罗琼在雷洁琼（当时领导江西妇女生活改进会）家度过圣诞节，“那是我平生所过的唯一一次‘圣诞节’”①。

**12月底** 将《中国农村战时特刊》从南昌迁至长沙。杨东莼时任湖南省府高级参议，请薛暮桥、罗琼住在自己家中，杨东莼妻子冯曼莹热情招待。②

① 罗琼在南昌工作期间结识雷洁琼。她未说明薛暮桥是否一起在雷家过圣诞节。参见罗琼谈、段永强访（2000）:《罗琼访谈录》，载薛小和编《把国放在家前面：罗琼逝世一周年纪念文集》，北京：中国妇女出版社，2000年，第110页。

② 薛暮桥（1996）:《薛暮桥回忆录》，载《薛暮桥文集》第二十卷，北京：中国金融出版社，2011年，第82页；薛暮桥（1981）:《回忆杨东莼同志》，载《薛暮桥文集》第九卷，北京：中国金融出版社，2011年，第160页。当地因省政府主席张治中主持，又有八路军办事处，故湖南抗战气氛远较南昌浓厚。

## 1938 年

**1 月** 到八路军驻湘通讯处拜访国民革命军第十八集团军高级参议、驻湘代表徐特立。“他见到我很高兴，说他是真正爱看《中国农村》的。有时他想不起我的名字，就叫我‘中国农村’。”[①] 向徐特立要求恢复组织关系，徐特立表示：“你已经是有名的文化人，入了党对你公开工作不方便，可以同我保持单线联系，有事就来找我。”[②] 薛暮桥遂将受陈毅嘱托所写的《怎样开展内地工作》送请徐特立审阅修改。徐特立未做修改，也未告知薛暮桥，直接送汉口《新华日报》发表（参见 1938 年 1 月 25 日条）。在长沙期间，薛暮桥与徐特立曾多

---

① 薛暮桥（1996）：《薛暮桥回忆录》，载《薛暮桥文集》第二十卷，北京：中国金融出版社，2011 年，第 82 页；薛暮桥（1981）：《回忆杨东莼同志》，载《薛暮桥文集》第九卷，北京：中国金融出版社，2011 年，第 160 页。薛暮桥说“八路军办事处又是中共湖南省委”，徐特立当时为八路军办事处主任，“也是中共湖南省委负责人”，这些回忆均不准确。当时尚未成立中共湖南省委，党的领导机关是中共湖南省工作委员会，中共湖南工委的秘密工作与八路军驻湘通讯处的公开工作严格分开；八路军驻湘通讯处主任为王凌波，徐特立为驻湘代表。通讯处主要做上层统战工作。参见中共湖南省委党史资料征集研究委员会主编（1986）：《湖南党史大事年表（新民主主义革命时期）》，长沙：湖南人民出版社，1986 年，第 121—125 页。

② 于光远当时在中共中央长江局青委工作，他去长沙拜访徐特立时，徐告诉他：“每天到这儿来的这些青年都很好，其中不少人政治觉悟很高。有的来了多次，我已经和他们很熟了。我真想介绍其中一些人入党。可是，省委说我是公开的党的代表，不让我做这个事。在省委会上我提了好几次意见，可是多数人硬是不同意。”参见于光远（1997）：《朋友和朋友们的书初集》，上海：汉语大词典出版社，1997 年，第 129 页。在徐特立所说的“很好”的青年中，薛暮桥应为其中一位。

次交往，并多次请他向青年们作报告。[①]罗琼回忆，徐特立“谆谆教诲，我们就像依偎在长辈的怀抱里，倍感温暖”[②]。

**1月16日** 所编《中国农村战时特刊》第七号在汉口出版。据《编后记》记载，因为印刷和发行的问题不能解决，编者不得不从南昌跑到长沙。但到长沙以后，印刷发行问题仍然碰到许多困难，只得再从长沙跑到汉口。因为两次奔走，致使这一期的出版日期延迟半月。自抗战爆发以来，纸价飞涨三倍；同时由于印刷所的工作过于拥挤，致使成本日益增加。现在许多刊物已把定价提高；本刊为求减少亏折，以维持刊物生命，不得不把每期定价从三分提到四分。但为优待原有订户，仍照订单所载期数按期寄出。时局变化过于迅速，这使我们的编辑工作也不得不采取“游击”方式。此后订阅或批购本刊，请寄“长沙上麻园岭四十二号[③]薛暮桥”或“广州教育路铭贤坊三号新知书店”收。稿件暂寄“长沙上麻园岭四十二号　薛暮桥”收。[④]

在本期发表《抗战第二期》(署名“霖”)、《游击运动的检讨》(署名“霖”)、《救亡运动在江西》(署名“黎明”)、《抗战中的动员农民问题》。

《抗战第二期》指出，自太原陷落以后，正规军阵地战已暂时告一段落。抗战第二期的特点，是从阵地战发展到运动战，从中国军队同日本军队的战争，发展到中国民众（包括军队）同日本军队的战

① 《徐特立年谱》将徐特立应薛暮桥、罗琼等之邀，参加他们组织的座谈会记在1937年。因薛暮桥、罗琼于1937年底才到长沙，邀请徐特立参加座谈或讲演应在1938年。参见《徐特立年谱》编纂委员会（2017）：《徐特立年谱》，北京：人民出版社，2017年，第149页。

② 罗琼谈、段永强访（2002）：《罗琼访谈录》，载薛小和编《把国放在家前面：罗琼逝世一周年纪念文集》，北京：中国妇女出版社，2007年，第112—113页。

③ 这一地址即杨东莼当时的住址。参见周洪宇主编（2014）：《杨东莼文集·论文卷》，武汉：华中师范大学出版社，2014年，第580页。

④ 编者（1938）：《编后记》，载《中国农村战时特刊》第七号，1938年1月16日，第16页。

争；从一般的战争，发展到半殖民地国家所特有的全民族的长期抗战。此后我们能否转败为胜，能否在长期苦战以后取得最后胜利，关键就在于这种转变能不能在最短时间彻底完成。而完成这一转变的条件是：第一，用最迅速有效的方法扶植民众运动。第二，改造正规军和武装民众。第三，健全中央、地方和乡村的政治机构，使全国各方面的抗日分子都能够在政府领导之下尽其所长。①

《游击运动的检讨》指出，要使游击运动成为抗战的重要武器，第一，要有正确且坚强的政治领导，使每个组成分子对于抗战的意义及前途，都有深切的认识和坚定的信仰。第二，要与广泛的民众救亡运动相配合，而且游击运动本身就应该从广泛的民众救亡运动中生长和发展起来。②

《救亡运动在江西》称南昌“本来是个死气沉沉的地方”，但因敌军节节进攻，江西快要成为国防前线，救亡运动在这里逐渐活跃起来。较大的学校已搬到乡间，但平津流亡学生和路过南昌的联合大学学生在这里做了许多工作。江西的乡村救亡工作还在萌芽时期。因江西预备划为游击战区，政府正在收集过去苏区的游击队员，成立新四路军，军长叶挺，副军长项英。据说在赣东、闽北、赣南、赣西、赣北各边境残留游击队员还有二三万人。如果这些潜伏力量迅速动员起来，加上救亡运动中培养出来的数千英勇青年，定能结合而成一个伟大力量。将来新四路军在东战场上的地位，恐怕不会次于北战场和西战场上的八路军。③

《抗战中的动员农民问题》指出，动员农民是抗战现阶段的中心

① 霖（1938）：《抗战的第二期》，载《中国农村战时特刊》第七号，1938 年 1 月 16 日，第 1—2 页。

② 霖（1938）：《游击运动的检讨》，载《中国农村战时特刊》第七号，1938 年 1 月 16 日，第 2—3 页。

③ 黎明（1938）：《救亡运动在江西》，载《中国农村战时特刊》第七号，1938 年 1 月 16 日，第 12—13 页。

任务，更是乡村工作者的重大责任。单就军事上说，第一，为了补充旧军和建立新军，就要广泛动员农民，过去“捉壮丁”的办法，不但会使壮丁逃亡，达不到征兵的目的，而且被捉来的壮丁对于抗战存厌恶、畏惧心理，绝不能够成为英勇战士。第二，发展民众游击运动，更非动员农民不可。因为游击队的活动，必须要有民众支持；游击队的给养，必须要有民众补充和供给；游击运动本身，也应当在民众运动中发展起来。文章对动员农民的过程、要诀和根本问题分别进行讨论，指出宣传要联系农民的切身生活，如任何农民都爱护他的土地，爱护他的家乡。宣传以后，需要继以组织，如立刻号召组织自卫队，征求农民自动参加。组织工作分上下两层，如果能把乡村中同情救亡运动的知识分子组织起来，乡村救亡运动就可以在此生根，离开以后也不会消灭。下层组织是组织工作最主要的目标，这种组织应当尽量采用民主原则。武装农民是目前动员农民最主要的目标。最理想的武装自卫团体应当用武装有组织的农民这种方式产生出来，原有的壮丁队和民团、散兵、难民以至流氓土匪，如果加以严密组织和政治领导，也可以成为有力的武装自卫团体。动员农民的要诀，是保障农民利益，提拔农民干部，和农民共同生活。动员农民的根本问题，首先是改革官僚化的农村政治机构，肃清土劣，其次是减轻农民的负担。[①]

**1 月 19 日**　在《抗战三日刊》（韬奋编辑）第三十八期发表《乡村运动与农民政纲》。文章指出，动员农民是抗战现阶段最重要的工作，但乡村运动的发展除若干区域外，都很令人失望。其实现在全国乡村中，还有几十万名乡村小学教师，都市中也有几万名刚从京沪平津等地跑回来的流亡学生，他们都可以成为乡村运动中的青年干部。

---

① 薛暮桥（1938）：《抗战中的动员农民问题》，载《中国农村战时特刊》第七号，1938 年 1 月 16 日，第 6—7 页。

乡村运动远远落在抗战需要的后面，最主要的原因是：第一，民众运动未被积极扶植，救亡工作在内地乡村尚未取得合法地位，许多青年不敢轻易尝试；第二，没有有经验、有力量的乡村工作领导机关扶助和指导乡村救亡工作；第三，许多有志气、有能力的青年还没有被组织起来，予以相当训练，所以不能产生一种伟大力量；第四，战时乡村政治经济问题不能获得合理解决，多数农民对于国家存亡漠不关心，这是乡村救亡运动不易发展的最基本的原因。针对这些缺点，作者曾在《中国农村战时特刊》主张召集全国乡村工作会议，拟定乡村救亡工作纲领，呈请政府明令公布。全国乡村工作会议虽得到各方响应，但还没有召集起来。此时军委会第六部发表了二十条宣传方针，原则上可以成为今后乡村运动的基础。其中"健全保甲组织"最根本的办法是宣传方针所规定的实现民主组织，区乡长和保甲长应由当地民众直接选举；经常举行户长甲长会议，使民众有机会来讨论乡政村政。经济方面，除实施土地法外，应禁止高利贷剥削，通过农民银行和合作社，把低利资金贷予贫苦农民，鼓励无地农民自由开垦无主荒地。[①] 这篇文章不久收入《抗战与乡村工作》一书（参见 5 月条）。

**1 月 25 日** 在汉口《新华日报》[②] 社论位置发表"来论"《怎样开展内地工作》。

文章指出，因为陕北公学和山西民族革命大学的广泛号召，许多青年向着西北奔流。这种现象继续下去，也会妨碍到全国救亡运动的平衡发展。现在我们应当要求政府，各民众救亡团体和各文化教育团体，在浙东、赣东、皖东、皖南、豫南等临近战区的地方，举办短期的干部训练班。收集闲散的文化人，京沪平津等地流亡的教师和学生，再配合当地失业的和自愿做救亡工作的青年知识分子施以切合抗

---

① 薛暮桥（1938）：《乡村运动与农民政纲》，载《抗战与乡村工作》，汉口：生活书店，1938 年，第 45—51 页。

② 中共中央长江局机关报《新华日报》于 1938 年 1 月 11 日在汉口创刊。

战实际需要的短期训练，解决东战场的干部缺乏问题。[①]

这篇文章应陈毅之命而写，写成后在长沙交徐特立审阅。徐特立未加修改，直接交汉口《新华日报》发表。同一文章还收入《新华日报社论》一书。[②]“文革”时期，这篇文章作为“为反动的‘三青团’招兵买马、为毒化青年出谋献策，阻止青年投奔延安”的证据，使薛暮桥的组织生活长期未得到恢复。1975年谷牧担任国家计委代党组书记期间，这一问题才得以解决。

**1月31日** 在长沙为所著《战时乡村工作》一书写《编后附记》。附记说，作者同时受几个书局的委托来编这本东西，但一则因受时间限制，二则自己对于战时乡村工作还不曾有一番详细研究，所以只得把过去在《中国农村战时特刊》上面所发表的四篇论文，加上两篇新著，集成这本小册子，使它能够早日成为战时乡村工作者的参考资料。此书合计六章，分别是：一、怎样开展乡村救亡运动；二、抗战中的动员农民问题；三、怎样充实乡村民众组织；四、怎样武装农民协助抗战；五、乡村工作中的几个技术问题；六、乡村工作的民主与独裁。[③]1938年2月《战时乡村工作》由新知书店出版。

**2月1日** 所编《中国农村战时特刊》第八号出版。在本期发表《拥护政府抗战到底》(署名“霖”)、《国际反侵略运动大会》(署名“霖”)和《怎样开展内地工作》(参见1938年1月25日条)。

《拥护政府抗战到底》对日本御前会议宣言否认国民政府，并准备扶植傀儡政权做出评论，指出我们应当只有一个主张，即“拥护政府抗战到底”，而民族团结是抗战力量最巨大的源泉。再不应当排斥

① 薛暮桥(1938):《怎样开展内地工作》，载《新华日报》(汉口)，1938年1月25日。

② 薛暮桥(1938):《怎样开展内地工作》，载《新华日报社论(第一集)》，汉口：新华日报馆，1938年6月，第72—77页。

③ 薛暮桥(1938):《战时乡村工作》，载《薛暮桥文集》第十六卷，北京：中国金融出版社，2011年，第35、62页。

异己，讳言合作，对实施战时政策再不应当固守成见，回避讨论。[①]

《国际反侵略运动大会》希望国际反侵略运动大会在伦敦召开制日援华大会时提出切实而具体的办法，给予我抗战以物质和精神上的援助。[②]

**2 月 11 日前后** 骆耕漠路经长沙，住宿一夜。薛暮桥告诉骆耕漠，《中国农村战时特刊》的销量比在南昌时大有增加。[③]

**2 月 13 日** 出席长沙男女青年会在青年会大礼堂举行的欢迎郭沫若[④]大会并讲演。会议由田汉主持，徐特立、翦伯赞、孙伏园等在大会上讲演。

在田汉请薛暮桥讲演时，由于毫无准备，即席说了敬仰的话，并结合当时的报道[⑤]，表示爱国青年希望你不要做屈原，要做希腊的拜伦将军。郭沫若答词，表示绝不做屈原。半年的抗战的重要收获之一，就是推动了文化界的同志们，去实践"到民间去"的愿望和决心。他们"担负起民众动员的工作，这就像地丁花的种子，被抗战的

---

① 薛暮桥（1938）:《拥护政府抗战到底》，载《薛暮桥文集》第二卷，北京：中国金融出版社，2011 年，第 4—5 页。

② 薛暮桥（1938）:《国际反侵略运动大会》，同上书，第 6—7 页。

③ 骆耕漠（2004）:《往事回忆》，北京：人民出版社，2004 年，第 132 页。这表明该刊在长沙时销量大大超过 5 000 册。

④ 1938 年 2 月，郭沫若应邀出任国民政府军事委员会政治部第三厅厅长，但在人事等问题上与国民党官员存有分歧。因此，2 月 7 日至 28 日避往长沙。参见谭洛非主编（1985）:《抗战时期的郭沫若》，成都：四川省社会科学院出版社，1985 年，第 59—60 页、第 334 页。《薛暮桥回忆录》称"田汉在长沙办了一份小报（指《抗战日报》。——引者注），邀请郭沫若来长沙休息几天。郭到后，第一天下午游岳麓山，第二天上午由田汉同志组织了一个欢迎会"。实际上郭沫若游岳麓山是在 2 月 8 日，田汉主持欢迎会是在 2 月 13 日。这里已订正。参见薛暮桥（1996）:《薛暮桥回忆录》，载《薛暮桥文集》第二十卷，北京：中国金融出版社，2011 年，第 84 页；《青年会敦请郭沫若氏演讲》，载《观察日报》，1938 年 2 月 13 日，第四版。

⑤ 田汉（1938）:《沫若在长沙》，原载《抗战日报》，1938 年 2 月 13 日，重印于本书编委会编《田汉全集》第十三卷，石家庄：花山文艺出版社，2000 年，第 498—502 页。

风一吹，四处就播下去了”[①]！

**2 月 14 日**　应杨东莼、薛暮桥邀请，郭沫若在银宫大戏院为湖南省文化界抗敌后援会及长沙临时大学学生会作关于“文化界与救国”的讲演。郭沫若在讲演中表示三点，希望湖南文化界诸君办到：（一）文化界深入农村，不要专在城市。（二）不要等工作做，要自寻工作做。（三）不要怕重复，对于民众须要再三重复宣传，使人人能负起救国之责任，而达到全民抗战。听演者达数千人。[②]

**2 月 16 日**　所编《中国农村战时特刊》第九号出版。据《编后》记载：我们希望读者特别注意两篇讨论办训练班的文章[③]，希望借此引起深入的讨论。下期本刊想出“武装农民工作经验特辑”，已经分约参加实际工作的写稿，由于交通上和时间上的困难，不知能否如愿，希望各地读者帮忙，把这方面的经验写给我们。[④]

在本期发表《不怕困难　不求痛快》（署名“霖”）和《乡村工作干部训练问题》。

《不怕困难　不求痛快》指出，许多爱国青年一方面埋怨党政机关领导下的救亡团体拒绝他们参加工作，另一方面在组织团体的时候又不能吸收各方面的爱国分子。这样会使自己陷于孤立，甚至同党政机关所领导的救亡团体对立起来。另一种错误思想是成群结队向西北

---

① 薛暮桥（1996）：《薛暮桥回忆录》，载《薛暮桥文集》第二十卷，北京：中国金融出版社，2011 年，第 85 页。这里的时间系考证所得。

② 同上；正谊（1938）：《“文化界与救国”　大诗人郭沫若昨在银宫讲演》，载《观察日报》，1938 年 2 月 15 日，第四版。

③ 指薛暮桥所著《乡村工作干部训练问题》和杨东莼所著《怎样办干部训练学校》。

④ 编者（1938）：《编后》，载《中国农村战时特刊》第九号，1938 年 2 月 16 日，第 11 页。徐特立于 1938 年 2 月 22 日写有《关于武装农民问题》，指出：“在长期抗战的今日中国，在第二期抗战还正在开展的今日，和从第一期抗战所给予我们血的经验与教训，武装农民确是时代和环境所赋予我们的主要任务。”《中国农村战时特刊》准备关于武装农民的专辑过程中，应与徐特立有过讨论。参见《徐特立年谱》编纂委员会（2017）：《徐特立年谱》，北京：人民出版社，2017 年，第 153 页。

奔跑，拒绝参加党政机关领导下的救亡工作。救亡工作要在全国普遍发展，抗战胜利才有充分保证。文章呼吁“热情青年应当很勇敢地跑到新的环境中去”，从工作中去表现自己的热情，表现自己的能力，而不能永远站在旁边批评指责。①

《乡村工作干部训练问题》提出弥补乡村干部训练不足的建议：第一，每省应建立一个乡村的中心领导机关，经常告诉各县乡工青年目前应做什么工作以及如何工作，乡工青年遇到的各种困难，也提到中心领导机关求得适当解决。第二，每县应有一个有能力、有热情的人来经常指导该县乡的日常工作，如果一时找不到许多中级干部，不妨采用巡回指导员办法。第三，养成乡村工作人员团体活动习惯，并普及愿意参加救亡的任何乡村工作人员。各区、乡应都有时事讨论会和工作讨论会组织。第四，第二班学生训练完毕下乡后，可以把第一班学生中能力薄弱的人调回重加训练。②

**2 月 17 日**　出席湖南省文化界抗敌后援会第二次全体会员大会并当选理事。这次大会 800 余人参加，共选出各党派参加的理事 104 人。③

**2 月 22 日**　出席湖南省文化界抗敌后援会理事会议，与吕振羽、翦伯赞、田汉、陈润泉、李仲融、廖伯华、孙伏园等当选常务理事（共计 23 人）。常务理事会下辖读书会、时事研究会、戏剧会等 30 多

① 薛暮桥（1938）：《不怕困难　不求痛快》，载《薛暮桥文集》第二卷，北京：中国金融出版社，2011 年，第 12—13 页。

② 薛暮桥（1938）：《乡村工作干部训练问题》，同上书，第 14—16 页。

③ 中共湖南省委党史资料征集研究委员会主编（1986）：《湖南党史大事年表（新民主主义革命时期）》，长沙：湖南人民出版社，1986 年，第 119—120 页、第 125—126 页。薛暮桥（1996）：《薛暮桥回忆录》，载《薛暮桥文集》第二十卷，北京：中国金融出版社，2011 年，第 83 页。

个团体。[①]

经杨东莼介绍，被任命为湖南省文化界抗敌后援会训练部副部长，部长是吕振羽。[②]抗敌后援会活动并不通过召开常务理事会正式讨论，而是不拘形式，重要问题少数人到杨东莼家中商量，有时还请徐特立参加。[③]

任抗敌后援会常务理事期间，完成《经济科学常识》一书，由生活书店总经售。[④]书前“编者的话”说：在运动着的大时代中，谁也不能放下心来写纯理论的书籍。但基础理论对于内地救亡青年的重要，又谁都不能否认。于是收集了去年在《中国农村》上发表过的三篇文章，稍加删节编成这本小册子。所谓“三篇文章”，指《历史上的人类社会》、《资本主义社会解剖》（分别刊载于《中国农村》第三卷第二期和第三期），以及孙冶方《财政资本底统治——帝国主义》（载《中国农村》第三卷第四期）。写作的时候，与孙冶方“曾有一个共同计划，所以这三篇文章是互相连续着，并没有重复或脱节的

---

① 中共湖南省委党史资料征集研究委员会主编（1986）：《湖南党史大事年表（新民主主义革命时期）》，长沙：湖南人民出版社，1986 年，第 125 页；周洪宇主编（2014）：《杨东莼文集·论文卷》，武汉：华中师范大学出版社，2014 年，第 581 页。

② 薛暮桥（1996）：《薛暮桥回忆录》，载《薛暮桥文集》第二十卷，北京：中国金融出版社，2011 年，第 83 页。据张素我、周海滨在《回忆父亲张治中》（江苏文艺出版社，2012 年，第 92—93 页）中回忆，当时张治中常常说起薛暮桥。在新中国成立后，“我在全国妇联和全国政协开会时，常常见到薛暮桥的夫人罗琼。有次她告诉我，薛暮桥在长沙那段时间经济十分拮据，我父亲知道后接济过他，他俩对此一直心存感激”。

③ 薛暮桥（1981）：《回忆杨东莼同志》，载《薛暮桥文集》第九卷，北京：中国金融出版社，2011 年，第 160 页。薛在回忆中只说这是 1938 年春的事情，并称被任命为“文化界抗敌后援会委员兼训练部副部长”。“委员”应为“常务理事”，被任命为训练部副部长应为当选常务理事之后的事，因此我们将此事记在 1938 年 2 月 22 日。

④《薛暮桥文集》没有收录这本小册子。

地方”[①]。

**3 月 1 日** 所编《中国农村战时特刊》第十号出版。为使杂志容纳更多文章，本期一半文章改用小五号字。原定“武装农民工作经验”由于交通不便，预约的稿子不能完全到达，只好分期发表。[②]徐特立和董必武在本期发表《关于武装农民问题》和《民众武装动员的几个问题》。[③]

在本期发表《略谈乡村的武装自卫》（署名“雨林”）和《战时农民教育问题》。

《略谈乡村的武装自卫》指出，上海附近收编土匪，结果使部分别动队假借抗敌去勒索甚至劫掠人民，政府下令查办后又投降日军，这是收编土匪且不加以政治教育的结果。至于各地应征壮丁队、铁肩队沿途纷纷逃亡，则是强捉壮丁的结果。要使乡村武装队伍成为保乡卫国组织，不会变成扰乡害国组织，我们必须从生产的农民大众中去选拔。受训期间，应尽量不使他们脱离生产工作。这一方面可以不妨碍生产，使生产者转化为消费者，另一方面可以防止流氓地痞包办乡村武装组织。同时应政治教育与军事训练并重，在军事训练中特别注意游击战术。最后应用自觉的纪律来代替强制的纪律。[④]

《战时农民教育问题》指出，过去所做的农民教育工作在原则和方法上都有若干重大缺点，最主要的有三点：第一，过去的农民教育

---

① 薛暮桥编（1938）：《经济科学常识》，生活书店总经售。我们虽找到此书，但缺版权页，无法确定准确的出版时间。

② 编者（1938）：《编后记》，载《中国农村战时特刊》第十号，1938 年 3 月 1 日，第 13 页。

③ 徐特立（1938）：《关于武装农民问题》，载《中国农村战时特刊》第十号，1938 年 3 月 1 日，第 4—5 页；董必武（1938）：《民众武装动员的几个问题》，载《中国农村战时特刊》第十号，1938 年 3 月 1 日，第 6—8 页。

④ 薛暮桥（1938）：《略谈乡村的武装自卫》，载《薛暮桥文集》第二卷，北京：中国金融出版社，2011 年，第 17—18 页。

太不注意政治教育，没有尽可能向农民宣传民族危机及挽救方法。第二，不承认农民的才能，不能够有意识地去发掘农民中潜藏着的伟大力量。第三，许多乡村工作者唯恐农民犯上作乱，没有积极组织农民。广泛实施农民抗战教育，应特别重视学生自觉自动的积极精神，师生共同讨论，共同工作，消灭校内外鸿沟，从实际工作训练干部；要把抗敌救亡作为最主要的内容，不宜用“前方将士努力抗战，后方民众努力生产”这样的口号把农民从救亡运动中割裂出来。[①]

**3月20日** 所编《中国农村战时特刊》第十一号在长沙出版。“真是游击式的编辑，本期起，我们又把出版工作搬到长沙来了。因为交通上和印刷上的意外困难，本期出版不得不又延迟五天；此后预备每逢二十日和五日出版。”[②] 徐特立在本期发表《加紧农村工作》。[③]

在本期发表《怎样纪念总理》（署名“霖”）、《怎样扩大春耕》（署名“霖”）、《侵略者的又一暴行》（署名“霖”）和《战时乡村政治问题》。

《怎样纪念总理》强调纪念总理应继续他不屈不挠的大无畏精神，发扬革命的三民主义，巩固民族团结，争取抗战胜利，完成最后期的国民革命。[④]

《怎样扩大春耕》指出扩大春耕要帮助农民解除各种困难。第一，要使农民有田可耕。西北和西南各省还有许多可耕的荒地，为利用荒

---

① 薛暮桥（1938）：《战时农民教育问题》，载《中国农村战时特刊》第十号，1938 年 3 月 1 日，第 12—13 页。

② 编者（1938）：《编后记》，载《中国农村战时特刊》第十一号，1938 年 3 月 20 日，第 16 页。有的作者提到，战时特刊自第十二期起在长沙出版，查该杂志，应为自第十一号起在长沙出版。参见周洪宇主编（2014）：《杨东莼文集 · 论文卷》，武汉：华中师范大学出版社，2014 年，第 581 页。

③ 徐特立（1938）：《加紧农村工作》，载《中国农村战时特刊》第十一号，1938 年 3 月 20 日，第 10—11 页。

④ 薛暮桥（1938）：《怎样纪念总理》，载《薛暮桥文集》第二卷，北京：中国金融出版社，2011 年，第 19—20 页。

地，政府应立即颁布“抢荒”办法，任何官荒、私荒允许无地农民自由开垦，并在抗战期间豁免他们的田赋和地租。第二，要使贫苦农民获得生产资金。应要求各方尽量扩大农村贷款，发展并充实合作社组织。第三，帮助农民解决劳动力缺乏问题。应迅速解决征兵问题，召回逃亡壮丁，使他们安心耕作。同时，因壮丁应征，应动员未应征农民帮助他们耕作，使有钱的人给予他们援助。第四，帮助农民调整农产的分配。①

《侵略者的又一暴行》针对奥大利（今译“奥地利”）几小时内屈服于希脱拉（今译“希特勒”）膝下，指出德国的军事冒险最主要的原因，一是德国内部矛盾尖锐化，引起国社党和国防军冲突，制造军事冒险可以缓和国内矛盾，并将 20 万名国防军调到德奥边境；二是英国外交政策的软化。现在奥政府退让和不抵抗，结果领土在 24 小时内被占领，总统被迫下野，全国官吏辞职，总理也被拘禁放逐。这可以更加坚定我们反侵略的对外政策，巩固全民族团结。因为除团结以外，没有方法可以抵抗侵略暴行。②

《战时乡村政治问题》指出，现行官僚化的乡村政治组织，原是“剿共”时期规定的临时办法。当时要为防止一般乡村人民的活动，所以把乡村人民的权力削弱到完全无能的地位。现在“剿共”时期早已过去，正希望全体乡村人民积极活动起来参加抗战工作。文章主张从官治变为民治，动员农民彻底完成战时乡村改革。③

**4 月 5 日** 所编《中国农村战时特刊》第十二号出版。本期发表《健全乡村组织以推进乡村动员工作建议书》和《促进农业生产增加抗战力量建议书》。据该刊《编后记》:

---

① 薛暮桥（1938）:《怎样扩大春耕》，载《薛暮桥文集》第二卷，北京：中国金融出版社，2011 年，第 21—23 页。

② 薛暮桥（1938）:《侵略者的又一暴行》，同上书，第 24—26 页。

③ 薛暮桥（1938）：《战时乡村政治问题》，载《中国农村战时特刊》第十一号，1938 年 3 月 20 日，第 7—8 页。

因为国民党开全国代表大会，武汉许多农村工作和农业专家合提了两个健全乡村组织和促进农业生产的建议书。这是很宝贵的意见，所以把它放在本刊播音栏中发表。由于篇幅太长的缘故，后一建议书的提要和理由两项删去，仅留最重要的一项。

签名在这建议书上的，有湖北战时乡村工作促进会的孔庚、黄松龄、马哲民、李汉石诸先生，乡村建设学会的梁漱溟先生，中华农学会的吴觉农先生，中国农村经济研究会的王寅生、钱俊瑞、冯希勃诸先生，中山文化教育馆的陈洪进、陈传纲两先生，中国合作青年出版社李乡朴先生，浙江大学农学院教授刘庆云先生，安徽连城乡村教育学社郭有玉先生，《乡村运动》周刊编辑黎涤玄先生，乡村书店编辑张勋仁、范云迁两先生等。[①]

梁漱溟谈及：

那时武汉有一“战时农村问题研究所”常常开座谈会讨论前后方之农村问题，我亦参加了几次。3月29日国民党开全国临时代表大会，一般关心农村问题的朋友借研究所座谈会，共商上书作几个建议。一个建议是总括地说：抗战依靠农村者如何大，而战前农村的破产战后农村的扰乱如何严重，为了要农村担负起抗战的重担，中央应设立农村问题研究设计的总机关。再一个建议是说：抗战要从农业供给食粮，并以农产换取外汇，则对于农业教育、农业改良、农业推广的机构要调整健全而统一之。第三个建议，对于保甲制度有所商榷：请改善并充实地方下层机构。三个建议书都不是我写的，但经我手交给国

① 编者（1938）：《编后记》，载《中国农村战时特刊》第十二号，1938年4月5日，第9页。

民党中央委员，请他介绍提出大会。其后，未闻下落如何。[①]

王寅生在两周后谈及，梁漱溟、吴觉农、马哲民、陈洪进、钱俊瑞、王寅生等 18 人向国民党临时全国代表大会联名提出的健全乡村组织以推进乡村动员工作建议书由王寅生执笔起草，提出的建议主要是：

我们现在必须发动大批的头脑清楚的知识分子深入各乡村，把各乡村的头脑清楚而有为的分子组织成各种各样的救亡团体，如农村服务团、妇女救国团、抗敌救亡宣传队、前线抗战将士慰劳队等。经过这些救亡团体，使各乡村的头脑清楚而有为的分子彻底认识抗战与乡村的关系、抗战与乡民切身的关系，以及种种动员法令的实际意义、实际作用。再经过这部分头脑清楚而有头脑的乡民去宣传和教育一般乡民。深入各村头脑清楚的知识分子和这部分头脑清楚而有为的乡民，合力地推动和辅助着一般乡民去充实保甲和健全保甲；去组织农会、工会、商会等各种职业团体，以进行各种生产上、生活上的改良。必须使最大多数的乡民都明了抗战的意义，都获得生活上的改变，整个的乡村才会动员起来。[②]

在本期发表《希望于国民党临时代表大会》（署名“霖”）和《怎样建立乡村统一战线》。《希望于国民党临时代表大会》“以国民一分子的资格”，向 3 月 29 日开幕的国民党临时全国代表大会贡献若干意见。第一，请大会正式决定，把巩固民族统一战线作为国民党的基本政策。各党各派已在国民党和最高领袖的领导下共同抗日。但这种事

① 梁漱溟（1940）：《抗战与乡村——我个人在抗战中的主张和努力的经过》，载《梁漱溟全集》第六卷，济南：山东人民出版社，2005 年，第 88 页。

② 王寅生（1938）：《从动员农村讲到怎样健全乡村组织》，载《王寅生文选》，北京：中国财政经济出版社，1999 年，第 271—272 页。

实还没有被国民党最高权力机关正式承认，未正式定为国民党最高政策。因此，有些地方党政当局公然宣称民族统一战线不是国民党的主张，救国工作往往发生不必要的摩擦。临时大会应消除全民抗战中的这一“最大障碍”。第二，请大会通令全国党员积极去领导民众，不要消极地去防范民众。现在的情势是动员民众，而不是束缚民众。第三，请大会提高农民的政治地位和经济地位，鼓励农民武装起来保乡卫国。①

在武汉参加战时农村问题研究所召集的第三次筹备会议。到会的除原来在武汉的筹备委员外，还有外地来的孙晓村和新聘请的梁漱溟、张昺仁、李乡朴。讨论的中心是怎样把全国农村工作者的大团结建立起来。讨论的结果是邀请中国农学会、新中国农学会、山东乡村建设研究院、中国农村经济研究会、湖北战时乡村工作促进会、中华职业教育社、中华平民教育促进会、中国社会教育社、中国战时生产促进会、生活教育社、中国合作青年出版社和社会经济调查所十二团体，发起全国乡村工作讨论会，并推请孔庚、梁漱溟、黄松龄、吴觉农、邹秉文、彭学沛、卢作孚、江汉罗、杨显东、高叔康和陈传纲十一人为邀集武汉各农村工作团体和会商进行办法的筹备人。②

**4 月 8 日** 晚，在武汉出席吴觉农主持的社会经济调查所、湖北战时乡村工作促进会、战时农村问题研究所筹备委员会、中国农村经济研究会、中国社会教育社、中华农学会和山东乡村建设研究院等九个农村工作团体的代表谈话会。会议决定 5 月在汉口召开“全国农村工作讨论会”，提出有关农村工作的方案及筹设全国农村工作协会，并请晏阳初、俞庆棠、李乡朴、童润之四人参加筹备工作，推定邹秉文（中国农学会）、吴觉农（新中国农学会）、梁漱溟（山东乡村建设

① 薛暮桥（1938）：《希望于国民党临时代表大会》，载《薛暮桥文集》第二卷，北京：中国金融出版社，2011 年，第 27—28 页。

② 陈传纲（1938）：《全国农村工作者大团结的萌芽》，载《中国农村战时特刊》第十三号，1938 年 4 月 20 日，第 10 页。

研究院)、江问渔(中华职业教育社)、王寅生(中国农村经济研究会)五位团体代表为筹备委员会常务委员，以梁漱溟为召集人，江汉罗为常务委员会秘书。[①]

**4月9日** 在《全民周刊》(李公朴、柳湜编辑)第一卷第十八号发表《抗战中的湖南知识青年》。文章指出，读经教育使许多湖南青年不很关心国家大事，不太关心抗战的前途。湖南文抗会举办的历期战时常识训练班，往往有许多学生中途退学。同时指出，我们不必过分重视草创中的欠缺。单单测验中的几条时事问题，就会给湖南青年一个巨大的刺激，使湖南青年知道关心国家大事，不但不是不守本分，而且是现代青年所必须有的美德。[②]

**4月10日** 与吕振羽共同组织并主持湖南文化界抗敌后援会训练部举办的战时常识训练班第四期正式开学。[③]训练班4月初开班，

---

① 陈传纲(1938):《全国农村工作者大团结的萌芽》，载《中国农村战时特刊》第十三号，1938年4月20日，第10页。薛暮桥提到过，在武汉时曾经与梁漱溟合办战时农村问题研究会。“梁漱溟说我们两家的主张是不同的，但在抗日这一点上可以合作。”参见齐卫平、杨雪芳访问整理(1983):《薛暮桥回忆30年代中国农村社会性质论战有关情况》，载周子东等《三十年代中国社会性质论战》，上海：知识出版社，1987年，第120—121页。当时晏阳初在长沙开展乡村工作。据《梁漱溟日记》，梁于4月9日赴长沙，15日从长沙回到武汉。参见梁漱溟(2014):《梁漱溟日记》，上海：上海人民出版社，2014年，第26页。

② 薛暮桥(1938):《抗战中的湖南知识青年》，载《全民周刊》第一卷第十八号，1938年4月9日，第283页；重印于《薛暮桥文集》第二卷，北京：中国金融出版社，2011年，第107—108页。

③《薛暮桥回忆录》称“经我建议，成立了一个流亡青年的乡村救亡人员培训班，我任主任，请文化界知名人士来讲课”。我们根据《湖南省志》所列培训班讲义名称和《观察日报》报道，可知培训班的正式称谓是“战时常识训练班”。该班共办八期，每四周一期。参见薛暮桥(1996):《薛暮桥回忆录》，载《薛暮桥文集》第二十卷，北京：中国金融出版社，2011年，第83页；湖南省地方志编纂委员会(1995):《湖南省志·第二十八卷·文物志》，长沙：湖南人民出版社，1995年，第848—849页；《湘文抗会战训班今日开学》，载《观察日报》，1938年4月10日，第四版；《湘文抗会战训班定期开学》，载《观察日报》，1938年5月12日，第四版；吕振羽(1959):(接下页)

5 月底结业。课堂设在文抗会内的一个小礼堂，课后进行分组讨论，形式生动活泼。

**4 月中旬**　由于罗琼等在湖南省行政干部学校女生训练班执教被特务上告，不得不一起离开长沙到汉口，继续主办《中国农村战时特刊》。武汉是当时全国政治、文化中心，抗战气氛更加浓厚，“保卫大武汉”呼声震荡武汉三镇。①

**4 月 20 日**　所编《中国农村战时特刊》第十三号在汉口出版。本期杂志发表启事：“现在本会已经在汉口吉庆街云绣里七号设立临时办事处，并请陈洪进会友负责通信工作。此后各地会友和各地读者如有信件、稿件寄来，均请改寄汉口。”②

在本期发表《抗战与建国》（署名“霖”）、《乡村改革的基本原则》和《关于农民迷信问题》（署名“余霖”）。

《抗战与建国》指出，国民党临时代表大会已通过抗战建国纲领，今后最重要的问题便是怎样把这纲领具体实施起来。③

《乡村改革的基本原则》指出，抗战时期要从乡村改革中去发展民力。首先要解除农民政治上的束缚，使他们有力量以“自力防御侵害”；而改善农民生活，是乡村改革更重要的工作。抗战爆发以来，山西已经实行减租减息，浙江和广西已经下令实行二五减租，更重要的则是实施“有钱者出钱，有力者出力，为争取民族之生存之抗战而

---

《记湖南文化界抗敌后援会》，载《吕振羽全集》第十卷，北京：人民出版社，2014 年，第 11—18 页。

① 罗琼谈、段永强访（2002）：《罗琼访谈录》，薛小和编《把国放在家前面：罗琼逝世一周年纪念文集》，北京：中国妇女出版社，2007 年，第 85—243 页，相关回忆见第 113 页。

② 中国农村经济研究会（1938）：《启事（一）》，载《中国农村战时特刊》第十三号，1938 年 4 月 20 日，第 3 页。

③ 薛暮桥（1938）：《抗战与建国》，载《薛暮桥文集》第二卷，北京：中国金融出版社，2011 年，第 29—30 页。

动员”。[①]

《关于农民迷信问题》指出，用强制手段并不可能消灭迷信。我们必须查明其来源，然后釜底抽薪，慢慢消灭农民头脑中的迷信思想。如果只是一种宗教信仰，我们在抗日民族统一战线之下没有理由，也没有必要去干涉他们的信仰自由。如果是以宗教来做政治阴谋的掩护，我们便不得不去扑灭其中的政治阴谋。[②]

与王寅生、吴觉农、钱俊瑞、陈洪进等共同策划成立“中国战时农村问题研究所”，由王寅生主持，与中国农村经济研究会合在一起办公。[③]研究所召开各种座谈会，准备组织抗日乡村工作者协会，发表战时乡村工作联合宣言。由于武汉撤退等原因，计划未能实现。[④]

所著《战时乡村问题》由汉口新知书店出版。全书共分五章：一、怎样建立乡村统一战线；二、战时乡村政治问题；三、战时农村经济问题；四、战时农民教育问题；五、战时乡村自卫问题。末有附

---

① 薛暮桥（1938）：《乡村改革的基本原则》，载《薛暮桥文集》第二卷，北京：中国金融出版社，2011 年，第 31—34 页。

② 薛暮桥（1938）：《关于农民迷信问题》，同上书，第 35—37 页。

③ 中国战时农村问题研究所工作人员包括潘逸耕、王一青（即王易今）、陈洪进、李旸谷、陈传纲、俞景文等。王寅生在汉口主持研究所期间，除帮助中国农村经济研究会开展会务活动，为《中国农村战时特刊》撰稿，“大部分时间和精力用来考虑如何开展农村抗日统一战线工作，准备组织战时乡村工作联合宣言”。参见王易今（1999）：《深切怀念王寅生同志》，载《王寅生文选》，北京：中国财政经济出版社，1999 年，第 7 页；秦柳方（2001）：《柳风拂晓——秦柳方选集之三》，北京：中国财政经济出版社，2001 年，第 346—347 页；王寅生（1938）：《抗战建国的农业政策纲领刍议》，北京：中国财政经济出版社，1998 年，第 273—277 页。

④ 《王寅生简历》（未注明编者），载《王寅生文选》，北京：中国财政经济出版社，1999 年，第 376 页。

录：三民主义与乡村改革。[①]

**5 月 5 日**　所编《中国农村战时特刊》第十四号出版。在本期发表评论《不要鼓励侵略》（署名“霖”）和《怎样向农民宣传》（署名“霖”）。

《不要鼓励侵略》针对英国与意大利签署协定后国际问题专家和政客主张赞成英意协定、进而承认意大利在阿比西尼亚的论调，指出意大利势力的伸张便是侵略集团的伸张。如果我们承认了侵略国用武力造成的“已成事实”，那么还有什么理由反对日本帝国主义并吞“满洲国”呢？我们否认日本在中国领土内用武力造成的伪政治组织，对于其他国家用武力所造成的局面，也应当一同否认。[②]

《怎样向农民宣传》指出，目前向农民宣传，应当着重宣传抗战的意义、前途和农民的责任，应当特别强调日本强盗的残暴，使农民了解我们都是被迫起来抗战，宣传前线将士和被占领区域民众如何袭击敌军，指出胜利的前途，宣传前方、后方农民协助抗战的事实。宣传材料应结合农民的日常生活，或选择农民所了解的具体事实，如从敌军暴行讲抗战的意义，从军民联合抗战讲到抗战的前途和我们的任务，最易发生效力。宣传在不同时期不同地域，应选择适合的资料，使他易于接受。兵役宣传应不怕暴露目前征兵中的流弊，同时提出解决问题的切实办法。宣传可以用壁报、讲演、家庭访问、唱歌、演戏等方法，态度要诚恳、严肃、坦白、谦虚，要适合农民的生活习惯，不要嫌肮脏而不饮农民的茶，不吃农民的饭，不住农民的房屋，但也不要无缘无故地去麻烦民众。[③]

---

① 薛暮桥（1938）：《战时乡村问题》，汉口：新知书店，1938 年；又载《薛暮桥文集》第十六卷，北京：中国金融出版社，2011 年，第 66—90 页。

② 薛暮桥（1938）：《不要鼓励侵略》，载《薛暮桥文集》第二卷，北京：中国金融出版社，2011 年，第 38—39 页。

③ 薛暮桥（1938）：《怎样向农民宣传》，同上书，第 40—43 页。

**5 月 16 日** 在《时事类编》第十五期发表《抗战时期的土地政策》。文章希望抗战期间政府实施下列土地政策：第一，奖励农民开垦荒地。第二，没收汉奸和贪污的土地，分给贫苦农民。第三，实行减租政策。第四，实现耕者有其田的已定政策。同时采取减低利息、调整税捐、实施合理负担、救济难民、优待应征壮丁及其家属等政策，配合实施。①

**5 月 20 日** 所编《中国农村战时特刊》第十五号出版。② 本期原定为"全国农村工作讨论会专号"，而讨论会"不幸由于各方面的意见未能完全一致，不得不延期举行了"，特约稿件也随之延搁。③

在本期发表《从国民参政到乡村自治》。文章对拟议中的地方参政会组织办法提出若干意见。第一，区乡参议员不应采用指派或圈选的办法，应完全交给区民、乡民直接选举。如果区民大会、乡民大会不易召集，至少可以由保（甲）民大会选举参议员，再由参议会选举区参议员，区参议会选举县参议员。第二，选举资格不应限制。战区

---

① 薛暮桥（1938）：《抗战时期的土地政策》，载《薛暮桥文集》第二卷，北京：中国金融出版社，2011 年，第 46—50 页。

② 这期《中国农村战时特刊》中有一封《致梁漱溟先生的公开信》，以及梁漱溟的《覆信》。《覆信》内容如下：尊函经《中国农村》编者转来阅悉，兹略覆如次：一、漱到陕北所领受的教益并不甚多，较深刻者：一在自省平素对农民同情不到家，一在自省往时训练干部不如抗日大学训练工作之切实。二、在前方抗战之乡村工作，如八路军在晋察冀各地所作者未曾得见，亦未获参加演习，意料必可资取法。三、抗战中在后方之乡村工作应如何进行，漱筹思甚熟，正拟为文发表，当以请教，但因病，短期内或难写就。四、大体上漱仍持守夙昔见地，正如《乡村建设理论》一书所述；未曾从陕北得到何种启发。五、漱与毛泽东先生关于大局问题谈话，曾于最近《告山东（乡村工作）同人同学书》中叙及，函索附邮票即可寄赠。梁漱溟覆　五月十二日。参见梁漱溟（1938）：《覆信》，载《中国农村战时特刊》第十五号，1938 年 5 月 20 日，第 5 页；赵建勋、梅为藩、金步墀、戴自庵（1938）：《致梁漱溟先生的公开信》，载《中国农村战时特刊》第十五号，第 3—5 页。

③ 编者（1938）：《编后讯》，载《中国农村战时特刊》第十五号，1938 年 5 月 20 日，第 14 页。

流亡青年不能再让他们在工作地点丧失选举和被选举的资格。第三，区乡参政会职权应有充分保障，在不违反三民主义和抗战建国纲领的范围内，对于乡村公约和自治事项应有决定的完全权利。第四，区乡参议会同时也应是一个监察机关，应有权检举区乡长的违法失职，有权提出质询和稽核账目。第五，民意机关的设立，必然以民众集会结社的自由权利能否获得充分保障为先决条件。[①]

**5 月 28 日** 代表《中国农村》参加武汉各报纸杂志编辑人举行的聚谈会。与会的还有陈友生（《扫荡报》）、何云（《新华日报》）、许涤新（《群众》）、武仙卿（《政论》）、胡绳（《全民》）、程仲文（《内外杂志》）、管雪齐（《汉报》）、陆礼江（《教员通讯》）、童蒙圣（《民意》）、毕成骏（《申报》）、沙蕾（《回启大众》）、王龙章（《血路》）、袁君实（《青协》）、邹韬奋（《抗战》）、刘炳黎（《前途》）等 130 余人。会议决定组织武汉编辑人抗敌协会，筹备委员会由张申府、钱俊瑞等 9 人组成。[②]

**5 月 30 日** 在《新湖南》发表《〈抗战建国纲领〉解说》，对《抗战建国纲领》下列条目加以解释："十一，抚慰伤亡官兵，安置残废，并优待抗战人员之家属，以增强士气，而为全国动员之鼓励。""政治：十二，组织国民参政机关，团结全国力量，集中全国之思虑与识见，以利国策之决定与推行。""十三，实行以县为单位，改善并健全民众之自卫组织，施以训练，加强其能力，并加速完成地方自治条件，以巩固抗战中之政治的社会的基础，并为宪法实施之准备。""十四，改善各级政治机构，使之简单化，合理化，并增高行政效率，以适合战时需要。""十五，整饬纲纪，责成各级官吏忠勇奋斗，为国牺牲，并严守纪律，服从命令，为民众倡导，其有不忠职守贻误

---

① 薛暮桥（1938）：《从国民参政到乡村自治》，载《薛暮桥文集》第二卷，北京：中国金融出版社，2011 年，第 44—45 页。

② 《武汉编辑人筹组抗敌会》，载《新华日报》，1938 年 5 月 30 日，第三版。

抗战者，以军法处治。”“十六，严惩贪官污吏，并没收其财产。”“经济：十七，经济建设以军事为中心，同时注意改善人民生活。本此目的，以实行计划经济，奖励海内外人民投资，扩大战时生产。”“十八，以全力发展农村经济，奖励合作，调节粮食，并开垦荒地，疏通水利。”“十九，开发矿产，树立重工业的基础，鼓励轻工业的经营，并发展各地之手工业。”“二十，推行战时税制，彻底改革财务行政。”“二十一，统制银行业务，从而调整工商业之活动。”“二十二，巩固法币，统制外汇，管理进出口货，以安定金融。”“二十三，整理交通系统，举办水陆联运，加筑铁路、公路，加辟航线。”“二十四，严禁奸商垄断居奇，投机操纵，实施物品平价制度。”[①]

**5 月** 所编《抗战与乡村工作》由生活书店出版。[②] 书中共收录十一篇文章：《从汉奸之多谈到乡村工作》（孙冶方）、《动员千百万农民参加抗战》（沙杨）、《怎样展开农村救亡工作》（《新华日报》）、《怎样发动农民参加抗战》（姚克夫）、《乡村运动与农民政纲》（薛暮桥）、《抗战中的乡村政治问题》（薛暮桥）、《保甲制度与民众动员》（武者）、《组织农民的主要问题》（恽逸群）、《农村服务应有的精神》（陈洪进）、《农民组织工作的几个问题》（陈洪进）和《农村工作之实践与教训》（张若达）。附录两篇：《非常时期乡村工作大纲草案》（中国农村经济研究会）和《战时农村服务草案》（中山文化教育馆）。

湖南文化界抗敌后援会编印《战时常识训练班讲义》，收录薛暮

① 薛暮桥（1938）：《〈抗战建国纲领〉解说》，载《新湖南》旬刊第 1 卷第 3 期，1938 年 5 月 10 日，第 28—30 页。

② 此书封面和版权页只标记“薛暮桥等著”，国民党政府查禁书目明确称此书为“薛暮桥编”。参见张克明（1986）：《抗日战争时期国民党政府查禁书刊目录（二）（1938.3—1945.8）》，载上海市出版工作者协会《出版史料》编辑组编《出版史料》第五辑，上海：学林出版社，1986 年，第 68—69 页。

桥《战时乡村工作》一文。[1]

罗琼加入中国共产党。据罗琼回忆，她提交入党申请书后几天：

在一个炎热的下午，邓大姐（指邓颖超。——引者注）来到我家。那天刚好我外出不在家，暮桥正在写文章。他出乎意料地接待了邓大姐，把埋在心底的话滔滔不绝地说给大姐听。正在此时，我回来了。我真是做梦也没想到在这间小屋会见到邓颖超大姐。我紧紧握住她的手，激动得结结巴巴，不知说什么好。她看出我的窘态，便很随和地问我对武汉妇女界的印象。我坦率地说，到武汉不久，我的活动大都在一些上海老朋友圈子里，很少同当地妇女接触，再说，我们这些被看作"下江佬"的人与当地妇女接触也困难。邓大姐笑着说，革命青年要有五湖四海的胸怀，要有同一切主张抗战的人合作的气魄。

这次谈话后不久，罗琼被中共中央长江局批准，作为秘密党员，加入中国共产党。[2]

**6月5日**　所编《中国农村战时特刊》第十六号出版。在本期发表《怎样领导乡村青年》（署名"霖"）和《乡村工作中的一个严重问题》。

《怎样领导乡村青年》指出，过去中国所有青年运动，几乎完全限于少数城市。在长期抗战中，内地乡村将要成为最后决胜负的中

① 湖南文化界抗敌后援会编印的《战时常识训练班讲义》为油印本，现存湖南省博物馆。全书共计5篇：《怎样做救亡工作》《三民主义浅说》《战时乡村工作》《抗战形势》《日本研究》。但我们没有见到原本。参见湖南省地方志编纂委员会（1995）：《湖南省志·第二十八卷·文物志》，长沙：湖南人民出版社，1995年，第848—849页。

② 罗琼谈、段永强访（2002）：《罗琼访谈录》，薛小和编《把国放在家前面：罗琼逝世一周年纪念文集》，北京：中国妇女出版社，2007年，第85—243页，引文见第114—116页。

心。因此如何团结几十万乃至上百万名最优秀的青年农民，同为抗战尽其全力，实在是很急切的工作。目前农村文化水准太低，所以动员青年农民不得不先动员乡村的青年知识分子，通过他们再去动员最优秀的青年农民，组织各式各样乡村抗敌团体，并从工作中去教育农民，提拔有志气和有能力的青年干部。[①]

《乡村工作中的一个严重问题》就梁漱溟《告山东乡村工作同人同学书》所报告的山东乡村建设事业在抗战中的惨痛遭遇[②]，指出一个团体最有力的联系不在领袖，而在民主精神以及共同信念。如果事事仰仗领袖，人人都对领袖负责，不对团体负责，那么这个团体一定十分散漫，甚至团员互相猜忌，丝毫没有团体精神。[③]

---

① 薛暮桥（1938）：《怎样领导乡村青年》，载《薛暮桥文集》第二卷，北京：中国金融出版社，2011 年，第 51—52 页。

② 梁漱溟在文中报告了山东乡村建设事业在抗战中的遭遇："吾侪工作主要在乡农学校。乡农学校一面为社会教育、民众训练机关；一面又为下级行政机关。以其为下级行政机关一切政令均藉此而执行。当初将藉以推动各项建设者，今则为当局要壮丁，要枪支，派差派款，执行其苛虐命令。凡当局所为一切之结怨于民者，乡农学校首为怨府。更以其为民众训练机关，平素之集合训练在此，召集调遣在此，壮丁枪支皆甚现成；于是每每整批带走。假使无此民众训练，或不兼为训练机关，则当局虽要壮丁要枪支不能如此方便；乡间亦自有许多通融挪移回避之余地，然今皆以乡农学校而不能，其为怨府滋甚。更有怨毒最深者，则以欺骗手段收取枪支带走壮丁之事屡屡发生。例如：始而说集中训练，多日以后，一道命令忽然几十人整批带走。事前乡农学校固未料到，而曾向乡民以'绝不带走'为担保式之声明者，至此毫无办法，自己落于欺骗民众地位。甚至有时乡农学校亦在被骗之列，而乡民仍认为乡农学校行骗。怨毒之极，至有捣毁学校，打死校长之事。我同学之死于此者竟有数人之多，曷胜痛吊！其实不顾信用，为此巧取豪夺者，除省当局外，或系专员，或属县长，或为军队；与一乡校校长何预？以建设乡村之机关，转而用为破坏乡村之工具；吾侪工作至此，真乃毁灭无余矣！"参见梁漱溟（1938）：《告山东乡村工作同人同学书》，载《梁漱溟全集》第六卷，济南：山东人民出版社，2005 年，第 12—13 页。

③ 薛暮桥（1938）：《乡村工作中的一个严重问题》，载《薛暮桥文集》第二卷，北京：中国金融出版社，2011 年，第 53—55 页。

**6 月 20 日** 所编《中国农村战时特刊》第十七号出版。在本期发表《怎样动员民众保卫武汉》（署名“霖”）和《怎样推进乡村文化工作》。

《怎样动员民众保卫武汉》检讨第二期抗战的缺点，指出民众动员工作做得异常不够。过去两个月许多杂志报章纷纷叫着“保卫徐州”，而徐州乡村竟只有 24 位流亡青年在孤独地工作。这样薄弱的民众力量来保卫徐州，失陷只是迟早问题。文章指出，要使“保卫武汉”成为“烈焰般的民众运动”：第一，必须动员几千几万名知识青年，到豫东、豫南、皖西、鄂北各地乡村中去工作。现在武汉就有七八百个抗战团体，希望这些团体能够切实动员最坚强的干部到各地区组织民众，武装民众。后方各地抗战团体，也应到乡村中去动员壮丁，上前线杀敌。第二，希望政府以绝大决心，来扶助民众运动，扫除工作中的种种障碍。第三，希望政府以最大的决心，采取切实有效的办法来洗刷乡村政治，督促区乡镇长动员民众。第四，希望全国乡村运动的领袖起来奔走呼号，唤起广泛的保乡卫国运动。①

《怎样推进乡村文化工作》指出，抗战不但要求新文化流入乡村，而且使新文化流入乡村成为可能。我们要利用抗战的机会，奠定乡村新启蒙运动的基础。在文化领域，书报合作社和民众图书室值得大家来计划和推动。书报合作社还可以进一步为群众的文化团体，兼办读书会等教育宣传工作。②

**6 月** 经钱俊瑞、张锡昌介绍，汉口的中共中央长江局批准，作为秘密党员重新加入中国共产党，不参加支部生活，只与中共湖北省委何伟联系。因何伟不负责文化界活动，实际工作仍多与钱俊瑞联

① 薛暮桥（1938）：《怎样动员民众保卫武汉》，载《薛暮桥文集》第二卷，北京：中国金融出版社，2011 年，第 56—57 页。

② 薛暮桥（1938）：《怎样推进乡村文化工作》，同上书，第 58—60 页。

系。[①]1988 年 4 月 14 日经中共中央政治局常委会第二十次会议讨论，1927 年 3 月至 1938 年 6 月的党龄得以恢复。[②]

应中共中央长江局之召前去谈话。一位同志问："你们《中国农村》有一个姓薛的，曾在苏联学习，他是不是托派？"回答："《中国农村》除我姓薛外，还有个薛萼果（孙冶方原名。——引者注），他写了许多反托派的文章，受到大家赞赏，他决不会是托派。"[③]

所著《战时的粮食》一书收入"民众战时常识"丛书，由迁至长沙的商务印书馆出版。此书以小说体写成，共计 4 章 28 页：一、粮食问题与长期抗战；二、怎样扩充粮食生产；三、怎样改良生产技术；四、怎样调节粮食供求。书中主人公"乡村师范校长李先生"，带学生到附近农民教育实验区宣传"扩大春耕"，劝农民多种粮食。"他们先敲锣打鼓集合全村农民，照例地唱了锄头歌和几个救国歌；接着李先生向农民演说。"演说指出，现在海岸大部分被日本军舰封锁，洋米、洋麦运不进来。而现在华北的大平原和江浙两省沿太湖的许多县份，已经有一大部分被日本军队占领，这都是出产粮食最多的地方。还有许多地方天天在那里打仗，种田种不成了，种了也被日本强盗抢去。还有许多地方虽然经常有我们的军队和游击队保护，但这些地方大部分是山地，出产粮食不及平地。还有，在打仗的时候，必须经常预备着两三百万军队，还要预备着更多的乡村自卫队和抗日游击队。大批农民丢了锄头，扛起枪杆，粮食出产会减少下来。除了军队，还有几十万、几百万逃难同胞，这也是个很严重的问题。所以，"现在春天到了，转眼又是犁田插秧的时候了，我们应当多种粮食"。

---

① 《薛暮桥给宋任穷、陈野苹并报中央组织部的信》，1983 年 3 月 12 日，薛小和藏。

② 《中共中央组织部关于薛暮桥同志党龄问题的通知》，1988 年 5 月 4 日，薛小和藏。

③ 薛暮桥（1983）：《向孙冶方同志学习》，载《薛暮桥文集》第十卷，北京：中国金融出版社，2011 年，第 5 页。薛暮桥不止一次谈到此事，但未具体说明长江局的"一位同志"是谁。

演说之后，李先生与听讲的农民、农业改良场林场长、区公所陈区长和农本局吴委员进行交流，发现实际会遇到种种困难，“越想觉得问题越多。他觉得过去许多农业专家对于粮食问题所发表的长篇大论，大多不切实际；因此农民对于他们所拟订的计划也就漠不关心。要想解决战时粮食问题，首先应当解决农民生产粮食时候所遇到的种种困难，并使大多数的农民自动地来参加扩大春耕运动。如果放着许多实际问题不去解决，单单动员几个学生去做一次扩大春耕运动，那是丝毫不会发生效果的”。[①] 本书于 1938 年 7 月再版。

**7 月 5 日**　刘端生因病去世。得知消息，薛暮桥写了《报告一个不幸的消息》：“今年五六月间我因患病懒于写信，端生从浙江来信询问为何多日不见我的索稿信件[②]，想不到在一个月后，硕健的端生兄[③]竟先我们而离开尘世了！”(参见 1938 年 7 月 20 日条。)[④] 中国农村经济研究会召开追悼会并印发纪念册。[⑤] 刘端生先生治丧委员会撰述并发表《刘端生先生行述》。[⑥]

---

① 薛暮桥（1938）：《战时的粮食》，长沙：商务印书馆，1938 年。

② 《中国农村战时特刊》第十七号（1938 年 6 月 20 日）载有刘端生《民运工作与县政机构的配合》一文。

③ 程桂芬在回忆录中也谈及这一点，称刘端生“是个运动员，会打球、游水、骑马，在浙江大学是球队队员，在安徽大学也是球队队员。他在中国农村经济研究会时，到农村调查，一天能走几十里地；在河南南阳、在广西桂林，深入农村能吃苦，是个了不起的小伙子”。参见程桂芬（1996）：《人生不是梦》，北京：中国妇女出版社，1996 年，第 34 页。

④ 薛暮桥（1938）：《报告一个不幸的消息》，载《薛暮桥文集》第二卷，北京：中国金融出版社，2011 年，第 67 页。

⑤ 程桂芬（1996）：《人生不是梦》，北京：中国妇女出版社，1996 年，第 34—35 页。

⑥ 刘端生治丧委员会撰述（1938）：《刘端生先生行述》，载《新中国旬刊》第二期，1938 年，第 4—5 页。该文刊出时，标题和正文均将“刘端生”错印为“刘端”。据行述记载，刘端生（1909—1938）为江苏武进人，世代务农。江苏省立第三师范附属小学毕业，免费进入第三师范读书。1931 年毕业于国立劳动大学农学院。1929 年夏参加陈翰笙主持的国立中央研究院无锡农村经济调查，同年寒假参加调（接下页）

所编《中国农村战时特刊》第十八号出版。在本期发表《抗战建国一周年》（署名“霖”）和《学生暑期农村服务运动》。

《抗战建国一周年》指出，过去一年政治上军事上已经完成相当大的进步，但也遭遇“意料之内的、暂时的、局部的失败”。第一期抗战中，北战场节节败退的最主要原因，是军事指挥不统一和部分地方军队缺乏抗战到底的决心。东战场在固守淞沪三四月后，终于放弃南京，最主要的原因是采用了被动的阵地战，而没有用主动的、灵活的运动战与阵地战配合。此外还有更重要的政治上的原因，如民族团结的不巩固，民众动员的不普遍等。在第二期抗战中，军事指挥已经完全统一，全国上下已抱有抗战到底的决心。运动战已经收到相当大的功效，而且广泛组织了民众游击队，配合正规军队作战。不过，还有若干很严重的缺点，主要的如不能很广泛动员民众，不能巩固军民间的合作。现在敌军准备会师武汉。武汉失陷，不但东南各省陷入敌军包围之中，西北和西南各省联络也将非常困难。因此第三期抗战要把保卫武汉作为我们的中心任务。我们要用全国范围的斗争，来完成

---

查资料整理。毕业后进入社会科学研究所，从事调查统计工作。九一八事变后积极参加抗日活动；“一·二八”事变期间参加文化活动和救护宣传等工作。研究所从上海迁南京，刘端生同去南京任职。1932 年夏，应冯紫岗之邀到河南南阳农林局进行农村经济调查。1933 年夏，应邀参加行政院农村复兴委员会河南农村经济调查。调查结束后到广西省立师范专科学校任教。1934 年到国立浙江大学任教，并进行兰溪、嘉兴两县调查。后到安徽大学农学院和湖北农业改进所从事农村经济调查和研究。1937 年 12 月，经南昌到浙江，在浙江省战时物产调整处任调查统计组组长。薛暮桥 1932 年初与刘端生成为同事，次年邀请刘端生到广西教书，共同完成《广西农村经济调查报告》。因此，薛暮桥必然是刘端生治丧委员会成员，《刘端生先生行述》也可视为薛暮桥的一份合写作品。另据骆耕漠回忆，他与刘端生同时补办入党手续，共同参加浙江省战时物产调整处特别支部，书记为汪海粟；张锡昌、刘端生和骆耕漠还共同组成中共浙江省委统战委员会。刘端生去世后，骆耕漠在追悼会上致悼词。参见骆耕漠（2004）：《往事回忆》，北京：人民出版社，2004 年，第 135—136、151—152 页；骆耕漠（1938）：《刘端生先生的精神》，载《新中国旬刊》第二期，1938 年，第 4—5 页。

任务。第一，坚守沿江和大别山、桐柏山的巩固阵地，阻止敌军前进；第二，在安徽、河南作灵活的运动战，破坏敌军联络，让他处处受我们的包围；第三，扩大东战场尤其是北战场的游击运动，破坏汉奸政权，分散敌军力量。保卫武汉的主要目的，除消耗敌军外，更重要的是争取时间，使我们有充分的余暇完成政治上和军事上的进步，充实抗战力量。因此我们同时还要用最大的决心，团结各方面的爱国分子，充实现存政治机构，广泛组织和武装民众。①

《学生暑期农村服务运动》指出，大中学生暑期农村服务运动比去年更迫切，其最主要的内容粗分为四项：第一，灌输民族意识，培养抗战力量，即动员农民，来争取民族的自由和独立。一方面要说服地主乡绅，劝他们不要反对农民动员；另一方面说服贫苦农民，劝他们同地主乡绅联合抗敌救国。第二，健全乡村政治，建立地方自治基础。在积极方面，应当迅速训练农民，使他们能运用选举、罢免、创制、复决四项权利；在消极方面，必须检举贪污土劣，扫除实现地方自治和动员农民中的种种障碍。第三，促进农村生产，改善贫苦农民生活。在积极方面，应扩大合作组织，协助农民解决土地、资金、运销等问题；在消极方面，应扫除贪污，消灭非法剥夺，推行合理负担，救济难民和援助抗战军人家属。第四，在可能范围内立即进行训练、组织和武装农民等工作。文中还介绍了若干具体组织方式供参考。②

**7月6日至15日** 梁漱溟在汉口召开的国民参政会第一届第一次会议上提出一个建议案和三个询问案。建议案提请政府召开战时农村问题会议，并于政府中设置常设机关；询问案分别就抗战建国纲领中第十八条、第二十五条及第十四条有关“发展农村经济，奖励合

---

① 薛暮桥（1938）：《抗战建国一周年》，载《薛暮桥文集》第二卷，北京：中国金融出版社，2011年，第61—62页。

② 薛暮桥（1985）：《学生暑期农村服务运动》，同上书，第63—66页。

作，调节粮食并开垦荒地，疏通水利问题”和“发动全国民众组织，农、工、商各职业团体，改善而充实之，使有钱出钱，有力出力，为争取民族生存之抗战而动员”①，以及“改善各级政治机构使精简合理化，并增高行政效率以适合战时需要”的规定，指出各地农会素来有名无实，或有其名而无之，询问这三个问题究竟在中央计划为何，实行如何，上述提案和建议事先没有广泛征求意见。②

国民参政会决议通过梁漱溟等 22 人的“召开战时农村问题会议，并于政府中设置常设机关建议案”，认为“农业为我们经济之基础，抗战时期，粮食自给与安定农村问题，尤属重要。建议案所提召开战时农村问题会议，以求了解下情，沟通各机关对于农政设施一节，自属可行。应建议政府筹划举办，并附加说明”。薛暮桥发表评论，指出“此项建议的具体内容虽然没有公布，但无疑是值得我们特别重视的”：

抗战建国纲领虽然主张刷新各级政治机构，但对于阻碍农村动员的现行保甲制度究竟如何改革？抗战建国纲领虽然主张组织各种民众团体，但如何纠正过去农会缺点，使它真正能够组织全国大多数的农民？抗战建国纲领主张全力发展农村经济，但对农业生产中的种种困

---

① 参见王寅生（1938）：《从动员农村讲到怎样健全乡村组织》，载《王寅生文选》，北京：中国财政经济出版社，1999 年，第 259—272 页。对比王寅生的意见和梁漱溟的建议案、询问案，不难发现梁漱溟虽未事先广泛征求意见，但吸收了中国农村经济研究会的核心主张。

② 李渊庭、阎秉华编著（2003）：《梁漱溟先生年谱》，桂林：广西师范大学出版社，2003 年，第 145—146 页。薛暮桥事后评论：“我们觉得参政员中的几位乡村工作专家应当在开会以前，自动召集几次预备会议。参加会议的人不一定要限于乡村工作专家，凡是对乡村动员问题有兴趣的参政员，和对这问题有研究的非参政员，可以酌量邀请。”在预备会议中间，共同拟定几个完全而且具体的提案，并相约用全力使这些提案能在大会圆满通过。参见薛暮桥（1938）：《对于国民参政会第二次会议的希望》，载《薛暮桥文集》第二卷，北京：中国金融出版社，2011 年，第 95 页。

难究竟如何扫除？这些问题，在庞大而急促的国民参政会中实在无法具体解决，不得不把解决责任放在农村问题会议的肩上。

农村问题会议既然负着这样大的责任，因此它第一，除掉有关系的政府机关代表之外，必须多多组织熟悉农村问题的各方面的乡村工作专家，俾收集思广益之效。第二，为使政府深切明了各地农村实际情形，农村问题会议应当广泛征求全国乡村工作者的意见，作为讨论时的参考。第三，乡村问题会议的讨论范围，应当包括政治、经济、民运，以至武装自卫各种问题，求出一个很切实的解决办法。

抗战已经到了这样紧急的阶段，希望政府不要讳疾忌医，也不要使这样重要的会议成为应酬式的清谈机关！[①]

**7月9日**　在《全民抗战》三日刊（韬奋、柳湜编辑）第二号发表《乡村工作者应如何努力——献给国民参政员梁漱溟、晏阳初、黄炎培、江问渔诸先生的公开信》。

文章指出，全国上下已经深刻认识到今后抗战决胜负的中心，不在各大都市，而在乡村。抗战救国的一大部分责任，便落到乡村工作者的肩上。文章希望乡村工作的领导者、国民参政员梁漱溟、晏阳初、黄炎培、江问渔诸先生向政府提出四项建议：设立省、县以及区乡参政会，树立地方自治基础；设立各级动员委员会，建立并充实各种民众团体；改善保甲组织；实施合理负担。并建议各位先生联合其他乡村工作同志直接发起进行下列工作：召集战时乡村工作讨论会，完成全国乡村工作者的团结。具体来说，战时乡村工作讨论会应网络各方面的乡村工作团体，如乡村宣传团、战地服务团、青年工作团等，均可推派代表参加会议；报告各团体在抗战一年中的工作经验，检讨过去工作中

① 薛暮桥（1938）：《关于农村问题会议》，载《薛暮桥文集》第二卷，北京：中国金融出版社，2011 年，第 70 页。

的种种缺点，商议补救办法；制订共同工作计划，统一各团体的工作目标、工作方法，并收分工合作之效；建立中心联络机关来调整各团体的关系，指导并协助各团体的工作。号召全国乡村工作同志和愿意为抗战效力的各界青年组织大规模的乡村服务运动，具体包括：集合各地流亡青年，予以相当训练，使他们回到被敌占领区域（以回本乡工作为原则）去做民众游击工作，或做游击队的政治工作；号召武汉和各地的抗敌工作青年，组织战地服务团，去为前线将士服务，并动员战区民众，协助军队构筑阵地，运输军需，救护伤兵，侦查汉奸，等等；号召后方的青年组织乡村服务团，到各地乡村中去组织农民，训练农民，武装农民，发动各种抗敌救国工作；在以上各服务团中，应当有计划地动员有经验的乡村工作同志参加工作；但非获得团员爱戴，勿以领袖自居；服务团员设专门机关予以短期训练外，主要应于工作中训练干部，例如采用工学团的方式，一面工作，一面研究讨论。①

这篇文章发表时国民参政会已在进行，由于发表太迟，没有产生实际影响。② 薛暮桥晚年这样回忆这封公开信的来龙去脉：

党的统一战线政策提出后，我们又提出要争取乡村工作人员，联合起来，共同抗日，包括梁漱溟、晏阳初这些人。这个口号提出后，把大部分青年争取过来了。③ 梁漱溟、晏阳初也来拉拢我们。梁和晏

① 薛暮桥（1938）：《乡村工作者应如何努力——献给国民参政员梁漱溟、晏阳初、黄炎培、江问渔诸先生的公开信》，载《薛暮桥文集》第二卷，北京：中国金融出版社，2011 年，第 71—73 页。《薛暮桥文集》第二卷收录这篇文章时，所标注的时间为 1938 年 7 月 20 日，这是根据《中国农村战时特刊》出刊时间。实际上此文已在《全民抗战》先行发表，应以《全民抗战》出刊时间为准。

② 薛暮桥（1938）：《对于国民参政会第二次会议的希望》，载《薛暮桥文集》第二卷，北京：中国金融出版社，2011 年，第 95 页。

③ 以 1936 年 9 月中国农村经济研究会、生活教育社和妇女生活社提出的“全国乡村工作人员一致团结共赴国难”主张为转折标志。

是一对冤家，互争领导权。本来梁漱溟比晏阳初更吃香。但梁依附的是韩复榘，后来韩复榘被蒋介石枪毙了，韩一倒，梁漱溟也就失掉了靠山，一跑跑到延安，毛主席和他谈了话。后来梁漱溟写了一篇文章，承认延安更热爱农民，保护农民比他们还好一些。但对我们的许多政策还是不同意的。[①]我们也写了一封公开信（参见本年 5 月 20 日条的注释。——引者注）答复他，既批评，又赞扬。[②]

由于晏阳初、梁漱溟之间激烈冲突，建立乡村工作者统一战线没有取得实际成果。

**7 月 20 日** 所编《中国农村战时特刊》第四卷第十九号出版。在本期发表四篇文章：《报告一个不幸的消息》、《节约和献金》（署名“霖”）、《关于农村问题会议》（署名“霖”）、《乡村工作者应如何努力——献给国民参政员梁漱溟、晏阳初、黄炎培、江问渔诸先生的公开信》（参见 1938 年 7 月 9 日条）。

《报告一个不幸的消息》中说，“聪明而诚实的会友刘端生兄”竟于 7 月 5 日患伤寒病逝世了！文章称赞刘端生写了许多有价值的调查报告，尤其是嘉兴农业经营调查“分析精密，造成了中国农村经济调查成绩中的最高纪录”；他不但长于调查，而且长于统计，“计算数字的迅速和正确，是许多精于此道的朋友所望尘莫及的”；“他不但忠于

---

① 1938 年 1 月，梁漱溟访问延安，与毛泽东八次谈话。梁漱溟提议确定国是国策，把对外求得民族解放、对内完成社会改造两大问题同时有所确定，以解决党派问题。毛泽东劝梁漱溟到武汉进行。不久，梁漱溟从根据地到武汉。途经徐州，在徐州完成《敬告山东乡村建设同人同学书》，由武昌乡村书店代印出版。参见李渊庭、阎秉华（2003）:《梁漱溟先生年谱》，桂林：广西师范大学出版社，2003 年，第 137—145 页。

② 齐卫平、杨雪芳访问整理（1983）:《薛暮桥回忆 30 年代中国农村社会性质论战有关情况》，载周子东等《三十年代中国社会性质论战》，上海：知识出版社，1987 年，第 127 页。

学术研究，而且忠于救亡实践工作。”[①]

《节约和献金》对抗战一周年纪念时的民众献金运动进行评论，指出中小市民的献金热忱远过高官富贵，表明“有钱出钱”的口号在武汉还未能彻底执行。强调献金运动和正待推行的节约运动，非动员民众难以获得圆满结果。[②]

**7月**　所编撰第一、二辑《战时宣传资料》（署名“中国农村经济研究会、中国战时农村问题研究所”）由新知书店出版。[③]

携潘逸耕、王一青（即王易今）到长沙，继续主编《中国农村战时特刊》和《中国农村经济研究会会报》。[④]

---

① 薛暮桥（1938）：《报告一个不幸的消息》，载《薛暮桥文集》第二卷，北京：中国金融出版社，2011年，第67页。

② 薛暮桥（1938）：《节约和献金》，同上书，第68—69页。

③ 我们没有找到《战时宣传资料》第一、二辑原件，只在孔夫子旧书网找到一册未标明年月的《战时宣传资料》照片，销售记录标注“中国农村经济研究会、战时农村问题研究所编”。由于照片模糊，只能勉强分辨其中提到七七事变一周年，因此将时间定为1938年7月。在中国农村经济研究会1940年会务报告中曾提到“编辑乡村工作材料，已出版者有：《战时农村宣传资料》（第一、二、三、四辑）”。但从孔夫子旧书网销售记录来看，标题应为“战时宣传资料”，而不是“战时农村宣传资料”。国家图书馆出版社《抗日战争史料丛编：第三辑》第16册收录《战时宣传资料》（第四辑）标注为“中国农村经济研究会编，新知书店，1939年出版”，可以确证《战时宣传资料》才是准确的书名。上述文献虽记《战时宣传资料》第一、二辑中国农村经济研究会为编者，但并未说明具体是谁。徐雪寒在一篇文章中提到，1938年新知书店在武汉时期，“薛暮桥编撰《战时农村宣传资料》（应为《战时宣传资料》。——引者注）第一、二辑”。这就可以确定，《战时宣传资料》第一、二辑系出于薛暮桥之手，出版机关是新知书店。参见《中国农村经济研究会1940年会务报告》，载《民国档案》，2011年第3期，第48页；徐雪寒（1994）：《武汉时期的新知书店》，载《新知书店的战斗历程》，北京：生活·读书·新知三联书店，1994年，第115页。

④ 秦柳方（2001）：《柳风拂晓——秦柳方选集之三》，北京：中国财政经济出版社，2001年，第346页。因薛暮桥谈到到长沙后去拜访徐特立时，徐特立之子刚刚去世，我们据徐特立之子去世时间将薛暮桥拜访徐特立的时间确定为1938年7月。参见《徐特立年谱》编纂委员会（2017）：《徐特立年谱》，北京：人民出版社，2017年，第163页。

拜访徐特立。前一天徐老儿子因病去世，“媳妇哭着要买棺材，我有什么钱买棺材”？薛暮桥回忆：“徐老对社会发展史有特殊见解，新知书店曾约他写一本小册子，还未完稿。我就要书店预付50元稿费给徐老，买棺收殓他儿子。”①

由于日军大举进攻武汉，国民政府准备迁都重庆，致信千家驹，拟将中国农村经济研究会迁往桂林，请他征求广西当局的意见。之所以准备迁址桂林而不是陪都重庆，与《中国农村》在南昌、长沙、汉口的经验有关。正如他在年初就注意到的：

> 据笔者所到的地方而论，一二个文化人的流入内地，对于各该地的工作发展，往往产生决定作用。一个平凡的文化人在大都市，虽像沧海一粟那样渺小，但在内地中小都市，则常成为救亡青年们的活动中心，任何问题都要凭他一言解决。在大都市中，许多文化人苦于没有机会去同群众接触；而在中小都市则有许多群众苦于没有文化人去领导他们工作，如果我们能够利用各个人的社会关系，有计划地把拥塞在武汉的文化人分散到中小都市中去，对于民众救亡运动的推进一定会有很大的影响。②

同时，中国农村经济研究会在桂林的会员比较多，如张锡昌、姜君辰、秦柳方、千家驹等，杨东莼也将去广西任广西地方建设干部学校校长。因此，薛暮桥选择桂林为中国农村经济研究会迁移地。

千家驹收到来信后，致信广西省政府主席黄旭初。黄旭初表

---

① 薛暮桥（1996）：《薛暮桥回忆录》，载《薛暮桥文集》第二十卷，北京：中国金融出版社，2011年，第84页；《徐特立年谱》编纂委员会（2017）：《徐特立年谱》，北京：人民出版社，2017年，第163页。

② 薛暮桥（1938）：《怎样开展内地工作》（1938年2月1日），载《薛暮桥文集》第二卷，北京：中国金融出版社，2011年，第10页。

示“欢迎中国农村经济研究会搬家到桂林”，同时暗示拒绝薛暮桥到桂林。[①]

**8 月 5 日** 所编《中国农村战时特刊》第二十号出版。在本期发表《民众团体的领导问题》（署名“霖”）和《如何设立地方民意机关》。

《民众团体的领导问题》指出，武汉当局为集中抗战力量调整民众团体。所谓调整，应当使散漫的团体趋于严密，使空虚的团体趋于充实。也就是扩大和加强民众团体的工作力量。我们决不能再借口整理，来削弱某一部分民众力量，更不能使任何民众救亡工作因静候整理而停顿下来。[②]

《如何设立地方民意机关》指出，国民参政会第一次大会最令人兴奋的首推改善各级行政机构和设立地方民意机关这个重要决议案。该决议原则“无可非议”，但在办法上，有必要继续改进。第一，省县临时参议员的产生办法，有必要重加考虑。省参议员不必提出加倍人数而由政府圈定的办法。县参议员方面，应采用省参议员产生办法，即乡镇首事会推出全额的 60%，县各法团推出全额的 20%，县政府和省政府各指定 10%。第二，乡镇首事员产生方法，决议案没有明白规定。如果选举权属于乡镇民大会，因为一个乡镇公民多至千人以上，如没有很好的设备和很好的训练，在实施时恐不免遇到困难。所以不如明白规定由各保民大会分别推举更为切实易行。第三，乡镇民大会如不易召集，则不如扩大乡镇首事会组织和职权，以此作为乡镇权力机关。第四，应当使保甲组织充实起来。目前浙江省的保民大会和广西省的村民大会，如切实执行，提高它的权力，就可以成为充

---

① 朱连法（2010）：《千家驹传》，上海：上海人民出版社，2010 年，第 83—84 页；千家驹（1981）：《在桂林的八年》，载《学术论坛》，1981 年第 1 期，第 37—46 页。

② 薛暮桥（1938）：《民众团体的领导问题》，载《薛暮桥文集》第二卷，北京：中国金融出版社，2011 年，第 74—75 页。

实保甲组织的有效办法。第五，如果对乡镇长、保甲长仍采用指派或地方豪绅包办的办法，肃清贪污土劣便只是空话。如果采用民选办法，并由乡镇首事会和保民大会、甲民大会时时加以监督，贪污土劣便不能在乡村行政机构立足。第六，最重要的一点，改善地方行政机构的主要方针，是从官治变为民治，扶植民众力量。农会或农民救国会的建立和充实，便是改善乡村行政机构最重要的保证。①

**8 月 13 日**　与杨东莼等动员湖南省抗敌后援会数千人，召开纪念“八一三”群众大会。大会筹备会印发《告民众书》和宣传大纲，张治中将军亲临致词。②

**8 月 20 日**　所编《中国农村战时特刊》第二十一号出版。在本期发表《苏日张鼓峰冲突剖析》。

文章指出，经十日激战，苏日张鼓峰冲突在休战协定下告一段落。现在日本苦战一年，用兵百万，还非普遍抽调壮丁、严格统制人民生活，不能对付中国的大规模持久战。这同日本的虚假宣传相去甚远。因此日本军阀无可奈何制造苏日冲突，使他们可以有理来要求全国人民进一步动员，表面为对付苏联，实际上还是为对付中国。但这也使几十万日军被牵制在东北，对保卫武汉的间接帮助很大。我们不应过分重视苏联出兵问题，必须从努力奋斗中去求得国际援助。③

---

① 薛暮桥（1938）：《如何设立地方民意机关》，载《薛暮桥文集》第二卷，北京：中国金融出版社，2011 年，第 76—78 页。

② 薛暮桥（1981）：《回忆杨东莼同志》，载《薛暮桥文集》第九卷，北京：中国金融出版社，2011 年，第 161 页；薛暮桥（1996）：《薛暮桥回忆录》，载《薛暮桥文集》第二十卷，北京：中国金融出版社，2011 年，第 83 页；《湘各界本晨举行纪念八一三群众大会　同胞们！起来！时急矣！》，载《观察日报》，1938 年 8 月 13 日，第三版。张治中为淞沪抗战的第一位统帅，因此希望开群众大会庆祝。他在大会上的致词片段参见张治中（1985）：《张治中回忆录》，北京：文史资料出版社，1985 年，第 249—250 页。

③ 薛暮桥（1938）：《苏日张鼓峰冲突剖析》，载《薛暮桥文集》第二卷，北京：中国金融出版社，2011 年，第 79—81 页。

**8 月**　经新四军副军长项英和中共中央长江局批准，罗琼赴皖南参加新四军。到军部后，分配到教导队，先后讲授政治常识、统一战线和妇女解放问题课程。[①]

**9 月 5 日**　所编《中国农村战时特刊》第二十二号出版。在本期发表《准备去和失败主义斗争》（署名"霖"）、《民族统一战线与民众动员》。

《准备去和失败主义斗争》指出，如果武汉陷落，军事方面，敌军可能暂时停止西进，全力解决华北和东战场的正规军和游击队，并吞东南各省土地；帝国政府可能提出停战条件，动摇我们抗战到底的决心。外交方面，英、美、法三国政府制裁远东侵略的决心将更加动摇，但日本与三国的利害冲突也将日益尖锐。政治方面，亲日派和平运动将死灰复燃。最后一点是抗战中最重大的危机。但这只是一时的病态，正像伤寒病患者一样，经过短时间的挣扎，一种强有力的抗毒素会从中华民族躯体之中自然生长出来。因为军事上敌人占领了我们的土地和交通工具，但并没有击败我们军队的主力，抗战一年，我们的兵力不但没有削弱，反而日益坚强；这么广袤的土地和这么长的交通路线，加上游击队到处骚扰，会使敌军兵穷财尽，进退两难；我们中部失掉了许多土地，华北则夺回了更多的土地，建立了强固的游击战根据地。政治方面，只要坚持抗战，民族团结就会日益巩固，政治机构就会日益充实。南京沦陷后，失败主义情绪曾经弥漫全国，幸赖最高统帅坚决反对妥协和全国民众热烈拥护抗战，和平运动被镇压下去。"现在，第二次暴风雨快要向我们侵袭了，我们应当迅速准备，

① 罗琼谈、段永强访（2002）：《罗琼访谈录》，薛小和编《把国放在家前面：罗琼逝世一周年纪念文集》，北京：中国妇女出版社，2007 年，第 85—243 页，引文见第 118—120 页。

动员各方面的力量，来给失败主义者一个迎头痛击！”[①]

《民族统一战线与民众动员》指出，“大多数的民众依然不动”。其原因有：一是许多地方党政当局还把党派利益看得高于民族利益，自己不能动员民众，又怕人家能把民众动员起来；二是社会上层分子把阶级利益看得高于民族利益；三是劳苦大众对于任何动员工作都持怀疑态度。而民众是“愿意为争取民族生存之抗战而动员的”，问题在于有没有动员民众的决心，主要表现为我们能不能公开承认并坚决执行民族统一战线这个最高原则。如果事实上念念不忘派别斗争，或者以为统一战线是统制，是绝对服从，这样民众是不愿动员，也不敢动员起来的。[②]

**9 月 15 日**　在《客观旬刊》（客观社编辑）发表《对于湖南民众自卫团的几点意见》。

文章指出，湖南省府主席张治中接任时把组织民众抗日自卫团当作建设新湖南的两大施政方针之一。方针颁布已逾半年，究竟成效如何？作者客居湖南，觉得民众抗日自卫团的组织方式，似乎还有若干地方值得再加讨论。首先，民众抗日自卫团最重要的一个组织原则是“不离开行政机构，服从政府领导”；它的正确意义应当是“服从政府领导”，而不是说一切工作都应当由现任公务员来包办。现在民众抗日自卫团的组织，各级长官都由现任行政长官兼任，军训政训工作也都采用同样办法。这种规定的流弊会使自卫团的组织缺乏生气，甚至于从民众组织变为官僚组织。其次，大多数的乡镇长和保长仍同一般农民站在对立地位；既然不能坐待乡政改革完成以后再事武装农民，那么自然只有吸收大批有热情和有能力的青年干部，来建立并充实自卫团的组织。既然是民众组织，便应采用民众组织所应守的基本原

---

① 薛暮桥（1938）：《准备去和失败主义斗争》，载《薛暮桥文集》第二卷，北京：中国金融出版社，2011 年，第 82—84 页。

② 薛暮桥（1938）：《民族统一战线与民众动员》，同上书，第 85—87 页。

则，不能强迫民众参加。最后，关于军事参议会的组织，有些地方似乎也欠切实。军事参议会的参议员多地方士绅，他们对于抗日军事工作不一定有专门知识。如要武装民众，非他们所能胜任。民众抗日自卫团的其他两个组织原则——“不离开地方”和“不离开生产”——都十分正确而且十分重要的。因为“不离开地方”，所以能使一般农民踊跃参加；待受相当训练以后，可以鼓励他们加入正规军队，自动出征。“不离开生产”，所以能够“无事则农，有事则兵”。我们希望，湖南各县政府和三湘民众能够遵守省府所定原则，把民众抗日自卫工作切实地在各县各所各村迅速建立起来。[①]

**9 月 20 日**　所编《中国农村战时特刊》第二十三号出版。在本期发表《国联的援华制日问题》（署名“霖”）、《“狮吼”乎？“犬吠”乎？》（署名“霖”）和《战时合作运动的特殊任务》。

《国联的援华制日问题》指出，国际联盟大会能否无保留地通过我国政府的提议，首先取决于国联大国尤其是英国的态度；其次，取决于未加入国联的美国的态度。文章认为我们面前只有两条道路：拥护国际和平机构或者投降侵略集团。要在两者之外“光荣孤立”，实际是拒绝国际援助，后果将不堪设想。[②]

《“狮吼”乎？“犬吠”乎？》指出，东西侵略国家（德国、日本）如此猖狂，主要是因为英美法苏对于反侵略运动的态度不能完全一致。世界和平的主要保障，不是对侵略国无止境的让步（这样只会鼓励侵略），而是民主各国进一步的合作。如果民主各国决心制裁侵

---

① 薛暮桥：《对于湖南民众自卫团的几点意见》，载《客观旬刊》第一卷第二期，1938 年 9 月 15 日，第 8—9 页。《客观旬刊》为新知书店连续出版物，但未收入《生活·读书·新知三联书店图书总目：1932~1994》一书。

② 薛暮桥（1938）：《国联的援华制日问题》，载《薛暮桥文集》第二卷，北京：中国金融出版社，2011 年，第 88—89 页。

略，希脱勒的“狮吼”，恐怕就只是惊惶时的“犬吠”而已。[①]

《战时合作运动的特殊任务》指出，随着经济中心和重要交通工具的丧失，后方日益退缩到经济落后的区域，这时农产运销、日用必需品供给以及生产事业的维持更感困难。尤其是敌后游击战根据地，在敌军的包围封锁下，经济上和生活上的困难更不难想象。这时合作组织除一般任务外，还应担负起几种特殊任务：调整农村金融，供给生产资金，尤其是在敌后方游击区域更加重要；扶助手工业者，组织生产合作社，填补由于工厂丧失引起的日用必需品缺乏；指导并促进农业生产，根据新经济条件改种新作物，补充战争中散失的耕畜农具，购买肥料和供给改良种子，开垦荒地，整治水利等；购买日用必需品和运销农产；通过合作社进行战时的慰劳救济等问题。而合作组织要担负这些艰巨任务，必须使合作运动脱离银行家的支配而独立发展，改革官僚化的合作机关，提高工作干部的工作热情和他们对事业的信仰，发展和充实各地合作组织，并使战时合作运动成为民众动员工作的一部分。[②]

**9 月 26 日、27 日**　与杨东莼到旅馆欢迎沈钧儒、邹韬奋、范长江、王炳南访长沙。由于爱国青年始终排着长队请求接见，请他们吃饭或同游岳麓山的计划均未实现。事后与杨东莼懊悔，应安排他们演讲，而不是让青年们在大厅会见。[③] 邹韬奋则表示：“在长沙和南昌一样，一般民众对于前线的注意，令人看了也是要十分感动的。记者

---

① 薛暮桥（1938）：《“狮吼”乎？“犬吠”乎？》，载《薛暮桥文集》第二卷，北京：中国金融出版社，2011 年，第 90 页。

② 薛暮桥（1938）：《战时合作运动的特殊任务》，同上书，第 91—94 页。

③ 1938 年 9 月，沈钧儒、邹韬奋、范长江、王炳南等代表全国各界救国会带大批书刊、药品到南昌，去前线一带慰劳军队。据邹嘉骊记述，1938 年 9 月 24 日，邹韬奋与沈钧儒等抵达驻德安、星子一线的某军军部，嗣后赴南昌，访问薛岳并合影，离开南昌后赴长沙，访问救国会友人薛暮桥、杨东莼。9 月 27 日，由长沙返回汉口。据薛暮桥回忆，沈钧儒和邹韬奋到长沙后，杨东莼与薛暮桥同去旅馆商量他们的活动日程，次日上午又去，但他们“一直接见（爱国青年）到晚上火车离开长沙”。那么邹韬奋、沈钧儒在长沙两天，只能是 26 日和 27 日。参见邹嘉骊（2005）：（接下页）

和沈先生因有事务待理，路过那些地方时，原不打算多留，但是民众团体的朋友们总是要开会坚嘱报告前方情形，一聚就是几千人，他们在精神上已和前方打成一片了，所需要的是在事实上工作上能够有组织地联系起来。”[①]

**9 月 29 日** 约同朋友十余人，与海外归来、途经长沙的陶行知茶叙，谈湖南战时乡村工作促进会、民众抗战统一委员会等工作情况。陶行知听说特务逮捕救亡工作人员，征兵者肆意抓壮丁，并对藏有进步书籍的受训青年，以身体不好为名判定不合格等，愤然写下“任用青年而怀疑青年”、“动员民众而不信任民众”。[②]

**9 月 29 日至 11 月 6 日** 中共中央在延安召开扩大的六届六中全会。毛泽东作题为《论抗日民族战争与抗日民族统一战线发展的新阶段》的报告，强调抗日民族统一战线的广大发展与高度的统一。

**10 月 5 日** 所编《中国农村战时特刊》第二十四号出版。在本期发表《对于国民参政会第二次会议的希望》（署名“霖”）、《现实主义外交的恶果》（署名“霖”）和《晋察冀边区给我们的教训——读了克寒先生〈模范抗日根据地晋察冀边区〉[③]后的感想》。

---

《韬奋年谱》，载《出版史料》2005 年第 1 期，第 22 页；陈其襄（1981）：《抗战时期的南昌生活书店》，载《南昌青年运动回忆录》，南昌：中国人民政治协商会议江西省委员会文史资料研究委员会，1981 年，第 236 页；沈谱、沈人骅（1992）：《沈钧儒年谱》，北京：中国文史出版社，1992 年，第 213—214 页；薛暮桥（1996）：《薛暮桥回忆录》，载《薛暮桥文集》第二十卷，北京：中国金融出版社，2011 年，第 85 页。

① 邹嘉骊（2005）：《韬奋年谱》下卷，上海：上海文艺出版社，2008 年第 2 版，第 118—119 页。

② 陶行知（1938）：《西来的印象——致吴涵真》，载顾明远、边守正主编《陶行知选集》第三卷，北京：教育科学出版社，2011 年，第 623—624 页；王文岭（2012）：《陶行知年谱长编》，成都：四川教育出版社，2012 年，第 446 页。

③ 新华社特派记者陈克寒访问晋察冀边区后，于 1938 年 8 月 26 日至 9 月 16 日在《新华日报（武汉版）》连续发表长篇通讯《模范的抗日根据地——晋察冀边区》。薛暮桥所读应系《新华日报》的连载通讯。

《对于国民参政会第二次会议的希望》针对即将在重庆举行的国民参政会，希望乡村工作专家开会以前自动召集几次预备会议，拟定几个完全而且具体的提案，并相约全力使提案在大会圆满通过。提案的主要内容，尤其对于乡镇首事会的组织，应根据民主原则详定具体办法，同时召集保民大会或村民大会，作为更下层的民意机关；对于发动民众，尤其是农会法的修改，或根据山西经验而成立农民救国会等组织，更应有详密的讨论；根据"有钱出钱，有力出力"的原则调整各阶层负担，具体实施办法应由大会议决，另外召集农村问题会议解决。文章最后指出，"过去有些乡村工作专家往往自信太强"，而"现在事实已经明白告诉我们：所谓十几年的乡村工作，究竟对于'乡村建设，民族复兴'有何贡献？如果把它去同西北战区几个月的乡村动员工作互相比较，我们将要发生什么感想？所以我们更希望在农村问题会议中，大家能够深刻研究抗战一年来的教训，多多学习西北战区以及其他各省乡村动员的宝贵经验，来为战时乡村工作开辟一条光明前途"[①]！

《现实主义外交的恶果》批评张伯伦外交牺牲捷克，指出"一旦张伯伦竟使他的一贯政策，来牺牲中国，拉拢日本，破坏中苏关系，这时候我们能够得到什么"[②]？

《晋察冀边区给我们的教训》指出，抗战是一切社会工作的最公平且最严厉的试验。在敌人的炮火下，一切誉满全国的"乡村建设"模范区域和"公民训练""保甲组织"，办得最有成效的"实验区""实验县"等，都一一受到了它所应该受的教训。与此同时，素来无人注意的晋察冀边区，却突然从炮火的灰烬中涌现出"万丈光芒、照耀全国的'奇迹'来"！在八路军兵力单薄、政府机构几乎全部瓦解、

① 薛暮桥（1938）：《对于国民参政会第二次会议的希望》，载《薛暮桥文集》第二卷，北京：中国金融出版社，2011 年，第 95—96 页。

② 薛暮桥（1938）：《现实主义外交的恶果》，同上书，第 97 页。

交通断绝、遍地汉奸土匪、散兵游勇的混乱局面下，军区司令聂荣臻和两位县长宋劭文、胡仁奎领导将士和热血青年，肃清土匪汉奸，收容散兵，恢复行政机构，组织民众武装自卫团体，统治区域已扩张到七十余县。文章指出，几个月中有这样多的成就，首先是因为按照民主原则改革各级机构，抗战力量大为增强；废除苛捐杂税，实行减租减息，同时“严禁庄头剥削”和“太粮，杂租，小租，送工等额外附加”；“凡公私荒地荒山，一律以荒地论，准许人民无租垦种”，并规定“凡边区内未垦之地，……经承垦人垦竣后，其土地所有权即属于承垦之农民”；积极扶植民众救亡运动，并把救亡工作与改善民众生活联系起来。文章末尾说：“现在敌军的炮火快要迫近武汉，战区正在一步一步地扩张到内地农村。与其坐待敌军把我们的古老殿堂毁灭以后，再来艰苦缔造一个新的抗战堡垒；何如学习边区经验，来预先改造这一座风雨飘摇中的古老殿堂，以阻止敌军的步步前进呢！”[①]

**10月中旬**　去新四军驻湘办事处[②]，从新四军军部秘书长兼军法处长李一氓那里得到新四军军部教导总队政治教官委任状，李告知先到南昌找新四军南昌办事处。[③]

“依依不舍”将“亲手抚育”的《中国农村》[④]和中国农村经济研

---

① 薛暮桥（1938）:《晋察冀边区给我们的教训——读了克寒先生〈模范抗日根据地晋察冀边区〉后的感想》，载《薛暮桥文集》第二卷，北京：中国金融出版社，2011 年，第 98—101 页。

② 新四军驻湘办事处 1938 年 8 月 22 日在长沙成立，与八路军驻湘通讯处合址办公。因此，薛暮桥回忆去的是八路军办事处，从组织机构上说并不准确。

③ 薛暮桥（1996）:《薛暮桥回忆录》，载《薛暮桥文集》第二十卷，北京：中国金融出版社，2011 年，第 88 页。

④ 同上。

究会相关文件资料交给潘逸耕、王易今，请他们带往广西桂林。[①]《中国农村》在桂林期间合计出版46期，先由千家驹负责，后由姜君辰主持，1941年2月起由张锡昌主持，直至1943年5月被勒令停刊。[②]

对于中国农村经济研究会时期的经历，薛暮桥曾在《徐雪寒文集》的序言中提出一个问题，即一个中学还没有毕业的青年，怎能写出高质量的经济论文？他这样回答：

我以为答案只有两条，一条是在牢狱中和出狱后认认真真下苦功学习马克思主义，有了正确的理论指导；一条是掌握了丰富的资料，而后者是当时许多理论工作者所严重缺乏的。正如我们研究农村经济问题必须从农村调查入手一样，我们研究其他经济问题必须同样搜集和掌握大量的资料。[③]

关于主持《中国农村战时特刊》，薛暮桥这样回忆：

抗日战争爆发后我们号召这些青年就在农村中武装农民，保家卫国，其中有许多同志成为抗日战争的地方领导者，许多同志在战争中为国捐躯。[④]

---

① 据秦柳方说，潘逸耕和王一青（即王易今）“携带中国农村经济研究会的档案，于10月上旬南迁桂林”，时间似不准确。参见秦柳方（2001）：《柳风拂晓——秦柳方选集之三》，北京：中国财政经济出版社，2001年，第347页。

② 植恒钦（1995）：《张锡昌为桂林抗战文化而忘我工作》，载魏华龄、刘寿保主编《桂林抗战文化研究文集》（5），桂林：广西师范大学出版社，1997年，第313—325页。

③ 薛暮桥（1988）：《〈徐雪寒文集〉序》，载《薛暮桥文集》第十三卷，北京：中国金融出版社，2011年，第62页。

④ 宋任穷、薛暮桥、钱俊瑞、于光远、马洪（1983）：《在孙冶方同志纪念会上的讲话》，载中国社会科学院经济研究所学术资料室编《孙冶方纪念文集》，上海：上海人民出版社，1983年，第6—20页，引文见第10页。

胡绳认为，30 年代“陈翰笙跟一些同志和朋友，包括在座的薛暮桥同志”，“扎扎实实地做了一些马克思主义的研究工作、和中国实际紧密相结合的研究工作”。他指出：

当时，他们做了这样的工作和党内的“左”倾现象是不相合的。大家知道，在 20 年代末，特别是 30 年代初，在第三国际影响下，“左”倾势力在我们党内占统治地位。在文化方面，在“左”的影响下，按照“左”倾的做法，左翼组织的主要任务不是去搞马克思主义科学研究，不是去搞革命的文化创作；主要是搞飞行集会，贴传单，他们在这些集会和油印的秘密刊物上，提出许多形式上很革命但不合中国情况的口号，譬如，什么政治活动都以保卫苏联为宗旨。再一个就是排斥中间势力，唯我独左，唯我独革。这种情况下，文化工作只能是遭受伤害。那么，陈翰笙跟他的同志和朋友从 1929 年到 1934 年所做的事情恰好相反，他们利用可以公开的合法的地位，做了许多切切实实的事情，不大肆宣扬革命的口号和摆出革命的架势，但实际地做了马克思主义的研究和宣传，确确实实为革命做了贡献。当然，我不是说 30 年代只有翰笙同志和薛暮桥同志他们几个这样做了。在 30 年代党实行抗日民族统一战线政策以前几年，可以说，上海左翼文化界已经相率悄悄地改变了某些过去的做法。原因是以王明为灵魂的“左”倾路线的中央领导在上海站不住了，都跑到苏区去了。而留在白区的中央局的组织几乎都被破坏。上海的一些同志实际上脱离了中央的领导，他们为了生存，为了发展，不得不放弃唯我独革的姿态，以免把自己搞得孤立，而尽量跟朋友合作，做扎扎实实能够接近群众的、能够公开的、起革命进步作用的工作。所以那个时期，上海的文化界，国民党统治区的文化界，显出一种新的生机，以迎接抗日战争高潮的到来。……为什么文化围剿失败了呢？……首先是马克思主义是真理……也许还应该加第二条，在文化方面，较早地多少克服了从国际方面来的“左”的东西、“左”的做法。虽然不能说，那时在国民党地区左翼文化工作者有意识地、系统地打破了“左”的框框，但他们在实际工作中采取了一些与“左”倾路线相矛盾的做法，并取得很好的成效。①

上述评论可以看作对以陈翰笙为首的中国农村经济研究会三十年代工作的评价。

**10月16日** 早晨出发，从长沙乘公共汽车到南昌，傍晚找到新四军南昌办事处。②

**10月17日** 项英（参加六届六中全会返回新四军途中，在南昌短暂停留）约次日乘他的汽车同去皖南。③

**10月18日** 黎明，与项英一行（加随行警卫员和司机，合计4人）乘汽车出发，去往皖南。项英平易近人，与国民党军队等级森严形成鲜明对照，“我也毫无拘束，一路随便谈笑”。④

---

① 胡绳（1996）:《全国政协副主席、中国社会科学院院长胡绳同志的讲话》，载《陈翰笙百岁华诞集》，北京：中国社会科学出版社，1998年，第9—11页。

② 据《赖传珠日记》，项英于1938年10月22日下午到云岭。据《薛暮桥回忆录》记载，薛暮桥与项英在岩寺分手，晚饭后项英骑马回军部。可以判定，二人的分手时间是10月21日。结合《薛暮桥回忆录》从南昌到军部行程的叙述，我们可以进一步推定他们启程前后的情况。参见沈阳军区《赖传珠日记》整理编辑领导小组（1989）:《赖传珠日记》，北京：人民出版社，1989年，第137页；薛暮桥（1996）:《薛暮桥回忆录》，载《薛暮桥文集》第二十卷，北京：中国金融出版社，2011年，第88—89页。

③ 同上书，第88页。

④ 沈阳军区《赖传珠日记》整理编辑领导小组（1989）:《赖传珠日记》，北京：人民出版社，1989年，第137页；薛暮桥（1996）:《薛暮桥回忆录》，载《薛暮桥文集》第二十卷，北京：中国金融出版社，2011年，第88页。

**10 月 20 日**　下午，到岩寺兵站，在兵站住下。项英晚饭后骑马回军部。[①]

**10 月 21 日**　岩寺兵站派出一个班的战士护送，经太平，到茂林。[②]

**10 月 22 日**　从茂林继续走 40 余里，到新四军军部所在地——安徽省泾县云岭的汤村。到南堡村看项英，项英已叫罗琼来相见。[③]

**10 月 23 日**　到军部教导总队[④]驻地离云岭十里远的中村。不久，接替当时龙树林的工作，任教导总队训练处副处长[⑤]，训练处处长为赵希仲。1939 年赵希仲调走后，任训练处处长[⑥]，"教育事宜全由他负责"[⑦]。训练处下设军事教育科，科长王太然；政治文化教育科，先后

① 薛暮桥（1996）：《薛暮桥回忆录》，载《薛暮桥文集》第二十卷，北京：中国金融出版社，2011 年，第 88—89 页。

② 同上书，第 89 页。

③ 同上。

④ 新四军教导总队是新四军创建时期由军部直接举办的培训军政干部的抗大式学校，其教育方针、课程设置、培训目的和学校传统，都依据抗大总校的有关规定，结合新四军部队实际情况制定、实施、提倡和发扬。从 1938 年 1 月到 1941 年 1 月，历时共计 3 年，在教导总队学习、工作过的各级干部有 4 000~5 000 人。参见洪学智、薛暮桥、谢云晖（1987）：《华中的抗日革命熔炉》，载《新四军回忆史料（1）》，北京：解放军出版社，1990 年，第 112 页。

⑤ 《赖传珠日记》中记有 1938 年 11 月 9 日午后召开军委分会，讨论教导总队工作内容。薛暮桥的训练处副处长职务，很可能是在这次会议决定的。11 月 28 日，赖传珠与新四军政治部商讨干部问题；12 月 4 日，项英指示关于教导总队工作问题。这些记录都应与薛暮桥有关。参见沈阳军区《赖传珠日记》整理编辑领导小组（1989）：《赖传珠日记》，北京：人民出版社，1989 年，第 139、141 页。

⑥ 薛暮桥（1988）：《自传》，载《薛暮桥文集》第十三卷，北京：中国金融出版社，2011 年，第 41 页。

⑦ 钱俊瑞（1941）：《皖南惨变记》（1941 年 2 月 20 日），载《中共党史资料》第十一辑，北京：中共党史资料出版社，1984 年，第 120 页。

由夏征农、陶白负责。[①]

对于新四军教导总队的生活，薛暮桥晚年回忆说：

（新四军教导总队）是我投笔从军后接受严格军事生活锻炼的第一个工作单位。那时的一切都是那么朝气蓬勃，同心同德，真正做到“团结、紧张、严肃、活泼”地工作和学习，给我留下极为深刻的印象和美好的记忆，以至在半个世纪之后的今天还历历在目。……我初到部队时，为着适应战争环境，觉得有必要学些军事知识，适应军队生活。所以，每天清晨与总队部（包括训练处、政治处、队列处、医务所等）的干部一起上早操，插入队列，作为一名普通战士。指挥早操的是军事教育科长。我天天坚持操练，学习一些军事动作，要使自己真的成为一名军人。操毕后，指挥者总是请我先出列，然后宣布解散，行敬礼。一年后，我已经掌握初步的军事知识，在作战演习时，我也能指挥总队部的干部，发布作战命令了。[②]

---

① 薛暮桥（1996）:《薛暮桥回忆录》，载《薛暮桥文集》第二十卷，北京：中国金融出版社，2011年，第92页。训练处的共产党组织当时是秘密的。但“人们相处久了，注意观察的人，就会发现哪些人是党员。周围共事的，有谁和谁在某个时间同时从办公室消失，就会发现哪些人是党员。周围共事的有谁和谁在某个时间同时从办公室消失，必是去开党的会议了。非党的同志彼此心照不宣，各自低头想自己的事，干自己的工作”。参见汪溪（2007）:《朝左走　向右转——我和我的时代》，北京：华夏出版社，2007年，第31页。另，据新四军教导总队二期一位学员回忆，当时除薛暮桥讲“经济学”外，李一氓讲“游击战争”，邓子恢讲“民运工作”，林植夫讲“敌军工作”，夏征农讲“社会发展史”，谢祥军讲军事课。陈毅等领导也到教导总队作报告。队部还布置大家学习《中国近代革命运动史》(柳岗著)、《社会科学基础教程》（何封等编著）、《国家与革命》(列宁著)、《家族、私有财产及国家的起源》(恩格斯著）等。参见孙琳（1987）:《深深的怀念——皖南军部直属队军旅生活的回顾与思考》，载《抗日时期革命文化史料选编》，合肥：安徽省文化厅革命文化史料征编室，1998年10月，第373—374页。

② 薛暮桥（1996）:《薛暮桥回忆录》，载《薛暮桥文集》第二十卷，北京：中国金融出版社，2011年，第91—94页。

薛暮桥主持教导总队训练处工作期间：

我们采取集体辅导方法。我制定教育计划[①]和陆续编写教材，教员互相听课，星期日上午共同讨论，汇报学生在学习中的思想情况，有的放矢地进行政治思想教育。我每次上课三小时，总要留出半小时来让学生提问题，或者师生共同讨论，不用注入式，而用启发式；不背教条，而是联系实际学习理论，培养和巩固学生的革命人生观和世界观。为着加强阶级观点，学习科学社会主义，懂得社会发展的客观规律，首先讲社会发展史，政治队讲政治经济学。政治经济学也从社会发展史开始讲起，从原始社会讲到资本主义社会。根据中国实际情况，重点讲封建社会，讲中国当时的半殖民地半封建社会。[②]

教育计划所规定的政治经济学课程，起初由薛暮桥主讲。[③]由于教学工作需要，薛暮桥花三个月时间编写了《经济学》讲义。次年由新知书店出版（参见 1939 年 3 月 18 日条，7 月 15 日条）。

**10 月下旬** 新四军政治部抗敌报社在安徽省泾县云岭汤村汤氏宗祠成立。报社编辑委员会由朱镜我（政治部宣传教育部部长）、李一氓（军部秘书长）、林植夫（政治部敌工部部长）、薛暮桥、冯定（政治部宣传教育部教育科长）、夏征农（军部教导总队宣传科长）、黄源（文化工作委员会副主任兼军部印刷所副所长）组成，总编辑刘思明。该报自 11 月第一期创刊，至 1941 年 1 月 4 日最后一期告别号，

---

① 赖传珠 1939 年 3 月 13 日的日记中记有“拟完教育计划”，这表明当时及此前制订教育计划并不完全由薛暮桥负责。参见沈阳军区《赖传珠日记》整理编辑领导小组（1989）：《赖传珠日记》，北京：人民出版社，1989 年，第 153 页。

② 薛暮桥（1996）：《薛暮桥回忆录》，载《薛暮桥文集》第二十卷，北京：中国金融出版社，2011 年，第 94 页。

③ 同上。

共计出版发行 221 期。①

**11 月 1 日** 下午，参加新四军教导总队开学典礼大会。②

由千家驹主编、在桂林出版的《中国农村战时特刊》发表《民族自卫抗战的基本问题》。文章认为，我们现在并不反对一切帝国主义，国际上和平集团的英美法苏都有可能成为我们反侵略的友邦。我们相信，在抗战胜利以后，我们可能用和平交涉的方式，同英美各国商议取消一切不平等条约。在不损害中国独立自主权利的原则下，欢迎英美各国继续同我们通商，甚至投资帮助我们国民经济建设。但一切足以阻碍中国经济自由发展，足以破坏中国主权独立、领土完整的条约和传统势力，必须全部取消。在反封建问题上，文章认为，我们可能不经革命，用和平建设的方法扫除残余封建势力。首先，因为现存封建残余势力主要靠帝国主义经济束缚在乡村苟延残喘。反帝工作完成后，资本主义自由发展，残余封建势力便无立足之地。其次，在抗战过程中，需要消灭一部分最顽固的封建势力——土豪劣绅。为广泛动员农民，我们需要解除农民身上一部分封建束缚，例如改革乡村政治，肃清贪污，实施合理负担，以及减租减息。尤其是敌占区许多贪污土劣将在抗战中

---

① 汤氏宗祠是新四军政治部宣传部所在地。抗敌报社占用宗祠天井前沿的一个小角，有借来的两张八仙桌和四条长木头连凳。宗祠门口有几个石凳，临时成为报社接待来客、编辑人员磋商文稿的主要场地。当时纸张缺乏，而距云岭 30 华里的小岭原为宣纸生产地。抗战爆发后，宣纸生产陷于绝境。新四军政治部了解情况后，在小岭兴办了两个宣纸生产合作社，召集流散造纸工人回乡生产，并在茂林镇办起制碱合作社。宣纸生产由衰转盛，也解决了《抗敌报》的印刷用纸困难。参见林玉章（1998）:《新四军的〈抗敌报〉》，载《抗日时期革命文化史料选编》，合肥：安徽省文化厅革命文化史料征编室，1998 年 10 月，第 857—859 页；曹天生、黄爱军、钱和辉（2006）:《新四军战时经济工作研究》，合肥：安徽大学出版社，2006 年，第 104—107 页。

② 沈阳军区《赖传珠日记》整理编辑领导小组（1989）:《赖传珠日记》，北京：人民出版社，1989 年，第 138 页。该日记并未说明薛暮桥是否参加开学典礼，但薛作为教导总队训练处副处长，理应参加。

逐渐被淘汰。①

**11 月** 要求新知书店总店为新四军火速供应图书。书店工作人员朱希（即朱执诚）到后，陪同朱希向项英汇报。项英当即签署名片，通知兵站和派出所，为战士尽快转运书刊。② 此后，浙江金华新知书店成为供应新四军书刊的重要渠道。

**12 月** 新四军政治部农村经济调查委员会成立，任委员会主任。石西民来皖南后，石担任副主任。成员有郑铁鹰、许坦克、过鉴清、孙晓梅、周沂、陶白、汪瑛、周婉如、周雯、陈西桥等人。③ 皖南农村经济调查的主要任务：一是调查农民各阶层的经济地位和政治倾

① 薛暮桥（1938）:《民族自卫抗战的基本问题》，载《薛暮桥文集》第二卷，北京：中国金融出版社，2011 年，第 102—108 页。

② 朱执诚给薛暮桥、罗琼的信，1997 年 8 月 12 日，未刊稿，薛小和藏；朱希（1992）:《新知书店在浙江》，载《新知书店的战斗历程》，北京：生活·读书·新知三联书店，1994 年，第 149 页。朱希回忆第一次进皖南，与朱镜我、章枚同行，时间约为 1938 年 5 月。而朱镜我系 1938 年 11 月底到任，章枚 1940 年才参加新四军。因此，朱希回忆的时间并不准确，他也不是与朱镜我、章枚同来皖南。排除 1938 年 5 月和 1940 年后，朱希第一次到皖南的时间应即朱镜我到任的时间，也就是 1938 年 11 月。他提到当时薛暮桥"终日忙于编教材"，薛暮桥这时确实在忙于《经济学》教材编写工作。因此，我们推断朱希送书到新四军的时间是 1938 年 11 月。

③ 郑铁鹰（1991）:《在皖南军部"农村经济调查委员会"的岁月里》，载新四军历史丛刊社编《华中抗日斗争回忆》，上海：百家出版社，1991 年，第 129—137 页；汪瑛（1983）:《记忆中的孙晓梅》，载《文精武壮女中魁——纪念孙晓梅烈士牺牲 70 周年》，富阳：富阳市史志办公室、富阳市新四军研究会，2013 年，第 39 页。据郑回忆，薛暮桥经常听取汇报，指导工作，认为皖南地区泾县、繁昌、铜陵、南陵四县比较有代表性，调查整理出来的资料可以对学员进行阶级教育，在减租减息运动中可作为教育农民的教材，将来建设新中国，是进行土地改革的重要参考。另据朱微明回忆，1939 年 10 月下旬，她与过鉴清、孙晓梅在同一个小组，过鉴清任组长。"我们的任务是到离水西村十多里的南渡镇近郊，调查农村经济：调查地主、富农的地租和高利贷剥削情况；调查上中农、中农、佃农、贫雇农的收入和生活情况等，然后讨论、综合和分析，写成书面报告。"参见朱微明（1983）:《孙晓梅同志牺牲四十年祭》，载《华中抗日斗争回忆（第六辑）》，上海：上海市新四军暨华中抗日根据地历史研究会，1985 年，第 235—241 页；朱微明（1983）:《回忆孙晓梅同志》，载《往事札记》，广州：广东人民出版社，2001 年，第 133—140 页。

向，以便更好地搞好团结抗日的统一战线；二是调查皖南地区封建迷信和反动会道门的活动，便于准确把握打击对象；三是调查皖南地区地主、富农的残酷剥削和敲诈勒索，以便依靠和发动贫苦大众。[①]

皖南农村经济调查的程序和方法如下：

> 首先抽调十余个略有社会科学理论修养和乡村工作经验的知识分子，组织一个调查工作队，给以两星期的专门训练，替他们准备好一个比较详细的调查提纲。做了一两个月的调查以后，回来检查材料，总结经验，再来两星期的业务学习。这样经过一年时间，完成了四个县[②]（当时皖南新四军的全部防区）的调查工作。并使大多数的同志学会了调查、整理材料，以及编制报告的全套方法（调查报告曾在《抗敌》杂志陆续发表）。[③]（参见1940年3月1日、3月16日、4月16日、6月16日、7月15日条。）

① 郑铁鹰（1991）：《在皖南军部“农村经济调查委员会”的岁月里》，载新四军历史丛刊社编《华中抗日斗争回忆》，上海：百家出版社，1991年，第129—137页。

② 指泾县、繁昌、铜陵、南陵四县。

③ 薛暮桥（1943）：《怎样改进调查研究工作》，载《薛暮桥文集》第二卷，北京：中国金融出版社，2011年，第227—228页。

## 1939年

**1月1日**　在《中国农村战时特刊》第五卷第五期发表《乡村工作中的统一战线问题》。文章就如何在工作中巩固和扩大统一战线提出若干建议，指出过去许多工作同志往往不注意上层联络，或者虽然注意，但是工作做得不好。同时，做统一战线的最后目的，是要用群众的力量来支持统一战线，并用群众的力量推动上层分子。我们不应当在群众尚未提出要求以前，过早地代替他们提出减租减息等口号，但在群众提出要求以后，应当立即邀请双方代表，迅速把问题适当解决。我们要尽力采用和平与合法的方式，一方面遵守政府法令，另一方面同地主债主和平商议。为了巩固团结，不能够把口号提得太高太多，而应当适可而止。①

**1月9日**　参加教导总队会议，讨论教育问题。②

**1月16日**　在《中国农村战时特刊》第五卷第六期发表《在迁

---

① 薛暮桥（1939）：《乡村工作中的统一战线问题》，载《薛暮桥文集》第二卷，北京：中国金融出版社，2011年，第109—112页；王慕民（1998）：《朱镜我评传》，宁波：宁波出版社，1998年，第258页。

② 沈阳军区《赖传珠日记》整理编辑领导小组（1989）：《赖传珠日记》，北京：人民出版社，1989年，第147—148页。该日记未记薛暮桥是否参加了会议，因为会议主题为教育问题，而薛暮桥作为教导总队训练处副处长，"教育事宜统由他负责"，薛暮桥理应参加此次会议。另，该日记1月19日记，"检讨一周教育工作，比过去好得多了"（同书，第148页）。这表明1月9日会议对于改进新四军教导总队教育工作发挥了重要作用。

移中的教导队》，报道为避免敌机威胁，教导队仅用三四天时间就分散到较为偏僻乡村里去的情况。①

**1 月 21 日至 30 日**　国民党召开五届五中全会，通过《对党务报告决议案》等文件，确定“溶共、防共、限共、反共”政策，并秘密通过《限制异党活动办法》，设置防共委员会。②

**1 月 24 日、25 日**　中共中央致电国民党五届五中全会和蒋介石，指出在日本侵略者阴谋分化我国内部之际，必须巩固和扩大抗日民族统一战线。③

**1 月 30 日**　陈翰笙致信美国太平洋国际学会总书记爱德华 · C. 卡特（Edward C. Carter，1878—1954），列出若干“富有才华的年轻中国人”，“这些人中的每一位都足堪胜任编辑一份国际问题方面的中文刊物”；“有一些人本身并不是共产主义者所喜欢的人，但他们是共产主义者”，“有能力从事优秀的工作”，而且“近来都经常向中文刊物投稿”。这七个人是：1. 钱俊瑞，2. 薛暮桥，3. 张仲实，4. 邹韬奋，5. 金仲华，6. 毕云程，7. 刘思慕。④

**1 月**　所著《战时乡村问题》“触犯审查标准”，被中央图书杂志审查委员会（以下简称“图审会”）查禁，理由是“立论纯以党派私利为立场，抨击中央及下层政治机构”；所编《抗战与乡村工作》“触犯审查标准”，被图审会“暂停发行”，理由是“恶意批评保甲制度，

---

① 薛暮桥（1939）：《在迁移中的教导队》，载《薛暮桥文集》第二卷，北京：中国金融出版社，2011 年，第 113—115 页。

② 沈谱、沈人骅（1992）：《沈钧儒年谱》，北京：中国文史出版社，1992 年，第 216 页。

③ 李勇、张仲田（1988）：《抗日民族统一战线大事记》，北京：中国经济出版社，1988 年，第 219 页。

④ 陈翰笙（1939）：《致爱德华·C. 卡特》，载《陈翰笙文集》，北京：商务印书馆，1999 年，第 514—515 页。陈翰笙写信意在推荐适合在中国太平洋国际学会（China Institute of Pacific Refations）任职的年轻人。

强调政府与民众的对立”。[①]

在《东南战线》（骆耕漠、邵荃麟主编）创刊第一期发表《人类原始社会的解剖——社会进化史讲话之一》和《新四军教导队的学习生活》（署名“雨林”）。[②] 前一篇文章是为教导总队授课所写的经济学讲义的一部分[③]，后一篇文章报告了教导队通过教员会报、教育会报、交换听课、学习小组、课外讨论、问答晚会、军政问答簿等方式克服学习困难的情况，其中写道：

新四军教导队的教员和学员，是在最困难的条件下工作着、学习着，这首先因为我们学习的时间太短，在三个月中要学习各种军事、政治、文化知识；无论生活怎样紧张，总是追赶不及。其次，学员来源不同，程度不齐，有大学程度，做过年余救亡工作的知识分子，也有识字不多，打过几年游击战的工农干部；放在一起学习，未免顾此失彼。最后，我们是在战斗的环境中，在敌人的飞机大炮威胁下学习；白天到山上去上课，夜晚到处放哨，还要时常背着被服、书籍、木板、草席东西迁移，弄得大家都很疲倦。至于教员教材以及一切物

---

① 张静庐辑注（1956）：《中国现代出版史料（丙编）》，北京：中华书局，1956年，第173页、第199页；张克明（1986）：《抗日战争时期国民党政府查禁书刊目录（二）（1938.3—1945.8）》，载《出版史料》第五辑，1986年，第68—69页。

② 中共金华市委党史研究室称该杂志第一期于3月10日出版；而骆耕漠回忆，实际上这一期在1938年底前已经印出来了，“我们考虑到《东南战线》编辑部对社会的关系，我们就常说，《东南战线》是1939年1月出版的第一期”。实际上，这一期杂志提到“去年12月31日美政府……”，因此不可能在年底之前印出来，而且该期所载社论题为“贡献于五中全会之前”，而国民党五届五中全会是1月21日至30日，该期杂志也不可能迟至3月10日才出版。故这里我们按照1939年1月标记时间。参见中共金华市委党史研究室编（2004）：《东南战线》，北京：中共党史出版社，2004年，第3页；骆耕漠（2004）：《往事回忆》，北京：人民出版社，2004年，第158页。

③ 这篇文章是《经济学》一书的一部分。参见薛暮桥（1939）：《经济学》，载《薛暮桥文集》第十六卷，北京：中国金融出版社，2011年，第103—107页。

质设备的缺乏，那更是大家意料中事。①

**2 月 1 日** 在《青年团结》杂志发表《检点我们自己的工作态度》。文章认为，我们青年自己也应检点一下工作中的缺点，建议“我们的目光固然应当远大，但我们也不轻视小和近的工作”。②

**2 月 15 日** 新四军军部机关刊物《抗敌》杂志在皖南泾县创刊。编辑委员会 7 人：冯达飞、薛暮桥、聂绀弩、夏征农、李一氓、林植夫、朱镜我。自 1939 年 11 月第一卷第八号起，编辑委员会排名改为：朱镜我、李一氓、林植夫、夏征农、黄源、冯达飞、薛暮桥。③ 杂志为综合性刊物，1940 年 10 月出版第六、七期合刊后被迫停刊，计出刊两卷十九期（其中第二卷第一、二期和第六、七期为合刊），是全军各级干部必读刊物。④

**2 月 23 日至 3 月 14 日** 周恩来到云岭新四军军部，受中共中央的委托解决两个难题：一是新四军战略方面的问题，二是协调叶挺、项英的关系。⑤

**2 月** 在《东南战线》第二期发表《奴隶社会和封建社会的解

---

① 薛暮桥（1939）：《新四军教导队的学习生活》，载《薛暮桥文集》第二卷，北京：中国金融出版社，2011 年，第 116—118 页，引文见第 116 页。

② 薛暮桥（1939）：《检点我们自己的工作态度》，载《薛暮桥文集》第二卷，北京：中国金融出版社，2011 年，第 119—121 页。从内容来看，本文写于薛暮桥 1938 年 10 月再到南昌期间。可能因为印刷方面的原因，迟至 1939 年 2 月才发表出来。

③ 王慕民（1998）：《朱镜我评传》，宁波：宁波出版社，1998 年，第 263—264 页。

④ 唐锡强（1998）：《一份珍贵的历史文献——〈抗敌〉杂志介绍》，载《抗日时期革命文化史料选编》，合肥：安徽省文化厅革命文化史料征编室，1998 年 10 月，第 847—856 页。

⑤ 薛暮桥（1996）：《薛暮桥回忆录》，载《薛暮桥文集》第二十卷，北京：中国金融出版社，2011 年，第 95—97 页。

剖——社会进化史讲话之二》。[①]

**3 月 6 日、7 日**　参加在云岭大祠堂召开的新四军活动分子会议。会上周恩来作《关于目前形势和新四军的任务》的报告。报告指出，抗日战争已经从退却阶段开始转入相持阶段，日军将把重点从前线进攻转向敌后扫荡，我军重点也将从正面防御转向开展敌后游击战争。我们应当不怕困难，大胆地到敌人后方去。他指出新四军的战略方针是要向北发展，多抽部队过江，把江北发展成为具有战略意义的根据地。[②]

**3 月 9 日**　为新四军新村战地服务团成员、女战士焦恭贞题词：恭贞同志：武装我们的头脑，武装我们的手足　薛暮桥　三月

---

① 在收入《经济学》一书时，薛暮桥删除了"奴隶社会的经济机构"的第一小段，而《奴隶社会和封建社会的解剖——社会进化史讲话之二》中只有《经济学》一书"封建社会"章的"封建社会特征"和"封建社会的三种榨取形态"两节。被删除的小段内容如下：从"野蛮"到"文明"，什么叫作野蛮时代？什么叫作文明时代？如果单从过去历史事实来讲，那么我们也可以说：野蛮时代就是人人平等的时代，文明时代就是小部分人享乐，大部分人吃苦的时代。在原始时代，因为生产力还十分薄弱，一个人的整天劳动，所得到的生产品，除掉维持自己生活之外，还不能有多少余剩；所以这个时候个人要劳动，人对人的榨取制度不会产生。到了文明时代，生产力的发展，使人们除掉维持自己生活之外，还能提供若干剩余生产物；这时有些人就占有生产手段（土地和劳动工具等），利用它来榨取别人。参见薛暮桥（1939）：《奴隶社会和封建社会的解剖——社会进化史讲话之二》，载中共金华市委党史研究室编（2004）：《东南战线》，北京：中共党史出版社，2004 年，第 210—217 页；薛暮桥（1939）：《经济学》，载《薛暮桥文集》第十六卷，北京：中国金融出版社，2011 年，第 107—119 页。

② 薛暮桥（1986）：《在周恩来同志领导下工作的回忆》，载《薛暮桥文集》第十二卷，北京：中国金融出版社，2011 年，第 1 页；薛暮桥（1996）：《薛暮桥回忆录》，载《薛暮桥文集》第二十卷，北京：中国金融出版社，2011 年，第 95 页；沈阳军区《赖传珠日记》整理编辑领导小组（1989）：《赖传珠日记》，北京：人民出版社，1989 年，第 153 页；中共中央文献研究室（1989）：《周恩来年谱（一八九八——一九四九）》，北京：人民出版社、中央文献出版社，1989 年，第 435 页；罗琼谈、段永强访（2002）：《罗琼访谈录》，载薛小和编《把国放在家前面：罗琼逝世一周年纪念文集》，（接下页）

九日。①

**3 月 13 日** 周恩来接见薛暮桥、罗琼夫妇，询问工作和生活情况，对他们的工作给予肯定。薛暮桥、罗琼表示一定继续做好工作，并请他代问邓颖超好。②

**3 月 18 日** 为所著《经济学》一书写“作者序”。“作者序”说：“这本小书，是我在工作中一面写，一面讲，于短短三个月中写成功的讲义。③本来想在第二次讲课时多翻几本参考书，把它仔细修改一下，不料其他工作压挤上来，把我的原定计划打破；结果搁了两三个月，受不住朋友们的催促，只得把它草率地修改付印了。……我的知识太少，环境又不容许我博览群书，埋头研究，所以有许多部分在写成以后因为自信不够，恐怕闹出笑话来，又在付印以前删掉。”“在付

---

北京：中国妇女出版社，2007 年，第 125 页。上述文献记载不尽一致，前两种薛暮桥的回忆均称周恩来讲了两天，共八个小时，且《薛暮桥回忆录》脚注说明与会者左英回忆 1939 年 3 月 7 日作了报告；《赖传珠日记》只记有 3 月 6 日的会议情况，3 月 7 日、8 日均失记，该书脚注明确称 3 月 6 日周恩来的报告为《关于目前形势和新四军的任务》；《周恩来年谱（一八九八—一九四九）》则未记报告的具体时间，称周恩来在新四军活动分子会上作了《关于统一战线工作》的报告。我们这里采用《赖传珠日记》的记载以及薛暮桥的回忆。

① 焦恭贞先后请多人在事先准备好的白色锦布上题词，题词者除薛暮桥外，还包括周恩来、陈毅、周子昆、冯达飞、余立金、张经远、何士德、邵惟、沈西蒙、吴晓邦、希伯。原件现藏南京军区军史馆。参见江涵（2008）：《周恩来及 10 位新四军将领早年珍贵题词浮出水面》，载《宣城日报 皖南晨刊》，2008 年 9 月 23 日，第 7 版；薛暮桥（1996）：《薛暮桥回忆录》，载《薛暮桥文集》第二十卷，北京：中国金融出版社，2011 年，第 98 页。

② 罗琼谈及，周恩来即将离开军部的前一天接见他们二人。周恩来于 1939 年 3 月 14 日离开军部。据此判断，谈话时间是 3 月 13 日。参见唐锡强（2013）：《周恩来视察皖南新四军军部》，载《铁流》，解放军出版社，2013 年，第 299—310 页；罗琼谈、段永强访（2000）：《罗琼访谈录》，载薛小和编《把国放在家前面：罗琼逝世一周年纪念文集》，北京：中国妇女出版社，2007 年，第 125 页；薛暮桥（1996）：《薛暮桥回忆录》，载《薛暮桥文集》第二十卷，北京：中国金融出版社，2011 年，第 97 页。

③ 从上下文判断，薛暮桥写《经济学》讲义的时间是 1938 年 10 月至 1939 年 1 月。

印前，石西民[①]和贝叶（即冯定[②]。——引者注）两兄替我校阅一遍，改正许多错误。”[③]（参见本年7月15日条。）

**3月20日** 在《突击手》杂志（联中学生自治会学术股编辑）发表《战斗和牺牲》。文章表示，战斗和牺牲是时代的孪生子。人生于世，要寻求有意义的生活，生命才有价值。在遍地烽火的时候，我们只有能行、能干、能快干、硬干、苦干、实干，没有不成功的道理。[④]

**3月** 教导总队年龄最小（14岁）的学员、同事朱镜我之子朱庭光成为助手，操练、工作、学习、生活都在一起。二人共同经历皖南事变前夕的先遣撤离，1941年到苏北的抗大五分校后仍在一起（参见1941年2月中旬至3月8日条）。[⑤]

**4月** 在《东南战线》第四期发表《资本主义社会是怎样出现

---

① 石西民是中国农村经济研究会会员。1939年春，他以战地记者身份，从赣北前线来到新四军军部采访并帮助办报，3月初访问了陈毅等新四军将领。

② 冯定当时担任新四军政治部宣传部宣教科科长、《抗敌报》主编。

③ 薛暮桥（1939）：《经济学》，载《薛暮桥文集》第十六卷，北京：中国金融出版社，2011年，第93页。《薛暮桥文集》编者标注该书为1940年出版，应订正为1939年。

④ 孟进（1939）：《战斗和牺牲》，载《突击手》，1939年3月20日，第20页。该刊未注明卷期。

⑤ 罗琼（1999）：《〈风雨吟——朱庭光诗词选〉写在卷首》，北京：团结出版社，2000年，第1—4页。据罗琼回忆：“暮桥住在中村的一户农家里，主人热情地让出他们两间房子——堂屋和侧厢。暮桥自选了侧厢，堂屋空着。一个星期六晚饭后，我到暮桥处，他外出了。我偶然发现堂屋的一个角落，冒出了一间小纸房。我好奇地里外张望，小屋是用几根竹杆做支柱，用报纸糊成墙壁，里面放着一张小木板床，一张小桌子，桌上放着几本有关社会科学的书，书里夹着几张小纸条，显然是书主人读书时留下的。此外，还有纸、笔、笔记本和一盏小油灯。小屋整整洁洁，一看就知道是个办公、学习、睡觉的多功能室。正当我看得饶有兴趣时，暮桥回来了，庭光跟在后面。我拍拍‘小兵’的脊背，问他，‘小纸房是你的杰作吧’，他不好意思地说，‘是我糊的’。我随口又问：‘为什么放着大堂屋不住，住小屋？’小兵一本正经地答说：‘大堂屋原是农家主人用的，我在角上糊个小房所占空间不大，主人仍可使用；小屋靠近薛处长，工作方便；糊着纸，同外面隔开，减少干扰，我工作学（接下页）

的？——社会进化史讲话之三》。①

**5 月 1 日** 在《中国农村战时特刊》第五卷第十期发表《东战场的抗战情势》（署名“雨林”）。文章报告了去年 6 月新四军向江南战场推进后引起的东战场（主要指京沪线西南、京芜线东南、太湖以西、吴兴宣城以北地区）抗战形势变化。军事方面，敌军退守重要交通线和若干重要据点，非有大队人马不敢再到乡村骚扰，大城市和车站也增加兵力，不敢凭险固守。各乡村汉奸组织纷纷消灭，抗日政权重新建立起来，新四军对维持会中的两面派采取争取政策，对少数最顽固的汉奸予以严厉打击。地方武装得到整理和充实，混乱局面相当地澄清了。民众

---

习效率要高些。’……暮桥没听到我和庭光聊天，后来我讲给他听，他说：庭光确实是个好少年，经过革命斗争的锻炼，加上他自觉地努力，将来可能成为党的年轻有为的英才。”（同上，第 2 页）。朱庭光从教导总队第二期毕业分配到总队训练处技术股任干事的时间是 1939 年 3 月，我们将他任薛暮桥助手的时间也确定为 1939 年 3 月。他于 1985 年 9 月重返皖南，到原新四军教导总队驻地中村后写的词中谈及“少年经历帚犹珍”，“当日水清粼，学泳河滨”。参见朱庭光（2000）：《风雨吟——朱庭光诗词选》，北京：团结出版社，2000 年，第 236 页；王慕民（1998）：《朱镜我评传》，宁波：宁波出版社，1998 年，第 333 页。

① 这篇文章与《经济学》一书对应章节差别比较大。我们可以从所附的“复习问题”看到两种文本的主要差异。文章所附的问题如下：1. 商业资本和高利贷资本的发展对于封建社会有何影响？ 2. 行会制度下的店主、工匠、学徒和资本主义工厂中的雇主、雇工有何区别？ 3.商业资本怎样榨取家庭手工业者？ 4.说明富农、中农、贫农、雇农的社会性质。5. 什么叫作“雇役农民”？什么叫作“饥饿佃农”？ 6. 农民暴动为什么常失败？要在什么条件之下才能获得胜利？《经济学》一书“资本主义社会的诞生”部分的复习问题如下：1. 资本的原始蓄积主要采取哪些形式？资产阶级以为原始资本是从勤俭之中积聚起来，这话是否合乎历史事实？ 2. 什么是机器生产的必要条件？为什么我们不能单纯地说机器生产是科学进步的结果？ 3. 机器生产的结果，使人类社会发生哪些巨大变化？ 4. 为什么单纯的农民暴动不能取得最后胜利？ 5. 资产阶级的民主革命对于资本主义发展有何关系？ 6. 说明中国资本主义发展的特点。参见薛暮桥（1939）：《资本主义社会是怎样出现的？——社会进化史讲话之三》，载中共金华市委党史研究室编《东南战线》，北京：中共党史出版社，2004 年，第 473—480 页；薛暮桥（1939）：《经济学》，载《薛暮桥文集》第十六卷，北京：中国金融出版社，2011 年，第 127—133 页。

悲观失望情绪扫除，抗敌热情增长。政府和民众间的关系得到相当的改善。因为新四军做兵役宣传，民众自动应征一天天多起来。征工方面，新四军破坏京杭国道和溧芜公路时动员十万名壮丁，大大提高了民众抗敌情绪。新四军半年得到大小二百多次战斗胜利，团结了江南民众团体，奠定东战场持久战的基础。[①]

**5月** 在《东南战线》第四期发表《商品和劳动——社会进化史讲话之四》。[②]

**6月** 与袁国平下达新四军军部命令，命叶进明参加中国工业合作协会（简称“工合”）浙皖办事处（主任章秋阳）工作。7月，叶进明率新四军教导总队选派的近20名学员参加章秋阳、骆耕漠主持的工合讲习班。讲习班结束后，叶进明又率部在安徽省泾县茂林、小河口等地创建纱布厂、宣纸厂等工业合作社。后蒋传源等在茂林村负责建立工合泾（县）太（太平县）事务所，形成从浙江金华经屯溪到茂林的秘密兵站线。[③]1941年初皖南事变爆发，工合泾太事务所人员及社员大部分被捕或被杀，房屋被烧毁。[④]

**6月10日** 《战地知识》半月刊创刊。编辑委员会由王向予、李辉英、何家槐、稽文甫、胡绳、孙晓村、梁延武、陈北鸥、张友渔、

① 薛暮桥（1939）：《东战场的抗战情势》，载《薛暮桥文集》第二卷，北京：中国金融出版社，2011年，第122—126页。

② 这一篇文章即《经济学》一书的同名第五章。参见薛暮桥（1939）：《商品和劳动——社会进化史讲话之四》，载中共金华市委党史研究室编《东南战线》，北京：中共党史出版社，2004年，第601—607页；薛暮桥（1939）：《经济学》，载《薛暮桥文集》第十六卷，北京：中国金融出版社，2011年，第127—133页。

③ 叶进明、忻元锡（2011）：《新四军（皖南）总兵站始末》，载《上海人民支援新四军后勤工作的楷模——叶进明同志》，上海：学林出版社，2011年，第74—84页；骆耕漠（2004）：《往事回忆》，北京：人民出版社，2004年，第173—182页。

④ 蒋传源（1997）：《回忆浙皖区工合办事处》，载卢广绵等编《回忆中国工合运动》，北京：中国文史出版社，1997年，第187—190页。

杨秀林、骆耕漠、薛暮桥、钱俊瑞组成，生活书店总经售。[①]

**7月15日** 所著《经济学》由新知书店出版，列为“中国化科学丛书”之一。[②] 此书曾被中央图书杂志审查委员会查禁，但翻印版本在一百种以上，是20世纪40年代中国通行最广的马克思主义经济学教科书。

本书合计十四章：第一章，政治经济学的基本概念；第二章，原始共产社会和奴隶社会；第三章，封建社会；第四章至第十三章，资本主义社会；第十四章，社会主义社会的诞生。正如作者所说，本书特别着重于社会的经济发展过程，并努力避免研究方法的学院化。同时为了使内容中国化，不仅多举了一些中国例子，而且在农业方面和殖民地半殖民地经济的特质方面，写得比较详细一点，因为这与中国社会经济研究是有密切关系的。作者还解释了为什么要研究资本主义社会以前的阶段。第一，研究资本主义社会以前的历史，能够帮助我们更深刻地了解资本主义社会。第二，在资本主义社会中，残留着资本主义以前各种社会关系的遗迹。在正从封建时代转入资本主义时代的中国，前资本主义生产关系的研究，对于了解中国社会经济问题，会有更巨大的帮助[③]（参见本年3月18日条）。

**7月16日至25日** 新四军军部召开全军第一次党代表大会，总结三年游击战争的经验和教训、建军三年党的工作，讨论了形势和任务，提出完成建军运动。罗琼当选新四军出席中共第七次代表大会的

---

① 《战地知识》第一卷第一期，1939年6月10日。

② 薛暮桥（1996）：《薛暮桥回忆录》，载《薛暮桥文集》第二十卷，北京：中国金融出版社，2011年，第111页。

③ 薛暮桥（1939）：《经济学》，载《薛暮桥文集》第十六卷，北京：中国金融出版社，2011年，第93页、第102页。

候补代表（后追补为正式代表）。①

**8 月 16 日** 在《中国农村战时特刊》第六卷第一期发表《现阶段的土地问题和土地政策》。

文章认为，在今天，土地问题同民族问题比较起来已经处于次要地位。但全国地主大约占有全国耕地的 40%~50%。如果把地主富农所占有的土地合并计算，大概占有全国耕地的 60%~70%；而他们的人口数额，仅占全国农村人口的 10% 上下。这就是说，占农村人口 90% 的中农、贫农、雇农，占有全国耕地的 30%~40%。合并研究数量和质量，我们不妨说地主至少占有全国耕地的半数。②而地主占有的这半数土地，大概只有 10% 留着自己经营。只有土地问题恰当解决，抗战胜利才有更充分保证。为巩固和扩大抗日民族统一战线，必须把国民政府颁布的土地法令作为最主要的研究根据。但抗战时期各省政治发展不平衡，同一法令的实施必然会产生不同的结果，在实施时必须采用各种不同的方式。文章认为，抗战时期不能通过收买政策

---

① 罗琼谈、段永强访（2002）：《罗琼访谈录》，薛小和编《把国放在家前面：罗琼逝世一周年纪念文集》，北京：中国妇女出版社，2007 年，第 85—243 页，引文见第 124—125 页；薛暮桥（1996）：《薛暮桥回忆录》，载《薛暮桥文集》第二十卷，北京：中国金融出版社，2011 年，第 97 页。

② 薛暮桥在《中国农村经济常识》中根据农村复兴委员会等机关 1933 年左右的陕西、河北、江苏、浙江、广东、广西六省农村调查报告，推算地主富农占总户数的 9.9%，占土地的 63.8%。在《中国土地问题和土地政策研究》一文中有相同估计，并指出在华南较肥沃的水田区域，地主大约要占全部土地的 50%~70%，而在贫瘠的旱地区域，地主仅占全部土地的 20%~40%。地主所占的常是较肥沃的土地，所以按照产量，地主所占土地可以说达到半数甚至半数以上。据章有义研究，这是私人估计中比较偏高的数字。在综合比较有关调查数据后，认为当时地主、富农一般占土地的 50%~60%，从广义上说，占 60% 左右，这个粗略估计是可信的。参见薛暮桥（1937）：《中国农村经济常识》，载《薛暮桥文集》第十五卷，北京：中国金融出版社，2011 年，第 197 页；薛暮桥（1943）：《中国土地问题和土地政策研究》，载《薛暮桥文集》第二卷，北京：中国金融出版社，2011 年，第 200 页；章有义（1988）：《二十世纪二三十年代中国地权分配的再估计》，载《明清及近代农业史论集》，北京：中国农业出版社，1997 年，第 76—90 页。

解决土地问题，最比较切实的办法，只有减轻农民负担，主要是实行国民党二五减租政策。比较各地的施行情况后，指出山西省采用说服方法，政府未规定减租减息数额，但地主债主很多自动减租四分之一到二分之一，债主减息到一分，收到极良好的效果。晋察冀边区政府成立前，减租减息已在各县乡村广泛流行，但办法很不一律。边区政府成立后，公布减租减息办法，同时“严禁庄头剥削”，“和太粮、杂租、小租、送工等额外附加”。边区军民几次粉碎敌人大举围攻，同上述政策执行有密切关系。去年浙江省府颁布战时政治纲领，主张设法减轻地租后，减租运动在浙东各地活跃，去年减租地区已经有三十几个县，刷新县政较有成绩的云和县，减租地区约占全县的60%。西南地区，广西去年各乡村召开村民大会，宣布减租办法，实际效果还没有看到可靠报告。在皖南和江苏西南，国军进入沦陷区域后，地主重新回乡收租，为巩固抗敌情绪，减租运动由地方民众团体在活跃推行。总体来看，在沦陷区和若干接近战区的地方，减租减息以及合理负担政策收到相当多的成效。而在减租有效的地方，农民的抗敌情绪特别高涨，乡村各阶层合作也特别密切。可以看到，这种土地政策不但适合抗敌需要，而且已经成为争取抗战胜利的重要保证。①

**9月**　因国民党第三战区司令部要求缩编教导总队，教导总队改名“教导队”，训练处改为“总教室”，改任总教。②

---

① 薛暮桥（1939）:《现阶段的土地问题和土地政策》，载《薛暮桥文集》第二卷，北京：中国金融出版社，2011年，第127—134页。据朱微明回忆，她与过鉴清、孙晓梅等在1939年夏受命到江苏省溧阳县南渡镇近郊调查农村经济。这与本文发表时间高度一致。据此判断，本文系为指导新四军政治部农村经济调查而作。参见朱微明(1983)：《孙晓梅同志牺牲四十年祭》，载中共富阳市委宣传部、富阳市史志办公室、富阳市新四军研究会合编（2003）:《孙晓梅文集》，香港：中国文化艺术出版社，2003年，第177—185页。

② 洪学智、薛暮桥、谢云晖（1986）:《华中的抗日革命熔炉》，载《新四军回忆史料（1）》，北京：解放军出版社，1990年，第107—108页。

**11 月 10 日** 与赵希仲在《抗敌》杂志联名发表《关于创造新干部的教育工作》。文章系统回顾了新四军教导队发展经过，指出草创时期教职员和物质设备极度缺乏，大部分功课靠首长兼任，教材除翻印抗大教材外，没有余暇自己创造，训练地点时常流动；建设时期军政教员大为增加[①]，开始注意新教材编辑，教育和学习制度逐渐建立充实起来；完成时期将过去创造的教育方法在各队普遍推行，教育工作检查制度也逐渐建立起来，新教材编辑更加注意。自 6 月初以来，教育工作获得显著进步，教授法、学习法都取得相当成绩。文章介绍了教导队教授的方法和课外的学习方法，提出军事教育、政治教育、文化教育今后的努力方向。报告还总结教授方法遵守的三大原则（少而精、学与做、理论联系实际），介绍了若干种课外学习方法（互助小组、学习组讨论会、军政问答晚会、军人俱乐部和突击竞赛）。报告从教育方针、建立科学化的分工合作制度、适合各队特点来改进教授方法和学习方法、重视生活教育四个方面指出未来的改进方向。[②]

---

① 薛暮桥在这个时期加入教导总队负责训练工作。参见薛暮桥（1996）:《薛暮桥回忆录》，载《薛暮桥文集》第二十卷，北京：中国金融出版社，2011 年，第 90 页。

② 赵希仲、薛暮桥（1939）:《关于创造新干部的教育工作》，载《薛暮桥文集》第二卷，北京：中国金融出版社，2011 年，第 135—145 页。

## 1940年

**1月16日** 在《锻炼》半月刊发表《谁是我们的教师和导师》(署名“孟进”)。

文章表示，在一个自学者的眼光，唯一的、正确的、忠实的导师，应该是，而且必然只有自己，只有自己的生活，只有自己生活着的社会。同时自学者最好获得教师或导师的帮助。最好的教师可以在自学的集团以内或集团以外去寻找，而不一定要一天到晚闷坐在学校里才算获得了教师或导师。所要选择的教师或导师，最重要的条件是要问他是不是有正确的方法。从一句话里所得的益处，较之一天的谈话，甚至较之一生所受的学校教育更多更大。如果时间上、经济上允许，进一些为自学者设立的学校去受短期培训，可以得到一些基本知识和初步训练。如果不能在一定时间去上学，可以设法进通信指导的函授学校。此外，听人讲演，多跟朋友接触，也会得到书籍里找不到的宝贵经验和健强指导。自学者还应该注意，书籍和杂志也是我们的教师或导师之一。文章最后再次强调，教师和导师虽是需要的，但主要的还是要靠自己——自己教育自己。①

**1月28、29日** 在《行列》诗歌半月刊发表诗歌《生路二部曲》(署名“孟进”)。本诗分两部分：第一部分“孤岛不是天堂”，写

---

① 孟进(1940)：《谁是我们的教师和导师》，载《锻炼》半月刊第一卷第二期，1940年1月16日，第42—46页。

“离别了家乡，向那里去逃亡？以为这里可以安身，那知孤岛也不是天堂”！第二部分“要活只有反抗”，写“大家起来！帮助祖国抗战，争取民族解放；建立自由的祖国，创造幸福的天堂”！①

**2月14日** 国民党中央执行委员会调查统计局（简称“中统”）局长朱家骅、副局长徐恩曾致函社会部部长谷正纲，附上《桂林左倾文化团体调查》报告。该报告称“共党在桂林之活动，以发展文化界工作最为积极”，“组织各种文化团体以为诱引青年，宣传左倾思想之工具”，中国农村经济研究会被列于国际新闻社后的第2位，内容如下：

地址：桂林施家园五十二号

组织情形：会内计分总务、编辑、研究、出版四组

负责人：千家驹、杨东莼②、王一青、华昌泗

经费：该会经费有会员月捐、会费及特别捐三种，每月收入约六百元

活动概况：该会经常工作为出版《中国农村》（已出至六卷四期）及《会报》（已出至十六期），王一青为驻会负责人（系共党份子，共党闻人来往桂林者均住于该会，徐特立现即住内）并曾有多次共党会议在会内举行。

谷正纲于2月15日批示：“函桂省党部对此类左倾文化团体，应加注意，并设法限制其活动。”③

---

① 孟进（1940）：《生路二部曲》，载《行列》，1940年1月28、29日，第4页。

② 《中共中央南方局历史文献选编》一书所记为“杨东尊”，显然将“莼”的繁体“蓴”误为“尊”字。此处已订正。

③ 《国民党中统局调查桂林抗日进步文化团体并限制其活动密函》（1940年2月），载徐寒声主编《中共中央南方局历史文献选编》，重庆：重庆出版社，2017年，第403—406页。据千家驹回忆，当时国民党广西省党部书记长黄同仇是“桂系党（接下页）

**2月15日** 延安出版的《中国文化》创刊号发表毛泽东1940年1月9日在陕甘宁边区文化协会第一次代表大会上的讲演，题为“新民主主义的政治与新民主主义的文化”。文中对“中国向何处去”问题做出回答：“我们要建立一个新中国。”“新中国”的基本规定，建立在《中国革命和中国共产党》一书关于半封建半殖民地社会论的基础上，分别讨论了“中国革命是世界革命的一部分”、“新民主主义的政治”和“新民主主义的经济”。同年2月20日，延安出版的《解放》第98、99期合刊转载，题目改为“新民主主义论”。

**3月1日** 新四军教导总队《学习》半月刊在皖南创刊。①

在《抗敌》杂志发表《皖南农业经营管窥——农村经济研究材料之一》（未署名）。② 这是薛暮桥主持的新四军政治部农村经济调查委员会成果之一。

报告指出，皖南土地使用分散，大多数农民只耕种小于自己耕种能力的田地；四县地主，绝大部分将占有土地分割成小块出租给农民，只留下不到10%的土地雇工经营；泾县、铜陵、繁昌三县富农阶层单薄，并多带小地主性质，南陵则富农户数较多，并向地主租进土地。各村户经营面积狭小，块数细碎，对人工、畜工和肥料使用很

---

棍子”，“思想反动，后投靠CC”，“其阴谋未得逞，就不再过问研究会（指广西建设研究会。——引者注）的事，到安徽做官去了”。参见千家驹（1987）：《怀师友》，北京：人民日报出版社，1987年，第87—88、92—93页。

① 安徽省文化厅革命文化史料征编室（1998）：《抗日战争时期革命文化史料选编》，合肥：安徽省文化厅革命文化史料征编室，1998年10月，第904页。从主办机关推测，薛暮桥与这一杂志有关，但我们没有找到这一刊物。

② 《皖南农业经营管窥——农村经济研究材料之一》，原载《抗敌》第一卷第八期，1940年3月1日，重印于安徽省财政厅、安徽省档案馆编：《安徽革命根据地财经史料选（二）》，合肥：安徽人民出版社，1983年，第353—379页。报告未署名，但薛暮桥1943年谈及皖南农村经济调查经一年时间完成，并在《抗敌》杂志陆续发表。查《抗敌》杂志，对应的农村经济系列报告合计五份，这五份报告的分析框架和术语运用与薛暮桥的作品高度一致。据此判定，这五份报告的定稿者为薛暮桥。

不经济。雇佣劳动在四县农业中极为微弱，货币工资已很普遍，一定程度脱离了土地的束缚，但尚未完全解除。童工数量相当多，“帮半工”的雇佣方式分布广泛，游行工人很少，因而无论质还是量，尚未走入资本主义雇佣劳动正轨。农业生产工具最重要的是耕牛，四县平均每百户只有三十余头，租借现象普遍，因而成为地主、富农的重要剥削工具。由于经营狭小，人力集约经营，加以灾荒和洋米洋麦倾销，皖南农民无法翻身，仍处于疲弱状态。在现有土地关系束缚和战争影响下，皖南农业经营很少可能繁荣。

**3月8日** 新四军军部在云岭大礼堂举行庆祝“三八”国际妇女节大会。罗琼任大会执行主席，并致开幕词，副军长兼军政委项英讲话。大会表彰26名“努力工作的女同志”，罗琼受到表彰；表彰三对模范夫妇：袁国平与邱一涵、朱镜我与赵霞君、薛暮桥与罗琼，并当场颁发奖状和奖品（一件背心和一条毛巾）。[①]

**3月16日** 在《抗敌》杂志发表《皖南农村经济的副业与手工业——农村经济研究材料之二》（未署名）。这是薛暮桥主持的新四军政治部农村经济调查委员会成果之一。

---

① 罗琼在回忆中将时间错记为1939年3月8日。这里已经根据其他回忆文献加以订正。参见罗琼谈、段永强访（2002）：《罗琼访谈录》，薛小和编《把国放在家前面：罗琼逝世一周年纪念文集》，北京：中国妇女出版社，2007年，第85—243页，引文见第122—123页；薛暮桥（1996）：《薛暮桥回忆录》，载《薛暮桥文集》第二十卷，北京：中国金融出版社，2011年，第98页；安徽省文化厅革命文化史料征编室（1998）：《抗日战争时期革命文化史料选编》，合肥：安徽省文化厅革命文化史料征编室，1998年10月，第339、904页。汪溪参加了这次会议，并选为“努力工作的女同志”之一。她回忆军直属机关为这次妇女节大会“搭起了高高的主席台，还挂了红色的横幅。与会的几百个干部职工，按单位组成，进入会场，都是席地而坐。按照开会的习惯，在宣布开会之前，各单位的人，都互相拉歌。‘×××，来一个！’接着是一片掌声。接受拉歌的单位，就会有人站起来指挥本单位的人唱一支熟悉的歌。教导总队的歌咏队当然不甘落后，孙松指挥我们也放声歌唱”。参见汪溪（2007）：《朝左走　向右转——我和我的时代》，北京：华夏出版社，2007年，第31页。

报告指出，铜陵、繁昌、南陵、泾县的农村副业在农村经济中占有非常重要的地位。铜陵南部山乡多以种植丹皮、育蚕为副业，繁昌中部山乡以竹木、柴炭为主要副业，城郭附近农家种植蔬菜为主要副业，南陵山林地区以育蚕最为普遍，泾县农田稀少的山林地区靠种茶、砍柴维持生活。抗战以来除泾县麻布卖往敌占区，其余副业一般销路停顿，市价下降，趋于衰落，对农民打击沉重。怎样挽救副业，使农民生活合理改善，成为皖南前线农村最迫切需要解决的问题。

报告还指出，皖南四县乡村手工业近十几年来在国内外机器工业竞争下走上垂死的道路，但抗战以来，主要的手工业如面粉坊、油坊、织布坊、烟坊、纸坊等却出现繁盛现象。乡村手工业的发展进步缺乏坚强的基础，但和战时经济有密切关系。在敌我相持阶段，对敌人的经济战争将占重要地位，手工业必然成为经济战争的强有力的一员。为打破敌人"以战养战"迷梦，发挥乡村手工业的巨大战斗力量，是今天不容忽视的重要课题。①

**3 月 31 日**　参加皖南宪政运动期成会成立大会，与项英、袁国平、周子昆、李一氓、李子芳、朱镜我、林植夫、余再励、赵凌波、沈其震、陈丕显、夏征农共同组成大会主席团。皖南宪政运动期成会响应第四届国民参政会请求政府实行宪政的决议而成立。会上黄诚报告筹备经过后，朱镜我主持大会，项英致词，薛暮桥从理论上阐述宪政的意义，最后通过组织章程及成立宣言，并推选周子昆、朱镜我、李一氓、薛暮桥、李子芳、黄诚、罗琼、冯达飞、何士德、林植夫、夏征农、朱克靖、黄源等 26 人为理事。"是日天虽阴雨而到会人数逾

---

① 《皖南农村经济的副业与手工业——农村经济研究材料之二》，原载《抗敌》第一卷第九期，1940 年 3 月 16 日，重印于安徽省财政厅、安徽省档案馆编：《安徽革命根据地财经史料选（二）》，合肥：安徽人民出版社，1983 年，第 379—392 页。

二千。”①

**4 月 16 日** 《皖南租佃关系一瞥——农村经济研究材料之三》（未署名）。这是薛暮桥主持的新四军政治部农村经济调查委员会报告之一。

报告指出，皖南前线各县租佃关系发达，所调查的农户中，佃农（除半自耕农）平均占农户的 55.57%，自耕农仅为各类农户的 11.5%，租田占耕地面积总数的 70% 左右。租佃制度以软性定额物租最为流行，平均 85% 左右。折租钱是因少数不在地主住城市，佃农送租不便，将租稻折钱缴纳。定额物租租率在泾县一带最高占全部产量的 56.7%，最低占 43%。之外还受地主种种额外剥削。泾县押租盛行，且租田 10 亩，每年缴送“租鸡”1 只，是封建社会内领主对农奴任意征发物品的残余。泾县以往荒年才有减租，佃户租田时的中人设席，请地主临田踏勘，按灾情轻重进行。抗战后各地农民团体普遍成立，实行二五减租。云岭乡、杨村提出折衷办法实行，获得相当成绩。南陵、铜陵、繁昌情况大同小异，但二五减租在繁昌至今仍是白纸黑字的空文。②

**4 月** 军政治部组织部部长李子芳与薛暮桥、罗琼谈话，告知罗琼要赴延安参加中国共产党七大会议，由于路途遥远艰难，大约一年时间才能回来，薛暮桥因工作需要而留在皖南。两人均表示同意组织安排。③

---

① 《新华日报》（1940）：《宪政运动遍全国　皖南成立期成会》，载重庆《新华日报》，1940 年 5 月 18 日。

② 《皖南租佃关系一瞥——农村经济研究材料之三》，原载《抗敌》第一卷第十一期，1940 年 4 月 16 日，重印于安徽省财政厅、安徽省档案馆编：《安徽革命根据地财经史料选（二）》，合肥：安徽人民出版社，1983 年，第 393—416 页。

③ 薛暮桥（1996）：《薛暮桥回忆录》，载《薛暮桥文集》第二十卷，北京：中国金融出版社，2011 年，第 98 页；罗琼（1987）：《我的当兵生涯》，载薛小和编《把国放在家前面：罗琼逝世一周年纪念文集》，北京：中国妇女出版社，2007 年，第（接下页）

罗琼启程赴延安。当日皖南风和日丽，红花绿叶，漫山遍野。[①]行前，与罗琼把结婚照片剪开，各自拿着对方的照片留作纪念。1945年秋，两人在山东解放区重逢，这张结婚照得以复原（参见1945年8月上旬条）。[②]

**春末**　冯和法、章友江在重庆一起拜望董必武、叶挺。叶挺谈及在香港会见了陈翰笙博士，陈翰笙请他去新四军时带一架相机送给薛暮桥同志。[③]

**6月16日**　在《抗敌》杂志发表《皖南农村借贷制度一斑——农村经济研究材料之四》。这是薛暮桥主持的新四军政治部农村经济调查委员会报告之一。

报告指出，铜陵、繁昌、南陵、泾县四县30个保的调查结果，表明占总农户81.6%的农户负债，借债户中借粮食，特别是借谷子的农户占72%，借现款的农家占总户数的9.6%。从借债的来源说，信用合作社、钱庄甚至典当铺未占主要地位，主要的借主仍是地主、富农和商人。借款利率高昂，南陵谚语“借钱加三，稻加五”，即钱利三分，稻利五分，是平常的利率。由于借款大部分用于填饥，最低限度的生活都没法维持，哪里有余力去谈改进农业技术和生产力！抗战

---

261页；罗琼谈、段永强访（2001）：《罗琼访谈录》，载薛小和编《把国放在家前面：罗琼逝世一周年纪念文集》，北京：中国妇女出版社，2007年，第125—126页。上述三种回忆将李子芳找薛暮桥夫妇谈话的时间分别记为1940年1月、3月和4月。后两种回忆均谈到，那次谈话后不到半个月，罗琼就接到了出发通知。罗琼的出发时间是4月，我们可以排除《薛暮桥回忆录》中谈话时间为1940年1月的说法。但到底是3月还是4月，考虑到3月31日罗琼还当选皖南宪政运动期成会理事，故1940年4月的可能性更大。

① 罗琼谈、段永强访（2001）：《罗琼访谈录》，载薛小和编《把国放在家前面：罗琼逝世一周年纪念文集》，北京：中国妇女出版社，2007年，第126页。

② 罗琼将这张复原的照片留给了薛宛琴，薛宛琴后将照片转交薛小和收藏。

③ 冯和法（1985）：《和钱俊瑞同志相处的日子》，载张继华主编《名人交往录（政界人物）》，北京：中国广播电视出版社，1993年，第545—553页。

开始后，铜陵、泾县若干乡的农民团体自动组织信贷合作社，解决农民迫切问题。繁昌、泾县若干乡部分实行减息，农民痛苦稍得减轻。这是借贷制度的新动态。①

**6 月**　所编《中国农村社会性质论战》（署名“中国农村经济研究会”）因“触犯审查标准”被“图审会”查禁，理由是“以派系立场鼓吹偏激思想”。②

**7 月 15 日**　在《抗敌》杂志发表《皖南土地分配缩影——农村经济研究材料之五》。这是薛暮桥主持的新四军政治部农村经济调查委员会报告之一。

报告指出，皖南土地关系处于很落后的阶段。泾县、南陵、繁昌、铜陵四县土地都很集中，每县都有几十户千亩以上的地主。最大的地主——南陵县朱荣和堂达两万余亩。这一区域族产发达，尤其是泾县和南陵。泾县在所调查的 14 个保中，族产占全部土地的 25%，共计 10 076 亩。其中 4 000 亩和 1 300 余亩的公堂各一个，800 亩的公堂两个，600 亩的公堂一个。南陵四个最大的地主都是大公堂，中小公堂也有相当的族产。族产本为祭祀祖先、教养子孙和恤济孤贫而积累下来，但后来均被本族豪绅地主操纵，成为排斥欺压客民的经济基础。族有公产在土地移转上非常困难。有的小公堂负债即使以全部土地价格也不够偿付，但仍不愿也没有失去土地。这一区域土地分类另外一个特点是无田的客民居多，大约可分湘籍和江北籍两种。湘籍客民多居南陵，系太平天国时代随曾国藩湘军而来。他们与土籍相比

---

① 《皖南农村借贷制度一斑——农村经济研究材料之四》，原载《抗敌》第一卷第十二期，1940 年 6 月 16 日，重印于安徽省财政厅、安徽省档案馆编：《安徽革命根据地财经史料选（二）》，合肥：安徽人民出版社，1983 年，第 416—439 页。

② 张静庐辑注（1956）:《中国现代出版史料（丙编）》，北京：中华书局，1956 年，第 182 页；张克明（1986）:《抗日战争时期国民党政府查禁书刊目录（二）（1938.3—1945.8）》，载上海市出版工作者协会《出版史料》编辑组编《出版史料》第五辑，上海：学林出版社，1986 年，第 86 页。

并不特别苦，且湘籍地主很占优势。江北籍客民散居四县，除极少数有地，绝大多数是身无立锥之地的贫民。土地关系在十年来变化很大，农民土地迅速向地主、商人、高利贷者集中。在靠近商业区域或手工业区域，土地向商人兼地主集中的多；在普通区域，则多向半封建的地主士绅集中。四县土地移转，大体经过三种方式：（1）抵押；（2）典当；（3）买卖，直接买卖较少，多半经高利贷杠杆，以抵押、典当两种方式，买者田价往往拖延很久才能付清。抗战爆发以来，这一过程停滞下来，地主不愿收买土地，田价也普遍低落。这表明农村金融枯竭，农民连这块地也不值钱了。①

**7月至9月**　根据新四军军部准备在云岭一带固守的方针，教导队总队全体干部和学员基本停课，在中村附近云岭、雪岭一线的高山上构筑工事，修建地堡。②

**9月**　钱俊瑞负责的新四军军部战地文化服务处成立。该处至1941年皖南事变为止，共从事四项工作：一是编写7种部队用小册子，内有《世界大事》《日本帝国主义》《中国革命问题》《三民主义与共产主义》《民族问题与殖民地问题》等，供连级、排级干部阅读。二是编写新歌曲在部队中教唱，如《擦枪歌》《筑工事歌》《反对投降歌》等。三是报道新四军驻区内的民众生活与抗敌情形，以及新四军的一般活动，在国内外报纸发表，使外界知道抗战部队和抗战人民的情形（如《十月间胜利的反扫荡》《皖南的军民合作》《新四军战士帮助农民收割》《皖南青年的抗敌组织》《新四军的文化教育活动》等）。四是在部队和当地民众中征求通讯员，培

---

① 《皖南土地分配缩影——农村经济研究材料之五》，原载《抗敌》第一卷第十三期，1940年7月15日，重印于安徽省财政厅、安徽省档案馆编：《安徽革命根据地财经史料选（二）》，合肥：安徽人民出版社，1983年，第439—462页。

② 洪学智、薛暮桥（1986）：《屹立华中的抗日革命熔炉——记新四军军直抗大分校及其前身教导总队》，载《薛暮桥文集》第十二卷，北京：中国金融出版社，2011年，第45页。

养新的写作人才。[①]

**10 月 16 日** 在《学习》半月刊发表诗歌《送别》(署名“孟进”)。该诗写给一位放弃学业、到“那被残踏田野里”“创造祖国的新生”的朋友。诗中写道:“你快活了，脱离这闷苦的禁地；像自由的天使，飞向新生的田野里；去散布自由的种子，收获未来的胜利。”[②]

**10 月 19 日** 何应钦、白崇禧致电朱德、彭德怀、叶挺，限令黄河以南的八路军、新四军在一个月内撤到黄河以北。由此开始抗日战争时期的第二次反共高潮。朱、彭、叶、项（英）复电驳斥，并表示长江以南正规部队将遵令移到长江以北。[③]

**12 月 1 日** 在《学习》半月刊发表《你们得斗争》(署名“孟进”)。文章提出，难道我们永远处在黑暗的封建势力底下吗？回答是，终有抬头的一天。“一切都是活的，他跟着日子一天天在变化。”死守着那旧的封建的残余，终有一天被摧毁的，但“你们得斗争”[④]！

---

① 钱俊瑞（1941）:《皖南惨变记》(1941 年 2 月 20 日),载《中共党史资料》第十一辑，中共党史资料出版社，1984 年，第 107 页。钱俊瑞所列小册子和报道中，可能有薛暮桥的作品，这里录以备考。

② 孟进（1939）:《送别》,载《学习》第 1 卷第 3 期，1939 年 10 月 16 日，第 61 页。

③ 洪学智、薛暮桥（1986）:《屹立华中的抗日革命熔炉》,载《薛暮桥文集》第十二卷，北京：中国金融出版社，2011 年，第 46 页；薛暮桥（1987）:《回忆“皖南事变”前的北移》,载薛暮桥主编《奔向苏北敌后——新四军教导总队撤离皖南纪实》,南京：江苏人民出版社，1988 年，第 10 页。后一篇文章未收入二十卷本《薛暮桥文集》。

④ 孟进（1939）:《“你们得斗争”》,载《学习》第 1 卷第 6 期，1939 年 12 月 1 日，第 138 页。1932 年在江苏省立徐州民众教育馆任职期间，薛暮桥常用“孟进”为笔名。本文关于封建残余以及“你们得斗争”的思想与他的思想高度一致，因此我们判断本文为薛暮桥笔名作品。

**12月4日** 下午，到距离中村四五里路的阳山大茅棚[①]，出席新四军直属机关部队排以上党员干部大会。会上，新四军政治部主任袁国平做撤离皖南开赴苏北的动员报告。[②]随后，教导总队政治处主任余立金做进一步动员，详细讲了行军前的各项准备，要求轻装，要保持革命军人、共产党人的革命气节。[③]

**12月8日** 与周子昆（军部副参谋长）、宋裕和（军需处长）、汤光辉（军法处副处长）研究新四军第二批北撤部队有关问题。周子昆要求，他们率部到达江南指挥部后立即电告军部，然后军部出发，但将不走这条路线。[④]

**12月9日** 晨，作为新四军第二批北撤部队副指挥，与宋裕和（指挥）、汤光辉（副指挥）率部1000多人从皖南云岭村北撤。正如两位北撤队伍成员所说，"这支队伍，时而大队大马，时而化整为零，穿越国民党军队驻区，行进于敌人后方，从岗峦起伏的皖南山地走向一望无际的苏北平原"[⑤]。

钱俊瑞在皖南事变脱险后所写《皖南惨变记》，报告了薛暮桥率部出发时的情景：

---

① 1939年7月日军飞机轰炸云岭、中村后，新四军指战员突击，用稻草在阳山搭建这一茅棚，作为当月全军第一次党代会的会场。此后，一些会议在此举行。参见严振衡、朱庭光（1988）:《到苏北去》，载薛暮桥主编《奔向苏北敌后——新四军教导总队撤离皖南纪实》，南京：江苏人民出版社，1988年，第27—28页。

② 金冶、余志新（1988）:《撤离皖南　奔向苏北》，同上书，第61页。

③ 汪溪（1988）:《皖南北撤片段》，同上书，第46页。

④ 薛暮桥（1996）:《薛暮桥回忆录》，载《薛暮桥文集》第二十卷，北京：中国金融出版社，2011年，第99页；薛暮桥（1983）:《我对皖南新四军军部情况的片断回忆》，载《江苏革命史料选辑》第9辑，1983年，第24页。

⑤ 严振衡、朱庭光（1988）:《到苏北去》，载薛暮桥主编《奔向苏北敌后——新四军教导总队撤离皖南纪实》，南京：江苏人民出版社，1988年，第27页。

第三批人[①]主要是教导队的一部分工作人员，由全国著名的农村经济专家薛暮桥先生（前任广西专科师范的教授，曾主编中国农村经济研究会出版的《中国农村》）为队长，率领前进。薛先生现任教导总队训练处长，教育事宜全由他负责。他光着头，骑着马[②]，俨然一指挥员也。这任务是相当艰难的，但他勇敢地接受了。[③]

经一天行军，当晚宿汀潭。[④]

**12 月 10 日**　翻过孤峰，经马头镇到国民党嫡系 52 师防区杨柳铺。经过时士兵荷枪实弹。[⑤]

**12 月 11 日**　从杨柳铺出发，到东北军 108 师防区宣城以南地区。108 师沿街设立茶水站，北撤部队贴出“纪念西安事变四周年”“立即释放张学良将军”等标语。[⑥]

**12 月 12 日**　从宣城南郊出发，经十字铺到国民党 1 师防区郎溪附近。[⑦]

**12 月 13 日**　从郎溪出发，向北经梅渚、社渚，到南渡镇以南宿营。[⑧]

---

① 此处不准确，应为“第二批人”。

② 薛暮桥曾提到，“我不大会骑马”。参见薛暮桥（1988）：《〈冯定文集〉序言》，载《薛暮桥文集》第十三卷，北京：中国金融出版社，2011 年，第 84 页。

③ 钱俊瑞（1941）：《皖南惨变记》（1941 年 2 月 20 日），载《中共党史资料》第十一辑，中共党史资料出版社，1984 年，第 120 页。

④ 薛暮桥（1987）：《回忆“皖南事变”前的北移》，载薛暮桥主编《奔向苏北敌后——新四军教导总队撤离皖南纪实》，南京：江苏人民出版社，1988 年，第 12 页。

⑤ 同上。

⑥ 同上；严振衡、朱庭光（1988）：《到苏北去》，同上书，第 33 页。

⑦ 薛暮桥（1987）：《回忆“皖南事变”前的北移》，同上书，第 12 页。

⑧ 同上。

**12月14日** 经6天行军，午后到达新四军江南指挥部驻地溧阳县水西村，结束第一阶段的路程。当晚电报报告军部。军部次日回电，推迟军部北移时间。随即商定，薛暮桥率教导总队干部按照军部指定路线，越过溧阳—武进公路封锁线，经茅山游击根据地去苏北；宋裕和、汤光辉率军部各处人员向东经过长荡湖、滆湖和太湖之间北上，在常州附近过铁路去苏北；皖南地方干部队学员交江南指挥部分配。江南指挥部派一个连掩护薛暮桥等过公路封锁线。①

**12月15日** 下午，连续行军十四五个小时。在山中夜行军时遭遇暴雨。②

**12月16日** 拂晓前，在暴雨停后率队穿过溧武路封锁线。③

临近中午，率队到达茅山根据地的镇江、句容、丹阳、金坛四县抗敌总会（简称“四县总会”）所在地西旸镇，受到热情接待。④

晚饭时得知日军要来“扫荡”的消息，在四县总会主任樊玉琳的带领下，连夜行军，向句容地区转移。⑤

---

① 薛暮桥（1996）：《薛暮桥回忆录》，载《薛暮桥文集》第二十卷，北京：中国金融出版社，2011年，第100页；严振衡、朱庭光（1988）：《到苏北去》，载薛暮桥主编《奔向苏北敌后——新四军教导总队撤离皖南纪实》，南京：江苏人民出版社，1988年，第35页；汪溪（2007）：《朝左走 向右转——我和我的时代》，北京：华夏出版社，2007年，第35页。

② 薛暮桥（1996）：《薛暮桥回忆录》，载《薛暮桥文集》第二十卷，北京：中国金融出版社，2011年，第100页；薛暮桥（1987）：《回忆“皖南事变”前的北移》，载薛暮桥主编《奔向苏北敌后——新四军教导总队撤离皖南纪实》，南京：江苏人民出版社，1988年，第13页。

③ 邓洁（1988）：《军民情深》，同上书，第96页。

④ 薛暮桥（1996）：《薛暮桥回忆录》，载《薛暮桥文集》第二十卷，北京：中国金融出版社，2011年，第101页；薛暮桥（1987）：《回忆“皖南事变”前的北移》，载薛暮桥主编《奔向苏北敌后——新四军教导总队撤离皖南纪实》，南京：江苏人民出版社，1988年，第13页。

⑤ 薛暮桥（1987）：《回忆“皖南事变”前的北移》，载薛暮桥主编《奔向苏北敌后——新四军教导总队撤离皖南纪实》，南京：江苏人民出版社，1988年，第14页。薛暮桥将樊玉琳错记为“樊玉林”，此处已订正。

**12月17日** 率部分散到句容县境的村庄。因继续向前需要通过敌军三重封锁线，1941年新历元旦后不久，将所率人员分为十几个小组，在交通员的带领下，分小批越过铁路。交通员四五天来回一趟，直到阴历年底（1941年1月26日）尚未走完。[①] 在这段时间穿便衣，与村里的老百姓同吃同住，并跟从当地人躲避伪军骚扰。据皖南军中的助手朱庭光和队中干部严振衡回忆：

在茅山地区，四县总会给每人发了一点钱，让我们到西旸镇上去买便衣。各人却穿起了棉长袍，又当了老百姓。不过，只能远远望着象个当地人，走近一看就破绽百出了。在西旸附近几天，老是遇到敌人从据点里出来扫荡。我们同四县总会机关一起，向西北转移，到句容、宝堰、白兔之间的村庄里打埋伏。这里都是敌人据点。我们每天晚上都换住宿的地方，白天常常要跟着老乡跑"汪派"。[②]

① 薛暮桥（1996）：《薛暮桥回忆录》，载《薛暮桥文集》第二十卷，北京：中国金融出版社，2011年，第101页。

② 严振衡、朱庭光（1988）：《到苏北去》，载薛暮桥主编《奔向苏北敌后——新四军教导总队撤离皖南纪实》，南京：江苏人民出版社，1988年，第37—38页。"汪派"是当地人对汪精卫伪军的称呼。跑"汪派"指伪军从据点出来骚扰时，大家纷纷躲避。

## 1941年

**1月4日** 叶挺、项英率皖南新四军军部直属部队9 000余人按照国民党军事当局命令并经中共中央同意移师北上。6日，到达皖南泾县茂林地区时，遭国民党部队重兵包围袭击。血战七昼夜后，弹尽粮绝，除2 000余人分散突围外，大部分被俘、失散或牺牲。军长叶挺被无理扣押，副军长项英突围后遇害，政治部主任袁国平牺牲。1月17日，蒋介石诬指新四军“叛变”，宣布取消番号，声称要将叶挺军法审判。①

**1月20日** 中共中央革命军事委员会发布重建新四军军部命令，任命陈毅为代理军长，张云逸为副军长，刘少奇为政治委员，赖传珠为参谋长，邓子恢为政治部主任。② 重建的新四军没有国民党编制的番号，不属于哪一个战区的战斗序列，也无须国民党政府提供补给。新四军从原来的四个支队改为七个师，独立自主抗击日伪军，发展抗日武装，建立新的抗日民主根据地。③

---

① 中共中央党史研究室（1989）：《中国共产党历史大事记（1919.5—1987.12）》，北京：人民出版社，1989年，第121—122页；胡绳主编（1991）：《中国共产党的七十年》，北京：中共党史出版社，1991年，第178—179页。

② 中共中央党史研究室（1989）：《中国共产党历史大事记（1919.5—1987.12）》，北京：人民出版社，1989年，第121—122页。

③ 汪溪（2007）：《朝左走　向右转——我和我的时代》，北京：华夏出版社，2007年，第43页。

**1月下旬** 得知皖南军部遭到围歼、死伤惨重的消息，极为悲愤。① 薛暮桥曾回忆得知消息的情况：

这时，我军主力部队已经转移，茅山根据地只剩下一个地方独立团。团长巫恒通等都是小学教员出身，没有战斗经验，不善于打仗，士气低落。……皖南事变发生好多天后他们还不知道。有一天，我到樊（玉琳）家去找他们，都不在，房里满地都是未拆开的南京报纸。我拆开一看，有一条消息说，国民党把新四军皖南军部和部队全部消灭，项英、袁国平、周子昆都阵亡。我不禁大吃一惊，半信半疑。过了几天，才证实了皖南事变的消息。这时已到旧历年关，日伪军几乎天天出来扫荡，我们的处境愈加困难。②

**1月27日** 春节。陈毅、刘少奇就皖南事变后苏南的工作方针致邓振询、罗忠毅电，电文要求“薛暮桥等速令其过苏北来工作”③。东南局组织部长曾山得知军部电令后通知薛暮桥，并约同一起化装到镇江，乘火车到上海。薛暮桥告知所率队中女同志和体弱的人居多，要和同志们商量再做决定。大家听说薛暮桥要先走后心情不安，遂决定留下来妥善安排大家渡江，送完再离去。④

---

① 薛暮桥（1996）：《薛暮桥回忆录》，载《薛暮桥文集》第二十卷，北京：中国金融出版社，2011年，第101—102页。

② 薛暮桥（1988）：《回忆“皖南事变”前的北移》，载薛暮桥主编《奔向苏北敌后——新四军教导总队撤离皖南纪实》，南京：江苏人民出版社，1988年，第16页。

③ 陈毅、刘少奇（1941）：《陈毅、刘少奇关于皖南事变后苏南的工作方针致邓振询、罗忠毅电》（1941年1月27日），载《南京市江宁区军事志》，南京：南京市江宁区军事志编纂委员会，2011年，第569—571页。

④ 薛暮桥（1987）：《回忆“皖南事变”前的北移》，载薛暮桥主编《奔向苏北敌后——新四军教导总队撤离皖南纪实》，南京：江苏人民出版社，1988年，第15页；薛暮桥（1996）：《薛暮桥回忆录》，载《薛暮桥文集》第二十卷，北京：中国金融出版社，2011年，第101页。

因日伪军“扫荡”在山沟躲避，见到“四县总会”樊玉琳等，与他们商定现需急速出发。樊玉琳等决心派人送薛暮桥到镇江，乘火车去上海。尚未走完的干部，凡能在上海找到亲友、有地方住宿的尽快乘火车去上海。①

**1 月 29 日** 正月初三。早饭后，在交通员的陪同下，带领汪溪以及樊玉琳的两个儿子②离开句容去往镇江。接近黄昏时分，进入日伪军控制下的镇江城。③在镇江等候年后办理牛痘证的机关上班。④

**2 月 1 日** 正月初六。由交通员陪同，薛暮桥等一行四人排队领

---

① 薛暮桥（1996）：《薛暮桥回忆录》，载《薛暮桥文集》第二十卷，北京：中国金融出版社，2011 年，第 102 页。据陈麒章回忆：有一天，薛暮桥同志来找我商量，说可以设法弄到“良民证”，从镇江乘火车去上海，再从上海乘长江客轮去江北。不过，这要两个条件：一是走这一线的人，必须在上海有可靠的亲友关系，去了吃、住无困难；二是要筹措一笔住店、弄“良民证”和买火车票的费用。我们数了数，薛、我，连同当时一道“打埋伏”的汪溪、王立，共四个人符合头一个条件；另外，还有小董，原是我们驻地中村的儿童团团长，当时才十二三岁，得由我们带走。至于费用嘛，我想起了那枚大金戒指，当即取出交薛托人变卖。没几天，他告诉我，金戒指卖得 60 元，足够五个人去上海的开销了。于是我们商定，“兵分两路”，薛暮桥、汪溪先走，我带王立、小董随后跟进。参见陈麒章（1988）：《一枚大金戒指引出的故事》，载薛暮桥主编《奔向苏北敌后——新四军教导总队撤离皖南纪实》，南京：江苏人民出版社，1988 年，第 135 页。

② 临行前，日伪军扫荡樊家村，并到樊玉琳家搜查，樊和他的两个儿子幸免于难。于是，樊玉琳请薛暮桥把他的两个儿子一起带去参加新四军。参见薛暮桥（1987）：《回忆“皖南事变”前的北移》，载薛暮桥主编《奔向苏北敌后——新四军教导总队撤离皖南纪实》，南京：江苏人民出版社，1988 年，第 16 页。

③ 汪溪回忆，路上薛暮桥告诉她两件大事：一、皖南军部被国民党顽军围歼，死伤惨重。二、他们将要到镇江去，乘火车到上海，再转苏北。薛知道她在上海有亲戚可投奔。“暮桥同志一向不苟言谈，环境又不允许我多嘴，纵有一百个问题也只能憋在肚子里。”参见汪溪（1988）：《皖南北撤片段》，同上书，第 56—57 页。

④ 当时在镇江乘坐火车，除了通行证和火车票，还需拍照，并持牛痘证。如果不去接种，就需要花钱买这种附有照片的牛痘证。

取牛痘证，然后登上从镇江开往上海的火车。①

抵沪后，携樊玉琳的两个儿子住大哥薛鹤龄家，汪溪住亲戚家。在上海期间与组织取得联系，在组织的帮助下送汪溪等三人前去苏北。②

**2月中旬至3月8日** 在新四军上海办事处的帮助下取得难民证，伪装成返乡苏北难民，在交通员的带领下乘轮船渡江，辗转与新四军主力部队会合。

其间，在海安附近的唐家洋向陈毅报告率部北撤情况，建议派主力部队支援茅山地区，并按照朱镜我（皖南事变中遇难）的嘱托，要求带已先行渡江在那里工作的朱庭光到苏北。陈毅慨允，并请薛暮桥转交致刘少奇的信。③

---

① 汪溪在1988年的文章中回忆排队领牛痘证和从镇江去上海的时间是阴历正月初五，她晚年的回忆录则写为阴历正月初六。我们这里采用后一种说法。因为1988年的文章发表后，汪溪有机会听到订正意见，而且正月初六政府机关上班也比较合乎习惯。她这样描述火车上的一幕："火车徐徐开动了，我又兴奋又有点紧张。不一刻，两个穿黄军装荷枪的日本兵，来到车厢巡查。他们趾高气扬，皮靴咯噔噔响。我抬眼看，暮桥同志面无表情，我也目光平视，若无其事的样子。巡逻兵走过我们的座位往前去了，我嘘了一口气。"参见汪溪（1988）：《皖南北撤片段》，载薛暮桥主编《奔向苏北敌后——新四军教导总队撤离皖南纪实》，南京：江苏人民出版社，1988年，第57—58页；汪溪（2007）：《朝左走　向右转——我和我的时代》，北京：华夏出版社，2007年，第42页。

② 薛暮桥（1996）：《薛暮桥回忆录》，载《薛暮桥文集》第二十卷，北京：中国金融出版社，2011年，第102页。

③ 薛暮桥从上海到苏北的时间，主要根据《薛暮桥回忆录》等回忆情节和《赖传珠日记》相关记录考证确定。参见薛暮桥（1987）：《回忆"皖南事变"前的北移》，载薛暮桥主编《奔向苏北敌后——新四军教导总队撤离皖南纪实》，南京：江苏人民出版社，1988年，第16—17页；姚惠泉（1985）：《我在上海孤岛从事的抗日救亡工作》，载《上海文史资料存稿汇编》第三卷，上海：上海古籍出版社，2001年，第174页；朱庭光（2000）：《风雨吟——朱庭光诗词选》，北京：团结出版社，2000年，第68页；薛暮桥（1996）：《薛暮桥回忆录》，载《薛暮桥文集》第二十卷，北京：中国金融出版社，2011年，第102—103页；沈阳军区《赖传珠日记》整理编辑领导小组（1989）：《赖传珠日记》，北京：人民出版社，1989年，第280页。

**3 月 8 日**　到达苏北新四军军部驻地盐城[①]。薛暮桥晚年回忆：

此次北撤行军，打埋伏，分批险渡长江，最后胜利地到达盐城军部，没有伤亡，没有一人叛逃离队。对于所有参加的人，都是一段难忘的经历，大家受到了多方面的锻炼和教育。几个月后，我们到达新的岗位时，都比以前更成熟了。[②]

向刘少奇等汇报皖南、上海情况。刘少奇命秘书陆璀介绍苏北新四军情况，随即被派到中国人民抗日军事政治大学第五分校[③]（以下简称“抗大五分校”）工作。[④]

薛暮桥回忆：

抗大五分校和教导总队的办学条件都是很艰苦的。那时一无校舍、二无教材，教员也少，靠自己培养。祠堂、庙宇是我们最好的教室。晴天，茂林修竹也可以当课堂。学生没有桌椅，都坐在背包

---

① 赖传珠在 1941 年 3 月 8 日的日记中写道：“薛暮桥已来此，谈皖南、上海之情况。”参见沈阳军区《赖传珠日记》整理编辑领导小组（1989）：《赖传珠日记》，北京：人民出版社，1989 年，第 280 页。

② 薛暮桥（1987）：《回忆“皖南事变”前的北移》，载薛暮桥主编《奔向苏北敌后——新四军教导总队撤离皖南纪实》，南京：江苏人民出版社，1988 年，第 17 页。

③ 1940 年 11 月抗大五分校由原新四军江北指挥部军政干部学校和原新四军苏北指挥部抗日军政干部学校在盐城合编成立。陈毅兼任校长，赖传珠兼副校长，冯定任副校长。截至 1942 年 1 月共办两期，毕业学员 2 608 人。第一期学校干部比较缺乏，在教育过程中逐渐克服困难，建立秩序。第二期由抗大总校派出干部，加强了各方面工作。第二期学员毕业后，另调干部由新四军第三师组织抗大五分校，原五分校改为华中抗大总分校。参见陈毅、韩振纪、赖传珠、薛暮桥（1942）：《陈毅等关于抗大第五分校概况致中共中央电》，载计高成主编《陈毅在盐城》，北京：解放军出版社，2001 年，第 426—427 页。

④ 薛暮桥（1987）：《纪念伟大的马克思主义者——刘少奇同志》，载《薛暮桥文集》第十二卷，北京：中国金融出版社，2011 年，第 277 页。

（装着自己的全部衣服）上，在膝盖上搁着书包当书桌。每个人一只搪瓷碗，每个班一只面盆（盛菜），这是吃饭的全部用具。农民家一间十平方米左右的房屋，铺上稻草就可以住一个班（12 人至 14 人）。教员也同学生过着几乎同样的生活，在可能条件下有一间小屋、一张小床，在菜油灯下备课。许多时候是处在频繁转移和作战的状态中，但我们坚持办学。1941 年二三月春季反扫荡，第一期的一大队调到盐城以北配合新四军三师作战，在收复上岗的战斗中牺牲了一队队长等四位同志。二大队担负战斗警戒任务，校部和其他各队抽调一部分人支援地方工作。在这次反扫荡期间，全校作战伤亡、失踪和其他减员 216 人。第二期学员则经历了两个多月的夏季反扫荡。[①]

**3 月中旬** 陈毅到抗大五分校看望，随后任命薛暮桥为抗大五分校训练部部长。在抗大五分校期间，除继续讲授经济学课程外，还讲授中国革命问题。[②]

---

① 薛暮桥（1996）:《薛暮桥回忆录》，载《薛暮桥文集》第二十卷，北京：中国金融出版社，2011 年，第 109 页。

② 薛暮桥谈及，他到抗大五分校报到后，“大约过了 10 天，陈毅同志回到盐城。他到抗大五分校看我，问我担任什么职务。我说没有宣布职务，但已开始帮助他们安排教育工作。陈军长说没有职务不方便，当即决定我任训练部长。”据《赖传珠日记》记载，陈毅回到盐城是 1941 年 3 月 14 日下午。据此判断，薛暮桥被任命为训练部部长是 3 月中旬。关于在抗大五分校开设中国革命问题课程，系受到吴亮平有关著译的影响。另，《屹立华中的抗日革命熔炉》一文提到：“原先在教导总队初期开设《统一战线》课程。后来毛泽东同志的《中国革命和中国共产党》的讲义传到皖南，才把课程定名为《中国革命问题》。”参见薛暮桥（1996）:《薛暮桥回忆录》，载《薛暮桥文集》第二十卷，北京：中国金融出版社，2011 年，第 108 页；沈阳军区《赖传珠日记》整理编辑领导小组（1989）:《赖传珠日记》，北京：人民出版社，1989 年，第 283—284 页；洪学智、薛暮桥（1986）:《屹立华中的抗日革命熔炉》，载《薛暮桥文集》第十二卷，北京：中国金融出版社，2011 年，第 62 页。

**3 月** 所著《经济学》一书因“触犯审查标准”被查禁。[①]因各地继续翻印，到 1942 年修订再版时，销量已达两三万册。[②]（参见 1939 年 3 月 18 日、1939 年 7 月 15 日条。）

**4 月 16 日** 出席苏北文化工作者协会代表大会，与钱俊瑞、夏征农、许幸之、徐步、冯定等（共计 25 人）当选文协第一届理事。刘少奇、陈毅出席会议，陈毅致词，号召为广泛开展苏北新文化事业而斗争。[①]

**4 月 28 日** 新华社延安（4 月）28 日电：……石曾山、李一氓、钱俊瑞、薛暮桥、傅秋涛、曾希圣、黄大星、吴兴如、李志高诸同志则已（在皖南事变中）脱险云。[②]

**5 月 10 日** 华中局发出通知：奉中共中央电，决定由刘少奇、饶漱石、陈毅、曾山 4 人组织中共中央华中局，以刘少奇为书记，饶漱石为副书记。[③]

**5 月 15 日至 20 日** 参加中原局在盐城西面的湖垛镇召开的高干会议，听取传达并参加讨论中央关于项英、袁国平错误的决定。17 日陈毅、曾山在会上作报告，19 日刘少奇对讨论项英、袁国平错误问题作结论，20 日陈毅作《建军问题的报告》，提出建设正规

---

① 张静庐辑注（1956）：《中国现代出版史料（丙编）》，北京：中华书局，1956 年，第 227 页。

② 薛暮桥（1942）：《〈经济学〉再版后记》，载《薛暮桥文集》第十七卷，北京：中国金融出版社，2011 年，第 222 页。

① 陈毅（1941）：《为广泛开展苏北新文化事业而斗争——在苏北文协代表大会上的讲话》，载计高成主编《陈毅在盐城》，北京：解放军出版社，2001 年，第 97—100 页；刘树发主编（1995）：《陈毅年谱》，北京：人民出版社，1995 年，第 347 页。

② 《皖南民众痛恨亲日派陷害忠良 叶军长气壮山河为民族凛然不屈》，载《大众日报》，1941 年 5 月 7 日，第二版。

③ 刘树发主编（1995）：《陈毅年谱》，北京：人民出版社，1995 年，第 350 页。

化党军的任务。[①]

会议期间告知陈毅，项英在传达 1940 年中央“五四决定”[②] 时，曾说过黄山是最好的游击战根据地。陈毅说，项英很有可能想去黄山。多年以后，薛暮桥与余立金谈项英决定向茂林行进和突围原因，余立金表示项英确有转向浙江天目山，在那里建立根据地的计议。薛暮桥认为，项英对“五四决定”的态度，是皖南事变失败的重要历史关节。[①]

**6 月初** 华北抗大总校为加强抗大五分校派出的华中大队 130 余人，在洪学智的带领下抵盐城。6 月 8 日，五分校举行欢迎会。军部重新确定抗大五分校领导班子，陈毅军长仍兼校长、政委，冯定、洪学智任副校长，谢祥军、贺敏学任正、副教育长，余立金、吴胜坤任

---

① 《薛暮桥回忆录》将这次高干会议的时间记为 5 月 16 日、17 日，《陈毅年谱》记为 5 月 16 日至 20 日，这里根据《赖传珠日记》的相关记录加以订正。参见薛暮桥（1996）：《薛暮桥回忆录》，载《薛暮桥文集》第二十卷，北京：中国金融出版社，2011 年，第 104 页；沈阳军区《赖传珠日记》整理编辑领导小组（1989）：《赖传珠日记》，北京：人民出版社，1989 年，第 294—295 页；刘树发主编（1995）：《陈毅年谱》，北京：人民出版社，第 351 页。

② 指毛泽东起草的中共中央向东南局和新四军军分会发来的关于统战策略问题的指示。该指示收录《毛泽东选集》时，题为《放手发展抗日力量，抵抗反共顽固派的进攻》。指示要求，新四军“超越国民党所能允许的范围”，“向一切敌人占领区域发展”。参见中共中央文献研究室编（2013）：《毛泽东年谱（1893—1949）（修订本）》中卷，北京：中央文献出版社，2013 年，第 190 页。

① 薛暮桥（1996）：《薛暮桥回忆录》，载《薛暮桥文集》第二十卷，北京：中国金融出版社，2011 年，第 105—107 页；薛暮桥（1983）：《我对皖南新四军军部情况的片段回忆》，载《江苏革命史料选辑》第 9 辑，1983 年 12 月，第 26 页。需要指出的是，薛暮桥的看法受当年条件的限制。正如胡绳指出，“有的说项不听中央指示的路线，另作主张，这个说法恐怕不行。皖南事变后，毛主席大吃一惊，带着情绪发电报，把项的问题提得很高”。参见“从五四运动到人民共和国成立”课题组（2001）：《胡绳论“从五四运动到人民共和国成立”》，北京：社会科学文献出版社，2001 年，第 27 页。

政治部正、副主任，薛暮桥、谢云晖任训练部正、副部长。①

**7 月 7 日至 19 日** 为盐城学生夏令营讲课。② 一次课后冯定先走，并考虑薛暮桥不大会骑马，将警卫员留下陪同一起走。过一座桥时，因马受惊，薛暮桥连人带马摔入河中，在警卫员的帮助下上岸。③

**7 月 7 日** 华中抗大第五分校正式开学。④

**7 月 19 日** 从学生夏令营回来，遇到日寇飞机轰炸盐城。⑤

**7 月 20 日** 日军分四路进犯盐城，发动对苏北地区的第一次大

---

① 洪学智、薛暮桥、谢云晖（1987）：《华中的抗日革命熔炉》，载《新四军回忆史料（1）》，北京：解放军出版社，1990 年，第 111 页；薛暮桥（1996）：《薛暮桥回忆录》，载《薛暮桥文集》第二十卷，北京：中国金融出版社，2011 年，第 108 页。

② 盐城学生夏令营根据 1941 年 5 月盐城"五四"学生联合救国会成立大会上的决议案，于 6 月 20 日开始布置，7 月 1 日开营，7 月 7 日抗战四周年纪念日正式举行开学典礼。全县 14 所中学计 1 300 余人，参加夏令营的有 850 余人，占全县学生总数的 70%。夏令营安排每天上午听课，下午自由活动。课程内容分社会科学概论、中国抗战问题和自然科学概论三部分，分别由丁华、薛暮桥、谢云晖、孙克定等人讲授。7 月 20 日日军分四路进犯盐城，学生夏令营就地疏散。这里薛暮桥的讲课时间，按照夏令营正式开学时间和抗大五分校奉命掩护军部后方机关转移时间计算。参见薛暮桥（1996）：《薛暮桥回忆录》，载《薛暮桥文集》第二十卷，北京：中国金融出版社，2011 年，第 110 页；戈扬（1941）：《苏北青年运动的一支先锋队——由千余人结合而成的盐城学生夏令营》，载《新四军重建军部以后》，南京：江苏人民出版社，1983 年，第 456—463 页；张拓（1982）：《新安旅行团在苏北》，同上书，第 466 页。

③ 薛暮桥（1988）：《〈冯定文集〉序言》，载《薛暮桥文集》第十三卷，北京：中国金融出版社，2011 年，第 84 页。

④ 沈阳军区《赖传珠日记》整理编辑领导小组（1989）：《赖传珠日记》，北京：人民出版社，1989 年，第 306 页。

⑤ 薛暮桥（1996）：《薛暮桥回忆录》，载《薛暮桥文集》第二十卷，北京：中国金融出版社，2011 年，第 110 页。

“扫荡”。[①]

晚饭后接到命令，华中局和军部向阜宁转移，抗大五分校负责掩护军部后方机关安全转移，副校长洪学智兼任盐城卫戍司令员。校部决定，一大队和警卫连跟随洪学智行动，其余部分当晚向海边转移。抗大五分校由此投入反“扫荡”斗争。活动范围主要在串场河以东的盐东、台北、台东的沿海狭长地带。其间给养、宿营困难[②]，几乎每天行军，数次与敌军发生遭遇战。

此次反“扫荡”期间，除与洪学智、余立金、谢祥军一起指挥行军作战、讨论问题，还在行军间隙修改在皖南所写的《经济学》，基本完成修订稿。[③] 他这样回忆：

---

① 薛暮桥（1996）：《薛暮桥回忆录》，载《薛暮桥文集》第二十卷，北京：中国金融出版社，2011 年，第 110 页；沈阳军区《赖传珠日记》整理编辑领导小组（1989）：《赖传珠日记》，北京：人民出版社，1989 年，第 309 页。

② 当时抗大五分校一位政治教育干事回忆反“扫荡”期间的生活：“自从撤离盐城以后，一个月没有吃过一片肉，特别是后来半个月，生活更艰难，尽在海边上，三五里路才有几间草棚，到处是一块块黑黑的盐场（不是海水盐，是海边泥地上冒出的碱气，括了碱土煮成的，俗名小盐）。青菜也吃不到，粮食靠各乡老百姓借给我们大麦、山芋干等，但蔬菜非常困难。天天是南瓜，顿顿是南瓜，油也几乎没有，一个班，一钵子南瓜汤浮漂着几点油星子就算不错了。……（突围那天）天还没有亮，走在田埂上，鼻子里闻到阵阵稻香，我们已进入种水稻的地方了。这种稻香诱人之魅力，只有才熬过饥饿的人才能有深刻的体会，不但是香味，就是轻风引起的稻田里成熟的刀（稻）穗相碰的沙沙声，也足可抵过世界上最美好的音乐。同志们情不自禁地抚摸着两旁田里行将成熟的稻穗，嘴里都在轻轻地说：‘大米！大米！’”参见陈允豪（1980）：《抗大五分校的战斗生活片段》，载盐城市《新四军重建军部以后》编选组：《新四军重建军部以后》，南京：江苏人民出版社，1985 年，第 484—494 页，引文见第 489、491 页。

③ 洪学智、薛暮桥、谢云晖（1987）：《华中的抗日革命熔炉》，载《新四军回忆史料（1）》，北京：解放军出版社，1990 年，第 112—113 页；薛暮桥（1996）：《薛暮桥回忆录》，载《薛暮桥文集》第二十卷，北京：中国金融出版社，2011 年，第 110—111 页；金冶（2001）：《缅怀陈毅军长开辟苏北抗日根据地的斗争》，载计高成主编《陈毅在盐城》，北京：解放军出版社，2001 年，第 601 页。

我不善于参加军事指挥，决心抓紧时机，总结三年来的教学经验，修改在皖南写的《政治经济学》(应为《经济学》。下同。——引者注)，删去一些原来仍然过多的术语解释，改得使它有利于帮助青年知识分子的思想改造。当时几乎天天行军，我背着一个皮挂包，内装两本参考书和 10 本笔记本，行军时想，驻宿时写。行军一停下来，就赶快抓紧时间写，坐在背包上，用皮挂包当桌子。就这样，在敌后战斗环境下，边走边写，基本上完成了《政治经济学》的修订稿①(参见 1942 年 5 月 5 日条)。

**7 月 22 日**　新四军军部令抗大五分校逼近盐城近郊，坚持游击战，并派便衣队潜入城内，不断进行袭击，动摇日军留驻决心。②

**8 月 4 日**　新四军军部令抗大五分校以小部进袭盐城近郊，以主力攻克南洋岸据点。③

**8 月 7 日**　陈毅电令抗大五分校配备一个大队干部，以能独立进行教育工作，分配到三师创办学校，三师干部均编入该大队。④

**8 月 10 日**　陈毅令抗大五分校在盐城、伍佑以东地区暂时坚持活动。⑤

**8 月 16 日**　陈毅令抗大五分校（缺洪学智率领的大队）即刻南

---

① 薛暮桥（1996）:《薛暮桥回忆录》，载《薛暮桥文集》第二十卷，北京：中国金融出版社，2011 年，第 110—111 页。

② 陈毅、刘少奇、饶漱石、赖传珠（1941）:《陈毅、刘少奇、饶漱石、赖传珠关于敌占盐城后对部分作战行动布置致二旅、抗大电》，载计高成主编《陈毅在盐城》，北京：解放军出版社，2001 年，第 155 页。日军于 7 月 22 日八时占领盐城。

③ 陈毅、刘少奇、赖传珠（1941）:《陈毅、刘少奇、赖传珠关于配合苏中反“扫荡”袭击盐城外围据点的部署致黄克诚等电》，同上书，第 201—202 页。

④ 刘树发主编（1995）:《陈毅年谱》，北京：人民出版社，第 360 页。

⑤ 陈毅（1941）:《陈毅关于盐阜地区部队配合第一师反“扫荡”致三师等电》，载计高成主编《陈毅在盐城》，北京：解放军出版社，2001 年，第 210 页。

移与粟裕、刘炎会合。[①]

**8 月 22 日** 新四军军部决定调冯定做教育工作，韩振纪任抗大校长，洪学智任新四军三师参谋长。[②]

**8 月** 所著《中国革命问题》经陈毅审阅，由中国出版社出版。[③]全书共计四章：一、中国社会与中国革命，二、中国革命与统一战线，三、中国民主革命的三个阶段，四、中国革命的前途。

书中认为，反帝反封建的革命“仅仅是用资本主义剥削来代替封建剥削。所以这种革命最有利于资产阶级（对于工人农民也有利益），叫作资产阶级民主革命”。在抗日民族统一战线中，阶级斗争的具体表现，是两条路线斗争。一方面是大地主大资产阶级的投降、分裂、倒退路线，另一方面是无产阶级、农民和城市小资产阶级的抗战、团结、进步路线。全书最后一节为“无产阶级在革命中的战略策略”，认为所谓无产阶级在革命中的战略，是指根据当时的革命阶段来决定无产阶级的主要打击方向和布置革命力量的计划。在民主革命

---

① 陈毅（1941）：《陈毅关于日军主力北进企图及新四军行动方针致一师等电》，载计高成主编《陈毅在盐城》，北京：解放军出版社，2001 年，第 216—217 页。

② 《华中的抗日革命熔炉》和《薛暮桥回忆录》关于抗大五分校职务任命的记载不准确，这里根据《赖传珠日记》记录订正。参见洪学智、薛暮桥、谢云晖（1987）：《华中的抗日革命熔炉》，载《新四军回忆史料（1）》，北京：解放军出版社，1990 年，第 113 页；薛暮桥（1996）：《薛暮桥回忆录》，载《薛暮桥文集》第二十卷，北京：中国金融出版社，2011 年，第 111 页；沈阳军区《赖传珠日记》整理编辑领导小组（1989）：《赖传珠日记》，北京：人民出版社，1989 年，第 317 页。

③ 薛暮桥在回忆录中这样说：“这一年（指 1942 年。——引者注），我根据在五分校讲授《中国革命问题》课程的讲稿，修改补充，写成了《中国革命的基本问题》一书。这是我为抗大写的第二本教材。经陈毅同志审阅同意后，该书也由新知书店出版。陈毅同志看了书稿以后，曾找我去长谈，讲了他在革命中的经历，证明中国革命的正确方针、政策得来是很不容易的。”实际上《中国革命的基本问题》一书是（华中）抗大总分校 1942 年出版，薛暮桥所说的其实是 1941 年 8 月中国出版社出版的《中国革命问题》一书，在出版代表党的政策的文献时，新知书店会使用“中国出版社”名义。参见薛暮桥（1996）：《薛暮桥回忆录》，载《薛暮桥文集》第二十卷，北京：中国金融出版社，2011 年，第 113—114 页。

中的战略，最重要的部分就是要同资产阶级联合，又与资产阶级斗争。所谓联合，就是统一战线；所谓斗争，就是在联合时和平的不流血的斗争，在被迫同资产阶级分裂时转变为武装斗争。民主革命中的策略，就是无产阶级为实现他们的战略计划，在革命运动的高涨或低落时期，所决定的行动路线，决定我们应当采取哪一种斗争形式和哪一种组织形式，应当提出什么口号，方能够引导广大群众到革命战线上来，使无产阶级先锋队不致陷于孤立。策略的主要原则，就是争取多数，反对少数，使革命斗争容易获得胜利。①关于“无产阶级在革命中的战略策略”一节，受到吴黎平著作和列宁《社会民主党在民主革命中的两种策略》的影响。②

**9 月 4 日**　新四军军部决定，抗大五分校开回盐阜地区。③经休整，学校恢复上课。④

**10 月 11 日**　陈毅等致电毛泽东等，指出抗大五分校校长由陈毅兼任，事实上不能兼任。决定任命韩振纪为抗大五分校校长，原副校长洪学智调任盐阜军区司令员。⑤

---

① 薛暮桥（1941）：《中国革命问题》，载《薛暮桥文集》第十七卷，北京：中国金融出版社，2011 年，第 1—34 页。

② 薛暮桥（1996）：《薛暮桥回忆录》，载《薛暮桥文集》第二十卷，北京：中国金融出版社，2011 年，第 114 页。

③ 沈阳军区《赖传珠日记》整理编辑领导小组（1989）：《赖传珠日记》，北京：人民出版社，1989 年，第 321 页。

④ 薛暮桥（1996）：《薛暮桥回忆录》，载《薛暮桥文集》第二十卷，北京：中国金融出版社，2011 年，第 111 页。

⑤ 陈毅、刘少奇、饶漱石、赖传珠（1941）：《陈毅等关于韩振纪等任职致毛泽东等电》，载计高成主编《陈毅在盐城》，北京：解放军出版社，2001 年，第 267—268 页。《薛暮桥回忆录》和《屹立华中的抗日革命熔炉》错记“洪学智调任盐阜区司令员，后任三师参谋长”，“由韩振纪任副校长”。实际上洪学智在当年 8 月已经任三师参谋长，后任盐阜区司令员；韩振纪担任抗大五分校校长。参见薛暮桥（1996）：《薛暮桥回忆录》，载《薛暮桥文集》第二十卷，北京：中国金融出版社，2011 年，第 111 页；洪学智、薛暮桥、谢云晖（1987）：《华中的抗日革命熔炉》，载《新四军回忆史料（1）》，北京：解放军出版社，1990 年，第 113 页。

**11 月 24 日、25 日、26 日、28 日、29 日、12 月 3 日** 在华中局党校听刘少奇讲党员在组织上和纪律上的修养、中国革命的战略和策略等问题，深受启发。[①] 他这样回忆：

在此以前，我虽然读过斯大林的关于战略和策略的文章，但那只是一般理论，像少奇同志这样结合中国实际来讲中国革命的战略和策略，对我和其他听讲的同志来说，都是第一次，因而感受很深。记得少奇同志把中国革命分成三个战略阶段：第一阶段是从建党到北伐战争时期；第二阶段是从大革命失败到抗日战争爆发；第三阶段是西安事变特别是抗战爆发以后。少奇同志详细分析了第二战略阶段的形势，指出，在白区党应当采取同在苏区完全不同的策略。少奇同志在报告中批评了白区关门主义和冒险主义的错误。我在白区工作多年，关门主义和冒险主义给党造成的损失在我脑子里引起了许多疑团。听了少奇同志的报告，我提高了认识，这些疑团都解开了。[②] 后来我看到 1945 年 4 月六届七中全会通过的《关于若干历史问题的决议》,《决议》所说与少奇同志在 1941 年的报告大体相同。《决议》指出，刘少奇同志在白区工作中的策略思想，如同毛泽东同志对中国革命运动的指导一样，是

---

① 薛暮桥说过，刘少奇在华中局党校“一个多月中作报告十几次，我每次都去旁听”，并具体谈到过刘少奇讲中国革命的战略和策略、共产党员的修养。参见薛暮桥（1987）:《纪念伟大的马克思主义者——刘少奇同志》，载《薛暮桥文集》第十二卷，北京：中国金融出版社，2011 年，第 277 页。赖传珠在这些天去华中局党校听刘少奇讲战略与策略问题，也正是薛暮桥去听讲的时间。参见沈阳军区《赖传珠日记》整理编辑领导小组（1989）:《赖传珠日记》，北京：人民出版社，1989 年，第 335—342 页；中共中央文献研究室（1996）:《刘少奇年谱（一八九八——一九六九）》上卷，北京：中央文献出版社，第 384—385 页。后著未记 12 月 3 日刘少奇讲课，这里已根据《赖传珠日记》补记。

② 薛暮桥所谓“疑团都解开了”，表明他头脑中此类问题较多，考虑时间也较长。其实他在《中国革命问题》一书的最后一节已经提出个人意见，并得到陈毅的同意。

一个模范。我认为这个评价，少奇同志是当之无愧的。[①]

**12 月 8 日**　日本偷袭美国在太平洋的海军基地珍珠港。日本与美、英等之间的太平洋战争爆发。

**12 月 9 日**　国民政府发表《中华民国政府对日宣战布告》，正式对日宣战，所有一切条约、协定、合同涉及中、日间关系者，一律废止。

① 薛暮桥（1987）：《纪念伟大的马克思主义者——刘少奇同志》，载《薛暮桥文集》第十二卷，北京：中国金融出版社，2011 年，第 277—278 页。

## 1942 年

**1 月 1 日**　抗大五分校第二期各队举行毕业典礼。①

**1 月 4 日**　以抗大五分校为基础成立的华中抗大总分校召开全校干部大会。陈毅参加会议并讲话，祝贺总分校正式成立。华中抗大总分校校长由陈毅兼任，陈毅、赖传珠、韩振纪、谢祥军、薛暮桥任校委委员，韩振纪任副校长，谢祥军任教育长，薛暮桥任代理政治部主任兼训练部部长。总分校接受抗日军政大学总校领导，其任务是统一领导华中各抗大分校工作，建立统一的军事教育制度和报告、检查制度。②

**2 月 23 日**　下午，陈毅在华中局扩大会议上作军事建设问题报告。报告要求，加强抗大工作，建立抗大的教育系统，以抗大为训练军政干部、创造军政干部中心。抗大各分校以训练连排干部为中心任务，军属抗大总分校以训练团营干部为中心任务，各旅团教导队以训练班排干部为中心任务。军政干部必须经过抗大受训一期始为合格。要求把过去短期训练性质的抗大，提高到建立正规军政干部大学的新阶段。③

---

① 薛暮桥（1996）:《薛暮桥回忆录》，载《薛暮桥文集》第二十卷，北京：中国金融出版社，2011 年，第 111 页。

② 同上，第 111—112 页。

③ 陈毅（1942）:《论军事建设》，载计高成主编《陈毅在盐城》，北京：解放军出版社，2001 年，第 361 页；沈阳军区《赖传珠日记》整理编辑领导小组（1989）:《赖传珠日记》，北京：人民出版社，1989 年，第 363 页。

**3 月 8 日** 致信刘少奇，汇报听刘少奇关于战略策略问题的系列报告和读整风文件中刘少奇《肃清关门主义和冒险主义》《关于白区职工运动的提纲》《关于白区党和群众工作》[①] 后，对国共内战时期白区乡村工作问题的看法，信后附专题报告《关于中国农村经济研究会及白区工作问题》。[②]

《关于中国农村经济研究会及白区工作问题》在检讨过去白区工作的“关门主张”和“盲动主义的恶劣传统”背景下写成，认为“白区乡村工作的没有成绩，不能够在白区乡村中保存并发展党组织，那就只能承认由于主观的策略的错误”。原因在于，“我们对下列几个问题有错误认识”：一、无条件地反对改良，反对妥协，因而拒绝任何改良运动，拒绝到任何改良主义团体中去工作。二、不善于利用甚至不愿利用合法斗争和合法组织形式，更不懂得公开工作和秘密工作的配合。[③] 三、不善于利用甚至不愿利用敌人内部的矛盾，以为利用矛盾就是帮助敌人，就是右倾机会主义。四、不了解、不承认改良主义运动在群众中的影响，因而不主张到改良主义团体中去争取群众。

抗日民族统一战线政策提出后，《中国农村》才广泛宣传二五减

---

① 薛暮桥（1987）：《纪念伟大的马克思主义者——刘少奇同志》，载《薛暮桥文集》第十二卷，北京：中国金融出版社，2011 年，第 278 页。

② 原信已佚，但专题报告借助红卫兵批判文献保存下来。参见薛暮桥（1942）：《薛暮桥给刘少奇的报告——关于中国农村经济研究会及白区工作问题》，载《挖出三十年代经济黑线及其后台》，天津：南开大学卫东红卫兵批判刘邓陶联络站编印，1967 年 6 月，第 27—31 页。

③ 薛暮桥在经陈毅审定的《中国革命问题》中已提出这一意见。文中指出：“在环境不容许我们公开组织群众时候，如果我们不能够把各种革命的群众组织秘密起来，并利用各种公开组织（甚至改良主义团体）来掩护这些秘密组织，便不能够保持这些群众组织，保存最优秀的革命干部。同时我们必须善于把公开组织和秘密组织灵活配合起来：一方面通过革命干部的领导作用，使秘密组织事实上成为各种公开组织的核心；另一方面使我们（秘密组织）的革命口号，通过各种公开组织而成为群众自己的呼声。”参见薛暮桥（1941）：《中国革命问题》，载《薛暮桥文集》第十七卷，北京：中国金融出版社，2011 年，第 34 页。

租，要求落实条文。对此，报告中说："我确定地认为过去无条件地反对二五减租口号，不去积极宣传二五减租，这是一个严重的错误。"因为当时除部分的乡村有了革命的高潮以外，一般乡村中还没有离开低潮。"在国民党统治最巩固的江浙、华北许多地方，甚至民国二十一年（1932 年）以后的广西（苏维埃运动已经失败了），一般农民还没有决心去同国民党政权进行武装斗争，只有公开的合法的斗争才能发动广大农民群众，引导他们到革命的战场上来，而二五减租正是适合农民要求的最好的斗争口号。"[①]

报告还指出"与反对减租运动同样错误的是反对参加乡村改良运动"："在大革命失败以后，一般知识分子不满意地主资产阶级的反革命的统治，但又没有决心去参加反对地主资产阶级统治的土地革命运动。他们想找第三条道路，就是改良主义的道路，因此乡村改良运动便蓬勃发展起来。……我们决不应当忽视在这些乡村改良主义团体（如邹平的乡村建设研究院、定县的平民教育促进会、无锡的教育学院）中，是有着几千几万有良心的青年，他们主观上是企图改造乡村，改造中国。他们不是为着掩护地主资产阶级，甚至不是为着个人的金钱或地位，而是为着追求光明，追求自己空洞的理想，而在这里艰苦地工作着。"

这篇专题报告是总结中国农村经济研究会和《中国农村》日常工作的基本文献。20 世纪 80 年代薛暮桥与冯和法编选《〈中国农村〉论文选》时"做了一些文字上的修改"，将该报告排在该书开头部分。[②]

① 薛暮桥在《中国革命问题》中这样说："在群众还不能了解并接受我们的革命口号时候，我们还要善于利用比较低级的斗争形式，来引导到比较高级的斗争形式。如在土地革命时期，可以从抗租抗捐引导到分田运动；而在抗战中间，也可以从武装自卫引导到抗日游击战争。"参见薛暮桥（1941）：《中国革命问题》，载《薛暮桥文集》第十七卷，北京：中国金融出版社，2011 年，第 33 页。

②《薛暮桥文集》第二卷（第 173—181 页）收录了这份报告，依据的是作者晚年修改过的版本。

**3 月 15 日** 刘少奇收到薛暮桥的信和信末所附报告后，回复长信，表示："你的意见基本上是对的。我完全同意！" 回信指出，在大革命失败以后，"当时的错误，……即在主客观条件均不具备的地区，也采取革命进攻的方针。因此，使许多后备军与党的组织可以保存的没有保存（如江苏、浙江的暴动最为明显）"；"当时的错误，还在于否认一切改良的必要"。关于中国农村经济研究会的工作，刘少奇要求做到两个方面：一是要同有群众性的改良主义团体合作，施加影响，推动工作的前进。二是不能也不应该成为农民群众斗争的团体。如果这样，就要失去其合法性，要把公开斗争与秘密斗争结合起来，继续研究这些问题。[①]

回信时刘少奇即将离开华中回延安[②]，因而信末谈及在延安的罗琼。薛暮桥托刘少奇捎给罗琼的信，在刘少奇返回延安的途中被烧毁。[③]

---

① 刘少奇（1942）：《刘少奇给薛暮桥的信》，载中共中央文献研究室、中央档案馆编《建党以来重要文献选编（1921—1949）》第 19 册，中央文献出版社，2011 年，第 157—161 页。这一版本根据中央档案馆档案排印。薛暮桥与冯和法在合编《〈中国农村〉论文选》时，曾将这封信以"答薛暮桥同志"的标题置于全书正文开头部分，但有两处修改：一处是"你的意见基本上是对的，我完全同意"，这一句中的"完全"二字被删除；另一处是末尾谈及罗琼的一句被删除。

② 据《赖传珠日记》记载，1942 年 1 月 22 日讨论了刘少奇去延安的准备工作，而刘少奇一行 90 余人正式启程的时间是 3 月 19 日。参见沈阳军区《赖传珠日记》整理编辑领导小组（1989）:《赖传珠日记》，北京：人民出版社，1989 年，第 357、368 页。

③ 刘少奇于 1942 年 12 月 30 日安全回到延安。据罗琼回忆，1943 年初听说刘少奇回到延安，她与沈其震等人一起去他的窑洞。刘告诉罗琼，薛暮桥在皖南事变中幸免于难，还介绍华中新四军的情况，并说明为什么没有捎来亲友们的信件。"他说，我起程时，有些同志托我带了书信，我让一名战士背着，但沿路敌人筑了无数条封锁线，威胁着我们的安全，我不得不把信件、文件烧毁，他们的心意，只能由我转达，向你们报平安了。你们有什么要对亲人讲的，我可以替你们发电报。"罗琼随后给薛暮桥写了一封报平安的简短电报稿，通过刘少奇的机要电台发出。参见罗琼谈、段永强访（2000）:《罗琼访谈录》，载薛小和编（2007）:《把国放在家前面：罗琼逝世一周年纪念文集》，北京：中国妇女出版社，2007 年，第 146—147 页。

收到刘少奇的回信后，薛暮桥致信桂林的中国农村经济研究会，传达刘少奇的意见，对中国农村经济研究会如何开展活动提出重要建议。张锡昌当时主持中国农村经济研究会会务，将这封信发表在《中国农村经济研究会会报》上。[①]不仅如此，薛暮桥在华中抗大总分校所写的讲义《中国革命的基本问题》中也不指名地传达了这些意见，指出在苏维埃运动时期，“我们有些同志没有能够及时转变自己的策略，转变群众的组织形式和斗争形式”。例如：不善于，甚至不愿意领导群众进行公开的、合法的斗争，提出各种过左的口号，使广大群众望而却步。不善于，甚至不愿意到有群众的改良主义团体中去工作，无条件地拒绝改良，使自己与广大群众隔离。把宣传口号与行动口号混淆起来，不能一步步地引导群众跑上革命的战场。把公开工作与秘密工作混淆起来，一方面妨碍了公开工作的发展，另一方面又使秘密工作易被反革命者破坏。这一切使革命力量和党的组织遭受严重的损失。[②]

**3月25日** 为统一全军教育工作，华中局扩大会议决定，原军属抗日军政大学第五分校改为抗大华中总分校，专门培养营以上指挥员及特种人才。各营以上干部学习班一律停办，所有营级学员一律送军部总分校受训。[③]

**4月28日** 参加抗大会议，讨论干部、教材及人员调动登记、

---

① 秦柳方（1995）：《云海滴翠——秦柳方选集之二》，北京：中国财政经济出版社，1995年，第110页；薛暮桥（1984）：《漫漫黑夜中的一线光明》，载《薛暮桥文集》第十卷，北京：中国金融出版社，2011年，第244页。我们尚未找到这一期《中国农村经济研究会会报》。

② 薛暮桥（1942）：《中国革命的基本问题》，载《薛暮桥文集》第十七卷，北京：中国金融出版社，2011年，第77页。

③ 陈毅等（1942）：《陈毅、饶漱石、赖传珠关于抗大和教导队的分工致各师电》，载计高成主编《陈毅在盐城》，北京：解放军出版社，2001年，第375页。

统计等问题。[①]

**5 月 5 日** 为《经济学》修订再版写《再版后记》。“作者根据三四年来的教学经验，觉得本书初版的理论部分，对于初学还嫌太多，所以大加删节，几把原文删去二分之一。”同时又补充了若干政治问题，“因为我感到假使离开政治，人类社会的发展很难窥见全貌。这样一改，虽然我还保持着‘政治经济学’的名称，实际已像一本‘社会发展史’了”。为了更加“中国化”，修订版补充了主要由吕振羽、刘力行提供的一些中国历史材料。全书由孙冶方校阅[②]（参见 1941 年 7 月 20 日条）。

**5 月 31 日** 与韩振纪到赖传珠处吃午饭并照相，陈毅也拍照数张。饭后谈华中抗大总分校工作，决定陈毅、赖传珠等参加次日开学典礼。[③]

**6 月 1 日** 出席抗日军政大学华中总分校在音空寺（距离阜宁城南 18 里）举行的开学典礼。华中抗大总分校学员 296 名，分为指挥科、政治科、基干科、参谋科和工兵科五队。[④]

**6 月 4 日** 华中局成立新四军直属队整风学习检查总委员会，在代军长陈毅的领导下，以曾山、赖传珠、彭康、邓逸凡、薛暮桥、宋裕和、刘毓标、崔义田、张闯初为委员，曾山为主任，彭康为整风文

---

① 这里根据赖传珠到抗大开会的记录而定。薛暮桥作为华中抗大总分校代理政治部主任兼训练部部长，理应出席这次会议。参见沈阳军区《赖传珠日记》整理编辑领导小组（1989）：《赖传珠日记》，北京：人民出版社，1989 年，第 382 页。

② 薛暮桥（1942）：《再版后记》，载《薛暮桥文集》第十七卷，北京：中国金融出版社，2011 年，第 222 页。《经济学》的修订版本被薛暮桥称为“政治经济学”。有些版本则以《政治经济学》为书名。

③ 沈阳军区《赖传珠日记》整理编辑领导小组（1989）：《赖传珠日记》，北京：人民出版社，1989 年，第 382 页。

④ 陈毅、韩振纪、谢祥军、薛暮桥（1942）：《陈毅等关于华中抗大总分校开学致中共中央军委等电》（1942 年 6 月 6 日），载计高成主编《陈毅在盐城》，北京：解放军出版社，2001 年，第 423 页。

件研究总指导员。整风学习的内容是党中央规定的 22 个文件，分粗读阶段和精读阶段，要求认真领会文件的精神实质，掌握思想武器，并根据文件的精神实质同自己的实际行动对照，各人按照文件逐条写出有反省内容的学习笔记。①

**6 月 6 日**　与陈毅、韩振纪、谢祥军联名致电军委、抗大总校并各分校，报告华中抗大总分校开学情况。②

**6 月 8 日**　与陈毅、韩振纪、赖传珠联名致电中共中央、抗大总校及各分校，报告抗大第五分校概况：抗大五分校系由苏北抗校及江北干校自 1940 年 11 月在盐城合编而成，至 1942 年 1 月止，共办两期，计毕业学员 2 608 人。1942 年 1 月第二期毕业后，另调一批干部拨给三师组织五分校，原五分校基础改为华中总分校。1941 年元旦第一期学员在盐城开学，教育时间为 6 个月，中间经过两三个月反扫荡，5 月 1 日毕业。学员 1 478 人，因春季反“扫荡”伤亡、失踪及其他减员 216 名，毕业 1 262 名。第二期学员于 1941 年 7 月开学，教育时间为 6 个月，1942 年 1 月毕业，中间两个半月反扫荡，伤亡、失踪及其他减员 269 名，毕业 1 257 名。③

**6 月 14 日**　上午，与韩振纪、谢祥军到赖传珠处谈工作问题。④

---

① 钟期光、张凯等（1987）：《回顾新四军的整风运动》，载《新四军回忆史料（1）》，北京：解放军出版社，1990 年，第 129、131 页。赖传珠在日记中称当日下午的会议为“‘三风’检查会”。参见沈阳军区《赖传珠日记》整理编辑领导小组（1989）：《赖传珠日记》，北京：人民出版社，1989 年，第 383 页。

② 陈毅、韩振纪、谢祥军、薛暮桥（1942）：《陈毅等关于华中抗大总分校开学致中共中央军委等电》（1942 年 6 月 6 日），载计高成主编《陈毅在盐城》，北京：解放军出版社，2001 年，第 423 页。

③ 陈毅、韩振纪、谢祥军、薛暮桥（1942）：《陈毅等关于抗大第五分校概况致中共中央等电》（1942 年 6 月 8 日），同上书，第 424—425 页。

④ 沈阳军区《赖传珠日记》整理编辑领导小组（1989）：《赖传珠日记》，北京：人民出版社，1989 年，第 387 页。

**7月1日** 与韩振纪、谢祥军到赖传珠处谈两万斤粮食的报告等事。①

**8月11日至31日** 参加华中抗大总分校和各分校工作会议（又称教育会议），在会上作“抗大政治文化教育报告”。

报告共分四个部分。第一部分是抗大政治文化教育的新方针，这部分分析了目前抗大教育工作的特殊条件，提出了对各类学员教育上的具体要求。第二部分是政治教育计划，提出了政治教育的内容可以分为思想教育（锻炼党性、整顿三风）、时事教育（报纸消息、社论、党的宣言决议等）、中国革命问题（中国革命的基本问题、抗日民族统一战线、党的具体政策）、党的建设、政治工作和理论教育、政治常识教育。第三部分是文化教育计划，文化教育内容应以阅读写作为中心，其次是算术，最后是自然科学和各种常识；文化教育时间应占全部教育时间的40%~50%。第四部分是教育方法，教育方法应当是启发的、研究的、实验的，必须反对注入的、强迫的、空洞的教育方法，要求教员把握对象，因材施教，对症下药，认清教育要求，把握问题中心，引起研究动机，指示研究方法，联系实际，利用学员的实际经验。②

这一报告是薛暮桥在新四军从事干部教育工作的总结。他曾谈及当时的争论：

> 总校华中大队有一位政治主任教员，来五分校不久，就批评我们政治教材庸俗，说我们过低估计工农干部对马列主义的理解能力，主

---

① 沈阳军区《赖传珠日记》整理编辑领导小组（1989）：《赖传珠日记》，北京：人民出版社，1989年，第388页。

② 同上书，第395—399页；薛暮桥（1942）：《抗大政治文化教育报告》，载《薛暮桥文集》第二卷，北京：中国金融出版社，2011年，第186—197页；薛暮桥在回忆录中将这次会议记为1942年8月1日。我们根据《赖传珠日记》记载，订正为1942年8月11日至31日。

张教斯大林的《列宁主义问题》。为此我们曾做过几次讨论。在1942年的教育会议上，多数同志不赞成这种看法，认为教育内容的确定，必须考虑敌后的战争环境和学员的实际情况，考虑培训学员的基本要求和目的是要去部队带兵打仗，加强部队军政建设，应坚持理论联系实际的原则和少而精的要求。这些同志指出，进行马列主义教育必须同中国革命的实际相结合，原来华中各校并不是不讲马列主义的基础知识，而是主张马列主义要中国化，能为学员所理解并运用，何况学校的整个教育都贯穿了马列主义基本原理与中国革命实际相结合的精神。经过充分讨论，大家的意见趋于一致。

陈毅同志很重视这次会议，亲自出席会议并作了总结。他根据党中央关于整顿“三风”（学风、党风、文风）和关于学校教育决定的精神，着重阐述如何正确理解抗大的教育方针，批评了教学中的主观主义和教条主义倾向。……从根本上提高了与会者对于抗大教育方针和目的的认识，也结束了我们教育干部中的这场争论。①

胶东联合社翻印出版所著《中国革命问题》（中国出版社，1941年），被列入“中国问题小丛书”。②

**下半年** 1942年延安党务广播介绍华中整风学习情况：“在那些理论水平较高干部中，同志中有些从大后方来的文化人，以前锋芒毕露，好说大话，好写大计划、大文章和引经据典，现在也变得很虚心，不敢多说了（如党校、抗大那些理论水平较高的干部，薛暮桥等同志，都诚恳热烈地向党要求到下层实际工作中去学习一下）。”③

---

① 薛暮桥（1996）：《薛暮桥回忆录》，载《薛暮桥文集》第二十卷，北京：中国金融出版社，2011年，第113页。

② 薛暮桥（1941）：《中国革命问题》，胶东：胶东联合社，1941年8月。

③《华中整风学习的经验》（1942年），载《延安整风运动（资料选辑）》选编组编《延安整风运动（资料选辑）》，北京：中共中央党校出版社，1984年，第48页。

**9 月 9 日** 下午，与赖传珠、韩振纪、谢祥军到陈毅处开会。[①]

**9 月 23 日** 与韩振纪、谢祥军到赖传珠处开会，研究解决有关抗大的问题。[②]

**10 月 21 日至 31 日** 作为盐阜区行政公署参政员出席在岔头召开的盐阜区首届临时参政会。[③] 会议选举黄克诚为参议长，宋泽夫、庞友兰为副参议长。[④]

**10 月 25 日** 开完当日参政会，到卖饭曹（新建立的文化村，徐雪寒当时也住在此地）与阿英一起晚餐，饭后返回抗大驻地。[⑤]

**11月1日** 与陈毅、彭康、李亚农、庞友兰、杨湘、唐碧澄、计雨亭、姜旨庵、王冀英、顾希文、沈其震、范长江、王阑西、白桃、

---

① 沈阳军区《赖传珠日记》整理编辑领导小组（1989）:《赖传珠日记》，北京：人民出版社，1989 年，第 400 页。

② 同上书，第 403 页。

③ 阿英在日记中记录了这次参政会的议程安排：10 月 21 日，参政会正式开幕，举行仪式后，上午陈毅代表新四军致词，下午黄克诚致词，来宾及参议员演说；10 月 22 日，陈毅报告国际形势；23 日盐阜行署报告一年来的工作；24 日“参政员纷纷对政府责难，相当热烈，问题亦颇有实际者”；25 日政府答复；26 日分组研究提案；27 日讨论民政组各提案；28 日上午讨论司法组提案，下午继续讨论文教组提案；29 日讨论财经及军事提案；30 日参政会选举；31 日参政会闭幕，之后全体议员举行会餐。参见阿英（1942）:《曹庄续札》，载《阿英全集》第十一卷，合肥：安徽教育出版社，2006 年，第 294、298、301、305、306、307、308 页。

④ 当时抗日政权采取“三三制”，共产党员不得超过 1/3，非党进步分子占 1/3，中间分子占 1/3。盐阜区各县参政会由刘少奇筹划成立，其职能包括决定行政区内施政方针、创建和复决政府法令、审查通过政府工作计划、决定行政区内应革事宜、审查通过政府财政预决算、听取政府工作报告并审查、选举行政委员及其首长等。参见计高成（2010）:《盐阜区建立、巩固、发展抗日民主政权的实践与启示》，载北京新四军暨华中抗日根据地研究会编《铁流》第 14 集，北京：解放军出版社，2010 年，第 240—241 页。

⑤ 阿英（1942）:《曹庄续札》，载《阿英全集》第十一卷，合肥：安徽教育出版社，2006 年，第 304 页。

车载、杨幼樵、叶芳炎、扬帆及阿英共同发起[①]陈毅倡议成立的湖海艺文社[②]。不久，离开苏北去往山东，参与湖海艺文社活动不多。[③]

**12月底** 为便于机动指挥作战，抗击日军“扫荡”，新四军军部向淮南地区转移，1943年初抵达盱眙县黄花塘。华中抗大总分校随同军部一同转移，抵达牛沛湾。[④]

**本年** 根据教授中国革命问题的讲稿，修改补充写成《中国革命的基本问题》，由抗大总分校出版。[⑤]讲稿主要根据《中国革命与中国共产党》《新民主主义论》《〈共产党人〉发刊词》，“因为这些材料不易收集，更不容易整理，因此怎样编辑一套完整教材，确是一个极重要的问题”[⑥]。

---

① 阿英（1942）:《曹庄续札》，载《阿英全集》第十一卷，合肥：安徽教育出版社，2006年，第309页。在发起人中，杨湘（字芷江）曾任北洋军阀吴佩孚秘书长，庞友兰为前清举人。参见计高成（2010）:《盐阜区建立、巩固、发展抗日民主政权的实践与启示》，载北京新四军暨华中抗日根据地研究会编《铁流》第14集，北京：解放军出版社，2010年，第244页。

② 阿英曾经解释过“湖海艺文社”社名的三重意义：一是“陈元龙湖海之士”，因陈毅而起；二是当地有射阳湖、黄海，因地而名；三是宋诗有“湖海楼开名士集”，因雅集而起。参见阿英（1942）:《曹庄续札》，载《阿英全集》第十一卷，合肥：安徽教育出版社，2006年，第309—310页。

③ 湖海艺文社以艺文相约，薛暮桥虽是发起人之一，但并不善诗。他写文讲究先有思想，修辞看得相对次要。

④ 洪学智、薛暮桥（1986）:《屹立华中的抗日革命熔炉》，载《薛暮桥文集》第十二卷，北京：中国金融出版社，2011年，第54—55页。

⑤ 薛暮桥（1942）:《中国革命的基本问题》，载《薛暮桥文集》第十七卷，北京：中国金融出版社，2011年，第35—95页。

⑥ 薛暮桥（1942）:《抗大政治文化教育报告》，见《薛暮桥文集》第二卷，北京：中国金融出版社，2011年，第189页。

## 1943 年

**1 月 8 日** 与韩振纪、余立金、谢祥军到赖传珠处谈转移驻地、经费等问题。①

**1 月 9 日** 上午，与韩振纪、余立金、谢祥军、宋裕和、崔义田、戴济民、孙仲德到赖传珠处，讨论编组及新四军七师问题，分析含和地区的情况。②

**1 月 18 日** 赖传珠到华中抗大总分校，宣布华中局和新四军军部决定进一步贯彻精兵简政的方针，暂时停办华中抗大总分校，提出干部的处理意见。③

**1 月 19 日** 饶漱石到华中抗大总分校做结束动员。④

**1 月 20 日** 上午，与沈其震、崔义田、恽子强到赖传珠处谈话。⑤

---

① 沈阳军区《赖传珠日记》整理编辑领导小组（1989）:《赖传珠日记》，北京：人民出版社，1989 年，第 428 页。

② 同上。

③ 同上书，第 430 页。

④ 同上。

⑤ 同上。

**1 月 21 日** 上午，赖传珠找赴延安干部谈话。[①]

**1 月 27 日** 与韩振纪、余立金、谢祥军等住到军部，准备赴延安。[②] 薛暮桥这样回顾在新四军的工作：

从 1938 年 10 月我到皖南新四军教导总队，经抗大五分校、华中总分校，至 1943 年，共做军队教育工作四年多时间。这是我前所未有的全新的一段经历。我经受了严格的军队生活和艰苦的战争环境的磨炼，接触了大量的工农干部和知识青年，系统地讲授了政治经济学和中国革命问题两门课程，并且积累了在训练部门和政治工作部门担负独当一面的领导工作的经验，在实践中成熟多了。同时，在充满同志友爱气氛中工作，感到非常愉快，真是一段难忘的经历！不仅是我，无论是新四军教导总队，还是抗大五分校的老同志，尽管时光已过去半个世纪，大家见面的时候总是会对那一段时间的学习、工作和同志情谊引起深深的眷恋。[③]

**1 月 28 日至 2 月上旬** 受陈毅之命，率领 50 余名知识分子由苏北赴延安。薛暮桥解释："这因为我是中央来电指名抽调的，又是懂得一点军事知识的文人。"[④]

---

① 沈阳军区《赖传珠日记》整理编辑领导小组（1989）：《赖传珠日记》，北京：人民出版社，1989 年，第 430—431 页。

② 同上书，第 431 页。从上下文看，薛暮桥等一行很可能是在当日或次日出发，但是否如此尚不清楚。

③ 薛暮桥（1996）：《薛暮桥回忆录》，载《薛暮桥文集》第二十卷，北京：中国金融出版社，2011 年，第 118 页。

④ 同上书，第 122 页。

据队中恽希良（他的父亲是恽子强，二伯父是恽代英）[①]回忆：

编队前并不知道薛暮桥。1942 年底，刘少奇到了延安。他组织干部去延安，我们是新四军第一批去的。队里有各个部门的干部，以卫生和文艺方面的干部为主要人员，其中有新四军卫生部长沈其震，新四军鲁迅艺术团团长何士德，抗敌剧团团长孟波。我们走的时候，新四军有一个直接战斗人员组成的排护送，也有勤务员、警卫员，所以队伍浩浩荡荡。行军到苏北的一个村子，发生误会。[②]护送的队伍头戴钢盔，一般新四军装备没有这么好，游击队以为鬼子来了，就开了枪。我们卧倒趴在路边，薛暮桥正好趴在我前面。他喊："我

① 关于恽子强、恽希良父子，一位作者曾在回忆沈其震的文章中提到："1943 年 1 月，我们在沈大夫的率领下由淮南出发去延安。我们的这一队人，半数是女同志，有：杨光、王卓、左英、谢果、郑学文，行军半路又来了张韵之。男的有恽子强、阮学珂、沈（其震）的警卫员文兵，还有恽老师的妹妹、两个儿子和他胞兄恽代英之子共 15 人。一路经过八路军的 115 师、129 师、120 师驻地，行军 8 个多月。1943 年解放区敌情紧张，日寇经常'扫荡'。敌伪为防我军破坏铁路、公路，在其两侧挖了深沟，我们称为封锁线，我们过封锁线时必须由当地部队武装护送。在鲁南过临城至枣庄的铁路，是铁道游击队护送。一位指导员带我们走，他身穿便装，挎两支驳壳枪。过敌占区夜行军，有时一宿在两个地方休息，往往敌伪在村东，我们住村西。到了关系户家，不用敲门，指导员翻墙进去开门让我们进去。过平汉路时因间距太长，沈大夫住在伪军碉堡里。""每次过封锁线，都是下午出发，彻夜行军至次日上午宿营，行程都在百余里，沈、恽两位年龄较大，恽的小儿子希郑才八、九岁，长途跋涉老小均无倦容，真属难能可贵。"参见孙方琪（1994）：《沈大夫率领我们去延安》，载王聿先等主编《怀念沈其震院士》，北京：人民卫生出版社，1995 年，第 86—89 页，引文见第 87、88 页。

② 薛暮桥回忆："我们这支队伍的成员，都是从各个机关、学校调来的文职人员，有些人不习惯于行军。护送的部队感到很棘手，需要我多做工作。走了一段路程，军部派的护送部队回去了，由淮南的地方部队护送。他们的战斗力比较弱，幸而一路没有遇到敌情。只是在淮安附近，发生过一次误会。"参见薛暮桥（1996）：《薛暮桥回忆录》，载《薛暮桥文集》第二十卷，北京：中国金融出版社，2011 年，第 122 页。

们是自己人，不要误会。”[①] 因为这件事情，薛暮桥给我留下了深刻的印象。

一到山东队伍就分开了。我们是南路，从微山湖走，北路从泰山那边走。薛暮桥留在了山东。再见到他就是新中国成立以后了。[②]

**2 月 4 日** 在新四军驻防的淮海区涟水县度过除夕。部队送来许多食品慰劳。淮海区行署主任李一氓告，要到大年初三才能继续前行。[③]

**2 月 5 日** 赖传珠致电沈其震、薛暮桥，答复关于津贴费用等方

① 薛暮桥回忆：“那天，我们正在走着，忽然四周围的村庄都鸣枪阻止我们前进。我没有听到机枪声，估计是当地的民兵。这里各个村庄之间都挖了交通壕，以防日伪军‘扫荡’。我就告诉大家不要惊慌，指挥队伍进入交通壕内隐蔽。前面村庄的民兵还是阻拦，不许我们进村。这时，主力部队派了一个参谋来侦察。我出示军部发的公文。这位参谋说：‘好危险呀！两天前有一队伪军穿了新四军的军装，到村里来抢掠。所以，今天他们误认为你们是伪军，报告了主力部队。驻军已经派了一个营来包围歼灭你们。’他领我们到淮北部队的指挥部。部队同志热情地招待我们。次日，改派主力部队护送我们。又过了几天，我们安全地通过陇海铁路两侧的敌占区。”参见薛暮桥（1996）:《薛暮桥回忆录》，载《薛暮桥文集》第二十卷，北京：中国金融出版社，2011 年，第 122 页。据恽子强回忆，此事发生于 1943 年元宵节这一天。也就是公历 2 月 19 日。参见恽子强（1946）:《步行上延安》，自印本，2011 年第 30 页

② 此处引用恽希良的回忆，2016 年 7 月 12 日，范世涛整理。另有文献提到，薛暮桥、沈其震和姜君辰为领队。参见周朝阳（1986）:《深入调查实际　潜心农业经济——姜君辰传略》，载《中国当代经济学家传略（一）》，沈阳：辽宁人民出版社，1986 年，第 270 页。

③ 据恽希良回忆，当时新四军和八路军以胶济铁路为界。铁路以南地区属于新四军驻防范围，铁路以北属于八路军驻防范围。1943 年春节（2 月 5 日）在新四军驻防地区度过，春节后几天到八路军驻防地区。在八路军教二旅驻地，曾参观该旅举办的郯城战役（1943 年 11 月 19—21 日）大捷展览会。参见恽希良的回忆，2016 年 7 月 12 日，范世涛整理；薛暮桥（1996）:《薛暮桥回忆录》，载《薛暮桥文集》第二十卷，北京：中国金融出版社，2011 年，第 123 页。

面的问题。[①]

**2月26日** 中共中央印发《中共中央关于各抗日根据地目前妇女工作方针的决定》。决定指出，广大妇女努力生产，与壮丁上前线同样是战斗的光荣任务；提高妇女地位，“亦须从经济富裕和经济独立入手，多生产多积蓄，妇女及其家庭生活过得好，这不仅对根据地经济建设起重大的作用，而且依此物质条件，她们就能逐渐挣脱封建的压迫了，这就是在整个群众工作中，广大农村妇女的特殊中心所在”。[②] 罗琼代中共中央起草了这一决定。[③]

**2月下旬** 在山东八路军所派部队的迎接下，行至山东抗日根据地八路军115师驻地。朱瑞来看望，并邀请薛暮桥为中共山东分局机关干部作报告。[④]

**3月** 应朱瑞之邀，为山东抗日根据地干部作《中国土地问题和土地政策研究》的报告。

报告指出，目前中国的土地关系还是半封建的土地所有制度占优势，其主要特征为：第一，地主阶级几乎占有了全国土地的半数，他们所占有的大多数是较肥沃的土地。第二，地主把大部分土地分割开来租给贫苦农民耕种。第三，地主出租土地后，向农民征收封建的苛重地租。除交纳地租外，还有许多额外负担。报告还指出，中国存在两种不同性质的地主：收租地主和经营地主。经营地主数量上远不如收租地主，且经常部分采用半封建的剥削方式。对于半封建的一

---

① 沈阳军区《赖传珠日记》整理编辑领导小组（1989）：《赖传珠日记》，北京：人民出版社，1989年，第433页。

② 《中共中央关于各抗日根据地目前妇女工作方针的决定》（1943年2月26日），载中央档案馆编：《中共中央文件选集 第十四册（一九四三——一九四四）》，北京：中共中央党校出版社，1992年，第24—27页。

③ 罗琼（1999）：《伟人的教诲 永恒的指针——回忆在延安面聆毛主席的教诲》，载《罗琼文集》，北京：中国妇女出版社，2000年，第1—15页。

④ 根据恽希良的回忆，薛暮桥一行到八路军115师驻地的时间应在1943年2月下旬。

面，我们要削弱它，改造它。农民内部分化为富农、中农、贫农。有些富农不愿利用雇工扩大生产规模，而把部分土地出租，这时他们已经是农民兼小地主了。佃农并不是特殊的社会阶层，中国的佃农大多数是贫农，也有少数中农和个别的富农。今天发展农业生产，必须允许资本主义的发展。建设集体农场等类“左”倾空谈是错误的。我们现在的减租减息政策虽然仍是改良性的，但也能保证农民向着资本主义道路自由发展。党的土地政策的基本精神，是削弱封建经济，容许资本主义经济自由发展。减租减息与增加工资有着不同的社会经济意义，那种把增加工资看得更重于减租减息的意见，我认为是不正确的。报告强调，党的土地政策必须改善农民生活，提高农民抗日和生产的积极性，同时又要保护地主阶级的基本利益，保护他们的地权和财权。所以我们今天不是取消封建剥削，而是减轻封建剥削；不是消灭封建经济，而是削弱封建经济。我们要依靠乡村战胜城市，非发展生产不可，这就要适当解决雇主与雇工之间的矛盾，增加工资，要使雇主仍然有利可图，富农和地主经营仍有发展可能。适当解决富农与贫农之间的矛盾，不应当削弱富农经营去发展贫农经营。在租额计算、租佃时期规定上使增加生产所得收益不被侵夺，公粮征收亦然。奖励垦荒，奖励土地改造，实施农本贷款，帮助农民解决生产上的各种困难。报告还针对租额、佃权、垦荒赎地等问题提出了具体意见。①

应朱瑞之邀，暂留山东三个月帮助工作。薛暮桥这样回忆：

朱瑞同志对我说：“你们再前进，就要改穿便衣，分组出发，不需要你领队了。”他知道我是中央指名调的，罗琼又在延安，不便强

① 薛暮桥（1943）:《中国土地问题和土地政策研究》，载《薛暮桥文集》第二卷，北京：中国金融出版社，2011 年，第 200—218 页。

留，向我提出留在山东工作三个月，帮助他们解决货币斗争问题、减租减息问题和征收公粮问题。我在华中一直是做教育工作的，当时华中已经建立抗日民主政权，发行自己的货币，征粮、征税，研究这些经济工作中的实际问题，我很有兴趣，于是同意留下来工作一段时间。①

**3月9日** 中共中央决定，朱瑞任中共山东分局书记，罗荣桓任山东军区司令员兼政治委员和115师政治委员、代师长，黎玉任山东军区副政治委员。②

**3月15日** 中共中央北方局听取了关于山东工作的报告后致电山东分局，发出对山东工作的总结和指示。指示要求，继续深入群众工作，加强财政经济建设工作。③

**3月20日** 中共山东分局发出关于1943年群众工作的指示，指出去年各地的群众工作更多的是注意雇工增资斗争的发动，而且要求一般过左，影响富农经济的发展（富农的发展是必然的，而且对抗战及新民主主义经济是有利的），而对农民问题的基本关系改善问题（减租）倒反做得差些。这是违犯我党在新民主主义政治下的基本方针的。④同月，朱瑞在滨海区第四次群众工作总结会议上的报告中指出，在执行党的群众工作决定、分局的指示上，犯了或"左"或右、宁"左"毋右的缺点，甚至错误。"左"是主要的，表现在：减租动员与调查特别不够，大小地主无分别，小地主与因无力而出租土地的

① 薛暮桥（1996）：《薛暮桥回忆录》，载《薛暮桥文集》第二十卷，北京：中国金融出版社，2011年，第123—124页。

② 魏宏运主编（1986）：《华北抗日根据地纪事》，天津：天津人民出版社，1986年，第383页。

③ 黄瑶主编（2002）：《罗荣桓年谱》，北京：人民出版社，2002年，第296页。

④《中共山东分局关于1943年群众工作的指示》（1943年3月20日），载《山东革命历史档案资料选编》第九辑，济南：山东人民出版社，1983年，第334—339页。

农民无分别，定租期太长，多为5年；增资在认识上、在政策执行上带了原则性的错误，减租是新民主主义经济政策最重要的部分，发动群众的战略任务，在于削弱地主封建的剥削，改变基本群众的经济地位，增资只是限制富农对雇工的剥削，改善雇工的待遇，而不是打击富农生产方式；减息“左”的地方就是算血账，光绪二十二年的也拿来算，事实上是算不清的，这是使人家破人亡的办法；民兵在成分上吸收群众不广泛；借粮当成了法令，因此形成强迫借粮；拔地工作被一般地运用，要采取比富农还落后的生产方式。报告要求，“左”的错误，特别是在增资方式上、政策执行上，都要纠正，并提出了具体的措施。①

薛暮桥谈及，在报告《中国土地问题和土地政策研究》后，

> 朱瑞同志指定分局政策研究室（应为“调查研究室”。——引者注）的同志向我汇报工作，请我提意见。当时山东对农村经济政策提的口号不是“减租减息”，而是“增资减租”。②我问现在雇工有多少？他们答，一增（加工）资就大部分被解雇了。我说现在我们是反封建，不反处于萌芽状态的资本主义经营地主和富农。朱瑞同志赞成我的意见。③

---

① 朱瑞（1943）：《滨海区十个月群众工作总结》，载《山东革命历史档案资料选编》第九辑，济南：山东人民出版社，1983年，第349—382页。

② 1942年4月，刘少奇代表中共中央到山东检查工作，要求山东各根据地“普遍改善人民生活，减税减租，改善雇工待遇，广泛组织群众，总结群众工作与斗争策略”。中共山东分局据此做出决定，将减租减息、改善雇工待遇、发动群众作为当年第一位工作。

③ 薛暮桥（1996）：《薛暮桥回忆录》，天津：天津人民出版社，1996年，第157页。《薛暮桥文集》收录《薛暮桥回忆录》时将“不反处于萌芽状态的资本主义经营地主和富农”错印为“不反处于萌芽状态的资本主义经营和地主、富农”，应以天津人民出版社初版为准。参见薛暮桥（1996）：《薛暮桥文集》第二十卷，北京：中国金融出版社，2011年，第123页。

**4月3日** 山东省临时参议会在《大众日报》发表《关于解决留雇复雇就雇问题给雇主雇工和职工会人员的一封信》。信中指出，转眼就是农忙的时候了。但还有不少的雇工至今尚未复雇就雇，不少的雇主至今还未雇人，若干土地至今还未耕起，这种现象持续下去，必致工人失业，壮丁外流，生产减低，地主收入减少，影响社会秩序，削弱抗战力量，实不应再任其发展下去了。本会对于这个问题，提出以下意见：首先对于雇工，为了提高战时生产并顾及雇主的困难，不应要求过高地增加工资，否则将使雇主难以维持，形成解雇少雇，甚至不雇。这不仅是雇主的损失，雇工也必因此失业。雇工要遵守劳动纪律，发扬劳动热情，不必要的会不开或少开，不要因开会而耽误工作，特别是在农忙的时候。更不要凭恃工会盛气凌人。在雇主方面，应体念雇工的生活及其家庭的困难，不应对他们过事剥削。应尊重雇工的人格与人权，不应有压迫和奴役的态度。应雇人而还没有雇人的要及早觅雇或留雇，种地多的尽量多雇，以达到增加生产的目的。经营地主尽可以放心、大胆地雇人。各地职工会工作人员，必须切实掌握政策，执行政府法令。要尊重当地社会习惯，要以整风的精神解决问题。在主雇间发生争执时，要虚心听取双方的意见，不偏不倚，顺情顺理地解决。加紧生产保证大家都有饭吃有衣穿，是坚持抗战，渡过难关，打败日寇，争取最后胜利的最重要的一件大事。①

---

① 《山东省参议会关于解决留雇复雇就雇问题给雇主雇工和职工会人员的一封信》（1943年4月3日），载《山东革命历史档案资料选编》第九辑，济南：山东人民出版社，1983年，第425—428页。薛暮桥曾谈及，朱瑞“去延安前要我接替他的这一工作（指调查研究室主任。——引者注）”，但未谈及任调查研究室主任前，在山东帮助工作时的身份。据当年的报道记载，1943年8月薛暮桥出席了山东省临时参议会的预备会议，表明他在大会之前已经是山东省临时参议会议员。这其实是他担任中共山东分局调查研究室主任以前在山东帮助工作的身份。这封信的内容与薛暮桥初到山东时所作的报告《中国土地问题和土地政策研究》完全一致，也与他向（接下页）

**5月10日** 为中共山东分局起草关于征收救国公粮的指示。[①]此事缘于参观山东根据地的抗大一分校时，大家正在热烈讨论新的征粮办法，薛暮桥参加讨论：

我觉得他们争论的是次要问题，而不是主要问题。山东的征粮办法，是按实产量征收，不按应产量征收。税率是累进的，最高达到实产量的35%。我计算了一下，如果一亩地的实产量从100斤增加到200斤（那时亩产量一般只有一百几十斤），税率提高了，每亩要多交几十斤公粮，留下的不够投入增产的成本，因此增产不增收，农民就不会愿意增产。应该把按实产量征收改为按应产量征收，应产量的调查比实产量的调查也容易得多。所以，回到山东分局后，我就把这个意见报告朱瑞同志和黎玉同志。黎玉是省政府（当时称战时工作委员会）的主席。他们同意我的意见，要我为报纸写一篇社论，按此意见改定征粮办法。[②]

**5月11日** 所起草社论《救国公粮征收办法评议》在《大众日报》发表。社论指出山东各根据地过去各种征粮办法的缺点，建议按照地亩多少累进征收，如果土地尚未登记清丈，则可仍按收入征收，但作两个重要修正：（1）不按各块土地实际产量，而按同级土地平

---

朱瑞所提出的群众运动重心应在“减租减息”而非“增资减租”完全一致，应系薛暮桥所写。参见佚名（1943）：《山东省临时参议会一届二次议员大会始末记》，载《山东革命历史档案资料选编》第十一辑，济南：山东人民出版社，1983年，第69页。

① 《中共山东分局关于征收救国公粮的指示》（1943年5月10日），载《山东革命历史档案资料选编》第九辑，济南：山东人民出版社，1983年，第469—471页。薛暮桥生前并未谈过这一指示。但经过核查，这一指示与《救国公粮征收办法评议》一文大致相同，可以确定该指示为薛暮桥起草。

② 薛暮桥（1996）：《薛暮桥回忆录》，载《薛暮桥文集》第二十卷，北京：中国金融出版社，2011年，第124页。

均产量作为计算收入标准。这样可以奖励农民加工增肥，增加产量。（2）农民及经营地主的收入除去20%生产成本，然后按数征粮。这样农民和经营地主负担减轻，收租地主负担加重，能奖励人民参加生产。同时，社论建议各阶层的负担数额：贫农应占其收入的1%~8%，最多不得超过10%。中农应占其收入的9%~16%，最多不得超过20%。富农应占其收入的17%~24%，最多不得超过30%。地主按其收入多少累进征收，最高征收率为35%。各地根据上面的比率和实际状况酌量增减，求其公平合理。[①]

根据社论精神，胶东、滨海、鲁南区改进了征粮办法[②]，“事后我到滨海区去调查，专员谢辉同志兴高采烈地告诉我，新的征粮办法一宣布，农民就忙着送粪锄草，生产积极性大大提高。我能为山东尽些微力，自己也很高兴”[③]。

**6月** 因朱瑞工作过于繁忙，中共山东分局决定薛暮桥任中共山东分局调查研究室主任。[④]到任后，在调查研究室内分设秘书室、行

---

① 《大众日报》社论（1943）：《救国公粮征收办法评议》，载《山东革命根据地财政史料选编》第四辑，济南：山东省财政科学研究所、山东省档案馆，1985年，第76—79页；谷牧（2009）：《谷牧回忆录》，北京：中央文献出版社，2009年，第100页；薛暮桥（1944）：《山东各根据地现行征粮办法检讨》，载《薛暮桥文集》第三卷，北京：中国金融出版社，2011年，第2页；薛暮桥（1996）：《薛暮桥回忆录》，载《薛暮桥文集》第二十卷，北京：中国金融出版社，2011年，第124页。薛暮桥和谷牧的回忆均谈及，薛暮桥建议按实产量征收公粮改为按应产量征收，这样调查起来容易得多，薛暮桥还谈到为《大众日报》写了社论，所对应的文章即我们所引用的这一篇。

② 薛暮桥（1944）：《山东各根据地现行征粮办法检讨》，载《薛暮桥文集》第三卷，北京：中国金融出版社，2011年，第3、6、8页。

③ 薛暮桥（1996）：《薛暮桥回忆录》，载《薛暮桥文集》第二十卷，北京：中国金融出版社，2011年，第124页。

④ 中共山东分局调查研究室1942年春根据中共中央和毛泽东加强调查研究的指示成立。薛暮桥在回忆录中错记该机构为“山东分局政策研究室”。关于担任中共山东分局调查研究室主任的时间，薛暮桥有时说是朱瑞“去延安前”，有时说是“从1943年3月起”。从文献看，调查研究室第一份关于土地变动和阶层变化情形的调查报告在1943年6月“经过集体搜集、讨论和研究后得来”，中共山东分局发出（接下页）

政组、土地组、工商组[①]，张华任行政组长，王耕今任土地组长，刘曼思任工商组长，贺致平任秘书主任。[②] 土地组根据薛暮桥所拟《农

关于调查研究的指示也是 6 月，因此，我们判断薛暮桥任调查研究室主任是在 1943 年 6 月。参见分局调查研究室（1943）：《山东省沂水县岸堤区二十一个村子土地变动阶层变化情形》，载《山东革命历史档案资料选编》第十一辑，济南：山东人民出版社，1983 年，第 218—225 页；薛暮桥（1996）：《薛暮桥回忆录》，载《薛暮桥文集》第二十卷，北京：中国金融出版社，2011 年，第 125 页；薛暮桥（1988）：《〈抗日战争时期山东滨海区农村经济调查〉序》，载《山东党史资料　抗日战争时期山东滨海区农村经济调查》，济南：中共山东省委农村工作部农业合作化史编写办公室，1989 年，第 1 页。

① 关于调查研究室的分组，张剑和王耕今的回忆中共有三种说法。王耕今有时称分为“土地问题、合作问题（手工业和供销）、政治问题三个组”，有时称分为“土地、商业和统战问题三个组”，张剑则称分为“行政组、土地组、工商组”。我们无法判断哪一种说法是准确的，这里采用的是张剑的回忆。

② 张剑（2003）：《忆沂蒙八年》，自印本，2003 年，第 260—261 页。据王耕今回忆，土地问题研究组的工作情况如下：“分局调查研究室是 1942 年新成立的单位，李竹如任主任。他是分局宣传部长、山东省战工会的秘书长，是冬，日寇扫荡，在战争中牺牲，我们也分散活动，进行反扫荡，没有开展调查研究工作。李竹如牺牲后分局书记朱瑞同志兼任（调查）研究室主任，1943 年他因工作过忙，调薛暮桥任调查研究室主任。……他任研究室主任后，给我们介绍做农村调查的任务和方法，并把研究的人员分为土地、商业和统战问题三个组。我分在土地问题组，还有江陵、金平、刘玉温等人，他为我们起草了‘调查提纲’，要我为组长，派我们下乡调查。调查的主要内容是：减租、减息、公平负担等政策实施后，生产方式和人民生活的变化，以及为发展农业生产、经济建设中有关生产关系和经济政策中某些特殊问题，并要求进行概况调查和挨户调查、典型调查。最初只我们五六人，后来增加到二十多人，从 1943 年至 1945 年 8 月日寇投降，两年多的时间里，进行了 3 区 11 个村 2 491 户的调查，写了 7 篇近 20 万字的调查报告，以具体事实和数据说明了地主对农民的高租、高利贷以及超经济的残酷剥削，广大农民终岁勤劳难得温饱的状况。经过双减斗争，削弱了地主，人均占地从 35.95 亩减为 13.67 亩，以 22 073 亩耕地分给无地或少地的农民，从反恶霸、反超经济强制和清算高利贷的旧账中，农民还得了一些粮食、现金、牲畜、农具等。我们把这些都挨户调查，分阶层、分户地作了统计，农民得到了这些果实，改善了生活和生产条件，并在运动中建立和健全了农、青、妇的抗日救国会，民兵、儿童团和村政权，青壮年踊跃参军，提高了农民生产和抗日的积极性，壮大了抗日力量，巩固了抗日战争的根据地。”参见王耕今：《王耕今自述》，手稿，未注年份。另外，张剑还谈到他曾结合反“扫荡”，分散到莒（接下页）

村土地问题及减租减息工作调查提纲》[①]，1943 年至 1945 年间由王耕今带领 20 多人对 4 400 户挨户进行调查，分类整理调查资料后[②]完成的 7 篇调查报告，刊登在中共山东分局调查研究室油印《材料汇编》上。1989 年 5 月，这些资料以《抗日战争时期山东滨海区农村经济调查》为题，收入《山东党史资料》专刊中。[③]

为中共山东分局起草《关于调查研究的指示》。指示指出，调研工作的中心任务应当帮助领导机关了解情况，掌握政策（政策的决定及其具体实施），并研究各种政策法令的实施情形，检查这些政策法令及其实施办法是否完全正确。这种调研工作与各业务部门的调研不同，后者主要限于自己的业务范围，是局部战术性的调研；前者则应照顾全局，是比较带有战略性的各种问题的调研。调研计划应从个别到一般，从典型到全面。把整个战略区根据不同的自然条件和社会条件划成若干区域，每一区域选择若干村庄作为典型进行调研，以便根

---

南县农村进行农业生产和土地关系调查，有两份调查报告发表在《滨海农村》和《大众日报》。因此，《滨海农村》和《大众日报》也是调研室成果的重要发表渠道。参见张剑（2003）：《忆沂蒙八年》，自印本，2003 年，第 266 页。

① 这一提纲由王耕今保存 30 多年，“文革”期间佚失。参见王耕今（1988）：《抗日战争时期山东滨海区农村经济调查》，载《山东党史资料　抗日战争时期山东滨海区农村经济调查》，济南：中共山东省委农村工作部农业合作化史编写办公室，1989 年，第 2 页。薛暮桥曾谈到，《斗争生活》第 23 期（1943 年）转载中共山东分局调查研究室所拟的“一个简单提纲”，根据王耕今、杨波的相关回忆，可以确定该提纲系薛暮桥所拟。但我们尚未找到这期《斗争生活》。参见薛暮桥（1943）：《怎样改进调查研究工作》，载《薛暮桥文集》第二卷，北京：中国金融出版社，2011 年，第 225 页。

② 王耕今（1992）：《从减租减息到联产承包制》，北京：经济管理出版社，1992 年，第 2 页。

③ 据王耕今回忆，这些油印的《材料汇编》当时印发数量很少，只分发给党政负责同志和有关单位，在战争中都失掉了，只有他仅存的一份。1988 年，由中共山东省委农村工作部顾问刘玉温找人重抄，并将繁体字改为简体字，由《山东党史资料》以“抗日战争时期山东滨海区农村经济调查”的书名付印出来。见《王耕今自述》，手稿，未注年份。

据个别的典型调研来认识一般、认识全面。在研究某些特殊问题时甚至可以选择若干人家作为典型，来做更深入的调研，但其目的亦是认识一般与全面，不是认识这些个别人家。要懂得科学的农户分类方法，主观的、不科学的分类，比没有分类更坏。为了把调研工作真正建立起来，分局决定抽调各地工作干部到分局接受六个月的训练。必须把负责的干部派来，就是使工作停顿六个月也在所不惜。区党委派三人，地委派一人至二人，需有较高文化水平，稍有理论及工作经验。以上被调同志由区委、地委负责审查决定后，于七月底前赶到分局，训练期满仍回原地工作。各调研室过去工作成绩收集一份带来，以供分局考查。①

根据该指示，山东分局调查研究室于 1943 年夏至 1944 年秋开办两期调研干部训练班，薛暮桥、贺致平、王耕今、刘曼思等为训练班授课。训练班第一期胶东和鲁中学员占多数，第二期鲁南和滨海学员占多数。两期学员共 50 余人。②

所主持中共山东分局调查研究室集体收集、讨论和研究后，完成《山东省沂水县岸堤区二十一个村子土地变动阶层变化情形》。该报告

① 《中共山东分局关于调查研究工作的指示》（1943 年 6 月），载《山东革命历史档案资料选编》第九辑，济南：山东人民出版社，1983 年，第 522—523 页。这一指示在理论与实际的关系、调研方法和调研工作的定位等方面具有鲜明的薛暮桥特色（如强调调研工作定位于照顾全局的各种战略性问题，与 1980 年创立的国务院经济研究中心定位如出一辙；再如要求调研工作掌握政策的决定及其实施，与 1948 年 3 月至 5 月中央工委召开、薛任会议秘书长的金融贸易会议定位一致；关于调研方法科学性的强调，不仅在王耕今、杨波的回忆中可以得到印证，而且与稍后发表的薛暮桥《怎样改进调查研究工作》一文高度一致，我们既可以视之为薛暮桥主持中共山东分局调查研究室工作的纲领，也可以确认这是薛暮桥为中共山东分局所起草的文件。

② 张剑（2003）：《忆沂蒙八年》，自印本，2003 年，第 262 页。张剑将训练班的时间记为 1943 年春至 1944 年秋，根据上引《中共山东分局关于调查研究工作的指示》的记载，我们将时间订正为 1943 年夏至 1944 年秋。

是“比较可靠的材料”，“可一般地了解沂蒙区根据地的情形”。[①]

**6月12日** 山东省战时工作推行委员会发布《北海银行组织章程》。章程规定，为繁荣根据地经济，加强对敌金融货币斗争，特设立北海银行。各地北海银行均依本章程组织。各级银行除受上级银行之垂直领导外，还受同级政府之指导与监督。总行对分行及直属支行除在工作上做原则的领导督导外，其一切银行业务，得按各地区之需要自行统一办理，但本币发行数目应事先报告总行批准。[②]

在此前后，与财政厅长兼北海银行行长艾楚南、北海银行副行长洒海秋等反复研究对敌货币斗争策略。明确在法币大量发行，日伪也将法币向根据地排挤的情况下，如果不禁用法币，就无法停止根据地的通货膨胀。[③]关于驱逐法币的建议被朱瑞、黎玉采纳。[④]

**6月20日** 针对敌区排除敌占区法币，并大量伪造法币，滨海专署采取紧急措施，通知各地切实执行《关于停用法币的决定》。自布告之日起，粮食交易一律不准使用法币，自7月21日起，停止市面流通。自7月21日至8月10日为兑换期，自7月21日至31日为第一期，法币一元换本币一元；自8月1日至10日为第二期，法币二元换本币一元。自8月11日起查出行使法币概予没收。停用后，对外贸易采取以货易货办法，尚因特殊需要必须带出法币或不得已带

---

① 中共山东分局调查研究室（1943）：《山东省沂水县岸堤区二十一个村子土地变动阶层变化情形》，载《山东革命历史档案资料选编》第十一辑，济南：山东人民出版社，1983年，第218—225页。

②《北海银行组织章程》（1943年6月12日），载《山东革命根据地北海银行历史年表》，北京：中国文史出版社，2014年，第159—160页。

③ 薛暮桥（1988）：《“北海币”回忆录》，载《北海银行五十周年纪念文集》，济南：山东省金融学会，1988年，第9页。薛暮桥回忆的时间是1943年三四月，但北海银行总行当年4月才随山东省军政机关迁至滨海区莒南李家宅，滨海分行与总行合并。因此，薛暮桥与艾楚南、洒海秋反复讨论的时间为五六月的可能性更大。

④ 薛暮桥（1988）：《“北海币”回忆录》，载《北海银行五十周年纪念文集》，济南：山东省金融学会，1988年，第10页。

回法币者，应请求贸易机关证明，向银行兑换。兑换系由银行负责，利用税收机关、交易所、商号在市镇普遍设立临时兑换所，分期兑换。各部队机关团体及生产部门公营企业之积存法币，必须在兑换期中悉数集中送交滨海分行兑换。[①]

薛暮桥曾谈及该决定出台前后的争论：

> 滨海区自从前年[②]货币斗争失败以来，法币充斥市场，物价步步上涨。政府虽曾下令法币贬值（法币二元折合本币一元），但实际上本币仍与法币等值使用，即政府收支亦非例外。当时大家看到停用法币已是势在必行，但被过去失败的经验所困扰着，感到没有胜利把握。因此大家对于滨海专署所作停用法币决定意见分歧，缺乏必要的信心和决心。后来经过几次讨论，检讨了过去失败的原因，认为停用法币的客观条件已经成熟。只要步伐一致，且能把握市场规律，胜利已有保证。于是决心停用法币，动员公营商店、交易所、合作社首先拒绝接受法币，或者折价使用，粮食市场禁止法币交易。这样造成停用法币的有利形势。[③]

在9月中旬工商管理局成立前，货币斗争主要在政府行政力量和

① 《滨海专署关于停用法币的决定》（1943年7月9日），载《中国革命根据地北海银行史料》第一册，济南：山东人民出版社，1986年，第302—303页；葛志强、刁云涛、宋文胜（2014）：《山东革命根据地北海银行历史年表》，北京：中国文史出版社，2014年，第159—160页。

② 这里是指1942年。

③ 薛暮桥（1944）：《滨海区半年来的货币斗争》，载《薛暮桥文集》第三卷，北京：中国金融出版社，2011年，第19页。该文记载的滨海专署布告停用法币的决定时间为1943年7月初，与《山东革命根据地北海银行历史年表》一书所记载的时间不一致，也与《大众日报》当年的报道不一致，所以我们未采用薛暮桥文章中的时间。但他所说的时间仍有意义，很可能这是中共山东分局统一意见决定新的对敌货币斗争策略的时间。

群众团体的帮助下艰苦、和缓地开展。[①]

**6 月 30 日**　为中共山东分局起草关于对敌货币斗争的指示，要求各级党的领导机关，必须亲自来研究对敌货币斗争问题，亲自来组织和领导货币斗争工作。检讨过去某些货币斗争失败的原因，主要是：（一）仅由政府通令停用或折用法币，而没有用一切方法动员公私资本来排挤法币，把法币切实输送到敌区换回各种物资。（二）停用或折用法币以后，银行没有调剂外汇，使对外贸易几乎无法进行。只有自己来调剂外汇、管理外汇，才能禁绝黑市。为使银行有力量来供给外汇，必须造成对外贸易的有利形势，即商品的出超和法币的入超。政府必须严格统制对外贸易，特别是要控制食盐等几种重要输出物资，用于换取外汇，稳定并继续提高本位币的比值。（三）组织和领导上不统一、不协调，军政机关往往自己破坏政府法令。货币斗争的胜利，主要依靠动员我们领导下的一切力量（如贸易局、交易所、公营商店、合作社等），造成货币陡增的有利形势，使人民自动拒绝法币，然后政府颁布法令，予以法律保证。过去我们往往单纯依靠政府法令，而不知道动员自己领导下的一切力量来做政府法令的先驱或后盾，甚至使自己支配下的经济机关自相竞争，投机取巧，使这个斗争陷于失败。指示要求，在整风学习中彻底检讨总结货币斗争在某些地区的失败并迅速纠正。[②]

**7 月 9 日**　为中共山东分局所起草的社论《关于停用法币的指

---

① 薛暮桥（1944）:《滨海区半年来的货币斗争》，载《薛暮桥文集》第三卷，北京：中国金融出版社，2011 年，第 19—24 页。

② 薛暮桥（1943）:《山东分局关于对敌货币斗争的指示》，载《薛暮桥文集》第二卷，北京：中国金融出版社，2011 年，第 242—243 页；《中共山东分局关于对敌货币斗争的指示》，载《山东革命历史档案资料选编》第九辑，济南：山东人民出版社，1983 年，第 517—518 页。两篇文章除标题略有出入外，内容完全相同，但前者根据薛暮桥生前自编文集所标注的来源，将时间定为 1943 年 9 月 1 日，后者根据档案记录，将时间定为 1943 年 6 月 30 日。本书以档案所记时间为准。

示》发表在《大众日报》上。根据指示，中共山东分局决定滨海区于7月21日起停用法币。这一决定是根据党中央的货币政策，根据华北、华中各地斗争经验，根据滨海区的具体情况，经分局详细研究后的结果。保证停用法币法令的具体方法：一是自政府宣布停用法币之日起，全体党员均不使用法币，不收授法币，看到人家使用法币应依法没收，交给政府。政府财政机关和部队供给机关不准再把法币发到下面去，并通令各级机关部队，把过去公家和私人所保存的法币，限7月20日以前送到银行按市价去兑换本币。同时防止向市场收买法币，送到银行里去兑换本币的投机行为，如有此种行为，应按贪污论罪。二是在停用法币以后，军政机关如需向外购买物资，必须依照政府所定比率到银行去兑换法币或者伪币，如因出卖物资获得法币伪币，亦应依照法定比率向银行换回本币。不准贪图小利，私自买卖法币伪币，更不准与黑市交易，所有公营商店及机关和部队的生产贸易工作人员，更应严格遵守政府法令，不得恃势横行。领导机关必须切实检查督促，防止此等不法行为，如果故意纵容，同样应受国法和党纪的制裁。银行亦应切实供应外汇，使军需器材购买不致发生困难。[①]

**7月19日** 为山东省战时工作委员会所起草的《为什么要停用法币》在《大众日报》发表。文章分析了法币跌价的原因：一是抗战军费开支浩大，国家财政入不敷出。这些亏空主要靠发行法币来弥补。货币多了，物价自然上涨。二是日伪破坏法币信用。太平洋战争后夺得大量法币，无法兑换成外汇，于是停用法币，排挤到内地和解放区来。他们还印制伪法币向我们倾销。若我们再不想办法对付，则以后不堪设想。胶东相信北海票，自动停用法币。民主政府停用法币，准备分成几步来做。第一步是按市价收兑法币，把北海票发出去，把法

---

① 薛暮桥（1943）：《山东分局关于停用法币的指示》，载《抗日战争时期和解放战争时期山东解放区的经济工作》，济南：山东人民出版社，1984年，第187—188页；又载《薛暮桥文集》第二卷，北京：中国金融出版社，2011年，第219页。

币收回来。第二步是提高北海票的价钱。第三步是完全停用法币。到敌区购买必需品，正常贸易经贸易局允许，可以用本币到银行兑换法币。[①]

**7 月 27 日** 所起草的社论《拥护政府货币政策，就是拥护人民自己的利益》在《大众日报》发表。社论指出，我们停用法币，目的就是要提高本币的价值，使它不致跟着法币一同跌价。现在本币在市场上既已自然涨价，政府就应当把本币价值继续提高。所以，换了本币不但不会吃亏，反而兑得越早，所得便宜越大。兑换期满以后，输出输入商人只要是正当的贸易，都可以向银行自由兑换，而且兑入兑出按着同样的价格。所以通过黑市高价收买法币，不但违反政府法令，有被没收的危险，而且还使自己大大吃亏。社论号召坚决响应政府的号召，不用法币，不收法币，把法币拿到兑换所兑换，反对黑市，反对秘密使用法币。[②]

**7 月** 所写《怎样改进调查研究工作》在《斗争生活》发表。文

---

① 薛暮桥（1943）:《为什么要停用法币》，载《薛暮桥文集》第二卷，北京：中国金融出版社，2011 年，第 198—199 页。该书收录此文时，根据《抗日战争时期和解放战争时期山东解放区的经济工作》一书，将时间标注为 1943 年 1 月 29 日。但当时薛暮桥还在从苏北到山东的路上，不可能为《大众日报》撰写为什么停用法币的社论。因滨海区开始停用法币的时间是 7 月 21 日，这篇社论是停用前的宣传解释文章。因此，我们将时间暂记为 7 月 19 日。另外，《对于清河区货币斗争的指示》谈及该文时，称为“战工会的‘为什么要停用法币’”，我们可以确定这是为战工会所写。参见《山东省战时行政委员会工商管理处对于清河区货币斗争的指示》，1943 年 9 月 14 日。山东省档案馆藏，全宗号 15，目录号 1，卷号 1，文件顺序号 8。

② 薛暮桥（1943）:《拥护政府货币政策就是拥护人民自己的利益》，载《抗日战争时期和解放战争时期山东解放区的经济工作》，济南：山东人民出版社，1984 年，第 188—190 页；又载《中国革命根据地北海银行史料》第一册，济南：山东人民出版社，1986 年，第 304—307 页。前者将时间标注为 1943 年 7 月 27 日，后者将时间标注为 1943 年 7 月 17 日。因文中提到“滨海区停用法币虽然还只几天”，而停用法币是从 7 月 21 日开始的，因此后者所标注的时间不准确，应以薛暮桥所标注时间为准。

章指出，目前根据地调查研究工作的中心任务应当是：第一，研究根据地的政治经济状况，作为党的领导机关以及政府决定政策、编订法令、布置工作时的参考。布置工作的时候，需要了解具体情况，才能抓住中心，推动全局，不至于在工作中碰壁。第二，研究各种政策法令的实施情形，检查这些政策法令及其实施办法是否完全正确。编制调查提纲的时候要注意两个原则：第一，重要材料应当“应有尽有”，同时又需“简明扼要”。第二，抓住有关政策决定和政策执行的几个中心问题，做比较详细、比较深刻的调查研究。文章还指出，调查研究工作是高度科学性的工作，首先要有一个“从个别到一般，从典型到全面”的完整的调查计划。拟订这种全局性的调查计划，第一个方法是按照行政单位，每个分区选择一个能够代表该区情形的村庄作为调查对象。第二个方法是按不同的自然条件、社会条件来把整个战略区分成若干不同的区域，再在每个区域选择若干村庄来做调查对象。我们可能采取的调查方法有概况调查、挨户调查、典型调查、通信调查，各种调查方法各有适用范围。整理材料要用最简单、最明显的形式，把调查材料所包含的意义表达出来。材料的统计，目的是把复杂的数字化为简单的数字，便于比较研究。调查研究室应当照顾全局，主要是比较带有战略性的各种问题的调查研究。①

**8 月 1 日**　中共中央决定朱瑞等赴延安出席中共第七次全国代表大会，中共山东分局书记由罗荣桓代理，“来延诸人交代职务后即行动身”②。8 月，罗荣桓任中共山东分局书记，黎玉任副书记。③9 月 7

---

① 薛暮桥（1943）：《怎样改进调查研究工作》，载《薛暮桥文集》第二卷，北京：中国金融出版社，2011 年，第 223—238 页。

② 黄瑶主编（2002）：《罗荣桓年谱》，北京：人民出版社，2002 年，第 319 页。《薛暮桥回忆录》记朱瑞回延安时间为 1943 年 8 月，此处已订正。参见薛暮桥（1996）：《薛暮桥回忆录》，载《薛暮桥文集》第二十卷，北京：中国金融出版社，2011 年，第 125 页。

③ 黎玉（1992）：《黎玉回忆录》，北京：中共党史出版社，1992 年，第 263—264 页。

日，朱瑞奉命离开山东，前往延安。[①]

**8 月 11 日至 12 日晨** 出席山东省临时参议会一届二次议员大会预备会议，与梁竹航、姚尔觉、田佩之、彭畏三、孙陶林、周纯全、祁青若、王均治、苏展、刘群共计 11 人被推选为提案审查委员会委员，负责大会议案的发动、整理与审查。[②]

**8 月 12 日至 9 月 8 日** 出席在莒南县李家桑园村召开的山东省临时参议会一届二次议员大会。朱瑞代表山东分局出席会议并致词。大会通过新的施政纲领，确定以战争、民主、生产、教育为今后中心任务。[③]大会选举薛暮桥、谷牧、朱则民、祁青若、杨希文、姚尔觉、孙鸣岗、孙立基、张伯秋、梁竹航、张立吾、牟宜之 12 人为驻委会委员（简称“驻会委员”）。[④]鉴于政治形势的发展，大会决定将“山东省战时工作推行委员会”改为“山东省战时行政委员会”(简称“战委会”)，明确其性质“为山东全省行政之统一领导机关，对山东省临时参议会负责”[⑤]，黎玉继续担任主任。大会还讨论通过了各级参议会，各级政府组织条例。会议发出《致各级民主政权电》《告荣誉军

---

① 郑建英编（1994）:《怀念朱瑞》，北京：中央文献出版社，1994 年，第 269 页。

② 佚名（1943）:《山东省临时参议会一届二次议员大会始末记》，载《山东革命历史档案资料选编》第十一辑，济南：山东人民出版社，1983 年，第 69 页。

③《中共山东分局关于执行〈五年工作总结及今后任务〉指示之决定》(1943 年 8 月 19 日》，载《山东革命历史档案资料选编》第十辑，济南：山东人民出版社，1983 年，第 4—103 页；《山东省战时施政纲领》(1943 年 8 月 1 日》，载《山东革命历史档案资料选编》第十辑，济南：山东人民出版社，1983 年，第 168—173 页。

④ 佚名（1943）:《山东省临时参议会一届二次议员大会始末记》，载《山东革命历史档案资料选编》第十一辑，济南：山东人民出版社，1983 年，第 81 页。

⑤ 1943 年 3 月上旬，李仙洲率第 28 集团军从皖北入鲁，向山东根据地大举进攻。根据地对此做出有力反击，李部被迫退回皖北。原在山东的东北军于学忠部也于 7 月撤离山东。这是山东省战时工作推行委员会改为山东省战时行政委员会的主要背景。参见刘居英（1990）:《山东省人民政权的诞生和成长》，载中共临沂地委党史资料征集委员会编《政权建设的创举》，济南：山东人民出版社，1990 年，第 1—11 页。

人书》，并向中共中央和毛泽东主席发出致敬电。[①] 这次会议还决定，改以山东省银行（北海银行）所发行的银票为本位币，以平抑物价，安定民生。[②]

**8 月 13 日** 所写社论《贯彻货币斗争 巩固已得胜利》在《大众日报》发表。社论指出：滨海区货币斗争的第一阶段已经顺利地完成了。在这第一阶段，我们已经大体上完成了排挤法币的工作，换回来了大量物资，粉碎了敌伪倾销法币掠夺物资的阴谋。我们已经相当地提高了本位币的比值，并使物价稍稍下落，克服了因物价飞涨而造成的市场混乱现象。但这胜利还需我们继续巩固。首先，各地市场上已不见法币踪迹。但由于兑换很不踊跃，目前根据地内所保存的法币估计尚未完全流出。今后政府和人民，特别是县区武装和游击小组更应加强检查工作，如有违犯政府法令私自携带或使用法币者，便应依法没收。如有特殊原因需要保存法币，需经政府登记包封，自行保管。其次，在法币兑换期满[③] 以后，一切输出输入需要卖买外汇（用法币换本币，用本币换法币），均经贸易机关给予证明文件，向银行所设兑换所去兑换（各边沿地区的重要市集均已设立经常的兑换所）。为便利贸易，银行必须负责调剂外汇。再次，为了继续提高本币的币值，今后必须保持对外贸易的出超。因此必须限制奢侈品和消耗品的输入，奖励某些土产的输出。过去为排挤法币，造成贸易上暂时的大量入超，这是必要的。但现在排挤法币基本上已完成，今后应当造成贸易上的出超，始能控制大量法币伪钞，用来保证外汇，继续提高本位币的币值。比输出输入的限制与奖励更有效的办法，便是管

① 辛玮等主编（1982）：《山东解放区大事记》，济南：山东人民出版社，1982 年，第 164—166 页。

② 薛暮桥（1944）：《评国民党提示案乙项第八条》，载《薛暮桥文集》第三卷，北京：中国金融出版社，2011 年，第 43 页。

③ 这里是指 1943 年 8 月 10 日。8 月 10 日后，临时兑换机关撤销，但经常兑换机关未能及时建立。因此根据地周围黑市流行，兑换币值参差不齐。

理各种重要物资，如设立粮食和食盐等重要物资的调剂所。调剂所一方面在根据地内调剂有无和平衡物价，另一方面统制输出输入，使经济斗争更有力量。最后，物价的平衡不但能够保证军民的生活，而且能够带来对外贸易上的优势。[①]

**9 月** 所写《货币问题与货币斗争》在《斗争生活》第 26 期发表。文章认为，纸币的最基本的保证是物资，任何纸币只要能担负物资交换的媒介作用，且为物资交换所必需，就可能保持一定的交换价值。[②]保持纸币交换价值有两个必要条件：第一，纸币的发行数量适合国内市场流通的需要。纸币发行数量的紧缩或膨胀，会迅速引起一般物价的涨落，这是市场的自然规律，法律固然无法变更，宣传解释也不能挽救。根据地没有固定疆界，抗币的发行数量不能不受流通范围的影响。在发行数量不变的条件下，流通范围扩大，市场需要会感到不足，币值会上涨，反之，币值会跌落。根据地缩小，必须迅速收回部分纸币，才能保持币值稳定。没有停用法币的区域，法币流通数量早已超过市场需要数倍。如果法币继续流入，纸币膨胀必然日益严重，减少抗币发行数额不能挽救危机，唯一的挽救办法是把法币排挤到根据地以外去，必要和可能时，甚至完全停用法币，货币膨胀现象才能停止。第二，保证外汇，并维持外汇的一定比率。阻挠对外贸易，拒绝买卖外汇，结果阻挠了公开的对外贸易，便产生了秘密的对外贸易——走私；拒绝了公开的外汇，便产生了秘密的外汇——黑市。山东根据地多数地区停用法币一年之久，政府虽再三宣布法币贬值，但结果往往是“官折民不折，明折暗不折”，军政机关自身也有

① 薛暮桥（1943）：《贯彻货币斗争　巩固已得胜利》载《薛暮桥文集》第二卷，北京：中国金融出版社，2011 年，第 239—241 页。

② 这是薛暮桥第一次明确提出纸币的保证是物资。1947 年薛暮桥在华北财经会议上的报告，1948 年 12 月发行人民币后所写文章，以及 20 世纪七八十年代发表的文章均多次重申。

“上折下不折，进折出不折”的现象。这是违反市场自然规律，主观主义政策和官僚主义态度造成的。如果违反了市场的自然规律，同时也就是违反了群众本身的利益，那么群众无法动员起来，军政机关自己都不愿意执行法令。这样货币斗争也就丝毫没有希望。

文章以太平洋战争为界，分析了敌我货币斗争形势，指出伪币可能短时期暂时稳定，但希特拉（即希特勒）失败或盟军进攻时，将猛烈跌价，我反攻时，必然继续狂跌直至完全成为废纸。法币今天将继续跌价，跟着战争形势好转和伪币的剧烈动摇，仍可能保持在某些敌占区优势地位。但法币发行的恶性膨胀已经到了难以收拾的地步，它的跌价恐怕到抗战胜利后仍难以避免，且可能完全变成废纸，而另发纸币来代替。抗币在（一）坚持根据地，深入敌占区；（二）财政收支平衡，对外贸易平衡（或者出超）；（三）正确掌握政策，灵活运用战术条件下可能日益稳定，并把势力扩张到游击区和敌占区去，可能在游击区甚至敌占区乡村逐渐取得优势地位。在敌人大举扫荡及我经济斗争失利时，抗币仍有动摇、跌价的可能，我应准备充分的保证，于抗币动摇时候迅速把它稳定下来。

文章还提出了分阶段的对敌货币斗争策略。第一阶段法币仍在根据地市场占优势，抗币交换价值随法币日益跌落。这时货币斗争的中心任务是排挤法币，进而停用法币，提高抗币比值而使物价稳定下来。为此，要切实控制对外贸易，限制法币输入和物资输出，同时组织商人收集法币，到敌占区换回各种物资；停止部分法币的流通，使根据地人民不愿意接受法币；在大量法币排挤出去，抗币在市场上渐占优势时，政府可以立即颁布法令，停止法币流通，并广设兑换所，公布兑换比率，限期收兑；产生黑市价格的时候，通过黑市用法币去换回抗币，利用黑市使黑市中的抗币价格逐渐提高，直到与法币价格完全一致。第二阶段法币已在根据地市场停止流通，抗币成为唯一本位币。这时货币斗争的中心任务是控制对外贸易，造成贸易上的有利形势；用来调剂外汇，保持并继续提高抗币比值，巩固它的信用，并使它流通到游击区和敌占区去。具体步骤是：第一，组织商人，加强贸易管理和缉私工作，建立与敌占区商人商业上的联系。发展手工业，奖励土产输出，造成对外贸易的有利形势，特别是需要控制几种重要的输出物资，以便随时换取外汇，保证抗币信用。第二，控制外汇，对输出输入做必要的调剂。办法是输出输入做严格登记，凡得许可证的输出输入商人，均有权利持证到银行去调剂外汇，银行必须如数供给。第三，按照贸易状况，随时调整外汇比率。第四，时时准备必要的兑换基金，借以巩固抗币信用。兑换基金至少应占发行额的半数，法币或伪币平时只有抗币发行额的10%就勉强够了，其他的40%可以贮存重要物资（如粮食）。最后要把抗币用到游击区和敌占区去，把伪币驱逐回敌占据点和敌占城市去。

文章还对货币斗争的组织领导提出意见，指出货币斗争、贸易管理、生产建设三者密切联系，这三者应组织工商管理局来统一领导（银行保证其独立性，外汇管理由工商管理局负责），除公营商店由工商管理局直接管理外，一切部队机关经营的商店，分别合并为统一的贸易公司，以免互相竞争，且应严格服从工商管理局的指导。工商管理总局和北海银行总行应有充分力量来领导全省货币斗争。各分局分行接受总局总行工作上的指导。但在被敌分割封锁的条件下，各战略地区应各自发行抗币，限制各地区的抗币自由流通。[①] 各地区的抗币

---

① 当时山东根据地由胶济铁路和渤海湾分割为大鲁南、胶东、渤海三个地区，大鲁南由山东分局直接管理，胶东区、渤海区经济上相互独立，各自发行的北海币不互相流通。每个地区的北海币都印上本区字头，如滨海区带“北海”字样，鲁中区带“鲁中”字样。禁用法币也是分区进行的。分区发行、分区掌握货币流通便于各区按照流通范围和市场需要掌握货币发行数量，出现问题也易于解决。抗战结束后，三个地区连成一片，由于胶东地区最富，币值最高，比渤海和大鲁南约高一倍，省政府令胶东增发货币，收购物资支援大鲁南，提高物价，使三个地区的北海币等价流通。参见薛暮桥（1988）：《“北海币”回忆录》，载《北海银行五十周（接下页）

汇兑比率按两地币值决定，不应强求等价汇兑。建立银行的调查研究工作，各种纸币比值变化，各地物价的涨落，市场供求状况，以及敌伪经济政策，都是指导货币斗争不可或缺的材料。[①]

这篇文章是薛暮桥主持山东货币战的纲领性文献。在统一货币、发行人民币过程中，薛暮桥重申了这篇文章的主要思想，并对法币、金圆券和人民币进行评论（参见1948年12月20日条）。[②]

**9月8日** 山东省战时行政委员会召开第一次会议，推选黎玉为主任委员兼工商管理处处长，委任薛暮桥为工商管理处监察委员[③]兼调查研究室主任。[④]

据谷牧回忆：

> 薛暮桥同志直接负责刚刚成立的山东省工商局的工作（黎玉同志挂帅兼局长，具体工作由薛暮桥主持），统一领导了山东根据地的经

---

年纪念文集》，济南：山东省金融学会，1988年，第13页；任志明（1988）：《战斗在沂蒙山区的总行印钞厂》，载《北海银行五十周年纪念文集》，济南：山东省金融学会，1988年，第47—51页。

① 薛暮桥（1943）：《货币问题与货币斗争》，载《斗争生活》第26期，重印于《薛暮桥文集》第二卷，北京：中国金融出版社，2011年，第244—255页。

② 薛暮桥（1948）：《货币问题与货币政策》，载《中国青年》复刊号，1948年12月20日。

③ 此前中共中央北方局提出经济部门建立监察委员制度，监察委员是党在经济部门的代表。据晋冀鲁豫边区财经委员会副主任戎子和1943年的报告，这一制度"试验结果已见成功"，"它在保证干部政治质量提高上，在业务思想教育上，在政策掌握上都收到好的成效。对经济部门的同志，党应该加强政治教育，转变忽视轻视这一部门工作的观点，纠正那种只有事务干部才派到经济部门的观点"。参见戎子和（1943）：《进一步加强财经建设，开展对敌经济斗争》，载《戎子和文选》，北京：中国财政经济出版社，1991年，第52页。

④ 《山东省战时行政委员会成立通令》（1943年9月10日），载《山东革命历史档案资料选编》第十辑，济南：山东人民出版社，1983年，第337—338页。

济工作。[①]

薛暮桥回忆：

1943 年 10 月（应为 9 月。——引者注），省政府决定成立工商局。黎玉同志要我担任工商局长，我因没有实际工作经验，建议由黎玉同志兼任局长，我任监委，实际上我来主持工商局的工作。这一建议取得他的同意。滨海区的工商局局长石瑛（应为石英。——引者注）同志是很有工作经验的，他对建立工商局工作起了重要作用。我们将滨海区这方面的经验加工，向全省推广。[②]

**9 月 10 日** 山东省战时行政委员会发布通令，宣告根据山东省临时参议会第一届第二次议员大会决议，将“山东省战时工作推行委员会”改称“山东省战时行政委员会”，并公布第一次行政委员会决议。[③]

中共山东分局发出“关于设立工商管理局加强对敌经济斗争工作

---

① 谷牧（2009）：《谷牧回忆录》，北京：中央文献出版社，2009 年，第 101 页。

② 薛暮桥（1996）：《薛暮桥回忆录》，载《薛暮桥文集》第二十卷，北京：中国金融出版社，2011 年，第 125 页。石鼎指出，该书将滨海区工商局长石英错记为“石瑛”，《谷牧回忆录》引用《薛暮桥回忆录》时沿袭了这一错误。（石鼎与范世涛的电话笔记，2018 年 6 月 1 日。）石英系八路军 115 师政治部主任兼山东军区政治部主任肖华向北方局请示，从太行山根据地调到山东根据地。到后经两个多月调研，提出成立工商局的建议，得到中共山东分局的同意。另据张剑回忆，山东省战工会实业处由耿光波长期担任处长，成立省工商总局后两个机构合并办公，耿又兼任总局副局长。参见张剑（2003）：《忆沂蒙八年》，自印本，2003 年，第 201、261 页；石鼎（2018）：《父亲石英》，载上海人文纪念研究所编《上海名人研究集刊》第一辑，2011 年 10 月，第 88—106 页。

③《山东省战时行政委员会成立通令》（1943 年 9 月 10 日），载《山东革命历史档案资料选编》第十辑，济南：山东人民出版社，1983 年，第 337—338 页。

的指示”，指出“分局扩大会议决定以加强经建工作作为今后全党主要任务之一，区党委应亲自指导这一工作，并派党委一人参加工商管理局工作”；“省行政委员会对于各地设立工商管理局的指示，各级党委必须切实保证其迅速实现”，“应派大批坚强干部参加这一工作，筹拨足额资金，并应深入动员”；“区党委应教育经济工作同志了解情况，掌握政策，反对主观主义、狭隘经验主义，反对使斗争方式简单化、机械化，如在停用法币以后仍不负责调剂外汇以及机械执行‘以货易货’政策”。①

薛暮桥曾谈及设立工商管理处时面临的形势和所提出的工作方针：

> 1943年秋，省工商管理处初成立时，货币斗争只在部分地区取得初步胜利，而且极不巩固。多数地区仍是物价飞涨，法币内流，物资外流，经济危机相当严重。我们提出货币斗争、贸易管理、生产建设三大任务，并从货币斗争入手，要求管理贸易，支持货币斗争。只有首先争取货币斗争胜利，完成停法禁伪工作，保护物资，稳定物价，克服经济危机，才能进而谈到发展经济，保障供给。这方针基本上是对的。加上机构的统一（成立工商管理局来统一领导对敌经济斗争），干部的调整和一套新的斗争方法（货币、贸易、生产三位一体的斗争方法），1944年上半年货币斗争在各基本根据地普遍获得初步胜利……②

---

① 《中共山东分局关于设立工商管理局加强对敌经济斗争工作的指示》（1943年9月10日），载《山东革命历史档案资料选编》第十辑，济南：山东人民出版社，1983年，第338—339页。

② 薛暮桥（1945）：《山东工商管理工作的方针和政策》，载《薛暮桥文集》第三卷，北京：中国金融出版社，2011年，第73页。

**9月13日** 中共山东分局向中共中央北方局提出变更分局组织机构的报告：过去委员会太多，反分散了领导，甚至把对敌斗争都由另一个委员会去主持。现只在分局委员会之下单独成立财委会，包括对工商管理局的指导，以黎玉同志为书记，艾楚南副之。群众工作委员会合并，武委会在内，暂以朱则民同志为秘书，负责日常工作，黎玉为书记。另组织调查研究委员会，以薛暮桥为主任，推动各业务部门进行调查工作，并管理政府调查研究室（与党的合并）。其他不单独成立委员会，以分局分工加强对部门之管理。[①]

**9月14日** 山东省战时行政委员会工商管理处发出对于清河区货币斗争的指示，指出清河区的货币斗争有着极有利的客观条件，而过去斗争之所以失败，主要因为错误的政策。指示明确了清河区今后的货币斗争方针：

（1）在根据地发行充分的本位币，限期完全禁止法币杂钞流通。

（2）禁止法币前尽力排挤法币，鼓励人民将所有法币到敌占区去购货或向银行兑换，政府下令军政机关及干部战士将所有法币限期照市价（黑市）或更有利之比率向银行兑换本币。

（3）禁用开始时，须广设兑换所，准许按照法定比率自由兑换，反对只兑进不兑出或进折出不折的错误政策。兑换期满后，已获得输出入许可证者仍应准其照价兑换。

（4）兑换比率应按市价情况（参考黑市价格及物价变化）随时变更，开始时应低价吸收法币，然后逐步提高，法币贬价应与物价跌落大致相等。

（5）停用法币后，即消除以货易货制度，奖励输出限制输入，用

---

① 《中共山东分局关于变更分局组织机构问题的报告》，载《山东革命历史档案资料选编》第九辑，济南：山东人民出版社，1983年，第36—37页。书中将上引报告的时间定为1942年9月13日。因薛暮桥1943年才到山东，可以确定这份报告的时间是1943年9月13日。

本币购买输出，换取必需品及法币伪钞。

（6）迅速成立工商管理局，调派大批坚强干部，统一领导货币贸易斗争。

（7）党政军民配合对政府货币政策做广泛的宣传解释（根据战工会的《为什么要停用法币》，取消一元兑一元、二元兑一元的错误部分[①]）领导群众排挤法币查缉法币，所有政府军队领导下之经济贸易机关更需配合行动，反对本位主义，违法使用法币及提高物价应受严厉制裁。[②]

**9 月中旬**　滨海区党委决定，合并滨海专署贸税局、纺织局、盐务署等机构，成立滨海工商管理局，石英任局长，周纯全任监察委员。该局主要任务是统一领导工业生产、贸易统制、货币斗争、商业行政、税款征收、合作事业、缉私稽查等。21 日，滨海工商管理局颁布保护根据地经济办法，包括粮食管理、食盐管理、出入口管理、金属管理等。[③] 滨海区的货币斗争在山东分局和省政委会的直接领导下，由滨海专署特别是滨海工商管理局进行[④]，其经验又经山东省政委会工商管理处总结提高，向全省推广。

---

① 《为什么要停用法币》一文规定停用法币分成几步，第一步按市价收兑法币，一元兑一元，第二步提高北海票的价格，如每二元兑换一元北海票。参见薛暮桥（1943）：《为什么要停用法币》，载《薛暮桥文集》第二卷，北京：中国金融出版社，2011 年，第 199 页。

② 《山东省战时行政委员会工商管理处对于清河区货币斗争的指示》，1943 年 9 月 14 日，山东省档案馆藏，档案号 15-1-1-8。

③ 中共临沂地委党史资料征集委员会（1988）：《中共滨海区党史大事记（1921 年 7 月至 1949 年 9 月）》，济南：山东人民出版社，1988 年，第 153 页；范纬青、莫湘（1986）：《怀念与敬仰——纪念石英同志逝世二十周年》，载《上海商业经济》，1986 年第 5 期；赵丹忱（1986）：《难忘的税收斗争——忆与石英同志相处的日子》，载《上海商业经济》，1986 年第 5 期。

④ 薛暮桥（1944）：《滨海区半年来的货币斗争》，载《薛暮桥文集》第三卷，中国金融出版社，2011 年，第 21 页、第 22 页。

**9 月 23 日**　中共山东分局作出关于银行工作的决定。决定指出：本币发行数，决定胶东、滨海各发行 6 000 万元，鲁中 4 000 万元，清河 3 000 万元，鲁南 1 000 万元（总行代印），该发行数连前发行数在内，一般流通量暂以不超过根据地每人 30 元为标准。暂决定胶东分行拨工商局 3 000 万元，滨海、清河两行各拨 2 000 万元，鲁中拨 1 500 万元，鲁南拨 1 500 万元。各地区发行之本币，应以本币的 50% 投资到工商局，作统制物资、调剂外汇用，其余的 50% 作农贷及其他临时之用。过去财政机关借用银行之款，应在财政收入中逐渐归还。为加强银行工作之领导与开展对敌金融斗争，在省政委会的领导下成立金融事业委员会，作金融事业之设计、策划机关。①

**9 月 30 日**　与黎玉、耿光波、吕麟联名发布《山东省战时行政委员会关于半年工商管理工作的指示》。指示指出，工商管理局的中心工作是货币斗争、贸易管理、生产建设，这三者相互配合，以期加强对敌经济斗争，保障军民生活，克服困难，坚持抗战。② 三项工作要点如下：

一、货币斗争之目的在于驱逐伪币，排挤法币，扩大本币流通范围，提高本币比值，平抑物价，繁荣市场。在未停用法币区域，应即准备停用法币（清河区）或限制法币流通（鲁南及泰山区）；在已停用法币区域，应即切实掌握外汇，继续提高本币比值，吸收法币伪钞，用于打击法币伪币，并借统制对外贸易吸收外汇，支持货币斗争，同时管理主要物资，使与本币结合，这样使本币日益巩固。

---

① 魏宏运主编（1986）：《华北抗日根据地纪事》，天津：天津人民出版社，1986 年，第 422 页。

② 晋冀鲁豫也强调“统制贸易、货币斗争与发展生产，是对敌经济斗争的三个不可分的环节”，且在时间上早于山东根据地。山东根据地财经工作应吸收借鉴了晋冀鲁豫的经验。参见戎子和（1943 年）：《进一步加强财经建设，开展对敌经济斗争》，载《戎子和文选》，北京：中国财政经济出版社，1991 年，第 41 页。

二、贸易管理之目的在于防止敌人掠夺粮食及重要物资，保证军民生活必需品之供给，奖励土产输出，限制非必需品输入，支持货币斗争，保护生产建设。做法：一为统制对外贸易，尤须统制重要物资输出，必要时可实行专卖；二为管理重要物资，由公营商店调剂有无，平衡物价，防止敌人掠夺以及商人投机垄断。粮食尤应注意保护，严禁偷运资敌，如有剩余输出（清河区），应由工商管理局专卖。滨海、鲁中、鲁南之食盐输出亦可专卖专买，但为保护生产，保证人民需要，而非与人民争利。

三、各地区的工业生产采取下列步骤进行：（1）纺织工业——首先做到脱离生产军政工作人员的自给，逐渐达到全民的自给，以期禁绝洋布洋纱入口。鲁中、清河、鲁南等地，特别注意推广毛织工业。（2）开展造纸工业——大量制造文化用纸，部分发展烧纸，目的在于杜塞漏卮，减少输入。（3）发展日用必需品的工业生产，主要做到肥皂、牙粉的自给，墨水、牙刷、电池、制药等陆续实现。（4）清河区应发展制硝及大量制造碱料，胶东应大量制造硫磺。

四、合作事业应着重于组织领导。其步骤如下：（1）整理原有的合作社，重新登记，纳入正轨，训练其干部，扶助其发展。（2）推动发展生产合作社，如纺织合作社，注意纺户与织户的结合。农业合作，启发农民的互助。另外发展运销合作，配合运盐及调剂食粮等。

五、建立工商管理局，统一领导各地区之经济斗争，是目前最急需的工作。关于工商管理局之组织，前电已有指示，各地政府应用全力保证，配备大量干部，筹集充分资金，切实领导，促其迅速实现。[①]

为山东抗日根据地翻印的《中国农村经济常识》一书撰写“前言”：

---

① 黎玉等（1943）：《山东省战时行政委员会关于半年工商管理工作的指示》（1943年9月30日），载《山东革命历史档案资料选编》第十辑，济南：山东人民出版社，1983年，第407—408页。

这是我在抗战爆发以前写的。现在把它翻印出来，作为调查研究工作、经济工作、群众工作同志的业务学习材料。虽然从出版到现在已经相隔六七年，但中国农村经济状况，除敌后抗日民主根据地有部分改变外，其他地区仍无本质上的变化。所讲一切基本上仍可以适用，特别是研究方法，今天几乎还是可以完全适用的。抗战爆发以来，一切全国性的调查统计工作均无进行，材料收集更感困难。所以书中所引统计材料虽已陈旧，但在目前不可能有多少新的材料来作补充。因此就完全保持着它原来的面貌，来与读者相见。希望天德盛的翻印能引起同志们对中国农村问题的研究兴趣，能使同志们对中国农村问题有比较全面的、系统的认识；这样对于理论的学习、政策的把握、工作的开展，或许会有相当大的帮助。在出版时候，国民政府尚未放弃它的“睦邻”（对日妥协）“剿共”政策；为使能够公开发表，行文上就很多顾忌，但作者原意仍从字里行间可以看得出来。[①]

《中国农村经济常识》（天德盛1944年4月翻印版）删除了初版的“作者自序”，以上引“前言”代之。

**10月9日** 山东省战时行政委员会公布施行山东省临时参议会通过的《山东省战时行政委员会组织条例》等五项条例。[②]《山东省战时行政委员会组织条例》规定工商管理处职掌如下：一、关于对敌经济斗争之计划与组织领导事项。二、关于工业生产及渔盐矿产之管理事项。三、关于出入口贸易统制及物资管理事项。四、关于外汇之管理调整事项。五、关于商业行政市场管理事项。六、关于合作事业之指导推动事项。七、关于公营企业之管理事项。八、关于进出口税、盐税、所得税、营业税等征收及缉私稽查事项。九、其他有关工

① 薛暮桥（1937）：《中国农村经济常识》，天德盛，1944年4月翻印。

② 《山东省战时行政委员会公布令》（1943年10月9日），载《山东革命历史档案资料选编》第十一辑，济南：山东人民出版社，1983年，第20页。

商事项。[①]

**10 月 29 日** 山东省战时行政委员会训令，公布施行山东省临时参议会通过的《山东省各级工商管理局组织条例》及山东战时工作委员会制定的《山东省工商管理暂行规程》与《修正商会组织大纲》。《山东省工商管理暂行规程》规定，为统一经济领导，提高工作效率，特设立各级工商管理局。工商管理的基本方针是：一、大量发展工业生产，建设扶持群众手工业，开展渔盐矿产，发展公营企业，建立自给自足的经济。二、管理对外贸易，调剂内地物资，粉碎敌人经济掠夺与倾销政策，保护根据地工商业之自由发展。三、统一币制，巩固本币，管理外汇，稳定金融，平抑物价。工商管理的范围包括：工业生产、贸易管理、货币管理、商业行政、税收缉私、合作事业。决定全省设立工商管理处，各战略区设立工商管理局，专员区设工商管理分局，县设工商管理县局，中心集市、生产地区重要关卡设工商管理事务所，一般地区与边境要道设立检查站；并规定各行政公署对各区工商管理局为领导关系，专署以下各级政府对各级工商管理局为指导关系。《山东省各级工商管理局组织条例》规定，省工商管理处编制由行政委员会决定，并明确了各行政区管理局的编制及分工。《修订商会大纲》规定，商会需受政府之指导监督，其本身会务得自行决定。[②]

**12 月 15 日** 广西省立师范专科学校任教时期的学生刘敦安、麦世法等在安徽省立煌县古碑冲詹家湾就义，史称“大别山惨案”。抗战初期刘敦安、麦世法随桂系军队北上抗日，分别担任第五战区民众

---

① 《山东省战时行政委员会组织条例》（1943 年 8 月通过），载《山东革命历史档案资料选编》第十一辑，济南：山东人民出版社，1983 年，第 20—24 页。

② 《山东省战时行政委员会训令》（1943 年 10 月 29 日），同上书，第 57—66 页。《山东省工商管理暂行规程》收入《山东革命历史档案资料选编》第十三辑（济南：山东人民出版社，1983 年，第 89—91 页）时，错记为 1944 年 10 月 29 日公布。此处已订正。

总动员委员会安徽省分会（后改称“安徽省动员委员会”）委员、主任干事。刘敦安还任二十一集团军总司令部中校，是该集团军中国共产党秘密工作负责人；麦世法任广西学生军二中队指导员、安徽省民政厅民政科长。麦世法向新四军传递信息的过程中因交通员被捕叛变，10余人先后被捕，二十一集团军总司令李品仙下令活埋，其中包括刘敦安、麦世法。[①]“文革”时期刘敦安因在国民党军中任职被批判为“历史反革命”。女儿刘临贞致信薛暮桥，问：“您说我爸到底是反革命还是共产党？”薛暮桥回信表示惊讶：“不知道刘敦安还有后代，你爸爸是我最好最好最好的学生。”“你爸是个最好最好的共产党员。当时安徽立煌地下党所提供中央的情报，都是你爸负责搜集的，那时中央李先念负责这边，他表扬立煌地下党，本意就是表扬你爸，你爸是个优秀的共产党员，这你不用担心。”[②]1981年3月15日薛暮桥致信有关部门提供“关于刘敦安的情况”，表示“刘敦安是我在广西省立师范专科学校教书时最优秀的学生，当时我任一个班的班主任，他是学生代表（班长），他刻苦学习，坚信马列主义”。1933年暑假，“刘敦安陪伴我到苍梧、博白、容县、南宁、龙州等地，进

---

① 抗战初期李宗仁任第五战区司令长官兼安徽省主席。他邀请上海救国会七君子之一章乃器负责省动员民众委员会工作。李担任动委会主任，章乃器任专职委员兼秘书。李不在时，章乃器代行实际工作。章乃器任财政厅长后，省动委会秘书由朱蕴山兼任。参见张劲夫（2000）：《张劲夫文选：世纪回顾》，北京：中国财政经济出版社，2000年，第207—218页；王栴、罗元编（2012）：《英烈书生——广西师范大学英烈故事集》，桂林：广西师范大学出版社，2012年，第73—76、98—99页。薛暮桥在回忆录中表示“刘敦安、麦世法在桂军中做秘密工作，抗战时期参与第五战区（鄂豫皖地区）党的领导工作，身份暴露后被白崇禧活埋”。这一说法与广西师范大学校史文献不一致，我们采用校史文献说法，认为刘、麦系由李品仙下令活埋。参见薛暮桥（1996）：《薛暮桥回忆录》，载《薛暮桥文集》第二十卷，北京：中国金融出版社，2011年，第44页。

② 王栴、罗元编（2012）：《英烈书生——广西师范大学英烈故事集》，桂林：广西师范大学出版社，2012年，第67、79页。该书附有薛暮桥回忆刘敦安的手稿照片，但清晰度不够。我们根据该书直接引语记录。

行了一个半月的农村经济调查。”“我和刘敦安还去了苏区遗址下冻，目睹了红军失败后，农民逃跑，房屋全部被焚，田地大半荒废的惨状。”“接着刘敦安利用课余时间，帮助我整理全部调查资料，写成《广西农村经济调查报告》。”[①] 刘敦安纪念碑后落成，采用薛暮桥手书题词“刘敦安烈士永垂不朽　薛暮桥”。[②]

**12 月 30 日**　山东省工商总局印发《山东省财经会议关于工商工作决议》。决议规定：（一）烧酒执行少烧厚利（竞销地区利润不得低于 150%，中心地区不得低于 200%）、公家专酿、禁止输入、全区流通等政策，对各区规定了具体烧酒数量（合计 702 万斤）。（二）盐务的基本政策为扩大运销，保护与组织运输，调节市场。充裕财政。除出场税（100%）外，一切差额出口税均取消，内地运销绝对自由。出口地点有外汇管理关系的，应由盐店统购统销。（三）税务方面，规定进出口税税率应奖励生产工具、原料进口，禁止化妆品、迷信品及解放区能生产自给的必需品进口。（四）贸易工作的基本任务是扶助群众生产，保证爱国自卫战争的物资供给。以前的贸易工作的财政任务即予取消。内地局以县为单位设立商店，结合当地党政领导，结合当地合作业务机构，扶助群众生产与吸收为换取军用物资的土产工作。海上贸易争取民用物资进口，业务上争取外商贸易，避免自己派船出去。减少生油出口，禁止生米出口，增加土产山货

---

① 王枬、罗元编（2012）：《英烈书生——广西师范大学英烈故事集》，桂林：广西师范大学出版社，2012 年，第 68—69 页。该书谈到，刘敦安的妻子生前提及，“他曾经写过很多东西，我也帮他抄过一些东西。”刘敦安的女儿表示：“我估计就是那经济调查报告。”（同上书，第 80 页。）薛暮桥明确表示该书前七章是自己所写，后三章为刘端生所写。刘敦安女儿的推测不宜采用。不过，在薛暮桥主持中国农村经济研究会会务并主编《中国农村》期间，《中国农村》月刊刊登多篇关于广西农村的文章。除薛暮桥和刘端生外，这些文章主要是广西省立师范专科学校毕业生所写。刘敦安的笔名作品应在其中。

② 同上书，第 77 页。

外销。[①]

**冬** 欣然同意中共山东分局书记罗荣桓邀请，正式留在山东抗日根据地领导经济工作。薛暮桥回忆：

> 这年冬天，我有一天路过罗荣桓同志的住所，罗邀请我到他家里去下围棋。我是不喜欢下棋的，只能跟着进去。其实他也并不想下棋，主要是利用这个机会找我谈谈。因为原来朱瑞同志说留我在山东帮助工作三个月，期限早已超过，中央也有电报来催。罗荣桓同志一面复电中央，要求将我留下，一面还要征求我的意见。他说，党中央几次来电要你去延安，我知道罗琼同志也在延安。但我们是要你帮助解决吃饭问题的，不能让你走啊！你自己的意见怎么样？他又语重心长地说："山东的经济工作还需要你呀！这一年你在山东工作成绩很大，我就不必多说，只想强调一点，经济斗争是我们整个斗争不可分割的一个重要部分。我们很需要你这样的专家来帮助我们啊！[②] 我回答说："一切由山东分局决定，要我在这里工作多久，我就工作多久。"这样，我就正式成为山东的干部了。[③]

---

① 《山东省财经会议关于工商工作决议》（1943年12月30日），载《山东革命历史档案资料选编》第十一辑，济南：山东人民出版社，1983年，第206—215页。

② 《当代中国人物传记》丛书编辑部（1991）：《罗荣桓传》，北京：当代中国出版社，1991年，第340页。

③ 薛暮桥（1996）：《薛暮桥回忆录》，载《薛暮桥文集》第二十卷，北京：中国金融出版社，2011年，第125—126页。薛暮桥曾经解释为什么会"欣然同意"留在山东工作："省政府主席黎玉同志要我主持新成立的工商局工作。首先是进行对敌货币斗争，取得巨大胜利，接着实行食盐专卖，组织农民用滨海的食盐运到津浦铁路两侧敌占区高价出售，不但赚取厚利，而且用所得法币、伪币来支持货币斗争，不断压低法币、伪币的比价，稳定解放区的物价。斗争的胜利提高我对经济工作的信心和兴趣，所以当罗荣桓同志要求我在山东长期工作时，我欣然同意了。"参见薛暮桥（1988）：《自传》，载《薛暮桥文集》第十三卷，北京：中国金融出版社，2011年，第42页。

## 1944年

**1月1日** 《大众日报》发表《新年献词》，指出：在新的一年里，要把千百万群众真正组织起来，这是巩固根据地的中心问题。当前要完成减租减息任务，开展群众性的大生产运动。4日，山东省战时行政委员会召开干部大会，要求干部下去帮助群众制订生产计划、检查减租减息、增加工资等工作。[①]

**1月25日** 在《大众日报》发表《怎样帮助农民增加生产》。文章指出，中共中央号召我们帮助军民增加生产，党政军民工作同志均在摩拳擦掌，但大多数同志缺乏领导生产的经验。在领导农民以前，还得先向农民好好学习。就当先从调查研究入手，进而组织劳动互助，编制生产计划，动员农民向这一目标迈进。文章对调查研究的内容、方法、注意事项，劳动互助的经验、原则、具体办法，编制生产计划的主要内容做出详细解说。[②]

**3月** 在山东《民主导报》发表《山东各根据地现行征粮办法检讨》一文，对胶东区、滨海区、鲁南区、清河区、鲁中区的现行征粮办法一一研究，分别指出问题和改进意见。[③]

---

① 中共山东省委党史研究室（1992）：《新民主主义革命时期中共山东党史大事记》，济南：山东大学出版社，1992年，第361页。

② 薛暮桥（1944）：《怎样帮助农民增加生产》，载《大众日报》，1944年1月25日，第一版。

③ 薛暮桥（1944）：《山东各根据地现行征粮办法检讨》，载《薛暮桥文集》第三卷，北京：中国金融出版社，2011年，第1—18页。

**3 月 26 日** 山东省战时行政委员会发出“对各行政区征粮办法的指示”，提出改进征粮办法所应把握的原则：一、照顾军粮民食，即既须保证军队及政府工作人员的食粮供给，又须尽可能地减轻人民负担。二、使各阶层的负担公平合理，即既须减轻贫苦农民的负担，又须照顾地主富农，勿使负担过重。三、奖励生产，即既须奖励农民深耕细作，多施肥料，又须使农民愿意多种田地，不妨碍富农经济的自由发展。指示从累进分级标准、出租地及租种地的计算方法、累进率的高低以及雇工参加生产、寡孤老弱、无壮丁之人家及贫苦抗属等情况提出改进意见，要求各级政府应专门研究讨论，斟酌修改征粮办法。指示还指出：“《民主导报》第三期所载《山东各根据地现行征粮办法检讨》一文①可作研究本指示之参考。”②

山东省战时行政委员会发出关于免征 1941 年 12 月以前积欠田赋公粮的通令。③

**4 月** 在《斗争生活》第 29 期发表《滨海区半年来的货币斗争》。文章指出：“滨海区的货币斗争，在山东分局和省政委会的直接领导下，经滨海专署，特别是工商管理局半年来的努力，已经获得了很大的胜利。”同时，货币斗争的胜利并没有足够减轻我们财政经济上的困难，并没有足够地改善人民的生活和刺激生产贸易的发展。过去半年，货币斗争的缺点是：第一，没有预料到货币斗争变化这样快，造成许多不必要的损失。去年秋季田赋改征粮食，以及其他物资大量囤积未能及时出售，导致在物价跌落中政府银行和工商管理局损失千余万元。第二，物价跌落不平衡，粮食价格跌落

---

① 即薛暮桥《山东各根据地现行征粮办法检讨》一文。

② 《山东省战时行政委员会对各行政区征粮办法的指示》(1944 年 3 月 26 日)，载《山东革命历史档案资料选编》第十一辑，济南：山东人民出版社，1983 年，第 297—299 页。这一指示与《山东各根据地现行征粮办法检讨》互为表里。

③ 山东省财政科学研究所(1987)：《山东革命根据地财政大事记》，济南：《山东财会》杂志社，1987 年，第 45 页。

太大，工业物品特别是布价跌落太小，这种物价的剪刀差于我们非常不利。第三，商业受到打击，生产发展也受些影响。第四，对抗日邻区照顾不够。第五，现在的本位币制，从开始发行就同金银脱离关系，同其他货币亦未保持一定联系，因此价格毫无标准，涨落均无限制。但币值的涨落，会使雇主与雇工、店东与店员、债权人与债务人、收税者与纳税者间财产关系发生不合理的变化，因而引起许多纠纷。为稳定币值、物价，我们应使本位币与金价或若干重要物资的价格保持一定的联系，并尽可能求得山东各根据地本币价格的逐渐统一。[①]

山东抗日根据地“排法”斗争全面胜利，北海币成为根据地唯一流通的本位币。[②]

**4 月 10 日** 山东省战时行政委员会发出关于工商管理局工作关系的指示。指示规定：各级工商管理局是各级政府的组成部分，均应接受同级政府的领导或指导。一切对外布告，如有法令性质者，其决定权及公布权属于各级政府，工商管理局仅能向同级政府提出意见，不得擅自决定，自出布告。各级工商管理局设监察委员，代表政府执行政策法令，其职权为协助政府工作、掌握政策和教育工作。[③]

**4 月 29 日** 中共中央华中局作出《关于货币问题的决议》，要求“各地区应明确决定大概一年之后，一律做到停用法币，改以抗币为

---

① 薛暮桥（1944）：《滨海区半年来的货币斗争》，载《薛暮桥文集》第三卷，中国金融出版社，2011 年，第 19—24 页。

② 葛志强、刁云涛、宋文胜（2014）：《山东革命根据地北海银行历史年表》，北京：中国文史出版社，2014 年，第 170 页。

③ 山东省财政科学研究所（1987）：《山东革命根据地财政大事记》，济南：《山东财会》杂志社，1987 年，第 46 页。

各地区的本位币”[①]。次年 10 月 7 日，华中局发出《关于货币金融政策的决定》，禁止法币在解放区内流通；确立与法币的外汇关系，加以管理，以巩固华中本位币；同时放弃华中币对法币的固定比价，改为按市场的自然比价管理法币外汇。[②]建议华中根据地停用法币是由薛暮桥提出的，他这样回忆：

前年（指 1944 年。——引者注）华中解放区写信[③]来问我们，他们食盐出口，法币进来，食盐出去得越多，法币回来得越多，物价越是高涨，问我们有什么经验。我们说，唯有赶快停用法币。[④]

**5 月**　所编《怎样办合作社》（署名“山东省政委会调查研究

---

① 江苏省财政厅、江苏省档案馆、财政经济史编写组（1986）：《华中抗日根据地财政经济史料选编（江苏部分）》第三卷，北京：档案出版社，1986 年，第 158 页。

② 高贯成主编（2001）：《华中银行史》，南京：江苏人民出版社，2001 年，第 90 页。徐雪寒在发行统一的华中币之前写的《华中解放区的货币》反映了决策前的主要考虑。参见徐雪寒（1945）：《华中解放区的货币》，载《徐雪寒文集（增订版）》，北京：生活·读书·新知三联书店，2006 年，第 198—206 页。

③ 1944 年初，中共中央华中局打算建立华中一级的抗日政府，在华中局曾山领导下成立政策研究小组，组长冯定，抓总并分管文教，李代耕分管政权建设，徐雪寒（时任中共中央华中局经济情报处处长、政策研究小组兼任研究员）分管财经工作。从当时华中局的工作分工推测，这封写给薛暮桥的信应为徐雪寒所写。徐在文章中谈及，“我们的工作，首先是收集苏中、苏北、淮南、淮北各根据地政府建设的资料，时时还收到山东分局（山东省政府）寄来的资料”。春初，研究小组召开第一次财经工作座谈会，以政策研究小组拟议的方案为讨论基础。至春末夏初，华中召开第一次财经会议，政策研究小组结束工作。华中解放区写信问山东根据地货币的事情，应为方案拟订过程中的事。参见徐雪寒（1982）：《回忆潘汉年同志二三事》，载《徐雪寒文集（增订版）》，北京：生活·读书·新知三联书店，2006 年，第 483 页；徐雪寒（1988）：《功勋卓著　光照后人》，同上书，第 634—635 页；徐雪寒（1989）：《永不忘记的战友——李代耕同志》，同上书，第 565—566 页。

④ 李普（1946）：《北海票与油盐柴米》，载《开国前后的信息》，北京：新华出版社，1984 年，第 112 页。

室”）由山东新华书店出版。[①] 书中收录《怎样办合作社》（薛暮桥）、《办合作社的几个问题》（贺致平）、《臧家庄合作社的发展及其具体经验》（耿骏）、《崖子合作社对于几个重要问题处理》（王耕今）、《鲁中沂山区的朱葛区联合社》（苏展）、《福顺成的渔盐合作社》六篇文章。其中，《怎样办合作社》一文由调查研究室秘书张剑整理誊清。

在《山东民主导报》第 4 期发表《我们的贸易政策》。文章认为，应当反对贸易上的两种错误倾向："左"的倾向，如无原则的扩大统制范围，机械执行以货易货政策，又如公营商店及合作社垄断市场，排挤商人，强定物价，以及无原则地限制根据地内物资流通，其结果必然会造成外贸停滞，市场萧条，妨害生产发展，影响人民生活；右的倾向如贸易上的放任主义，坐视敌人掠夺，投机商人囤积居奇，生产与人民生活同样受到严重损害。[②]

**6 月 17 日** 在《大众日报》发表《工商管理中的几个问题》，就食盐运销问题、纺织生产问题和法令执行问题做出解释。文章指出，食盐专卖收到显著效果，今年食盐生产数量比去年增加一倍，运销数量也增加一倍以上，盐民和运盐农民的生活比去年大大改善。食盐生产运输增加快，输出没有显著增加，不得不把盐价稍稍降低，

---

① 山东省政委会调查研究室编（1944）：《怎样办合作社》，山东新华书店，1944 年。此书重印或翻印版本署名为“薛暮桥等著”；薛暮桥在 1948 年在华北财经办事处任职期间，以自己名义编选过一本同名但内容不同的著作。另据薛暮桥在山东省工商局和调查研究室时的秘书张剑回忆，1944 年春夏之交，薛暮桥因肠胃病住部队医院半个多月，阅读了“许多参考书”，特别是与合作社有关的论著，也有“国民党的一些经济论文”，其中包括“丹麦的合作社问题”和“苏联的合作化问题”。虽然张剑回忆的书名不一定准确，但所记重点参考的文献内容与薛暮桥在此前后发表作品的情况高度一致。因此，我们判断此书系薛暮桥所编。参见张剑（2003）：《忆沂蒙八年》，自印本，2003 年，第 262—264 页。

② 薛暮桥（1944）：《我们的贸易政策》，载《薛暮桥文集》第三卷，北京：中国金融出版社，2011 年，第 25—32 页。

这是暂时现象。敌区食盐供应不能不依靠山东和华中根据地，敌人无法摆脱我们食盐专卖而转嫁他们的负担。根据地土布生产迅速发展，又因洋布、土布输入太多，使土线、土布销路停滞，所以决定禁止洋布进口。[①]

**7 月 1 日** 在《大众日报》发表《山东抗日根据地内的纺织手工业》。文章指出，1942 年冬各地成立纺织局、积极扶植纺织手工业发展以来，取得了重要成绩：解决了军队和大多数人的穿衣问题，胶东区和鲁中区今年布匹已有剩余，渤海区更无问题，滨海区今年可以供给人民所用布匹半数以上，鲁南区将可以供给军队所用布匹；保证了对外贸易的出超，胶东、鲁中、滨海已禁止洋布进口；改善了根据地人民的生活，几千万贫苦农民依靠纺织收入度过了春荒，在纺织业发展的区域，多数农家不论男女老幼都穿上了新棉衣；提高了妇女在家庭中的地位，并充实了妇女工作的内容，由于大家都参加生产，妇女团体的生活大大活跃起来。山东发展纺织生产，第一，坚持"群众生产"的总方针，采用家庭手工业的生产方式。群众生产有两种方式，一种是政府供给原料，收回成品，发给工资；一种是群众独立自主地纺织生产。到生产发展到一定程度的时候，前一种方式可能使生产发展受到阻碍，这时应向后一种方式转变。第二，把纺工织工组织起来，政府和群众团体给以各种帮助。最初步的形式，是生产小组；进一步的组织，就是纺织合作社。第三，纺织合作社建立在私产制度基础上，出钱出力的人应按一定比例分红。分红比例，一般这样：纺线一斤，作为一股，织布一小匹，也作为一股；有些合作社按照所得工资数额分红，工资多的多分，少的少分。第四，既要照顾提高，又要照顾推广。第五，公营纺织

---

① 薛暮桥（1944）：《工商管理中的几个问题》，载《薛暮桥文集》第三卷，北京：中国金融出版社，2011 年，第 33—37 页。

工厂开始试行公私两利的分红办法，使它逐渐向着合作社方向发展。过去公营工厂大多采用供给制，有的生产情绪不高，原料浪费很大，生产成本往往超过一半市价。今年已经改用计件工资制。这样生产的数量增加了，但出口质量未提高，原料节约未注意，工厂管理仍不合理。只有试行公私两利的分红制，才能使工人自觉想办法消除上述缺点。第六，掌握物价，调剂供求，保障生产者和消费者的利益。公营商店和合作社应当设法稳定棉、线、布三者价格，使纺织工人能够安心生产，不受价格涨落威胁，应当保证棉花的供给，线和布的畅销，使生产不致停滞，资金流转不发生困难。最后，文章这样结束：

在某些纺织生产特别发展、群众组织特别活跃的地区，青年妇女开始要求集体生活。在寒冷的冬天，往往一个温暖的地窖中，集合着几张布机，或十几辆纺车，热烈地纺着织着，休息时就说着笑着，人声机声闹成一片。在炎热的夏天，每当清风明月之夜，广场上集合着几十辆纺车，凉风中飘荡着沉重的车声和轻快的歌声，她们在辛苦的生产劳动中，体验着集体生活的愉快。这一幅活泼紧张的图画，正象征着未来的新民主主义经济的曙光。①

---

① 薛暮桥（1944）：《山东抗日根据地内的纺织手工业》，载《薛暮桥文集》第三卷，北京：中国金融出版社，2011 年，第 38—42 页。张剑的回忆中有类似的场景，且纺织与识字班联系在一起："到四四年，大生产运动收到了显著成效。特别是在解决根据地广大军民的穿衣问题上，可千万不能忘记那些农村识字班里姑娘的功劳。我们织布厂里所用的棉纱几乎全部都是她们用双手纺出来的。在大生产运动中，农村的姑娘们，组织起来实行生产与学习文化相结合。夏天按组组成的识字班小组，都把纺车搬到大树下，把学识字的小黑板挂在树上。我们每次外出，走进每个村庄，都可以看到成群的纺纱姑娘边摇纱边唱歌的动人情景。她们劳动时，就把歌声和纺车声结合在一起，到休息时就由小先生在黑板上教识字。每个人都有铅笔和油印的识字课本。"参见张剑（2003）：《忆沂蒙八年》，自印本，2003 年，第 280—281 页。

延安《解放日报》7 月 10 日、重庆《新华日报》9 月 5 日转载这篇文章。

**7 月** 所写《山东的北海票》及《山东抗日根据地内的纺织手工业》收入胶东联合社编印的《一九四四年七一 · 七七纪念文献》一书。[①]《山东的北海票》认为山东人民最欢迎北海票，原因有二：一是货币比值发生变化，过去本币与法币等价交换，但至去年本币一元可兑换法币五元，现在胶东本币一元能兑换法币十元，其他各地区为八元到十元；伪钞跌价，过去联银券一元可兑换本币七元至八元，现在多数地区已与本币等价交换，而胶东只兑本币八角左右。二是物价发生变化，滨海区去年下半年物价平均跌落一半，鲁中沂蒙区平均跌落三分之一，鲁南滨海等地已跌落三分之一到二分之一。由于货币斗争的胜利，民主政府的威信更高。[②]

**8 月 5 日** 黎玉在滨海、鲁中、鲁南工商管理工作会议上作总结报告。报告指出：滨海、鲁中、鲁南工商管理局自去年秋冬相继成立以来，已经初步取得了对敌经济斗争的主动权，扭转了去年币值跌落、物价高涨、物资外流所造成的经济上的困难局面。由于上述三区地域扩大，经济联系日益密切，可以取消北海币分区发行制度，以利

---

① 该书目录如下：《中共中央发布抗战七周年纪念口号》《中国共产党创立廿三周年》《纪念党的廿三周年——学习毛泽东思想组织群众大多数》《在民主与团结的基础上加强抗战争取最后胜利》《纪念“七七”》《八路军、新四军的抗战成绩与敌后抗日根据地的概况》《活跃于敌后战场的民兵》《回忆胜利 坚持山东抗战的第七周年》《抗战第七周年的山东人民武装》《山东的北海票》《山东抗日根据地内的纺织手工业》《山东解放区民主政府施政的纲领》《七年来艰苦斗争的鲁南》《鲁南的新气象》。附录：《抗战第七周年中八路军新四军的战果》《胶东军区一年战绩》《胶东民兵十五个月战绩》。参见胶东联合社（1944）：《一九四四年七一 · 七七纪念文献》，胶东联合社，1944 年。

② 薛暮桥（1944）：《山东的北海票》，载《山东革命历史档案资料选编》第十二辑，济南：山东人民出版社，1983 年，255—258 页。

于物资流通。[①]

**8 月 6 日至 1945 年 1 月 16 日** 出席山东省第二次行政会议[②]，并在会上作土地组总结报告（参见本年 11 月条）。此次会议历时 5 个月又 10 天，在莒南县坪上开始，在莒南县小山前结束，是一次准备反攻工作的重要会议。[③] 鲁中、鲁南、渤海、胶东、滨海五个地区行署（后改专署）主任、专员、县长和省行政委员会机关及北海银行干部共 200 多人参加会议。[④] 会议在学习讨论整风文件后，由战时行政委员会秘书长刘居英作动员反省报告。[⑤] 随后分为四个阶段。第一个阶段（1944 年 8 月 6 日到 10 月 14 日）以与会

---

① 山东省财政科学研究所（1987）：《山东革命根据地财政大事记》，济南：《山东财会》杂志社，1987 年，第 47 页；葛志强、刁云涛、宋文胜（2014）：《山东革命根据地北海银行历史年表》，北京：中国文史出版社，2014 年，第 171 页。

② 1940 年 9 月 13 日至 11 月 12 日，山东省战时工作推行委员会举行全省行政会议，第二次行政会议是相对 1940 年的全省行政会议而言的。此时反攻即将到来，根据地已经巩固，会议旨在总结经验，动员一切力量，加紧准备反攻。参见章猷才、陈朝（2006）：《党在山东革命根据地的执政研究》，济南：黄河出版社，2006 年，第 90、223 页。

③ 据崔介回忆，薛暮桥、王耕今、贺致平参加了会议。他这样描述会议情况："会议是流动性的，隔上几天迁移一个地方，住的虽然是较大的村庄，各地区共五个代表团都住在一个村庄，代表团自己开会可以找到一个大的房子，而开大会却没有容得下的大房子。特别后一段，又是寒冷季节，不得不找个避风向阳的地方。有时在村子围墙的南面，有时在山洼的前面，能借到群众的小凳子坐就很好了，有时不得不找个石块和砖头来当座位。有时下雪飘着雪花照常开会；有时雪下大了，就找个地主油坊的小四合院、各代表团在四个屋子里听，院子当中放张桌子，发言的同志戴上苇笠、披上蓑衣在那里放开嗓子讲。"参见崔介（1994）：《拾遗集》，自印本，1994 年 10 月，第 507—508 页。另参见崔介（1990）：《山东省战工会与滨海区抗日民主政权建设》，载《政权建设的创举》，济南：山东人民出版社，1990 年，第 91 页；山东省财政科学研究所（1987）：《山东革命根据地财政大事记》，济南：《山东财会》杂志社，1987 年，第 47 页。

④ 中共山东省委党史资料征集研究委员会编（1989）：《深切怀念黎玉同志》，济南：山东人民出版社，1989 年，第 204 页。

⑤ 崔介（1994）：《拾遗集》，自印本，1994 年 10 月，第 508 页。

同志整风为主，代表们整风反省，开动脑筋、挖掘思想深处的肮脏东西，坦白交代有没有参加其他党派、团体、会道门；第二个阶段（10 月 14 日到 12 月 13 日）主要在整风基础上进行政策研究和检讨，按照工作性质分为生产组、土地组、财政组、拥军组、教育组等八个小组，分别搜集整理材料，小组讨论、集体研究，依次向会议提出各项工作的总结报告。第三阶段（10 月 12 日、13 日到 1945 年 1 月 5、6 日）检查领导，自下而上帮助领导整风，检查省政委会几年来的工作。群众、下级积极提出意见，经负责同志反省解释，展开讨论，做出结论。第四阶段（1 月 7、8 日到 16 日）黎玉做大会总结，报告题为“民主思想，民主政策，民主作风”。罗荣桓做大会闭幕讲话。[①] 整风期间，薛暮桥受到群众赞扬。[②]

**10 月 13 日** 在《大众日报》发表《评国民党提示案乙项第八条》。记者就国共谈判中国民党提示案[③] 规定敌后各抗日民主根据地“不得发行银票，其已发行之银票，应与财政部协商办法处理”征询薛暮桥意见。薛暮桥做书面答复，即本篇文章。

答复指出，我们本来并不愿意自己发行银票，但重庆政府滥发法币，弄得币值狂跌，物价飞涨。民主政府如不设法解决这一重大问题，将何以坚持抗战，何以保障人民安居乐业？！去年省临时参议会接受人民意见，决定改以山东省银行（北海银行）所发行的银票为本

---

① 山东省财政科学研究所（1987）：《山东革命根据地财政大事记》，济南：《山东财会》杂志社，1987 年，第 49 页；辛玮等主编（1982）：《山东解放区大事记》，济南：山东人民出版社，1982 年，第 205 页；崔介（1994）：《拾遗集》，自印本，1994 年 10 月，第 509—521 页；章猷才、陈朝（2006）：《党在山东革命根据地的执政研究》，济南：黄河出版社，2006 年，第 225—226 页。

② 张剑（2003）：《忆沂蒙八年》，自印本，2003 年，第 264 页。

③ 指国民党 1940 年 7 月 16 日提出的“中央提示案”，主要内容是：取消陕甘宁边区，代以“陕北行政区公署”，归陕西省政府领导；缩编八路军、新四军，限制其防地；把活动在江南和整个华中的八路军、新四军都集中到黄河以北冀察两省这一狭窄地区内。

位币，以期平抑物价，安定民生。自从去夏开始改革币制以来，各地物价平均跌落一半（同一时期法币物价高涨了 5 倍到 10 倍）；现在物价稳定，市场日益繁荣，本币（北海币）与法币的比值，在去年夏季是一比一，现在本币 1 元改以兑法币 10 元到 15 元。究竟应取消本币改用法币，或是取消法币改用本币，这应当让山东人民公决，如果强要我们倒行逆施，服从国民政府的祸国殃民的"政令"，那就会自绝于山东的 3 800 万人民。所以我的意见是，我们的地方银票，实在用不着与财政部来"协商处理"，倒是几千万跌得像冥票一样的法币，却应当请财政部来协商处理一下才好！①

**11 月** 受黎玉委托，在山东省第二次行政会议上作土地组总结报告，共讲三个半天约 12 个小时。② 内容分为三部分：第一部分，思想政策检讨；第二部分，减租减息；第三部分，土地纠纷。③

第一部分指出，山东把减租减息定为头等重要任务已经有三年之久，为什么各根据地减租减息工作还没有彻底完成，最主要的原因是干部思想上还没有打通，政治立场不明确，群众观念薄弱。过去执行土地政策的主要错误认识有：第一，许多干部宣称山东各根据地土地分散，减租减息不是重要工作。山东土地并不怎么分散，大地主是相当多的。我们在落后地区，土地自然比较分散。但这并不等于封建统

---

① 薛暮桥（1944）：《评国民党提示案乙项第八条》，载《薛暮桥文集》第三卷，北京：中国金融出版社，2011 年，第 43 页。薛暮桥曾谈到这篇文章是"1944 年的一个发言"，我们尚不清楚这是什么会议上的发言。参见薛暮桥（1984）：《抗日战争时期和解放战争时期山东解放区的经济工作》，济南：山东人民出版社，1984 年，第 180 页。

② 薛暮桥（1988）：《〈抗日战争时期山东滨海区农村经济调查〉序》，载《山东党史资料 抗日战争时期山东滨海区农村经济调查》，1989 年 5 月，第 2 页。

③《山东省第二次行政会议土地组总结报告（草案）》，载《山东革命历史档案资料选编》第十三辑，济南：山东人民出版社，1983 年，第 202—233 页；薛暮桥（1944）：《关于土地政策和减租减息工作》，载《薛暮桥文集》第三卷，北京：中国金融出版社，2011 年，第 44—70 页。两篇文章正文内容完全相同，后者注为 1944 年，前者所记时间为同年 11 月。

治薄弱。这里许多较小的地主土地虽然不多，剥削却更残酷，各种超经济的封建剥削花样更多。第二，没有认识到减租减息是改造乡村、变更阶级力量的革命行动。在减租减息的实施过程中，封建经济的没落是不可避免的。只要在减租减息后保证交租交息，并保护地主依法取得的地权和财权，便不必对这种现象大惊小怪。今天形势已与过去不同，不应再像过去那样小手小脚。第三，以为有了革命的军队和政府，减租减息就能顺利实现。减租减息与地主阶级利益有矛盾，所以与群众斗争是分不开的。第四，许多政权工作干部仅仅赞成，而不自己动手去做。认真减租减息，扶助工农群众运动，与三三制的政府立场并不矛盾。第五，机械执行法令，采取官僚主义态度处理土地纠纷。问题关键是弄清问题真相，正确执行政策法令。最好到群众中去调查研究，研究什么是引起纠纷的真正原因，问题关键究竟是在什么地方，处理以后将会发生什么结果。第六，不能掌握土地政策的基本精神，按照不同的对象，采取不同的方法处理问题。如把开明的小地主与顽固的大地主同样看待，把地主与富农同样看待，把收租地主与经营地主、富农的封建剥削与资本主义剥削同样看待，甚至把贫苦抗属孤寡因无劳动力出租土地也与地主出租土地同样看待。

第二部分指出，中国各地流行的租佃制度异常复杂，流行于东南沿海各省的永佃制（农民有永佃权，租额低）和流行于华北各省的伙种制（地主出农本，租额高）不适用《土地法》的规定（“地租不得超过耕地正产物收获总额千分之三百七十五”），最好的办法是照战前原租额进行二五减租。一般讲，定租制比分租制进步一点，但在农民无法防止大荒现状下，定租制如不规定荒年减租，佃户遇灾荒就会倾家荡产。遇严重灾荒，收获在六成以下时，应由政府召集业佃双方代表，规定交租折扣。流行定租制的地方，农本通常由佃户负担，以常年平均产量千分之三七五为最高标准，租额算比较适当，遇到七八成年景可以不必要求减租。为防止封建势力乘机反攻，过去所订租约一般应予承认。地主违抗政府法令，不准许佃户减租或者明减暗不减，佃户可以要求退还过去多交的租额。各地流行的额外负担，主要有“份子粮”“带种地”“拨工”“送礼”四种，需要分别情况处理。减租订约后，许多地主因反对减租，以抽地威胁，或因收入减少，生活困难，要求收回土地出典出卖。处理原则是：一方面保障地主地权，另一方面保障佃户的佃权，同时考察地主抽地的动机，及抽地后的结果，审慎处理。现在农业生产利润一般不到二分，农村借贷利率应仍以一分半为法定标准。报告根据情况，提出各种最高利率，供各地处理借贷纠纷时参考。关于增加工资问题，报告提出了雇工工资的标准，并针对特别严重的雇主雇工间矛盾，指出除适当提高粮价，抑低布价外，莫如“劳资两利分红办法”增加生产，这值得我们特别重视。

第三部分针对封建统治者采用各种非法手段掠夺农民、汉奸非法掠夺、根据地地主反对减租政策引起的土地纠纷，指出应按照土地政策予以适当解决。土地政策的基本精神主要有三点：第一，保障地权，反对强买侵占掠夺。第二，奖励生产，照顾贫苦农民生活。第三，采纳群众意见，考虑政治影响。报告对土地买卖纠纷、典当回赎、新区土地纠纷、垦区土地纠纷和山荒河荒土地纠纷分别提出了原则性的处理办法。报告还指出，处理土地纠纷一方面要经过周密调查，另一方面不应拖延时间，以致影响农业生产。任何土地纠纷在未解决以前，应仍由原耕作人继续耕作，必须移交他人耕作者由政府明白决定。①

这一报告经修改，以黎玉的名义在《山东民主导报》发表，“这样就能作为组织上的意见，要各地参照执行”②。晚年为王耕今《抗日

---

① 薛暮桥（1944）：《关于土地政策和减租减息工作》，载《薛暮桥文集》第三卷，北京：中国金融出版社，2011 年，第 44—70 页。

② 薛暮桥（1996）：《薛暮桥回忆录》，载《薛暮桥文集》第二十卷，中国金融出版社，2011 年，第 126 页。

战争时期山东滨海区农村经济调查》一书写序时，薛暮桥翻阅这一报告，对报告“说得如此详细”感到“惊讶”：

现在翻阅这个报告，对山东省当时农业生产关系的具体情况和几年来的变化、存在的问题和解决这些问题的具体意见，说得如此详细，连我自己重读时也感到惊讶。这些思想的来源，无疑是这些调查报告①，这证明这些调查对分局和省政府决定政策已经起了重要作用。……如果把这报告同这本调查资料参照阅读，对这本调查资料所起的重要作用将有更深刻的理解。②

**12 月 6 日** 中共山东分局做出关于货币政策的决定，指出过去一年货币斗争相继胜利，完成单一本位币制，滨海、鲁中、鲁南已完成统一发行，这是过去货币斗争所得到的成绩。但本币发行始终未能满足市场流通需要，同时胶东、渤海发展比较落后，妨碍全省币制进一步的统一。决定要求增加各种贷款，勿使土产物价继续跌落，粮价且应适当提高；充实印刷机构，贮存大量本币，积蓄力量、物资，随时用于反攻；加强全省经济情报联系，统一斗争步调，首先争取胶东、渤海的统一发行，接着完成全省币制的统一。③

---

① 指《抗日战争时期山东滨海区农村经济调查》。

② 薛暮桥（1988）：《〈抗日战争时期山东滨海区农村经济调查〉序》，载《山东党史资料　抗日战争时期山东滨海区农村经济调查》，1989 年 5 月，第 2 页；薛暮桥（1996）：《薛暮桥回忆录》，载《薛暮桥文集》第二十卷，北京：中国金融出版社，2011 年，第 126 页。两书称山东省第二次行政会议为“县长以上干部会议”，这一名称是不准确的。

③《中共山东分局关于货币政策的决定》（1944 年 12 月 6 日），载《山东革命历史档案资料选编》第十三辑，济南：山东人民出版社，1983 年，第 253—256 页。

## 1945 年

**1 月 1 日**　《大众日报》发表元旦社论《迎接一九四五年，贯彻实现毛主席号召的十五项任务》。社论指出：必须把生产工作提到全年任务的最高度，广泛深入开展大生产运动，准备反攻；必须把群众继续发动和组织起来，进一步开展以查减为中心的群众运动。[①]

**2 月 13 日**　在滨海区莒南县相邸[②]参加春节拥军慰问演出。[③]会上党员干部与民主人士共同登台演《捉放曹》、《空城计》和《法门寺》，其中《空城计》由李澄之、刘伟、郭维城、马保三、梁竹航、耿光波、张伯秋、艾楚南、薛暮桥、杨希文、孙鸣岗演出。[④]薛暮桥、

---

① 山东省财政科学研究所（1987）：《山东革命根据地财政大事记》，济南：《山东财会》杂志社，1987 年，第 48—49 页。

② 这里是指当时山东军区司令部和省战时行政委员会驻地。

③ 1945 年山东省战时行政委员会曾发出《关于 1945 年春节文娱工作的指示》，要求各地春节期间组织广泛的文娱活动，形式要求是“短小精干，群众化”，内容要求是表现“减租减息，改善生活”“军民生产，丰衣足食”“拥军优抗和拥政爱民”。参见辛玮等主编（1982）：《山东解放区大事记》，济南：山东人民出版社，1982 年，第 206 页。

④ 刘汉等（1987）：《罗荣桓元帅》，北京：解放军出版社，1987 年，第 516 页；张剑（2003）：《忆沂蒙八年》，自印本，2003 年，第 239 页。张剑曾担任调查研究室秘书，他的回忆较为详细：《空城计》“由北京大学新来的柳先生（应为当时到山东工作不久的北京大学学生刘伟。——引者注）扮演诸葛亮，战工会（应为战委会，下同。——引者注）副主任李澄之同志扮演司马懿，我当旗牌，刘居英、孙鸣岗、马议长和孙立基委员等战工会的领导同志都参加演出，扮演老军和龙套。男女老少参加文艺演出都很认真。演出也很成功，尤其是政府机关的首长们都参加演出就更为隆重”。

杨希文扮演打扫城门街道的“老军”，上台时全场轰动。[①]

**2月15日** 经山东省临时参议会通过，山东省战时行政委员会公布实施《山东省土地租佃条例》。为调整业佃关系，增加农业生产，保障地权及佃权制定，条例规定：凡公私租佃土地，除本条例另有规定外，均须实行二五减租，即按抗战前原租额减少25%。地租外一切额外负担，如份子粮、带种地、干拨工、送礼等均应消除。减租后定租，租额不得超过土地正产物收获总额的37.5%。承租人原来有永佃权，及依法取得永佃权者，保留其永佃权；无永佃权者，不得强行规定。条例对交租和租约提出了具体的规范要求。[②]

**2月20日** 中共山东分局、山东军区政治部发出关于坚持边沿区对敌斗争对策的指示。指出：工商管理局应选派能够掌握政策的干部到边沿区去进行对敌的经济斗争。[③]

**2月21日** 中共山东分局向中共中央北方局报告山东一年来货币斗争主要情况：去年春季山东各根据地“停法禁伪”[④]工作胜利完成，本币已成为市场上的唯一流通工具。今年准备增发北币4亿元，连前共10亿元，除以半数扩充工商管理局资金及生产贷款外，准备

---

① 据杨波回忆，薛暮桥和杨希文上场后，“在场的同志都感到是一大惊喜，连连称道：没想到两位年轻的厅长，一位经济学家、一位教育学家也登台演戏，为胜利祝贺，为拥军爱民贡献力量”。参见杨波（2015）：《熔炉：从学徒工到共和国部长 杨波回忆录》，北京：中国轻工业出版社，2015年，第41页。

② 《山东省土地租佃条例》（1945年2月15日），载《山东革命历史档案资料选编》第十四辑，济南：山东人民出版社，1984年，第177—182页。这一条例与薛暮桥在山东省第二次行政会议上代黎玉所作的土地组总结报告《关于土地政策和减租减息工作》精神一致。该条例应经过山东省第二次行政会议的讨论。

③ 山东省财政科学研究所（1987）：《山东革命根据地财政大事记》，济南：《山东财会》杂志社，1987年，第50页。

④ 指停用法币、禁用伪币。

大量储存物资以做反攻准备。[①]

**3 月 5 日** 中共山东分局发出《关于 1945 年经济工作的指示》。指示提出：今年经济工作仍以发展生产为主，争取粮食和工业品自给或大部分自给或有盈余，在两三年内完成自给自足的目标。[②]

**4 月 21 日** 山东省战时行政委员会公布《山东省征收公粮条例》。条例规定救国公粮按照收入多少累进征收；最高负担，农民不超过土地收入之 30%，地主不超过其土地收入之 35%；赤贫免征户不得超过总户数之 20%。条例规定了两种计算方法由各地选择：1. 按每人平均所有地亩计算；2. 按平均每人所得土地收入计算。[③]

**4 月 23 日至 6 月 11 日** 中国共产党第七次全国代表大会在延安召开。毛泽东向大会作题为《论联合政府》的政治报告，朱德作《论解放区战场》的军事报告，刘少奇作《关于修改党章的报告》，周恩来作《论统一战线》的讲话。党的七大提出党的政治路线是："放手发动群众，壮大人民力量，在我党的领导下，打败日本侵略者，解放全国人民，建立一个新民主主义的中国。"党的文件提出："中国一切政党的政策及其实践在中国人民中所表现的作用的好坏、大小，归根到底，看它对于中国人民的生产力的发展是否有帮助及其帮助之大小，看它是束缚生产力的，还是解放生产力的。"[④]

罗琼作为华中代表团的正式代表出席会议并在小组会上两次发言，"首先是讲我衷心拥护大会的各项报告、决议；其次谈了我在这

---

① 山东省财政科学研究所（1987）：《山东革命根据地财政大事记》，济南：《山东财会》杂志社，1987 年，第 50 页。

② 辛玮等主编（1982）：《山东解放区大事记》，济南：山东人民出版社，1982 年，第 209 页。

③ 《山东省征收公粮条例》（1945 年 4 月 21 日），载《山东革命根据地财政史料选编》第四辑，济南：山东省财政科学研究所、山东省档案馆，1984 年，第 296—299 页。

④ 中共中央党史研究室（2016）：《中国共产党的九十年》（新民主主义革命时期），北京：中共党史出版社、党建读物出版社，2016 年，第 254—255 页。

次会上受到的教育，并作了自我检查”。她还谈到：“大会工作机构十分精干，代表团没有专门的工作人员，工作都是代表兼任。我是华中代表团的正式代表，代表团团长是陈毅，秘书长是刘宁一，我协助秘书长做些秘书工作，收发、保管文件，写简报、抄写大会的文稿。凡交给我办的工作，我都积极完成。”①

**5月11日** 中共山东分局、山东省战时行政委员会和山东省临时参议会，分别电贺中共第七次全国代表大会的召开。贺电说：七大的召开对推动我党布尔什维克化和指导革命彻底胜利，都有伟大意义。②

**5月至7月6日** 主持召开山东省工商工作会议。③会议就工商工作的方针、货币政策、贸易政策和税收政策、公营工厂等问题，分段进行了一个多月的检讨研究。货币政策上，强调争取全省本币完全统一，以利根据地内物资畅流，打击伪币。贸易斗争上，对外力争主动，对内以互通有无为原则，不收进口税，取消不必要的限制。在税收政策上，尽可能降低税率，刺激生产。改进缉私工作，纠正个别没收乱罚现象。④

在会上连续四天作会议总结报告《工商管理工作的方针和政策》。报告系统总结在货币斗争、贸易税收、合作社、工矿企业、私营商业等方面的工作经验和教训，提出货币斗争、贸易管理和生产建

---

① 罗琼（1999）：《伟大的教诲 永恒的指针——回忆在延安面聆毛主席的教诲》，载《罗琼文集》，北京：中国妇女出版社，2000年，第1—15页，引文见第13—14页。

② 辛玮等主编（1982）：《山东解放区大事记》，济南：山东人民出版社，1982年，第214—215页。

③ 《薛暮桥回忆录》将这次会议的时间错记为1945年4—5月间，此处已订正。参见薛暮桥（1996）：《薛暮桥回忆录》，载《薛暮桥文集》第二十卷，北京：中国金融出版社，2011年，第131页。

④ 《山东省工商工作会议决定实施北海币的统一流通》（1945年7月27日），载《山东革命根据地北海银行史料》第二册，济南：山东人民出版社，1987年，第2页。

设三大任务，指出要“从货币斗争入手，并用贸易管理支持货币斗争。只有首先争取货币斗争胜利，完成停法禁伪的工作，保护物资，稳定物价，克服经济危机，才能进而谈到发展经济，保障供给”①。这一报告曾在晋察冀根据地广为印发（参见1946年8月条）。

**6月26日** 上午，出席山东省临时参议会驻会委员会暨省政委会举行的联席会议。全体委员一致赞成，推定范明枢、郭子化、李澄之、黄春圃（江华）、王哲（王克文）、隋令壁、齐燕铭、吴仲廉8人为山东参加解放区人民代表会议筹备委员会②准备委员；为筹划选举事宜，推选黎玉、肖华、马保三、刘居英、薛暮桥、祁青若、梁竹航、郭维城、杨希文9人成立选举筹备委员会，黎玉为主任委员，即日开始工作。③

**6月** 在山东《民主导报》发表《公营工厂中的公私两利政策》。文章比较了供给制、计时工资制、计件工资制和公私两利分红制的效率，指出公私两利政策是在新民主主义经济下提高劳动者生产积极性的最有效办法。这种制度从1944年夏季起在少数工厂开始试验，效

---

① 本报讯（1945）：《总结胜利经验　准备反攻物资　全省工商工作会议圆满结束　黎主任委员提出今后工作方针与任务》，载《大众日报》，1945年7月23日，第一版。薛暮桥将这一报告收入《抗日战争时期和解放战争时期山东根据地的经济工作》一书时，“由于篇幅太长，稍加删节”，并将文章标题改为《山东工商管理工作的方针和政策》。

② 中国解放区人民代表会议筹备委员会由陕甘宁边区参议会、边区政府各团体发起，在延安成立。

③ 中共泰安市委党史征集研究办公室、泰安市政协文史资料委员会编（1996）：《泰山青松范明枢》，济南：黄河出版社，1996年，第181页；新华社山东分社（1944年6月）26日电：《省临参会驻委会、政委会举行联席会议　赞成在延成立解放区人民代表会议筹委会　推派范明枢、郭子化等八人参加　并成立选委会筹划山东解放区代表选举事宜》，载《大众日报》，1945年6月29日，第二版。

果十分显著。[①] 各厂经验一致表明，为提高生产效率，工资制胜于供给制，计件工资胜于计时工资，分红制作用最大。过去工具和原料损失是工厂损失，与工人利益没有关系。现在工人自动想出各种办法爱护工具，节省原料，减轻生产成本。过去有许多管理人员和杂务人员，现在改由工人自己进行管理。有些工厂过去因原料采购、成品推销工作不好，妨碍生产进行，现在工人能自动调剂各部门的工作互相协助，各部门的工作均能顺利进行。工厂和工人间的关系得到改善，工人通过职工会来管理。文章还提出在实施中应注意的几个问题，如公私两利分红前，生产标准、工资标准和盈利分配等问题需要精密计算，并制订具体生产计划，获得工人完全同意然后实施；应一方面改善管理工作，一方面要求职工会协助工厂克服各种技术困难；取得成效后，可以鼓励职工以分红所得向工厂投资；公私两利政策不仅可以在公营部门实施，而且在部队、机关生产节约中效果十分显著，在群众家庭生产中，也值得普遍提倡。[②]

---

① 山东抗日根据地之所以在1944年夏试行公私两利分红制，与第十八集团军总部滕代远参谋长、杨立三副参谋长于1944年4月1日制定的《总部伙食单位生产节约方案》(简称《滕杨方案》)有关。该方案规定：超额完成生产任务和节约被服、工具的，按一定比例提奖；个人业余饲养鸡兔等的，收入全部归个人。提奖、分红所得为个人的合法财产，可以寄家，存合作社或银行生息，工作调动或退伍时可以带走。该方案此前试行取得良好效果，并得到彭德怀、邓小平的支持。1945年1月10日，毛泽东在陕甘宁边区劳动英雄和模范工作者大会上讲话时说："在目前条件下，为着渡过困难，任何机关、部队都应该建立起自己的家务。不愿建立家务的二流子习气是可耻的。还应规定按质分等的个人分配制度，使直接从事生产的人员能够分得红利，借以刺激生产的发展。"这可以看作对《滕杨方案》的肯定。参见《杨立三年谱》编辑组编(2004)：《杨立三年谱》，北京：金盾出版社，2004年，第118—121页；《滕代远传》写作组(1990)：《滕代远传》，北京：解放军出版社，1990年，第286—292页。

② 薛暮桥(1945)：《公营工厂中的公私两利政策》，载《民主导报》第7期，1946年；又载《薛暮桥文集》第三卷，北京：中国金融出版社，2011年，第119—124页。据张剑回忆，在山东省工商工作会议前，薛暮桥曾经参观访问滨海区两个公营织布厂华泰和华祥。从时间和薛暮桥关注的主题来看，参观访问应在发表《公营工厂中的公私两利政策》前不久。参见张剑(2003)：《忆沂蒙八年》，自印本，2003年，第266页。

**7 月 17 日**　黎玉在财经委员会扩大会议上作《大反攻前夜的经济工作（草案）》的报告。报告指出，经过几年来的艰苦奋斗，尤其是自 1943 年以来，在全省范围内一致开展了对敌经济斗争和大生产运动，我们的经济工作取得了明显的转变。货币斗争胜利了，对外贸易斗争也取得胜利。由于对敌经济斗争的胜利，开辟了财源的新阶段、新方向。去年全省工商收入占总收入的 50.02%，使田赋收入降为次要地位。①

**8 月 1 日**　山东省战时行政委员会发布《关于统一本币流通的通令》，决定全省各地区发行的本币不分地区统一流通，同时过去各地北海银行及工商管理局发行的本票与流通券等，立即停止在市面流通，并限期由各发行机关负责兑回。②8 月 29 日，山东省政府布告，决定北海银行本币在全省各地区（滨海、鲁中、鲁南、胶东、渤海）统一流通。③

**8 月上旬**　罗琼乘坐美军驻延安的观察组飞机，由延安飞往太行解放区，随后从太行到山东解放区。行程共计 59 天。④

**8 月 9 日**　《大众日报》发表华北敌伪近因掠夺粮食、土产，发行伍仟元和壹万元大票消息。薛暮桥以编者身份写按语（署名“薛”）：我政府应号召敌占区人民认识敌伪滥发伪钞掠夺物资阴谋。尤须坚决拒绝伍仟元、壹万元的新票，以免在伪钞狂跌中受无辜

---

① 山东省财政科学研究所（1987）：《山东革命根据地财政大事记》，济南：《山东财会》杂志社，1987 年，第 53 页。薛暮桥很可能参加了这次会议，因此单立条目，以备查考。

② 黎玉（1945）：《山东省战时行政委员会关于统一本币流通的通令》（1945 年 8 月 1 日），载《山东革命历史档案资料选编》第十五辑，济南：山东人民出版社，1984 年，第 181 页。

③ 葛志强、刁云涛、宋文胜（2014）：《山东革命根据地北海银行历史年表》，北京：中国文史出版社，2014 年，第 179 页。

④ 罗琼谈、段永强访（2000）：《罗琼访谈录》，载薛小和编《把国放在家前面：罗琼逝世一周年纪念文集》，北京：中国妇女出版社，2007 年，第 152—153 页。

损失。[①]

**8 月 10 日** 罗荣桓等收到中共中央发给罗荣桓、黎玉和萧华的电报。电报指出，山东军区有占领徐州、济南、德州、青岛、连云港及其他大小交通要道之任务，但着重于徐州、济南之占领及其他可能为我占领之城市。望迅速进攻与招降伪军，争取群众，扩大部队。望将山东行政委员会宣布为正式省政府。同日 24 时，朱德在延安发布命令，要求各解放区抗日部队向附近日伪军送出通牒，限其于一定时间内缴械投降，我军当保护其生命财产安全。如日伪军拒绝投降，予以坚决消灭。[②]

**8 月 11 日** 参加罗荣桓主持召开的中共中央山东分局和山东军区直属队干部会议。会议号召山东全体党员和全体指战员紧急行动起来，以高度自我牺牲精神和冷静迅速的态度，坚决执行朱总司令的命令，为争取民族抗战的最后胜利，解放山东所有的大城市、交通要道与全部土地与同胞而斗争。[③] 随后山东八路军向附近敌军指挥机关送出通牒限期缴械，因敌军拒不投降，山东八路军 27 万正规军分五路进军实行大反攻。[④]

---

① 中国人民银行金融研究所、中国人民银行山东省分行金融研究所（1987）：《山东革命根据地北海银行史料》第二册，济南：山东人民出版社，1987 年，第 11 页。

② 黄瑶主编（2002）：《罗荣桓年谱》，北京：人民出版社，2002 年，第 426—427 页。

③ 同上书，第 427 页；杨维屏（1989）：《一片丹心照汗青》，载《深切怀念黎玉同志》，济南：山东人民出版社，1989 年，第 150—152 页。后文称这次会议山东"分局委员和各部门负责人都到了"，"会场一片欢腾，讨论非常热烈，中午也顾不上吃饭休息"，"就在大店会议上，分局决定将山东省战时行政委员会改为山东省政府，任命黎玉同志为省政府主席"。薛暮桥时为山东分局调查研究委员会主任兼省战时行政委员会调查研究室主任、工商管理处监察委员，根据前引回忆，可以确定他参加了这次会议。不过该文时间不准确，我们已根据《罗荣桓年谱》订正。

④ 中共山东省委党史研究室（1992）：《新民主主义革命时期中共山东党史大事记》，济南：山东大学出版社，1992 年，第 403—406 页；黎玉（1985）：《山东抗日战争的伟大胜利》，载《深切怀念黎玉同志》，济南：山东人民出版社，1989 年，第 324—331 页。

**8 月 13 日**　出席在莒南大店召开的山东省临时参议会驻会委员、战时行政委员会第二十次联席会议。会议为迎接抗日战争最后胜利之伟大局面，根据山东省准备出席中国解放区人民代表会议的 38 位山东代表[①]联名建议做出决议：将山东省战时行政委员会改称山东省政府，并一致推选前政委会主任委员黎玉为山东省政府主席，前政委会各处改为省府各厅。[②]

山东省政府发布工字第一号命令，宣布北海钞票为唯一合法的本位币，一切收支来往账号、票据均须按本币市价计算，要求商会、银号、钱庄立即执行。立即停止收兑伪钞，亦不没收，任其自行消灭，在本币不够流通时，人民使用法币暂不没收，并可低价收兑法币。命令还指出：立即大量调剂城市所需本币，胶东、鲁中各增发一万万元，其他各地各增发五千万元。立即扩大银行职员，接管城市印刷机关，突击印票，准备继续增发。[③]

**8 月 15 日**　日本宣布无条件投降的消息传来。据时任山东省政府调查研究室农业组组长的王耕今回忆：

1945 年 8 月 15 日晨，我们正在机关学习，忽然听到日本投降了[④]，惊喜万状，人们跳了起来，把鞋和帽子扔到天空中去，比杜甫

---

① 《山东省出席延安解放区人民代表会议代表要求成立山东省政府申请书》，载《政权建设的创举》，济南：山东人民出版社，1990 年，第 502—503 页。山东省政府当时在莒南县大店。据张剑回忆，山东代表团本来已经按照中共中央通知出发去往延安，由于苏联对日宣战，中央要求“各代表团立即返回原地区，准备对日反攻”。山东代表团随即中途返回。参见张剑（2003）：《忆沂蒙八年》，自印本，2003 年，第 282—283 页。

② 《山东省政府关于改“山东省战时行政委员会”为“山东省政府”的布告》，载《政权建设的创举》，济南：山东人民出版社，1990 年，第 504—505 页。

③ 葛志强、刁云涛、宋文胜（2014）：《山东革命根据地北海银行历史年表》，北京：中国文史出版社，2014 年，第 179 页。

④ 指 1945 年 8 月 15 日日本天皇正式宣告接受无条件投降。

说的“漫卷诗书喜欲狂”狂得多得多。八年的苦难总算告了一段落。①

**8 月 18 日** 山东省政府发出关于占领城市后与法币斗争的指示。指示指出：伪钞已成废币。法币由于美国支持及战争胜利，自日本宣布无条件投降后迅速提高，但这应该说只是短期的强心剂，战争过后的法币物价回涨很可能到来。本币过去发行数目不多，今天敌我封锁均已撤销，税收减少，城市与农村物资交流畅行无阻，加上我们直接占领了城市，本币迅速提高的程度必会加倍地超过法币。大局渐趋稳定时，使本币成为绝对优势的全省本位币，是完全可能的。要扩大本币发行，稳定币值，使本币占领市场。具体执行上，首先占领大城市以后迅速集中印刷机器大量印刷，由银行负责，发行方式可酌量采用：大量吸收物资；机关部队开支；工人、贫民的救济贷款；钱庄、票号以物资抵押进行短期贷款。稳定币值首先由工商局组织商店以粮食、食盐、生油运往城市调剂，只卖本币、现洋、铜元；在可能的情况下，救济贫民之粮食可改为贷款；确定铜元、银元与本币自由相互交换；来往票据、政府收入均以本币为单位；其他地区抗币流入时，应准自由流通。对抵制法币侵入，在大城市应适当运用行政手段和经济手段，采取稳健有效的步骤。在一般中小城市，对法币应采取坚决禁止的态度。②

**8 月中旬** 麦克阿瑟（Douglas MacArthur，1880—1964）以远东盟军总司令名义，对日本政府和中国战区的日军下令，只能向蒋介石

---

① 《王耕今自述》，手稿，未注年月。杨波回忆：当天晚上，省直机关驻地到处都是欢庆的鞭炮声、欢笑声、口号声。我当时在山东省政府实业厅当秘书，厅里的工作人员和工商管理总局的同志们，自发地聚拢到一起，欢天喜地地搞起了庆贺。大家频频举杯，又唱又跳，尽情抒发心头的喜悦。参见杨波（2015）:《熔炉：从学徒工到共和国部长　杨波回忆录》，北京：中国轻工业出版社，2015 年，第 40 页。

② 《山东省政府关于占领城市后与法币斗争的秘密指示》（1945 年 8 月 18 日），载《山东革命根据地北海银行史料》第二册，济南：山东人民出版社，1987 年，第 16—17 页。

政府及其军队投降。国民党政府相继任命伪山东省省长杨毓珣为山东先遣军司令，任命伪和平建国军第三方面军司令吴化文为先遣军第五路军军长，任命伪登州道尹兼保安队指挥白书普为烟台市市长等。伪军 12 万余人被收编，就地策应国民党正规军北上，陆续进占津浦、胶济铁路沿线战略要点。国民党山东省政府主席何思源于 9 月 1 日进入济南。山东出现国共两党两个省政府同时并存、争夺山东的局面。①

**8 月 20 日** 山东省临时参议会驻会委员会发出《为反对国民党反动派勾敌投敌重来祸鲁告各界同胞书》。宣言重申："现山东省政府已正式成立，推选前行政委员会主任委员黎玉任省政府主席，改各处为各厅，自 8 月 12 日起行使职权；并委派赵笃生为济南市市长，林一山为青岛市市长，李乐平为徐州市市长，于化琪为海州市市长，孙瑞夫为烟台市市长，于洲为威海卫市市长。明令各级民主政权，均在省政府统一领导之下，加紧动员一切人力物力，支援我解放军各路前线，向各大城市及交通要道推进，以期迅速压迫日军投降缴械，收复一切失地，解放我山东全境。"②

---

① 黄瑶主编（2002）：《罗荣桓年谱》，北京：人民出版社，2002 年，第 435 页；中共山东省委党史研究室（1992）：《新民主主义革命时期中共山东党史大事记》，济南：山东大学出版社，1992 年，第 403 页；章猷才、陈朝（2006）：《党在山东革命根据地的执政研究》，济南：黄河出版社，2006 年，第 225—240 页。

② 《山东省临时参议会驻会委员会为反对国民党反动派勾敌投敌重来祸鲁告各界同胞书》（1945 年 8 月 20 日），载山东省档案馆、山东社会科学院历史研究所合编《山东革命历史档案资料选编》第十五辑，济南：山东人民出版社，1984 年，第 274—275 页。这份文告表示："闻已有前国民党反动派、现已公开投敌之何逆思源，已由敌伪掩送入鲁，以山东省主席名义加委各地伪军，伪皇协军李先良近亦有被委为要职之说。"何思源作为国民党政府任命的山东省政府主席兼国民党省党部主委，事后回忆："蒋介石派来的党部、团部、军统、中统等等，都把日寇的罪恶行径，统统接收过来实行下去。什么民族利益，什么人民愿望，他们全都不管不顾。山东人民始则大失所望，继则恨入骨髓。我也觉得八年抗战如此结果，非常沮丧……山东解放得早而且易，不是无因的。"参见何思源（1996）：《回忆我的一生》，载马亮宽编《何思源文集》第二卷，北京：北京出版社，第 982—1032 页，引文见第 1016—1017 页。

**8月22日** 出席山东省人民政府委员会举行的第一次会议。会议推选刘居英任省政府秘书长兼公安总局局长，梁竹航任民政厅厅长，艾楚南任财政厅厅长，薛暮桥任实业厅厅长，杨希文代理教育厅厅长，黎玉兼任司法厅厅长，白备伍任卫生总局局长。会议决定：（一）在临沂成立山东大学，李澄之任校长，田佩之任副校长，仲星帆任秘书长，立即筹划建校招生工作。（二）设立山东大学管理委员会，由黎玉、李澄之、田佩之、杨希文、陈沂、孙陶林、薛暮桥、仲星帆、张凌青、刘导生、白备伍、张立吾12人任委员。[①]

**8月29日** 山东省政府发布布告，决定北海银行本币在全省统一流通。布告指出：过去所发行的北海银行本币，今后不分地区，统一流通。[②]

**9月11日** 在罗荣桓领导部署下，临沂城解放。鲁南、鲁中、滨海三个地区连成一片。[③]

**9月13日** 山东省政府发出关于伪钞回涨之对策的密令。针对最近敌占城市伪钞回涨、物价狂跌的反常现象，指出伪钞系暂时利用，毫无前途，估计法币会暂时继续回涨，重庆运到大批法币时将跌落。指出我们的对策：（1）新解放区迅速发行本币，排挤法币伪钞，不准市面流通（或先禁伪，后禁法）。（2）低价收兑法币、伪钞，即向敌区排挤，宣传是为减轻人民损失。（3）利用敌伪拍卖存货机会大

---

① 辛玮等主编（1982）：《山东解放区大事记》，济南：山东人民出版社，1982年，第231页；中共山东省党史研究室（1992）：《新民主主义革命时期中共山东党史大事记》，济南：山东大学出版社，1992年，第404页；章猷才、陈朝（2006）：《党在山东革命根据地的执政研究》，济南：黄河出版社，2006年，第229—230页。

② 山东省财政科学研究所（1987）：《山东革命根据地财政大事记》，济南：《山东财会》杂志社，1987年，第56页；薛暮桥（1988）：《“北海币”回忆录》，载《北海银行五十周年纪念文集》，济南：山东省金融学会，1988年，第13页。

③ 中共临沂地委党史资料征集委员会（1988）：《中共滨海区党史大事记（1921年7月至1949年9月）》，济南：山东人民出版社，1988年，第195页。

量吸收物资，使它变成空城，且可排挤伪、法，发行本币，但对敌占城市的粮食、柴炭等封锁仍继续坚持。（4）稳定内地物价，勿受敌区影响，过分波动。[①]

**9月19日** 中共中央指示将山东分局改为华东局，饶漱石、陈毅到山东工作，罗荣桓到东北工作。[②]

中共中央向各中央局发出刘少奇起草的《目前任务和战略部署》，指出“向北发展，向南防御”是党的“全国战略方针”，命令“山东主力及大部分干部迅速向冀东及东北出动，第一步由山东调3万兵力到冀东，协助冀热辽军区肃清伪军，开辟热河工作，完全控制冀东、锦州、热河，并在将来苏联红军撤退时，完全阻止顽军进入东北、热河”；“第二步另由山东调3万兵力进入东北发展”。[③]

**9月21日** 中共中央山东分局和山东省政府迁至临沂。[④]省参议会、省府秘书处、民政、财政、实业、教育各厅均在省府大院，公安总局、卫生总局、北海银行总行、交通邮政总局及财政厅、粮食局在附近。黎玉兼任主席，薛暮桥代理秘书长处理日常工作，直至次年郭子化从延安回来为止。[⑤]据山东省政府秘书处处长崔介回忆：

我是1945年10月下旬到临沂山东省政府的。各机关已粗具规模。

---

① 《山东省政府关于伪钞回涨之对策的密令》（1945年9月13日），载《山东革命根据地北海银行史料》第二册，济南：山东人民出版社，1987年，第18页。

② 辛玮等主编（1982）：《山东解放区大事记》，济南：山东人民出版社，1982年，第235页。

③ 中共中央文献研究室编（1996）：《刘少奇年谱（一八九八——一九六九）》上卷，北京：中央文献出版社，1998年，第495—496页。

④ 中共临沂地委党史资料征集委员会（1988）：《中共滨海区党史大事记（1921年7月至1949年9月）》，济南：山东人民出版社，1988年，第195—196页。

⑤ 1946年7月20日，山东省参议会和省政府联席会议推选郭子化为省政府委员，兼任省府秘书长。原秘书长刘居英派赴东北。参见薛暮桥（1996）：《薛暮桥回忆录》，载《薛暮桥文集》第二十卷，北京：中国金融出版社，2011年，第126页。

省参议会和省政府秘书处、民政、财政、实业、教育各厅都住在省府大院，公安总局、卫生总局、北海银行总行、交通邮政总局及财政厅的粮食局都住在附近的地方。黎玉同志虽然兼任主席，不到省府办公，由实业厅长薛暮桥代理秘书长处理日常工作，至次年春郭子化同志由延安回来为止。秘书处有秘书、人事、调查研究（后改为资料科）、机要、总务、生产、供给等科。还有招待所、警卫部队、生产贸易单位、农场等。①

**9 月 30 日至 10 月 13 日** 出席山东省第二届各救会、农救会、妇救会及第三届青年救国会在临沂城隆重举行的开幕典礼。会议交流和总结了几年来群众斗争的经验，确定在一切未发动群众的地方，迅速组织发动群众，进行减租减息，并把群众武装起来，为保卫胜利果实而斗争。②

**10 月初** 罗琼抵达山东省政府所在地临沂。中共华东分局任命为山东省妇联宣传部部长，在临沂推广合作社。③

**10 月 2 日** 为山东省实业厅作《日本投降后货币斗争的小结》报告④。小结指出，8 月 20 日后伪钞回涨，地区物价狂跌，原因：第

---

① 崔介（1994）:《拾遗集》，自印本，1994 年 10 月，第 570 页。据崔回忆，当时秘书处工作千头万绪，没有部门管的都要秘书处管，各部门有关秘书处各科的事也要找处长，“做梦想不到的事情都会找上你”。（上引书，第 571 页。）

② 辛玮等主编（1982）:《山东解放区大事记》，济南：山东人民出版社，1982 年，第 235 页。

③ 罗琼回忆，1945 年 9 月底 10 月初抵达临沂。同时，她又说 8 月上旬从延安乘坐飞机先到太行解放区，到临沂的行程为 59 天。由此推断，罗琼抵达临沂的时间应为 10 月上旬。参见罗琼谈、段永强访（2000）:《罗琼访谈录》，载薛小和编《把国放在家前面：罗琼逝世一周年纪念文集》，北京：中国妇女出版社，2007 年，第 152 页。

④ 薛暮桥将这篇文章收入《抗日战争时期和解放战争时期山东解放区的经济工作》一书时，改标题为《日本投降后的货币斗争》。参见薛暮桥（1945）:《日本投降后的货币斗争》，载《薛暮桥文集》第三卷，北京：中国金融出版社，2011 年，第 125—127 页；山东省实业厅（1945）:《日本投降后货币斗争的小结》，载《山东革命根据地北海银行史料》第二册，济南：山东人民出版社，1987 年，第 27—30 页。

一，敌为达其拖延投降阴谋，紧缩伪票，平抑物价，稳定人心。第二，国民党因法币在鲁已无地位，不惜支持伪钞抗拒本币。济南等地宣布重庆支持伪钞，联币可与法币等价使用。蒋敌伪的阴谋引起的伪钞回涨，暂时达其目的，但代价是很大的，即把大量物资换回大量伪钞，使城市空虚，今后更难长期坚持。小结指出，伪钞涨价，仅是临死前的回光返照。必须迅速排挤伪钞，使我新解放区人民少受损失。日本投降以来，根据地的物价始终稳定，未受法币伪钞狂涨暴跌影响，显示本币基础已甚巩固。本币优势在于能否保持币值、物价稳定。要知物价大涨大跌，对发展市场、繁荣市场大大不利。今后我们应以法币为主要斗争对象，在我新解放区排挤伪钞、法币，使我之物价稳定，不受伪钞、法币狂涨暴跌影响。同时要与法币建立外汇联系，进行长期斗争。①

山东省政府做出对工商工作的补充指示，要求对于新解放区仍以货币斗争为中心，调剂本币，排挤伪钞，借以稳定物价，恢复贸易，繁荣市场。货币斗争应把重点放在新解放区，迅速排挤伪钞。如系大块新解放区，应用购货、贷款各种方法迅速发行本币，由近及远逐步驱除伪钞。排挤伪钞越快，人民受损失越小，故应争取时间，动员各种力量，迅速完成这一紧急任务。今后应以法币为主要斗争对象，新解放区停用法币，低价恰当利用各地法币比值高低灵活调剂，使我斗争更有力量。边缘地区应与法币建立外汇联系，便利对外贸易。与华中、鲁西等汇兑关系，币值高低可以比照物价高低协商决定。②

**10月8日** 以山东省政府代理秘书长身份，召集全省群众工作

① 山东省实业厅（1945）：《日本投降后货币斗争的小结》，载《山东革命根据地北海银行史料》第二册，济南：山东人民出版社，1987年，第27—30页。

② 中国人民银行金融研究所、中国人民银行山东省分行金融研究所（1987）：《山东革命根据地北海银行史料》第二册，济南：山东人民出版社，1987年，第19—20页。

代表开座谈会。在座谈会上首先说明过去政府和群众团体联系不够密切，得到的反映便有距离，判定政策法令就不免有偏差，要求代表们本着“知无不言，言无不尽”的精神，指出政策法令中的偏向，工作上的缺点，政府对群众团体照顾不周处也望多提意见。代表发言以拥军优抗为主，并涉及教育、公粮负担、佃农负担、司法、工商工作及汉奸土地处理等问题。最后，薛暮桥说明这些宝贵意见将由各厅、处分别研究、采纳，并对若干问题做出解答。在解答中，他指出，有地的和没地的佃农不同，应掌握佃农负担不能超过减租收入的数目的原则；关于征粮办法，渤海区的征粮办法，秋后根据一个村庄的土地为标准，到四郊去比较确定，这样确定一季一季估计产量，其他地区可采用；关于汉奸土地问题，可尽先租给贫农抗属耕种，公家也须留一部分准备生产；关于合作社问题，教育主义、形式主义比较严重，极应纠正，乡村合作社以村为单位，成为群众自己的组织，①

**10月25日** 中共中央华中局与山东分局在临沂召开会议，合并组成中共华东中央局，简称华东局。饶漱石任书记，陈毅、黎玉任副书记。②

**10月28日** 胶东参议会第二届第一次大会结束。大会选举艾楚南、曹漫之、林浩、薛暮桥、许世友、于化虎等15人为省参议员；选举曹漫之、陈文其、李继成、孙揆一、张静斋等11人为山东省人民政府委员。③

---

① 本报讯（1945）：《省府为改进今后工作召开群众代表座谈会　薛暮桥同志解答方法问题》，载《大众日报》，1945年10月17日，第四版。

② 中共山东省委党史研究室（1992）：《新民主主义革命时期中共山东党史大事记》，济南：山东大学出版社，1992年，第418页。

③ 辛玮等主编（1982）：《山东解放区大事记》，济南：山东人民出版社，1982年，第238页；新华社山东分社胶东（1945年10月）29日电：《在民主团结精神下胶东参议会隆重选举　坚决实行三三制，共产党员十六名宣布退出》，载《大众日报》，1945年11月3日，第四版。

**10月29日** 山东省实业厅和山东省妇联联合创办的临沂生产推进社正式营业，罗琼主持其事。[①]开业之初，推进社不受信任，妇女个人与推进社联系，后以小组为单位，到推进社领取棉花，贷纺车，交棉纱；领棉纱，交土布，推进社支付工资。开业20天即发展307名纺织妇女，支付工资6 333.75元，按照当时高粱市场平均价格计算，可购买高粱2 878斤。[②]到1947年1月，临沂生产推进社取得更大的成绩。薛暮桥这样回顾：

临沂生产推进社创办于前年10月，当时城关无业游民，约占三分之二，生活毫无办法，我们创办推进社来扶助群众生产，发展合作事业。经过一年多的努力，它已在城关发展了4 000余辆纺车，吸收数千妇女参加羊毛纺织，去年秋冬共结毛袜七八万双，它在城关组织了29个各种性质的合作社，社员3 500余人。它在城北岔河区帮助4 000余张布机恢复生产，组织了7个职工合作社，社员1 000余人，

---

① 李普（1946）：《临沂风光》，载《开国前后的信息》，北京：新华出版社，1984年，第21—26页。临沂生产推进社资金由公家贷款，是在公助下面进行联合社的工作。1946年1月结束的山东省农林合作会议曾总结其产生有两个条件：（1）新解放区，群众没有翻身，没有积极分子，群众还没有组织合作社的觉悟。（2）在人口较多的中等城市，需要较集中的大规模组织，分散组织不合自然条件和群众需要。“民营组织既办不起来，半公半私的组织也办不好，于是，我们派干部出资金来办，获得很大成绩，三个月中发展了八百多辆纺车，一两千个毛纺手工人。但是，业务扩大后就发生了问题，事务太多了，少数干部无法管理，群众也觉得不如从前好。这就需要成立小合作社，推进社经过它来和社员联系，小合作社组织健全后，就使推进社转变为联合社的组织。”参见耿光波（1946）：《山东省农林合作会议总结》，载《山东革命历史档案资料选编》第十六辑，济南：山东人民出版社，1984年，第144—182页，引文见第181—182页。

② 罗琼谈、段永强访（2000）：《罗琼访谈录》，载薛小和编《把国放在家前面：罗琼逝世一周年纪念文集》，北京：中国妇女出版社，2007年，第153—154页；罗琼（1945）：《在山东临沂县办生产推进社》，载薛小和编《把国放在家前面：罗琼逝世一周年纪念文集》，北京：中国妇女出版社，2007年，第268—270页。

并组织了 54 个村的职工会。它在城南傅家庄扶助群众铁业窑业生产，协助他们每日推销 40 万元成品。它又召开滨海、鲁中、鲁南三地区的联合运销会议，组织各合作社实行联合运销。①

**10 月** 所著《经济论丛》作为“干部业务参考材料之一”，由苏中第四行政区专员公署财经处出版。书中收录薛暮桥四篇论文，分别是：《论新民主主义经济》《货币问题和货币斗争》《货币斗争的几个重要问题》《我们的贸易政策》；末附黎玉《山东对敌经济斗争的巨大胜利》。②

**11 月** 在《民主导报》发表《今天应当做些什么》。文章指出，目前是从战争到和平建设的过渡时期。我们应把动员人力物力、支援前线和争取战争胜利放在工作的第一位，把巩固新解放区放在工作的第二位，把继续建设中心地区放在工作的第三位。各个时期、各个地区，这种轻重先后不是固定的。动员人力物力，支援前线，争取战争胜利在今天比过去更加繁重。过去的战争是分散的游击战争，活动的范围比较小，参加的部队少，时间比较短促，一切财粮供给与和平时期比没有多大差别。今天是大规模的正规战争（运动战甚至阵地战），一时一地集结大批军队，或作长途机动，财粮供给远比过去困难。这种大规模的供应工作，必须有周密的计划和科学的组织管理。自大进军以来，财政支出大大增加，军队连续作战无暇生产，开支只能完全靠政府供给。收复城市的救济和建设也花费了相当款项，大部分刻不容缓。粮食开支由于几万民兵民夫经常参加战争，或作后方供应，俘虏源源而来，数目常以万计。另外由于新解放

---

① 薛暮桥（1947）：《山东合作事业的回顾与瞻望》，载《薛暮桥文集》第三卷，北京：中国金融出版社，2011 年，第 230—234 页。《薛暮桥文集》收入这篇文章时，记错了写作时间。此处已订正。

② 薛暮桥（1945）：《经济论丛》，苏中：苏中第四行政区专员公署财经处，1945 年。

区吸收大批人员参加建设工作，学校和训练班大大增加，均靠公粮供给。收入方面，新增加收入远远不够新解放区地方的开支。在不增加人民负担的原则下，究竟用什么方法来解决这一严重问题呢？文章指出，要加紧征收工作，尤其抓紧新解放区；占领城市现在必须迅速清查没收资财，切实执行法令；建立兵站粮库，交通要道须有运输队组织，以免附近支差太多，妨碍生产；城市建设要纠正铺张浪费现象；必须在中心地区酌量紧缩货币，收田赋，收农贷，防止物价上涨；巩固新解放区的中心环节，是放手发动群众，进行反汉奸、反恶霸、反贪污、反讹诈斗争，同时减租减息，分配已没收的汉奸土地；发动群众并使群众抬头翻身以后，应更进一步迅速帮助群众发展生产，组织运输，繁荣市场，解决失业问题。文章最后指出，过去我们依靠乡村战胜敌占城市，今后还要依靠乡村来重建城市，发展城市经济。同时，战争的集中性、机动性越大，就越需要有一个健全的首脑机关来指导各地区的工作，策划调剂地区的财粮负担，调遣干部。①

**11月上旬** 罗荣桓率军离开山东，去往东北。②对于在罗荣桓领导下山东根据地的经济工作，薛暮桥、谷牧等在新中国成立后常表怀念。据谷牧回忆：

20世纪50年代中期我调到国务院工作以后，和薛暮桥、杨波同志的接触比较多，大家常常谈起抗战时期在罗荣桓同志领导下山东经济工作的经验，对党内后来一些不按经济规律办事的行为感到非常不理解，后来我们这几位经过山东根据地锻炼的经济战线的领导干部也

---

① 薛暮桥（1945）：《今天应当做些什么》，载《薛暮桥文集》第三卷，北京：中国金融出版社，2011年，第128—134页。

② 黄瑶主编（2002）：《罗荣桓年谱》，北京：人民出版社，2002年，第458页。

都为改革开放事业贡献了力量。[①]

**11月9日** 在《大众日报》发表“新华社11月7日电”（署名“桥”）：日本宣布投降后，国民党反动派为防止我北海票占领敌占区市场，不惜维持伪钞，不但宣布伪钞合法流通，而且规定伪钞与法币等价使用，再加上敌人倾销存货支持伪钞，引起伪钞一度回跌。近来国民党反动派用飞机运来大批法币。又在济南大量印刷票面壹仟元和伍佰元的新法币，在市面强制流通，但受敌占区人民拒绝。国民党反动派为提高法币信用，只得改变政策，强压伪钞，最初宣布法币一元折伪钞五元，接着宣布法币一元折伪钞十元，最近又宣布法币一元折伪钞二十元，同时宣布伪钞将于12月底以后停止使用（另一消息：11月12日即将停用），因此敌占区物价上涨（上月底，7天内金价由18万元涨至42万元），商人存货不存法币、伪钞。我新解放区人民如还保存伪钞，应迅速携向敌占区换回各种货物。各地工商局应协助新解放区人民迅速排挤伪钞，以免遭受严重损失。同时对于济南印发法币，亦应引起严重警惕，不准其流入我解放区，因为这种法币毫无保证，它的跌价是不可避免的。[②]

**12月22日至1946年1月下旬** 主持召开山东省农林合作会议并详细笔记解放区的农业、纺织等生产合作社情况和今后工作意见。[③]实业厅副厅长耿光波作会议总结报告。[④]此次会议旨在总结各

---

① 谷牧（2009）：《谷牧回忆录》，北京：中央文献出版社，2009年，第103—104页。

② 桥（1945）：《国民党反动派强压伪钞抬高法币，敌占区物价飞涨》，载《山东革命根据地北海银行史料》第二册，济南：山东人民出版社，1987年，第13页。

③ 薛暮桥参加山东省农林合作会议的记录本现存于山东省历史博物馆，并且是该馆所藏近现代藏品中的13件一级文物之一。根据馆藏记录，这一记录本系薛暮桥本人捐赠，1965年1月1日入藏。

④ 耿光波（1946）：《山东省农林合作会议总结》，载《山东革命历史档案资料选编》第十六辑，济南：山东人民出版社，1984年，第144—182页。

地生产工作经验，为明年的大生产运动做好准备。会议确定组织变工队要从群众需要与自愿出发，合作社工作要贯彻为群众服务及民办公助、走群众路线的方针。关于合作社的组织形式，会议确定，要由目前的村社逐渐向着区联社方向发展。[①]

① 耿光波（1946）：《山东省农林合作会议总结》，载《山东革命历史档案资料选编》第十六辑，济南：山东人民出版社，1984 年，第 144—182 页；山东省财政科学研究所（1987）：《山东革命根据地财政大事记》，济南：《山东财会》杂志社，1987 年，第 57 页；辛玮等主编（1982）：《山东解放区大事记》，济南：山东人民出版社，1982 年，第 242 页。

## 1946 年

**1 月 5 日** 在临沂出席山东大学的开学典礼。[①] 新四军军长陈毅、山东省人民政府主席黎玉到会讲话。除招收预科学生外，大学尚有临时举办的合作、会计、文化、邮政训练班，其中合作干部训练班由山东省实业厅请罗琼主持和开办。[②] 大学聘请钱俊瑞、薛暮桥、陈沂、张凌青、刘力行、杨希文、孙克定等担任教授。[③] 任教期间，在山东大学讲授《思想方法与学习方法》，整理成书后由山东新华书店出版。薛暮桥晚年认为“此书对青年的思想教育可能还有些用”。[④]

**1 月 10 日** 中共代表与国民政府代表共同签订《停战协定》。同

---

① 梁唐晋（1946）:《省立山东大学举行隆重开学典礼　省府黎主席亲临讲话》，载《大众日报》，1946 年 1 月 11 日，第一版。

② 据罗琼回忆，合作训练班共办三期，培养 400 多名基层合作干部。为教学参考之便，罗琼和马麟彩还合编《合作运动的理论与实际》(《罗琼访谈录》错记为《合作运动的理论与实践》) 一书。全书分三个部分：第一部分是山东解放区各地办合作社的典型材料，其中包括罗琼《朱葛区联社介绍》一文；第二部分是合作社的理论探讨与实践总结，其中包括罗琼《略谈区联社与中心社》；第三部分选编列宁、毛泽东及中央有关同志关于合作社的论述。书中还包括薛暮桥《怎样办合作社》一文。参见罗琼、马麟彩编（1947）:《合作运动的理论与实际》，渤海：渤海新华书店，1947 年 8 月；罗琼谈、段永强访（2000）:《罗琼访谈录》，载《把国放在家前面：罗琼逝世一周年纪念文集》，北京：中国妇女出版社，2007 年，第 154 页。

③ 辛玮等主编（1982）:《山东解放区大事记》，济南：山东人民出版社，1982 年，第 244—245 页。

④ 薛暮桥：（1996）:《薛暮桥回忆录》，载《薛暮桥文集》第二十卷，北京：中国金融出版社，2011 年，第 127 页。

日，毛泽东和蒋介石同时下达停战令。为执行停战令，中国共产党、国民党和美国政府三方代表11日成立军事调处执行部，下设若干军事调处执行小组，分赴冲突地点进行调处。①11日山东军区、新四军军部发出紧急命令，命令所属各野战军、民兵游击队严格执行国共双方代表签署的停战命令及中共中央发布的停止军事冲突的通知，于13日24时前停止一切军事冲突，各级政府、党委、军事机关，应切实严格执行，不得有误。②

**1月17日** 山东省政府发出《关于银行工作的指示》，要求以后大批贷款，均经省政府统一规定或批准，以免影响货币的膨胀；过去规定工商资金应占发行额的二分之一，今后大体上仍保持这个规定；发行滨海、鲁中、鲁南三区统一，胶东、渤海仍要继续印发，发行额及用途必须经省府批准。③

**1月22日** 山东省政府做出《关于1946年上半年工商工作任务及合并鲁南、鲁中、滨海三地区工商机构的决定》。决定指出，货币物价对法币处于相对的优势地位，如果采取自由贸易的方针，特别是在海口，不仅会使本币的力量更加向外伸张，而且内地城市工商业与出入口市场均会更加繁荣与活跃起来。在这里我们不应有任何统制思想，或与民争利的行为，决定除食盐、烧酒及税则规定者外，过去规定的对各种物资管理的行政办法均一律宣布撤销。决定还指出，不论形势如何发展，将来货币问题如何解决，今后巩固本币、坚决排挤一切敌伪钞法币方针将更重要。为保护人民利益，凡我军政所及地区一

---

① 辛玮等主编（1982）：《山东解放区大事记》，济南：山东人民出版社，1982年，第244页。

② 《山东解放军总部　新四军军部关于停止一切军事冲突的命令》（1946年1月11日），载《山东革命历史档案资料选编》第十六辑，济南：山东人民出版社，1984年，第98页。

③ 《山东省政府关于银行工作的指示》（1946年1月17日），载《山东革命历史档案资料选编》第十六辑，济南：山东人民出版社，1984年，第114—115页。

律宣布停用敌伪钞，可由当地地方政府布告。千万不要采取没收与限价兑换办法。只要在群众中宣传，就会自然流出去。坚决禁绝法币在市场流通与自由携带入境，各边沿商店一律挂牌按市价兑换。邻区抗币一律采取定价市价相互运用的过渡办法，兑换价格原则，应以自然市价为标准。出入口税与内地税的税则税率，统一重新由全省颁布。工矿建设除发展私人工业外，各地原有工厂应加强管理，扩大生产，并普遍建立小型工厂，奠定自给自足之工业基础。鲁中、鲁南、滨海三地区工商机构合并成立省工商总局。①

中国解放区临时救济委员会山东分会在省参议会召开第五次会议，检讨各地对于八年战争损失调查完成的程度；并提出自大进军以来干部调动，刘居英、陈沂等七位委员因公去职，决定加聘宋裕和、薛暮桥、匡亚明、刘锦如、陈锐霆、郭子化等 12 人为委员，加上此前旧有委员黎玉、马保三、刘民生、梁竹航、艾楚南等 9 人，共计委员 21 人。会议决定进一步加速完成全省八年战争损失调查，以便向同盟国要求促使日寇履行战争赔偿并向联合国善后救济总署要求首先得到救济物资。②

**1 月 27 日**　山东省政府下达关于和平时期开始后的政府工作的指示。报告要求："和平民主新阶段中，应以放手发动群众、贯彻减租减息及发展生产、发展教育为中心，发展城乡各项工作。"③

---

① 《山东省政府关于 1946 年上半年工商工作任务及合并鲁南鲁中滨海三地区工商机构的决定》（1946 年 1 月 22 日），载《山东革命历史档案资料选编》第十六辑，济南：山东人民出版社，1984 年，第 120—124 页。薛暮桥当时为实业厅厅长兼省政府秘书长，按照当时体制，工商总局由实业厅领导，该指示应经薛暮桥同意。

② 胡亦农（1946）：《加速战争损失调查　山东救济分会开五次会议　加聘宋裕和薛暮桥等十二人为委员》，载《大众日报》，1946 年 1 月 28 日，第二版。

③ 《山东省政府关于和平时期开始后的政府工作的指示》（1946 年 1 月 27 日），载《山东革命历史档案资料选编》第十六辑，济南：山东人民出版社，1984 年，第 131—134 页。黎玉在接受李普访问时说，在和平民主时期到来之后，政治、经济、文化各方面的建设工作将占更重要的地位。发动减租减息，是民主建设的中心环（接下页）

**1 月 30 日** 山东省政府发出关于 1946 年生产工作的指示。指示指出：今后的生产工作应当贯彻以农业为主的方针，同时发展农村副业，并扶助城市工商业的发展。但因我们基本上仍处于乡村，农业仍占生产工作中的最重要的地位。农业生产的中心环节，在于组织劳动互助和采用科学的耕作方法，最后目的为提高劳动效率，增加农产收获。指示还要求普遍组织合作社。乡村合作社一般应以村社为其基本组织，包括许多村庄的大合作社容易脱离群众。新解放的城市群众尚未发动，可由政府创办生产推进社或合作指导所来发动群众生产。但在群众生产发动起来以后，应当帮助群众组织小合作社，使自己担任联合社的职务。指示还要求重建城市经济，今后应当保护自由贸易，纠正统制包办思想，反对操纵垄断，使私营经济发展能够照顾广大群众的利益，公营工矿实业应继续发展，保证解放区经济向着新民主主义的方向发展。①

下午，与新四军兼山东军区参谋长陈士榘、山东省参议会副议长马保三、驻会议员孙鸣岗、民政厅长梁竹航，到机场欢迎北平调处执行部驻徐州小组美方代表黑里斯上校及国共双方代表、随员等十余

---

节；在减租减息、发动群众已经彻底完成的地区，生产和教育便应占政府工作的首要地位。发展生产应仍以农业为主，城市中发展手工业，组织运输，繁荣市场，一方面照顾城市工商业的发展，同时适当增加工资，改善工人生活。教育方面，主要的对象是三种：首先是广大的农民；其次是新解放区的知识青年；最后是在职干部。参见李普（1946）：《山东省主席黎玉》，载《开国前后的信息》，北京：新华出版社，1984 年，第 51 页。

① 《山东省政府关于 1946 年生产工作的指示》（1946 年 1 月 30 日），载《山东革命历史档案资料选编》第十六辑，济南：山东人民出版社，1984 年，第 135—139 页；徐建青、董志凯、赵学军主编（2017）：《薛暮桥笔记选编（1945~1983）》第一册，北京：社会科学文献出版社，2017 年，第 11—14 页。值得注意的是，前者文号为“农字第二号”，薛暮桥笔记中则为“实字第一号”，后者表明文件系实业厅起草。考虑到薛暮桥详细记录了山东省农林合作会议的讨论以及这一“实字第一号”文件，薛暮桥应参加了这一文件的起草工作，而这一文件实际上也代表了山东省农林合作会议后山东省府当年关于实业工作的整体安排。

人，他们到临沂来考察国共双方军队执行停战令情形。随后，双方乘马踏雪同往交际处正式谈判。①

**1 月 31 日** 在《大众日报》发表社论《迎接和平建设时期再把生产工作提高一步》。②社论总结了过去一年在农林、纺织生产、合作社组织和发展城市工商业方面的成绩，同时指出三个缺点：首先，对群众生产的帮助不经常、不贯彻；其次，有些同志帮助群众生产不从实际需要出发，而从自己主观需要出发；最后，扶助群众生产仍未成为一个普遍运动。和平建设时期到来后，生产工作不但规模上将空前扩大，发展方向也可能发生部分变化。首先，过去在战时的、农村的条件下进行建设，生产和贸易极度分散，争取地方性的自给自足。今后，整个经济需要更大的组织性和计划性，同时在农业和乡村手工业外管理城市工业，掌握交通运输。其次，过去在被敌分割封锁环境下，自由贸易不得不受相当限制。且因经济极度分散，一切规模比较大的工商企业均非私人所能举办，只能由政府亲自经营。现在情况显著变化，我们应当更注意保护自由贸易，取消一切不必要的限制。应当扶助私营企业，欢迎他们与政府公营企业合作。对外关系上仍保护解放区经济的独立自主，对内仍反对操纵垄断，使公私经济发展符合

---

① 新华社山东分社（1946 年 2 月）4 日电：《徐州执行组飞临沂 陈参谋长据实驳斥国民党挑衅造谣 美代表黑里斯感谢我方诚恳态度》，载《大众日报》，1946 年 2 月 5 日，第二版。

② 这篇社论其实是全省农林合作会议的结论意见。薛暮桥不仅主持召开这次会议，文中的看法在薛暮桥以后的文章中不断重申或发挥（如 5 月 18 日《大众日报》发表的《和平建设中的经济政策》）。社论中特别谈到市集的繁荣，顾主已经不是公务员和地主商人，而是农民群众，集市上陈列的绝大多数不是洋货而是土货，不但农产品靠乡村供给，甚至工业品亦大多数是根据地生产，说明农民生活的改善和农民购买力的显著提高。这与李普 1 月 31 日至 2 月 2 日之间与薛暮桥一夜长谈所提到的事完全一致，某些表达也非常类似。因此，这篇社论应系薛暮桥起草。

广大人民群众的利益。[①]

**1 月 31 日至 2 月 2 日之间** 与随军事调处执行部到临沂访问的《新华日报》记者李普[②]就山东解放区的物价奇迹做“一夜深谈”。[③]他指出，北海票成功的原因是对法币的正确处理和禁用伪币。1943 年夏坚决禁用伪币，暂停使用法币是经济战争由失败到胜利的关键。法币排出后，北海票的发行极为慎重。与此同时发展了生产，加强了出口贸易。民主政府实行食盐专卖，在产地提高盐价与商人竞争，同时保证运输利润，由工商管理局的盐店，在出口地点高价收买，高价放出，使商人无法操纵。另外，市集的特别繁荣也是解放区经济的一大特色。农民的生活改善了，布匹、肥皂等工业品也由农村供给。城市解放之后，周围也发展了许多大集市。[④]

---

① 《大众日报》社论（1946）：《迎接和平建设时期再把生产工作提高一步》，载《山东革命根据地财政史料选编》第三辑，济南：山东省财政科学研究所、山东省档案馆，1985 年，第 11—14 页。

② 李普 1946 年 1 月 30 日抵临沂，2 月 3 日由临沂到济南。他在当时的报道中说，“在山东解放区中心地临沂停留三日”，所指应为 1 月 31 日、2 月 1 日和 2 月 2 日。另外他还提到，“有几个美国朋友”对解放区物价稳定的奇迹“极感兴趣”，“希望解放区派几个专家到青岛去一趟，谈谈这个奇迹的秘密”。李普说：“我会见了这些专家，他们都是些从乡下来的人。有些曾经在城市里生长，这八年来在山沟小道里转来转去，也已经成为乡下人了，想不到从美国洋场里来的人却要到他们之中去寻找专家。当我赞美他们的成功，并且把这个小故事告诉他们的时候，他们都大笑不止。自然，他们胜利了，胜利者是快乐的。但是他们很谦虚。他们说：‘我们只不过是小学生。’的确，从年龄来说，他们最大的不过三十多岁，最大多数还是二十几岁的青年人。”他分别在《临沂风光》《北海票与油盐柴米》《从物价的奇迹说起》三篇文章中提到与薛暮桥的长谈。这表明“货币奇迹”一词最初来自军调小组，李普是最早用中文报道此事的记者。不过李普称“这些专家”“大的不过三十多岁”并不准确，薛暮桥当时 40 岁出头。参见李普（1946）：《临沂风光》《北海票与油盐柴米》《从物价的奇迹说起》，载李普（1984）：《开国前后的信息》，北京：新华出版社，1984 年，第 21—26 页、第 110—113 页、第 114—121 页。

③ 同上书，第 15、17、110 页。

④ 李普（1946）：《北海票与油盐柴米》，同上书，第 110—113 页。

**2 月 2 日** 作为中国解放区救济总会山东分会委员，与省府主席兼分会主任黎玉、省参议会议长马保三、委员梁竹航、孙鸣岗等一起，就联合国善后救济总署首批运鲁物资（一千吨救济品）的运输和分配，与联合国善后救济总署澳洲联络官朗恩慈和美国海军陆战队第六师团民事处联络官蒲来恩上尉在临沂进行磋商。[①]

下午二时半磋商完毕。拍照留影后，与黎玉等欢送二人返机场。

本次会议商定：一、在救济品分配上，现已抵鲁之 300 吨物资决定救济胶东解放区。根据几年来灾害损失情形，决定按城市占 30%，农村占 70% 的分配原则，由胶东行政主任公署及胶东救济分会具体执行。其余 700 吨，根据损失轻重情况，分配鲁中、鲁南、滨海、渤海四个解放区。分配原则同胶东。粮食、被服等救济品，完全分配给群众。医药分配至各地医院卫生机关，免费治疗人民伤病。所有物资完全分配救济人民，政府军队绝不动用。二、对救济品的运输，由山东救济分会派代表二人至青岛联合国善后救济总署处接收并协助运输该部物资。由联合国善后救济总署派船送日照县石臼所，然后由内地

---

① 辛玮等主编（1982）:《山东解放区大事记》，济南：山东人民出版社，1982 年，第 248 页。赫伯特 · 安布德（Herbert Abrams）当时是联合国善后救济总署工作人员，他曾回忆当时的情况：在临沂，十来个联总人员，加上翻译、司机都住在土砖砌成的小屋里。尽管我们的主人很穷，给我们吃的早饭却有火腿、鸡蛋和烤白面包片。他们还给我们提供了西式的抽水马桶，真是不可思议！我们送货到这儿是在 1946 年 2 月初，正好是中国的阴历新年，有两天的娱乐。农民们穿着戏装，踩高跷、唱歌、扭秧歌，我们都跟着扭。有几个女孩把脸涂黑了，合着“老黑奴”的调子跳舞。我们联总的头头澳大利亚人阿瑟 · 朗兹表演的“跳华尔兹的马蒂尔达”，大受欢迎。有一天，大约有 5 000 名农民从周围地区来这儿听我们演讲。我和另外一位联总工作人员通过翻译讲了话。共产党的省长黎玉主席和陈毅将军都讲了话。两位衣衫褴褛的老妇人的讲话，激动人心。她们走上台，转过身来向我们诉说她们在日本人和国民党统治下的遭遇。参见赫伯特 · 安布德（1988）:《回忆在解放区的经历》，载葛兰恒等《解放区见闻》，北京：新华出版社，1993 年，第 177—185 页。

动员牛车运送。[①]

**2 月 3 日** 下午六时，出席中国解放区救济委员会山东分会举行的第七次会议，具体讨论如何分配和运输联合国善后救济总署首批运鲁物资。与会者对该批物资分配极感困难，认为 1 000 吨物资分配救济 3 800 万人民，每人尚不足 1 两面粉。经过很长时间商讨，决定如下分配原则：一、力求分配公正合理，但因物资甚少，须采用重点分配方法，首先救济蒙受灾害损伤最大的地方和最迫切需要救济的人民。二、救济对象不分阶层，不分党派、宗教信仰，首先救济损害最大和积极抗击敌人出力最大的个人或村庄。三、根据以上原则，首先救济退伍的残废病老者和贫困无法生活急需救济的抗属、烈属、抗工属、民兵和最贫困者。四、医药分给医院卫生机关免费医疗人民和伤病员。在具体办法上：一、因目前交通关系，路程遥远交通阻隔地区，救济物资难以输送，可在山东救济分会决定救济数量后，电告当地政府、救济委员会，先从当地国库中拨粮，以应急需。二、根据各地被害人民生活情况，山东救济分会负责调剂所缺物资的合理分配，无衣者多分布疋衣服，无粮者多分粮食。唯医药一项，可根据瘟疫流行情况统一分配。会上并决定在解放区募集物资救济。分电联合国善后救济总署和重庆国民政府中央救济总署蒋廷黻先生，呼请根据人民多年来遭受损失情形，大量救济山东解放区被害人民。最后决定派代表去青岛具体商讨接受运输物资事宜。[②]

**2 月 7 日** 为《政治经济学》一书写“三版后记”。后记说，从再版到现在已经四年，其间因不做教育工作，没有机会反复修改。这

---

① 新华社山东分社（1946 年 2 月）4 日电：《联合国善后救济总署郎、蒲两氏飞临沂 与我磋商救济事宜 山东解放区救济分会研讨首批救济品运输分配办法 咸感物品太少分配困难》，载《大众日报》，1946 年 2 月 5 日，第四版。

② 同上。

次翻印前仅能把书大致翻阅一下，并做两处较重要的修改。“本想补充一点目前中国经济中的实际问题，但亦由于时间限制，只能待之来日，为求补此缺陷，作者正在收集几年来的几篇重要经济论文，编印小册，可作这书补充。”[①] 所谓“编印小册”，指编选《论新民主主义经济》一书。

**2 月 12 日** 为所编《论新民主主义经济》写前言。前言提出：“任何同志都应响应毛主席的号召学习经济工作，经济工作同志更应加倍努力！为着帮助同志学习经济工作，所以编印这个小册，来做一般同志——尤其是经济工作同志——的学习材料。”

除前言外，《论新民主主义经济》一书共计两个部分：第一部分收录四篇文章：毛泽东《我们的经济政策》（薛暮桥节缩自《论联合政府》）、周恩来《当前的经济政策》（在重庆星五聚餐会上的讲话）、毛泽东《组织起来》（在招待陕甘宁边区劳动英雄会上的谈话，1943 年 11 月 29 日）、毛泽东《论合作社》（1942 年在陕甘宁边区高干会上的讲话）。薛暮桥称这四篇文章为“最重要的经济文献”，“从这里面可以看出我们经济建设的一般的方针和一般的原则”。[②] 第二部分收录薛暮桥四篇文章：《论新民主主义经济》《中国农业发展的新方向》《农业生产建设问题》《怎样办合作社》。“这些论文是由编者几篇旧作改写而成，目的仅在解释前面那些文献，并对怎样进行经济建设提供一些较具体的意见。……过去我们在战时的、农村的环境中来进行经济建设，在这方面我们已经摸索到了一点经验，所收集的材料主要就是这些经验的结晶。今后我们所处的环境将要变化：我们不但要建设农村，而且要建设城市；不但要发展近代化的农业，而且要发展大规模的工业，以及与此相适应的交通、贸易、金融等事业，对于后

---

① 薛暮桥编（1946）：《论新民主主义经济》，临沂：山东新华书店，1946 年。

② 同上书，“前言”。

者，我们还是很少经验。过去虽然也曾写过一些关于货币、贸易和工厂管理方面的文章，但多只适合于当时（战时的、农村的）环境，今天大多已不适合，所以关于这方面的问题，只能等待将来从实践中创造的经验再来补充。”①

此书于 **1946** 年 **3** 月由山东新华书店出版，后多次重印，并被各地出版社或书店翻印。

《论新民主主义经济》一文提出，解放区的政治已经是新民主主义的政治，经济是否已经是新民主主义的经济？文章认为，由于独立自主的经济政策和八年抗战敌人的经济封锁，与帝国主义各国间的经济联系被大大破坏了。抗战胜利以后，我们还要在独立自主的条件下，欢迎外国投资帮助我们发展经济。由于土地政策的彻底执行，封建势力大大削弱了。自由资本主义，特别是小生产者的经济渐渐发展了。封建统治阶级的经济优势尚未打破，但也已开始动摇。自由小生产者的经济，必然是新民主主义经济之主要形式。在解除了种种封建束缚和封建性负担后，在民主政府扶助之下，能够自由发展起来。新民主主义包括公营经济（或称国家经济）、合作社经济和私营经济。在大地主大资产阶级统治下，国家资本事实上会变成变相的帝国主义资本（如借用外资经营的铁路或矿产等）和官僚资本（如国民党政府所谓国营、省营企业，以至国家银行等）。在新民主主义政府管理下，将成为独立自主、富国利民的经济形式。合作社经济是有组织的群众生产，其中包括农业的生产合作社和工商业合作社。私营经济可分为私营资本主义经济和小生产者的私营经济。八年抗战受严重摧残，我们只有一面大量建设国家经济，一面大量发展资本主义私营企业，才能迅速完成战后经济复兴工作。小生产者的私营经济在解放区的手工业和农业中广泛存在。目前在中国大部分地区，仍有许多农民

---

① 薛暮桥编（**1946**）：《论新民主主义经济》，临沂：山东新华书店，**1946** 年，“前言”。

在封建势力的压榨下呻吟着，改造这种落后的半封建经济，将成为我们最艰巨的任务。[①]

《中国农业发展的新方向》认为，中国今天的农业是半封建的农业。就生产方式来说，分散的、落后的农民经营占绝大比重。所有的农业生产全是半自给的家庭经营，一家一户就是一个生产单位。这种小农经济（个体经济）建立在小私有制基础上，占有少数生产工具，主要依靠自己的劳动独立生产。改造半封建的农业可以朝着两个方向发展：一个是德国或英国的资本主义旧道路，一个是新民主主义的新道路。经过各式各样的土地改革，绝大多数贫苦农民经济地位上升，且有余力来改进耕作方法。他们逐渐组织起来，使农业生产进一步合理化。这样，不但土地关系改革了，农业生产方式也改革了，即从分散的、落后的小农经济，变为有组织的、规模比较大的和较进步的、能够逐渐采用科学耕作方法的近代化的农业。[②]

《农业生产建设问题》认为，中国经济建设的总方针，应当是在新民主主义经济政策的指导下，争取中国国民经济的工业化和农业的集体化科学化，使农业生产从分散的、落后的、半封建的生产方式向着集体的、采用科学耕作方法的新民主主义的生产方式前进。农业的集体化与科学化以土地改革为必要条件，集体化与科学化又密切联系，小农经营（个体经济）不能采用改良农具和科学耕作的方法。新民主主义的农业生产方式需要分为几个步骤逐步完成。文章以大变工问题、伙养牛问题、兼营副业问题和农业合作社问题为例，批评了从主观愿望出发，好高骛远、脱离群众的现象。对于改进耕作方法，强

---

① 薛暮桥（1946）：《论新民主主义经济》，载《薛暮桥文集》第三卷，北京：中国金融出版社，2011 年，第 181—188 页。《薛暮桥文集》根据《论新民主主义》一书 1947 年增订本，将这篇文章的时间标注为 1947 年 1 月。此处已订正。

② 薛暮桥（1946）：《中国农业发展的新方向》，载《薛暮桥文集》第三卷，北京：中国金融出版社，2011 年，第 166—170 页。

调从群众中来，到群众中去，同时利用科学知识整理和研究农民的实际经验。①

**2 月 13 日** 出席中国解放区救济委员会山东分会第八次会议，讨论救委会分工问题。会议决定分为运输、医药、报导、保管、调查、联络、募集等七组。运输组长陈锐霆、副组长宋裕和，医药组长白备伍，报导组长匡亚明、副组长张凌青，保管组长艾楚南，调查组长李林，联络组长薛暮桥、组员姚仲明、田佩之、刘格平、郭子化，募集组长王林肯。各组酌聘干事若干人，并决定最近由各组长分别召开各组会议，研究工作具体进行方法。为更广泛地吸收少数民族与宗教团体代表参加各级救委会，决定加聘山东回协代表刘格平、省农救会会长贺致平及在抗战中对社会救济事业有贡献的教会代表参加。②

**2 月 14 日** 美国合众社记者、《密勒氏评论报》(*The China Weekly Review*)编辑罗尔波(Edward Rohrrough)③ 自华中解放区来到临沂，采访停战协议执行情况。次日，《大众日报》社举行茶话会，热烈欢迎罗尔波来访，社会各界 50 多人到会。④ 在山东根据地期间，罗尔波发表多篇关于山东解放区的报道，并就山东物价稳定问题访问

---

① 薛暮桥(1946):《农业生产建设问题》，载《薛暮桥文集》第三卷，北京：中国金融出版社，2011 年，第 135—142 页。

② 亦农(1946):《山东救济分会举行第八次会议　讨论委员分工及吸收少数民族代表等事宜　联合国首批救济物资已抵诸城某地》，载《大众日报》，1946 年 2 月 16 日，第四版。

③ 据爱泼斯坦回忆，罗尔波出生在 20 世纪 20 年代，是美国山区西弗吉尼亚州一位右翼国会议员之子，40 年代来到中国，在美国新闻处工作。他在重庆结交不少进步朋友，调福建工作后曾竭力营救曾在美新处工作、后被秘密逮捕的中共党员羊枣(杨潮)。抗战结束后，罗尔波访问了新四军，并进行了同情报道。返回美国后，协助美国争取远东民主政策委员会工作。后定居夏威夷。20 世纪 80 年代在那里去世。参见爱泼斯坦(1992):《作者简介》，载葛兰恒等《解放区见闻》，北京：新华出版社，1993 年，第 1—4 页。

④ 于岸青(2013):《战争时期访问〈大众日报〉的三名外国记者》，载《青年记者》，2013 年 4 月，第 87—90 页。

薛暮桥。[①] 对于罗尔波的访问，薛暮桥晚年曾多次提及，如：

> 1946年春，一个美国经济学家[②]到山东省政府所在地临沂来访问我。他说北海币一无金银、二无外汇（太平洋战争前法币曾靠英镑、美元来支持）来作贮备，为什么能保持物价稳定，实在令人难于理解。我说我们的北海币有物资来作贮备，在根据地金银、外汇都毫无用处，只有物资最能保证物价的稳定。我告诉他在其他情况不变的条件下，货币发行与物价同步增长的规律。当时西方国家还实行金本位制，法律规定发行纸币必须有40%以上的黄金作贮备，以便于货币发行过多时抛售黄金，回笼纸币，稳定物价。他们还不知道只要控制货币发行数量，使它不超过市场流通需要，也能够保持物价稳定。我用三四个小时向他详细说明了这个定律后，他觉得这是一个“新发明”，询问我美国能否采用这个办法。我说现在美国掌握世界黄金的半数以上，可以继续实行金本位制。[③]

访问薛暮桥后，罗尔波撰文报道（参见本年4月6日条）。

---

① 关于罗尔波在山东访问时期情况，参见葛兰恒等（1993）：《解放区见闻》，北京：新华出版社，1993年，第113—144页；中共江苏省委党史工作办公室（2006）：《粟裕年谱》，北京：当代中国出版社，2006年，第142页；沈阳军区《赖传珠日记》整理编辑领导小组（1989）：《赖传珠日记》，北京：人民出版社，1989年，第639页。

② 薛暮桥晚年已不记得罗尔波的名字，有时称他为“一位美国新闻记者”，有时称他为“一位美国经济学家”，似乎对罗尔波的情况了解并不多，但印象非常深刻，曾反复忆及。这使得访问者的身份变得有些神秘和扑朔迷离。如《山东革命根据地北海银行历史年表》称访问者为“从太平洋彼岸华尔街摩天大楼里走出的金发碧眼的美国经济学家”、“西方的货币专家”。参见葛志强、刁云涛、宋文胜（2014）：《山东革命根据地北海银行历史年表》，北京：中国文史出版社，2014年，第201—203页；薛暮桥（1979）：《山东抗日根据地的对敌经济斗争》，载《薛暮桥文集》第七卷，北京：中国金融出版社，2011年，第298页。

③ 薛暮桥（1988）：《“北海币”回忆录》，载《薛暮桥文集》第十三卷，北京：中国金融出版社，2011年，第71—72页。

**2月16日**　与黎玉、马保三、孙鸣岗等到交际处欢迎乘试运救济物资卡车，由青岛返临沂的中国解放区救济总会山东分会秘书长梁竹航、委员姚仲明，同行的有联合国善后救济总署联络官朗恩慈、物资分配主任彭富德、卫生组主任安布德、储运局队长班奈特、卫生组护士陶爱琳（女）和中国善后经济总署青岛分署视察室主任兼青岛分署第三工作队长杜之卢、青岛分署卫生组主任韩立民等人乘试运救济物资的卡车返抵临沂，并设宴款待。[①]

郎恩慈一行到临沂，旨在贯彻执行联合国善后救济总署不分政治、不分地区救济受灾人民和恢复善后工作的公正原则。此次系试运救济物资（衣服、药品、牛奶粉、面粉、汽油），拟在临沂附近试行分发，今后还将有大宗物资源源运到。[②]

**2月18日**　晚九时至次日晨二时许，出席黎玉主持的中国解放区救济委员会山东分会临时会议，讨论联合国善后救济总署第一批救济物资（20吨）分配事宜。会议决定：（一）物资分配：确定直接发给受灾民众。第一批物资中，面粉准备首先救济临沂县城乡，临（沂）诸（城）公路沿线群众（面粉每户5斤至15斤），衣服准备分发淄博、枣庄、安先、张庄、华丰、小窑等矿区工人，药品由卫生部分发各地医院，并保证该批药品全部用作医治人民。（二）为便利交通，拟5天内将临（沂）诸（城）公路全部修竣，在解放区集中汽车30辆，作继续运输救济物资之用。（三）为密切今后与青岛联总代表联系，当派员驻青。[③]

---

① 临沂地区、枣庄市、济宁市党史征委会编印（1987）：《中共鲁南党史大事记》，1987年10月7日印，第161页。

② 新华社山东分社（1946年2月）16日电：《山东解放区救济分会赴青代表公毕返临沂　郎恩慈等氏运来20吨物资拟在临沂附近试行发放》，载《大众日报》，1946年2月18日，第一版。

③ 新华社山东分社（1946年2月）20日电：《山东救济分会连夜研讨首批救济品分配办法　已获具体方案将陆续发表公报》，载《大众日报》，1946年2月21日，第一版。

**2 月 26 日** 参加为访问山东大学的罗尔波和章枚所举行的茶话会，宾主相谈甚欢。[①]

**3 月 3 日** 参加省府各直属机关全体女同志 80 余人召开的纪念“三八”节座谈会。[②]

**3 月 9 日** 晚，参加新四军司令部、政治部全体干部在省府大礼堂楼下举行的晚会，庆祝新四军军长叶挺将军恢复自由并加入中国共产党。陈毅、张云逸、舒同、叶飞等临会致庆，张云逸、陈毅、薛暮桥、刘民生、田佩之、罗湘涛、马保三先后在台上讲话。薛暮桥讲话中指出，新四军第一年只有万余人，皖南事变时被歼灭的就有七八千人，占当时全军十分之一。新四军发展到 30 余万，真是出乎反对者的意料，证明人民革命武装不是什么阴谋诡计能够消灭得了的。[③] 新四军政治部文艺宣传团和山东大学同学联合组织音乐舞蹈晚会，演出《囚徒之歌》《校场口》《快乐的人们》等节目，至晚 11 时半尽欢而散。[④]

**3 月 11 日** 出席山东全省铁路职工代表大会开幕会议，并向大会致词。[⑤]

---

① 唐晋（1946）:《罗尔波氏访山东大学》，载《大众日报》，1946 年 3 月 2 日，第一版。

② 恩成、徐芳、海珠、樱（1946）:《省各机关女同志举行“三八”座谈会　讨论目前工作与修养问题　关于组织、生产、卫生等问题亦讨论颇多》，载《大众日报》，1946 年 3 月 6 日，第四版。

③ 朱民（1946）:《叶挺军长自由了——新四军干部庆祝晚会特写》，载《大众日报》，1946 年 3 月 11 日，第一版。

④ 新华社山东总分社（1946 年 3 月）10 日电:《新四军军直七百干部举行晚会　庆祝叶挺将军出狱入党廿年来老战友陈毅、张云逸两将军亲临致贺》，载《大众日报》，1946 年 3 月 11 日，第一版。

⑤ 新华社山东总分社（1946 年 3 月）12 日电:《二百七十公里铁路通车声中　全省铁路职工代表大会揭幕马副议长黎主席张副军长等均亲临致词　希望产生一真正代表职工利益的总工会》，载《大众日报》，1946 年 3 月 13 日，第一版。

**3 月 15 日**　晚，出席山东省参议会驻会委员会暨山东省政府委员会在省政府会议厅举行的联席会议，讨论山东省出席国民大会的代表选举办法。根据政治协商会议决定，山东全省补选 65 名，其中 38 名由津浦路东的山东解放区选出，内包括区域代表 26 名（另选候补代表 8 名），职业代表 12 名。联席会议决议如下：（一）区域代表选举以现行行政区为选举区，按照人口比例及各地区具体条件，确定各该区之代表名额如下：胶东区代表 6 名，候补代表 2 名；鲁中区代表 6 名，候补代表 2 名；渤海区代表 5 名，候补代表 1 名（渤海区所属河北省部份，另外选举区域代表 4 名，在本省 38 名代表名额之外）；滨海区代表 5 名，候补代表 2 名；鲁南区代表 4 名，候补代表 1 名。（二）各行政区选举办法：胶东、鲁中、滨海由各该行政区参议会负责选举。渤海、鲁南因新解放区较多，由各该区参议会暨行政公署协议决定能代表全区之选举办法施行。（三）本省应选举之职业代表 12 名，由本省各界救国联合会及其他有关职业界自行选出。（四）所有代表统限于 3 月底以前全部选出。选举工作完成后，即需将各该区当选人名单及票数，一并呈送。各当选代表，须即行来省集合，以便共同研究准备制宪意见，及应行准备之其他问题。（五）成立山东省国民大会代表选举委员会，并公推马保三、刘民生、孙鸣岗、张伯秋、薛暮桥、梁竹航、朱则民等 7 人为该会委员。[①]

**3 月 28 日**　据新华社山东总分社 28 日电，中共华东局为坚决执行政协决议与整军方案，经高干会决定：山东全省主力与地方兵团，第一期复员 10 万名，复员经费预算 3 亿元，由党、政、军、民四方面代表联合组成复员委员会。山东省政府山东军区复员委员会舒同为主任，谢有法为秘书长，陈锐霆、薛暮桥、崔义田、彭□伦、周

---

① 新华社山东总分社（1946 年 3 月）18 日电：《省参议会委会、省府委员会决定　山东解放区国大代表补选办法　成立选委会公推马保三等为委员　各地应选代表统限于三月底选出》，载《大众日报》，1946 年 3 月 19 日，第一版。

林、于一川、郑文卿、冯平为委员。军队方面自军区至军分区，自师至旅、团，地方自主任公署、专署一直至村，均设立复员委员会，县一级设复员部，并责成首长负责、亲自动手，认真积极完成此项重要工作。

省复员委会首次会议业已闭幕，会议内容为草拟山东省政府山东军区复员工作条例，复员委员会组织及工作细则，复员过程、范围、组织机构分工等。关于复员人员安置问题，委员会已决定三个原则，即“各尽所能”、“各得其所”、“各安其业”，务使每个复员人员回到农村的有地有屋，有种子耕具，经商的有资本，做工的有工作，得以各安其业。复员工作决定自4月底5月初开始。[①]

**4月4日** 中共华东中央局、山东省政府、山东军区发表《为复员告全体党政军民书》，决定适应和平民主建设的新阶段，在全省范围内开始进行大规模的复员工作，第一期复员10万人。[②]

山东省政府实业厅做出《关于组织各地合作社进行联合生产运销的意见》。意见指出，山东省内各地区间各种产物供求关系的相互调剂及对其他友邻解放区和解放区外各大城市进行进出口贸易的运销合作，牵涉很远很广大地区，一方面需要发动各个合作社建立运销部门，或在变工组及各个分散生产的手工业者联合的基础上建立运销社，自下而上发展，另一方面需要有计划有重点地由上而下指导扶助其发展。我们计划以临沂为基点建立合作社运销处，逐渐向外扩展，

① 新华社山东总分社（1946年3月）28日电:《中共华东局高干会决定　山东省主力地方兵团第一批将复员十万人　省复员委员会首次会议闭幕》，载《大众日报》，1946年03月29日，第一版。

② 《中共华东中央局、山东省政府、山东军区为复员告全体党政军民书》（1946年4月4日），载《山东革命历史档案资料选编》第十六辑，济南：山东人民出版社，1984年，第285—286页。

在业务上指导扶助各地区的运销合作事业。①

按照合作社的原则，这种模式是否是合作社，一度成为争论的问题。薛暮桥回忆：

当时有些同志说，这不是民办而是官办，不能称合作社。山东的主要农产品，也大部分由工商局收购销售，这也不符合合作社原则，因而发生争论。日本投降后，临沂工商管理局组织失业人民发展纺织，为军队制布鞋等各种手工业，半年时间解决了大部分妇女的失业问题。但不敢称合作社，而称“生产推进社”。直到刘少奇同志在 1948 年提倡组织以公营为主的供销合作社后，这个争论才算解决。②

山东土纺织业没有基础，抗战爆发后洋布不易进口，而且价格昂贵，连军衣供应也很困难。工商局奉命发展纺织手工业合作社，并提供种植棉花。按照合作社的原则，合作社应由社员自筹资金，且无购销经验，发展很慢。工商局就组织农村妇女分组（小合作社）向工商局领棉花，交棉纱；领棉纱，交土布，由工商局发给工资。这样公私结合办社，发展很快，仅用了一年时间土布已经全部自给，包括军衣在内。

**4 月 5 日**　山东省人民政府决定将山东大学与从华中淮阴迁来的华中建设大学部分系科合并，仍定名山东大学。③合并后成立政治、经济、教育、文艺四系，薛暮桥任经济系系主任，陈智方任副主任。

① 《山东省政府实业厅关于组织各地合作社进行联合生产运销的意见》（1946 年 4 月 4 日），载《山东革命历史档案资料选编》第十六辑，济南：山东人民出版社，1984 年，第 304—307 页。

② 薛暮桥：《薛暮桥回忆录》，载《薛暮桥文集》第二十卷，北京：中国金融出版社，2011 年，第 134—135 页。

③ 辛玮等主编（1982）：《山东解放区大事记》，济南：山东人民出版社，1982 年，第 252 页。

经济系设政治经济学、中国农村经济、解放区经济政策等课程。① 经济系下设农林、合作、会计三科，合作专修科公开招收学员 50 余人，由罗琼、王耕今任正副主任，在鲁中沂水县开始上课。② 不久因解放战争爆发，山东大学 8 月转移到莒南县汀水镇，10 月北上到日照县坪上，预科教学计划调整，并结束训练班学习，不再续办。1947 年 2 月莱芜战役前夕，预科学生全部、本科学生大部提前结业支援战争。5 月底到达阳信县，招生 300 余人，编为预科四个队。但国民党军队封锁胶济铁路，为保证知识分子安全，教授和家属送去大连避难，干部就地组成土改工作队，学生提前结业分配支前工作。③

**4 月 6 日** 罗尔波报道访问薛暮桥和山东货币奇迹的文章《共产党控制区的货币战争》在《密勒氏评论报》发表。据报道，薛暮桥告诉罗尔波，日本投降后，共产党和国民党都力图用自己的货币来代替伪币。但国民党任命的山东省长何思源出人意料地采用法币与伪币一比一的兑换比例并以低价出售没收的日本财货。同时日本人也在出售存货。结果国民党政府支持了投降者并帮助减轻日本在战时剥削中国的部分责任。在此情况下，共产党采取了抗战时期的办法，购买物资排挤伪币到国民党统治区。虽然法币的流通范围更大，何思源的政策帮助共产党消灭了边沿地区仍存在的伪币。这一区域的 1 000 万人口平均每人按照 5 000 元计算，合计 500 亿元伪币按照国民党政府规定的汇率流入国统区购买商品。他还指出，联合政府最后成立时，抗币和法币之间将不会再有货币战争。那时政府将会以金本位或银本位的

---

① 张剑（2003）：《忆沂蒙八年》，自印本，2003 年，第 147—148 页；《山东大学百年史》编委会（2001）：《山东大学百年史：1901~2001》，济南：山东大学出版社，2001 年，第 148 页。

② 罗琼谈、段永强访（2000）：《罗琼访谈录》，载《把国放在家前面：罗琼逝世一周年纪念文集》，北京：中国妇女出版社，2007 年，第 154 页。

③ 《山东大学百年史》编委会（2001）：《山东大学百年史：1901~2001》，济南：山东大学出版社，2001 年，第 150—152 页。

新货币代替，消除通胀危机。政府的纸币将削减到一个稳定的比例，共产党也将不再用棉花、粮食来支持自己的货币。罗尔波在文章中称抗战时期“山东根据地经济学家的对日货币战甚至比军事战场更为成功”。①

**4 月 20 日** 在《渤海日报》发表《减租减息与发展生产》。文章指出，减租减息是发展生产的必要和先决条件。佃租太重，利息太重，农民生产情绪低落，不愿意也没有可能来努力生产。农业不发达，都市工业也就很难发展起来。减租减息是为减轻封建剥削，扫除农业发展的障碍，而非限制私有财产，限制富农和其他私营经济的发展。今天我们不但需要允许富农发展，而且需要允许大规模的资本主义经济的发展。文章认为，目前尚未减租减息的新解放区，应把减租减息、发动群众放在首要地位；在群众已经发动起来之后，立即转入生产；在已经减租减息的老根据地，应把生产工作放在首要地位。努力争取生产战线上的胜利，建设一个繁荣的新山东，才能在和平建设中团结全国人民。②《晋察冀日报》5 月 12 日转载这篇文章。

为悼念“四八”烈士殉难，各机关团体与各界人士亲笔书写的挽

① Edward Rohrrough. 1946. “Currency Battle in Communist-Held Areas during War Recounted”, *The China Weekly Review*, vol. 101, no. 6, p.115. 罗尔波评论山东根据地经济学家对日货币战的原文是：“The economists of this area fought the currency war against the japs perhaps even more successfully than they fought the war of the battlefields.”

② 薛暮桥（1946）：《减租减息和发展生产》，载《薛暮桥文集》第三卷，北京：中国金融出版社，2011 年，第 143—146 页。1946 年 1 月，华东局与山东各救总会抽调干部分赴新解放区放手发动群众，开展了声势浩大的反奸诉苦运动。4 月初，陈毅在临沂召开反奸诉苦工作汇报会，在会上指出当前党的政策是反奸诉苦、减租减息，而不是土地改革。如果要搞土地改革，必须有中央指示，这不是我们能解决的。这是两个不同历史时期的战略决策。参见中共山东省党史研究室（1992）：《新民主主义革命时期中共山东党史大事记》，济南：山东大学出版社，1992 年，第 423、429 页。薛暮桥文章与陈毅在会上的指示精神是一致的。

联。薛暮桥挽联如下：

**悼王若飞、秦博古同志**

力挽狂澜　全国仰望　身殉伟业　万人痛悼

薛暮桥拜挽

**悼叶军长**

一生最明爱与恨　五年难忘血和泪

薛暮桥拜挽

**悼邓发同志**

惜国内外劳工团结端赖维系 愿从今后群运开展不负期望

薛暮桥拜挽

**悼黄齐生先生**

老成何凋谢　青年失师表

薛暮桥拜挽①

**4 月 25 日**　山东省政府做出关于统一土地产量与杆文标准的决定。决定指出，自大进军以来，新地区大大增加，土地尤待登记整理。为统一地级、平衡负担起见，整理土地，统一各地区土地标准。本年度公粮征收办法系按中地征收，各地应先折成中地，一律以 150 斤产量为标准；中地产量一般按二年三季计算，以春、秋两季主要粮食平均产量为标准；土地面积以 240 方步为一官亩，每步五尺。②

**4 月 26 日**　中国工业合作协会联合办事处在延安成立，计划统一指导华北、华中、华东各解放区的工合运动。办事处由解放区救济总会负责人伍云甫兼主任，黄亚光、范子文、曹菊如、陈希云、薛暮

---

① 《挽联一束》，载《大众日报》，1946 年 4 月 20 日，第四版。

② 《山东省政府关于土地产量与杆杖标准的决定》（1946 年 4 月 25 日），载《山东革命历史档案资料选编》第十六辑，济南：山东人民出版社，1984 年，第 391—392 页。

桥、李强、熊大荆为委员。[①]

**4月** 杨波[②]奉薛暮桥之命所编《山东解放区的工商业》一书由山东新华书店出版。[③]全书除前言外，合计九篇文章，分别是：黎玉《山东对敌经济斗争的巨大胜利》、杨波《抗战时期山东的货币斗争》、薛暮桥《山东各解放区的纺织手工业》、杨波《民主政府食盐管理下滨海盐业繁荣概况》、杨波《欣欣向荣的烟台工商业》、杨波《从艰苦斗争中发展起来的胶东化学工业》、顾膺《欣欣向荣的山东工业》、耿骏《为群众服务的臧家庄子合作社》、张正《临沂生产推进社介绍》。[④]其中薛暮桥《山东各解放区的纺织手工业》即《大众日报》1944年7月1日刊载的《山东抗日根据地内的纺织手工业》

① 新华社延安（1946年5月）16日电：《解放区工合联办在延正式成立》，载《大众日报》，1946年5月19日，第二版；朱健（1997）：《工合历程》，北京：金城出版社，1997年，第224页。

② 杨波当时任山东省工商局秘书兼统计科副科长。

③ 杨波编（1946）：《山东解放区的工商业》，临沂：山东新华书店，1946年4月。据杨波回忆："1946年春，新华社著名记者李普到临沂采访，希望了解山东根据地为何能够发展生产、保障供给并保持了物价稳定。这时，还有一位美国经济学家以记者名义到山东根据地访问。薛暮桥让我广泛搜集资料，多方面组织文稿，汇编成小册子，帮助记者熟悉解放区的经济情况。"杨波所说"美国经济学家"，实际指的是罗尔波。参见杨波（2015）：《熔炉：从学徒工到共和国部长　杨波回忆录》，北京：中国轻工业出版社，2015年，第42页。

④ 杨波编（1946）：《山东解放区的工商业》，临沂：山东新华书店，1946年4月。该书收录的杨波4篇文章标题略加修改，分别以"抗日战争时期山东的货币斗争"、"抗战时期山东滨海地区盐业的管理与发展概况"、"解放初期的烟台工商业"、"抗战期间胶东根据地化学工业的成长"为题，收入《杨波经济文集》(上卷，中央文献出版社，2000年，第26—33页、第34—43页、第44—53页、第11—18页)。另据杨波回忆，他当时任山东省实业厅秘书，薛暮桥"常常给我出题目，让我写一些经济方面的文章，有的我写了以后他改写很多，基本上等于改写了一大半，但还是署我的名字发表"。据此，这里杨波的几篇文章，曾经薛暮桥阅改。参见杨波（2015）：《熔炉：从学徒工到共和国部长　杨波回忆录》，北京：中国轻工业出版社，2015年，第30页。

一文。[①]

**5 月 15 日** 山东省政府命令，颁布《山东省三十五年度征收公粮办法》。办法规定，公粮负担系将土地划分等级折成标准亩，按标准亩收入累进征收。公粮负担以户为征收单位，以人口为计算单位。[②]

**5 月 18 日** 在《大众日报》发表《和平建设中的经济政策》。文章指出，在战时的、乡村的、分割封锁的条件下，经济工作的总方针是依靠群众，利用现有农业和手工业来达到经济上的自足自给。斗争方法是以封锁对封锁，以统制对统制，并以公营经济扶助合作社和分散的小生产者，结成经济阵线，大规模的私营经济则很难发展。在和平建设条件下，我们经济建设的总方针，不能再单单依靠群众的手工业生产去对抗机器生产，而是要在群众手工业生产广泛发展的基础上，努力发展大规模的机器生产，建设轻重工业与其他地区竞赛。我们的斗争方法不是封锁统制，而是保护自由贸易，奖励私营经济，欢迎国际经济合作。同时力求独立自主，反对一切操纵垄断。在今后的经济建设中，如果和平民主这一政治形势继续发展，经济上的四种变化必然发生而且应当欢迎：第一种是从分割封锁到全国经济统一、市场的统一。由于当局仍未承认解放区的本币，仍在倾销法币掠夺解放区的财富，我们不得不对法币流通予以必要的限制。同时，不得不对重要物资加以管理。但这纯系不得已的措施。第二种是机器生产发展和与此联系的商品经济的发展。应当认识到手工生产效率低，不但不可能与机器生产竞争，而且不能使工人生活大大改善。照顾广大农民和手工业者的办法不是抵制机器生产，而是帮助他们学习新的技术。第三种是私营经济即私人资本主义经济的发展。只要和平民主局面顺

---

① 薛暮桥（1944）：《山东抗日根据地内的纺织手工业》，载《薛暮桥文集》第三卷，北京：中国金融出版社，2011 年，第 38—42 页。

② 《山东省政府命令》（1946 年 5 月 15 日），载《山东革命历史档案资料选编》第十六辑，济南：山东人民出版社，1984 年，第 455—459 页。

利实现，中国国民经济将有新的高涨，资本主义经济在新的高涨中必将蓬勃发展。对这一新形势我们应当热烈欢迎，因为这是有利于国计民生，且为建设一个富强的中国所必经的道路。现在国民党当局放纵官僚资本，假借政府权力排挤私营经济。我们必须采取相反的政策，反对官僚资本，扶助私营资本主义经济的发展。在今天公营经济的发展应有限制，以免妨碍私营经济的发展。我们准备把公营企业转变为私营或公私合营的企业，欢迎私人投资。公营商店更应整理收缩，予以必要限制，不容许与民争利。在今天的条件下，只有私营工商业的发展，才是经济繁荣的明显的标识。① 第四种是国际经济合作，尤其是美国经济势力之向中国伸张。②

**5月27日** 在山东省府干部动员会上作《精简机构　调整干部》③ 的动员报告。会议宣布省政府设评定委员会，在省府领导下负

---

① 在此前后，各解放区有类似的做法和主张。如晋察冀边区将较大的公营工厂24处转让给私人或吸收私人投资为公私合营；晋冀鲁豫解放区将峰峰煤矿、焦作煤矿由公营转为公私合营，还有很多小型企业改为民营。王学文这样说："解放区政府对于私营工业与公营合作经营的工业同样待遇，在政策上予各种各样的帮助与保护。更使私营工业、资本主义工业有发展的条件。这和中国法西斯封建独裁政权及官僚买办资本家束缚、压迫民族工业，是完全对立的。"参见王学文（1946）：《解放区工业建设》，载《王学文经济学文选（一九二五—一九四九年）》，北京：经济科学出版社，1986年，第418—419页。陈翰笙在次年称中国的政府专营或国有企业，"只是一种高级官僚手中的资本积累，仍然是处于一种前资本主义的经济过程"。参见陈翰笙（1947）：《经济独占与中国内战》，载中国社会科学院科研局组织编选《陈翰笙集》，北京：中国社会科学出版社，2002年，第428—439页。

② 薛暮桥（1946）：《和平建设中的经济政策》，载《大众日报》，1946年5月18日；又载《山东革命根据地财政史料选编》第三辑，济南：山东省财政科学研究所、山东省档案馆，1985年，第34—39页。

③ 1946年3月6日，中共中央致电华东局、晋冀鲁豫局、华中分局并告聂荣臻、贺龙，指出："无论将来情况如何，我们均须精兵简政，减轻民负，方有利于解放区之巩固与坚持。你们三处兵额最大，负担极重，如何实行精简，应速决定方针。我们意见，第一期精简三分之一，并于三个月内外完成。被精简人员武器，有计划（接下页）

责进行评定工作。[①]

动员报告指出，自去年大进军以来，新解放区扩大了，但是由于长期受敌伪压榨，不仅不能负担，还需要救济，更需要建设，（这）就不能不依靠老解放区，顾此失彼。如果长此下去，会发生两种情况：第一，发展建设计划受到阻碍，乃至全部失败。在经费方面五个月来的开支多于抗战八年的总和，比去年一年多二十多倍，发展下去将到不能支持的地步。第二，如果无限制动员干部补充机关，尽量增加人民负担，可能建设事业得到某些发展，但是人民的生活却要垮下去了。经省府委员会一再研究，发现干部、经费两大问题的矛盾，那就只好精简机构，调整干部。研究中发现的另一矛盾，是一面感觉干部少，另一面却有许多干部苦闷着没有工作做。山东军队已决定复员 10 万，政府系统也当复员 10 万脱离生产的人员。目前要提高干部的质量，提高工作效率，一个人至少要做一个人的工作，宁缺毋滥。要精简调整，改行薪给制度、评定等级等问题，就要提到议事日程上来。过去的供给制度，是战时共产主义办法，和平开始后便感到困难。现在大家的要求比战时高了，而机关上则感到开支浩繁，却不能尽如人意，就不得不考虑薪给制度。将来生产供给部门企业化，可减少不必要的开支，如牲口可以大大减少乃至没有。评定等级是按照“各尽所能，各取所值”的原则。评定时要掌握民主集中，自下而上讨论，自上而下集中。[②]

---

地妥善地分配到农村生产中去。第一期完成，取得经验，第二期再精简三分之一。”此次动员报告即落实中央的指示。参见中共江苏省委党史工作办公室（2006）：《粟裕年谱》，北京：当代中国出版社，2006 年，第 145—146 页。

① 山东省财政科学研究所（1987）：《山东革命根据地财政大事记》，济南：《山东财会》杂志社，1987 年，第 64 页。

② 薛暮桥（1946）：《精简机构　调整干部——薛暮桥在省府干部动员大会上的报告》，载《山东革命根据地财政史料选编》第三辑，济南：山东省财政科学研究所、山东省档案馆，1985 年，第 39—41 页。

**5 月 28 日** 山东省政府制定颁发省至县区编制表。其中省实业厅的编制为厅长一人，配警卫员、通讯员及服务员一人；副厅长一人，配警卫员、通讯员及服务员一人；秘书一人，配警卫员、通讯员及服务员一人，自行车两辆；统计调查员一人，办事员一人；农林科科长一人，科员三人；合作科科长一人，科员三人；工矿科科长一人，科员二人；厅内设服务员一人，自行车公用。① 同年 12 月 26 日，山东省政府再次颁发从省到区各级政府编制表，省实业厅厅长的编制为厅长一人，武器一（支），配警卫员、通讯员各一人；副厅长二人②，武器一（支），配警卫员一人、通讯员一人；秘书一人，自行车一辆；统计调查员一人，会计一人；农林科科长一人，科员二人；合作科科长一人，科员二人；工矿科科长一人，科员二人；水利科技佐三人，测量生二人；其中一位副厅长兼工商总局局长；合计 19 人。③

**5 月 31 日** 山东大学管理委员会委员，有的因工作调动，地区限制，不能经常出席会议，处理工作。省府委员会为补救此缺陷，决定推黎玉、李澄之、薛暮桥、郭子化、田佩之、朱达章、彭康、杨希文、孙陶林、白备伍、张立吾、张凌青等 12 人为山东大学管理委员会委员，主任委员仍旧。④

---

① 《山东省政府颁发省至县区编制表的命令》（1946 年 5 月 28 日），载《山东革命历史档案资料选编》第十六辑，济南：山东人民出版社，1984 年，第 479—528 页，实业厅编制表载第 485 页。

② 1947 年 3 月印发的山东省政府负责干部名单中，实业厅厅长一位，即薛暮桥；副厅长三位，分别是耿光波、石英、吴山民。参见《山东省政府主席委员及其他负责干部名单》（1947 年 3 月），载《山东革命历史档案资料选编》第十七辑，济南：山东人民出版社，1985 年，第 395 页，实业厅编制表载第 103—104 页。

③ 《山东省政府关于颁发从省到县区各级政府编制表的命令》（1946 年 12 月 26 日），载《山东革命历史档案资料选编》第十七辑，济南：山东人民出版社，1985 年，第 97—119 页，实业厅编制表载第 103—104 页。

④ 星五（1946）:《山东大学管委会改组》，载《大众日报》,1946 年 5 月 31 日，第一版。

**6月4日** 《大众日报》发表社论《奖励私营企业进一步开发工矿富源》。社论指出：酝酿数月的山东矿业股份有限公司，已于本月1日宣告成立。[①] 这是山东战后经济建设中的一个重要成就，也是我们扶助私营经济，吸收私人资本来振兴实业，开发富源的一个重要开端。文章强调，巨大的富源的开发，决不能由政府包办，应当公开之于全国人民，应当欢迎各地工商业家来此投资。民主政府应当贷款帮助私营各矿迅速恢复生产，应当暂时接管敌人所经营的各矿。如果原系敌人经营，或者原投资者当了汉奸已受法律制裁，在依法没收以后，仍可把这些矿产改组，变为私营企业，交给山东矿业公司负责经营。我们欢迎各地工商业家到我解放区来投资，而且在服从中国法令和尊重中国经济独立的条件下，也欢迎外国投资，与友邦商谈经济合作。[②]

**6月5日** 山东省政府发出紧急指示。指示指出：内战已迫在眉睫，各级政府应克服太平麻痹思想，立即做必要准备。次日，省政府命令，为确保山东首脑机关安全，免除空袭危险，保持工作效率，决定省府及直属各单位移驻乡村办公。省府及直属各单位，移驻半程以东地区。[③]

**6月26日** 国民党20万人优势兵力向中原解放区发动进攻，全

---

① 为统一华东地区矿业，集资开发各种矿产，华东局做出撤销淄博矿务局和鲁中矿务二分局，建立山东矿业股份有限公司和中共山东矿区工作委员会的决定。1946年5月5日，黎玉签署命令，决定将淄博、新汶等矿区交山东矿业公司经营。6月1日，山东矿业股份有限公司正式成立。

② 《大众日报》社论（1946）：《奖励私营企业进一步开发工矿富源》，载《山东革命根据地财政史料选编》第三辑，济南：山东省财政科学研究所、山东省档案馆，1985年，第49—53页。这篇社论与薛暮桥5月18日发表的《和平建设中的经济政策》一文精神一致。因此我们专立条目。

③ 《山东省政府为反内战准备行动的命令》（1946年6月6日），载《北海银行五十周年纪念文集》，济南：山东省金融学会，1988年，第202页。

面内战由此爆发。[①] 抗日战争到全国解放战争的过渡时期结束。

**7月3日** 主持召开合作会议，听取滨海、鲁中、滨北工作汇报。[②]

**7月20日** 山东省参议会和山东省人民政府联席会议推选郭子化、李澄之、薛暮桥三人为省府委员，以补因罗荣桓、刘居英、郭维城三委员离职后之缺额。[③]

**7月** 去淮阴商讨山东野战军主力南下作战的粮食供应问题。[④]

**8月初** 为华东局、山东省人民政府在临沂县册山后村召开的朱达章追悼会致送挽联。[⑤]

---

① 山东省财政科学研究所（1987）:《山东革命根据地财政大事记》，济南：《山东财会》杂志社，1987年，第65页。

② 薛暮桥笔记，中国社会科学院经济研究所藏。

③ 辛玮等主编（1982）:《山东解放区大事记》，济南：山东人民出版社，1982年，第261—262页。

④ 薛暮桥（1996）:《薛暮桥回忆录》，载《薛暮桥文集》第二十卷，北京：中国金融出版社，2011年，第137页。回忆录未记此事时间。据军史记载，内战爆发前夕，为实施太行、山东主力向南出击计划，1946年6月24日中共中央致电陈毅、舒同，要求“陈舒全力担负占领徐蚌间铁路线及调动徐敌出击而歼灭之”；经来回商讨后，7月初决定华中野战军内线作战，发起苏中战役，七战七捷。与此同时，山东野战军在淮北、苏北地区迎击来犯敌人，在7月下旬取得第一次重要的胜利。据此，我们将薛暮桥赴淮阴的时间定为1946年7月。参见陈廉（1991）:《决战的历程》，合肥：安徽人民出版社，1991年，第190—207页。

⑤ 朱达章是山东大学和华中建国学院合并后，华东局任命的中共山东大学党委书记。1946年7月22日，朱在省府驻地临沂县册山区老沂庄商谈完工作后只身返回村东招待所。途中被特务从背后勒死。参见中共罗庄区委党史研究办公室主办“罗庄党史”网站，http://www.luozhuang.gov.cn/html/2015-05-04/1018992102.htm。薛暮桥也曾成为特务的目标。他告诉李钧，有一天很晚的时候，他骑马路过这个村庄，“安静极了，他加快速度穿过村庄。后来有位干部就在这个村庄被暗藏的特务杀害了，是从后面用绳子勒死的，样子很惨，人都蜷成一团，被特务扔到井里。案件破获之后，特务交代，有一天晚上想下手害一个干部，可是他骑马，没有下得了手”。参见李钧（2006）:《和岳父一起生活的日子》，载薛小和编《百年沧桑　一代宗师：薛暮桥逝世一周年纪念文集》，北京：中国发展出版社，2006年，第227页。

**8 月 1 日** 中共华东中央局发出为彻底粉碎国民党反动派的进攻争取二次自卫战争胜利告同胞同志书，号召全体同胞同志紧急动员起来，彻底粉碎国民党反动派的进攻，保卫苏皖，保卫山东，保卫和平民主，争取自卫战争的伟大胜利。①

**8 月 8 日** 山东省府委员会原为委员 11 人组成，近因工作及战争需要，其中罗荣桓、刘居英、郭维城三委员去职，经省参议会驻会委员会、省政府委员会联席会议讨论决定，根据委员会组织条例第三条规定，推选郭子化、李澄之、薛暮桥三同志补充，暂行执行委员职务，并通令公布。②

**8 月 8 日至 31 日** 出席华东财政经济委员会召开的财经会议，薛暮桥、冯平、艾楚南、黎玉、军区后勤部孔部长分别向会议作了关于货币物价、财粮供给制度、下半年收支概算、财经工作的组织领导以及支前等问题的专题报告，提出了今后各项工作的方针任务③（参见本年 9 月 9 日条）。

**8 月 15 日至 9 月 2 日** 山东省实业厅在临沂驻地召开全省生产会议（即农林合作会议），各行政区代表 50 余人参加会议。省政府主席黎玉到会讲话，薛暮桥代表实业厅作“现阶段的经济政策”报告。④

报告指出：抗战胜利以后，中国经济和民族工业不但没有蓬勃发

---

① 《中共华东中央局为彻底粉碎国民党反动派的进攻争取二次自卫战争胜利告同胞同志书》（1946 年 8 月 1 日），载《山东革命历史档案资料选编》第十六辑，济南：山东人民出版社，1984 年，第 209—214 页。

② 靳星五（1946）：《省参议府委会决定 推郭子化等三同志为省府委员 原滨海行署改为省府直属专属》，载《大众日报》1946 年 8 月 8 日，第一版。

③ 山东省财政科学研究所（1987）：《山东革命根据地财政大事记》，济南：《山东财会》杂志社，1987 年，第 66—67 页。

④ 1946 年财委会记录，山东省档案馆藏，档案号 4-1-68；山东省财政科学研究所（1987）：《山东革命根据地财政大事记》，济南：《山东财会》杂志社，1987 年，第 67 页。

展，且有江河日下之势。主要原因有三：第一，国民党反动派破坏和平，疯狂发动全国性的内战。交通无法恢复，货物无法流通，许多重要生产事业遭受摧残。第二，官僚资本垄断金融市场、交通运输、重要矿产，并利用接收敌产和联合国的救济，掌握各种轻重工业，使私营企业几无存在余地。第三，美国剩余物资的倾销，使民族工业受到巨大打击，农业生产也受严重影响。民族工业前途黯淡。解放区经济恰恰相反，各种生产事业无不蓬勃发展。但今天仍被迫处于战时的、农村的环境。在战争与和平的紧张斗争的复杂条件下，生产建设需要明确方针，以免左右摇摆。首先，我们生产的建设方针，今天应当仍以农业为主，同时发展手工业争取各种工业品的自给自足克服困难。今后若干年内应当仍以群众生产为主，并用合作的形式逐渐把他们组织起来。保护手工业生产的方法有三：一是实行保护关税政策；二是提倡土货；三是已有各种生产必须提高质量，增加产量。我们的贸易政策，基本上仍坚持过去的方针，即对内自由，对外管理，目的是调剂供求，平衡物价，扶助生产，保证供给。我们的金融政策，仍然是巩固本币，稳定物价，扶助生产，繁荣市场。最近物价剧烈波动，我们的基本政策是稳定物价，防止物价狂涨暴跌。要稳定物价，就必须巩固本币，调节本币流通数量；同时限制法币，不准法币在我们的市场流通。[①]这一报告于10月17日在《大众日报》发表。[②]次年收入《论新民主主义经济》增订本（参见1947年1月条）。

**8月17日** 原定上午在生产会议上作关于经济政策的讲话，因下雨阻隔，未能赶到。根据会议主席团的决定，下午小组通过大会

① 薛暮桥（1946）：《现阶段的经济政策》，载《薛暮桥文集》第三卷，北京：中国金融出版社，2011年，第153—160页。

② 薛暮桥（1946）：《现阶段的经济政策——在全省生产会议上的报告》，载《大众日报》，1946年10月17日，第二版。

决议。[1]

**8 月** 所著《工商管理工作的方针和政策》单行本由晋察冀边区贸易公司（张家口）出版，明德印刷局印行。扉页说明：这是薛暮桥同志在去年日寇未投降前所作关于山东工商管理工作的总结报告，其中论述的许多经验对于今日晋察冀边区的经济工作仍有极新鲜现实的意义。故特为翻印，藉研读参考之用。[2]

**9 月 9 日** 中共华东中央局财政经济委员会召开扩大会议。黎玉作《加强财政经济建设 保卫自卫战争的彻底胜利》报告，对经济工作做出全面部署和安排。[3]

中共华东中央局做出关于克服目前经济危机与今后财政经济方针的指示。指示指出，自 4 月以来，山东各地物价上涨，发生数年来未有的暴涨现象。迄今为止，平均上涨五倍至六倍，个别物价上涨到十倍以上。工农生产事业受到严重影响，财政开支扩大，通货膨胀，本币信仰降低，党政军民日常供给都遭受很大困难。原因除时局紧张、内战刺激、出口减少等外，主要在于主观上对和平估计过高，对时局斗争曲折过程掌握不足，因而加倍发印货币，过早做了退却的打算；享乐倾向上升，制度松懈，财政漏洞甚大；竞相投机取巧，放松生产。经济危机表现在一般预算异常庞大，支出预算竟超总收入一倍半。收支巨大差额不能克服，不但难以支持战争，而且必依赖银行作

---

① 1946 年财委会记录。山东省档案馆藏，档案号 4-1-68。

② 薛暮桥（1945）：《工商管理工作的方针和政策》，张家口：晋察冀边区贸易公司，1946 年。当时栗再温任晋察冀边区贸易公司总经理。张家口失守后，公司迁至晋察冀边区政府所在地阜平县城南庄一带。1947 年栗再温参加了华北财经会议。参见中共河北省委党史研究室、河北省中共党史人物研究会（2008）：《栗再温传记与年谱》，北京：中共党史出版社，2008 年，第 42—43 页。

③ 薛暮桥理应参加了这次会议，但我们未找到进一步的信息。参见黎玉（1946）：《加强财政经济建设 保卫自卫战争的彻底胜利——黎玉在华东局扩大财委会上的报告》，载《山东革命根据地财政史料选编》第三辑，济南：山东省财政科学研究所、山东省档案馆，1985 年，第 81—97 页。

为财政开支，物价继续飞涨，军民生活必受严重打击。必须克服任何对经济工作忽视不管的观点和行为，否则明年就不可收拾，不但不能满足前线需要，也不能安定民生。中央局相信，只要全党全军努力，我们就会克服经济危机。我们的方针仍然是发展生产，厉行节约，保证供给，长期打算，建立自给自足的经济。目前采取的具体办法是：（一）紧缩预算，扩大收入，确保财政收支平衡。为准备今冬明春之稳定，决定加收盐税、烟税、酒税，征收契税（配合土地改革），田赋附加20元，对植棉者丰收下动员献棉；（二）紧缩通货，稳定物价，应为当前积极措施；除基本停止发行外，工商局应首先抛售部分存货旧货，各地政府九、十月份完成征收田赋，各种到期贷款均应争取全部收回，限令各机关贸易囤积物资向市场出卖；（三）大力发展生产，做到自给自足；（四）厉行节约，克服浪费，严禁贪污；（五）加强工商贸易对敌斗争。工商局机构仍应存在，工作以稳定物价货币，调剂市场，保护出入口，排绝法币为主要任务。应发挥对市场物资的调节作用，加强专卖管理及掌握主要出口物资，夺取军需资财及生产工具，减少或停止消耗品奢侈品的输入，并保护土产[①]（参见本年8月8日至31日条）。

**9月20日至10月5日** 领导山东工商总局召开鲁中、鲁南、滨海三地区九个分局局长会议。这次会议总结一年来的工作，要求准备长期战争，重申全力发展纺织的方针，成立联合运销委员会，并做出《鲁中鲁南滨海工商会议对今后工商工作中各项具体问题的

---

① 《中共华东中央局关于克服目前经济危机与今后财政经济方针的指示》（1946年9月9日），载《山东革命根据地财政史料选编》第三辑，济南：山东省财政科学研究所、山东省档案馆，1985年，第76—80页。

决议》。[①]

在会上作开幕讲话和闭幕讲话。开幕讲话回顾了日本投降以来的时局变化和工商工作、经济形势变化，指出此次会议必须彻底打破和平幻想，准备长期艰苦斗争。整理思想，确定今后工作方针，并做工作上的具体布置。[②]闭幕讲话强调："今后工商工作的基本任务，仍应当是调剂供求，稳定物价，扶助生产，保障供给，以争取自卫战争的胜利。""去年工商会议所作总结，在今天的情况下一般仍能适用，至少是有参考价值，希望大家好好复习，作为此次会议的补充。"他要求节制货币发行数量，团结一切大小商贩、合作社和公营商店，积蓄和调剂物资，管理输出和输入，决不容许法币在解放区市场流通，工商机关扶助群众生产，保证原料的供给和帮助成品的推销，建设各种小型工厂，并改进税收和烧酒食盐管理工作。[③]

此次会议中讨论决定的重要决议有如下几项：（一）明确了稳定货币、物价的方针。今后工商局将以全部力量，在各地市场上及时大量广泛地调剂抛售物资，收缩通货，以保证货币、物价的稳定，安定

---

① 《山东省工商总局通知》（1946 年 10 月 7 日），载《山东革命历史档案资料选编》第十七辑，济南：山东人民出版社，1984 年，第 439—460 页；杨波（1946）：《工商分局局长会议决议　以大力稳定物价发展群众手工业》，载《大众日报》，1946 年 10 月 10 日，第二版。山东省财政科学研究所（1987）：《山东革命根据地财政大事记》，济南：《山东财会》杂志社，1987 年，第 70 页；辛玮等主编（1982）：《山东解放区大事记》，济南：山东人民出版社，1982 年，第 266 页。

② 薛暮桥（1946）：《一年来的工商工作——薛暮桥厅长在鲁中鲁南滨海工商会议上的讲话》，载山东省档案馆、山东社会科学院合编《山东革命历史档案资料选编》第十七辑，济南：山东人民出版社，1984 年，第 392—398 页。收入《抗日战争时期和解放战争时期山东解放区的经济工作》一书时，薛暮桥将题目改为"抗日战争胜利后工商工作的方针和任务"，《薛暮桥文集》沿用了修改后的标题。参见薛暮桥（1946）：《抗日战争胜利后工商工作的方针和任务》，载《薛暮桥文集》第三卷，北京：中国金融出版社，2011 年，第 147—152 页。

③ 薛暮桥（1946）：《工商工作今后的任务》，载《薛暮桥文集》第三卷，北京：中国金融出版社，2011 年，第 161—165 页。

人民生活。（二）扶植生产事业，以扶助发展群众手工业为主。除及时调剂供给各种生产原料，负责推销各种生产成品外，并有计划地联合扶助各种公营私营资本，开办小规模的机器生产工厂，以达我解放区军民各种日常必需用品的自给自足。（三）为加强全省各地区间的物资调剂，沟通各友邻地区之物资交流，决定由工商总局成立贸易公司，专事各地物资的调剂交流及统一计划，采购供给各种军需用品。（四）普遍加强食盐管理工作，重新确定划分修补运盐路线，适当建立盐店机构，保证运盐群众一定的运输利润（每百斤一里路运输利润 3 元至 5 元），使沿海各地所产的大量食盐能顺利畅销，增加我解放区的财富收入。（五）在税收工作上，应贯彻执行省政府最近颁布的新税率。为真正达到保护我内地生产事业的发展，增加政府财政收入，除对出入口商人及内地商人广泛地进行税收政策的宣传教育外，并决定各工商分局成立税收缉私工作队，以加强缉私工作，减少漏税走私现象。（六）为贯彻当前精简机构，厉行节约的政治任务，一致决议除对目前各地的工商机构进行适当的精简合并外，今后各级工商机关的机关生产，自 10 月份起一律停止贸易生产部份，专门从事于农业手工业的生产。①

**10 月 1 日**　二女儿薛小沂在山东鲁中区沂水县出生。因负责战争后勤供应，孩子出生时不在身边；孩子出生后，因发大水，未能及时探望。②

**10 月 25 日**　山东省政府公布《山东省土地改革暂行条例》，除“总则”外，还有“应没收土地”“地主土地”“征购土地”“特殊土地”“土地分配”“地权”“其他”七章，要求本条例颁布后，凡有关

---

① 杨波（1946）：《工商分局局长会议决议　以大力稳定物价　发展群众手工业》，载《大众日报》，1946 年 10 月 10 日，第二版。

② 罗琼谈、段永强访（2000）：《罗琼访谈录》，载薛小和编《把国放在家前面：罗琼逝世一周年纪念文集》，北京：中国妇女出版社，2000 年，第 155 页。

土地问题的法令或条例与本条例抵触者，概依本条例执行之。但边沿地区仍执行《山东省土地租佃条例》。[①]

**11 月 8 日**　与各解放区各人民团体代表，联名致函美国总统杜鲁门（Harry S. Truman，1884—1972），要求立即下令撤退驻华美军和美国军事顾问团，停止对蒋介石内战政府的一切物资援助。[②]

**11 月 15 日**　在山东省政府学习委员会召开的会议上作总结报告。此前学委会于 10 月 25 日号召学习时事，并指定以蒋军必败、争取全面抵抗的胜利、论战局等为基本学习材料。11 月 10 日以前钻研文件、作笔记写提纲、进行交谈、小组大组座谈。11 日、12 日开大会讨论，机关全体干部参加。总结报告根据文件及客观形势发展作了明确的估计和分析，解答了一些疑难问题。最后号召大家肃清和平幻想，巩固胜利信念，贯彻精简政策与提高工作效率，大力支援前线，巩固后方，加紧生产节约。[③]

**12 月 7 日、8 日**　出席山东省政府、参议会驻会委员会暨第 11 次政府委员会召开的联席会议。讨论：（一）省以下各级政府之编制问题，其原则为：一切为着战争，政府机构力求精简。节省开支，减轻人民负担，取消合并一切不合理的重叠机构，加强领导，充实下层，使工作更加实际深入。大体规定：行署一级共精简干部 90 人，专署一级共精简干部 344 人，县府一级共精简干部 3 494 人，区公所一级旧编制为 7 人，新编制加 1 财粮助理员为 8 人，小区可减至 6 人，有军烈工属 800 户或荣誉军人 150 人以上的区，增设优救助理 1 人。

---

① 《山东省土地改革暂行条例》（1946 年 10 月 25 日），载山东省档案馆、山东社会科学院历史研究所合编《山东革命历史档案资料选编》第十七辑，济南：山东人民出版社，1984 年，第 98 页。

② 新华社延安（1946 年 11 月）8 日电：《解放区人民团体代表致函杜鲁门严重抗议　要求立即撤兵停止助蒋内战》，载《大众日报》，1946 年 11 月 11 日，第一版。

③ 星五、贾毅（1946）：《省府、山大学习“论战局”琅琊区村干决心一人顶两人干》，载《大众日报》，1946 年 12 月 3 日，第二版。

这次编制精简可以减轻人民负担，编余人转到生产事业或充实下层，或支援前线，其直接支援战争的意义更为重大。编制表经议决原则通过，各局编制再与精简委员会具体商讨决定后公布。（二）政府各种委员会组织，省府旧有各级组织，因人事及形式更动，需重新整理加强工作，经大会议决推选：1、学委会委员 9 人组织，以郭子化为主任，杨希文、薛暮桥为副主任。2、保卫委员会，以郭子化为主任，杜明为副主任。薛暮桥在会上提出，因省府工作需要，省府应增设副秘书长 1 人，议决通过，一致推定艾楚南兼省府副秘书长。①

**12 月 10 日** 中国工业合作协会（以下简称“工合”）山东省办事处成立，薛暮桥任办事处主任，毕平非任行政秘书，蒋传源任工业科长。② 办事处的主要任务是：1. 扶助各种工业生产；2. 扶助各种合作组织；3. 改进生产技术；4. 组织供销；5. 调剂金融。③

据蒋传源回忆，薛暮桥要求工合结合山东解放区的实际情况开展工作，与生产推进社的旧有组织形式结合起来，不能照搬过去的做法④：

---

① 吴缘（1946）：《省府及参议会联席会讨论各级政府编制问题 初步统计可精简三千二百余人》，载《大众日报》，1946 年 12 月 26 日，第二版。

② 朱健（1997）：《工合历程》，北京：金城出版社，1997 年，第 224 页。据该书记载，办事处成立后，毕平非起草过一篇社论，题为《山东工合办事处的成立》，载 1946 年 12 月 24 日《大众日报》。社论指出，山东工合的指导思想和发展方向是：一、要在广泛开展的合作运动中起模范带头作用，二、努力走机器工业的道路，三、要建立崭新的合作工厂，四、要与农业结合，五、发动群众组织运输合作社，六、努力发展纺织业，七、充分开发特产运销，八、积极培养技术人才，九、搞好群众医疗保健工作，十、协助建好工合联合社。

③ 薛暮桥（1947）：《山东合作事业的回顾与瞻望》，载《薛暮桥文集》第三卷，中国金融出版社，2011 年，第 234 页。

④ 蒋传源（1997）：《回忆浙皖区工合办事处》，载卢广绵等编《回忆中国工合运动》，北京：中国文史出版社，1997 年，第 190 页。

我们曾办了一个木工合作社作为试点。之后，上海工合廖梦醒给解放区送来了一辆大型汽车，汽车上装有发电机和机床等修理工具。我们利用这部汽车办了一个流动工厂，为华东野战军修理汽车，支援前线。接着又以此为基础，在山东临沂东面沙河附近的大马庄组织了工合汽车修配厂，由唐英之任厂长，副厂长是李仲久，我是工合驻厂代表；并在淄博设立一个分厂，厂长是杨澄。① 不久战争紧迫，根据上级统一部署，汽车修理厂的物资设备均分散打了埋伏，人员撤退到东北。从此，山东工合停止了活动。②

**12月20日** 致信伍云甫并转中国解放区工合联合办事处，报告中国合作协会山东办事处已正式成立，方针是：不管有无外援，我们将独立自主地推行工合运动，使它成为新民主主义经济建设的一个重要组成部分。但同时我们不放弃一切可能，尽力争取国内外民主进步人士的帮助，特别是在机器、交通工具、医药品和技术人员方面。随信附上山东工合明年年度工作计划、山东工合需要机器工具清单、山东工合培黎学校及工合医务所预算各一份；并附致美国援助中国工合委员会、香港及上海工合国际协会信件各一封，请为转

---

① 此处回忆不准确。据1947年的一份工作报告，工合山东办事处成立后，就原有工合国际协会捐助的流动工厂配备干部与技工，并增加5KW、12V小型发电机一架，G·C6×6大卡车一辆及翻砂打铁工厂，使之成为工合汽车修理厂，该厂有职工五十余人，由杨澄任厂长，其工作除修理汽车外，还有制造小型机器零件及工具。参见《山东解放区的工业合作社运动与发展概况》，载山东省档案馆、山东社会科学院历史研究所合编《山东革命历史档案资料选编》第十九辑，济南：山东人民出版社，1985年，第196—206页。该书将“G·C6×6大卡车”错印为“G、C6×6大卡车”，此处已订正。

② 中华全国供销合作总社成立后，中国工业合作协会和中国工合国际委员会的工作由中华全国供销合作总社统一管理。

递，并代为接洽。[①]

**12月24日至1947年1月15日** 出席山东省实业厅召开滨北、滨海、鲁中、鲁南等地的生产工作会议。会议总结生产经验，布置1947年的大生产运动，要求各地抓紧准备春耕，增产粮食，继续发展纺织，以适应军民需要。[②]

薛暮桥在会上布置生产工作时，首先号召大家抓紧时间，全力准备春耕，指出这是当前生产工作中的一个紧急任务。今年春耕仍然要在紧张战争环境下进行，必然感到劳动力缺乏，多数地区耕牛也很缺乏，因此普遍组织变工，吸收男女老幼参加耕作，调剂耕牛，组织人力、牛力变工，这是完成春耕的重要保证。人力、牛力不很缺乏的地区，仍然要提倡精耕细作，增产粮食。各村必须有计划地帮助军属和上前线的民兵民夫及时春耕，使他们能安心打仗，安心支援前线。后方的机关部队在春耕时期，必须特别注意节约民力，停止支差，要帮助群众春耕，把帮助群众春耕看得比自己生产更加重要，不应借用群众耕畜农具，相反应利用机关牲口帮助群众春耕。

关于农业建设，应当把水利工作重点放在浚河筑堤方面。如何防止沂河、沭河水患，这是一个极艰巨的工作，应当号召山区群众普遍闸山沟，调节水流，并应封山造林，今后山区不再提倡开荒。为改进农业生产方法，实业机关应当加强技术指导工作，根据主观力量有重点设立农林指导所和农场、林场苗圃，提倡浸种选种。

---

① 薛暮桥（1946）：《中国工业合作协会山东办事处主任薛暮桥致伍云甫的函》，载山东省档案馆、山东社会科学院历史研究所合编《山东革命历史档案资料选编》第十八辑，济南：山东人民出版社，1985年，第74页；《中国工业合作协会山东办事处关于山东解放区工合事业发展概况及今后任务与计划的报告》，同上书，第123—143页。后一报告实为薛暮桥信的附件之一，但我们未找到其他附件。

② 辛玮等主编（1982）：《山东解放区大事记》，济南：山东人民出版社，1982年，第274—275页。

关于合作工作，今后仍应当以扶助群众纺织生产为其主要业务，着重发展鲁南、滨南等空白地区。纺织生产已发展的地区，应当更注意于提高质量，反对粗制滥造。现在纺织生产就全省范围来说已能完全自给，但滨海、鲁中、鲁南三地布匹需要不断增加（比较一年前又增加一倍），现还不能全部自给，应当打破纺织生产不需要再发展的错误认识。除纺织外，还要因时因地发展毛织、丝织等各种副业，继续发展运输供销业务，试办信用业务。去年医药合作社有很大发展，对于群众卫生贡献很大；在小学民办公助后，教育合作社在个别地区也已开始创办，这些业务都可提倡奖励。合作社在去年已有很大发展，但仍不够巩固，今后发展与巩固并重，未发展的地区放手发展，已发展的地区用力巩固。希望今年能够达到老解放区平均每5个村有一个合作社，新解放区平均每10个村有一个合作社。在村社已经普遍发展地区，组织区联合社，并有计划地创办生产推进社和联合运销站等，加强各合作社业务上的联系，解决各合作社业务上的困难。

关于贷款问题，今年全省群众生产贷款总额5万万元，滨海、鲁中、鲁南合占一半，其中农贷占1万万元（鲁中5 000万元，鲁南、滨海各占2 500万元），合作贷款6 000万元（鲁中2 500万元，滨海2 000万元，鲁南1 500万元）。此外则为水利渔业等其它贷款。今年农贷应当有重点地集中使用，反对平均分配，首先贷给群众生活特别困难地区用于恢复生产，其次贷给刚刚分到土地缺乏生产资金的军属和贫农。合作贷款主要由生产推进社来集中掌握，帮助各合作社解决困难。在合作社新发展的地区可拿出一部贷给需要帮助且有发展前途的各合作社。以后贷款改由银行经理，实业机关仍负分配贷款及介绍保证之责。部分地区试验通过合作社来发放农贷，但是贷款分配仍应经过群众民主讨论。反对利用贷款经营投机贸易，严禁机关及脱离生产干部挪用群众生产贷款。

关于1947年生产任务，第一是增产粮食，去年粮食产量约为

12 000 万担，今年必须超过此数，这就必须突击完成春耕，消灭熟荒，防止水旱病虫各种灾荒，精耕细作，浸种、选种，提高生产技术。第二是增产布匹，必须切实做到（1）每人植棉 1 分，平均能收净棉 2 斤。（2）普遍做到平均每两家有一辆纺车，每 10 家有一张织机（约比现有数量增加 20%），弹花机、压花机要大大增加。（3）胶济路南地区生产土布 750 万小匹（鲁中 300 万匹，滨海 250 万匹，鲁南、滨北各 100 万匹）。第三是纺毛线 40 万斤，织成毛衣毛袜，制布鞋几十万双，扶助群众造纸（文化纸）工业，争取文化纸的部分自给。第四是提倡养猪、养鸡、种菜，要求每两户一口猪（有些老解放区可以要求一户一口猪），一人一只鸡，猪肉鸡蛋自给以外还可奖励输出。①

---

① 本报（1947 年 1 月）20 日特讯：《薛厅长在生产会议布置今年生产工作　抓紧准备春耕　增产粮食　继续发展纺织　适应需要》，载《大众日报》，1947 年 1 月 22 日，第三版。

## 1947年

**1月1日** 山东省政府做出关于贷款问题的决定。决定今年全省群众生产贷款五亿元。就地域来讲，胶东一亿五千万元，渤海一亿元，滨海、鲁中、鲁南二亿五千万元（其中一部分由省实业厅直接支配）。就贷款用途来讲，农贷应占一半，合作贷款一亿五千万元至二亿元，此外为水利贷款、渔业贷款等。省实业厅直接掌握贷款六千万元，其中三千万元为合作贷款，用作工合办事处及临沂生产推进社等资金，三千万元为其他贷款。今年为稳定物价，必须紧缩货币，不能大量贷款。同时由于土地改革，农村副业发展，农村游资增加，大多数地区已无大量贷款必要。因此今年春耕贷款较以前减少，主要利用群众自己资金发展生产。今年新发农贷首先用于某些群众生活特别困难地区，帮助他们恢复生产；其次用于某些土地改革中获得土地、但无生产资金的农民。合作贷款半数以上应由生产推进社及联合运销站等集中掌握，用于帮助各合作社解决供销业务上的困难。今后群众生产贷款主要由银行负责，政府实业机关负责配合。贷款分配由实业机关与银行协商决定。先由实业机关负责调查，提出具体意见[①]，再经银行审查，负责发放。贷款收回时，实业机关亦应负责协助。合作贷款由推进社集中使用者，应经实业机关介绍，推进社向银行领款，并

---

① 《省农林合作会议关于1946年农业贷款的总结》，载中国人民银行金融研究所、中国人民银行山东省分行金融研究所编《山东革命根据地北海银行史料》第二册，济南：山东人民出版社，1987年，第173—175页。

向银行负责。实业机关介绍贷款，负有保证责任。为减少银行损失，贷款利率酌量提高。①

滨北工商分局在高密支局开会庆祝元旦，奖励工业模范毛毯一条、大金星钢笔一支、纪念册一本。纪念册刊有薛暮桥题词："保持模范工作者光荣传统　继续努力完成新的工作任务　薛暮桥。"②

**1月中旬至下旬**　主持山东省政府从临沂辗转迁至胶东地区，春节在大汶口车站度过。据省府秘书处长崔介回忆：

鲁南战役大捷③后，省级机关已经从临沂郊区转到沭河东岸的沙窝。机关由薛暮桥主持，郭子化同志已经率领精干的班子投入了支前工作了。……因为战役部署，即将放弃临沂城，省级机关又转移到沂水城北的武家洼、东山、坡庄、诸葛一带。此后蒋军已从临沂北进，李仙洲部已由胶济线南进，大战即将开始。华东局、军区、省府决定，一切老弱及后方机关向渤海区转移。于是托儿所、保育小学、银行印刷厂、机关上至八十二岁的范明枢议长，刘民生、张伯秋、孙鸣岗等一些年长的

---

① 《山东省政府关于贷款问题的决定》(1947年1月1日)，载《山东革命根据地北海银行史料》第二册，济南：山东人民出版社，1987年，第280—282页。

② 山东工商总局(1947):《模范工作者手册》，1947年元月。手册扉页印着红色的美术字"永远跟着毛主席走"，毛主席头像下这样写道:"我们坚定的相信和平民主的新中国一定会到来，因为这是毛泽东的意志，是千万人民的意愿。同志们！我们应当像毛泽东同志那样火焰的热情，时刻关怀人民的利益。像毛泽东同志那样，以钢铁般的勇敢，不知疲倦的工作，向阻碍和平民主的反动派冲锋陷阵！向新民主主义的中国开路前进！"随后一页印有黎玉题字："不仅自己要永远保持光荣的模范还要善于帮助同志都模范　不仅做好经济工作还要学会经济理论　坚定的为人民服务到底　黎玉祝贺"。薛暮桥的题字在黎玉题字次页。接下来是石英题字："模范工作者，是斗争的骨干，工作的桥梁；领导上要与每个模范工作者经常联系。同样每一个模范工作者更要时刻与群众打成一片。石英　一九四七年元旦前一日。"后面还有范醒之、李锦春、郝崇卿题字。

③ 指1947年1月2日至20日山东、华中野战军在陈毅、粟裕等指挥下在鲁南以伤亡8 000余人的代价歼敌两个整编师和一个快速纵队的战役。

人和病弱人员，各机关的档案等一律转移到渤海区去。……到蒋峪附近时，……艾楚南来电（当时我带有电台及一个连的武装），黄河可能被封锁，要改去胶东。但大队人马行至莒诸[①]边时，又来电仍去渤海。这样一变再变，拉来拉去，会丧失时机，甚至出问题。……因此复电建议继续向胶东前进，回电同意。我们这个大车小辆、男女老幼一千几百人的队伍，行起军来，目标很大，为了避免敌机轰炸，仍然夜行晓住，并事前派出舍营组，做好有计划的宿营准备。终于安全通过胶济路，到达莱东与胶东行署会合了。十来天的行动，不断动员提醒，未发生任何意外事故。为了使大家了解战争形势及胶东情况，还请行署主任曹漫之同志做了当前的战争形势及胶东情况报告。……薛暮桥等同志到胶东以后，即到昌北经渤海转中央工委参加会议[②]去了。[③]

**1月下旬** 华东局和华东野战军在临沂附近召开高级干部会议，即鲁南会议。这次会议把支援前线、土地改革、农业生产定为解放区工作的三大中心任务。随后，华东局召开华东财经委员会扩大会议，决定进一步围绕支前、土改和生产三项中心工作，把支前摆在首位，集中调度各解放区的财力资源，保证战争供给。[④]

---

① 指莒县、诸城。

② 指华北财经会议。参见本年2月上旬条。

③ 崔介（1994）：《拾遗集》，自印本，1994年10月，第591—594页。该书记山东省政府机关在“鲁南战役大捷后”转移，这意味着山东省政府机关转移是1947年1月下旬的事。但据薛暮桥回忆，1947年春节（1月22日）在大汶口度过。考虑到机关转移时的行动速度，鲁南大捷尚未完全结束时已开始迁移。

④ 《方毅传》编写组（2008）：《方毅传》，北京：人民出版社，2008年，第146页。现有文献尚不足以判断薛暮桥是否参加了这两次会议。但薛暮桥随后发表的《山东合作事业的回顾与前瞻》，以及2月4日至6日主持召开工业生产会议，显然贯彻的是这两次会议的精神。薛暮桥还谈到，2月上旬率团参加华北财经会议，“行前向华东局请示了参加会议的主要问题。由此推测，薛暮桥出席这两次会议的可能性较大。参见薛暮桥（1996）：《薛暮桥回忆录》，载《薛暮桥文集》第二十卷，北京：中国金融出版社，2011年，第138页。

**1 月** 所编《论新民主主义经济》增订再版。此次增订增加了《现阶段的经济政策》一文，删除了初版本“前言”[①]（参见 1946 年 8 月 15 日至 9 月 2 日条）。

**2 月 1 日** 在《大众日报》发表《山东合作事业的回顾与瞻望》。[②]文章回顾了山东合作事业的发展经过，指出 1943 年起停止大量发展合作社，采取“组织一个，巩固一个”，“培养典型，创造经验”的稳扎稳打方法，并与紧急任务发展纺织生产密切结合。同时提倡民办公助，反对包办公办。1944 年后群众开始发动起来，一年大体上合作社增加一倍。1946 年初要求今后合作社再大量发展，除纺织外，再扶助其他副业，发展运销业务，试办信用业务，组织区联社，并建立生产推进社和合作指导所，解决各合作社业务上的困难。去年纺织生产在数量上虽有大量发展，但在质量上却反见降落，粗制滥造已经成为相当严重的现象。

文章指出，今后合作事业应当继续坚持扶助群众生产这一基本方针。在业务方面，仍以扶助群众纺织生产为首要工作，要求做到平均每两家有一辆纺车，每十家有一张织布机；组织各种手工业和农村副业，因时因地选择不同的发展对象；继续发展供销运输业务，组织联合运销机构；试办信用业务；继续发展医药合作，试办教育合作以及

① 薛暮桥编（1947）:《论新民主主义经济（增订本）》，胶东：胶东新华书店，1947 年。

② 这篇文章的时间目前有四种说法：一是薛暮桥本人在该文重印时写有“后记”，称“这篇东西是去年 1 月写的”，“去年 1 月”指的是 1947 年 1 月；二是陈翰笙、薛暮桥、冯和法合编的《解放前的中国农村》，根据 1949 年 7 月新中国书局出版的《怎样办合作社》一书，将这篇文章标注为“1949 年 7 月”（中国展望出版社，第 483 页）；三是薛暮桥《抗日战争时期和解放战争时期山东解放区的经济工作》（第 150 页）、《山东革命历史档案资料选编》第十八辑（第 247 页）和《山东省二轻工业志稿》（第 733 页）标注为“1947 年 2 月 1 日”；四是《薛暮桥文集》第三卷根据 1949 年版《怎样办合作社》一书和文末后记标注为“1948 年 1 月”（第 215 页）。经查核，该文最先发表于 1947 年 2 月 1 日《大众日报》。我们按照初次发表时间，标注为“1947 年 2 月 1 日”。

其他社会福利事业；在组织领导方面，今后仍应普遍发展村社，巩固村社，并在村社已发展的地区组织区联社和生产推进社，解决各合作社业务上的一切困难；工合与生产推进社组织形式结合起来。[①]

**2 月 4 日至 6 日**　与耿光波共同主持山东省政府实业厅召开鲁中、鲁南、滨海三地区有关负责人参加的工业生产会议，研究提高工业生产，建设自给自足经济的问题。[②]

在听取汇报后，薛暮桥、耿光波指出去年的生产成绩和偏向，提出：今后的工业政策应以扶助群众性的手工业生产为主，轻工业以民营为主，只有重工业才以公营为主，目前主要是发展群众生产及私营企业，但有的生产，群众还没有进行，我们应起带头作用，群众已办的帮助他提高一步。这样需要：（一）公营染织厂要大量吸收私资，转为公私合营以至合作工厂，并应当与群众生产结合，扶持群众的纺织业。（二）工具工厂要继续发展，制造工具、农具，提高生产技术，解决群众生产中的困难。（三）为建设自给自足经济，迫切需要制造我们所必需的各种日常用品（如文化纸、火柴、牙刷、牙粉、墨水、粉笔等），尽一切力量克服困难。关于工资问题，从供给制到工资制进了一步，固定工资到计件工资又进一步，累进计件工资是刺激生产的好办法。分红制度也能刺激生产，并使工人与厂方利益一致。但今天仍应当以工资制度为主，因为工厂盈亏太无把握，不能依靠分红保证工人生活。目前物价波动，工厂资金应以实物计算，否则物价上涨分红会把老本分掉。另一方面，可吸收工人入股，这样也可能使工人与厂方利益更密切。关于工会工作，公营工厂的工会不应当成为厂方

---

① 薛暮桥（1947）:《山东合作事业的回顾与瞻望》，载《薛暮桥文集》第三卷，北京：中国金融出版社，2011 年，第 228—234 页。

② 山东省财政科学研究所（1987）:《山东革命根据地财政大事记》，济南：《山东财会》杂志社，1987 年，第 76 页；再生（1947）:《实业厅开工业生产会　薛、耿厅长提出今后建设方针为：扶持群众性手工业；奖励私营企业发展》，载《大众日报》，1947 年 2 月 22 日，第二版。

的附属品，也不应与厂方对立起来，工会应当保证完成生产任务，保护工人应得利益，负责工人教育，建立各种工人福利事业。[①]

**2月上旬** 奉华东局之命，率华东代表团从沂水县出发，前往晋冀鲁豫中央局所在地河北武安县冶陶镇[②]，出席中共中央召开的华北各解放区财政经济工作会议（简称“华北财经会议”，又称“邯郸会议”）。[③] 这次会议根据1947年1月3日中共中央《关于召开华北财经会议的指示》召集，主要任务是“交换各区财经工作经验，讨论各区货物交流及货币、税收、资源互相帮助、对国民党进行统一的财经斗争等项，并可由各区派人成立永久的华北财经情报和指导机关。参加会议者，各中央局、各区党委、各军区的财经供给机关最好都有负责代表”[④]。除东北外，各解放区经过两个月的讨论，总结了过去的财经

---

① 再生（1947）：《实业厅开工业生产会 薛、耿厅长提出今后建设方针为：扶持群众性手工业 奖励私营企业发展》，载《大众日报》，1947年2月22日，第二版。

② 薛暮桥曾经解释会议地点为什么在冶陶：“中央所以选择在晋冀鲁豫开会，不仅因为那里位置适中，而且由于那时国民党军队已无力量全面进攻，只能向陕甘宁边区和山东解放区东西两端进行重点进攻，晋冀鲁豫地区处于相对和平状态，战争干扰较少。”参见薛暮桥（1996）：《薛暮桥回忆录》，载《薛暮桥文集》第二十卷，北京：中国金融出版社，2011年，第138页。

③ 杨波（1995）：《全国财经工作由分散走向统一——回忆建国前夕两次重要的财经会议》，载《杨波经济文集》（下卷），北京：中央文献出版社，2000年，第412页。薛暮桥在回忆录中记“我们在春节（1月22日。——引者注）前从山东出发”，手稿中“记得在津浦铁路大汶口车站所在地过了春节”。这与其他历史记录不一致。薛暮桥所回忆的应为主持山东省政府从临沂地区迁往胶东的事（参见本年1月中旬至下旬条）。参见薛暮桥（1996）：《薛暮桥回忆录》，载《薛暮桥文集》第二十卷，北京：中国金融出版社，2011年，第138页；薛暮桥（1991）：《薛暮桥回忆录稿》，手稿，1991年，薛小和藏。

④ 《中央关于召开华北财经会议的指示》，载薛暮桥、杨波主编《总结财经工作 迎接全国胜利——记全国解放前夕两次重要的财经会议》，北京：中国财政经济出版社，1996年，第48页。参加华北财经会议的各代表团人员如下：晋察冀代表团团长南汉宸，代表栗再温、李敏三、安志诚、王文波、贾一波、李冠慈、杨文汉等，列席代表何法章、于寿康、罗抱一、曾凌、尚明、周伯易、刘士远、周健、（接下页）

工作经验，确定了今后的工作方针，是一次“继往开来、迎接胜利的会议”①。

华东代表团除团长薛暮桥外，还有会议代表吕镜符、牟耀东，列席代表谭伟、王海丰、许焰、杨波、张应举等人。②据同行的王海丰回忆：

山东代表团由薛暮桥同志任团长，实业厅、工商局、财政、银行及德州市都有代表参加。我是代表北海银行去的。二月上旬，代表团成员七人③加工作人员一行共十余骑，从沂水县出发，经过二十来天行军，终于到达了会议地点。为避免敌机轰炸，一路上都是白天休息晚上赶路。我这个不善于骑马的南方人，在马上打瞌睡，是件难受的事。途中过蒙阴时，正值莱芜战役（2月20日至23日。——引者注），县城遭敌机轰炸后一片大火，在新泰境内听到我军歼敌的隆隆炮声。④在平阴过黄河，我们刚过去，次日敌军就到了黄河南沿。

宋人怀、王雨时、尹承伯、李建华等；晋冀鲁豫代表团团长杨立三，副团长戎伍胜，代表王任重、李一清、吴作民、裴丽生、华夫等，列席代表刘岱峰、郭今吾、胡景沄、陈希云、徐达本、刘济荪、范若一、国玉成、武竞天、赖际发、何幼奇、张廉方、林海云、姚国桐、谭映月、邓肇祥、李友三、张茂甫、韩佩琦、姬德明等。参见李海（1996）：《华北财经会议的前前后后》，载薛暮桥、杨波主编《总结财经工作　迎接全国胜利——记全国解放前夕两次重要的财经会议》，北京：中国财政经济出版社，1996年，第37页。

① 同上书，第1页。

② 李海（1996）：《华北财经会议的前前后后》，同上书，第37页。

③ 王海丰此处回忆与前引李海文章不尽一致。因李海曾负责华北财经会议档案的收集整理工作，华东代表团的成员组成应以李海文章所记述的为准。

④ 杨波回忆，华东代表团从临沂地区出发时，“华东野战军在陈毅司令员的指挥下，正几路并进、日夜兼程地向泰安方向集中，准备进行莱芜战役。我们到达开会地点后，莱芜战役全歼国民党李仙洲部56 000余人，生俘国民党第二绥靖区副司令李仙洲的胜利捷报已到处频传”。参见杨波（1996）：《全国财经工作由分散到统一》，载薛暮桥、杨波主编《总结财经工作　迎接全国胜利——记全国解放前夕两次重要的财经会议》，北京：中国财政经济出版社，1996年，第29页。

在馆陶受到刘（指刘伯承。——引者注）、邓（指邓小平。——引者注）首长的接待，吃黄河鲤鱼时，陈赓同志还跟我们开了玩笑。当时他们正在召开军事会议。我们在晋冀鲁豫中央局所在地冶陶，参加了一个多月的华北财经会议，中间刘、邓首长也来过，但主要是薄一波同志主持会议。……华北财经会议结束后，山东代表除薛暮桥同志暂留外，其余一行经冀南回到渤海区党委驻地惠民。①

**2 月底** 抵达晋冀鲁豫中央局所在地河北邯郸冶陶镇。薛暮桥曾经回忆与薄一波见面时的对话：

薄一波同志见我时，说：国民党派 70 万大军对山东进行重点进攻，新四军的主力部队移驻山东，山东的负担很重，并问有多少脱产人员？我请他猜猜，他估计有 70 万人，我答有 90 万人。一波同志听了十分惊讶，一个省供应这么多人，如何渡过这个难关？！②

**3 月 3 日** 山东省政府作出关于改善《民主导报》工作的决定，确定《民主导报》为本府综合性的及时指导工作、交流经验的不定期刊物；决定以薛暮桥、崔价、洪林、江滨、王觉、许在廉、于再生、臧君宇、李立知九位同志组成编委会，并以薛暮桥、崔价为正副主任委员，以负责掌握编辑方针，研究健全编辑工作。③

① 王海丰（1988）：《成山巍巍海悠悠——忆解放战争时期的北海银行》，载《北海银行五十周年纪念文集》，济南：山东省金融学会，1988 年，第 80—84 页。

② 薛暮桥（1996）：《解放战争时期（1947—1949 年）财政经济工作的回忆》，载薛暮桥、杨波主编《总结财经工作 迎接全国胜利——记全国解放前夕两次重要的财经会议》，北京：中国财政经济出版社，1996 年，第 8 页。

③《山东省政府关于改善〈民主导报〉工作的决定》（1947 年 3 月 3 日），载《山东革命历史档案资料选编》第十八辑，济南：山东人民出版社，1985 年，第 340—341 页。崔价疑为崔介，但本书未作更改。

**3月9日** 薄一波、滕代远、杨秀峰召集晋冀鲁豫边区有关同志召开华北座谈会准备会议，要求大家做好东道主。滕代远在会上说："冀鲁豫过去抵制山东的盐……我们的出口，向南依靠山东，向北必须依靠晋察冀，应当搞好关系。……山东3 000万人口养90万脱产人员，达到了顶点，很不容易。这些问题很值得好好研究。会外要多利用时间和他们接近，在政策上和具体问题上进行交流，对我们，对参加会议的同志都是个提高。薛暮桥同志是山东的建设厅长（应为"实业厅"。——引者注），是经济学家，南汉宸同志干过很久的财经工作，很有经验，我们应当虚心向各区来的同志学习。[①]

**3月10日至24日** 出席旨在增进各大区代表团互相了解的华北财经会议预备会——华北座谈会[②]。座谈会提出华北财政经济存在的各方面问题：区与区之间互相封锁问题；区与区之间的币值比例问题；区与区之间的税率问题；解放区原料、人口量、费用问题，出口的各种困难；物资交流的问题；盐业的专卖问题；大盐、小盐、棉花、布等经济斗争；对敌斗争中由于步调不一致，各区采购不一致，给敌人造成可乘之机的问题。南汉宸、薛暮桥、王元波、刘岱峰、林海云、吕镜符、何幼奇、周伯易、李友三、李一清、杨文汉先后发

---

① 李海（1996）：《华北财经会议的前前后后》，载薛暮桥、杨波主编《总结财经工作　迎接全国胜利——记全国解放前夕两次重要的财经会议》，北京：中国财政经济出版社，1996年，第39页。

② 华北财经会议原定1947年3月1日召开。因晋绥、陕甘宁的代表迟迟未能通过封锁线，因此3月10日至24日为座谈阶段。华北座谈会是华北财经会议的序曲。《薛暮桥回忆录》记座谈会于3月15日开始，《解放战争时期（1947—1949年）财政经济工作的回忆》明确从3月10日开始，但同时又说"开了10天预备会"，我们均已订正。参见薛暮桥（1996）：《薛暮桥回忆录》，载《薛暮桥文集》第二十卷，北京：中国金融出版社，2011年，第138页；薛暮桥（1996）：《解放战争时期（1947—1949年）财政经济工作的回忆》，载薛暮桥、杨波主编《总结财经工作　迎接全国胜利——记全国解放前夕两次重要的财经会议》，北京：中国财政经济出版社，1996年，第9页。

言。经讨论，座谈会初步达成一些协议。[①]

薛暮桥在 3 月 10 日的座谈会上提出山东地区与友邻区存在的问题，着重谈食盐和货币两大问题，表示山东盐多，不感到有问题，不了解晋冀鲁豫、晋察冀、西北缺盐，今后应当支援；货币、商品流通问题，这次会议应当很好研究，相互支持。[②]

**3 月 23 日**　中共中央致电薄一波及华北财经会议诸同志，对会议做出指示：财经会议用介绍情况提出问题并研究解决办法的方法来进行很好。许多具体政策，希望充分交换意见，提出大家认为适合可行的解决办法，做出决定，再提中央审查。（一）由于战争扩大与延长，如何节用财力物力人力以支援长期战争人民负担能力的研究，如何能紧缩开支，开源节流，如何解决各区很大财政赤字，怎样节用配合战争的人力动员，使之不太妨碍生产，究竟每一野战军须后方动员多少人力配合（包括担架运输、民兵动员等）才适当等。（二）主力出击到国民党区域行动时应采取的财经政策和办法（过去五师到鄂陕豫和皖鄂边筹不到粮食困难立足的一个重要原因，将来大部队反攻出击也会遇到困难，必须事先加以研究拟出一些办法，讨论时可吸收五师和参加陇海路南战役同志参加）。至于发展经济（农业、手工业、工业），达到解放区经济上基本能自给这一基本问题，应充分注意，能座谈出一些意见和办法。[③]

---

① 中共武安市党史研究室编（2004）：《晋冀鲁豫边区机关在武安》，北京：中共党史出版社，2004 年，第 355、357 页。

② 薛暮桥（1996）：《解放战争时期（1947—1949 年）财政经济工作的回忆》，载薛暮桥、杨波主编《总结财经工作　迎接全国胜利——记全国解放前夕两次重要的财经会议》，北京：中国财政经济出版社，1996 年，第 9 页。

③ 中共武安市党史研究室编（2004）：《晋冀鲁豫边区机关在武安》，北京：中共党史出版社，2004 年，第 357—358 页。该指示由任弼时起草，不过《任弼时年谱》错记在 1948 年 3 月 23 日条下。此处已订正。参见中共中央文献研究室（1993）：《任弼时年谱》，北京：中央文献出版社、人民出版社，1993 年，第 570 页。

中共华东中央局发出通知，决定黎玉、曾山、艾楚南、宋裕和、彭显伦、方毅、薛暮桥、石英、冯平诸同志为华东局财委会委员，由黎玉同志任书记，艾楚南同志任副书记。成立华东财经办事处，由曾山同志兼主任，艾楚南、方毅两同志任副主任。该办事处执行财经方针任务，为实际行政权力机关，统管财经、粮食、工商、银行、收支审核等工作，并有督促检查各战略区、各纵队财经工作之责。①

**3 月 24 日**　与华北各根据地代表共同商议，决定次日正式召开华北财经会议。②

**3 月 25 日**　出席本日正式开幕的华北财经会议。大会主席团成员为：薄一波、杨立三、戎伍胜（戎子和）、南汉宸、栗再温、薛暮桥。薄一波主持会议，并致开幕词，他表示：到今天，延安、晋绥代表还不定何时来，因此不能再拖了，昨天和三区负责同志研究了一下，决定从今天起正式开会。恰好昨天中央来电报，肯定了我们前一阶段用介绍情况来解决问题的办法是好的，指示我们除解决各方面的问题外，应对如何解决财政困难多想办法。另外对我军新到一地如何就地解决粮款供应问题也应研究一些办法。前一阶段会议交流了情况，提出了一些问题，有成绩，下一阶段大家要研究解决问题。我看今天不是谁找谁便宜的问题，而是要准备吃点亏，只有吃点亏才能使整个解放区有利。因此，应当加强统一，互相支持，全力支持解放战争的胜利。③

**3 月 26 日至 4 月 13 日**　继续出席华北财经会议，各大区向大会报告，系统介绍经验。会上薛暮桥作《山东的财经工作情况》的报

---

① 《方毅传》编写组（2008）：《方毅传》，北京：人民出版社，2008 年，第 147 页。

② 中共武安市党史研究室编（2004）：《晋冀鲁豫边区机关在武安》，北京：中共党史出版社，2004 年，第 358 页。

③ 李海（1996）：《华北财经会议的前前后后》，载薛暮桥、杨波主编《总结财经工作　迎接全国胜利——记全国解放前夕两次重要的财经会议》，北京：中国财政经济出版社，1996 年，第 40 页。

告，南汉宸作《晋察冀财经工作情况》《陕甘宁边区的财经工作》的报告，刘子久作《怎样解决我主力出击到蒋管区时的财粮问题》的报告。会议对各区情况进行了讨论。①

薛暮桥代表华东在邯郸会议上作了“山东解放区财政经济工作”的总报告和“山东解放区的群众生产”的专题报告。两个报告由杨波记录成稿后正式印发。②

**4 月 14 日**　继续出席华北财经会议。会议围绕大会主席团拟定的三个讨论题目（财政、经济、地区间关系），以各解放区为单位，进行小组讨论，然后向大会主席团汇报。汇报两天，各区代表只讲本区的意见。安志诚、戎伍胜、吕镜符、陈希云、刘岱峰、栗再温、牟耀东、白如冰等先后在大会上发言，吕镜符、牟耀东代表山东分别汇报山东财政工作和经济工作讨论情况。③

**4 月 16 日**　中共中央就《关于成立华北财经办事处及任董必武为主任的决定》致电华东局、晋冀鲁豫中央局、晋察冀中央局、晋绥分局、董必武、朱德、刘少奇：为争取长期战争胜利，中央决定在太行成立华北财经办事处，统一华北各解放区财经政策，调剂各区财经关系。董必武任办事处主任，华东、五台、太行、晋绥各派一得力代表为副主任，经常参加办事处工作。人选由各区提出，正副主任均由华北财经会议选举。④

---

① 中共武安市党史研究室编（2004）：《晋冀鲁豫边区机关在武安》，北京：中共党史出版社，2004 年，第 359 页。

② 杨波（2015）：《熔炉：从学徒工到共和国部长　杨波回忆录》，北京：中国轻工业出版社，2015 年，第 10—11 页。

③ 中共武安市党史研究室编（2004）：《晋冀鲁豫边区机关在武安》，北京：中共党史出版社，2004 年，第 364—365 页。

④ 许卿卿（2000）：《华北财经办事处》，载《中共党史资料》第 75 辑，2000 年，第 174 页。

**4 月 20 日** 受华北财经会议委托，起草华北财政经济会议综合报告。[①] 因会议等着讨论，“我只用三天时间写成了约 2.4 万字的综合报告初稿”[②]；“一天 8 000 字，一边写，一边打印，很紧张”。[③]

**4 月 25 日** 薄一波向中共中央报告华北财经会议情况：

一、财经会议已进入最后阶段，准备产生一个决定，已经起出草来，从保证长期战争供给及土地改革与解放区的生产建设方向出发，基本上要争取独立自主，完全不依靠，而且是与美蒋斗争的经济体系。根据十年来的经验，提出财政、经济各种不同政策，如财政、华北人民负担政策、整理村财政、财务行政、开源节流、贸易、税收、金融、货币等均有详细规定，正在讨论中。

二、大家根据这次长期战争供给的观点，拟建议将银行发行、各区脱离生产人数、人民负担标准及可以调剂贫富的几种统税、专卖收益归中央，以便中央斟酌各区财经情况，适时给以指导，又能机动调剂贫富，如补助晋绥、陕北或其他临时开支。

三、各区互相关系亦进入解决阶段，办法：自行提出困难和要求，由大家研讨解决办法，如晋绥、陕北提出 70 万匹布，150 万斤棉花，大家认为这小得很，由太行北岳完全负担起来，用货换货干脆

---

① 薄一波在 1947 年 4 月 20 日的会上这样说：会议中汇报了一些原则问题，但具体问题不解决不行，因此，开始提出的一些具体问题，还需继续解决。如贸易自由与各区之间的税收问题；各区之间贸易差额如何支付；物资自给自足不要外来的问题；对外采购统一问题等。战争改变了一切，今天的作战已不是过去分散的各管各的形势，需要统一。因此，统一的问题还需有所结论，搞出一个大家认为可行的办法。“有所结论”，“一个大家认为可行的办法”，指薛暮桥受托起草、供会议讨论的综合报告。参见中共武安市党史研究室编（2004）：《晋冀鲁豫边区机关在武安》，北京：中共党史出版社，2004 年，第 365—366 页。

② 薛暮桥（1996）：《薛暮桥回忆录》，载《薛暮桥文集》第二十卷，北京：中国金融出版社，2011 年，第 139 页。

③ 《李克穆日记》，手稿，1984 年 4 月 21 日，李克穆藏。李克穆在日记中记录了薛暮桥同日谈华北财经会议时的原话。

帮助均可。

中央对此有何指示，请示。[①]

上述报告所说“准备产生一个决定，已经起出草来”，指薛暮桥受会议委托所起草的《华北财政经济会议综合报告》初稿。[②] 初稿所提出的货币问题曾引起争论。据薛暮桥回忆：

作出解放区停用法币、建立独立自主本币市场的决定，是经过一番争论的。起初个别地区[③]有些同志认为，解放区只能以法币为主，本币只能依附于法币，与法币保持固定的兑换比例；我们不可能保持物价的稳定，只可能保持与法币比价的稳定。有的地区（如华中），前几年虽然没有停用法币，而他们因法币不断贬值，就不断改变本币同法币之间的比价，以保持本币币值和物价的相对稳定。但是在山东和晋冀鲁豫，则已在货币斗争中取得了胜利，停用法币，建立起了独立自主的本币市场。经过讨论，建立独立自主本币市场的主张得到（华北财经会议）与会同志的公认。[④]

会议上与停用法币有关的另外一个争论是货币的基础问题。薛暮桥曾谈及：

① 薄一波（1947）：《薄一波同志关于华北财经会议情况向中央的报告》，载《华北解放区财政经济史料选编》第一辑，北京：中国财政经济出版社，1996 年，第 277—278 页。

② 薛暮桥（1996）：《解放战争时期（1947—1949 年）财政经济工作的回忆》，载薛暮桥、杨波主编《总结财经工作　迎接全国胜利——记全国解放前夕两次重要的财经会议》，北京：中国财政经济出版社，1996 年，第 9 页。

③ 这里是指西北地区。

④ 薛暮桥（1996）：《薛暮桥回忆录》，载《薛暮桥文集》第二十卷，北京：中国金融出版社，2011 年，第 141 页。

在 1947 年参加华北各解放区财政经济会议时，知道包括延安在内的各解放区对这问题也曾发生争论，部分同志认为边币也必须用金银（白洋）和法币来作发行贮备。边区没有金银市场，不能用金银来回笼货币，而且我们也不可能保存这样多的金银。用法币来作贮备，不但要受法币贬值的损失，而且使我们的边币依附于法币，在法币贬值时跟着贬值。当时黄松龄同志持反对态度，认为边币必须脱离法币独立自主。当然，陕甘宁边区与山东不同。山东孤悬敌（日军）后，法币势孤力单，山东还有出超来支持对敌货币斗争。陕甘宁边区紧靠国民党大后方，法币势力雄厚，贸易上是入超，所以对法币的依附性比较大，发生这样的争论是有客观背景的。①

**5 月 4 日** 中共中央复电薄一波，对华北财经会议做出指示：

（一）同意华北财经会议产生一个正式决定，确定各区财经共同方针和各种政策。今后各区银行发行权，各区脱离生产人数比例，人民负担标准，各区贫富间的调剂等，可由中国解放区财经办事处②在中央领导之下去统一计划和制定。（二）是由财经办事处直接管理几种统税和专卖收益来调剂贫富区域为好，还是只由财办处指定富足区域来协助贫弱区域为便利，这两种方式尚望你们再加考虑提出意见。（三）为便于工作，你们也可考虑由哪些人参加财经办事处并电告我们，最后由你们通过。③

根据中央指示，华北财经会议选举参加华北财经办事处的人选，并于 5 月 9 日报告中央，他们是：薛暮桥、方毅（华东）、南汉宸、

---

① 薛暮桥（1988）：《北海币回忆录》，载《北海银行五十周年纪念文集》，济南：山东省金融学会，1988 年，第 15 页。

② 后来的正式称谓是华北财经办事处。

③ 该电由任弼时为中共中央起草。参见中共中央文献研究室（1993）：《任弼时年谱》，北京：中央文献出版社、人民出版社，1993 年，第 545—546 页。

姚依林（北岳）、杨立三（邯郸）、白如冰、陈希云（西北）。①

**5 月 11 日** 所起草《华北财政经济会议综合报告》，经主席团讨论和反复修改，华北财经会议最后通过。

综合报告共计三部分：第一部分财政经济工作的基本方针，指出我们必须动员巨大力量来支持战争，同时又须保留必要的力量来发展生产。我们要把战争和生产很好结合起来，以战争来保护生产，以生产来支持战争。在财政工作方面，要“公私兼顾，军民兼顾”，单纯的“量入为出”和单纯的“量出为入”都是要不得的。目前战争消耗空前巨大，必须采用大刀阔斧手段开源节流，渡过目前严重困难。在经济工作方面，应当适合战争情况和战争需要，努力发展生产，奖励人民发家致富，纠正害怕富农发展，害怕工商业家发展的保守思想，大胆放手让私人资本和私营经济自由发展。在组织领导方面，必须逐渐从分散走向统一。“我们一致拥护在党中央的直接领导下，成立华北财经办事处，来调整各地区的货币贸易关系，并在财政上作适当调剂。统一规定各地区的人民负担和供给标准，统一计划各地区的货币发行，经济建设，以及对敌经济斗争，并在这些基础上，逐渐达到各解放区财政经济工作的进一步的统一。”报告还强调，我们政治上是独立自主的，财政经济上也必须独立自主；应当认识这次爱国自卫战争是长期性的，必须努力开源节流，争取财政收支的相当平衡；我们的财政经济工作必须依靠农民，并为农民服务，照顾群众的经济利益；照顾整体，克服山头主义、本位主义思想，邻区物资交流应与内地贸易采取同样政策，邻区货币互相支持，并在财政上作互相调剂。

① 中共武安市委党史研究室编（2004）：《晋冀鲁豫边区机关在武安》，北京：中共党史出版社，2004 年，第 370 页。

第二部分是财政工作中的几个具体问题，指出保障战争供给首先要开辟财源。各解放区财政收入主要仍是取之于民，其中农业负担占最重要的部分。第二个重要来源是取之于己，即机关部队生产自给。但掌握不好易产生各种流弊。今后应继续贯彻整理部队机关生产的方针。第三个重要来源是取之于敌，以战争缴获解决财粮供给部分困难。过去未能好好接收，浪费破坏相当严重。我们必须组织委员会负责接收缴获物资，在军队中进行教育，克服本位主义思想。第四个来源是清查资财，动员献物献资。第五个来源是增加货币发行，暂时解决财政上的困难。在战争困难、地区缩小的时候，不宜滥发货币，否则可能引起恶性通货膨胀，使财政经济陷于崩溃状态。报告还指出，与开源同样重要的是节流，要厉行精简节约，减省财政开支。精简一方面要照顾人民负担能力，另一方面要照顾战争需要，一般来讲，脱离生产人员如不超过总人数的 2%，我们可以有力量来负担。如果超过 2%，那就比较困难。如果超过 3%，那就很难单靠普通的开源节流办法完全解决，必须依靠友邻区的援助，或靠其他特殊来源才能克服困难。现在多数地区已经达到饱和点，有些地区已超过，因此精简工作便很重要。在今天的生产水平下，一个农民每年究竟能够负担多少粮食，很难精确计算。最高负担标准应当经过调查研究，因时因地各自规定，按照各地情形研究，农业负担如不超过其农业收入的 15%，一般农民不致感到负担过重。报告还指出，战争勤务成为战区人民最重要的负担，有些地区已远超过公粮负担。要调整战勤节约民力，改进民兵民夫使用办法，达到组织化、制度化。财政工作最薄弱环节，是村财政的管理。在准备反攻时，我们应把整理村财政当作集中力量支援战争的重要措施。部队出击到蒋占区时，财粮供给遇到特殊困难。由于交通运输困难，后方补给有一定限度，主要依靠就地筹措。战争缴获如能好好管理，也能够发生重大作用。为解决困难，应组织财经工作队随部队出发，处理战争缴获以及就地筹措等工作。除此之外，只能依靠摊派罚没。关于财务行政统一程度，各地不同。今天所处具体情况，分散管理不适合今天战争要求，一般应从分散逐渐走向统一。

第三部分是经济工作中的几个具体问题。报告指出，土地改革后许多贫苦农民获得土地，但无耕畜农具以及其他生产条件，最有效的办法是组织劳动互助，调剂人力畜力，加上政府贷款，克服困难。同时，必须改造农村贸易和金融机构，运销农产，调剂信用。在消灭旧中国经济的半封建性时，必须同时设法消灭半殖民地性，即消灭对于帝国主义及国民党统治区经济上的依赖，争取经济上的完全独立自主。因数十万民兵民夫支援前线，有些地区群众生产感到严重困难。在农忙季节应当把突击生产看得与支援战争同样重要，不应借口战争放松突击完成生产工作。解放区的生产建设，应掌握“战时的”、“农村的”两大特点，从实际出发。继续发展群众性的农业和手工业生产，并把他们组织起来，逐渐改进生产方法，争取各种重要生活必需品的自足自给。贸易工作和金融货币工作应为生产服务，如果脱离生产需要，就会变成投机冒险行为，同时又应加强对敌经济斗争，争取经济上的独立自主。贸易工作主要任务是对外争取有利交换，对内调剂供求，办法是对外管理，对内自由。管理对外贸易必须“统一领导，分散经营”。对内贸易要求物价平稳，并组织运输。金融工作的主要内容有二：一为发行货币，进行货币斗争；二为发放生产贷款，调剂农村金融。货币工作的基本方针，是独立自主，平稳物价，保护人民财富，保证生产发展。为达到平稳物价的目的，首先必须排挤蒋币，使我本币取得市场上的独占地位。取得独占地位以后，慎重掌握货币发行数量，以免引起物价的剧烈波动。我们必须：（1）争取财政收支大体上的平衡，以免为弥补财政亏空而无节制地增发货币，引起恶性通货膨胀。（2）掌握一定数量的粮食布棉等重要物资，以便随时调节发行数量，平稳物价。（3）在解放区扩大或缩小的时候，应灵活调剂发行数量，以免物价波动，在秋收以后和春荒时期，货币流通需要多少不同，也应适当调剂。货币发行应与财政征收及贸易工作（物资吞吐）相结合，使货币有经常回笼机会。如能掌握上述三点，便可能把物价稳定下来。报告还对如何管理城市，恢复城市工商业繁荣提出意见，指出要采取扶助的、奖励的政策，对于工商业家要采取团结的态度，劳动政策要照顾劳资双方的利益。新解放区经济工作首先应掌握接收没收工作，其次应当审慎处理货币问题，最后要慎重管理市场，有步骤地逐渐改造[①]（参见 1947 年 6 月 2 日至 5 日之间条，6 月 5 日条，10 月 24 日条）。

华北财经会议暂告一个段落。各代表团团长继续留驻冶陶，等候中央指派指导会议的董必武。华东代表团除薛暮桥外，其余成员经冀南回到渤海区。[②]

**6 月 2 日至 5 日之间**　所起草《华北解放区财政经济会议综合报告》得到专程前来冶陶镇指导的董必武[③]基本同意。因全文太长，董

---

① 《华北财政经济会议综合报告》（1947 年 5 月），载薛暮桥、杨波主编《总结财经工作　迎接全国胜利——记全国解放前夕两次重要的财经会议》，北京：中国财政经济出版社，1996 年，第 56—87 页。

② 当时山东省政府和北海银行总行均已转移到滨海地区诸城一带。参见王海丰（1988）：《成山巍巍海悠悠——忆解放战争时期的北海银行》，载《北海银行五十周年纪念文集》，济南：山东省金融学会，1988 年，第 83 页。

③ 据《董必武年谱》记载，1947 年 6 月 1 日董必武向晋察冀边区干部作报告，六七月间经邯郸、武安到冶陶镇；杨国宇日记记载，1947 年 6 月 8 日，杨“由冶陶出发，与董老、杨秀峰主席同车，12 时抵邯郸，在恒通饭店共餐”。因此，董必武在冶陶的时间是 6 月 1 日之后，6 月 8 日之前；因邯郸与冶陶的交通时间需要至少半天，即使给晋察冀边区干部作完报告即动身，当日也无法从晋察冀赶到冶陶镇，实际上从这两条记录可以判断董到冶陶已经是 2 日或更晚。因《华北财政经济会议决议草案》6 月 5 日报送中央（本年 6 月 5 日条），董到冶陶也在 5 日之前。参见杨国宇（1990）：《刘邓麾下十三年》，重庆：重庆大学出版社，1990 年，第 292 页；《董必武年谱》编辑组（1991）：《董必武年谱》，北京：中央文献出版社，1991 年，第 296 页。

必武命薛暮桥起草 4 000 字的会议决定。[①] 董必武还建议取消华北财经会议关于年底发行统一票币的协议。他这样解释：

我于赴邯郸途中，曾绕道往谒刘朱（那时他们在晋察冀野战军司令部），刘特别提醒我注意，不要过早的勉强统一。我到邯郸后，看到各区代表商定的协议中有本年年底统一发行票币一项，我赞成他们这种促进财政统一的精神，但同时想到各代表此次受命来出席会议，主要是为了调整友邻区的相互关系。在交换意见的过程中，大家都感觉我解放区政治上是统一的，军事上也是统一的，财政上有统一的必要，特别是在支援全国范围内的大规模的长期战争，更有统一的必要。他们报告中央，中央批准了统一的原则，并成立华北财办的组织。但具体把财经事项统一起来，有许多基本问题，主客观条件都未成熟。主观上各区的、甚至各区内各部门和各单位的本位主义和山头主义尚待克服。客观上许多必需的物质基础，如机关人事及其他许多东西都毫无准备，财政统一不可能很快的就实现。统一发行票币是财政统一中一个重要的环节，与各区收入、支出、银行、贸易、市场有密切关系，单独抽出发行票币问题来，是不能得到解决的。我以此意与一波和各区代表团负责同志（当时各区代表有许多已回去了，只有代表团负责人和少数代表留在那里等我）商讨，他们都认为我讲的有理由（自然，我也说这个意见是从少奇同志不要过早勉强统一的指示引申出来的），才决定把年底发行统一票币的协议取消，所以在《华北各解放区目前财经关系调整办法》的油印小册子中，把这项删

① 薛暮桥（1996）：《薛暮桥回忆录》，载《薛暮桥文集》第二十卷，北京：中国金融出版社，2011 年，第 139 页。

掉了。这说明我对于发行统一票币这桩事是想慎重处理的。[①]

根据董必武指示，在《华北解放区财政经济会议综合报告》基础上压缩形成《华北财政经济会议决议草案》。[②]

**6 月 5 日** 所起草《华北财政经济会议决议草案》由薄一波报送中共中央。[③] 华北财经会议圆满结束。

---

① 董必武（1947）：《董必武同志关于华北财经办事处工作向中央的报告》，载薛暮桥、杨波主编《总结财经工作 迎接全国胜利——记全国解放前夕两次重要的财经会议》，北京：中国财政经济出版社，1996 年，第 332—333 页。董必武另外一次谈到这次会议时这样说："各区派去参加华北财经会议的代表，并不是抱着统一财经的目的而去的，只是想相互了解各区的财经情况，调整一下相互关系。随着会议讨论的深入，大家认为要支持全国范围内的战争，财政必须统一，向中央提出了建议。中央核准了，决定成立华北财经办事处。华北财办现在还只是个雏形，但中央统一财经的方针是确定了。""毛主席说：'财经工作，应以百分之九十的力量发展生产，而以百分之十的力量再向群众要东西。'华北财经会议决定草案上说：'我们的财经工作，不仅是从脱离生产的几百万人出发，而且必须从一万万数千万人民的生计出发。'这两段话，表现的形式不同，内容是一致的，都应成为我们财经工作的指针。"参见董必武（1948）：《我们的财经任务与群众路线》（1947 年 9 月 18 日至 19 日），载李明华、王荣丽主编《西柏坡档案》第一卷，北京：中国档案出版社，2012 年，第 100—112 页，引文见第 105 页、第 112 页。

② 薄一波（1948）：《薄一波〈华北财政经济会议决议草案〉的报告》，载李明华、王荣丽主编（2012）：《西柏坡档案》第一卷，北京：中国档案出版社，2012 年，第 124—127 页；薛暮桥（1996）：《解放战争时期（1947—1949 年）财政经济工作的回忆》，载薛暮桥、杨波主编《总结财经工作 迎接全国胜利——记全国解放前夕两次重要的财经会议》，北京：中国财政经济出版社，1996 年，第 9 页。

③ 薄一波（1948）：《薄一波〈华北财政经济会议决议草案〉的报告》，载李明华、王荣丽主编（2012）：《西柏坡档案》第一卷，北京：中国档案出版社，2012 年，第 124—127 页。《总结财经工作 迎接全国胜利——记全国解放前夕两次重要的财经会议》一书收入该决议草案时，题为"华北财政经济会议决议"，未保留"草案"二字。参见《华北财政经济会议决议》，载薛暮桥、杨波主编《总结财经工作 迎接全国胜利——记全国解放前夕两次重要的财经会议》，北京：中国财政经济出版社，1996 年，第 51—55 页。

**6 月 8 日** 与董必武、杨秀峰等由冶陶出发，中午抵邯郸。[①]

**6 月 9 日** 董必武以中国解放区救济总会（简称“解总”）主任身份，在河北衡水与中国解放区救济总会秘书长伍云甫、中国解放区救济总会山东分会委员薛暮桥（参见 1946 年 2 月 2 日条）等筹商召开解放区救济工作会议。[②]

**6 月 12 日** 出席董必武在衡水主持召开的华北救济工作会议并合影留念。[③]据董必武致中共中央电报，由解总在衡水召开的各解放区救济会联席会议经三日研究讨论，圆满结束。确定分联会由解总领导，对联总[④]、行总[⑤]送来的物资妥为接收并分配。在适当时机可提出联总分配物资不公平。但对来解放区的联总、行总人员要好好招待。争取在给我定量物资中早来和多来。允许他们成立办事处，但要限定人数。承认他们可以视察，但地点由我们确定。我们现在既不与联总、行总成立什么协议，但也并非马上断绝关系。[⑥]

---

① 在 1947 年 6 月 12 日华北救济工作会议的合影中，杨秀峰和薛暮桥分坐董必武两边。而杨国宇在日记中记董、杨 6 月 8 日从冶陶出发，中午到邯郸。可以确定薛暮桥与董必武、杨秀峰同行到衡水。参见李克进主编，北京八路军山东抗日根据地研究会编（2011）：《李人凤画传》，北京：中央文献出版社，2011 年，第 72 页；杨国宇（1990）：《刘邓麾下十三年》，重庆：重庆大学出版社，1990 年，第 292 页。

② 《董必武年谱》编辑组编（1991）：《董必武年谱》，北京：中央文献出版社，1991 年，第 296 页。鉴于薛暮桥与董必武同行到衡水并出席解放区救济工作会议，应参加此次筹商。

③ 李克进主编，北京八路军山东抗日根据地研究会编（2011）：《李人凤画传》，北京：中央文献出版社，2011 年，第 72 页。该页有李人凤所摄合影照片，照片上方注明“华北救济工作会议留念 一九四七年六月十二日”字样。

④ 指联合国善后救济总署。

⑤ 指行政院善后救济总署。

⑥ 《董必武年谱》编辑组编（1991）：《董必武年谱》，北京：中央文献出版社，1991 年，第 296 页。

**6月下旬** 返回山东。[①]向中共中央华东局汇报华北财经会议情况。因国民党军队正在重点进攻山东解放区，只能作简要报告，华东局未召开会议进行讨论。[②]

在离开山东期间，罗琼和薛小沂患重病。罗琼回忆：

我们母女在这个时候大病一场，多亏刘孟同志的悉心照顾，还有新知书店储继同志在医药上的帮助，我们才转危为安，至今还铭记在心。

1947年夏，暮桥从邯郸回到华东局汇报工作，当时的负责同志对他说，你先别汇报，快去看看罗琼同志和女儿，她们都患重病了。于是他赶来看我们，那时我和女儿的病情基本好转了，已经能下床坐坐了。他待了一会儿又到华东局去了。[③]

**7月初** 与耿光波主持山东省实业厅召开的工厂工作会议，听取鲁中、滨海、鲁南三地区工矿生产情况。会议要求毛巾、肥皂生产改归民营，发展小型工厂。[④]

**7月3日** 与耿光波主持山东省实业厅召开的鲁中、滨海、滨北三地区以及临沂的生产推进社联席会，总结上半年各地推进社在战争

---

① 薛暮桥参加了1947年6月下旬中共中央华东局在鲁南寿塔寺召开的扩大会议，因此可以确定薛暮桥回到山东的时间为6月下旬。参见徐建青、董志凯、赵学军主编（2017）:《薛暮桥笔记选编（1945~1983）》第一册，北京：社会科学文献出版社，2017年，第115页。

② 薛暮桥（1996）:《薛暮桥回忆录》，载《薛暮桥文集》第二十卷，北京：中国金融出版社，2011年，第142页。

③ 罗琼谈、段永强访（2000）:《罗琼访谈录》，载薛小和编《把国放在家前面：罗琼逝世一周年纪念文集》，北京：中国妇女出版社，2007年，第155—156页。

④ 徐建青、董志凯、赵学军主编（2017）:《薛暮桥笔记选编（1945~1983）》第一册，北京：社会科学文献出版社，2017年，第123—129页。这次会议的笔记写在7月3日推进社联席会召开之前，土地改革总结会议和华东局财经工作会议之后。因此我们将时间拟为7月初。

环境下工作的成绩与创造，规定了下半年的任务：扶助群众纺织，发展运销事业，保证供给，直接支援战争。[①]

**7 月 8 日** 在下述文件签名表示同意：

> 昨日黎主席[②]提议，本府实业厅薛厅长暮桥因有要务，必须辞职前往，所遗实业厅长一职，拟调财政厅长艾楚南同志继任，仍兼本府秘书长职务。所遗财政厅长一职，拟推选苏皖边府副主席兼财政厅长方毅同志担任。此案关系重要，亟待决定。但因机关转移，不及召开正式会议，我们几人研究后，同意此项调动。特此征询意见，如无反对意见，作为通过，并列入上次会议记录本，以便执行。请即慎重考虑提出意见是荷！

一同签名的，还有郭子化、艾楚南、耿光波等人。[③]

**7 月 12 日** 中国工业合作协会山东省办事处向工合国际委员会提交薛暮桥的工作报告。报告认为，山东解放区工业合作运动的特性，一是工业合作运动与抗日民主政治运动同时进行，推行“人民合作、政府协助”的政策，二是合作社的主要目的是为群众生产与群众生活服务，三是合作社是个体经济到集体经济的桥梁，四是采取资本与劳力合作的原则。工商业政策原则是先从小型合作社着手，逐渐将小型合作社发展为较大的合作社；先从单独的工商业着手，逐渐扩大，多方面组织群众生产，为群众服务；合作社内部关系从低级发展到较高级。报告还回顾了中国工业合作社山东办事处成立以来的工

① 辛玮等主编（1982）：《山东解放区大事记》，济南：山东人民出版社，1982 年，第 291 页；徐建青、董志凯、赵学军主编（2017）：《薛暮桥笔记选编（1945~1983）》第一册，北京：社会科学文献出版社，2017 年，第 129—134 页。

② 这里指黎玉。

③《关于薛暮桥同志辞去省实业厅长职务调艾楚南同志担任的意见》，1947 年 7 月，山东省档案馆藏，档案号 4-1-89。

作，在办事处与政府双方同意下，决定凡工合组织的建立不归政府领导，而用工合来领导，模范合作社必须在生产中协助群众方面获得卓越结果，必须平衡收支，必须彻底保证制度良好，采取民主管理。这份报告次年由闻初翻译为中文，发表在香港《经济导报》。①

**7 月 14 日** 董必武致电中共华东局、邯郸晋冀鲁豫局、晋绥分局、西北局、东北局：华北财办即将正式开始工作，地点设在晋察冀建屏县夹峪村。请将你们对财经工作的决定，及各省区财办、财政、实业或建设厅处、银行、贸易公司等机关各种重要法令、工作计划、出入口贸易、币价比值等有关材料从速带来，以资参考。②

**7 月** 在胶东半岛莱阳的一个村庄（华东局在这里设有办事处）见到原新四军教导总队同事、时任《大众日报》记者的汪溪。③

---

① 薛暮桥（1947）：《山东省工业合作运动的经验教训》，闻初译，载《经济导报》第一〇八期，1948 年，第 6—10 页。《经济导报》于 1947 年元旦在香港创刊，由中共香港工作委员会建立的财经委员会（书记许涤新）领导。该刊发表薛暮桥文章的中译文时，编者介绍"本文作者薛暮桥先生，是国内有名的经济学者，在山东解放区从事工合运动多年，本文作于一九四七年，系对工合国际协会的一个英文报告。现由闻初先生译出，在时间上，虽已相隔一年之久，但仍不失其贵重的参考价值，是研究中国从个体到集体经济的合作运动的珍贵参考资料"（第 6 页）。我们并未找到薛暮桥英文报告原文，但从中译文看，主要内容与李隆、毕平非 1947 年 7 月 12 日托联合国救济总署汤孚德给中国工业合作协会的中文报告《山东解放区的工业合作社运动与发展概况》大体一致，但《山东解放区的工业合作社运动与发展概况》缺少薛暮桥报告中译文中的"丙、与工合社的关系"部分。鉴于薛暮桥担任中国工业合作协会山东办事处主任，并在 1947 年 6 月 9 日至 12 日与董必武以及伍云甫在一起，本报告应即据他们的指示而写。《山东解放区的工业合作社运动与发展概况》或许是工合国际报告最初的中文版本。据此我们将薛暮桥报告的时间暂定为 7 月 12 日。报告原文尚待进一步的发现。

② 张志平主编（1996）：《新中国从这里走来》，石家庄：河北教育出版社，2003 年，第 61 页。

③ 汪溪（2007）：《朝左走　向右转——我和我的时代》，北京：华夏出版社，2007 年，第 56 页。据汪溪回忆，当时薛暮桥因打赢金融战"大大地改善了山东解放区的经济形势"而"一时成了山东名人"，"我们已有几年未见面了，那时，信息传递不方便，人们一分手就没有了联系，不知何时再见面，已是常事。在这个地方与他（接下页）

**9月1日** 陈毅、粟裕联名致电张云逸、邓子恢、饶漱石、黎玉、曾山、谭震林并报中共中央、邯郸局，提出：为完成毛主席给予的在黄河以南、平汉以东、淮河以北、运河以西的新任务，需要相当长的时间，需要主力会合，连续歼敌，破击陇海路，并迅速向南伸张，支援刘邓，要准备打几个恶仗，更需党与群众工作的配合和广大游击战争的发展。为此请华东局调一批干部协助工作，建议中央统一处理整个解放区的财政经济和货币。9月3日凌晨毛泽东复电指示："作战方向及征调地方工作人员均很对"，同时要求"从你们自己起到全军一切将士，都应迅速建立无后方作战的思想"。① 根据中央指示精神，晋冀鲁豫与华东野战军9月在山东聊城签订供给协议。②

**9月** 中央来电，要求代表华东局到华北财经办事处任副主任，去时多带些干部。接到电报后，随部队星夜穿过敌军防线，从胶东到胶西，再到渤海区。③

---

重逢，真是喜出望外。薛还是那么严谨寡言，没同我交谈几句，便递给我一张纸，好像他预先知道我要到来似的。我打开一看，是中共中央东北局发给华东局的电报，调我去哈尔滨工作"。汪奉命办理调动手续，辗转去东北工作。

① 中共江苏省委党史工作办公室编（2006）：《粟裕年谱》，北京：当代中国出版社，2006年，第270—271页。薛暮桥1947年7月上旬因"另有要务"辞去实业厅厅长职务，"要务"所指何事尚不清楚；而薛暮桥在9月初得到中央调令，10月中旬才动身去西柏坡，这段时间在做什么也不清楚。但华北财经办事处副主任杨立三、南汉宸都在九、十月间来到山东，因此，推想薛暮桥与跨区财经协调工作有关，陈毅、粟裕报告所谈也是此事，因此特立条目，以备查考。

② 《杨立三年谱》编辑组编（2004）：《杨立三年谱》，北京：金盾出版社，2004年，第169页。当时华东和华北的货币不同，冀钞币值高，北海币币值低；供给标准不同，华东供给标准高，晋冀鲁豫供给标准低。因此陈粟大军进入晋冀鲁豫协同作战面临一系列具体问题。《华东与晋冀鲁豫供给协议书》由杨立三起草，经董必武批准后带往山东聊城，与华东野战军、中共中央华东局领导磋商后达成协议。参见李琴（2013）：《杨立三传略》，北京：金盾出版社，2013年，第354—355页。薛暮桥是否参加了磋商工作尚不清楚。

③ 薛暮桥（1996）：《薛暮桥回忆录》，载《薛暮桥文集》第二十卷，北京：中国金融出版社，2011年，第142页。回忆录谈及随行人员包括王耕今和杨波。但据（接下页）

罗琼接到中央组织部调令，到中央妇女运动委员会工作。当时解放区连成一片，妇女工作也需要连片开展，需要增加人员；且薛暮桥已接到代表华东局任华北财经办事处副主任的调令，罗琼的调令“既是工作需要，也照顾我和暮桥在一地工作、生活”[①]。

**10月中旬** 携罗琼、薛小沂，与南汉宸[②]、孙揆一、高星华、尹伯兮等[③]乘敞篷汽车，从山东渤海区出发，经河北南部平原，前往河北平山县西柏坡。[④]薛暮桥这样回顾1943年至1947年在山东的工作：

---

《王耕今自述》，王1947年夏到山东博兴县农村进行纺织合作社调查，冬天参加由邓子恢主持的渤海区土地会议，会后留在渤海行署实业处任副处长。因此，王耕今1947年并没有随同薛暮桥去华北财经办事处。又据杨波回忆，薛暮桥在胶东动身前，告诉杨波自己先动身，打算以后调杨波去，请他等候组织通知。11月中旬，华北财经办事处去电调杨波去办事处，12月上旬杨波动身。因此，杨波也没有随行。参见杨波（2015）：《熔炉：从学徒工到共和国部长　杨波回忆录》，北京：中国轻工业出版社，2015年，第51页；《王耕今自述》，未刊稿，未注明年月。

① 罗琼谈、段永强访（2000）：《罗琼访谈录》，载薛小和编《把国放在家前面：罗琼逝世一周年纪念文集》，北京：中国妇女出版社，2007年，第156页。

② 南汉宸是参加华北财经办事处工作的晋察冀边区代表，1947年7月即到达河北建屏（今阜平县）。9月14日华东局工委书记张鼎丞、邓子恢致电董必武，建议成立统一的解放区银行，且由于冀中与渤海区的贸易往来有问题，董必武遂派南汉宸到山东，与张鼎丞、邓子恢研究建立中央银行等事宜。随后，华东工委10月10日至10月30日在渤海区召开高干会议，华东财政因战争影响财政赤字极为严重，人民负担过重，而渤海区是当时矛盾的焦点。因此，华东局工委又电请南汉宸代表华北财经办事处参加高干会，协助华东局工委解决渤海财政问题。南汉宸在会上作关于财政问题的报告。因薛暮桥与南汉宸同往西柏坡，或许薛也参加了华东局工委10月在渤海区召开的高干会。参见董必武（1948）：《华北财办工作总结报告》，手写清稿，中国人民银行成立旧址纪念馆藏；舒同（1947）：《贯彻大会的精神与方针》，载《山东革命历史档案资料选编》第十九辑，济南：山东人民出版社，1985年，第448—476页；《南汉宸纪念册》编辑委员会（2005）：《南汉宸纪念册》，北京：中央文献出版社，2005年，第234页。

③ 薛暮桥（2011）：《薛暮桥回忆录》，载《薛暮桥文集》第二十卷，北京：中国金融出版社，2011年，第143页。

④ 《薛暮桥回忆录》记薛暮桥9月初接到调令，10月初离开山东，10月中旬到西柏坡。这与罗琼的回忆不一致。薛暮桥回忆的时间经常出错，我们这里采用罗琼的回忆。参见罗琼谈、段永强访（2000）：《罗琼访谈录》，载薛小和编《把国放在家（接下页）

在这一时期经济工作实践中，我对经济科学的一些基本问题，特别是货币、物价问题，逐渐形成了自己的理论观点。我提出的关于抗币的“物资本位”理论、关于纸币流通条件下物价与货币发行同步变化的规律、关于纸币流通中不是“劣币驱逐良币”而是“良币驱逐劣币”的规律，以及通过控制纸币发行进行宏观调控的政策等，都是在实践中形成又反过来对实践起了指导作用。当时，世界上各国货币还都是以金或银为本位，同金银完全脱钩的纸币的流通规律还是经济科学的新问题。我在战争环境和繁忙的工作中，无暇去写专门著作，但在汇编成《山东解放区的经济工作》一书[①]的文件中，多次从工作需要出发予以阐述，并以成功的实践证实它的正确性。到新中国成立以后，在我的经济工作和理论研究中，又得到进一步的发挥和深化。[②]

**10 月 24 日**　所起草《华北财经会议决议草案》（参见 5 月 11 日、6 月 2 日至 5 日之间条）得到中共中央批准。中共中央向晋冀鲁豫中央局、晋察冀中央局、华东局、晋绥分局、西北局、中原局，并告中央工委、中央后委、东北局发出《批准华北财经会议决议及对各地财经工作的指示》，要求“这些决定应立即坚决执行”。该指示全文如下：

（一）中央审查《华北财政经济会议决议草案》和研究该次会议中各种报告材料之后，认为这次财经会议总结了华北各解放区财经工作经验，并正确地提出和解决了今后财经工作的方针和政策。中央批

---

前面：罗琼逝世一周年纪念文集》，北京：中国妇女出版社，2007 年，第 156 页；薛暮桥（1996）：《薛暮桥回忆录》，载《薛暮桥文集》第二十卷，北京：中国金融出版社，2011 年，第 143 页。

① 指薛暮桥（1984）：《抗日战争时期和解放战争时期山东解放区的经济工作》，济南：山东人民出版社，1984 年。

② 薛暮桥（1996）：《薛暮桥回忆录》，载《薛暮桥文集》第二十卷，北京：中国金融出版社，2011 年，第 136 页。

准华北财经会议决议，并且已经成立了华北财经办事处机构，统一领导华北各解放区的财经工作。

（二）中央在批准这一决议时，认为必须指出过去各解放区对于“发展经济，保障供给”的方针还缺乏深刻的认识，重财政、轻经济的现象尚普遍存在（晋冀鲁豫的情形要好一些），因此，许多地方对于发展农业（包括副业）和手工业生产，组织劳动互助，发展合作事业，提倡解放区缺少但有可能自己出产和推广的各种生产（如植棉、种蓝）等，尚缺乏认真的、坚持的、贯彻到底的精神。财经机关在贸易、金融、财政等政策上，对于如何保护和扶助解放区内国民经济的发展也就缺少注意，或者是注意得不够，这就不可能使解放区达到经济上独立自主并进一步改善人民生活的目的。这种情形必须引起全党的注意并努力加以改进。在土地改革完成地区的党、政和农会、工会，除开支援前线工作之外（要注意节用民力），应全力去组织群众的生产运动，达到增产粮食、棉花、颜料、布匹、火柴、纸张、肥皂、纸烟及其他日用必需品，以满足人民的需要，并增强对外斗争的力量。这里要坚决反对认为生产缓不济急、利润太小、不能解决财政的观点，必须认清只有增加解放区内部的财富，才是积极开辟财源、保障长期战争需要的根本环节。财政金融贸易机关在执行政策上，应当把扶助和保护国民经济的发展当作自己最基本的任务。

（三）财经会议对各种财经政策都做了具体的决定，这些决定应立即坚决执行。各级党委和财经机关应当讨论、传达财经会议决议（参考该会议中的综合报告及各区报告中许多很好的经验），配合当地情形，具体检讨和布置今后的工作。明年的农业生产运动，今冬就当计划和着手进行。①

---

① 《中央批准华北财经会议决议及对各地财经工作的指示》，载薛暮桥、杨波主编《总结财经工作　迎接全国胜利——记全国解放前夕两次重要的财经会议》，北京：中国财政经济出版社，1996 年，第 49—50 页。

上述指示由任弼时为中共中央起草。[①] 任弼时到西柏坡后，曾就此与薛暮桥长谈：

在中央到达西柏坡后，中央主管经济工作的任弼时同志曾找我谈了三四个小时，肯定邯郸会议的决议是正确的。事后回想，个别地区有些同志主张本币应与法币保持固定比价，是事出有因的。因为那些地区财政赤字庞大[②] 和外贸逆差太大，还不具备战胜法币的客观条件。[③]

华北财经办事处正式成立，其主要任务是："在中央及工委领导下，统一华北各个解放区（东北解放区不在内）的财政经济政策，指导华北各解放区财政经济工作的执行。"除特别重大的问题需经中央及工委会讨论并通过中央局执行外，在一般经常的行政问题上，可直接指挥各解放区的财经办事处执行。

**11 月中旬** 在河北石家庄地区，受到正指挥作战的朱德总司令接见。[④]

---

① 中共中央文献研究室（1993）：《任弼时年谱》，北京：中央文献出版社、人民出版社，1993 年，第 559—560 页。

② 《薛暮桥回忆录稿》手稿中还谈到"因中央机关庞大"。参见薛暮桥（1991）：《薛暮桥回忆录稿》，手稿，1991 年，薛小和藏。

③ 薛暮桥（1996）：《薛暮桥回忆录》，载《薛暮桥文集》第二十卷，北京：中国金融出版社，2011 年，第 141 页。

④ 薛暮桥和罗琼都谈及，抵达西柏坡之前，他们受到正在石家庄的朱德总司令接见。查《朱德年谱》，晋察冀野战军于 1947 年 11 月 13 日攻占石家庄。因此，薛暮桥一行到达石家庄并受到朱德接见的时间应在 1947 年 11 月中旬。参见罗琼谈、段永强访（2000）：《罗琼访谈录》，载薛小和编《把国放在家前面：罗琼逝世一周年纪念文集》，北京：中国妇女出版社，2007 年，第 156—157 页；薛暮桥（1996）：《薛暮桥回忆录》，载《薛暮桥文集》第二十卷，北京：中国金融出版社，2011 年，第 143 页；中共中央文献研究室编（1986）：《朱德年谱》，北京：人民出版社，1986 年，第 303—305 页。

与南汉宸同车抵达离西柏坡三四里的夹峪村华北财经办事处驻地。[①] 在董必武带领下，去西柏坡看望刘少奇。[②]

**11 月 20 日**　华北财经办事处向中央并各中央局发出关于副主任分工的通知。通知指出：华北财办各解放区推荐之副主任南汉宸、杨立三、薛暮桥均已到此，仅西北局代表汤平未到。中央工委决定，南汉宸兼财政组长，薛暮桥兼经济组长，杨立三兼部队供给组长，王学文任研究室主任（汤平工作到后分配）。在董老领导下，即日开始工作。[③] 除此之外，薛暮桥还兼任华北财经办事处秘书长。[④]

根据中央批准的华北财经办事处组织规程，薛暮桥所负责的经济组“掌管关于农业、工矿业、合作、交通、运输、贸易、金融、

---

① 董必武（1948）：《华北财办工作总结报告》，手写清稿，中国人民银行成立旧址纪念馆藏；《华北财经办事处关于副主任分工的通知》（1947 年 11 月 20 日），载李明华、王荣丽主编《西柏坡档案》，北京：中国档案出版社，2012 年，第 994 页；薛暮桥（1996）：《薛暮桥回忆录》，载《薛暮桥文集》第二十卷，北京：中国金融出版社，2011 年，第 143 页。据《华北财办工作总结报告》，“晋冀鲁豫的杨立三同志是 11 月下旬才到职的”，“西北区的汤平最迟，于今年一月才到职”。而《薛暮桥回忆录》所记时间是：“代表晋冀鲁豫解放区的杨立三同志，代表西北解放区（晋绥和陕甘宁解放区合并组成）的汤平同志，已先于我到达。”杨立三和汤平的到任时间应以董必武报告和华北财经办事处通知所记时间为准。南汉宸和薛暮桥同车到达华北财经办事处时间应为 11 月中旬，而不是 10 月中旬，《华北财办工作总结报告》所记时间不准确。

② 薛暮桥（1996）：《薛暮桥回忆录》，载《薛暮桥文集》第二十卷，北京：中国金融出版社，2011 年，第 143 页。回忆录记“董老领我们到西柏坡去看望了刘少奇、任弼时同志”，其实任弼时直到 1948 年 4 月 23 日才与周恩来到达西柏坡。

③《华北财经办事处关于副主任分工的通知》（1947 年 11 月 20 日），载李明华、王荣丽主编《西柏坡档案》，北京：中国档案出版社，2012 年，第 994 页；董必武（1948）：《华北财办工作总结报告》，手写清稿，中国人民银行成立旧址纪念馆藏。薛暮桥当时兼任华北财经办事处秘书长，这份通知可能由薛暮桥起草。

④ 薛暮桥（1996）：《薛暮桥回忆录》，载《薛暮桥文集》第二十卷，北京：中国金融出版社，2011 年，第 143 页。

对敌斗争等工作”。[①]

**11 月 25 日**　华北财经办事处做出关于华北各解放区 1948 年几个财经问题的决定。决定指出，战争重心已由华北移到华中，而战争供给还部分依靠华北，因此华北人民及财经机关，除保证华北自身供给外，支援华中战争需要实为一极重要任务。但华北许多地区已遭受战争破坏，应以迅速恢复生产，医疗战争创伤为主要工作，在未遭破坏地区，则须用一切努力发展生产。目前各地正在普遍进行土改，应用各种方法，为发放农村贷款，或利用土改中所得的浮财，组织农业、手工业、合作事业等促进生产，使土改后的农村生产得以迅速恢复和发展。各解放区发展生产及建设公营企业的计划，须事先报告华北财办。华北各解放区财政应以有余补不足，争取收支相对平衡，可能少依靠或不依靠发行来支持，同时必须支援南下三大兵团及西北，保证其必要的供给。决定要求，各解放区银行发行货币数目由华北财办掌握。截至年底，各区发行总额及分配数与明年发行计划应立即报告华北财办，明年各月发行数目及用途须按月报告，如发行计划需要变更，事前须报告并经批准，以便调整各种货币比价及筹发中国人民银行统一货币（各种具体问题明年金融会议讨论）。各解放区加强财经办事处工作，财办直接领导财政、粮税、经济、生产、交通、金融、工商、供给、重工各部门，以统一事权，以保证战争供给与发展国民经济。[②]

---

① 《中共中央批准华北财经办事处组织规程》（1947 年 8 月 16 日），载《西柏坡档案》第一卷，北京：中国档案出版社，2012 年，第 60 页；《华北财经办事处组织规程》（1947 年 8 月 1 日），载《华北解放区财政经济史资料选编》第一辑，北京：中国财政经济出版社，1996 年，第 294—295 页。

② 《华北财经办事处关于华北各解放区 1948 年几个财经问题的决定》（1947 年 11 月 25 日），载李明华、王荣丽主编《西柏坡档案》第三卷，北京：中国档案出版社，2012 年，第 994—996 页。

**12 月 11 日** 华北财经办事处提出关于生产工作的建议。建议指出，华北各地敌人已陷于被动地位，已没有力量向我各基本解放区组织大规模的进攻。过去为阻止敌人进攻，必须破坏某些生产和交通的设备。现在应当改变政策，除作战地区进行某些战术上的必要破坏外，应尽力保护一切生产和交通的设备，并用一切力量迅速恢复解放区的生产和交通，纠正战争时期不能进行生产的错误思想。今天的生产建设，应当仍以农业生产为主，其次是发展各种手工业和农村副业，同时应根据条件逐渐建设某些近代化的工业。农业生产工作的重点是组织劳动互助，改进生产方法，以提高农业生产力。近代化的工业与近代化的交通是分不开的，我们必须同时进行交通建设，如修造大路公路，开浚河道，建筑轻便铁路，组织运输公司掌握汽车、大车、船只，组织群众运输等。建议还指出，土改以后必须发放大量生产贷款，吸收社会游资组织农村信贷，普遍建立农村信用和贸易机构，发展信用合作和供销合作事业，以代替土改中被摧毁的地主富农所经营的商业和高利贷。我们应于冬季做好明年生产计划，完成一切准备工作，以便明年春季完成土改之后，转入大生产运动。建议要求，各地连同华北财经会议决定及综合报告进行研究讨论，并做具体布置，报告本处。①

**12 月 14 日** 中共中央批准经华北财经会议规定的各解放区货币兑换比价，冀钞与北海币等值，冀钞与晋察冀边币 1∶10，与晋西北农民银行和陕甘宁贸易公司流通券 1∶20，冀钞与陕甘宁边区银行币

① 《华北财经办事处关于生产工作的建议》（1947 年 12 月 11 日），载《华北解放区财政经济史料选编》第一辑，北京：中国财政经济出版社，1996 年，第 300—301 页。按照华北财经办事处组织规程，上述建议属于“关于农业、工矿业、合作、交通、运输、贸易、金融、对敌斗争等工作”范围，与薛暮桥所负责的华北财经办事处经济组有关。

为 1∶400。[①]

**12 月 17 日至 1948 年 1 月 7 日**　出席中央工委在河北平山县西柏坡总部招待所召开的华北各解放区军工会议，讨论军工生产建设方针、工厂管理、组织领导等问题。晋察冀、晋冀鲁豫、晋绥、山东等解放区和中央军委有关部门代表 40 多人参加会议。会议由杨立三主持[②]，刘少奇、朱德 12 月 21 日为这一会议和交通会议（参见本年 12 月 21 日至 1948 年 1 月 5 日条，以及 1948 年 1 月 8 日条）开幕典礼作报告。[③]在各大军区军工部汇报工作和交流经验阶段，李人俊代表华东军区发言，薛暮桥补充。[④]1948 年 5 月 7 日，中共中央工委下达《关于兵工会议上几个问题的结论》。[⑤]

**12 月 21 日至 1948 年 1 月 5 日**　出席华北财经办事处主持召开

---

① 编委会（1993）:《冀南银行战斗历程综述》，载武博山主编《回忆冀南银行九年（1939—1948）》，北京：中国金融出版社，1993 年，第 15—16 页。

② 中共中央文献研究室（1996）:《刘少奇年谱（一八九八——一九六九）》下卷，北京：中央文献出版社，1998 年，第 111 页。薛暮桥所回忆的军工会议开始时间是 1947 年 12 月 10 日，我们这里采用《刘少奇年谱》的记载。参见薛暮桥（1996）:《解放战争时期（1947—1949 年）财政经济工作的回忆》，载《总结财经工作　迎接全国胜利——记全国解放前夕两次重要的财经会议》，北京：中国财政经济出版社，1996 年，第 13 页。

③ 刘少奇除到会作报告，还于 1947 年 12 月 29 日听取军工会议情况汇报，12 月 31 日召开中共中央工委与军工会议代表座谈会。中共中央文献研究室（1996）:《刘少奇年谱（一八九八——一九六九）》下卷，北京：中央文献出版社，1998 年，第 111—112 页；中共中央文献研究室（1986）:《朱德年谱》，北京：人民出版社，1986 年，第 306—307 页。

④ 叶英（1987）:《随朱毅同志到党中央汇报大连军工生产》，载辽宁省国防科技工业办公室史志办编《辽宁军工史料选编第一辑（解放战争时期）》，沈阳：辽宁省国防科技工业办公室史志办，1987 年，第 79 页。

⑤ 中国人民解放军历史资料丛书编审委员会（1997）:《后勤工作大事记》，北京：解放军出版社，1997 年，第 215 页。

的华北各解放区交通会议。[①] 会议讨论在各解放区基本连成一片之后，交通事业的统一管理和铁路、公路的恢复与建设问题。董必武 1948 年 1 月 4 日作会议总结报告。[②]

① 董必武对这次会议的背景有详细说明："我们召集交通会议，原来只想解决一个极简单的问题，就是要把各地区的公路连接起来。过去我们的交通建设，是各自为政，没有统盘计划，所以两地区的公路，往往不相连接，像冀中、冀南之间，有十八里路没有公路，汽车白天怕飞机不能走，晚上找不到路，浪费很多时间。这样简单的问题，往往互相推诿，不能解决。去年召开土地会议时，我们曾邀各地代表座谈交通问题，但因他们不了解这工作，解决不了这个问题，所以决定电请各地推派一二个代表，来把这个问题商谈解决。通知发出以后，有人建议增加邮局代表，讨论邮政问题；有人建议讨论兵站问题；有人建议讨论运河统一管理问题。会议快要开始的时候，石家庄打下来了，计划修筑铁路，于是又增加了铁路问题。这样，就把会议的范围大大地扩大了。"参见董必武（1948）：《董必武同志在华北交通会议上的总结报告》，载《总结财经工作　迎接全国胜利——记全国解放前夕两次重要的财经会议》，北京：中国财政经济出版社，1996 年，第 390 页。

② 华北各解放区交通会议与华北各解放区军工会议同一天举行开幕典礼，且董必武 1948 年 1 月 4 日的总结报告称"交通会议开了两个星期"，我们可以确定这次会议的开始时间是 1947 年 12 月 21 日，会议结束时间根据薛暮桥所回忆的时间。参见中共中央文献研究室（1996）：《刘少奇年谱（一八九八——一九六九）》下卷，北京：中央文献出版社，第 111 页；薛暮桥（1996）：《解放战争时期（1947—1949 年）财政经济工作的回忆》，载《总结财经工作　迎接全国胜利——记全国解放前夕两次重要的财经会议》，北京：中国财政经济出版社，1996 年，第 13 页；董必武（1948）：《董必武同志在华北交通会议上的总结报告》，载《总结财经工作　迎接全国胜利——记全国解放前夕两次重要的财经会议》，北京：中国财政经济出版社，1996 年，第 390—405 页。

## 1948年

**1月8日** 华北财经办事处就交通会议讨论结果致电各中央局。电报指出：根据目前形势，应即进行有计划的若干交通建设，把各解放区紧密地联结起来，供应战争需要及经济发展需要；应当充分运用一切交通运输工具，自铁路、河道、公路至大车、小车、毛驴，自建立运输公司至组织群众运输，按实际情况，分别开展；修复石德铁路、正太铁路，兴建邯郸—馆陶铁路，整理并开通四大公路干线，加强各区间的公路联系，开浚河道，统一管理卫河、运河；邮政采取走向企业化及专业化的方针；建议仿效晋察冀，将各机关部队非必需的运输工具集中，组织运输公司；建议边区政府及行署均设交通工作的统一机关，或添设专管交通工作人员，通盘计划交通建设，并注意与邻区联系；交通工作要强调为群众服务，走群众路线，并应照顾全面，反对本位主义和单纯技术观点。①

**1月22日** 为所编《怎样办合作社》一书撰写前言。前言说：现在是人民解放军全面的军事进攻继续胜利的时候，各解放区土地改革正在深入展开着，在土地改革完成之时，农业劳动互助与合作社事业，也将在贫雇农领导与巩固地团结中农的原则之下迅速发展，晋冀鲁豫与山东解放区是合作社工作较有基础并较有经验的地区，现就两

---

① 《华北财经办事处关于交通会议讨论结果致各中央局电》（1948年1月8日），载李明华、王荣丽主编《西柏坡档案》第三卷，北京：中国档案出版社，2012年，第994—996页。

地区合作社总结文件中选择数篇，以供其他地区参考。其他资料，有待于以后的收集。

《怎样办合作社》共收 5 篇文章，分别是：一、怎样办合作社（薛暮桥）；二、山东合作事业的回顾与瞻望（薛暮桥）[①]；三、太行合作会议总结（李一清）；四、太行区百日纺织运动总结（未注作者）；五、开展信用合作中的几个问题（邓肇祥）。[②] 所编的《怎样办合作社》一书作为华北财经办事处"参考资料之二"，于 1948 年 1 月编印；同年 7 月署名"薛暮桥编"，由哈尔滨光华书店出版。1949 年香港新中国书局和北平新华书店先后重印。

**1 月** 起草《对于整理货币的意见》和《关于整理货币的几点补充意见》，供华北财经办事处讨论。[③]

《对于整理货币的意见》指出：我们现行货币制度存在着两大缺

---

① 在将《山东合作事业的回顾与瞻望》一文收入《怎样办合作社》一书时，薛暮桥补写了附记：这篇东西是去年 1 月写的，在去年一年中，山东黄河以南地区普遍遭遇严重战争，大部分合作社被战争摧毁了。只有滨海区和胶东的东海区因受战争影响较小，还可能把大部分合作社保留下来，滨海部分地区仍有发展，渤海黄河以北地区原来合作社就很少，由于土改工作没有搞好，去年合作社亦没有显著发展。鲁中鲁南滨海各地，在紧张的战争中，有许多合作社兼营民站，解决参战民夫吃饭住宿的困难。有许多合作社随着村干抗属流亡，它们继续扶助流亡难民生产，女的帮助部队做布鞋打毛袜，男的运输油盐等日用品供给前线部队，平抑战区物价。这些活动不但对战争帮助很大，而且使万余难民完全依靠自己的生产和运输而维持了自己的生活，不需要政府救济，这种为战争、为群众服务的精神也是值得提倡的。参见薛暮桥（1948）：《〈山东合作事业的回顾与瞻望〉附记》，载《薛暮桥文集》第三卷，北京：中国金融出版社，2011 年，第 234 页。

② 华北财经办事处编印（1948）：《怎样办合作社》，1948 年 1 月；薛暮桥编（1948）：《怎样办合作社》，哈尔滨：光华书店，1948 年 6 月。此书与薛暮桥 1944 年 5 月以山东省政委会调查研究室名义编选的《怎样办合作社》一书同名，实际上是两种不同的书。

③ 薛暮桥（1948）：《对于整理货币的意见》《关于整理货币的几点补充意见》，手稿，1948 年 1 月，中国人民银行成立旧址纪念馆藏。关于这两份薛暮桥手稿的发现经过及其价值，参见范世涛（2020）：《从分散多元货币迈向统一人民币——关于薛暮桥两份整理货币手稿的说明》，载《中国金融》，2020 年第 18 期，第 97—98 页。

点：一个是不统一，另一个是不稳定。由于不统一，使我各地区间物资交换发生严重困难，部队机动也有困难。由于不稳定，使我生产和正常贸易有危险性，信用制度难以建立，并奖励投机事业的发展。这两者都对国民经济的发展大大不利，引起绝大多数人民的反对。我们整理货币的目的，是要使不统一的货币变为统一的货币；不稳定的货币变为稳定的货币，以便利国民经济的发展。但在目前，我们还存在着财政没有完全统一和财政收支不能完全平衡两个困难。由于财政没有完全统一，所以在因货币发行而引起物价变化影响邻区①时，其他地区还不愿用全力来支持。②由于财政收支不能完全平衡，仍需增发货币，物价也就不能做到完全稳定。而且，各地区的财政经济状况是不平衡的，物价的变动因此也不平衡，这更增重了整理货币的困难。

但整理货币的条件不是没有，而是已经相当成熟。因为：（1）从邯郸会议后，财政上已做到了部分的统一，各地区间相互调剂互相支持，已被公认为应有的责任。（2）经过去年整理各地财政，逐渐克服了过去的混乱现象，加以华北形势大体上已稳定，财政上已渡过了最严重的困难。（3）各地财经机关一致要求统一，人民要求统一，愿意支持货币整理工作。有了这些条件，我们整理货币的工作是可以迅速进行，而且应当迅速进行的。但在进行中有困难，不可能完全达到我们统一和稳定的目的，即照顾了统一便不可能做到完全稳定，照顾了稳定便不可能做到完全统一。

在二者不可兼得的情况下，我们整理货币时便要求有两个方案。第一求稳定，即固定物价而不固定比价（这里所谓固定物价，非指个别物价，而指综合物价）。新货币发行时，与各地方货币按购买力的

① 手稿上原为“因物价剧烈波动而引起货币的大量流动”，后改为“因货币发行而引起变化影响邻区”。

② 此句后原有“因为货币大量流动，会引起其他地区的物价波动，会使甲地的负担转嫁于乙地，因而就加重乙地人民的负担和财政的困难”。后用毛笔删除了这句话。

高低规定比价。地方货币仍继续发行，地方货币的购买力降落（物价高涨）时，立即变更比价，以维持新币的购买力。[①] 这样稳定的目的暂时可以达到，统一的目的便没有完全达到，只是有名无实。因比价变动，新货币与地方货币间便会互相竞争和互相排斥（劣币驱逐良币或良币驱逐劣币），发生许多不易控制的复杂关系。第二求统一，即固定比价而不固定物价。新货币发行时，即与各地方货币规定一个固定的比价（为便于计算，应当五进或十进），使新货币与地方货币间保持主币与辅币的关系。此后地方货币即停止发行（为了调整比价，必要时可由华北财办决定增减各种地方货币的发行数量），完全（或者主要）发行新货币。由于地方货币的停止发行（并按物价比例调节发行数量），新货币与地方货币的比价可以保持不变。如因战争关系或贸易变化引起各地物价不平衡的发展，亦可通过新货币的自由流动而得到自然的调节。[②] 这两个方案各有利弊，总的来说，后一方案是比前一方案要好一点（或者说要好得多）。而且物价的稳定主要决定于财政状况，而不决定于货币政策。新货币的发行必须由华北财办严格掌握，地区货币的发行也必须经华北财办批准（多发地方货币物价高涨，新货币流出，同样转嫁负担）。新货币尽可能少作财政发行，财政调节部分仍用实物。

为很好执行第二方案，必须做到两件事情：一件是各地财政进一步的统一和货币发行权的完全统一（地方货币基本上停止发行，新货币由华北财办统一发行）。为了减少财政发行，还须进一步整理财政，

---

① 1947 年 12 月 11 日董必武给毛泽东及中共中央诸同志的信中认为统一票币的发行步骤中，其中一步是发行少量的统一票币，主要作为各区汇划用，并可以市面流通，下一步是各区票币发行定额中，统一票币发行占一定的成数，逐渐推行统一票币。薛暮桥这里提出的意见有所不同。参见董必武（1947）：《董必武关于发行统一货币等财经问题给毛泽东及中共中央诸同志的信》，载李明华、王荣丽主编（2012）：《西柏坡档案》第一卷，北京：中国档案出版社，2012 年，第 141—142 页。

② 原稿有“（物资便向相反方向流动）”，后删除了括号和括号内的文字。

争取收支平衡。另一件是华北财办通过人民银行很好地掌握发行政策，调节新货币和地方货币的发行数量，并通过贸易公司掌握几种重要物资，支持新货币，平衡物价。另外还要各地区的财经负责干部认识整理货币的重要性和工作的困难，用一切办法来支持货币整理工作。

为了完成稳定工作，提高货币的购买力到抗战前的水平，还必须在战争胜利、经济逐渐恢复、财政收支可能完全平衡的时候，再来一次货币改革。

《关于整理货币的几点补充意见》就整理地方货币，发行统一货币的争论问题提出进一步的意见。

第一个问题是发行新货币的三个步骤：（1）发行新货币的同时收回旧币，完成统一。我们今天尚处于战争环境，交通阻隔，采用这个办法还有困难。（2）发行新货币，规定新旧货币比价同时流通，逐渐收回旧币，完成统一。这个办法较易实行，但要固定新旧货币比价，必须停止旧币发行，慎重掌握新币流通数量。（3）暂以某种地方货币（例如冀南银行货币）代替统一货币，扩大流通范围，到战争胜利或战局更加稳定时再发行新币。这一办法有几个缺点：A. 可能使某些地区感觉受到邻区货币的压迫，因而在思想上予以歧视，不能积极支持。B. 以“冀南”“北海”等地区为名称的货币流通各地，可能会使人民怀疑我们没有全国性的计划。C. 旧币票版复杂，流通范围过广可能真假难分，不如另发新币较易解决技术上的困难。

第二个问题是新币先在哪些地区发行，或在华北四大解放区同时发行。根据战争状况和财政经济状况来看，晋察冀和晋冀鲁豫已经有发行统一货币的充分条件，西北和山东仍处较严重的战争情况（内部还有许多敌军据点），财政上的整理工作尚未完成，立即发行统一货币多少还有一点困难。所以为了慎重起见，新币可以先在晋察冀和晋冀鲁豫通行。由于渤海区和冀中冀南的经济联系特别密切，去年所受战争影响较小，所以最好划入统一流通范围以内。但渤海与山东其他地区均系北海银行货币市场，北海货币可自由流通，不易分割，这是一个困难的问题。必须在统一货币与北海货币间规定固定比价，统一掌握发行，才能避免货币投机。

此外有些问题比较容易解决，如：（1）人民货币比价应比地方货币稍高（1∶10至1∶100），应按自然价格予以适当调整，使其成整数以便计算。（2）票面应比地方货币稍大（人民货币的小票大体上与地方货币的大票相等），以便利用地方货币作为辅币，到收兑地方货币时再发行小票。（3）开始发行最好是在秋季，因为秋收季节不仅容易掌握物价，而且可利用新发货币贮存物资以作发行保证。（4）此次货币改革虽然不可能使物价完全稳定（战争时期财政收支不能完全平衡，经济建设亦须发行部分货币），但应当可能使物价相当平稳，避免狂涨猛跌。

**2月11日** 为中央工委起草关于召开金融贸易会议通知东北中央局的电报："华北财办于3月15日开金融贸易会议，讨论成立中国人民银行，发行统一货币，整理地方货币，调整各地贸易关系，统一指导对外贸易，便利各地物资交流等问题。你处在交通条件可能时请派代表参加，否则请电告你们意见。中央工委　丑真。"①

---

① 《代中央工委起草给东北中央局的电报》，1948年2月11日，中国人民银行成立旧址纪念馆展板。丑真即2月11日。《董必武年谱》记1948年"3月15日华北财办决定在石家庄召开金融贸易会议"。既然中央工委给各地的通知是2月11日，在此之前中共中央工作委员会必定已经讨论并同意此事。3月15日实际上是中央通知的会议开始时间，而不是华北财办决定召开会议的时间。参见《董必武年谱》编写组（1991）：《董必武年谱》，北京：中央文献出版社，1991年，第307页。另，在《总结财经工作　迎接全国胜利——记全国解放前夕两次重要的财经会议》一书中收有一则1948年1月27日"华北财经办事处关于召开华北金融贸易会议的通知"，该标题似编者代拟。既然2月11日的通知是以中央工委的名义拟定，则1月27日的通知以中央工委的名义拟定才合理。参见《华北财经办事处关于召开华北金融贸易会议的通知》，载薛暮桥、杨波主编《总结财经工作　迎接全国胜利——记全国解放前夕两次重要的财经会议》，北京：中国财政经济出版社，1996年，第332—333页。另，《薛（接下页）

为中央工委起草关于召开金融贸易会议给冀察热分局的通知。[①]

**2 月 12 日** 中央工委召开财政经济座谈会。[②] 刘少奇在座谈会上指出，为有利于统一财政、货币等经济工作，有利于大批干部南调，有利于太原作战，可考虑先从晋察冀和晋冀鲁豫两个中央局合并起，先统一晋察冀与晋冀鲁豫和西北，而后及于其他。[③]

**3 月 6 日** 中共中央起草致中央工委电：合并晋察冀、晋冀鲁豫"两个中央局，成立北方局，有利无害。时机亦已成熟，拖下去无必

---

暮桥回忆录》称"1948 年 4 月中央令财经办事处在石家庄召开各解放区的金融贸易会议"，时间也是不准确的。参见薛暮桥（1996）：《薛暮桥回忆录》，载《薛暮桥文集》第二十卷，北京：中国金融出版社，2011 年，第 144 页。

① 中央工委给冀察热分局的电报，1948 年 2 月 11 日，中国人民银行成立旧址纪念馆展板。我们根据展板上的手稿复制品确定该通知系薛暮桥亲笔起草。但由于展板上的复制品不完整，我们并未读到这份通知的全文。

② 薛暮桥担任华北财经办事处副主任兼秘书长、经济组组长，且 1948 年 2 月 11 日代中央工委起草给东北中央局和冀察热分局关于召开华北金融贸易会议的通知，薛暮桥理应参加这次座谈会。另，2 月 11 日董必武还提出关于中国人民银行组织纲要草案向中央的请示，"工委已同意"，"须即提交金融贸易会中讨论，特请中央核示"，这一草案应为 2 月 12 日会议的议题之一。参见董必武（1948）：《董必武关于中国人民银行组织纲要草案向中央的请示》，载李明华、王荣丽主编（2012）：《西柏坡档案》第三卷，北京：中国档案出版社，2012 年，第 999—1001 页。

③ 中共中央文献研究室（1996）：《刘少奇年谱（一八九八——一九六九）》下卷，北京：中央文献出版社，1998 年，第 128—129 页。稍后数日，刘少奇致信彭真、聂荣臻、薄一波并报中央，指出晋察冀与晋冀鲁豫两区分界线继续维持，"严重妨害解放区经济、政治、军事与文化的发展"，"例如：冀南、冀中与渤海三区同属河北平原，也同在共产党的领导之下，但三区各自为政，军事指挥不统一，政策执行的先后与分量不同，财政负担轻重不一，货币互不流通，贸易机关不能来往，汇兑十分困难且汇率很高，相互之间的纠纷层出不穷且很难解决，因而影响国民经济的发展及人民情绪与党内团结"；"我们银行与贸易机关为了对付这种界限，双方在界限上设立机关，虽总共有二千多干部办事，还是应接不暇，其他弊害不胜枚举"；提议"晋察冀与晋冀鲁豫两区完全合并，邯郸局与五台局合并，成立华北中央局"。参见刘少奇（1948）：《关于晋察冀与晋冀鲁豫两区合并的提议》，载李明华、王荣丽主编（2012）：《西柏坡档案》第一卷，北京：中国档案出版社，2012 年，第 200—201 页。

要。我们意见即以中工委为中心合并两个中央局成为北方局，刘少奇兼任北方局第一书记，薄一波任第二书记，聂荣臻任第三书记。两区的军政两项机构，暂时不合并。但将财经逐步集中于华北财经办事处。华北财办实际上管两区财经，同时在政策方面领导华东、西北两区的财经。经过几个月，待党务及财经两方面工作在统一之后有了头绪，再将军事机构合并。并待全区人民代表大会，选出华北人民民主政府，再将两区政府合并”。

**3 月 8 日** 周恩来为中共中央起草致中央工委电，对金融贸易会议提出要求：请在工委会议[①]上对刘伯承、邓小平所提的关于中原解放区的财经问题[②]提出具体的解决办法，“其中尤以军队供给标准、供给制度、新区的财经政策、货币问题、节约问题、物资管理体制等为最重要”[③]。

**3 月 9 日** 中央工委就合并晋察冀与晋冀鲁豫两区军、政机构和统一货币问题致电中共中央，指出“货币不统一，解放区内部经济即不能流通，第一阶段，必须统一西北到渤海的货币，然后统一山东，如此才能使天津和胶东渤海等海口与华北西北内地联系，才能统一组

---

① 指中央工委召开的金融贸易会议，有时也称为华北金融贸易会议。

② 1948 年 3 月 5 日，邓小平、刘伯承致电中共中央工委并告晋冀鲁豫中央局、陈毅、粟裕，建议：（一）立即加强豫皖苏、豫陕鄂财经机构。（二）军队供给标准应根据外线作战及新区条件适当降低。特别是要执行缴械归公。（三）建议邓子恢统一主持中原各区首先是三部分野战军的财政经济事宜。参见中共中央文献研究室编（2009）：《邓小平年谱（一九〇四——一九七四）》中卷，中央文献出版社，2009 年，第 721 页。

③ 中共中央文献研究室（1989）：《周恩来年谱（一八九八——一九四九）》，北京：人民出版社、中央文献出版社，1989 年，第 764 页。童小鹏回忆，金融贸易会议是“在刘少奇、周恩来的指导下，华北局召开”。因华北局于 1948 年 5 月 9 日才由中共中央决定成立，且金融贸易会议通知落款为“中央工委”，称会议为华北局召开并不妥当；周恩来听取汇报时，金融贸易会议已经结束，因此我们也没有采用周恩来指导这次会议的提法。参见童小鹏（1994）：《风雨四十年》第一部，北京：中央文献出版社，1996 年，第 566 页。

织对外贸易”。[①]

**3 月 22 日** 自本日起，作为会议秘书长[②]，出席中央工委在石家庄召开的金融贸易会议，讨论华北各解放区统一货币及贸易问题。[③]到会的有晋察冀（五台区）代表团宋劭文、姚依林等 24 人，晋冀鲁豫（邯郸区）代表团胡景沄、林海云等 16 人，西北代表团贾拓夫、汤平等 12 人，山东代表团原有 7 人，途中覆车一死一伤，实到陈穆等 5 人。会议选举宋劭文、姚依林、胡景沄、林海云、贾拓夫、汤平、陈穆、南汉宸、杨立三、薛暮桥为主席团成员。会议第一阶段由各代表团报告工作情况。[④]

**3 月 29 日** 为董必武起草向中央工委并中央的报告，报告金融贸易会议情况：会期估计一个月，前半月作各地工作报告，后半月分金融、贸易、工商业政策、生产合作四组研究及解决各种具体问题，如货币统一方案等。第一周之报告有邯郸区金融货币工作（生产贷款、信用合作、货币斗争等均有详细报告及丰富经验）、生产合作工作、五台区[⑤]对敌经济斗争（进出口管理、货币斗争等报告亦颇丰富）。此次会议因事前已有准备，所带材料比较全面，报告着重去年工作检讨，范围较小，且有邯郸会议决定作为检讨准备，故比邯郸会议细致具体，政策方针亦较一致。在此基础上已有可能做进一步的统

---

① 《中央工委关于合并晋察冀与晋冀鲁豫两区军、政机构和统一货币问题致中共中央电》，载李明华、王荣丽主编（2012）：《西柏坡档案》第一卷，北京：中国档案出版社，2012 年，第 209—210 页。

② 薛暮桥、杨波主编（1996）：《总结财经工作　迎接全国胜利——记全国解放前夕两次重要的财经会议》，北京：中国财政经济出版社，1996 年，第 3 页。

③ 董必武（1948）：《董必武关于华北金融贸易会议情况向中央工委和中央的报告》（1948 年 3 月 29 日），载中央档案馆编《共和国雏形——华北人民政府》，北京：西苑出版社，2000 年，第 288 页。

④ 同上；薛暮桥、杨波主编（1996）：《总结财经工作　迎接全国胜利——记全国解放前夕两次重要的财经会议》，北京：中国财政经济出版社，1996 年，第 3 页。

⑤ 指晋察冀解放区。

一计划，大家要求统一亦很迫切。五台、邯郸两地货币统一流通，准备不待会议完毕立即进行，余续报。①

**4月7日** 继续出席金融贸易会议。朱德到会讲话，对会议提出要求。②

**4月8日** 继续出席金融贸易会议。各地工作报告③已完毕，自本日起分组研究金融货币工作、贸易工作及商业政策。④

**4月9日** 继续出席金融贸易会议。董必武到会讲话，表示“这次会议是由我出名召开的，应该早来主持，后因工委有会未能分身前来，早与各位同志商讨问题”。他对会议方向做出重要指示：现在决定先把晋冀鲁豫和晋察冀统一起来，同时考虑华东、西北的统一问题。东北已统一，中原正在统一中。各小的地区先统一起来，然后再由小统一化为大统一。原发通知⑤上曾规定两大任务：一为检查去年邯郸会议决定正确与否及各地执行情况如何，经验何在，以便充实或修改原决定。二为建立统一银行和贸易机构及统一发行

---

① 董必武（1948）：《董必武关于华北金融贸易会议情况向中央工委和中央的报告》（1948年3月29日），载中央档案馆编《共和国雏形——华北人民政府》，北京：西苑出版社，2000年，第288页；代董必武起草向中央工委并中央的报告，1948年3月29日，中国人民银行成立旧址纪念馆藏。

② 董必武（1948）：《董必武同志在华北金融贸易会议上的讲话》，载薛暮桥、杨波主编（1996）：《总结财经工作 迎接全国胜利——记全国解放前夕两次重要的财经会议》，北京：中国财政经济出版社，1996年，第345页。按照当时中央的分工，朱德主持晋察冀和晋冀鲁豫两个中央局合并后的军政工作。参见中共中央文献研究室（1996）：《刘少奇年谱（一八九八——一九六九）》下卷，北京：中央文献出版社，1998年，第137—138页。

③ 《总结财经工作 迎接全国胜利——记全国解放前夕两次重要的财经会议》一书未收录1948年金融贸易会议的各地工作报告，我们只找到了西北代表团的报告，参见《1947年自卫战争以来陕甘宁晋绥财经及金融贸易概况》，载《陕甘宁革命根据地工商税收史料选编》第七册，西安：陕西人民出版社，1987年，第374—462页。

④ 《董必武年谱》编写组（1991）：《董必武年谱》，北京：中央文献出版社，1991年，第307页。

⑤ 指中央工委关于召开华北金融贸易会议的通知。

做准备。现在因为晋冀鲁豫和晋察冀两个边区已决定合并，故大部分问题均已解决，剩下的问题正在会外研讨中。关于银行与发行问题，银行董事会由华北财办组建成立，初步意见已报告中央。贸易基金可从两区合并中解决。希望同志们可就第一方面的任务多加研讨。①

**4 月 23 日** 继续出席金融贸易会议。自本日起，各组向金融贸易会议报告讨论情况。金融组②、贸易组报告及讨论共四天，争论很多，未能解决。工商业政策组报告一天，交小组讨论。4 月 29 日起开主席团扩大会议，吸收各银行、贸易公司负责同志参加，反复讨论三天，始将两组争论问题完全解决。争论最多的是银行性质、任务、发行政策、贷款保本、标准物价、奖出限入、交通问题，均获得比较一致的意见。接着讨论统一管理办法及组织领导问题各一天。③

---

① 董必武（1948）：《董必武同志在华北金融贸易会议上的讲话》，载薛暮桥、杨波主编《总结财经工作 迎接全国胜利——记全国解放前夕两次重要的财经会议》，北京：中国财政经济出版社，1996 年，第 345—360 页。

② 《山东革命根据地北海银行史料》收录了华北财政经济办事处印制文件《华北金融贸易会议关于银行工作的决议草案（初稿）》，所署时间为 1948 年 4 月 17 日。我们没有见到关于这份文件的说明或回忆，从时间上看，正是金融贸易会议上金融组的讨论稿。该决议案初稿对货币制度的评论是“存在着两大缺点：一个是不稳定，另一个是不统一”，对货币发行政策的意见是“应当首先保证生产建设，其次保证战争供给”，“我们必须掌握‘发展经济，保障供给’的基本方针，尽可能减少财政透支，使我们的发行主要用于生产建设。但在这样大规模的人民解放战争中，财政收支是很难做到完全平衡的。战争继续下去，这种情况只能希望稍稍改善，决不能根本改变，而且还有更加困难的可能。所以我们只能要求减少财政透支，而不应当不顾战争需要，要求完全避免财政透支”。这与薛暮桥所写《对于整理货币的意见》和《关于整理货币的补充意见》（参见 1948 年 1 月条）一致，有些词句相同。参见《华北金融贸易会议关于银行工作的决议案（初稿）》，载《山东革命根据地北海银行史料》第三册，济南：山东人民出版社，1987 年，第 8—23 页。

③ 《华北财经办事处关于华北金融贸易会议向中央的报告》，载薛暮桥、杨波主编《总结财经工作 迎接全国胜利——记全国解放前夕两次重要的财经会议》，北京：中国财政经济出版社，1996 年，第 344 页。

周恩来、任弼时率领中央机关部分人员由阜平县城南庄抵达建屏县西柏坡，与刘少奇、朱德、董必武等会合。此后，周恩来在协助毛泽东指挥作战的同时，全权负责解放区经济工作和解放战争后勤供应工作。①

**5 月 5 日**　华北财经办事处向中央报告金融贸易会议情况：今日休会，整理讨论结果，草拟各种具体办法，并利用休会时间讨论财政问题。组织参观工厂煤矿，等候总结。统一管理问题，决定于天津、济南外围各设出入口委员会，归华北财办领导，统一掌握政策方针，具体执行仍由地方负责。胶东设采购委员会，决定采购计划及物资分配，归华北财办及华东财办共同领导，采购业务仍由胶东负责。永茂及盐业公司，业务上归华北财贸公司领导，资金分配略有变更。组织领导，除解决垂直领导与地方领导的矛盾外，建议财办设政治部，银行、贸易公司、工业局、交通局各设政治处，下设监委干部科等，加强干部管理教育。一切候董（必武）、薄（一波）来做最后决定。②

**5 月上旬**　经充分协商，完成受董必武委托的华北金融贸易会议

---

① 中共中央文献研究室（1989）：《周恩来年谱（一八九八——一九四九）》，北京：人民出版社、中央文献出版社，1989 年，第 769—770 页。《薛暮桥回忆录》错记为 1948 年 5 月 23 日，此处已予以订正。参见薛暮桥（1996）：《薛暮桥回忆录》，载《薛暮桥文集》第二十卷，北京：中国金融出版社，2011 年，第 146 页。

② 《华北财经办事处关于华北金融贸易会议向中央的报告》，载薛暮桥、杨波主编《总结财经工作　迎接全国胜利——记全国解放前夕两次重要的财经会议》，北京：中国财政经济出版社，1996 年，第 344 页。有的文献还提到，华北金融贸易会议期间，“中央决定大量收购银元，分配山东收购 400 万枚”。参见中国人民银行金融研究所、中国人民银行山东省分行金融研究所（1987）：《山东革命根据地北海银行史料》第三册，济南：山东人民出版社，1987 年，第 177 页。

综合报告。[①] 报告总结了各解放区多年财政经济工作的经验，指出华北各解放区金融贸易工作正逐渐从各自为政走向统一，但各种货币尚未统一发行和自由流通，物资交流仍遇到严重困难，对敌经济斗争步调还不完全一致。准备一年内完成华北各解放区的货币统一工作，并详细论述了统一的步骤。报告指出，对外贸易必须步调一致，有统一的税则税率，共同的进口出口计划，内地贸易除调剂供求、平稳物价之外，还要组织地区之间的物资交流。

报告指出：今后的经济建设，不但要发展农业，而且要发展工业，不但要建设乡村，而且要建设城市。我们已有可能和必要从分散的地方经济逐步向统一的国民经济发展。货币发行，首先要保证生产建设，其次要保证战争供给，同时还要掌握发行数量，避免物价急剧上涨，必须保护工商业者的财产所有权、经营自由权及正当的营业利润，慎重处理工商业中的劳资关系。8 月 6 日中共中央致电华北、华东、西北中央局、晋绥分局并转各政府党团和各财办，并告东北局、热河分局、中原局、豫皖苏分局批转（参见 8 月 6 日条）。

在回顾往事时，薛暮桥认为自己的三个报告“对研究抗日战争时期和解放战争前期我们的经济情况和党的经济工作的方针政策是很有用处的，是研究这个时期经济史的很有价值的资料”：

总起来说，我在这段时间里，一共起草过三个重要报告。第一个是 1945 年 5 月的《山东工商管理工作的方针和政策》，这可以说是抗日战争末期的经济工作经验总结；第二个是 1947 年 5 月邯郸会议的

① 薛暮桥曾谈及金融贸易会议还提出了比较简短的《决定》，规定各解放区货币按协商比价互相兑换。但《总结财经工作　迎接全国胜利——记全国解放前夕两次重要的财经会议》一书并未收入这一《决定》。参见薛暮桥、杨波主编（1996）：《总结财经工作　迎接全国胜利——记全国解放前夕两次重要的财经会议》，北京：中国财政经济出版社，1996 年，第 3 页。

综合报告；第三个是 1948 年 5 月的石家庄会议的综合报告。后两个报告虽然只隔一年，都是在解放战争时期，但前者是在蒋军战略进攻的末期，后者是在我军全面展开战略反攻、人民解放战争即将取得决定性胜利的时刻。形势发生明显的变化，所以提出的问题和对策也有明显的变化。到 1948 年中，我们实质上已在为我军进入大中城市，迎接全国胜利，逐步实现财政经济工作全国统一而着手进行各项准备了。①

这次会议决定，在北海、冀南、边区、西农四家银行的基础上合并成立统一的中国人民银行。但当时统一的人民币钞票难以印制，一是纸张、油墨、机器少，质量差，二是物价上涨快，大面值钞票需要及时准备，提前印制。因此，会议期间即派出吕克白等人去东北解放区，请他们支持，并通过他们向苏联订购纸张、油墨等印钞器材，立即运回②；而本可早日宣布成立的人民银行，也不得不推迟到 1948 年 12 月 1 日。③

---

① 薛暮桥（2011）：《薛暮桥回忆录》，载《薛暮桥文集》第二十卷，北京：中国金融出版社，2011 年，第 145—146 页。

② 根据杨立三为华北财经办事处起草的文件，华北财经办事处于 1948 年 4 月 12 日决定派方震、吕克白、孙揆一、贺光界四人，与晋冀鲁豫七人、晋察冀三人去东北采购军工、电讯、医药、印刷、交通五大器材，并负责运回。用于采购的二万七千两黄金中，印刷器材资金为四千两。参见杨立三（1948）：《关于去东北采购问题的决定》（1948 年 4 月 12 日），载《杨立三文集》上卷，北京：金盾出版社，2004 年，第 344—347 页。

③ 李海（2006）：《总为真理孜孜求——记为暮桥同志编辑〈总结财经工作　迎接全国胜利〉一书及其他》，载薛小和编《百年沧桑　一代宗师：薛暮桥逝世一周年纪念文集》，北京：中国发展出版社，2006 年，第 102 页。李海在文中将吕克白等去东北采购的时间记在华北金融贸易会议之后。我们根据杨立三所起草的华北财经会议文件予以订正。

**5月15日** 中共中央和中央军委致电各中央局、前委，通报中央和军委各部门人事的部分调整，董必武任中央财政经济部部长。[①] 对此背景，薛暮桥有所回忆：

1948年中央（应为中央工委。——引者注）召开华北各解放区的金融贸易会议，决定各解放区要互相支持，按当时各地物价水平，规定各解放区货币的兑换比价。当时各解放区为着支援战争，不得不增发货币，引起物价不断上升。要保持这个兑换比例，必须使各解放区的物价同幅度上升。这是难以解决的问题。

会议刚结束，周恩来同志和毛主席从陕甘宁边区来到阜平县西柏坡[②]，恩来同志叫我们去汇报会议情况。他听了汇报后说，不能再搞“联合政府”（指各解放区财经办事处）了，要搞统一政府，取消办事处，成立中央财政经济部，并建立中国人民银行，统一发行货币。在人民币未发行以前，各解放区的货币仍按原定比例互相兑换。中财部由董必武同志任部长[③]，我任秘书长。杨立三同志改任总后勤部部长，南汉宸任中国人民银行行长。[④]

---

① 《董必武年谱》编写组（1991）：《董必武年谱》，北京：中央文献出版社，1991年，第309页。

② 此处回忆不准确。周恩来于1948年4月23日抵达西柏坡，当时金融贸易会议尚未结束，薛暮桥尚在石家庄的金融贸易会上；毛泽东于1948年5月27日从阜平县城南庄移驻西柏坡，此时中央财政经济部已经成立。

③ 薛暮桥曾谈及：“（中央财政经济部）部长名义上是董必武同志（他不久就兼任新成立的华北人民政府主席），实际上是由周恩来同志直接领导的，我和总后勤部部长杨立三同志每天深夜协助周（当时他是军委副主席兼总参谋长）处理各解放区、各野战军所提出的财政经济问题。”参见薛暮桥（1991）：《薛暮桥回忆录稿》，手稿，1991年，薛小和藏。

④ 薛暮桥（1986）：《在周恩来同志领导下工作的回忆》，载《薛暮桥文集》第十二卷，北京：中国金融出版社，2011年，第1—2页。

中共中央财政经济部工作实际由周恩来直接领导。任秘书长期间，薛暮桥通常每晚去作战室向周恩来汇报请示。这种情况大体持续到1949年5月陈云到北平主持中央财经工作。[①]他回忆这种工作方式：

周恩来同志这时任党中央军委副主席兼总参谋长，我们大家称他周副主席。他习惯于晚间办公，规定处理财经、后勤工作的时间是晚10时至次晨2时。董老年高，晚间早睡，由我和杨立三两人按时到周副主席的办公室，在他的直接领导下处理日常工作。[②]为此他叫我们两人到作战室（即他的办公室）去，向我们详细讲了解放军的全部编制、作战计划等机密情况。他说这里是“作战室”，讲的一切要绝对保守机密。从此，我们两人实际上就成为周恩来副主席管理经济（主要是战争供应）工作的秘书。不久，中央决定把晋冀鲁豫、晋察冀解放区合并成为华北区，成立华北局，少奇同志兼任华北局第一书记；成立华北人民政府，董老出任华北人民政府主席。[③]中央财政经济部实际上由周副主席直接领导。[④]

《杨立三年谱》记载：

---

① 薛暮桥（1986）：《在周恩来同志领导下工作的回忆》，载《薛暮桥文集》第十二卷，北京：中国金融出版社，2011年，第4页。

② 童小鹏曾谈及，周恩来“经常在晚上先把军事电报处理完后，约杨立三、薛暮桥等有关同志到办公室研究财经和后勤供应问题”。参见童小鹏（1994）：《风雨四十年》第一部，北京：中央文献出版社，1996年，第564—565页。

③ 刘少奇任华北中央局第一书记、董必武任华北联合行政委员会主席均为1948年5月9日。当时金融贸易会议尚未结束，薛暮桥尚在石家庄。此处薛暮桥回忆的时间不准确。

④ 薛暮桥（1996）：《薛暮桥回忆录》，载《薛暮桥文集》第二十卷，北京：中国金融出版社，2011年，第146页。

（周恩来规定）每天晚上10时至次日凌晨一二时为处理财经工作时间。为处理财经统一事宜，周恩来亲自指定中央财经部秘书长薛暮桥和中央后勤部部长杨立三每晚到他的办公室协助工作。此后直至北平，杨立三除奉命奔赴前线外，一直都在周恩来身边参与运筹帷幄，为统一全国财经工作和全军后勤工作出谋划策。①

杨尚昆参加周恩来主持的每日办公会，他回忆：

我们坐在长桌子的一边，恩来同志坐在对面。要处理的电报摆在桌上，属于财经方面的事，由薛暮桥先提出处理意见，经过研究后，恩来同志明确地讲个一二三；属于物资供应方面的问题，杨立三先发表意见。……凡是定下来的事，当场起草电报交给恩来同志，他修改后发出。会议每晚都要开到12点以后，常常到凌晨两三点。重要的电报，等毛主席起床后立刻送给他看后，再发出。这样，工作效率很高，办事比后来在中南海时还要快。

后来事情多了，并且慢慢集中到打仗方面，我们3个人固定参加

① 《杨立三年谱》编辑组编（2004）：《杨立三年谱》，北京：金盾出版社，2004年，第177—178页。《杨立三年谱》将这里的引用内容记在1948年4月周恩来到西柏坡条下，《杨尚昆年谱》则记在三大战役的条下。因杨立三1948年7月10日至11月28日奉周恩来之命赴华东前线做后勤准备，《杨尚昆年谱》所记杨立三和薛暮桥参加每日办公会的时间似嫌过晚。杨立三在一篇1948年的文章中谈到："我5月下半月才脱离华北财办工作，接受中央新的任务——后勤工作。到军委才三天就奉命去华野，回来后在军委也不过才十天时间，又奉命到华东来。"因此，在中央军委负责后勤工作是1948年5月下旬的事。这一时间正是杨立三和薛暮桥在周恩来直接领导下工作的时间。1948年5月15日董必武被任命为中央财政经济部部长，6月华北财经办事处撤销。薛暮桥协助周恩来处理财经日常事务，应在5月中旬之后，这与杨立三所说的时间是吻合的。参见杨立三（1948）：《一切为了前线的胜利》，载《杨立三文集》上卷，北京：金盾出版社，2004年，第373页。

的会也不开了，就由恩来同志定，他需要谁就找谁。①

**5月19日** 与杨立三、贾拓夫等参加刘少奇、周恩来、董必武、叶剑英召集的会议，商议解决西北财经困难及军委后勤问题。②次日，周恩来致信毛泽东报告商谈简况，“大家认为如欲解决西北财经困难”，尤其为了便于对阎敌③作战，以西北财经工作完全统一于华北财经体系之内的方案“最有利”。如此，“既可集中双方力量作战，又可大大减轻晋绥的负担（约2万人）”。④

**5月26日** 根据华北金融贸易会议的意见，中央财政经济部向华北、华东、西北各中央局发出关于对敌经济斗争若干问题的决定，征询各中央局意见：

一、成立对天津方向之出入口贸易管理委员会，统一领导冀中、渤海两地区对天津方向之经济斗争。委员会由中财经部及华北政府各

---

① 杨尚昆（2001）：《杨尚昆回忆录》，北京：中央文献出版社，2001年，第262页。另，金冲及谈及，有中央领导同志觉得《周恩来传》对周恩来在军事上，特别是三大战役中所起的作用没有充分反映出来。“在当时军委作战室工作过的一位同志讲到过：当时一般来说，几乎每天所有的军事电报，都是先送到周恩来那里，周恩来看了以后，考虑好自己的意见，通常在地图上也标明了，然后去找毛泽东，两人一起对重大问题进行商量。做出决定之后，重要的文电由毛泽东亲自动手起草，其他一些具体问题由周恩来处理。”参见金冲及（2008）：《说不完的毛泽东与周恩来》，载《文史博览》，2008年第3期。

② 周恩来（1948）：《集中力量作战 减轻晋绥负担——致毛泽东》（1948年5月20日），载《周恩来书信选集》，北京：中央文献出版社，1988年，第407—408页；《董必武年谱》编写组（1991）：《董必武年谱》，北京：中央文献出版社，1991年，第309页。《杨立三年谱》将此事记在1948年5月15日条下，此处已订正。参见《杨立三年谱》编辑组编（2004）：《杨立三年谱》，北京：金盾出版社，2004年，第178页。

③ 指阎锡山。阎当时任国民党政府太原绥靖公署主任。

④ 中共中央文献研究室（1989）：《周恩来年谱（一八九八——一九四九）》，北京：人民出版社、中央文献出版社，1989年，第773页。

派代表一人，冀中、渤海两区出入口管理局局长或副局长，永茂公司经理或副经理，银行联合办事处主任或副主任组成之，以中财经部之代表为主任委员。委员会接受中财经部领导，掌握出入口之政策方针，商讨出入口之共同斗争计划，调节各地区间纠纷，保证完成军用器材采购任务，如有争论，可提请中财经部考虑解决。委员会设秘书室，处理日常工作，并按期向各有关方面报告。

二、永茂公司业务上改归华北贸易公司领导，但其工作方针，资金变动及盈利分配，应归中财经部批准，其负责干部之任免由华北政府商得中财经部同意后决定公布之。永茂公司应向中财经部报告营业状况，凡有关山东及西北问题之处理，应先征求各该地区财办同意，或经中财经部批准。永茂公司资金改为华北政府黄金二万两，华东财办五千两，西北财办三千两，合共二万八千两。前华北财办所发关于永茂公司决定，除上述各点应加修改外，其它部分继续有效。

三、为着利用胶东海口协助各地采购，决定设立胶东采购委员会。委员会由中财经部，华北政府，华东财办，胶东工商局各派代表一人组成之，以中财经部之代表为主任委员。委员会受中财经部及华东财办领导，决定采购计划，分配采购物资，解决采购物资分配物资中之各种纠纷。采购工作仍由胶东工商局负完全责任，委托采购及作价付款办法，由采购委员会商讨决定，华北政府可在胶东设立采购办事处（兼办西北采购工作），负责办理委托采购手续，分货付款，及保管运输各种物资等工作。

四、今后华北、西北各机关、部队，不得再在山东境内采购军用器材，所设采购机关一律撤回。违者货物没收，人员遣返出境，由山东党政机关负责执行。①

---

① 《中央财政经济部关于对敌经济斗争若干问题的决定》（1948 年 5 月 26 日），载张志平主编《中共中央在西柏坡》，石家庄：河北教育出版社，1996 年，第 138—139 页。

中央军委下达指示：粟裕兵团渡河后，在冀鲁豫境内（即陇海线以北）作战仍可应用冀钞，不要用银元，以免破坏冀钞信用，过陇海线后，何地应用银元作菜金，何地应用中州票，望刘、邓与陈、粟依各地经验商定使用范围，以免混乱。[①]

**5 月底**　与董必武、华北财办各副主任向中央、中央工委及各中央局报告，宣告结束华北财经办事处主任、副主任职责。[②]

华北财经办事处工作以华北财经会议始，以华北金融贸易会议终，绝大部分时间花在会议上。名义存在一年，实际自 1947 年 11 月正式建立机构不过半年。所做工作主要有如下几项：

（一）调整了各解放区的相互关系，减轻了各区财经工作的矛盾，如撤销了各区间的关税壁垒，规定了两区货币兑换比较合理的办法，增进了各区民间贸易工作往来，等等。

（二）协同各战略区负责人，调剂了贫富区的财政，较富区帮助较贫区，使较贫区在财政上得以减少其困难。

（三）在财经工作人员中开始传播毛泽东思想，以发展生产、保证供给为财经工作的总方针，确定了战时解放区财经工作的基本路线，使战时脱离生产人数、供给标准和人民负担三个基本矛盾的要求，得有调剂。

（四）反对了在财经工作人员中相当严重的山头主义、本位主义。

（五）为统一财经工作做了些铺平道路的工作，思想上、物质上都为统一做了些准备工作。

（六）搜集了解放区一部分财经问题的材料，可供研究之用。

---

① 中国人民解放军历史资料丛书编审委员会（1997）：《后勤工作大事记》，北京：解放军出版社，1997 年，第 217 页。

② 董必武（1948）：《董必武关于华北财经办事处结束工作的报告》，载李明华、王荣丽主编（2012）：《西柏坡档案》第三卷，北京：中国档案出版社，2012 年，第 1204 页。

（七）在准备华东野战军军用流通券时，犯了不小的错误，急性病，官僚主义，自作聪明，结果使流通券不好行使，应当作废，公家损失很大。

（八）理论修养差，对某一问题有意见，不能说出一番道理来使人信服。[①]

华北财经办事处从成立到结束，始终以促成华北、华东和西北财政经济的统一为主要工作。但是：

在华北财办时期，因为问题的根本解决条件尚未成熟，所以我们只能枝枝节节解决。如对中原、对西北的财政协助[②]，如统一采购，食盐统一管理，货币兑换关系的调整，进出口贸易政策的调整等，只有晋察冀和晋冀鲁豫由于党政机关的合并，而把一切纠纷根本解决。[③]

**6 月 13 日**　中共中央财政经济部组织规程规定，中央财政经济

---

① 董必武（1948）：《华北财办工作总结报告》（1948 年 10 月 21 日），载李明华、王荣丽主编（2012）：《西柏坡档案》第三卷，北京：中国档案出版社，2012 年，第 1204—1205 页。

② 我们找到两条华北财经办事处支援西北的记录：一条是 1948 年 1 月 8 日，董必武致电中共中央并转西北中央局贺龙、习仲勋等："兴县会议甚有成绩，晋陕两区财政统一、金融统一是一大进步。""按照会议确定的精简节约增加生产的办法切实做去，明年困难当可勉强渡过"，"但由于两区地广人稀，养兵较多，困难较大，决定发动晋察冀、太行等友邻区帮助解决"。参见《董必武年谱》编写组（1991）：《董必武年谱》，北京：中央文献出版社，1991 年，第 306 页。另一条是刘少奇、周恩来、董必武、叶剑英召集杨立三、贾拓夫、薛暮桥等商议解决西北财经困难及军委后勤问题（参见 1948 年 5 月 19 日条）。

③ 董必武（1948）：《董必武关于中央财政经济部的工作报告》（1948 年 10 月 25 日），载李明华、王荣丽主编（2012）：《西柏坡档案》第三卷，北京：中国档案出版社，2012 年，第 1216 页。

部在中央领导下掌管下列工作：1. 在中央领导下审查并指导各解放区的财政经济政策；2. 研究各解放区执行财政经济政策的方法和步骤，予以指导；3. 收集、整理、保管有关财政经济之各种材料，并做有计划的调查统计；4. 在中央的决定下，调剂各解放区间的财政收支及财政经济关系；5. 研究统一各解放区财政经济工作的方法和步骤，筹备中国人民银行基金和统一发行工作。中央财政经济部设部长一人，主持本部工作，秘书长一人协助部长处理本部日常工作。中央财政经济部附设中国人民银行筹备处，筹设中国人民银行，计划统一货币等工作。①

中共中央财政经济部除董必武、薛暮桥驻西柏坡②，机关本部驻李家庄，靠近华北人民政府。截至 9 月 5 日，总人数（不计董必武、薛暮桥）16 人，其中干部 10 人，行政事务 2 人，通信警卫人员 3 人，小孩 1 人，机关负责人黄剑拓。③

**6 月 21 日**　中共中央在西柏坡召开会议，讨论和解决陈粟兵团供给问题，协调华北、华野、华东、中原的供应关系。各野战军、大军区的后勤部长参加，周恩来主持，朱德出席，毛泽东接见了与

---

① 《中共中央财政经济部组织规程》（1948 年 6 月 13 日），载李明华、王荣丽主编（2012）：《西柏坡档案》第三卷，北京：中国档案出版社，2012 年，第 1040—1041 页。

② 薛暮桥曾短期驻李家庄，旋因工作不便，移驻西柏坡。参见董必武（1948）：《董必武关于中央财政经济部的工作报告》（1948 年 10 月 25 日），同上书，第 1216—1218 页。

③ 《中共中央财政经济部机关人数驻地登记表》（1948 年 9 月 5 日），同上书，第 1168 页。中财部机关工作人员为什么如此之少，主要是因为经过两次分流：第一次是结束华北财经办事处后，杨立三、汤平调中央军委后勤部，南汉宸调华北银行经理，其他干部一半交华北人民政府。第二次是中财部干部又一分为二，薛暮桥带人靠近中央，王学文带人接办华北财经学院。参见董必武（1948）：《董必武关于中央财政经济部的工作报告》（1948 年 10 月 25 日），同上书，第 1216—1218 页。

会人员。[①]

**6月22日** 中共中央致电各中央局、各中央分局并转所属财办，指出：货币发行关系国计民生甚巨，前因适应战争环境需要，由各战略区自行措理，现时虽仍不能立即统一发行，但各战略区应将本年6月以前历次发行数目和总数、票面额种、已收回多少、银行基金多少等项报告备查。嗣后各战略区如要增加发行，必须事先将新拟增加发行总额多少、票面额多少及准备情形如何等报告中央批准。[②]

薛暮桥按照特定的货币发行规则参与各战略区货币发行的审批。据他回忆：

为了审批各地货币发行和财政预算，我向周（恩来）副主席报告了在邯郸会议和石家庄会议中所得出的货币流通规律，即在其他条件不变的情况下，物价与货币发行数量同步增长；各解放区不论货币发行多少和物价高低，每一人口的平均货币流通量都相当于30斤小米。[③]抗日战争以前，全国平均每人的货币发行量大体上是银洋三元。解放区大多在农村，商品流通远不如城市，所以货币发行量大体上是银洋一元，即相当于30斤小米的价格。如果货币增加一倍，物价也上升一倍，仍是30斤小米。按照当时生产和生活水平，每一百个居

---

① 《杨立三年谱》编辑组编（2004）：《杨立三年谱》，北京：金盾出版社，2004年，第184页。

② 《中共中央关于货币发行问题给中央局各中央分局电》（1948年6月22日），载李明华、王荣丽主编（2012）：《西柏坡档案》第一卷，北京：中国档案出版社，2012年，第298页。

③ 在别的地方，薛暮桥说这一经验法则是在1947年的华北财经会议上计算而来的："我们计算各解放区虽然货币发行数量多少不同，物价高低不同，但解放区每一人口的平均货币流通数量，都大体上等于30斤粮食的价值（约合现在人民币3元）。如果货币发行数量增加一倍，粮价也跟着上涨一倍，每人平均发行数量在价值上仍然相当于30斤粮食。"参见薛暮桥（1986）：《我国物价和货币问题研究》，北京：红旗出版社，1986年，第21页。

民只能养活两个脱产人员，超过此数就要依靠“外援”，即由中央发行货币来供应。我们依靠这些规律和数据来审批各地的货币发行和财政预算，大体上做到公平合理。周副主席对我说，做经济工作必须懂得经济规律，掌握各种数据，否则肯定是要犯错误。[①]

**7 月 26 日**　为提高办事效率，中共中央同有关部门负责人从即日起采用集体办公制度，及时了解情况，解决问题。集体办公方式一直延续到 8 月下旬，中共中央政治局会议（“九月会议”）预备会议开始后停止。集体办公会议由周恩来、任弼时主持，参加者包括杨尚昆、伍修权、李涛、廖承志、胡乔木、薛子正、安子文、陆定一、廖鲁言、杨献珍、李维汉、李克农等。[②]

**7 月 29 日**　根据朱德“坚决搞机关生产”的要求，经杨尚昆、薛暮桥、赖祖烈、何松亭、邓典桃、邓洁、贺生祥等数次座谈，中央办公厅拟订《关于成立中央直属机关经济建设部工作的初步方案》，决定成立中央直属机关经济建设部，隶属中央办公厅，对外以“新中国经建公司”名义，以企业化形式出现。方案规定，由朱德、任弼时、董必武、杨尚昆、杨立三、薛暮桥、邓洁、赖祖烈、邓典桃等组成经济建设工作指导委员会，对经济建设工作进行监督与指导。[③]

**7 月**　就山东渤海区粮食政策问题，与顾准[④]展开争论。据顾准

---

① 薛暮桥（1996）：《薛暮桥回忆录》，载《薛暮桥文集》第二十卷，北京：中国金融出版社，2011 年，第 147 页。

② 中共中央党史研究室编（2007）：《杨尚昆年谱（一九〇七——一九九八）》上卷，北京：中共党史出版社，2007 年，第 611—612 页；杨尚昆（2001）：《杨尚昆回忆录》，北京：中央文献出版社，2001 年，第 262 页。《杨尚昆年谱》未记薛暮桥是否参加集体办公会议。根据中央财政经济部的组成情况，薛暮桥可能参加集体办公会。

③《关于成立中央直属机关经济建设部工作的初步方案》（1948 年 7 月 29 日），载李明华、王荣丽主编（2012）：《西柏坡档案》，北京：中国档案出版社，2012 年，第 1052—1054 页。

④ 顾准于 1948 年 2 月至 8 月任渤海区行政公署副主任兼渤海财经办事处主任。

回忆：

渤海地区广博，富产粮棉，财政收入巨大，三查三整[①]后各单位节约成风，当地财政平衡有余，但此时野战军已从事外线作战，凭藉人力，千里调粮是不可能的。渤海财办除了储备粮食准备一旦需要供应大军而外（征起的公粮已经足够应付这一需要），允许民间输入一部分粮食到敌占区换回老百姓急需的染料和茶叶，同时也充裕我税收（出入解放区的货物通过税）收入。在这个问题上，第一次和薄一波（当时薄是中财委的负责人。薛暮桥原在山东，1947年调中财委工作，是薄的参谋[②]）发生了争论，他们认为输出粮食是资敌，是错误的。这一争论通过薄一波来电责问和我复电申明理由（电报都通过华东局）进行的，胶济西段和济南解放（1948年9月）以后，这一争论就自然而然地结束了。[③]

**8月5日**　中共中央财政经济部附设中国人民银行筹备处提出关于发行统一新货币的意见书。意见书指出，现行货币制度存在三个缺点：1.不统一，使各地区间物资交流发生严重困难。2.不稳定，由于各区发行步骤不一致的影响，增加了货币不稳定。3.不方便，票额小，印制质量差。发行统一的新币，目的首先和主要的是求得华北三大解放区的货币统一，其次是求得在统一步调下的相对稳定。同时改进印钞技术，适当增大票面购买力。[④]统一的步骤：A. 1948年后半年，实现三区

① “三查”指查阶级、查思想、查作风；“三整”指整顿组织、整顿思想、整顿作风。

② 此处顾准回忆不准确。当时薄一波在华北人民政府工作，中财委尚未成立。薛暮桥时任中共中央财政经济部秘书长，在周恩来直接领导下工作。

③ 顾准（1969）：《大反攻时期在山东的工作》，手稿，高梁藏。

④ 意见书关于不统一、不稳定、不方便的内容与薛暮桥1948年1月为华北财经办事处起草的《对于整理货币的意见》和《关于整理货币的几点补充意见》一致。参见1948年1月条。

货币固定比价，统一流通。在统一领导、分区统筹总的财经方针下，严格审查各区发行计划，并及时了解各区物价、汇价、发行数量、用途及流通地区，如有必要，可加以适当的调整。B. 1949年在中央进一步能统一各解放区财政经济及掌握比较全面的发行时，则可制订统一的发行计划，交由中国人民银行执行。C. 1950年实现新币流通为主，或完全流通新币。中国人民银行目前为中央财政经济之一部分。在中央直接领导下，执行全区金融政策，指导各区银行工作，在党外目前为各解放区之联合准备银行，待全国联合政府成立后，则为属于联合政府的国家银行。目前任务应为执行全区金融政策和统一发行，工作方针应为全面统一华北三大解放区发行，协助中州农钞之印制发行。沟通和东北的联系。建立经常通报制度（物价，汇价，发行）。确定对西北农民银行、华北银行、北海银行的关系。审查其工作计划，建立经常的报告制度。实行必要的检查。中国人民银行筹备处的现有机构，必须迅速加以充实，明确其职权任务，确定与各区银行的关系，目前必须以华北银行为基础进行工作，但要准备逐渐分立，以便于工作的开展，迎接新的大统一局面到来。①

**8月6日** 中共中央致电华北、华东、西北中央局、晋绥分局并转各政府党团和各财办，并告东北局、热河分局、中原局、豫皖苏分局批转《金融贸易会议综合报告》（参见5月上旬条）。批语内容如下：中央批准今年五月华北金融贸易会议上所通过之《金融贸易会议综合报告》。望华北、华东、西北各地党、财办及一切财经机关即遵照该报告，所提之金融贸易工作方针和各项具体政策努力实行。该综合报告将由中财部印成密件发给有关各方。现中央将该报告摘要先经

---

① 《中共中央财经部附设中国人民银行筹备处关于发行统一新货币的意见书》（1948年8月5日），载李明华、王荣丽主编（2012）:《西柏坡档案》第三卷，北京：中国档案出版社，2012年，第1058—1061页。

新华总社台以密电转发各局，作为党内文件传阅。[①]

**8 月 21 日** 中共中央发出关于国民党货币改革[②]分析和我们的对策的通知，要求我各地一般地立即停止收兑法币，新解放区宣布停用法币，协助商人把法币迅速排挤出去，争取换回我们需要的物资。[③]该通知由中共中央财政经济部代拟。[④]

中共中央财政经济部对发行中国人民银行券提出补充意见。补充意见指出，由于敌人迅速实行冒险的货币改革，如仍照原计划（新一比旧五十）进行，则我币与敌币比价相差太大，在群众心理及对敌斗争是不好的。我们应大胆予以改变，务使我新币比价每元至少等于敌新币一元，这样本币至少需定新币一元顶旧币一千元（冀钞）。[⑤]

---

① 《中共中央批转华北〈金融贸易会议综合报告〉》（1948 年 8 月 6 日），载李明华、王荣丽主编（2012）：《西柏坡档案》第一卷，北京：中国档案出版社，2012 年，第 373 页。据《周恩来年谱（一八九八——九四九）》，该电文系周恩来 1948 年 7 月 30 日起草。8 月 6 日才发出，显然曾经中央讨论同意。参见中共中央文献研究室（1989）：《周恩来年谱（一八九八——一九四九）》，北京：中央文献出版社、人民出版社，1989 年，第 780—781 页。

② 从 1948 年开始，法币由恶性膨胀走向崩溃，6 月、7 月、8 月三个月，物价几乎每月上涨一倍。人们开始拒收法币，金银、外币成为储藏手段。在此情况下，国民党政府 8 月 19 日宣布“币制改革”，自 21 日起发行金圆券，以 1∶300 万的比率在 11 月 21 日以前无限收兑法币，逾期一律作废，并宣布强制收兑黄金、银元、美钞，私人不得流通与保存，限制物价，冻结工资，令各地市场将物价冻结在 8 月 19 日水平，违者以暴力手段对付。参见薛暮桥（1985）：《新中国成立前后稳定物价的斗争》，载《薛暮桥文集》第十一卷，北京：中国金融出版社，2011 年，第 19 页；中国人民银行金融研究所、中国人民银行山东省分行金融研究所（1987）：《山东革命根据地北海银行史料》第三册，济南：山东人民出版社，1987 年，第 172—173 页。

③ 《中央关于与国民党进行货币斗争的指示》谈到该通知时称之为“中央未马日电”。参见《中央关于与国民党进行货币斗争的指示》（1948 年 10 月 6 日），载《中共中央在西柏坡文献选编》，石家庄：河北教育出版社，1996 年，第 233—234 页。

④ 董必武（1948）：《董必武关于中央财政经济部的工作报告》（1948 年 10 月 25 日），载李明华、王荣丽主编（2012）：《西柏坡档案》第三卷，北京：中国档案出版社，2012 年，第 1217 页。

⑤ 《中共中央财经部关于发行中国人民银行券的补充意见》，载李明华、王荣丽主编（2012）：《西柏坡档案》第三卷，北京：中国档案出版社，2012 年，第 1118—1119 页。

**8月23日** 晨，收到周恩来通知，研究8月19日国民政府进行币制改革后国民党统治区的物价突然稳定问题，要求当晚汇报。①

晚，根据所收集材料，向刘少奇、周恩来、朱德、任弼时等中央领导同志汇报。在汇报中指出，国民党统治区物价上升150万倍，国民党下令用300万元法币兑换1元金圆券，使货币流通量实际减少了一半，金圆券币值提高一倍，所以物价突然稳定。但为弥补财政赤字，三个月后所增发的金圆券就会增加一倍，物价将继续上涨。②周恩来做会议结论，同意这一意见③，指出：国民党政府以“币制改革”为名强制发行金圆券，将导致更大的通货膨胀；这次蒋介石发行的金圆券是对人民的“最大的欺骗，也是最大的掠夺”，要求新华社在宣传中给予“最大的揭露”；并要求把解放区法币抛出，换成银币和物资。④

---

① 薛暮桥回忆过这一场景，未说明此事是具体哪一天。这里根据《周恩来年谱（一八九八——一九四九）》所记研究国民党“币制改革”的时间确定。参见中共中央文献研究室（1989）:《周恩来年谱（一八九八——一九四九）》，北京：中央文献出版社、人民出版社，1989年，第780页；薛暮桥（1986）：《在周恩来同志领导下工作的回忆》，载《薛暮桥文集》第十二卷，北京：中国金融出版社，2011年，第2页；薛暮桥（1996）:《薛暮桥回忆录》，载《薛暮桥文集》第二十卷，北京：中国金融出版社，2011年，第148页。

② 薛暮桥（1986）:《在周恩来同志领导下工作的回忆》，载《薛暮桥文集》第十二卷，北京：中国金融出版社，2011年，第2页；薛暮桥（1996）:《薛暮桥回忆录》，载《薛暮桥文集》第二十卷，北京：中国金融出版社，2011年，第148—149页。《在周恩来同志领导下工作的回忆》一文最初于1986年发表在《光明日报》上，文章明确说这次会议“毛主席、刘少奇、朱德、任弼时等都参加了”；1991年写的《薛暮桥回忆录稿》谈到此事时记有一句“除毛主席外都参加了”，随后又亲笔删除这几个字；其他回忆作品则没有提到毛泽东参加。毛泽东、周恩来、刘少奇、任弼时年谱中均无毛泽东参加这次会议的记载，我们这里暂以毛泽东未出席这次会议记录。

③ 薛暮桥（1991）:《薛暮桥回忆录稿》，手稿，1991年，薛小和藏。

④ 中共中央文献研究室（1989）：《周恩来年谱（一八九八——一九四九）》，北京：中央文献出版社、人民出版社，1989年，第780页。与此相互印证的是周恩来1948年9月30日在中央妇女工作会议上所作的报告。该报告明确指出国民党“控制物价的局面维持不了多久，顶多维持几个月就冲破了”。参见周恩来（1948）：《对解放战争形势发展的三点估计》，载李明华、王荣丽主编（2012）:《西柏坡档案》第二卷，北京：中国档案出版社，2012年，第488页。

**8月** 为新华社华北总分社和华北《人民日报》组成的记者团20人作报告。①

**9月8日至13日** 中共中央政治局召开扩大会议（“九月会议”）。会议以“军队向前进，生产长一寸，加强纪律性，由游击战争过渡到正规战争”为中心议题。会议提出在大约5年时间内（从1946年7月算起），从根本上打倒国民党反动派的战略任务。② 会议通过《中共中央关于各中央局、分局、军区、军委分会及前委会向中央请示报告制度的决议》，对各项工作何者决定权属于中央，何者必须事前请示中央并得到中央批准后才能付诸实行，何者必须事后报告中央备审做出规定。关于经济方面：（一）全国各解放区通用的经济、财政、金融、贸易政策的制定。（二）各大解放区之间的财政调剂，货币贸易关系的调整，纸币的发行，白银、白洋等硬币的用途和分配。（三）对外贸易（包括对外国和对国民党统治区在内）的方针及统一管理（四）全国性工矿企业的兴办。（五）全区脱离生产人员的数量与人口数量的比例，全年财政预算及供给标准的提高或降低。（六）货币发行计划（包括发行数量、用途分配和准备情形）。（七）税收政策，农业税、工业税、商业税、盐税（包括食盐管理办法）及进口税的征收条例，对其他解放区货物来往的限制和管理办法。（八）工资政策，公营企业的、民营企业的和合作社的工资制度和标准，乡村工资制度和标准。（九）区内铁路及重要工矿的恢复和建设计划，重要公路及河道的修筑疏浚计划。以上，（一）至（四）项的决定权完全属于中央，但各地仍得提出建议。（五）至（九）项，由各

---

① 王洪祥主编（1997）：《中国现代新闻史》，北京：新华出版社，1997年，第355页。我们未收集到这一报告，从时间推测，薛暮桥的报告与国民党政府币制改革问题有关。

② 中共中央党史研究室（2007）：《杨尚昆年谱（一九〇七——一九九八）》上卷，北京：中共党史出版社，2007年，第617—618页。

地事先请示中央批准后决定执行，或由中央征询各地意见后做出决定。[①]

**9 月 12 日至 1949 年 1 月 31 日** 中国人民解放军先后发起辽沈、淮海、平津三大战役。其间与杨尚昆、杨立三一起，参加周恩来召集的以解决战争后勤保障和解放区财经问题为主要议题的每日办公会。[②]

**9 月 20 日至 10 月 6 日** 解放区妇女工作会议在平山县召开。朱德代表中央致开幕词，刘少奇、周恩来、薛暮桥、罗琼、李培之、杨之华等在会上作报告，邓颖超作关于妇女工作的讲话和闭幕总结。[③]

薛暮桥在《关于合作社问题的报告》中，将经济划分为国家经济、合作社经济和私人经济，私人经济分为独立的手工业者及农民手工业者和资产阶级私人经济。报告认为，合作社经济是改造小生产者很好的工具，是国家经济很好的同盟军。中国大部分是小生产者家庭的、分散的独立生产，它们与国家经济联系的办法是商业资本。而商业资本带有很大的投机性，物价不稳对于小生产者打击很大，由它领导是危险的。今后小生产者不依靠它联系，要依靠合作社联系起来，代替投机性的商业资本。因此，合作社的第一个任务，也是基本任务

---

① 《中共中央关于各中央局、分局、军区、军委分会及前委会向中央请示报告制度的决议》，载李明华、王荣丽主编（2012）：《西柏坡档案》第一卷，北京：中国档案出版社，2012 年，第 445—450 页。

② 中共中央党史研究室（2007）：《杨尚昆年谱（一九〇七——一九九八）》上卷，北京：中共党史出版社，2007 年，第 619—620 页。需要指出的是，据《杨立三年谱》记载，杨立三于 1948 年 7 月 10 日即奉周恩来之命赴华东前线，为济南战役和淮海战役做后勤准备，11 月 28 日才离开华东。参见《杨立三年谱》编辑组（2004）：《杨立三年谱》，北京：金盾出版社，2004 年，第 186 页、第 204 页。

③ 康克清（1993）：《康克清回忆录》，北京：解放军出版社，1993 年，第 379—380 页。

是组织一切小生产者与投机的商业资本作斗争[①]；第二个任务是与国家经济结合起来，团结在国家经济的周围，接受国家经济的领导；第三个任务不但是扶助小生产者，而且是要改造小生产者。今天的合作社是扶助生产而不是直接组织农民在合作社生产。合作社的基层组织，在乡村以村为单位，城市合作社以职业为单位，要与社员密切联系起来，帮助社员生产而不是分红；要建立上层领导机关，合作社上层组织即一级一级的领导机关，将来总社、行社、县社、区社的一级一级的领导，都有资金是公家的，以后可开会员大会进行改造，这样就成为全国最大的群众组织。合作社的政治地位是群众组织，可以参加全国代表会，选举时有权号召选举候选人。在反封建胜利后，只有参加生产才能提高妇女地位。合作社将来恐怕是组织妇女最主要的形式。[②]

**9月**　经常被刘少奇邀去谈经济政策问题，特别是合作社问题。[③]

---

① 1948年8月11日薄一波在华北临时人民代表大会上《关于华北人民政府施政方针的建议》中已经谈及："必须自上而下、自下而上地普遍组织供销合作社，这是把小生产者和国家结合起来的一根经济纽带。"参见杨德寿主编（1998）:《中国供销合作社发展史》，北京：中国财政经济出版社，1998年，第324页。

② 薛暮桥（1948）：《关于合作社问题的报告》，载《薛暮桥文集》第三卷，北京：中国金融出版社，2011年，第235—242页。中共中央财政经济部1948年10月下旬的工作报告谈及："当时在合作社问题上，各方面的争论很多，且有很多错误思想（如城市不能办合作社，合作社不能进行商品生产，手工业的生产合作社是毁灭政策，手工业合作社必然要向资本主义方向发展等），我们未能及时纠正。"参见董必武（1948):《董必武关于中央财政经济部的工作报告》(1948年10月25日)，载李明华、王荣丽主编（2012):《西柏坡档案》第三卷，北京：中国档案出版社，2012年，第1218页。

③ 中央财政经济部1948年10月下旬的一份报告中谈及："最近少奇同志对此问题（指合作社问题。——引者注）已有明确指示，但做实际工作的同志知道的还不多。"据此推测，此前不久刘少奇曾与薛暮桥谈合作社。薛暮桥曾谈及："当时我同少奇同志在一个食堂吃饭，能够经常见面，谈话的机会也比较多。"从相关著述看，刘少奇在解放区妇女工作会议上的报告与薛暮桥同一次会议上的讲话都以合作社为（接下页）

据薛暮桥回忆：

少奇同志给我最深刻的印象，是他特别重视中国是小农经济占绝对优势的国家，新中国成立后无产阶级同资产阶级谁战胜谁的斗争，在很大程度上将取决于谁能够领导几亿小生产者。[①]

**10 月 3 日** 为中共中央起草关于印制中国人民银行新币问题致华北局、华东局、西北局并告董必武的电报。内容如下：决定中国人民银行新币与冀钞、北币为一比一百，由华北财经委员会指导人民银行发行计划，委托华北、华东印刷十元、五十元、百元之新币，尽可能于年前完成五十亿元。印刷必须力求精细，应由人民银行派员负责检查票版票纸，切勿粗制滥造，以防假票流行。[②]

**10 月 6 日** 为中共中央起草关于成立华北财经委员会给华北局、华东局、西北局、晋绥分局，并告中原局、豫皖苏分局、东北局、热河分局、华中工委（华东局转）的电报。电报内容如下：

---

重点，因此我们将薛暮桥经常受邀谈经济问题的时间暂记为 1948 年 9 月。参见董必武（1948）:《董必武关于中央财政经济部的工作报告》（1948 年 10 月 25 日），载李明华、王荣丽主编（2012）:《西柏坡档案》第三卷，北京：中国档案出版社，2012 年，第 1218 页；薛暮桥（1987）:《怀念伟大的马克思主义者——刘少奇同志》，载《薛暮桥文集》第十二卷，北京：中国金融出版社，2011 年，第 280 页。

① 薛暮桥（1987）:《怀念伟大的马克思主义者——刘少奇同志》，载《薛暮桥文集》第十二卷，北京：中国金融出版社，2011 年，第 280 页。需要指出的是，薛暮桥在回忆录和纪念刘少奇的文章中，主要引述的是 1949 年 2 月 8 日薛暮桥请刘少奇为中央财政经济部等机关干部所作《新中国经济建设的方针与问题》报告。但从刘少奇的著述看，他关于合作社的思想要更早。因此，我们引用薛暮桥的评论时也就放在时间更靠前的位置。

② 代中共中央起草关于印制中国人民银行新币问题的电报，1948 年 10 月 3 日，中国人民银行成立旧址纪念馆展板。

（1）为着统一华北、华东、西北的财政、经济、金融、贸易、交通等工作，决定成立华北财经委员会为统一领导机关，并同意董必武任财委会主任，薄一波、黄敬任副主任（均兼委员），方毅任委员兼秘书长，曾山、贾拓夫、姚依林、南汉宸、戎子和、杨秀峰、宋劭文、武竞天、赵尔陆任财委会委员。华东及西北各设财经分会，受华北财委会领导。除华北方面已经华北人民政府通过外，华东及西北亦应经过政府同意，并提出分会委员名单，电告中央及华北财委会审查批准。今后山东及西北（包括晋绥）有关财经、金融、贸易、交通等问题的请示及报告电报应直接发华北财经委员会并告中央，同时华北财经委员会的决定指示及复电亦应同时告中央。

（2）同意华北与山东的货币，于酉微[①]起固定比价，互相通用，冀钞与北币为一比一，边币与北币为十比一，双方政府同时公布。

（3）同意华北与西北的货币，于酉哿[②]起固定比价，互相通用，冀钞与农币为一比二十，边币与农币为一比二，双方政府同时公布。

（4）同意北币与华中币在华中之老五、六、七分区[③]，规定比价，混合流通。比价如何规定，公布前之应有准备，及今后处理办法，均由华东局征求华中工委意见作出决定，电告中央及华北财委会批准。[④]

上述决定系中共中央召集华北、华东、西北三大解放区负责同

---

① 1948年10月5日。

② 1948年10月20日。

③ 指苏北、淮北地区。

④ 代中共中央起草关于成立华北财经委员会的电报，1948年10月6日，中国人民银行成立旧址纪念馆复制展品；李明华、王荣丽主编（2012）：《西柏坡档案》（第三卷），北京：中国档案出版社，2012年，第520—521页。

志讨论做出。[①] 在执行中，华东地区因战事，财经工作并未由华北财经委员会领导，而是由中共中央局直接领导。这一体制一直延续到 1949 年 3 月 20 日发布《关于财经工作及后方勤务工作中若干问题的决定》，决定成立由各大区财经工作负责人参加的中财委。[②]

中央向各中央局、各分局、各前委发出关于与国民党进行货币斗争的指示。指示要求：各地应即遵照中央未马日[③] 电，蒋匪所发法币即将停兑作废，我各地一般地立即停止收兑法币；新解放区宣布停用法币，协助商人迅速把法币排挤出去，争取换回我们需要的物资，因时间紧迫，华东缴获法币甚多，必需时可允许以法币换回茶叶、红白糖，及洋纱、洋布、颜料、火柴等禁入物品；应把反法币、反假票斗争作为边沿区重要工作之一；金圆券发行后，上海等大城市由于蒋匪采用没收、逮捕、查抄等经济高压手段，表面似尚暂保平稳，但物资逃避，黑市流行，内地物价继续上涨，各大城市商人不肯进货，工厂生产亏本，因而停工减产，这将更加速经济的崩溃；各地均应收集具体材料，加强反金圆券的宣传，在新解放区的城市，可以贬价收兑，宣传限期停用，并准许商人封包携带出境，换回各种有用物资，本币

---

① 董必武（1948）:《董必武关于中央财政经济部的工作报告》（1948 年 10 月 25 日），载李明华、王荣丽主编（2012）:《西柏坡档案》第三卷，北京：中国档案出版社，2012 年，第 1216—1218 页。这份报告解释了统一财经的工作机构问题：究竟由什么机关来统一领导财经工作。第一个办法是由中财部领导，但中财部只有几个干部，各方抽调不可能一下子把机构建立起来。第二个办法是华北政府领导，但在中央局和政府尚未合并的情况下，由华北领导华东和西北也有困难。第三个办法是由中财部决定原则方针，具体执行仍归各地政府。根据经验，争论最多的是具体执行，单有原则方针不能解决问题。所以大体采取第三个办法，由华东、西北推派代表参加，成立华北财经委员会作为统一领导机关。另外，这份报告还提到，中央与三区负责同志讨论决定：三个地区的财政于 1949 年 1 月起统收统支，银行贸易机关同时合并。

② 宋劭文（1996）:《华北财委成立始末》，载薛暮桥、杨波主编（1996）:《总结财经工作　迎接全国胜利——记全国解放前夕两次重要的财经会议》，北京：中国财政经济出版社，1996 年，第 432 页。宋劭文曾任华北财经委员会秘书长。

③ 1948 年 8 月 21 日。

占领市场时，立即禁用金圆券；在我尚不能长久控制的新区，可以准许金圆券暂按一定比价与本币共同流通，同时号召人民使用本币；我们所缴获的法币要用一切方法迅速推出，以法币高价收买敌区各种物资，促使敌区物价更快上涨。[①]

这份电报与此前8月21日（未马）的电报内容均由中共中央财政经济部研究提出。董必武这样评论：

在六月四日蒋区报纸透露了“货币改革”消息后，中财部即电告各地引起各地密切注意。蒋匪“货币改革”正式宣布后，我们曾于未马发出关于“货币改革”分析和我们的对策的第一个电报，酉鱼又发出第二个电报，各中央局财办也均发出了专门的指示。由于思想上已有了准备，一般来说认识都还正确（有些不完全或不明确的地方），所以并未发生任何混乱现象，中原还利用这个机会使他们的货币斗争（排挤蒋币，停止本币兑现）获得了意外的成功。在这两月，各地的市值物价是相当稳定的，本币对蒋币比价仍在继续上涨（从一比一千法币上涨至一比三千），我区人民对伪金圆券亦未产生什么幻想。但亦有些认识模糊，或执行方法错误的地方，如东北和西北，我们均去电批评。[②]

**10月10日**　毛泽东为中共中央起草的对党内通知指出：“目前解放区的经济状况和财政状况，存在着很大的困难，虽然我们的困难比较国民党的困难要小得多，但是确实有困难。这主要是物资

① 《中央关于与国民党进行货币斗争的指示》（1948年10月6日），载张志平主编《中共中央在西柏坡文献选编》，石家庄：河北教育出版社，1996年，第233—234页；《华北银行总行代华北财委转达中央十月六日电示》，载《山东革命根据地北海银行史料》第三册，济南：山东人民出版社，1987年，第175—176页。

② 董必武（1948）：《董必武关于中央财政经济部的工作报告》（1948年10月25日），载李明华、王荣丽主编（2012）：《西柏坡档案》第三卷，北京：中国档案出版社，2012年，第1217页。

和兵员不足供应战争的需要，通货膨胀已到了相当大的程度，而我们的组织工作特别是财经方面的组织工作不够，则是形成这种困难的原因之一。我们相信这些困难是能够克服的，并且必须克服这些困难。”①

**10 月 20 日** 中共中央财政经济部就各地定期向中央作经济报告事项向华北局、华东局、西北局、东北局、中原局、晋绥分局、热河分局、豫皖苏分局发出通知，指出各地向中央的经济报告已开始建立，但尚不够经常，兹特重行规定必须定期报告事项，望即令财委会或财办遵照执行。

1. 每月上旬报告上月货币发行数，累积数，金银、白洋的积存数。

2. 每旬报告一次物价（5 日、15 日、25 日），地点为东北哈尔滨、安东，西北延安、临汾，山东潍县、济南，中原洛阳，华北石家庄、邯郸，物品为小麦、小米、苞米（或高粱）、棉布、土布、食油、食盐。本部亦每旬由新华社电台发一次物价通报（上月起已开始通报，如未收到请向新华社询问）。

3. 每半年书面报告财政收支概算，公家人分数、数目，发行货币用途分配，人民担负，各地物价指数（东北及中原可摘要电告），其它如农产收成估计，工业生产状况，交通建设状况，对外贸易及各地重要物资产销状况等，亦应经常调查，随时报告。

4. 经济调查报告是一经常工作，不能时作时辍，各地均应指定专人负责，按时报告（物价报告应于 3 天内发出），并注意检查督促。②

---

① 毛泽东（1948）：《中共中央关于九月会议的通知》（1948 年 10 月 10 日），载《毛泽东选集》第四卷，北京：人民出版社，1991 年，第 1342—1350 页。

② 《中共中央财经部关于各地定期向中央作经济报告事项的规定》（1948 年 10 月 20 日），李明华、王荣丽主编（2012）：《西柏坡档案》第三卷，北京：中国档案出版社，2012 年，第 1203 页。这一规定中的指标项可以看作中央财政经济部当时统筹经济的基本轮廓。

**10 月 25 日**　董必武向中共中央、毛主席呈报中共中央财政经济部工作报告。报告说，中财部成立四个月以来，主要是遵照书记处的指示来统一华北、华东、西北三大解放区的货币，决定华北与华东的货币于 10 月 5 日起，华北与西北的货币于 10 月 20 日起，固定比价，相互通用。在财政工作方面，主要是审查了各地区的财政收支概算，做出了概略的调剂计划；在贸易工作方面，主要是处理了华北和山东进出口政策上的许多纠纷，制止了各地互相征税的现象，进出口的税率则大体上已一致；等等。[①]

**10 月 26 日**　所参加创办的新知书店与生活书店、读书出版社在香港成立生活・读书・新知三联书店总管理处和香港联合发行所。[②]1949 年 5 月总管理处迁北平。同年 7 月，《中共中央关于三联书店今后工作方针的指示》确认："三联书店与新华书店一样是党领导之下的书店"，"过去在国民党统治区及香港起过巨大的革命出版事业主要负责者的作用"。[③]

**10 月 31 日**　国民党政府被迫宣布放弃限价政策，金圆券急速贬值，距 8 月 19 日"币制改革"和金圆券发行仅仅 10 个星期。[④]

薛暮桥回忆："恩来同志笑着对我说，经济学家必须善于观察形

---

① 《董必武年谱》编写组（1991）：《董必武年谱》，北京：中央文献出版社，1991 年，第 317—318 页。董必武（1948）：《董必武关于中央财政经济部的工作报告》（1948 年 10 月 25 日），载李明华、王荣丽主编《西柏坡档案》第三卷，北京：中国档案出版社，2012 年，第 1216—1218 页。

② 生活・读书・新知三联书店（2012）：《激流勇进：生活・读书・新知三联书店创建八十周年志庆》，北京：生活・读书・新知三联书店，2012 年，第 67、74 页。

③ 《中共中央关于三联书店今后工作方针的指示》（1945 年 7 月 18 日），载生活・读书・新知三联书店文献史料集编委会编（2004）：《生活・读书・新知三联书店文献史料集》，北京：生活・读书・新知三联书店，2004 年，第 41—42 页。

④ 薛暮桥（1949）：《从"法币"到"金圆券"》，载《薛暮桥文集》第三卷，北京：中国金融出版社，2011 年，第 248 页。

势，认识经济（包括物价）发展的客观规律，才能指导经济工作。”① 周恩来还表示，金圆券垮台比预期提早半个月，是因为我军又打了几个大胜仗。②

**11月17日** 薄一波在南汉宸关于提请将人民券发行方案和布告上华北人民政府第三次政务会讨论通过的信上做出批示：“两稿我均看过，提华北政务会不适当，因这些事华北政府无权决定。我即带中央与暮桥们③研究发出。你们可在政府和政务会上提出：发行人民银行票，各区固定比值通行。何时发行，如何发行，则交财委会与各区商定执行之则可。”④

---

① 薛暮桥（1986）：《在周恩来同志领导下工作的回忆》，载《薛暮桥文集》第十二卷，北京：中国金融出版社，2011年，第3页。此事在薛暮桥当年的文章中也有所反映。参见薛暮桥（1949）：《从“法币”到“金圆券”》，载《薛暮桥文集》第三卷，北京：中国金融出版社，2011年，第248页。

② “大胜仗”指东北野战军在9月12日—11月2日取得了辽沈战役的胜利，东北全境解放；华东我军在9月16日—24日攻克济南。参见薛暮桥（1996）：《薛暮桥回忆录》，载《薛暮桥文集》第二十卷，北京：中国金融出版社，2011年，第149页。

③ “们”字似多余，原文如此。

④ 据《南汉宸纪念册》，1948年11月沈阳宣告解放，东北大军入关，对平津形成合围之势，周恩来电话南汉宸，命他赶紧动员一切力量发行全国统一的人民币。参见《南汉宸纪念册》编辑委员会（2005）：《南汉宸纪念册》，北京：中央文献出版社，2005年，第235页。所以，南汉宸11月16日致信薄一波：“一波同志：听说你明天要出门，关于人民银行券的发行方案及布告电报请你审查一下，以便后天在政务会议通过，印发布告还需要时间，迟则12月1日即赶不上了。此致 敬礼！南汉宸16/11”薄一波的批示写在南汉宸的信上。参见《南汉宸给薄一波的信》，1948年11月16日，中国人民银行档案室藏，档案号：中国人民银行行长办公室–1949年–13。据华北人民政府第三次政务会议记录，南汉宸在1948年11月18日会议上这样报告发行统一钞票问题：去年华北财经办事处成立后，曾决议发行统一钞票，成立中国人民银行，同时决定今年先固定边钞及冀钞比价，互相流通；现已有四种钞票统一流通。人民使用已有不便，如若接管平津，货币不一，可能发生混乱，影响金融，因此必须发行统一钞票，并须加速准备。事关华北、华东、西北、东北等区，应即电商各区统一发行。现情况已不容迟延。本行虽已作准备，但如何进行，仍请核议。报告后，华北人民政府主席交议：任命南汉宸为中国人民银行总经理，先行署理，交下（接下页）

**11月30日** 董必武和薄一波将货币统一的意见电报中共中央。①

**12月1日** 中国人民银行在华北银行、北海银行、西北农业银行合并的基础上成立，开始发行人民币，在华北、山东、西北各解放区流通。薛暮桥曾谈其来龙去脉：

各解放区逐渐连成一片以后，各解放区发行的货币可以按照规定的兑换率相互流通。由于各解放区的经济水平、货币发行的情况不同，所以它们的通货膨胀速度也不同，有的物价上涨得快一些，有的慢一些，在这种情况下，各解放区的货币按照规定的兑换率流通，必然会出现许多矛盾。当时想用由中央控制各解放区的货币发行数量的办法解决矛盾，但实际上难以做到这一点。根本的办法是发行新的统一货币。②

---

次政府委员会追认。决议通过。参见：华北人民政府第三次政务会议记录，1948年11月18日，中国人民银行成立旧址纪念馆展板复制品。11月22日，华北人民政府训令，华北银行、北海银行、西北农民银行合并为“中国人民银行”，以原华北银行为总行，所有三行发行之货币，及其对外之一切债权债务均由中国人民银行负责承受；于本年12月1日起，发行中国人民银行钞票，定为华北、华东、西北三区的本位货币，统一流通。新币发行后，冀币（包括鲁西币）、边币、北海币、西农币逐渐收回。参见《华北人民政府训令》（1948年11月22日），载李明华、王荣丽主编（2012）:《西柏坡档案》第三卷，北京：中国档案出版社，2012年，第1237—1238页。

① 《董必武年谱》编写组（1991）:《董必武年谱》，北京：中央文献出版社，1991年，第319页。

② 《薛暮桥同志谈全国解放初期稳定市场物价的斗争》，1983年12月18日上午，路南整理，薛小和藏。薛暮桥还曾这样说：“那个时候我们解放军靠什么？这样大规模的解放战争，一个是靠公粮，公粮顶多管吃饭，别的东西管不了。第二是靠税收。税收这时还没建立起来。靠什么？靠发票子。那时我在中财部当秘书长，后来到中财委当秘书长，总理天天找我，找我干什么？就是看发多少票子。一野、二野、三野、四野电报来了，给多少票子。”参见薛暮桥（1984）:《关于价格体系改革问题的报告》，1984年11月12日，报告录音整理稿，薛小和藏。

中国人民银行成立后，薛暮桥在周恩来的领导下制订人民币印刷、发行和分配计划。他回忆当时的情形："人民银行初成立时，银行负责印发票子，由总理决定怎样分配，我起草电报。"[①]

**12 月 7 日** 新华社发表社论《中国人民银行发行新币》。社论指出，人民银行新币发行后，华北、山东、西北各解放区旧币将停止发行，并逐步收回。除这三大解放区外，现在还有中原解放区新发行的中州币和东北解放区的东北币，冀察热辽军区的长城币尚未统一，中原解放区已与华北解放区完全打成一片，两区货币的统一已有在短时期实现的必要与可能，东北解放区与关内解放区的货币统一工作，则须在平津解放、关内外交通畅通以后。社论还指出，解放区的货币从它产生的第一天开始，即与金银完全脱离关系。解放区的人民并不爱好金银，我们爱好的是粮食、布棉以及其他生活资料与生产资料。我们用作货币保证的，是比金银更可靠的粮食、布棉以及其他为生产和生活所必需的重要物资。持有解放区货币的任何人民，他可以在任何时期、任何市场，充分获得他们所需要的各种生活资料。我们既不需要限价，更不会发生抢购。我们解放区的货币正在配合着战争的胜利，迅速扩张它的流通范围，并将把蒋币驱逐到它的坟墓里去。[②]

**12 月 20 日** 中共中央印发《中共中央关于目前解放区农村妇女

---

① 1980 年 1 月薛暮桥带领国务院财政经济委员会体制改革调查组在上海调研期间，听取上海人民银行赵忍安副行长工作汇报时的谈话记录。薛暮桥在 1984 年 4 月 21 日曾告诉李克穆：当时"徐雪寒从上海每天发来消息。上海的情况很重要"。参见《李克穆日记》，手稿，1984 年 4 月 21 日，李克穆藏。

② 新华社社论（1948）:《中国人民银行发行新币》，载薛暮桥、杨波主编《总结财经工作　迎接全国胜利——记全国解放前夕两次重要的财经会议》，北京：中国财政经济出版社，1996 年，第 413—415 页。这篇社论若干文句与薛暮桥个人署名文章《从"法币"到"金圆券"》相同，薛暮桥或许参与了起草工作。社论关于人民币货币本位的意见引人注目。据石雷回忆："人民币以什么为本位？当时有人提出，人民币要实行'银本位'。董必武同志认为，主张银本位的出发点是想稳定货币，（接下页）

工作的决定》。《决定》根据全国解放区妇女工作会议（参见本年9月20日至10月6日条）的意见，对解放区农村妇女工作作出六项决定。《决定》由罗琼为中共中央执笔起草。[①] 据罗琼等人回忆：

由于参加会议的代表意见较多，执笔者采取折中办法，写出了初稿，结果大家认为没有吸收自己的意见，执笔的同志（指罗琼。——引者注）向帅大姐（指帅孟奇。——引者注）诉说自己的困难。邓颖超大姐、帅大姐耐心帮助，首先告诉她，凡事要坚持原则，不能折中。决定要根据党中央指示精神，从实际出发，采纳讨论中的正确意见，扬弃片面或不正确的意见，从正面说清问题；内容是总结1943年《中共中央关于各抗日根据地目前妇女工作方针的决定》实施5年来的实践经验，重点放在总结土地改革以后的妇女工作经验；阐明全国即将解放的新形势下妇女工作的方针任务、组织形式、培养干部等重大问题。执笔的同志遵照两位大姐的指示，反复思考，几经修改，终于写成了《决定》草稿，中央妇委讨论通过后，送呈党中央审阅。

---

这是可以理解的。但在战争条件下完全稳定是不可能的，只要不是太大的波动就算好了。从解放区的实践看，只要我们有了粮食、布、棉、煤等生活资料及生产资料，货币就算稳住了。至于金银，对解放区人民经济生活来说并不十分重要。就是在全国解放以后，也要靠手中有生活资料和生产资料等物资，货币才能稳定。如果实行金银本位，由于金银是商品，价格不定，人民币的稳定将增加难度；同时，我们也没有那么多的金银可供兑换，实际上仍是不兑换的信用货币。因此，人民银行券以不实行‘金银本位’为好。董老表示，这个问题还要请示中央，要把道理向人民群众讲清楚。1948年12月7日，《人民日报》刊登了新华社发的《中国人民银行发行新币》的社论，对此作了专门阐述。”参见石雷（1996）：《中国人民银行的成立及新中国货币的统一》，载薛暮桥、杨波主编《总结财经工作　迎接全国胜利——记全国解放前夕两次重要的财经会议》，北京：中国财政经济出版社，1996年，第569—570页。社论阐述的人民币基础的意见与薛暮桥关于北海币的物资本位论一致，在二十世纪五六十年代及改革开放时期他也曾反复解释人民币的基础并非金银。

① 罗琼谈、段永强访（2000）：《罗琼访谈录》，载薛小和编：《把国放在家前面：罗琼逝世一周年纪念文集》，北京：中国妇女出版社，2007年，第162、163页。

当时分管工、青、妇工作的任弼时同志首先审阅，并通知帅大姐和执笔起草的同志去谈话，弼时同志肯定了这个稿子是好的，基本可用，他亲自动笔作了修改，直接由他送党中央审阅，经过审改，于 1948 年 12 月 21 日公布了，这就是有重要历史意义的《中共中央关于目前解放区农村妇女工作的决定》。[①]

**12 月 20 日**　在《中国青年》杂志复刊第一期发表《货币问题与货币政策》[②]，文章连载三期。发表前文章经中央书记处书记、中共中央秘书长任弼时审阅。[③]

**12 月 30 日**　新华社发表毛泽东所写的新年献词《将革命进行到底》，宣告“1949 年中国人民解放军将向长江以南进军，将要获得比 1948 年更加伟大的胜利”。

**12 月**　经华北人民政府教育部审定，所著《政治经济学》一书成为“高中一年级第一学期政治课本”。[④] 次年 4 月下旬，华北人民政府成立教科书编审委员会[⑤]，所著《政治经济学》经委员会审定，

---

① 罗琼、黄甘英、王云、柳勉之（1998）:《妇运先驱　党员楷模——深切怀念帅孟奇同志》，载《罗琼文集》，北京：中国妇女出版社，第 189—197 页，引文见第 193 页。

② 《薛暮桥文集》第三卷收录的《从“法币”到“金圆券”》和《解放区人民的新货币》，其实是《中国青年》连载的《货币问题与货币政策》一文第二部分和第三部分。这两篇文章的初次发表时间，应标注为 1948 年 12 月和 1949 年 1 月（复刊的《中国青年》为周刊）；如果按照完成时间，均应标注为 1948 年 12 月。

③ 《中国青年》复刊号载有毛泽东的题词“军队向前进，生产长一寸。加强纪律性，革命无不胜”。朱德、胡愈之、温济泽、田家英等在该期均有专文。任弼时审阅了复刊后的《中国青年》第一期全部稿件。参见中共中央文献研究室编（2004）:《任弼时年谱》，北京：中央文献出版社、人民出版社，2004 年，第 584 页。

④ 薛暮桥（1946）:《政治经济学》，邯郸、冀中：华北新华书店，1948 年 12 月。

⑤ 1949 年 4 月 21 日，华北人民政府主席董必武、副主席薄一波、蓝公武、杨秀峰联名发布关于成立教科书编审委员会的决定。参见《董必武年谱》编写组（1991）:《董必武年谱》，北京：中央文献出版社，1991 年，第 328 页。

仍为高中一年级第一学期政治课本。①

1948 年 12 月，上海物价比 1947 年 12 月上涨 1 460 倍。与此对照，各解放区物价与 1947 年 12 月相比，华北区与华东区约上涨 3 倍，西北区不到 1 倍。因淮海战役和平津战役进行，华北各解放区价格普遍上涨约 50%。②

① 薛暮桥（1946）：《政治经济学》，北平：新华书店，1949 年 4 月。

② 《大众日报》专论（1949）:《一年来敌我地区的货币和物价》（1949 年 1 月 15 日），载《山东革命历史档案资料选编》第二十二辑，济南：山东人民出版社，1986 年，第 67—71 页。

## 1949 年

**1 月 1 日** 中共中央召开财经座谈会，刘伯承、陈毅、罗荣桓、薄一波等大区领导人到会。与会者普遍认为财经统一工作进展迟缓，要求尽快建立全国统一的财经领导机构。①

**1 月 6 日至 8 日** 中共中央在西柏坡召开政治局会议，毛泽东在会上作《目前形势和党在一九四九年的任务》报告，重申必须将革命进行到底。周恩来在会上指出，关于经济发展和财政的逐步统一，目前比较成熟的有六条：（一）票币统一（东北尚待考虑），人民银行归中央；（二）预算决算经中央批准，保持一定数量的机动费；（三）兵工生产统一计划，统一分配，统一基数；（四）铁道统一修理，统一管理；（五）统一对外贸易计划，业务管理分区负责；（六）统一军需生产，分区负责，实行调剂（包括卫生、电信）。②

**1 月 10 日** 中共中央宣传部致电华东局宣传部，告知“党的文件、党的领袖作品、有时间性的政策问题的书籍”归新华书店单独出版，“他们现在在东北印书，送来华北发售，要求给与汇划上的帮助，此事曾请薛暮桥与之接洽，并写信给华东、华北两财办，给以

---

① 薛暮桥、杨波主编（1996）：《总结财经工作　迎接全国胜利——记全国解放前夕两次重要的财经会议》，中国财政经济出版社，1996 年，第 429 页；刘树发主编（1995）：《陈毅年谱》上卷，北京：人民出版社，1995 年，第 546 页。

② 杨尚昆谈及周恩来“征询大家的意见后”提出这六条。他所说的“大家”，应指刘伯承、陈毅、林彪等人。参见杨尚昆（2001）：《杨尚昆回忆录》，北京：中央文献出版社，2001 年，第 269 页。

帮助”[①]。

**1 月 12 日** 中国妇女第一次全国代表大会筹备委员会在西柏坡正式成立。罗琼为 73 人筹备委员会的 21 人常务委员之一，并兼任宣传组组长。宣传组编印了 10 本一套的丛书（《马克思恩格斯列宁斯大林论妇女》《中国解放区妇女运动文献》《中国解放区农村妇女翻身素描》《中国解放区农村妇女生产运动》《中国解放区农村妇女参战运动》《新社会的新女工》《中国解放区儿童生活》《中国解放区的南丁格尔们》《国民党统治区民主妇女运动》《国际民主妇女运动文献》)，罗琼还受命起草中国妇女第一次全国代表大会主题报告。[②]

**1 月 22 日** 中国妇女第一次代表大会筹备委员会在西柏坡成立。蔡畅为主任，邓颖超、李德全任副主任。罗琼为常务委员。

**1 月 26 日** 中共中央提出关于平稳物价的建议。建议指出：人民银行新币发行，适值平津、淮海两大战役，太原尚未攻下，战争供给空前巨大，货币发行突然增加，以致关内物价剧烈上涨；加以事前准备未周，宣传不够，使我货币供给和物价掌握更感困难。目前各地均苦货币不够，要求大量供给；同时又怕物价剧烈上涨，要求紧缩货币，平稳物价。因之一面感到票面过大，刺激物价上涨；一面又苦印刷力量不够，竞印大票。如此矛盾状态，必须迅速解决。现在人民票既已发行，不管情况如何，各地必须予以全力支持，而战争供给亦须各地共同负担。如因此而引起物价波动，亦须各地分担平稳物价之责，方能渡过一时困难，走向胜利发展。必须教育干部，尤其是财经部门干部，加强整体观念，克服地方主义思想。为此，特向各地提出下列各项建议：

---

① 《中共中央宣传部关于光华书店的方针给华东局宣传部电》(1949 年 1 月 10 日)，载《中华人民共和国出版史料》第一卷，北京：中国书籍出版社，1995 年，第 6 页。

② 罗琼谈、段永强访(2000)：《罗琼访谈录》，载薛小和编：《把国放在家前面：罗琼逝世一周年纪念文集》，北京：中国妇女出版社，2007 年，第 169 页。

1. 各地均应负责采取各种有效办法支持人民票，平稳物价。

现在淮海战役已经胜利结束，平津战役亦将胜利结束，战争胜利地区扩大，各地应妥慎掌握货币发行，严禁投机抢购，并适当抛出物资特别是国营工厂的物资，如煤炭、铁、纱布、盐、粮食、纸烟、酒，等等，使物价渐趋平稳。否则物价再涨，增发货币仍然不能解决困难。

2. 中央已令东北赶印小票，并正谋利用平、津的材料及工厂赶印小票。在此物价波动尚未平息时期，各地希勿多发大票，少发100元券，不发200元券，多发10元券及20元券，即因此而引起若干困难，亦宜暂时忍受。

3. 货币既已固定比价，一地物价波动难免不波及邻区，且有些波动因受战争影响，不能完全避免，只能尽力减少波动的程度，不准再作人为的恐慌而加重波动。对于战争所引起的物价波动，各地必须互相支持，这不但是为支持邻区，而且是为支持战争，即因此而受到某些损失，亦不应过分计较。①

**1月30日** 就人民币印制计划致信南汉宸：关于印制计划，必须于上半年完成银行所订的1 000亿元。2月要送一些给中原，并准备好西安和武汉的需要。估计给西北要3亿至5亿元，给中原要10亿至15亿元。东北印制计划因受纸张限制，1月只能印10元券2 000令及很少的百元券，总数约10亿元。2月改为10元券3 000令，百元券1 000令，总数约50亿元。可能运回10亿至20亿元，补足你们给西北和中原的数字。华东多印20元券，印刷力已自顾不暇，京沪需要你们帮助准备，因此在2—3月还要为京沪准备50亿至100亿

① 《中共中央关于平稳物价的几项建议》（1949年1月26日），载李海、李惠美、成丽英主编《统一财经　为新中国奠基立业——记全国解放前后两次重要的财经会议》，北京：当代中国出版社，2008年，第154—155页。

元（东北印制数中解决大部）。现在最好调剂部分小票给华东，再要求他们给平津一部分凹版的百元票。全年要做 3 000 个数目字的准备，票纸油墨请速计划采购。[①]

**1 月 31 日** 中国人民解放军开入北平城内，平津战役结束。次日，中国人民解放军北平市军事管制委员会成立。再次日，北平市军事管制委员会所属物资接管委员会入驻北平城，和平接管正式开始。[②]

**2 月 4 日** 就人民币印制计划致信南汉宸，内容如下：华东来电报告，他们九部胶版机三部印 100 元券，四部印 50 元券，只二部印 20 元券。1 月 20 元券、50 元券均无出品，只有 100 元券 5 亿元（凹版 2 亿元，胶版 3 亿元），估计 2 月产量为凹版百元券 6.24 亿元，胶版百元券 12 亿元，50 元券 3.8 亿元，20 元券 1.4 亿元，合计为 23.44 亿元。董老去电因恐物价再涨，先只发 20 元券，但他们手头没有 20 元券，2 月也只能印出 1.4 亿元，故要求征华北调拨 10 元、20 元券 30 亿元（当然这是不可能的）。如果允许他们发 50 元券（3.8 亿元）及凹版百元券（8.24 亿元），亦尚缺 16 亿余元，实在无法解决。平津印制希望加紧进行,1 元券不必多印，凹版机早日利用印 100 元券（已电华东送凹版）。不知 2 月内能否给予华东若干帮助。[③]

**2 月 8 日** 请刘少奇为中共中央财政经济部等机关干部作《关于新中国经济建设的方针与问题》报告。[④] 报告指出，新民主主义革命

---

① 《薛暮桥写给南汉宸的信》，手稿，1949 年 1 月 30 日，中国人民银行档案室藏，档案号：中国人民银行行长办公室 –1949 年 –13。

② 戎子和（2000）：《接管北平财经工作的历程》，载《亲历重大历史事件实录》第四卷，北京：党建读物出版社、中国文联出版公司，2000 年，第 64 页。

③ 《薛暮桥写给南汉宸的信》，手稿，1949 年 2 月 4 日，中国人民银行档案，档案号：中国人民银行行长办公室 –1949 年 –13。

④ 薛暮桥（1996）：《薛暮桥回忆录》，载《薛暮桥文集》第二十卷，北京：中国金融出版社，2011 年，第 150 页。

客观上为资本主义经济的发展扫清道路，但目的不是发展资本主义，而是要过渡到社会主义。因此无产阶级同资产阶级就有斗争，资产阶级是为资本主义而斗争，无产阶级是为社会主义而斗争。他还指出，将来对资本家一般可以采用国家资本主义的办法，使资本家为国家服务，减少资本主义在国民经济中的破坏性，增加其建设性。报告特别详细地讲了合作社问题。①

受刘少奇这一报告启发②，会后撰写了《论新民主主义的合作社》一文。文章完成后，因中央机关忙于迁移北平的准备工作，迟至 8 月 10 日才发表③（参见 1949 年 8 月 10 日条）。

**2 月 9 日** 周恩来通知陈云：经与毛泽东商定，准备调他回中央

---

① 薛暮桥（1980）:《怀念伟大的马克思主义者——刘少奇同志》，载《红旗》，1980 年第 10 期，第 6 页。薛暮桥曾概括刘少奇这一报告的要点为“多种经济成分，领导市场要通过供销社用商业办法战胜资本家”。参见苏星（2016）:《积之四十年》，载《苏星经济论著全集》第八卷，北京：知识产权出版社，2016 年，第 98 页。需要特别指出的是，薛暮桥虽然多次谈及此事，但《刘少奇年谱》中并无专门条目记录。《刘少奇论新中国经济建设》一书收录了刘 1948 年 12 月 25 日在华北财政经济委员会上的报告的主要部分。或许这是薛暮桥邀请刘少奇所作报告。在缺少进一步证据的情况下，本书仍按照薛暮桥的回忆记录。参见刘少奇（1948）:《新中国经济的性质与经济建设方针》（1948 年 12 月 25 日），载中共中央文献研究室编《刘少奇论新中国经济建设》，北京：中央文献出版社，1993 年，第 44—58 页。

② 薛暮桥的各种作品均表示此文受刘少奇 1949 年 2 月 8 日报告的启发，因此我们也这样记录。但值得注意的是，1948 年薛暮桥在解放区妇女工作会议上的报告中已经表达了类似思想。参见薛暮桥（1948）:《关于合作社问题的报告》，载《薛暮桥文集》第三卷，北京：中国金融出版社，2011 年，第 235—242 页。

③ 薛暮桥多次谈到，《论新民主主义的合作社》一文送刘少奇审阅，但因北平解放，忙于迁京，文章一直保存在刘少奇的文稿档案中长达 30 多年，直到 1987 年春才由中共中央文献研究室发现并送给薛暮桥。实际上，这篇文章当年已经在《人民日报》发表并广为流传。参见薛暮桥（1987）:《纪念伟大的马克思主义者——刘少奇同志》，载《薛暮桥文集》第十二卷，北京：中国金融出版社，2011 年，第 280 页；薛暮桥（1996）:《薛暮桥回忆录》，同上书，第 151 页。

主持财经工作。①

**2 月中旬** 奉周恩来之命赴北平。② 薛暮桥这样解释此事：

1949 年初，北京刚刚解放，我就奉周恩来同志之命，到北京与南汉宸同志共同清查国民党留下来的钞票印刷机和可以印钞票的纸张，计算钞票的印刷能力。周恩来同志派我做这件事情，是因为在当时情况下，人民币是支援解放军进行横扫全国的大规模战争的主要财政来源。周恩来同志还嘱咐我，货币的发行计划要向陈云同志和董必

---

① 中共中央文献研究室编（2015）：《陈云年谱（修订本）》上卷，北京：中央文献出版社，2015 年，第 700 页。

② 关于周恩来派薛暮桥赴北平的时间，权威文献记为 1948 年 2 月初。参见中共中央文献研究室（1989）：《周恩来年谱（一八九八——一九四九）》，北京：中央文献出版社、人民出版社，1989 年，第 831—832 页；中共中央文献研究室编（2015）：《陈云年谱（修订本）》上卷，北京：中央文献出版社，2015 年，第 699 页。薛暮桥本人有时说是 2 月初，有时说是 2 月 2 日。参见薛暮桥（1984）：《运筹帷幄之中　决胜千里之外——读〈陈云文选〉第二卷的心得》，载《薛暮桥文集》第十卷，北京：中国金融出版社，2011 年，第 191 页；薛暮桥（1986）：《在周恩来同志领导下工作的回忆》，载《薛暮桥文集》第十二卷，北京：中国金融出版社，2011 年，第 3 页；薛暮桥（1996）：《解放战争时期（1947—1949 年）财政经济工作的回忆》，载《总结财经工作　迎接全国胜利——记全国解放前夕两次重要的财经会议》，北京：中国财政经济出版社，1996 年，第 22 页；薛暮桥（1996）：《薛暮桥回忆录》，载《薛暮桥文集》第二十卷，北京：中国金融出版社，2011 年，第 149 页。我们认为薛暮桥的回忆并不准确，理由如下：第一，1949 年 2 月 9 日，周恩来通知陈云，经与毛泽东商定，准备调他回中央主持财经工作。在确定陈云将主持中央财经工作之前，周恩来不宜就全国货币发行方针命薛暮桥请示陈云。而且，既然 2 月 9 日陈云在西柏坡，周恩来不必专门命薛暮桥去北平请示。第二，薛暮桥回忆于 2 月 8 日请刘少奇在中财部讲《关于新中国经济建设的方针与问题》，这意味着他最早也是 2 月 8 日回到西柏坡。而他说回到西柏坡后，周恩来告诉他，中财部将改为中央财政经济委员会，由陈云同志任主任。而 2 月 8 日陈云任中财委主任事尚未确定，周恩来不可能在 8 日或更早告诉薛暮桥这一消息。第三，据《杨尚昆日记》记载，2 月 17 日薛暮桥才返回夹峪村，22 日周恩来批发关于增印 200 元、500 元、1 000 元券的电报。如果上旬此事已经商定，电报不会这样晚。因此，我们认为 1949 年 2 月薛暮桥奉命赴北平时间为 2 月中旬而不是 2 月初。

武同志请示。①

会同1月31日进入北平的南汉宸，清查国民党留下的钞票印刷机（凹版机）和印钞纸张，计算货币印刷能力。②

就货币发行方针，分别征询下榻北京饭店的董必武、陈云的意见。③董必武估计解放区迅速扩大，物价可以比较稳定，每月估计上

① 薛暮桥（1984）：《运筹帷幄之中　决胜千里之外——读〈陈云文选〉第二卷的心得》，载《薛暮桥文集》第十卷，北京：中国金融出版社，2011年，第191页。

② 《薛暮桥同志谈全国解放初期稳定市场物价的斗争》，1983年12月18日上午，路南整理，薛小和藏；薛暮桥（1996）：《薛暮桥回忆录》，载《薛暮桥文集》第二十卷，北京：中国金融出版社，2011年，第149页。薛暮桥对李海讲过在北平视察中央印刷厂的情况，李海记述："周恩来同志非常关心印钞的事，要他（指薛暮桥。——引者注）抓紧去办。1949年初北平和平解放前夕，听说那里有一个即将接管的现代化印钞厂，大家非常高兴，立即组织精干人员随军进城接管，尽快开工印刷钞票。为此，薛老亲自赶往接管后的北平，视察接管印钞厂情况。这个厂名叫中央印刷厂，是国民党政府在北方建立的一座现代化印钞厂。接管后很快就组织工人开工生产，印制人民币钞票。薛老看到这种情况，非常满意。完成了党中央、周恩来同志交给的任务，高兴心情可想而知。就是在事过近五十年之后的今天，向我述说时，也不禁喜形于色，津津乐道。……那时我也在参加接管工作，接管这座印钞厂的军代表是秦炎同志，他带领一批人民银行的同志于1月31日随解放军进城，2月1日接管，2日下午就开工生产印制钞票了，是我们接管中最快最好的一个，受到了表扬。"参见李海（2006）：《总为真理孜孜求——记为暮桥同志编辑〈总结财经工作　迎接全国解放〉一书及其他》，载薛小和编《百年沧桑　一代宗师：薛暮桥逝世一周年纪念文集》，北京：中国发展出版社，2006年，第108页。

③ 薛暮桥曾告诉李钧征询陈云意见时的情景："陈云当时住在北京饭店，时值冬日，房间里温度较高，而从解放区来的岳父，身上穿的是棉袄，很快就热得不行，解开棉袄扣还是热，可是脱了棉袄又冷，因为棉袄里面没有衬衣，所以汇报的时候一会儿脱棉袄，一会儿又披上。岳父说完后，我笑个不停，我问他，陈云看着你这样，他怎么办呢？岳父说，也只能笑笑，因为解放区来的干部很多都没有衬衣，陈云同志也没有多余的衬衣给大家穿。"参见李钧（2006）：《和岳父一起生活的日子》，载薛小和编《百年沧桑　一代宗师：薛暮桥逝世一周年纪念文集》，北京：中国发展出版社，2006年，第228—229页。

升10%。[①] 陈云认为，战争将向全国展开，军费开支浩大，货币发行方针应首先服从战争需要，其次才是稳定物价。物价应按每月上涨20%计算，甚至可能达到30%。[②]

薛暮桥这样评论董必武和陈云关于货币发行方针的意见：

> 在经过八年抗战和三年解放战争之后，有两种选择：一种是支持解放全中国的进军，争取快一些结束战争，不可避免地要多发一些票子，通货继续膨胀，可能要冒恶性通货膨胀的风险；另一种选择是把向全国进军的速度放慢，票子少发一些。后一种选择在政治上、军事上冒的风险更大。应该多发些票子支持向全国进军。[③]

**2月17日**　下午5时，自石家庄返回河北平山县夹峪村。[④]

晚，周恩来找杨尚昆、薛暮桥谈话。刚要开始工作，中共中央书记处有事请周恩来回去。等至凌晨3点，与杨尚昆分别回家休息。[⑤]

---

① 董必武当时对货币政策的意见侧重于物价稳定，这在他1949年2月21日华北人民政府第二次委员会会议上的报告《关于本府成立以来的工作概况》中表现出来。报告对物价波动的原因进行了分析，指出“原因很多，而新币发行又犯了急躁与草率的毛病”，“我个人同时负责中财部及华北财经委员会工作，所以应负较多责任”。参见《董必武年谱》编辑组（1991）：《董必武年谱》，北京：中央文献出版社，1991年，第324页。

② 薛暮桥（1986）：《在周恩来同志领导下工作的回忆》，载《薛暮桥文集》第十二卷，北京：中国金融出版社，2011年，第3页；中共中央文献研究室编（2015）：《陈云年谱（修订本）》，中央文献出版社，2015年，第699页；薛暮桥（1996）：《薛暮桥回忆录》，载《薛暮桥文集》第二十卷，北京：中国金融出版社，2011年，第149页。

③ 参见薛暮桥同志谈全国解放初期稳定市场物价的斗争，1983年12月18日上午，路南整理，薛小和藏。

④ 杨尚昆（2001）：《杨尚昆日记》（上），北京：中央文献出版社，2001年，第41页。

⑤ 同上。薛暮桥在回忆录中说，回西柏坡后，“立即向周副主席报告”，“我从晚10时工作到次日晨6时，画出各种面额人民币印制进度表，立即电告南汉宸同志”。（接下页）

**2月22日** 从昨晚工作至早晨，研究各种面额人民币印制计划。[①]

早晨，周恩来审改批发中共中央致董必武、薄一波电。[②]电文指出：根据目前开支和3月至6月开支的发展趋势，原计划所印人民币“尚不够用”。故应于3月至6月每月增加2000令纸印200元、500元券，9月、10月两月加印1000元券，以“供给南下部队及各地投资恢复工业生产”。[③]薛暮桥这样回忆：

周副主席命我于2月2日（应为2月中旬。——引者注）赶赴北平……按他的指示去见已先到北平的陈云同志和董必武同志，请示货币发行方针。……为什么要首先讨论这个问题，因为这关系到人民币的印制计划。当时人民币的最大票面额已为50元和100元，按陈云同志的方针就应当准备印制500元和1000元的人民币，否则就不可能满足需要。

我回西柏坡后，立即向周副主席报告。他同意陈云同志的意见，并且告诉我，中财部即将改为中央财政经济委员会，由陈云同志任主

---

从《杨尚昆日记》来看，薛暮桥记忆的时间并不准确；而且，计算工作和电告南汉宸显然比薛暮桥所回忆的时间更晚一些（参见1949年2月22日和3月3日条）。

① 薛暮桥（1996）：《薛暮桥回忆录》，载《薛暮桥文集》第二十卷，北京：中国金融出版社，2011年，第149—150页。

② 《周恩来年谱（一八九八——一九四九）》只提到“周恩来审改并批发中共中央致董必武、薄一波电”，并未提到薛暮桥的名字。但据薛暮桥本人说，“人民银行初成立时，银行负责印发票子，由总理决定怎样分配，我起草电报”，薛暮桥参加了电文的起草。参见中共中央文献研究室（1997）：《周恩来年谱（一八九八——一九四九）》下册，北京：中央文献出版社、人民出版社，1997年，第831—832页；薛暮桥（1996）：《薛暮桥回忆录》，载《薛暮桥文集》第二十卷，北京：中国金融出版社，2011年，第150页。需要指出的是，薛暮桥所记发电给南汉宸的时间是不准确的。

③ 中共中央文献研究室（1989）：《周恩来年谱（一八九八——一九四九）》，北京：人民出版社、中央文献出版社，1989年，第811—812页。

任。周恩来同志的工作作风向来认真细致，他根据我所提供的印钞能力，来具体规划什么时候开始印制500元、1 000元的大票面额的人民币，各种面额的印制比例，以便既满足战争需要，又不过分刺激物价。①

此后，周恩来不但决定人民币的印制，而且更重要的是由他决定人民币的分配，各中央局和各野战军再往下具体分配，则由各中央局和野战军自行决定。②

**2月24日** 中央军委致电华北局：按全区现存银元计算，南进部队只能携带3个月用的银元，华野、中野共需600万元。除华东、中原两区共可调发450万元外，所差银元150万元，决定由华北如数调发，由华北送交刘、邓接收统一分配。27日华北局复告：150万元已发出。③

**3月3日** 致信南汉宸。内容如下：

回来后向副座④报告印制状况，他意立即开印少数二百元，伍佰元券，业已电告。三四两月印制数额希望能再扩大。纸张方面，三四月间东北可到苏纸四百吨，华东可到苏纸一千吨，已电商分一部分给平津。兹将最近各地需要情况简告如下：

（1）华东方面，前允拨二十亿送去后，可无问题，三月间他们能自印四十亿，地方需要可以自给（华野由我统一供给），已约定停印地方券，开始印五元券。但一元券不准备印，拟印一元印花贴在十元

---

① 薛暮桥（1996）：《薛暮桥回忆录》，载《薛暮桥文集》第二十卷，北京：中国金融出版社，2011年，第149—150页。

② 同上书，第150页。

③ 中国人民解放军历史资料丛书编审委员会（1997）：《后勤工作大事记》，北京：解放军出版社，1997年，第247页。

④ 指周恩来。

金圆券上，暂作一元在新区使用。

（2）中原方面，除前允拨十亿外，三月初希望再拨十亿，三月底再拨十亿，以便停印中州券，改印人民票。最近中原物价飞涨，白洋已到一千二百元，现正商量改订比价，固定起来。为着维持改订后的的固定比价，必须停发中州券，必要时用人民票收兑一部分中州券，因此人民票的需用很急。他们已有胶版机，纸亦能够买到，但缺工人，还要几个管理干部，最好请总行派去，并给十元或二十元票版，使他们亦能部分解决自己地方需要。

（3）西北方面，一二三月赤字增至人民票七.七亿，除已送四亿及允送三亿外，三月份至少尚需送五六亿，供解放西安需要。现正说服他们停印农币，改印人民银行小票。

（4）南下部队三月份需要送去二百亿，最好上半月能送出半数。以后他们统由华东财办供给，票币亦由华办接收（商定后当另行电告）。银行最好亦派几个干部去，协助按照银行计划分配票币，以免紊乱。以上几项，均系迫切需要，要从平津及东北印制数中解决。故印制工作，请仍继续抓紧，切勿丝毫放松。因罗琼即来北平，草草作书，我们大约还要一月才能北来，余待罗琼面告。顺致敬礼！

薛暮桥

三月三日清晨[①]

**3 月 5 日至 13 日**　中共七届二中全会在西柏坡召开。会议讨论了在全国胜利的局面下，党的工作重心由农村转到城市，城市工作必须以生产建设为中心的问题，规定党在全国胜利以后，在政治、

---

① 《薛暮桥写给南汉宸的信》，1949 年 3 月 3 日，中国人民银行档案室藏，档案号：中国人民银行行长办公室 –1949 年 –13。

经济、外交方面应当采取的基本政策，以及使中国由农业国转变为工业国、由新民主主义社会转变为社会主义社会的总的任务和主要途径。①

会议期间，受周恩来之命，研究五种经济成分问题：

关于五种经济成分问题的提出，过去我只知道是毛主席和刘少奇先后提出来的。刘少奇是在 1949 年 2 月 8 日（应为 1948 年 12 月 25 日。——引者注）提出的，毛主席是在 3 月 5 日提出的。现在才知道张闻天早在 1948 年 8 月 31 日东北城工会议上就提出来了。② 七届二中全会时，我与杨立三在总理那里研究问题，总理就提出这个问题要我们答复。③

对于会上毛泽东的报告，他曾这样回顾：

新中国成立前夕，伟大领袖毛主席在党的七届二中全会的报告中明确地指出，我国在没收官僚资本和完成土地改革以后，还有五种经济成份，就是社会主义经济、资本主义经济、国家资本主义经济、合作社经济和个体经济。在这五种成份中，社会主义国营经济将要成为整个国民经济的领导成份，居于领导地位。但是，资本主义经济还是一个不可忽视的力量，还占重要地位。在一定时期内，一方面，一切有利于国计民生的资本主义成份都要利用，都应当允许其存在和发展；但是，另一方面，又必须加以限制，不能任其自由泛滥。毛主席

① 中共中央文献研究室（1996）:《刘少奇年谱（一八九八——一九六九）》下卷，北京：中央文献出版社，1998 年，第 185 页。

② 张闻天早在 1948 年 7 月 18 日在各县宣传和组织部长会议上就提出来六种经济成分，较五种经济成分多一个“游牧经济”。

③ 张闻天选集传记组（2014）:《200 位老人回忆张闻天》，北京：人民出版社，2014 年，第 347 页。

提出要在活动范围，税收政策，市场价格，劳动条件等四个方面加以限制。对私人资本主义采取限制的政策，必然要受到资产阶级在各种程度、各种方式上的反抗。对资本主义经济的限制和反限制的斗争，将是我们国家内部阶级斗争的主要形式。①

会议期间，奉周恩来之命，向负责东北财经工作的李富春报告中共中央财政经济部工作情况。李富春“给我的第一个印象就是和蔼可亲”②。

**3 月 8 日下午、12 日上午、13 日上午** 周恩来召集座谈会，交换对财经统一的意见。③座谈会上对财经逐步统一没有异议，但对实际问题分歧很大。④3 月 13 日，周恩来在中共七届二中全会上对统一财经问题做出检讨和说明。⑤

**3 月 9 日** 陈云、李富春、叶季壮致电中共中央财政经济部，说造币厂从三月起，每月可生产一百万元。安东造纸厂铜网已破，影响票纸生产任务。为挽救纸荒，请先令天津纸厂的铜网拨交东北使用。⑥12 日，陈云致电中共中央财政经济部，报告：（一）安东铜网已坏，吉林铜网又被特务破坏，均停工，何时复工无把握。（二）据报国民党自营口撤退时，拿走十一张铜网，现存天津。请与黄敬商

① 薛暮桥（1978）：《过渡时期经济领域中的两条道路斗争》，上海：上海人民出版社，1978 年，第 1—2 页。

② 薛暮桥（1992）：《怀念卓越的经济工作领导者李富春同志》，载《薛暮桥文集》第十四卷，北京：中国金融出版社，2011 年，第 148 页。

③ 薛暮桥作为中共中央财政经济部秘书长，理应出席这次座谈会。但我们并无直接证据。参见杨尚昆（2001）：《杨尚昆日记》上卷，北京：中央文献出版社，2001 年，第 48、51、52 页。

④ 杨尚昆（2001）：《杨尚昆回忆录》，北京：中央文献出版社，2001 年，第 282 页。

⑤ 杨尚昆（2001）：《杨尚昆日记》上卷，北京：中央文献出版社，2001 年，第 52 页。

⑥ 中共中央文献研究室编（2015）：《陈云年谱（修订本）》上卷，北京：中央文献出版社，2015 年，第 702 页。

量，将铜网拨东北，以迅速恢复纸厂生产，不耽误印钞任务。（三）据说苏纸已起运，一周内可到达，但不能确信能否如期到。（四）在纸厂生产未恢复、苏纸未到前，按现有纸计算，除截至本月止已送去四十九亿元外，尚可印百元券五十八亿，其中十亿需四月送出。[①]

收电后，薛暮桥起草电报，以急电自己批发。他回忆：

这时周副主席正参加党的七届二中全会，有几天没有到办公室来办公。我为中央起草给天津市委的电报，用急电自己批发。周副主席看到后批评我办事太草率，以为发一个电报就一定能把事情办妥。他立即亲自命令派一辆卡车，要我当晚（已经子夜一点钟）派一干部专程去天津询问，批评我还像一个“书生”，没有战斗作风。幸而我派的干部到天津时，天津市委已把铜线网送到大连，这才使他心情平静下来。[②]他心中想着铜线网迟到大连一天，就要少制造多少印钞纸，影响军费供应，他批评我是有充分道理的。[③]

**3 月 19 日** 晚，根据周恩来的指示，致信薄一波并告南汉宸。信中说：

屡接来电，知平津票币印制可能完成预定计划，各地所需票币亦

---

① 中共中央文献研究室编（2015）：《陈云年谱（修订本）》上卷，北京：中央文献出版社，2015 年，第 702—703 页。

② 陈云和叶季壮 1949 年 3 月 20 日致电中共中央财政经济部，报告已收到天津送来的铜网八个，但网眼细，以后钞纸质量要差一些。据此判断，周恩来批评薛暮桥的时间为同日凌晨。参见中共中央文献研究室编（2015）：《陈云年谱（修订本）》上卷，北京：中央文献出版社，2015 年，第 709 页。

③ 薛暮桥（1996）：《薛暮桥回忆录》，载《薛暮桥文集》第二十卷，北京：中国金融出版社，2011 年，第 150 页。薛暮桥在回忆录将此事错记为 1949 年“2 月末，大连市委来电，说大连造纸厂（当时解放区唯一能造印钞纸的工厂）造纸的铜线网，被蒋军掠夺运到天津去了，请天津市委立即查明送回大连”。此处已订正。

能按时供给，不知最近情况有无变化？周副主席对此极为关心，嘱最修函询问。各地票币需要状况，前已络续电告。华野中野所需一百亿元，及中原地方所需二十亿，希望能按约定时间（十五日，二十日）分两批送出，以供前线急需。西北所需十亿，亦希望于月底以前陆续送出，并酌给部分小票。东野所需五十亿，请与子恢同志约定于本月底及下月初陆续拨付。四月份各地所需票币，除华东华北地方开支外，当在二百亿至三百亿之间，亦请早行准备。并请汉宸同志计算各种票币配搭。印制状况，东北因缺乏钞纸，本月印制任务恐难全部完成（可印 70 亿左右，连上月约 110 亿）。平津的二十元，五十元，一百元券，本月不知能实印多少？东北（运到数额）及平津所印票币，除送出上列各数外，尚有多少余剩可以随时调拨？二百元券及伍佰元券需早印制，但二百元券目前不能多发，伍佰元券暂时不发，因此应把二百元券及伍佰元券另行计算，不能靠它解决问题。钞纸供给目前似乎难以乐观，东北纸厂铜网破坏，停产钞纸，因此除派员去津设法解决铜网外，并自哈尔滨 400 吨苏联钞纸中拨出 100 吨给东北（另 300 吨仍运天津），又要之光[①]速运一万令钞纸给东北，昨已分别电告。这样平津钞纸供给，可能稍受影响。请汉宸同志调查存纸数量、采购状况、钞纸供给有无困难，以便通盘调拨。天津纸厂生产状况，亦请调查报告。董老来平，此次会议对于财经问题讨论情况，当由董老面谈。兹仅提出以上数点，希望汉宸同志迅速电告。本函讲得不明白处，请面询董老。[②]

**3 月 20 日** 中共中央发出《关于财政经济工作和后方勤务工作中

① 指钱之光。

② 《薛暮桥给薄一波并南汉宸的信》，手稿，1949 年 3 月 19 日，中国人民银行档案室藏，档案号：中国人民银行行长办公室 -1949 年 -13。

若干问题的决定》。决定指出：我们正在走向全国胜利的过渡期中，由于中国地方广大，经济落后，农业与手工业生产尚占百分之九十左右，近代工业仅占百分之十左右，又由于革命发展不平衡，战区与非战区、新区与老区、解放区与国民党统治区有很大区别，而中心环节是人民解放军不久即将会将战争引向长江以南，但尚需两年至三年时间才能占领全中国。因此，在中央领导之下的区域制，在相当长的一个时期内仍然成为必要。关于财政经济工作及后勤工作的统一问题，应该是在分区经营的基础之上，在可能与必须的条件下，有重点地、有步骤地走向统一。对于新区的领导机关，应该给予较大的机动权。210万野战军兼进，其供给负担大致区分为：东北、中原全力供给东北野战军，西北全力及华北主要部分供给西北野战军及华北各兵团，华东全力供给华东、中原两野战军，不足时，经过中央从华北、东北调剂。决定指出：中央应即成立财政经济委员会，首先与华北财经委员会合并，各大区财经工作负责人参加。①

**3月24日至4月3日** 罗琼作为华东解放区妇女团体选出的正式代表和大会宣传委员会主任，出席在北平中南海怀仁堂举行的中国妇女第一次全国代表大会。② 大会讨论通过《中国妇女运动当前任务的决定》和《中华全国民主妇女联合会章程》，成立中华全国民主妇女联合会，第一届第一次执行委员会推请何香凝为名誉主席（后增请

① 中国人民解放军历史资料丛书编审委员会（1997）：《后勤工作大事记》，北京：解放军出版社，1997年，第249页。据《周恩来年谱（一八九八—一九四九）》记载，《中共中央关于财政经济工作及后方勤务工作中若干问题的决定》由周恩来起草。参见中共中央文献研究室（1989）：《周恩来年谱（一八九八——一九四九）》，北京：中央文献出版社、人民出版社，1989年，第817页。

② 罗琼谈、段永强访（2000）：《罗琼访谈录》，载薛小和编：《把国放在家前面：罗琼逝世一周年纪念文集》，北京：中国妇女出版社，2007年，第171页。

宋庆龄为名誉主席），蔡畅当选主席。[①] 罗琼为 17 位常务委员之一。[②]

**3 月 25 日** 随中共中央和中央军委机关由西柏坡移驻北平。中财部开始在香山慈幼院办公。此后周恩来工作更忙，“已经不能天天亲自审批财经文件”[③]，“我们不能天天见面了”[④]。

**3 月 28 日** 杨立三致信周恩来，报告中原局要增加人券（指中国人民银行发行的人民币。——引者注），已告薛暮桥，当即电商董老。[⑤]

**4 月 2 日** 与武竞天会签杨立三起草、上报中央军委的《关于铁路军运上的一些问题的商讨意见》。此前曾与杨立三、武竞天以及华北军区运输部代表一起研究有关铁路军运的问题。[⑥]

**4 月 21 日** 第二、第三野战军和第四野战军一部在五百余公里战线上强渡长江，摧毁国民党长江防线。同日，毛泽东、朱德发布“向全国进军的命令”。23 日，南京解放。[⑦]

---

① 中共中央组织部编（2021）：《中国共产党组织建设一百年》，北京：党建读物出版社，2021 年，第 153 页。

② 柳勉之（1994）：《中国妇女第一次全国代表大会始末》，载中共北京市海淀区委党史研究室编：《中共中央在香山》，北京：中共党史出版社，1994 年，第 384—391 页。

③ 薛暮桥（1986）：《在周恩来同志领导下工作的回忆》，载《薛暮桥文集》第十二卷，北京：中国金融出版社，2011 年，第 4 页。

④ 薛暮桥（1996）：《薛暮桥回忆录》，载《薛暮桥文集》第二十卷，北京：中国金融出版社，2011 年，第 151 页；《杨立三年谱》编辑组编（2004）：《杨立三年谱》，北京：金盾出版社，2004 年，第 211 页。《薛暮桥回忆录》记“香山慈幼院”为“香山慈幼园”，此处已订正。

⑤ 杨立三（1949）：《人民币发送及其他》，载《杨立三文集》，北京：金盾出版社，2004 年，第 456—457 页。

⑥ 《杨立三年谱》编辑组编（2004）：《杨立三年谱》，北京：金盾出版社，2004 年，第 212 页；中国人民解放军历史资料丛书编审委员会（1997）：《后勤工作大事记》，北京：解放军出版社，1997 年，第 254 页。

⑦ 中共北京市海淀区委党史研究室（1994）：《中共中央在香山》，北京：中共党史出版社，1994 年，第 14—17 页。

**5 月 4 日** 与中央军委总后勤部、华北人民政府财政部、西北后勤部商讨华北兵团开赴西北作战的供给问题。会议认为，为统一供给，便于掌握，华北兵团开赴西北后，原则上应归西北统一供给，与华北割断供给关系。但出征前后必须由华北供给。①

**5 月 10 日** 晨，陈云从东北抵达北平清华园东站。②

**5 月 11 日至 6 月 2 日** 出席中央军委在香山召开的财政经济工作会议。会议讨论了关于中央财经委员会的机构设置，以及上海、天津、唐山等地的生产、金融、税收和对外贸易等问题。薛暮桥回忆，陈云同志“命我把原来中央财政经济部和华北财委③以宋劭文同志为首的干部集合起来，筹建中央财政经济委员会”④。

**5 月 14 日** 与参加华北合作工作参观组的山东省实业厅代表谈话，指出：合作社以发展城乡交换、工业品与农业品交换的供销业务为主。过去在农村对城市采取封锁政策，对内发展自给自足经济，以实现独立自主，因此原来城市需要的农业、手工业生产（如花边草帽、烟草、棉花等）大大收缩，另一方面，乡村原来不发达的纺织等手工业大大发展起来。今天要反过来，要恢复和发展前者，收缩后者，合作社要把握这一经济变化。在方针上，应以城市为中心，发展城乡交换，以工业品为中心进行工农业品交换；乡村合作社要注意发展特殊的商品作物，如棉花、烟草、羊毛、生油、豆油等；省级合作社业务，重点放在特产商品作物供销。在目前以供销业务为主的情况下，合作社归工商部领导有其有利的地方，但农村变工组可归实业厅领

---

① 杨立三（1949）：《华北兵团开赴西北的供应办法》，载《杨立三文集》上卷，北京：金盾出版社，2004 年，第 467 页。

② 中共中央文献研究室编（2015）：《陈云年谱（修订本）》上卷，北京：中央文献出版社，2015 年，第 724 页。

③ 指华北财经委员会。

④ 薛暮桥（1984）：《运筹帷幄之中　决胜千里之外——读〈陈云文选〉第二卷的心得》，载《薛暮桥文集》第十卷，北京：中国金融出版社，2011 年，第 192 页。

导，将来合作社重点转到集体农场时，再转入农业部门领导。国营企业与合作社关系问题，各地区自己开会研究解决。资金过去首先给军队，第二供给贸易公司，第三是银行，第四才是合作系统，现在国家财政还是困难，但合作部门可以增加一些。资金计划做好后，必要时可以电报中央来批。[①] 按照上述原则，中共山东分局、山东省人民政府 7 月 1 日发出关于加强合作工作的指示，对合作社工作作出安排。[②]

北京大学文法学院和经济系增设社会发展史和新民主主义经济政策课程，分别由何干之、薛暮桥讲授。[③] 此前，薛暮桥应聘北京大学兼任讲师，聘书由助教张友仁代表北京大学经济系系主任赵迺抟教授转交。[④]

新民主主义经济政策课每周三节，一学期讲完。[⑤] 据张友仁回忆，薛暮桥在课上：

既讲新民主主义经济的理论，又讲新民主主义经济的实践，是同学们当时极为需要的课程。学生们热烈欢迎这门课程，踊跃前往听

① 《实业厅派出华北合作工作参观组报告薛暮桥同志对山东合作工作的意见》，1949 年 5 月，山东省档案馆藏，档案号：华东局 -1-143-4。

② 《中共山东分局、山东省人民政府关于加强合作工作指示》，载《山东革命根据地财政史料选编》第三辑，济南：山东省财政科学研究所、山东省档案馆，1985 年，第 306—308 页。王耕今曾经在 1950 年的一篇文章中说，解放区合作社“从去冬今春开始了它发展的新阶段”，从我们所记条目看，时间还要略早一些。参见王耕今（1950）：《合作社发展的新阶段》，载《经济专刊论文选》，北京：政务院财政经济委员会印刷厂，1951 年，第 300 页。

③ 《当代中国的北京》编辑部（1992）：《当代北京大事记（1949—1989）》，北京：北京出版社，1992 年，第 13 页；冯文彬、高狄、王茂林主编（1991）：《中国共产党建设全书（1921—1991）第三卷　党的思想建设》，太原：山西人民出版社，1991 年，第 1061 页。

④ 按照当时北京大学体制，兼任教师职称只有“兼任讲师”一种。参见张友仁（2005）：《北大清华的教授》，载张友仁《北大清华的教授们》，香港：凌天出版社，2005 年，第 353 页。

⑤ 刘辉（2008）：《中国共产党人的文化自觉：新民主主义文化思想再研究》，北京：中共党史出版社，2008 年，第 223 页。

课。在他讲课的北大沙滩北楼小礼堂里，同学们总是挤得满满的。这门课程在培养新中国第一批财经工作干部中起了很好的作用。……尽管工作繁重，薛暮桥还是经常指导北大经济系毕业生的论文写作。如：1950年底，李若愚同学根据我国1950年物价的极大波动和稳定的过程，写出《1950年全国物价综述》一文，论述了我国稳定物价工作的空前胜利，就得到薛暮桥的认真修改，并经计划局孙晓村副局长推荐到上海《经济周报》上发表。①

对于在北京大学兼任讲师授课，薛暮桥自己的评价是“受欢迎，因为有实际，但也有不欢迎的一面，说是不系统”②。

**5月19日**　北平《人民日报》“经济专刊”版创刊。创刊后，为专刊组稿并积极帮助修改稿件。正如新闻史教科书所说，“经济学家薛暮桥把《人民日报》的经济专栏（即“经济专刊”。——引者注）版办得也很充实”。③杨波是“经济专刊”主要作者之一。他回忆：

我当时在中财委计划局贸易处、财金处工作，根据陈云同志的工作部署和指示精神，暮桥同志经常出题目要我写文章对外宣传，稿子写出来他只要有时间，总要帮助修改，我那一时期写的文稿比较多，是与暮桥同志的指导帮助分不开的。④

---

① 张友仁（2005）：《北大清华的教授们》，香港：凌天出版社，2005年，第353页。

② 《经济问题座谈会第三十三次会议记录》，1958年5月，范世涛藏。

③ 丁淦林主编（2000）：《中国新闻事业史》，武汉：武汉大学出版社，2000年，第289页；李本乾、李彩英主编（2006）：《财经新闻》，大连：东北财经大学出版社，2006年，第24页。

④ 杨波（2015）：《熔炉：从学徒工到共和国部长　杨波回忆录》，北京：中国轻工业出版社，2015年，第30页。1949年至1951年杨波在《人民日报》发表20多篇文章，超过一半在“经济专刊”发表，这些文章现已收录在《杨波经济文集》上卷（北京：中央文献出版社，2000年）。

“经济专刊”自创刊至1950年底因《人民日报》缩减篇幅停刊，合计出刊70余期，是关于1949—1950年中国经济的权威文献来源。1951年经济专刊编委会选择其中47篇论文汇集成书，由政务院财经委员会印刷厂印刷。[①]

在《人民日报》“经济专刊”创刊第一期发表《论金银外币管理》一文。文章指出，要建立健全的和独立自主的经济体系，就必须建立健全的和独立自主的货币体系。“法币”从一开始就被美英帝国主义所控制，中国的金融、财政以及其他经济事业，也不得不直接、间接地受美英帝国主义所控制。最近几年反动政府滥发纸币，因此币值狂跌、物价飞涨。为挽救危机，又从“法币”变为“关金券”“金圆券”，信用越降越低，现在国民党的货币体系和经济体系已经完全崩溃。解放军和人民政府在所到达的地区，首先遇到的一个迫切问题，就是怎样收拾国民党反动政府遗留下来的完全混乱和完全腐朽的货币市场。金圆券已被人民抛弃，没有丝毫力量阻碍人民票的发行和广泛流通。但代替金圆券的金条、银元以及各种外国货币任意泛滥，会成为建立健全独立自主的货币体系的严重障碍。因此，政府虽不反对人民贮存金银，但对于金银的计价、行使或投机买卖，不能不严厉禁止。至于外币，“我们不但应当严厉反对外国货币在中国市场上流通，就连人民贮存外国货币，原则上亦不应赞同。应当把这些外国货币逐渐吸收到国家银行里来，作为外汇准备基金，以便换回各种我们经济建设所

① 经济专刊编辑委员会（1951）：《经济专刊论文选》，北京：政务院财政经济委员会印刷厂，1951年。该论文选的作者多为政务院财政经济委员会委员、工作人员或所属部门工作人员。秦含章称之为“王寅生先生最后留给我们的一本好书”。参见秦含章（1998）：《三载聆教，终生受益——回忆王寅生先生》，载《王寅生文选》，北京：中国财政经济出版社，1999年，第14—21页。

必需的生产资料”[①]。

**5 月中旬** 由香山慈幼院迁至北平城内办公。[②]

**5 月 20 日** 午饭后时间，在和谈会议处[③]遇到新四军时期的朋友阿英，在门外的铜狮子处合影留念。[④]

**5 月 23 日** 陈云就购棉等问题致信周恩来，告“千家驹写了一个外币意见[⑤]，要我转告他们主张禁用禁持，此事可否明天会议上顺便斟酌一下？千家驹的意见送上，也希望给暮桥看一下如何办好，也应该有个定论预告上海、华东”。[⑥]千家驹的“外币意见”与薛暮桥 5 月 19 日在北平《人民日报》发表的《论金银外币管理》一文意见一致。不久陈云请千家驹起草了禁持外币的电报，发给上海、华东。[⑦]

---

① 薛暮桥（1949）:《论金银外币管理》，载《薛暮桥文集》第三卷，中国金融出版社，2011 年，第 259—260 页。此前，华北人民政府于 1949 年 4 月 27 日颁布《华北区金银管理暂行办法》和《华北区私营银钱业管理暂行办法》，禁止走私倒卖金银。

② 薛暮桥曾谈及陈云领导中央财经委员会后，在东交民巷找到一个办公室，“我随即入城办公”。再参考阿英 1949 年 5 月 20 日的日记（参见 1949 年 5 月 20 日条），可以确定薛暮桥迁至城内办公的时间为 5 月中旬。参见薛暮桥、杨波主编（1996）:《总结财经工作 迎接全国胜利——记全国解放前夕两次重要的财经会议》，北京：中国财政经济出版社，1996 年，第 24 页。

③ 1949 年 4 月国共和谈的正式会议在中南海勤政殿举行。

④ 阿英（1949）:《平津日记》，载《阿英全集》第十二卷，合肥：安徽教育出版社，2006 年，第 428 页。

⑤ 指千家驹 5 月 21 日就收兑外币给陈云信中建议上海解放后应由军管会严令禁止外币（以美元为主）的流通、计价、行使及持有，他认为这是管理通货、国家保持一国货币主权独立之尊严的通例。

⑥ 陈云（1949）:《关于购棉问题给周恩来的信》，载《陈云文集》第一卷，北京：中央文献出版社，2005 年，第 675—676 页。

⑦ 这封信印证了《周恩来传》《杨尚昆回忆录》和《杨立三年谱》所记当时周恩来与薛暮桥的密切工作关系，同时表明在货币政策问题上薛暮桥得到中央领导人的尊重。《陈云传》一书中对禁持外币电报的决策过程这样叙述：1949 年 5 月 21 日，“陈云约章乃器、千家驹、沈志远到自己住所谈了几个小时。……章乃器、千家驹、沈志远提出：上海解放后，外币应禁用禁持。陈云就请千家驹写个禁用禁持（接下页）

**5月27日** 上海解放。

**5月28日** 毛泽东将邓小平、饶漱石、陈毅、曾山23日向中共中央和中央财经部请求拨300亿元人民票应急的电报，批送周恩来、朱德、刘少奇、陈云，请他们商酌两大问题：（一）华东方面需要大量人民票，这是应当迅速支付的；华中方面要求增加人民票电报估计不久也会来，这是应当预作准备的；还要准备9月以后占领粤、桂、川、滇、黔五省所需要的人民票。（二）9月以后占领粤、桂、川、滇、黔五省需要干部以三万名计算，也须马上作出计划。①

**5月31日** 刘少奇为中共中央起草《中国人民革命军事委员会关于建立中央财政经济机构大纲（草案）》。文件指出：由于人民革命战争正在取得全国范围的胜利，为了尽可能迅速地和有计划地恢复与发展人民经济，以供给战争需要及改善人民生活，决定在中国人民革命军事委员会之下，立即建立中央财政经济委员会，并陆续建立若干中央财政经济部门，作为目前中央的财政经济机构。这些机构，在召开新的政治协商会议、成立民主联合政府以前的几个月内，由中国人民革命军事委员会以命令建立之，并受军委委托，计划并领导国家的财政经济工作。文件还就中央财经委员会的机构设置、人员配备、工作职责及与地方财经机构的关系等方面作了规定。②

---

外币的意见”。从5月23日陈云给周恩来的信判断，该决定还曾经过周恩来、薛暮桥等人“会议斟酌”。参见金冲及、陈群主编（2005）：《陈云传》，北京：中央文献出版社，2005年，第605页；陈云（1949）：《关于购棉问题给周恩来的信》，载《陈云文集》第一卷，北京：中央文献出版社，2005年，第675—676页。

① 中共中央文献研究室编（2015）：《陈云年谱（修订本）》上卷，北京：中央文献出版社，2015年，第725页。

② 同上书，第725—726页；刘少奇（1949）：《建立有工作能力的中央财政经济机构》（1949年5月31日），载中共中央文献研究室编：《刘少奇论新中国经济建设》，北京：中央文献出版社，1993年，第124—128页。

**6月3日** 晚，周恩来宣布成立中央财政经济委员会及工作部门。[①]

**6月4日** 周恩来在北京饭店主持召开中共党政机关负责人和各民主党派人士会议，在会上通报由中国人民革命军事委员会派陈云、薄一波负责筹备组织中央财政经济委员会。财政经济委员会暂时属中央军委领导，中央政府成立后由中央政府领导。刘少奇、陈云在会上分别作《财经政策及有关成立财经委员会问题报告》和《关于成立中央财政经济委员会的报告》。[②]

**7月4日** 中国新民主主义青年团中央团校第一期毕业学员500余人下午在中南海怀仁堂举行毕业典礼。该校于1948年9月开学，薛暮桥为教员之一。[③]

**7月8日** 下午，主持中国新经济学研究会总筹备会[④]在北平举

---

① 中共北京市海淀区委党史研究室编（1994）：《中共中央在香山》，北京：中共党史出版社，1994年，第62页。

② 中共中央文献研究室编（2015）：《陈云年谱（修订本）》上卷，北京：中央文献出版社，2015年，第726页；中共北京市海淀区委党史研究室编（1994）：《中共中央在香山》，北京：中共党史出版社，1994年，第62页；黄炎培（2008）：《黄炎培日记》第十卷，北京：华文出版社，2008年，第236页。

③ 本报讯（1949）：《青年团中央团校第一期昨举行毕业典礼　朱总司令指示五项具体任务》，载《人民日报》，1949年7月5日，第一版。

④ 1949年6月21日，周恩来主持新政协筹备委员会常务委员会第二次会议，通过的五项决议中有一项是："关于工商、教育、社会科学等团体的筹备发起与促成工作，指定下列代表邀请有关方面举行座谈会，做初步研究后，于一星期内拟出具体方案，提交常务委员会。工商方面由陈云、李烛尘等五人负责，教育方面由李维汉、董必武等七人负责，社会科学方面由周恩来、郭沫若、沈钧儒三人负责。"此后，中国新法学研究会筹备会、中国新史学研究会筹备会、中华全国文学艺术工作者代表大会、中国新哲学研究会发起人会议、中国新经济学会总筹备会、中华全国自然科学工作者代表大会筹备会、中华全国新闻工作者协会筹备会陆续召开。7月14日至17日，在此前工作基础之上，又在中南海勤政殿召开了包括全国各地的哲学、经济、政治、法学、史学等部门230余名社会科学工作者在内的中国社会科学工作者代表会议发起人会议，并组成中华全国社会科学工作者代表会议筹备会。参见当代中国研究所编（2004）：（接下页）

行的成立大会，30余人出席会议。

会上沈志远、狄超白分别报告发起经过及该会简章草案内容。到会人员一致认为，马列主义经济学及毛泽东思想应成为该会研究中心。简章草案经逐条讨论修改后，通过了上海、天津、东北等地区分会筹备会人选，选出陈伯达、马寅初、杜守素、薛暮桥、沈志远、狄超白、王学文、章乃器、千家驹、郭大力、王亚南、施复亮、许涤新、黄松龄、孟用潜、于树德、樊弘、费孝通、张仲实19人为总筹备委员会常务委员，推定陈伯达为主任委员，马寅初、杜守素、薛暮桥为副主任委员，沈志远、狄超白为秘书。研究会旨在把马列主义经济学及毛泽东思想运用到实际工作中去，为新中国经济建设做出应有贡献。①

新经济学会成立以后，开展活动不多。于光远回忆：

在解放初期，我们成立了一个"新"经济学会，这个学会还做了一点工作，编了一点经济史的资料②，以后就什么工作也没有做。没有在群众里做过工作，没有出一个杂志，没有开过一次讨论会。因为开头一段，陈伯达是会长，他是不干事情的。在1957年鸣放的时候，

---

《中华人民共和国史编年（1949年卷）》，北京：当代中国出版社，2004年，第419、422、424、426、427、433、435、436页；王亚夫、章恒忠主编（1988）：《中国学术界大事记（1919—1985）》，上海：上海社会科学院出版社，1988年，第122—124页。

① 新华社北平（1949年7月）10日电：《中国新经济学研究会总筹备会在平成立 陈伯达任该会常务主委》，载《人民日报》，1949年7月11日，第1版；当代中国研究所编（2004）：《中华人民共和国史编年（1949年卷）》，北京：当代中国出版社，2004年，第433页；迟爱萍（2006）：《建国初经济工作中的一项重大举措——陈云指导下的系列专业会议》，载《陈云百周年纪念（下）》，北京：中央文献出版社，2006年，第1243页。后面两种文献对关于中国新经济学会总筹备委员会的常务委员人数说法不一致，前者称19人，后者称15人。按照《人民日报》所载新华社报道，应为19人。

② 指中国近代经济史资料丛刊。

他突然要我召开一次会议，没有告诉我他有什么想法。我帮他把会议召集起来了，是在南河沿文化俱乐部开的。在会上他突然提出他一定要辞职。结果就辞职了。从这以后，工作也一点没有进行。①

**7月12日** 中共中央财政经济委员会从正义路临时办公地点移至朝阳门内大街九爷府办公。除原在香山的中共中央财政经济部干部外，宋劭文、周荣鑫等华北财经委员会干部也并入中财委。②

**7月14日** 下午，出席在中南海勤政殿召开的中国社会科学工作者代表会发起人会议。全国各地的哲学、经济、政治、法学、史学等部门的社会科学工作者230余人商讨成立中国社会科学工作者代表会议筹备会。会期为14日至17日。③

**7月16日** 所参与发起的中苏友好协会召开发起人大会。中苏友好协会缘起称：三十余年来，世界上资本主义与社会主义两个体系的发展呈现为显明的对照：前者日趋腐朽、没落，其文化日益倒退、反动；后者则欣欣向荣，其文化蓬勃发展，光芒万丈。事实十分明白地表明了社会主义体系大大地优越于资本主义体系。苏联的方向乃是全人类应走的方向。我们特发起成立“中苏友好协会”，其任务是建立与巩固中苏两国文化经济和各方面的联系，介绍苏联的建国经验和

---

① 于光远（1978）：《成立全国经济学团体　开展经济研究工作》，载《思考与实践》，长沙：湖南人民出版社，1984年，第69—73页，引文见第71页。

② 薛暮桥（1996）：《解放战争时期（1947—1949年）财政经济工作的回忆》，载薛暮桥、杨波主编《总结财经工作　迎接全国胜利——记全国解放前夕两次重要的财经会议》，北京：中国财政经济出版社，1996年，第24页；中共中央文献研究室编（2015）：《陈云年谱（修订本）》上卷，北京：中央文献出版社，2015年，第731页。后书记载迁移时间为7月上旬，薛暮桥明确记载迁移时间为7月12日，我们采用他所记载的时间。

③ 本报讯（1949）：《社会科学工作者代表会发起人今集会　团结全国社会科学工作者致力新民主主义建设工作》，载《人民日报》，1949年7月14日，第三版。

科学技术，发展和巩固两国人民的深厚友谊，为争取世界永久和平而奋斗。① 中苏友好协会总会于 10 月 5 日在北京举行成立大会，刘少奇在会上作《中苏两国人民永远不朽的友谊与合作万岁》报告。会议选举刘少奇为中苏友好协会总会会长。②

**7 月 27 日至 8 月 15 日**　陈云赴上海主持召开华东、华中、华北、东北、西北地区财政经济会议③，薛暮桥留京处理中央财政经济日常工作，包括组织会议，起草重要文件，整理财经信息编发简报供陈云、薄一波和中央领导参考，协助薄一波在后方紧急调运粮食、棉纱、煤炭运往上海、北平、天津等大城市。④

---

① 新华社北平（1949 年 7 月）16 日电：《发起成立“中苏友好协会”缘起　建立与巩固中苏两国联系　为争取世界永久和平奋斗》，载《人民日报》，1949 年 7 月 17 日，第二版；《中苏友好协会发起人名单》，载《人民日报》，1949 年 7 月 17 日，第 2 版。另，据《阿英日记》记载，周恩来和朱德在 7 月 16 日的中苏友好协会发起人会议上作报告。参见钱小云、吴泰昌编（1981）：《阿英散文选（1949—1999）》，天津：百花文艺出版社，1981 年，第 108 页。

② 陈文斌等（1999）：《中国共产党执政五十年》，北京：中共党史出版社，1999 年，第 1 页。

③ 薛暮桥曾解释这次会议：“1949 年解放战争在全国范围展开，军费开支庞大。那时候的财政收入，上半年主要是靠华北老解放区的公粮，城市税收制度尚待建立。自 5 月起，华东、华中、华南地区相继解放，新解放区的公粮、税收一时还收不上来，财政收入很少，财政开支主要靠发行货币，货币发行量大概每两个月增加一倍到一倍半，这样物价不可避免地要上升。……扩及上海、武汉在内的华东、华中地区，7 月份物价上涨了一倍多。陈云同志亲临上海，……详细地分析了物价上涨与通货膨胀、通货膨胀与财政赤字之间的关系，指出在当时的情况下，我们还没有减少财政赤字和货币发行数量的可能，所以物价还要继续上升；必须控制粮食、纱布等重要物资，有计划地向市场抛售，以控制物价上升的幅度。”参见薛暮桥（1984）：《运筹帷幄之中　决胜千里之外——读〈陈云文选〉第二卷的心得》，载《薛暮桥文集》第十卷，北京：中国金融出版社，2011 年，第 192—193 页。

④ 周太和（2006）：《回忆与暮桥同志三次共事的往事》，载薛小和编《百年沧桑　一代宗师：薛暮桥逝世一周年纪念文集》，北京：中国发展出版社，2006 年，第 19—20 页。

**7 月 31 日** 就《中国人民银行华北区上半年工作基本总结》[①] 致信南汉宸：

基本总结看了一遍，提出若干意见供你参考。我觉得关于金融工作方针，提得还不够明确。是否能也明白提出几条，如：（1）管理金融市场，取缔投机活动，引导投机资本转向生产事业。（2）调剂生产资金，工贷采取订货等办法，农贷采取贷实等办法，使生产贷款真正用于发展生产，不致转入投机事业。（3）管理外汇普遍采用结汇制度，奖励土产输出和限制非必需品输入。（4）协助城乡交换，扶助供销合作事业等。此外如接收和货币斗争等，可作为过去经验简单叙述一下（参加上海新的情况和新的经验），在华北范围已经成为历史上的事件，应与上述方针分开。如为指导全国而作接收和货币斗争的总结，则上海的经验比平津更为重要。我意基本总结再加修改后，可在《银行月刊》发表。在发表前，最好再要大家研究一下，并作文字上的修更，使之简单明瞭。[②]

**8 月 5 日** 董必武向中共中央和毛主席呈报“中央财政经济部的报告”，汇报中财部从成立到结束所做的工作：（一）初步统一了各地区的货币；（二）调剂了各地区的财政；（三）统盘筹划了各地区的贸易；（四）审查了各地重要经济法规；（五）收集、整理和研究了有关财政经济方面的材料等。今年三月会议检讨了过去中财部的工作，决定在分区管理的基础上，逐步实现可能的和必要的统一，并建立健全

① 该报告系南汉宸 1949 年 7 月 20 日在中国人民银行华北区分行经理会议上的报告。主要内容参见尚明等主编（1993）：《中华人民共和国金融大事记》，北京：中国金融出版社，1993 年，第 13—14 页。

② 《薛暮桥给南汉宸的信》，手稿，1949 年 7 月 31 日，中国人民银行档案室藏，档案号：中国人民银行行长办公室 –1949–13。

中央财经委员会来统一领导全国财经工作。报告说，中央财经委员会成立后，中财部的工作实际上已结束，全部人员和资料案卷都已移交中央财经委员会接收。[①]

**8月10日** 在《人民日报》发表《论新民主主义的合作社》。文章指出，合作社是劳动人民自己的经济组织，目的是保护劳动人民的经济利益。合作社的主要任务是扶植群众生产，免受商业资本的控制和剥削，使合作社成为国营经济和小生产者之间的桥梁，并促进个体经济逐渐集体化。[②] 8月14日，南京《新华日报》转载《论新民主主义的合作社》一文。

**8月20日** 在《新中国妇女》杂志发表《月亮与烧饼》(署名"俞凌")。文章从抗战时期流传的一个故事开始：一位受过高等教育的女同志参加抗日游击战，并和一位工农出身的干部结了婚。有一个星期六晚上，她去丈夫那里，路上有圆圆的明月，想着这样风清月明之夜与革命伴侣并肩赏玩是何等愉快的事情。进门她就拉着埋头工作的丈夫去门外看。这位男同志出去才知道不是敌情，没精打采地说，"那有什么好玩！圆圆的像个烧饼！"回去继续工作。女同志非常扫兴，想到这样的战争生活实在枯燥。于是在桌上留了一首短诗："嫁得郎君不解情，竟将明月比烧饼；从今不盼礼拜六，春宵枉自值千金。"男同志看到短诗依原韵和了一首："春花秋月枉多情，天上人间两画饼；寒来花月不能衣，饿时一饼值千金。"第二天女同

---

① 《董必武年谱》编写组(1991)：《董必武年谱》，北京：中央文献出版社，1991年，第339页。

② 《薛暮桥回忆录》说："受刘少奇谈话和报告启发完成的《论新民主主义的合作社》写好后，我送给刘少奇同志审阅。当时中央机关忙于自西柏坡迁往北平，此文被捆在少奇同志的档案中，未经他过目。直到1986年，才由中共中央文献研究室刘少奇组发现，归还给我；1988年在《薛暮桥学术精华录》上公开发表。"参见《薛暮桥文集》第二十卷，北京：中国金融出版社，2011年，第151页。经查对，《人民日报》8月10日发表的《建立新民主主义的合作社》其实就是《论新民主主义的合作社》。

志忘记了昨天的伤感，回到工作岗位努力工作。随后作者从这段故事提出问题，月亮与烧饼究竟哪样更为宝贵？作者表示，不同的人群可能会有完全不同的答案。前一首诗代表小资产阶级知识分子的情感，后一首诗代表工农劳动人民的情感。工农劳动人民并不反对春花秋月，但他们知道革命事业比玩花赏月更加重要；偶尔玩花赏月，是为愉快精神，而特别紧张的战斗环境中，干部为革命事业废寝忘食，无心赏月，这是革命干部所应有的精神。而这位女同志在紧张工作一星期后，要求赏玩明月舒缓紧张的精神，这种要求也是正常的。但她的丈夫在紧张工作，对春花秋月漠不关心，也不是什么值得悲哀的事情。① 本文曾收入“中国青年丛书”之一《在前进的道路上》。②

薛明剑（孙冶方之兄）偕表弟、内嫂和同事到北平。在北平期间访问薛暮桥。9 月 13 日携带薛暮桥写给东北财经委员会第六处处长姜君辰的介绍信离平赴东北访问。③

**8 月** 请宋劭文等同志将分别 14 年的大女儿薛宛琴从上海带到北平④（参见 1936 年 4 月条）。

---

① 俞凌（1949）:《月亮与烧饼》，载《新中国妇女》1949 年第 2 期，1949 年 8 月 20 日，第 13—14 页。“俞凌”为“舆龄”谐音。薛宛琴曾看到薛暮桥资料中有这篇作品。她重读后，认为文章没有“长篇大论批判小资情绪，只是作为一个有趣的故事展现两种文化的不同”，“这种文化差异是革命队伍中的常事”。参见薛宛琴写给薛小和的评论，2021 年 6 月 5 日。

② 俞凌（1949）:《月亮与烧饼》，载丁玲等著《在前进的道路上》，北京：青年出版社，1950 年 2 月，第 76—79 页。

③ 薛明剑（1955）：《五五纪年》，载无锡史志办公室编《薛明剑文集》，北京：当代中国出版社，2005 年，第 118—119 页。

④ 薛暮桥（1996）:《薛暮桥回忆录》，载《薛暮桥文集》第二十卷，北京：中国金融出版社，2011 年，第 154—155 页。薛宛琴出生两个月后送无锡老家由祖母抚养，同年 10 月薛暮桥和罗琼回老家看望，此后直到 1949 年未能相见。薛宛琴 5 岁时由祖母带到上海大伯父薛鹤龄家居住，得到大伯父一家照顾。

**9月** 与陆定一、钱俊瑞、吴玉章、成仿吾、范文澜、陈伯达、王明、谢觉哉等10人组成中国人民大学筹备委员会，在苏联专家费辛科、菲里波夫的协助下开始筹建中国人民大学。①

**9月21日至30日** 中国人民政治协商会议第一届全体会议在北平隆重举行。会议通过《中国人民政治协商会议共同纲领》，规定"中华人民共和国为新民主主义即人民民主主义的国家，实行工人阶级领导的、以工农联盟为基础的、团结各民主阶级和国内各民族的人民民主专政"。关于经济建设的方针，规定"以公私兼顾、劳资两利、城乡互助、内外交流的政策，达到发展生产、繁荣经济之目的"。国家应多方面"调剂国营经济、合作社经济、农民和手工业者的个体经济、私人资本主义经济和国家资本主义经济，使各种社会经济成分在国营经济领导之下，分工合作，各得其所，以促进整个社会经济的发展"。②

**9月27日** 中共中央财政经济委员会发出通知，明确宋劭文、薛暮桥、周荣鑫三人的分工。通知内容如下：

兹决定宋劭文、薛暮桥、周荣鑫三同志，在陈、薄主任的领导下，分工负责下列工作：

1. 宋劭文 负责计划局的全部工作，包括财政组、金融组、贸易组、工业组、农业组、交通组及供应组，凡有关拨款事项，均由宋劭文同志负责批办。

---

① 欧阳雪梅（2011）：《刘少奇与中国人民大学的筹建》，载《当代中国史研究》，2011年第3期。

② 中共中央党史研究室（2016）：《中国共产党的九十年》（新民主主义革命时期），北京：中共党史出版社、党建读物出版社，2016年，第341—345页。

2. 薛暮桥　负责照顾合作事业指导局①，私营企业管理局②，劳动局，统计组，秘书处，新闻审查，接待民主人士、苏联专家及与中央机关联络等工作。

3. 周荣鑫　负责照顾人事局、行政处及机关日常行政工作，凡机关经费问题、干部生活待遇问题等，均归周荣鑫同志负责批办。

4. 改调李子直同志任秘书室主任，帮助宋、薛、周办理来往公文电报。

5. 秘书处下另设办公室，协助宋、薛、周处理公文电报以外之机关对外联络，及内部联络等工作，由廖季立同志负责。③

**9月28日**　与姚依林召集23日到京的浙江省杭州市工商界东北

---

① 1949年10月1日成立政务院财政经济委员会后，11月1日设立了中央合作事业管理局。参见杨德寿主编（1998）:《中国供销合作社发展史》，北京：中国财政经济出版社，1998年，第363页。

② 正式成立时的名称是“中央私营企业局”，而不是“私营企业管理局”。据该局副局长千家驹回忆：“中央私营企业局顾名思义应该是管理私营企业的机构，当时私营企业在我国国民经济中尚占相当大的比重，私营企业包括资本主义工商业，个体工商业；而国营企业刚刚起步，还有一部分公私合营企业。我曾经给薛暮桥写过一封信，建议将‘中央私营企业局’改名为‘中央私营企业管理局’，不知道他未转给中财委呢，还是转去了未被采纳，所以最后仍被定名为‘中央私营企业局’。”从正文引用的中财委这份通知可知，薛暮桥收到千家驹的信后，曾报告陈云和薄一波，并得到他们的同意，接受千家驹关于“私营企业管理局”名称的建议。但后来使用的仍然是“中央私营企业局”这一名称，可能反映了其他领导人的考虑。参见千家驹（1993）:《从追求到幻灭：一个中国经济学家的自传》，台北：时报文化出版企业有限公司，1993年，第178页。

③ 中央财政经济委员会关于宋劭文、薛暮桥、周荣鑫三人分工的通知，1949年9月27日，天津市档案馆藏，档案号91-1-261。据阎濂甫回忆，当时中财委日常办事设中央计划局，该局下设财经处、重工业处、轻工业处、燃料工业处、交通处、商业处、物资处、统计处、农林水利处，后增设地方工业处。参见阎濂甫(2000):《九十春秋》，自印本，2000年，第148—149页。

华北访问团座谈，就南北物资交流等问题交换意见。[①]

**9 月 29 日** 陈云主持中央财政经济委员会关于研究苏联专家工作问题的会议。会议认为，由于缺乏全国性的系统资料，致使苏联专家不能开展工作。根本解决办法是迅速建立全国性的部门，系统收集资料。目前只有通过各级财委收集几种重要资料，争取于 10 月份初步理出头绪；并请苏联专家参加各种会议，以了解情况。[②]

**9 月** 吴觉农（第一届政协全国委员会委员）、唐巽泽（浙江政协代表）来访，告知苏联可购买中国的各种特产，茶叶的需要量将会超过预定数字。[③]

**10 月 1 日** 下午，参加开国大典。毛泽东宣告中华人民共和国中央人民政府成立。[④]

---

① 东（1949）：《促进南北物资交流：本市各财经部门昨邀浙杭工商界参观团座谈 该团今离京赴津转往东北》，载《光明日报》，1949 年 9 月 29 日，第四版。该报道称薛暮桥为“华北人民政府财经委员会秘书长”，应系错记。

② 中共中央文献研究室编（2015）：《陈云年谱（修订本）》上卷，北京：中央文献出版社，2015 年，第 749 页。薛暮桥在中财委分工负责联系苏联专家，理应出席此次会议。

③ 《吴觉农年谱》编写组（1997）：《吴觉农年谱》，上海：上海市茶叶学会，1997 年，第 124 页。

④ 中央财政经济委员会机关处级干部（政府厅局级）、部分党外民主人士和高级工程师 40 多人参加了开国大典。据阎濂甫回忆，机关为参加大典的人量体裁衣，每人做了一套北京清河毛呢厂产的毛料呢衣。大典当天，“当时正是青天高高，太阳照照，风和日丽的金子佳秋，彩旗飘舞，人头攒动，好似一片欢腾的海洋。雄巍壮丽的天安门城楼上，大红宫灯高高挂起，楼台正面东西挂着斯大林、毛泽东两伟人画像。天安门城楼前御河桥东西筑起一丈多高三级观礼台，上面是省军级干部、民主人士、专家、名教授、各国大使，御河桥前观礼台上，站着地、师、司、厅级干部、大学校长、劳模、民主人士、各地区、各民族出席代表等在千人左右”。薛暮桥的女儿薛宛琴也在天安门广场参加了典礼。据她回忆：“当时还不像后来那样等级森严，天安门城楼上也还没有建观礼台，父亲在城楼上。那时我似懂非懂，坐在广场上听到一个人（指毛主席。——引者注）念人的名字，也不知道是谁，广播的声音质量不好，也听不清楚。”参见阎濂甫（2000）：《九十春秋》，自印本，2000 年，第 148—149 页；薛宛琴的回忆，2016 年 8 月 26 日，范世涛整理。

中央人民政府政务院财政经济委员会同日成立，统一领导全国财政经济工作。政务院财政经济委员会是“党中央的财经参谋部和具体作战的指挥机构”，具体分管财政部、中国人民银行、海关总署、贸易部、轻工业部、重工业部、纺织工业部、燃料工业部、食品工业部、铁道部、邮电部、交通部、农业部、林垦部、水利部、劳动部十六个部门。[①] 这些部门在财政经济委员会的领导下工作，财政经济委员会作出决定后，再报政务院总理审批。[②]

政务院财政经济委员会主任陈云，薄一波为副主任[③]。薛暮桥担任秘书长兼私营企业局局长，协助陈云处理日常工作，并负责合作事业中央管理局、私营企业中央事务局、新闻审查、接待民主人士、苏联专家，以及与中央机关联络等工作；宋劭文负责计划局工作，包括财政组、金融组、贸易组、工业组、农业组、交通组及供应组，负责批办有关拨款事项；周荣鑫负责中央财经人事局及机关日常行政工作，包括机关经费、干部生活待遇等事宜；秘书处由廖季立负责，行政处由黄剑拓负责。[④]

薛暮桥回忆当时的政务院财政经济委员会：

当时接收了全国上千个官僚资本企业，把它们变为国营经济，并要管理数以万计的私营工商企业，统筹规划财政、金融、市场物价

---

① 迟爱萍（2009）：《中财委的创立和组织机构》，载《近代史研究》2009 年第 1 期，第 91—110 页。

② 薛暮桥（1984）：《运筹帷幄之中　决胜千里之外——读〈陈云文选〉第二卷的心得》，载《薛暮桥文集》第十卷，北京：中国金融出版社，2011 年，第 192 页。

③ 不久，中央财经委员会增加副主任李富春和马寅初。据钱昌照回忆：“薄一波分工管财政、农业；李富春管工业、交通；马寅初对财委事从来不过问。建国之初，李富春在东北，不能脱身，过了一年多才来。这期间，工业、交通由陈云兼顾。”参见钱昌照（1998）：《钱昌照回忆录》，北京：中国文史出版社，1998 年，第 108 页。

④ 西柏坡纪念馆复制展品。

等，真是日理万机。①

作为政务院财政经济委员会秘书长：

为着让陈云同志集中精力考虑重大问题，我包揽机关工作，凡是自己办得了的尽可能自己办，不麻烦上级；自己决定不了，就向薄副主任请示。有许多日常业务工作，交给计划局宋劭文去处理。周荣鑫和秘书处长廖季立，也帮助处理了许多工作。周总理和刘少奇习惯于在夜间工作，有时深夜二三时还打电话来，我把保密电话机装在床头，一伸手就可以接电话。②

他还谈及：

当时中央各部的部长副部长有近半数是民主人士。私营企业局的副局长吴羹梅、千家驹也是民主人士。我负责处理中财委的日常工作，还要照顾各部民主人士，使他们同党员部长、副部长密切合作。我白天工作八小时，处理各部工作，接待来访民主人士。晚间工作四小时，批阅公文、电报。创业时期，百废待兴，任务十分繁重。③

**10 月 15 日** 到吴觉农家，告知政务院推荐吴觉农任农业部第二副部长，千家驹任私营企业局副局长。④

---

① 薛暮桥（1984）：《运筹帷幄之中 决胜千里之外——读〈陈云文选〉第二卷的心得》，载《薛暮桥文集》第十卷，北京：中国金融出版社，2011 年，第 192 页。

② 薛暮桥（1991）：《薛暮桥回忆录稿》，手稿，1991 年，薛小和藏。

③ 同上。

④ 《吴觉农年谱》编写组（1997）：《吴觉农年谱》，上海：上海市茶叶学会，1997 年，第 126 页。据该年谱引用吴觉农日记，“我初期极犹豫，嗣因无法推诿。唯对茶叶公司事不知如何办好。茶叶公司已谈了十余天，贸易部对我所拟计划，即在（接下页）

**10月19日** 毛泽东在中南海勤政殿主持中央人民政府委员会第三次会议，任命政务院副总理及政府各项负责人员。会议通过政务院财政经济委员会名单：主任：陈云；副主任（二人）：薄一波、马寅初；委员（50人）：李富春、贾拓夫、邓子恢、曾山、叶季壮、陈郁、杨立三、黄炎培、滕代远、朱学范、章伯钧、李书城、梁希、傅作义、李立三、南汉宸、孔原、戎子和、何长工、钱之光、宋裕和、薛暮桥、宋劭文、曹菊如、钱昌照、孙晓村、范子文、钟林、孟用潜、冀朝鼎、梅龚彬、章乃器、胡厥文、盛丕华、包达三、俞寰澄、冷遹、吴羹梅、李士豪、千家驹、李民欣、刘子久、罗叔章、陈叔通、简玉阶、侯德榜、胡子昂、周苍柏、周叔弢、宋棐卿。[①]

**10月21日** 出席政务院财政经济委员会召开的成立会，并在会上报告机关内部情况：中财委[②]主要是以原华北人民政府财经委员会及其所属各部门为基础，与中共中央财政经济部合并而成。这个基础是不完备的，所以，现在有的部门必须重新建立。陈云、黄炎培、李书城、李立三、章乃器、钱昌照、马寅初、何长工、薄一波等先后在会上报告或发言，最后通过会议决议。在京委员30人出席会议，所属各部副部长、副局长等16人列席会议。[③]决议案如下：（一）推定

---

上海设总公司等俱表赞同。但现作一考虑，农业部不能无茶也”。他不久草拟了中国茶叶公司计划，10月27日在全国茶叶产销会议上作报告。11月1日中央人民政府正式任命吴觉农为农业部第二副部长。

① 新华社北京（1949年10月）19日电：《人民民主的联合政府胜利组成　中央人民政府各机构人选公布》，载《光明日报》，1949年10月20日，第一、四版。

② 中华人民共和国中央人民政府政务院财政经济委员会在原中国人民革命军事委员会财经委员会的基础上组成，仍经常简称“中财委”。参见中共中央文献研究室编（2015）：《陈云年谱（修订本）》中卷，北京：中央文献出版社，2015年，第4页。为准确起见，我们一般情况下使用政务院财政经济委员会这一称谓，以免望文生义形成误会。另有少数情况，引用了“中财委”这一简称。

③ 新华社北京（1949年10月）21日电：《政务院所属四委员会昨举行首脑会议　财政经济委员会陈云主任报告财政经济状况　提出今后数月主要工作》，载《人民日报》，1949年10月22日，第一版；新华社北京（1949年10月）21日电：《财经（接下页）

宋劭文、薛暮桥、钱昌照、章乃器、俞寰澄、千家驹、胡子婴、李民欣等 8 人起草财经委员会组织条例草案交下次委员会议讨论。（二）各正副部长应迅速开始工作，原华北人民政府各有关部门人员负责向正副部长报告工作，办理交代。（三）各部自行拟订组织机构和条例草案，交下次委员会议讨论。（四）各部兼部委员如何进行工作的问题，留待下次委员会议讨论；原则上每人均须选择有关的专门问题进行调查研究。（五）五个工业部门的业务范围问题，分别先行交换意见，必要时由计划局召集会议解决。（六）各工业部门会议，欢迎全国总工会派员列席。（七）建议政务院统一接收原南京国民党中央政府部的人员和档案文件。

**10 月 24 日**　中共政务院财政经济委员会党组召开会议。会上毛泽东指出：现在党内同志不懂得如何与党外人士合作。这个问题不简单，眼光要看到全国与全面。[①]

**10 月 26 日**　上午，到东半壁街 14 号轻工业部，向轻工业部干

---

委员会成立　陈云主任提出最近主要工作决议各部工作迅速展开》，载《光明日报》，1949 年 10 月 22 日，第一版。据报道，陈云在这次会上提出今后几个月内应该进行的主要工作：（一）农业方面：召开会议统计全国粮食的总产量，并研究明年可能增产的数字与增产的方法；召开会议研究如何扩大明年棉产，以及如何调剂植棉地区的粮食；计划修堤、挖井、造水车和开始造林等工作。（二）工业方面：计算几种主要产品的产量，原料供给、成品分配和运输等问题；组织各地互相考察生产情况，力求各地生产的相互衔接。（三）商业方面：拟订主要外销产品的收购计划、收购价格和经营方式，拟订一个必需的进口货物的计划，并准备充分的外汇；努力维持几个大城市的供求平衡，避免因供求失调而引起的物价波动。（四）交通方面：以主要的力量修复军事前线的铁路，加强现已通车的路线，争取几条主要铁路迅速通车；组织轮船运输与加强内地的水陆运输；统一全国的邮电事业。（五）财政金融方面：准备在十一月或十二月召开全国财政会议。以上各项工作，都以各主管部门为主，由计划局协助组织全国性的专门会议。最后陈云提出各部机构应迅速成立，并制定各部组织条例。

① 中共中央文献研究室编（2015）：《陈云年谱（修订本）》中卷，北京：中央文献出版社，2015 年，第 5 页。

部致词并介绍部长黄炎培、副部长杨卫玉、龚饮冰。[①]

**10 月 28 日** 新华社电，中央人民政府政务院已发表薛暮桥为政务院财政经济委员会秘书长，胡子婴、周荣鑫为副秘书长；宋劭文为中央财经计划局局长，曹菊如、钱昌照、孙晓村为副局长；范子文为中央财经人事局局长；钟林为中央技术管理局局长，陈修和为副局长；薛暮桥为中央私营企业局局长，千家驹、吴羹梅为副局长；孟用潜为中央合作事业管理局局长，梁耀、于树德为副局长；冀朝鼎为中央外资企业局局长；王寅生为政务院财政经济委员会编译室主任，李国钧为副主任。[②]

**11 月 1 日** 政务院财政经济委员会召开第一次委务会议。会议分析物价猛涨的原因，讨论管理市场的办法。[③]

**11 月 9 日** 中共中央发出《关于成立中央及各级党的纪律检查委员会的决定》，决定由朱德、王从吾、安子文、刘澜涛、谢觉哉、李樊华、刘景范、李涛、薛暮桥、梁华、冯乃超 11 人组成，朱德任

---

① 黄炎培（2008）：《黄炎培日记》第十卷，北京：华文出版社，2008 年，第 294 页。

② 新华社北京（1949 年 10 月）28 日电：《政务院开第三次会议　通过所属各机构组织通则　任命四委员会秘书长及各局局长　呈请主席批准任命绥远省政府名单》，载《人民日报》，1949 年 10 月 29 日，第 1 版。

③ 中共中央文献研究室编（2015）：《陈云年谱（修订本）》中卷，北京：中央文献出版社，2015 年，第 8 页。除了政务院财政经济委员会第一次委务会议，《陈云年谱》还记录了陈云所主持的多次委务会议，时间分别是 1949 年 11 月 5 日（第二次）、11 月 8 日（第三次）、11 月 15 日（第四次）、12 月 10 日（第六次）、12 月 13 日（第七次）、12 月 23 日（第八次）、12 月 27 日（第九次）、1950 年 1 月 3 日（第十次）、1 月 10 日（第十一次）、1 月 17 日（第十二次）、1 月 31 日（第十三次）、3 月 5 日（第十四次）、3 月 15 日（第十五次）、3 月 21 日（第十六次）、3 月 27 日（第十七次）。作为政务院财政经济委员会委员兼秘书长、私营企业局局长，薛暮桥应参加上述会议。但我们未找到直接的资料证实，也缺乏薛暮桥在其中所发挥具体作用的信息，因此不再另立条目。参见中共中央文献研究室编（2015）：《陈云年谱（修订本）》中卷，北京：中央文献出版社，2015 年，第 8、10、12、19、21、22、24、27、29、33、38、48、51、54、56 页。

书记，王从吾、安子文任副书记。中央纪律检查委员会在中央政治局领导下工作。①

**11 月 13 日** 在《政务院财政经济委员会关于制止物价猛涨给各地财委的指示电》上批示："宋、薄传阅。今晚十时前退周太和。薛"② 该指示电由陈云起草，并先后经周恩来、毛泽东批示同意。③ 薛暮桥曾解释政务院财政经济委员会这一指示：

> 11 月 13 日陈云同志作了"制止物价猛涨"的指示，指出这次物价上涨的根本原因是纸币发行量大量增加，从 7 月底的 2 800 亿元（当时的人民币 1 万元合现在 1 元，下同）增加到 6 000 亿元。由于人民币占领地区扩大一倍，所以物价上升将达两倍以上。当时告诉各地贸易公司除必须应付门面外，暂时不宜将主要物资大量抛售，应从各方调集主要物资于主要地点，预定于 11 月底 12 月初在全国各主要城市一齐抛货。这样，以沪、津两地 7 月底的物价平均指数为标准，力求只涨 2 倍或 2.2 倍。各地严格执行了陈云同志的具体布置，所以这一次物价上涨在 12 月初按陈云同志所规定的幅度迅速稳定下来了。④

---

① 陈文斌等（1999）：《中国共产党执政五十年（1949—1999）》，北京：中共党史出版社，1999 年，第 3 页。

② 中央档案馆编（2001）：《中国共产党八十年珍贵档案》，北京：中国档案出版社，2001 年，第 869 页。该页附有这一文件的首页照片，薛暮桥的批示在照片上可以看到。"宋"指宋劭文，"薄"指薄一波。

③ 中共中央文献研究室编（2013）：《毛泽东年谱（1949—1976）》第一卷，北京：中央文献出版社，2013 年，第 42 页；中共中央文献研究室编（2015）：《陈云年谱（修订本）》中卷，北京：中央文献出版社，2015 年，第 10—11 页。

④ 薛暮桥（1984）：《运筹帷幄之中　决胜千里之外——读〈陈云文选〉第二卷的心得》，载《薛暮桥文集》第十卷，北京：中国金融出版社，2011 年，第 193 页。在其他文章中，薛暮桥谈到这次"最大的一次物价暴涨风潮"中，"在政务院财经委员会的统一领导下，经过充分准备和周密部署，各大城市一致行动，先按市场高价（接下页）

**11 月下旬**　为中央贸易部负责组建的南下云南的财经大队贸易队作动员报告。报告指出大西南的形势和如何更好地完成接管云南的任务，并结合接管天津、北平的经验，提出开辟云南新区工作的要求和应注意的问题。①

**11 月 23 日**　中华全国总工会下发关于处理劳资关系问题的三个文件：《关于劳资关系暂行处理办法》《关于私营工商企业劳资双方订立集体合同的暂行办法》《劳动争议解决程序的暂行规定》。要求各地区各城市总工会接到这三个文件后，提请当地的军管会或人民政府予以公布施行。②

**11 月 27 日**　在《大公报》（天津）发表长文《知识分子的思想改造》。③ 该文即薛暮桥著《思想方法与学习方法》一书第六章。④

**11 月**　《中央人民政府政务院财政经济委员会组织条例（草案）》明确，财政经济委员会行使下列职权：（一）指导财政部、贸易部、重工业部、燃料工业部、纺织工业部、食品工业部、轻工业部、铁道部、邮电部、交通部、农业部、林垦部、水利部、劳动部、人民银行和海关总署的工作。（二）对所属上列各部、行、署和其他下级机关颁发决议和命令，并审查其执行。（三）向政务院报告工作及提出

---

大量抛售物资以塞绝投机资本，然后又继续降价抛售，使物价突然稳定。投机资本为了归还高利短期借款，不得不杀价出售存货，受到了一次沉重打击”。参见薛暮桥（1988）：《稳定物价（1950）》，载《中国大百科全书　经济学》第Ⅲ卷，北京、上海：中国大百科全书出版社，1992 年，第 1024—1025 页。

① 刘洁、安振民（1999）：《开辟新区贸易 保证生产生活需要——回顾财经大队贸易队的艰辛创业》，载《为有牺牲多壮志——雨花台革命烈士故事》，昆明：云南地质矿产局，1999 年。

② 陈文斌等（1999）：《中国共产党执政五十年（1949—1999）》，北京：中共党史出版社，1999 年，第 4 页。

③ 薛暮桥（1949）：《知识分子的思想改造》，载《大公报》，1949 年 11 月 27 日，第六版。

④ 薛暮桥（1946）：《思想方法与学习方法》，载《薛暮桥文集》第十七卷，北京：中国金融出版社，2011 年，第 124—131 页。

建议案。（四）联系并调整所属各部、行、署及其他机关的互助关系，内部组织和一般工作。（五）领导全国各地区及省市人民政府的财政经济工作。所任局长的中央私营企业局主要任务如下：（一）拟订及审核管理私营企业及公私合营企业之各项法令办法，并监督其执行。（二）拟订有关私营企业及公私合营企业之辅导办法，并监督其执行。（三）有关私营企业之调查研究事项。（四）办理有关登记事项。（五）其他有关私营企业之处理事项。所负责的中央合作事业管理局主要任务如下：（一）拟订及审核合作事业之各项计划法令办法，并监督其执行。（二）指导整理及各地之合作事项。（三）各地合作事业之登记及检查事项。财政经济委员会定每星期召开各部、行、署、局、室首长委务会议一次。各局、室得视工作需要经过政务院批准随时增减。①

**12 月 2 日**　中央人民政府委员会第四次会议通过各项任命名单。政务院财政经济委员会秘书长、副秘书长为：秘书长薛暮桥，原中国共产党中央财政经济部秘书长；副秘书长胡子婴（女），原上海市工商联合会筹备委员会副秘书长，副秘书长周荣鑫，原中国共产党中央华北局副秘书长。②

**12 月 16 日**　下午，出席全国农业生产会议，作关于农业生产上的几个政策问题的报告。③

---

① 《中央人民政府政务院财政经济委员会组织条例（草案）》（1949 年 11 月），载《1949—1952 中华人民共和国经济档案资料选编　工商体制卷》，北京：中国社会科学出版社，1993 年，第 76—80 页。

② 《中央人民政府委员会本月 2 日第四次会议通过任命各项名单》，载《光明日报》，1949 年 12 月 6 日，第二、四版。

③ 川（1949）：《农业生产会议昨听取苏联专家报告》，载《光明日报》，1949 年 12 月 18 日，第四版。据该则报道及会议闭幕报道，全国农业生产会议 8 日开始，20 日结束。其间除各地报告、专题报告、小组讨论和座谈会外，朱德、薄一波等，以及苏联农业专家布克夫、卢森科到会作报告。参见川（1949）：《全国农业生产会议胜利闭幕　李书城部长作总结报告并致闭幕词　号召在广大农村中开展大生产运动》，载《光明日报》，1949 年 12 月 25 日，第一版。

**12 月 18 日** 与罗琼参加中国人民救国会在北京饭店举行的创立十四周年茶话会。会议宣布，救国会已达到奋斗目标，完成历史任务而自动结束。[①] 周恩来到会即席讲话，表示不同意解散，如果一定要解散，也尊重意见。[②]

**12 月 24 日** 陈云、薄一波就成立党组电告中共中央：中央财委成立党组，除已由中央任命陈、薄为正副书记外，各部长（行署长）、副部长及财委各局长、副局长、正副秘书长之党员全部参加。但为便于工作，拟组织党组干事会，并以陈、薄及宋劭文、薛暮桥、陈郁、滕代远、叶季壮七人为党组干事。党组工作除讨论财经政策方针问题外，拟为：（1）传达及研究党的政策和当前大事；（2）传阅党内电报及文件；（3）联系群众。[③]

**12 月 25 日** 参加中朝通邮通电协定签字典礼。[④]

---

① 周天度编（2006）:《救国会史料集》，北京：中央编译出版社，2006 年，第 844—845 页、第 1104 页；沙千里（1983）:《漫话救国会》，北京：文史资料出版社，1983 年，第 108—109 页。据两书记载，沈钧儒在会上致词，表示："中国人民救国会从今天起要在全国人民面前宣布结束了。这件事在去年 9 月我们到哈尔滨的时候就已提出，一直到现在，酝酿了一年之久，现在由中央到各地会员已一致同意。"随后，胡愈之秘书长报告结束经过，宣布推举 9 人组织纪念委员会，办理救国运动牺牲烈士的永久纪念事业。会议还宣读了救国会同人给毛主席的致敬函。周恩来 4 时左右赶到，即席讲话，表示，不同意你们解散，你们一定要解散，我们也尊重你们的意见。最后致谢词，宣读"祝贺斯大林元帅七十大寿电文"。全体起立高呼："斯大林大元帅万岁！""毛主席万岁！""中华人民共和国万岁！"

② 在召开新政协筹备会期间，周恩来、李维汉到北京饭店与救国会代表谈话，提到一种设想：将来留一个民革、一个民盟、一个民建，其他民主党派就不要单独成立了。救国会解散后，与国民党有历史关系的几个民主党派也合并为国民党革命委员会。但随后中央政策思路改变，其他民主党派的解散或合并被劝止。参见龚育之（2000）：《党史研究：繁荣还是萎缩？》，载《党史札记末编》，北京：中共党史出版社，2008 年，第 100 页。

③ 中共中央文献研究室编（2015）:《陈云年谱（修订本）》中卷，北京：中央文献出版社，2015 年，第 23 页。

④ 新华社北京（1949 年 12 月）25 日电：《加强中朝两国友好关系 中朝通邮通电协定昨日签字》，载《光明日报》，1949 年 12 月 26 日，第 1 版。

**12 月 28 日**　政务院财政经济委员会向中共中央作关于发行大面值人民币的报告。报告指出，人民币现在最大票面的千元券，仅值抗战前币值七分左右，市场流通颇感不便，解款运输尤感困难。特别是财政开支随币值下降而增大，印刷力已赶不上。报告提议，于 1950 年 1、2 月间，增发五千元和一万元两种票面人民币。①

**本年**　因中国人民解放军迅猛进军，军政行政开支剧增，财政赤字接近财政总支出的 2/3，年底人民币发行额由 1948 年底的 185 亿元增加到 3 万亿元，增加 160 多倍。以 1948 年 12 月为基期，物价上涨到 74.8 倍。②

---

① 中共中央文献研究室编（2015）：《陈云年谱（修订本）》中卷，北京：中央文献出版社，2015 年，第 25 页。

② 薛暮桥（1988）：《稳定物价（1950）》，载《中国大百科全书　经济学》第Ⅱ卷，北京、上海：中国大百科全书出版社，1992 年，第 1024—1025 页。

## 1950年

**1月1日** 《人民日报》刊登元旦社论《完成胜利，巩固胜利》，指出在1950年，中国人民将要解放全部国土，并将基本上克服财政经济上的困难，使自己的国家转入生产建设的轨道。[①]

**1月12日** 在清华大学作关于工商业政策的报告。（参见本年2月20日条。）

**1月13日** 参加沈钧儒家人、亲戚好友等为他在其寓所举行的家庭式祝寿晚会，祝贺沈钧儒76岁寿辰。参加晚会的还有胡愈之、史良、沙千里、徐冰、范长江、梅龚彬、张志让、千家驹、孙晓村、沈兹九、曹孟君等六十余人。[②]

**2月20日** 在《新建设》发表《工商业政策》。文章指出，现在我们对于各种私营经济的态度如下：（一）工业资本：大体上讲它是发展生产的，对人民有利的，所以一般是奖励的、保护的。（二）商业资本：对于城乡交流、调剂供求的正当资本是奖励的，但对专门从事投机倒把、囤积居奇、操纵市场的要限制改造。另一种是依靠地主、旧式富农，以低价收买农产品、高价出售商品、放高利贷的半封建半殖民地的买办资本，必须反对和改造，使它们转向正当的经济

---

① 陈文斌等（1999）：《中国共产党执政五十年（1949—1999）》，北京：中共党史出版社，1999年，第7页。

② 本报讯（1950）：《沈钧儒七六寿辰　昨举行祝寿晚会》，载《光明日报》，1950年1月14日，第一版。

途径。（三）银行资本：对于吸收游资、发展生产的正当银行、钱庄、票号是要保护的。但是过去由于官僚资本的乱，民族工商业多转向银行、钱庄，做投机的生意，天津就有几百家。对这方面的活动应加以限制，并帮助一部分改造转向工商业方面发展。[①]

**2 月 27 日** 出席董必武主持、中央人民政府政务院政治法律委员会召开的中央救灾委员会成立大会。该委员会奉政务院命令召集，13 个单位的负责人员参加。会议对全国灾情作出估计，一致认为冬荒已胜利渡过，目前最重要的问题是渡过春荒。会议讨论了深入贯彻实现生产自救方针、继续拨粮救助灾区渡过灾荒、开展社会互助、节约救灾运动等救灾工作。最后一致同意，中央救灾委员会应成为一个强有力的工作机关，董必武为主任，薄一波、谢觉哉、傅作义、李书城为副主任，陈其楣、戎子和、姚依林、宋裕和、石志仁、李运昌、李德全、孟用潜、叶笃义、薛暮桥、罗叔章 11 人为委员，并拟再请有关单位派负责干部担任该会委员。[②]

**3 月** 全国物价水平实现稳定。对此过程，薛暮桥多次回顾，如 1984 年 10 月 30 日在全国人民代表大会常务委员会小组会上的发言中这样说：

我们的人民币在发行初期，由于解放军向全国范围进军，财政赤

① 薛暮桥（1950）：《工商业政策》，载《新建设》，第一卷第十二期，转引自魏承思主编《当代中国经济思潮》，上海：生活·读书·新知三联书店上海分店，1991 年，第 7—13 页。

② 中华人民共和国民政部编（1988）：《民政部大事记（1949—1986 年）》，北京：中华人民共和国民政部，1988 年，第 9—10 页。1950 年 3 月 11 日，董必武主持中央救灾委员会第二次会议，听取内务部关于目前救灾情况的报告，通过中央救灾委员会组织简则。会议决定再派两个视察组赴灾区协助工作，并决定发起城市节约劝募救灾运动。薛暮桥作为中央救灾委员会委员，应出席了这次会议。参见《董必武年谱》编辑组（1991）：《董必武年谱》，北京：中央文献出版社，1991 年，第 366 页。

字很大，不能不多发货币来供应，所以有一年多时间物价也曾四次上涨。当时陈云同志明白指出物价上涨的原因是通货膨胀，通货膨胀的原因是财政赤字。要到全国解放、财政收支平衡的时候，物价才能稳定。当时我们掌握了大量的粮食、纱布等重要物资，11 月初物价猛涨时，许多地区企图用抛售物资的办法来平抑物价。陈云同志说现在（11 月中旬）的货币发行数量比 7 月底多 5 倍，货币流通范围扩大一倍，所以物价必然要上涨两倍以上。到 11 月底物价上升到 2.2 倍的时候，陈云同志才下令一齐抛售物资，把物价稳定下来。此后财政仍有赤字，所以到 1950 年 2 月物价又一次上涨，上涨的幅度不到一倍。这时战争已经基本结束，财政收支接近平衡，3 月份起统一财政收支，消灭了财政赤字，所以国家发行公债，紧缩银根，把长达 12 年之久的物价持续上涨一举稳定下来。[①]

**3 月 5 日**　晚，出席郭沫若主持、中苏友好协会总会欢迎苏联生物学教授努日金博士、历史学教授吉谢列夫博士、经济学副教授马卡洛娃硕士的宴会。吴玉章、马叙伦、陆定一、胡乔木、钱俊瑞、陶孟和、竺可桢、汤用彤、叶企荪、周建人、乐天宇、沈志远、陈桢、樊弘、翦伯赞、侯外庐、郑振铎、向达、尹达、黄新民、萧三、张仲实等参加宴会。苏联驻我国大使馆秘书沙夫朗诺夫及苏联对外文化协会驻中国代表贾布侯应邀作陪。[②]

**3 月 16 日至 4 月 22 日**　中国共产党第一次全国统战工作会议在京召开。会议期间作关于对资产阶级策略问题的报告，并参加工商组

① 薛暮桥（1984）：《在全国人大常委会小组会上的发言稿》，1984 年 10 月 30 日，薛小和藏。

② 新华社北京（1950 年 3 月）5 日电：《中苏友好协会盛大宴会　欢迎苏联三教授　郭沫若主持招待　吴玉章等多人参加》，载《人民日报》，1950 年 3 月 6 日，第 1 版。

关于公私关系、劳资关系以及怎样进行工商界统战等问题的讨论。[①]

毛泽东阅会议工商组讨论会一份发言记录稿后批语："今天的斗争对象主要是帝国主义、封建主义及其走狗国民党反动派残余，而不是民族资产阶级，对民族资产阶级是有斗争的，但必须团结它，要采用既团结又斗争的策略以达团结它共同发展国民经济之目的。""应该限制和排挤的是那些不利于国计民生的工商业，即投机商业、奢侈品和迷信品工商业，而不是正当的有利于国计民生的工商业，对这些工商业当它们困难时应给予扶持使之发展。"记录稿谈到"我们的政策，是要'与民争利'"处，批写"完全错误的说法"。[②]

**3 月 30 日** 到食品工业部，与黄炎培部长商量副部长龚饮冰南行事。[③]晚，出席中苏友好协会总会欢迎苏联经济学硕士包德列夫的宴会。吴玉章主持，黄炎培、钱俊瑞、张仲实、沈志远、赵仲池、曾平、戎子和、王绍鏊、南汉宸、孔原、章乃器、狄超白、千家驹、樊弘、王学文、李国钧、王寅生等共 20 余人参加宴会。应邀作陪者有苏联驻华大使馆秘书贾布侯、新任苏联对外文化协会驻我国代表谢列金。[④]

---

① 徐建青、董志凯、赵学军主编（2017）：《薛暮桥笔记选编（1945—1983）》第一册，北京：社会科学文献出版社，2017 年，第 155—157 页；周而复（2004）：《往事回首录 2：雄鸡一唱天下白》，北京：中国工人出版社，2004 年，第 27 页。我们尚未收集到薛暮桥在会上的报告，《薛暮桥笔记选编（1945—1983）》中有一则"私营工商业问题"，编者认为"应是薛暮桥在此次会上的报告"。参见上书第 155—156 页。

② 毛泽东的批示主要针对南汉宸。南汉宸在工商组讨论中提出："今天斗争的对象主要是资产阶级。……既然要壮大国营经济，就一定要排挤私营经济，……我们的政策，就要与民争利。"参见平杰三（1999）：《我的一生：平杰三回忆录》，北京：华文出版社，1999 年，第 154—157 页；中共中央文献研究室（2013）：《毛泽东年谱（一九四九——一九七六）》第一卷，北京：中央文献出版社，2013 年，第 115—116 页。

③ 黄炎培著、中国社会科学院近代史研究所整理（2012）：《黄炎培日记》第 11 卷，北京：华文出版社，2012 年，1950 年 3 月 30 日条。

④ 新华社（1950 年 3 月）30 日讯：《中苏友好协会总会欢宴包德列夫硕士》，载《人民日报》，1950 年 3 月 31 日，第一版。

**4 月 11 日**　出席政务院财政经济委员会党组会。会议研究生产计划制订、公私兼顾、工商业税平等待遇等问题。[①]

**4 月 13 日**　毛泽东主持召开中央人民政府委员会第七次会议，听取和批准陈云《关于财政状况和粮食状况的报告》。毛泽东肯定了政务院财政经济委员会的工作，并指出未来的工作方向：政务院财政经济委员会过去六个月在整理收支、稳定物价方面的工作有了很大的成绩。财经委员会的方针是正确的。工作中还有一些缺点，应当注意改正。我们国家的财政情况已开始好转，但整个财政经济情况的根本好转需要有三个条件，即：土地改革的完成，现有工商业的合理调整和国家军政费用的大量节减。今后几个月内政府财经领导机关的工作重点，应当放在调整公营企业与私营企业以及公私企业各个部门的相互关系方面，极力克服无政府状态。《共同纲领》规定，在经营范围、原料供给、销售市场、劳动条件、技术设备、财政政策、金融政策等方面，调剂各种社会经济成分在国营经济领导之下，分工合作，各得其所，这必须充分实现，方有利于整个人民经济的恢复和发展。现在已经发生的这方面的某些混乱思想必须澄清。[②]

**4 月 18 日**　出席政务院财政经济委员会委务会议，研究关于全国劳动局长会议、上海经济形势以及私营企业等问题。会议决定召开一连串的专业会议，纠正过去工作中的缺点，调整公私关系，准备明年计划；私营企业局研究公司法和产权问题，组织召开工商局长会议。[③]

---

① 徐建青、董志凯、赵学军主编（2017）：《薛暮桥笔记选编（1945—1983）》第一册，北京：社会科学文献出版社，2017 年，第 157—158 页。

② 中共中央文献研究室（2013）：《毛泽东年谱（一九四九——一九七六）》第一卷，北京：中央文献出版社，2013 年，第 116—117 页。

③ 徐建青、董志凯、赵学军主编（2017）：《薛暮桥笔记选编（1945—1983）》第一册，北京：社会科学文献出版社，2017 年，第 158—159 页。据该笔记记载，当时上海工厂已倒闭 1 000 余家，商店已倒闭 3 000 余家，工人失业达到 20 万人，（银）行（钱）庄倒闭 68 家。

**4 月 20 日至 24 日**　出席工商局长会议筹备会，听取上海、武汉、天津、北京、山东有关方面的工商业情况汇报。分组讨论后，听取工业商业小组、税债小组的讨论情况汇报。陈云在会上讲话，孙晓村、吴羹梅、施复亮、王新元、章乃器、千家驹、崔敬伯等参加了会议。[①]

**4 月 22 日**　出席政务院财政经济委员会党组会议。会上陈云就财经工作、统一战线、土改问题和精减问题讲话。[②]

**4 月 25 日**　出席政务院财政经济委员会委务会议。会议决定 5 月至 8 月召开一系列专业会议，中心是经济问题，其中尤以公私关系最重要，要有公私双方参加，先开工商局长会议，再开各省工商局长会议。[③]

**4 月 28 日**　出席政务院财政经济委员会召开的工作会议，研究合作会议事宜。会议决定每省一人参加，准备工作有：包括供销、消费、生产、信用合作社在内的合作社通则草案，工作总结，与各方面的关系、业务问题，建立中央合作总社。会议规定了人事制度，要求各地干部调动要经过内务部，各委处长均由总理任命。[④]

**4 月 30 日**　中央人民政府发布命令，公布《中华人民共和国婚姻法》，自 1950 年 5 月 1 日实施。《婚姻法》规定："废除包办婚姻、男尊女卑、漠视子女利益的封建主义婚姻制度。实行男女婚姻自由、一夫一妻、男女权利平等、保护妇女和子女合法利益的新民主主义婚

---

① 徐建青、董志凯、赵学军主编（2017）：《薛暮桥笔记选编（1945—1983）》第一册，北京：社会科学文献出版社，2017 年，第 159—166 页。

② 同上书，第 166—168 页。

③ 同上书，第 168 页。

④ 《中财委七大城市工商局长会议经过情况及陈主任总结报告》，天津市人民政府工商局印，1950 年，天津市档案馆藏，档案号：X0053-D-006392。

姻制度。”[①] 这部法律系 1948 年秋冬刘少奇代表中共中央向中共中央妇女运动委员会布置起草，在邓颖超主持下由帅孟奇、康克清、杨之华、李培之、罗琼、王汝琪等组成的起草小组在西柏坡起草。经反复征求意见后于 1950 年 4 月 13 日提交中央人民政府委员会第七次会议讨论通过。[②] 罗琼回忆：

婚姻法草稿开始规定，“对于男女一方坚决要求离婚的，经区人民政府和司法机关调解无效时，即准予离婚。”有不少同志提出不同意见，有的怕因此出现草率离婚；有的担心进城后男干部抛弃在农村的妻子，对妇女不利；也有的是头脑里封建思想作祟。

当时在山西、河北、察哈尔等省农村中，婚姻案占民事案件的 33.3% 到 99%；在北平、天津、上海、西安、哈尔滨等 8 个城市中，婚姻案在民事案件中占 11.9% 到 48.9%。而婚姻案中离婚与解除婚约的，在上述农村平均占 54%，城市占 51% 到 84%。离婚原因主要是包办强迫、买卖婚姻、虐待妇女、早婚、重婚、通奸以及遗弃等，共占 78% 到 82%，女方提出离婚的占 58% 到 92%。这证明离婚自由的规定，符合广大妇女群众的要求，是改造封建婚姻制度的重要问题之一。[③]

**4 月** 出席华北供销合作总社召开的华北各地合作社业务会议，就合作社方针问题作专题报告。报告指出，这个会一方面检讨、布置华北合作社工作，另一方面准备全国的合作会议。合作局成立后想开一次全国合作会议，检查布置全国合作工作，但由于方针政策问题还

---

① 中共中央文献研究室编（2013）：《毛泽东年谱（一九四九——一九七六）》第一卷，北京：中央文献出版社，2013 年，第 126 页。

② 罗琼（1990）：《砸碎封建婚姻枷锁的重要法律》，载《罗琼文集》，北京：中国妇女出版社，2000 年，第 613—617 页。

③ 同上书，第 615 页。

未弄清楚，没有系统的经验，对各地实际情况掌握很不够，召开全国性的合作会议效果不会大。现在正学习苏联的合作经验，同时在这次会议上讨论各项问题。他指出，为什么一定要组织合作社，因为国营经济只占 5%，小生产者经济占 90%。如果 90% 的小生产者破落，农业生产不能恢复和发展，则国营经济要粮食无粮食，要原料无原料，国营工厂生产了纱布百货，卖不出去。我们过去合作社发展到一定程度就不能发展了。主要原因是：单纯营利思想始终未能克服；国家经济领导力量薄弱；合作社非常分散，无法与国营经济密切结合起来。1948 年提出合作社的新方针，限制分红，并加强国营经济的领导帮助，建立了各级合作总社。改变方向后，华北的合作社"太国家化了"，"干部很多，社员不多"。停止资金分红并不等于不要群众资金，我们应该把游资吸收到合作社，周转起来。报告提出，在方针政策上要检讨：过去严重的资本主义倾向，现在还没有完全纠正过来；要认识合作社是半社会主义性质的，一方面要接受国家领导，另一方面要组织群众，发动群众力量，把基础放在群众上面；检讨我们的价格政策，保障社员群众的利益。①

**5月2日**　出席政务院财政经济委员会委务会议，研究重工业部、燃料部、纺织部、食品部、轻工业部、铁道部、交通部工作。②

---

① 薛暮桥（1950）：《关于合作社方针问题的报告》，载《薛暮桥文集》第四卷，北京：中国金融出版社，2011 年，第 11—16 页；中国社会科学院、中央档案馆编（1993）：《1949—1952 中华人民共和国经济档案资料选编　工商体制卷》，北京：中国社会科学出版社，1993 年，第 380—381 页。前者只记时间为 1950 年，未记月份；后者所摘引段落系前文部分内容，并标记时间为 1950 年 4 月。我们不清楚薛暮桥所参加的这次会议准确名称，"华北供销合作总社召开的华北各地合作社业务会议"系根据报告内容所拟。

② 徐建青、董志凯、赵学军主编（2017）：《薛暮桥笔记选编（1945—1983）》第一册，北京：社会科学文献出版社，2017 年，第 190—191 页。

**5 月 6 日** 晚，与冀朝鼎、章乃器参加北京大学在北楼举行的庆祝“五四”青年节的经济晚会，并在会上讲话。①

**5 月 8 日至 26 日** 在陈云、薄一波的领导下，主持政务院财政经济委员会召集的七大城市为主的工商局长会议。这是财政经济委员会着手调整全国公私经济的预备会议。出席会议的有天津市副市长周叔弢，上海市副市长盛丕华，上海、天津、武汉、广州②、北京、重庆③、西安七大城市的工商局长，和财经委员会委员章乃器、俞寰澄，私营企业局副局长千家驹、吴羹梅，计划局局长宋劭文、副局长孙晓村，贸易部、中国人民银行、轻工业部、纺织工业部、劳动部、税务总局等机关的负责干部，以及沈阳、济南、青岛、石家庄、唐山、无锡、杭州、长沙、郑州等城市的工商局长，代表共计 40 余人。④

会议成立党组，分总组（综合组）、华东组、中南西南组、华北东北组，总组由陈云、薛暮桥负责；会议主席团由陈云、薄一波、薛暮桥、千家驹、吴羹梅五人组成。⑤

---

① 本报讯（1950）:《北大盛大纪念“五四” 从二日起即开始各项活动》，载《光明日报》，1950 年 5 月 6 日，第四版。

② 薛暮桥曾谈及，工商局长会议期间，广州代表要求大家协助推销广东香蕉。“这在当时显然是大家无力胜任的工作，且与我们‘重点维持’的方针不合。但曾几何时，不但广东香蕉畅销各地，就连新会甜橙、南丰蜜橘等类果品，亦已畅销于京津市场，这说明推销土产不是一件不可能的事情。”参见雨林（1951）:《继续调整工商业，争取全面好转！》，载 《学习》第 4 卷第 1 期，1951 年 4 月 16 日，第 18 页。

③ 薛暮桥谈及，会上“四川（重庆）的代表说，我的榨菜卖不了，买我的榨菜吧”。参见薛暮桥（1978）:《过渡时期经济领域中的两条道路斗争》，上海：上海人民出版社，1978 年，第 14 页。

④ 新华社（1950 年 6 月）3 日讯:《七大城市工商局长会议 筹划调整全国公私经济 会议本五种经济统筹兼顾的精神 适当解决了许多有关的具体问题》，载《光明日报》，1950 年 6 月 4 日，第 1 版；薛暮桥（1989）:《春蚕到死丝未尽》，载《傲霜集》，北京：中国展望出版社，1989 年，第 3 页。

⑤ 薛暮桥笔记，中国社会科学院经济研究所藏。

会议党组会对召开本次会议的原因、所要讨论的问题有明确说明：

召开原因：公私关系搞得不好。A. 争取收支平衡，如税收、公债、物价平稳，销路停滞。B. 国家经济比重增加。大城市粮食供应占 50%~70%，棉花占 80%，特别是在商业方面，国营商业加合作社，发展很快。不如此，即不能使农民免受商人剥削。我们必须操纵市场物价，但非代替一切。C. 过去半年注意力集中于财政，对工商业注意不够。原因我们必须集中力量保证供给，争取物价平稳，且无充分经验。物价平稳对全国人民有利，对工商业有若干不利，这点我们估计不足，今后应当搞一搞工商业。

四个阶级合作是有相当长的时间，要长期合作就要有一个章程，《共同纲领》规定六项，各得其所。还应当有具体办法，才能够实现共同纲领。

此次是开七大城市工商局长会议，以七大城市为主，开完以后再开各省会议。此次各省列席，不能要求解决问题，地区单位组织小组，反映各地情况。这是政府行政人员会议，应守政府纪律。三四个月以后，可能召开工商会议，请工商联派代表参加。

会议所要讨论的问题：（1）听听各地报告，困难到处有，上海特别多。（2）扭转停滞状态，要求贷款或订货，在不动摇金融物价的方针下来帮助。（3）哪些生产过剩，或已达饱和点？哪些工厂可以迁移，迁到哪里？哪些企业应该转业，转向何业（适合国家需要，适合农民需要）？购买力一时不易恢复，如何调整颇费研究。（4）税收公债，列举问题，再开税务会议解决。（5）公私商业，贸易自由，应当保证，国家必须在市场上占一定作用。（a. 我们收购工农产品必须出售；b. 吞吐物资，平衡物价。）（6）工商局长会议以后要开各种专业会议，议程可在此次会议中再讨论一次。（7）向省的工商局长会议提出问题，此外还有投资、收购、加工等具体问题。[①]

会议第一阶段（4 天）请各地方代表汇报工商业情况；第二阶段（9 天）研究全国工商业困难的原因和必要的与可能的解决办法，会议综合组（也称总组）围绕产销、公私关系、金融、工商机构、失业救济、订单、公债问题分组专题讨论。会议检讨了公私企业，即工业、商业、金融各方面的关系；提出了对公债和税收问题的意见，交第二届全国税务会议讨论；研究了私营企业局提出的私营企业投资条例草案，尤其是草案中投资的责任和权益的问题；讨论了劳动部长提出的目前劳资关系问题和救济失业工人办法草案；最后讨论了工商管理机构的组织问题。[②]

薛暮桥这样回忆主持这次座谈会的情况：

为了进一步调整公私关系，中财委决定于 5 月 8 日由私营企业局召开上海、天津、武汉、广州、北京、重庆、西安七大城市工商局长会议，并邀请若干资本家代表参加。会议由我主持。资本家在会上纷纷诉苦，说我国的工业品在国内销售不了，建议鼓励出口。各大城市的工商局长也在为当地土特产销不出去而发愁，要求国家收购。我看到当时市场萧条，主要是因为经过长期战争和制止通货膨胀后城乡商品交流堵塞所造成，并不是真正的生产过剩。所以，经向陈云

---

① 徐建青、董志凯、赵学军主编（2017）：《薛暮桥笔记选编（1945—1983）》第一册，北京：社会科学文献出版社，2017 年，第 169—170 页。

② 关于《中财委七大城市工商局长会议经过情况及陈主任总结报告》记录，天津：天津市人民政府工商局印，1950 年；新华社（1950 年 6 月）3 日讯：《七大城市工商局长会议　筹划调整全国公私经济　会议本五种经济统筹兼顾的精神　适当解决了许多有关的具体问题》，载《光明日报》，1950 年 6 月 4 日，第 1 版；徐建青、董志凯、赵学军主编（2017）：《薛暮桥笔记选编（1945—1983）》第一册，北京：社会科学文献出版社，2017 年，第 170—190 页。

请示[①]，我在会上向大家说明，目前生产过剩是暂时现象，只要恢复十二年战争所破坏的城乡物资交流，工业品和农产品都是可以找到销路的。[②]

这次会议之后，资本家卖不掉的日用工业品均由政府收购，在农村通过供销合作社已掌握绝大部分农产原料的基础上建立加工订货制

① 薛暮桥曾谈及向陈云汇报的情况："我当时任中财委秘书长兼私营企业局长，奉命主持这次会议。在会上，(许)涤新同志反映的上海的情况，在全国有代表性。当时许多工商业资本家提出多种产品生产过剩，要求外销。在我们向陈云同志报告后，陈云同志说，土地改革后农民的购买力将大大提高，只要我们开展城乡商品交流，帮助农民推销农副土特产品，农民有了钱，就将为城市工业品开辟广大市场。他指示把资本家卖不掉的日用工业品都由政府收购，而且由于我们已经掌握了大量的农产原料，建议建立加工订货制度。这样，不但帮助资本家摆脱了困境，而且开始把大批资本主义工业纳入国家资本主义的轨道。"参见薛暮桥（1989）：《春蚕到死丝未尽——〈傲霜集〉代序》，载《傲霜集》，北京：中国展望出版社，1989年，第3页。许涤新谈到参加七大城市工商局长会议的一个花絮："当时参加工商局长会议的资本家代表人物，听到陈云同志宣布调整公私关系的措施，特别是扩大加工订货之后，都喜出望外。那时陈毅同志因事来京，同上海资本家代表人物举行了座谈，对他们说，党和国家的调整公私关系的措施，很快就会解决工商界的困难。上海工商业的情况，将会像李白所写那样：'两岸猿声啼不住，轻舟已过万重山'。赵朴初同志即席凑成七绝一首：'将军妙语绝人间，四月江南不等闲。两岸猿声啼不住，轻舟已过万重山。'"参见许涤新（1977）：《解放初期工人阶级同资产阶级两条道路的斗争》，载《学习资料1》，北京：石油化学工业部政治部宣传部，1977年7月，第20—21页。邓加荣1977年曾拜访薛暮桥，他回忆薛说："有一次陈毅市长从北京开会回来，传达贯彻中央调整工商业政策已使上海市场又呈现繁荣兴旺景象时，曾生动地引用了李白的两句诗，说我们当前的形势已是：'两岸猿声啼不住，轻舟已过万重山'。在座的人无不拍手称快，都交口称赞陈毅市长比喻得好，赵朴初当场即兴赋诗一首说：'将军妙语绝人间，四月江南不等闲。两岸猿声啼不住，轻舟已过万重山。'"参见邓加荣（2005）：《难忘学者　高尚风范》，载薛小和编《百年沧桑　一代宗师：薛暮桥逝世一周年纪念文集》，北京：中国发展出版社，2006年，第151页。邓加荣的转述并不准确。陈毅并未出席工商局长会议，会议精神应由许涤新、盛丕华传达。许涤新是直接当事人，我们以许的回忆为准。

② 薛暮桥（1996）：《薛暮桥回忆录》，载《薛暮桥文集》第二十卷，北京：中国金融出版社，2011年，第160页。

度。除加工、订货，工商业关系还从发放贷款，收购成品，召开全国性（粮食加工、食盐运销、百货产销、煤炭产销、火柴工业、橡胶工业、毛麻纺织、复制印染、卷烟工业、进出口贸易、金融业等）专业会议拟订各业公私分工原则及产销计划，税收、经营范围与价格等方面进行了调整[①]，调整重点是公私关系，同时也调整了劳资关系和产销关系。经调整，政府一方面帮助私营工商业克服了暂时困难，另一方面使其"不知不觉地走上了国家资本主义的道路"。[②]

**5 月 15 日** 晚，参加中苏友好协会总会与中央人民政府政务院财政经济委员会为欢送应邀来华讲学、即将返国的苏联经济学硕士包德列夫教授举行的晚会。郭沫若、吴玉章、陆定一、王绍鏊、萧三、张仲实等出席晚会。苏联大使馆参赞齐赫文、苏联对外文化协会驻华代表谢列金等应邀作陪。[③]

**5 月 23 日** 出席政务院财政经济委员会委务会议。会议研究了人民银行、贸易部、邮电部、财政部、海关总署、劳动部、农业部、

---

① 杨波（1950）：《调整工商业以来的回顾》，载《杨波经济文集》上卷，北京：中央文献出版社，第 159—173 页。薛暮桥也曾指出这次会议的不足之处："去年工商局长会议中间，我们对调整工商业的工作提出了重点维持的方针，即用加工订货等方法来首先维持若干大城市和某几种重要工业，这在当时是完全正确的。但加工订货只能够使私营工商业的存货转变为国家商店的存货，并不能够开辟工业品的销售市场；解决工业品销路停滞问题的基本关键，还在提高广大人民，尤其是四万万农民的购买力。"参见雨林（1951）：《继续调整工商业，争取全面好转！》，载《学习》，第 4 卷第 1 期，1951 年 4 月 16 日，第 18 页。

② 薛暮桥（1979）：《中国社会主义经济问题研究》征求意见稿，薛小和藏，第 7 页。杨波曾著文这样评论：经过统一财经、稳定金融、物价和调整工商业，财政经济状况"发生了根本性质的变化，整个国民经济已从落后的半殖民地半封建的轨道上，移到了进步的、新民主主义的、独立自主的轨道上来了"。参见杨波（1950）：《调整工商业以来的回顾》，载《杨波经济文集》上卷，北京：中央文献出版社，2000 年，第 173 页。

③ 新华社（1950 年 5 月）16 日讯：《中苏友协总会和财经委员会举行晚会欢送包德列夫》，载《人民日报》，1950 年 5 月 18 日，第三版。

林垦部工作。[①]

**5 月 25 日**　毛泽东主持召开中共中央政治局会议并在会上讲话。他指出，私营工商业是会长期存在的，我们不可能很快实行社会主义。现在我们有广大的国营工商业，需要把这些企业搞好。要有所不同，一视同仁。有所不同者，是国营占领导地位，是进步的，把位置反转过来是不行的，因为私营工商业比较落后，这一点必须公开说明，我曾同几个资本家说过。其他则一般的应当一视同仁，如收购、采办、出口以及市场。在私人工厂中，也可以有模范工作者和劳动英雄，也应当有生产竞赛。[②]

**5 月 29 日至 6 月 17 日**　第二次全国税务会议在京召开。会议期间与地方工商代表座谈，听取金融、财政与经济情况汇报。[③]

**5 月底 6 月初**　出席政务院财政经济委员会会议，研究金融贸易形势。[④]

**5 月**　到中共中央团校讲课，解释“为什么解放了还会发生通货膨胀和失业问题”。他指出：第一，增加收入、减少支出困难。1949 年战争需要花钱，因此造成 4 月、7 月、11 月的物价上涨。我们要尽可能减少开支，增加收入，争取财政收支平衡。减少支出也有困难。首先准备解放台湾、西藏；全国军政人员有 800 万人。粮食的调剂，将东北的粮调到华北，四川的粮调到上海；还有许多工厂要恢复生产；黄河要管理好，以减少灾荒。所有这些都要花钱，且数量很大。今年 2 月还发票子，所以物价上涨比较高。2 月召开财经会议，研究

---

① 徐建青、董志凯、赵学军主编（2017）：《薛暮桥笔记选编（1945—1983）》第一册，北京：社会科学文献出版社，2017 年，第 203—206 页。

② 中共中央文献研究室（2013）：《毛泽东年谱（一九四九——一九七六）》第一卷，北京：中央文献出版社，2013 年，第 146 页。

③ 徐建青、董志凯、赵学军主编（2017）：《薛暮桥笔记选编（1945—1983）》第一册，北京：社会科学文献出版社，2017 年，第 190—191 页。

④ 同上书，第 191—192 页。

解决物价稳定问题，3月物价稳定下来，原因是通货膨胀停止了。这是财政经济工作的转折点。

第二，物价平稳后工商业遇到的困难比较严重。工商业家没有资金周转，有的银行钱庄关门了，许多工商业家转业，有的赔本，有的工厂不能发工资，甚至停工。目前，上海工商业还不能正常生产和经营，公债派下去，他们认为负担太重。今后解决这些问题，一则改造，二则计划。在政府方面，要银行帮助他们。贸易公司收买一些东西。有些工厂没办法了，我们让他给我们加工，我们给他棉花，他织布给公家，我们给他加工费，这样能解决他们一些困难。今后国家面向农民，引导他们也面向农民。我们也收买农产品。现在农民的棉花、猪鬃都拿出来了。农民有了购买力，买商人的东西，对国家也有利。所以目前的工商业困难是暂时的。

第三，中国经济发展的前途。军事的、政治的胜利不用太长时期，而经济上敌人破坏和十多年的战争使生产损失很大。重要产业破坏程度很严重；钢铁90%，煤炭原料一半，铁路差不多都被破坏了，恢复困难，需要三年至五年。有些工业过去是为帝国主义生产的，现在鞍山的钢销售不了。纺织工厂一半在上海，集中棉花到西北生产很难。中国经济转变方向是不容易的，为帝国主义服务转变为为农村服务要很长时间。还有许多的困难，如工人不能增加工资，农民税重，工商业家也是同样。我们要咬紧牙关克服困难。

经济根本好转分三方面：（一）战争全部胜利。财政支出40%是战争开支。战争开支减少，公务人员减少，我们能拿一半进行经济建设。东北现在就是这样。公营发展，私营也发展，工人工资增加了，购买力就提高了。（二）土地改革，提高农民购买力。太行区过去“糠菜半年粮”，现在好了。青壮年过去参加战争，现在参加生产了。老解放区今冬明春购买力提高，能恢复到战前水平。新解放区土改完成了，工商业也能发展。（三）中国经济经改造、调整，将殖民地、半殖民地经济改造成独立自主的、面向农村的经济，也得三五年时间。[①]

**6 月 2 日**　出席政务院财政经济委员会工作会议，听取人事局、合作局、技术局、计划局和私营企业局工作汇报。[②]

**6 月 4 日**　在《人民日报》发表《如何克服目前工商业困难》。文章指出，自今年 3 月以来，财政收支已经接近平衡，金融物价趋向稳定，我们的经济正从混乱转向安定，从黑暗转向光明。但正如刘少奇副主席所指示，这转变一定是有困难的，有痛苦的。各城市普遍发生部分商业的停业倒闭现象，工厂停工减产更为普遍。其中尤以帮助帝国主义及官僚资本掠夺中国人民的基地，解放后又受蒋匪封锁和轰炸威胁的上海最为突出。工商业家最大的困难是销路停滞，资金周转困难。这种现象非经三五年生产建设，不易改变。因城市部分人口购买力显著降落，政府公教人员待遇较低，多数工作人员仍为供给制，社会风气崇尚节俭，新区土地改革尚未完成，农民购买力尚未提高，地主购买力已开始降落。过去因通货膨胀而产生的病态的繁荣是反常的，目前物价稳定过程中出现的特殊的萧条，也是不正常的现象。经过一个时期，反映中国人民真正的购买力的正常现象会开始出现的。而且，那些买办性、封建性、投机性的企业必然没落，同时会有许多新的、符合新中国人民需要的企业应运而生，或者从原有的微弱基础上发展起来。此外，许多企业无生产计划，未加以组织和指导，因此产生某些工业生产过剩现象。总的来说，目前的经济困难是历史遗留下来的疾病的总和。为医治宿疾，我们已经做了两件大事：第一，用人民解放战争推翻反动统治，没收官僚资本，进行土地改革，这是正本清源。第二，停止通货膨胀，稳定金融物价。两服良药虽很灵验，

---

① 转引自范银怀（2010）：《重温新民主主义——追记 60 年前中央团校二期的学员生活》，载《党史文汇》，2010 年第 1 期，第 26—32 页。

② 徐建青、董志凯、赵学军主编（2017）：《薛暮桥笔记选编（1945—1983）》第一册，北京：社会科学文献出版社，2017 年，第 192—193 页。

可是药性猛烈，使虚弱的病体不免在一定时期增加若干痛苦。因此，在做彻底清理的时候，必须同时进行若干必要的滋补和调整。目前亟待采取的具体措施是：第一，政府本着公私兼顾原则，对陷于困难状态的私营工商业，在不违背稳定金融物价的总方针下，进行重点维持。第二，工商业家自力更生，改变方向，改变不合理的经营方法。这是挽救困难的更重要的措施。工商业家希望裁员减薪，这对某些企业是合理的，但精简节约应从各方面想办法，且裁减应求公平合理，被裁减职工，必须予以生活上必要的照顾。第三，调整公私关系。近来为克服困难，正酝酿各种公私合作的办法。如工业拟统一分配国家的加工和订货来扶助私营工业，商业正在商讨某些行业的公私联营及委托代销，金融正扩大公私银行的联合放款和合组投资信托公司。目前，私营工业要求政府收购百货，农民要求政府收购各种农产和副产，城市人民要求政府零售粮食煤炭。政府应领导合作社与私营商业共同进行工业品与农产品的收购和销售，国营商业的收购和零售，仅仅是为了调整和稳定物价，而不是为了包办。为促进城乡物资交流，必须保护国家统一计划下的自由贸易，扶助人民合作事业，并保护正当的私营商业。第四，加强计划性，减少盲目性。政府现正准备邀集公私双方，召开若干专业会议，拟订公私双方共同遵守的生产计划。选择几种重要行业，制订初步的生产计划，国营经济选择重要企业，用加工订货等办法予以扶助，为公私合作的计划经济创造经验，这在目前是可能的，而且是应该实行的。①

**6月6日** 《人民日报》发表社论《如何调整公私工商业关系》。社论指出，在公私工商业关系中，首先应解决公私工业关系问题。国营企业向私营工业订货和收购产品，其价格不应高于或低于市价，凡

---

① 薛暮桥（1950）：《如何克服目前工商业的困难》，载《薛暮桥文集》第四卷，北京：中国金融出版社，2011 年，第 4—10 页。

市价低于成本，要由国家赔本订货的，资方应以保本为原则；凡市价高于成本，资方应在成本以外取得合理利润；对公私工厂进行加工的条件，应当一视同仁，不应有所偏颇；公私双方在订货和收购中，均应严格信守订货和收购合同。其次要解决公私商业关系问题。收购和零售方面的价格政策，应当照顾到生产者、贩运者和消费者三方面的利益。国营商业在调整价格中，一方面要防止私人商业对于小生产者与消费者进行封建性的剥削，另一方面要反对某些地方工作人员片面强调保护农民利益、盲目提高农产品价格的偏向。国营零售商店的经营范围，应以稳定城市零售市场物价，防止投机商人任意提高零售价格为目的。因此零售与批发价格要保持相当差额，使正当零售商在国营贸易机关正确的价格指导下有利可图。[①]（参见 1950 年 6 月 8 日条。）

出席政务院财政经济委员会委务会议。会议听取关于石油会议、煤炭生产会议以及防汛会议的汇报。[②]

因头晕、呕吐住院治疗，被诊断为神经衰弱。[③]

**6 月 6 日至 9 日**　中共七届三中全会在京召开。毛泽东在全会作书面报告《为争取国家财政经济状况基本好转而斗争》，并作《不要四面出击》的讲话。他指出："我们要合理地调整工商业，使工厂开工，解决失业问题，并且拿出二十亿斤粮食解决失业工人的吃饭问

---

① 中央贸易部 1950 年 6 月 21 日发出通知，要求各地将陈云在全国七大城市工商局局长会议的主要结论和《人民日报》6 月 6 日社论《从虚假购买力的消失到真实购买力的增长》、6 月 8 日社论《如何调整公私工商业关系》作为调整工商业中决定政策的基本依据。这两篇社论代表政务院财政经济委员会私营企业局的意见，也反映了薛暮桥当时的意见。参见《当代中国商业》编辑部（1989）：《中华人民共和国商业大事记（1949—1957）》，北京：中国商业出版社，1989 年，第 29、31 页。

② 徐建青、董志凯、赵学军主编（2017）：《薛暮桥笔记选编（1945—1983）》第一册，北京：社会科学文献出版社，2017 年，第 193—194 页。

③ 北京医院薛暮桥病历记录。

题，使失业工人拥护我们。”会议强调必须稳步前进，集中力量向国民党残余势力、封建地主阶级和帝国主义进攻，而不要四面出击，树敌太多，造成全国紧张。①

**6 月 8 日** 在第一次全国高等教育会议上作报告。这次会议 5 月 31 日开始，6 月 9 日结束。②

《人民日报》发表社论《从虚假购买力的消失到真实购买力的增长》。社论指出，在通货膨胀时期，人民为逃避货币贬值的损失，竞相抢购商品，加上投机商人囤积，出现了虚假的购买力和市场的虚假繁荣。结果，除部分粮食、棉布等商品被人民分散保存，还有大量商品囤积在投机商人和工商业家手中。一旦物价高涨停止，囤货多、负债多的投机商人就必然找不到出路，以至破产。人民的真实购买力不但不会因物价稳定而消失，反而会必将稳步地上升。③

**6 月 13 日** 出席政务院财政经济委员会委务会议。会议听取重工业部、燃料部、纺织部、食品部、轻工业部、铁道部、邮电部、农业部、水利部、林垦部、财政部、人民银行、海关工作汇报。④

**6 月 17 日** 《人民日报》发表社论《私营工商业应当力求改造》。社论指出，今天中国的私营工商业面对三个基本问题：第一，与国家经济的关系问题；第二，劳资关系问题；第三，私营工商业自身的改造问题。前两个问题，政府已分别与工商界代表和工会组织协商，定

---

① 毛泽东（1950）：《为争取国家财政经济状况的基本好转而斗争》，载《建国以来毛泽东文稿》第一册，中央文献出版社，1987 年，第 398—399 页；《董必武年谱》编辑组（1991）：《董必武年谱》，北京：中央文献出版社，1991 年，第 370 页。

② 杨君辰（1980）：《立此存照（四）：第一次全国高等教育会议》，载《人民教育》，1980 年第 9 期，第 61 页。

③ 《当代中国商业》编辑部（1989）：《中华人民共和国商业大事记（1949—1957）》，北京：中国商业出版社，1989 年，第 29—30 页。

④ 徐建青、董志凯、赵学军主编（2017）：《薛暮桥笔记选编（1945—1983）》第一册，北京：社会科学文献出版社，2017 年，第 195—196 页。

出了正确方针和办法，并正在逐步实施。全国民族工商业家还需做的巨大努力的工作，是私营工商业本身的改造。我国工商业先天带着浓厚的半殖民地与半封建性质。工商业与广大人民是脱节的，城市和乡村是对立的。经过 12 年的恶性通货膨胀，工商业与投机活动是分不开的。尤其是官僚资本与商业资本、投机资本混为一体，利用特权取得暴利，更促进了投机的发展。生产机构的组织，常常不从生产需要着眼，而从对企业的封建性的控制着眼。革命胜利之后，必须对于这种不合理的经营进行改造。一是经营方针问题，必须改变为面向农村，面向人民，这样才能找到可靠的且不可限量的市场。二是改善经营方法问题，精简节约，裁汰冗员，减少生产或营业成本，积极增加资金。①

**6 月 20 日** 出席政务院财政经济委员会第二十四次委务会议。会议研究私营企业局所起草的《私营企业投资条例（草案）》，并决定利用全国政协一届二次会议期间财经委员会在外地的委员来京机会，召开第二次全体委员会议。②（参见 6 月 26 日至 29 日条。）

**6 月 21 日** 《人民日报》发表社论《私营工商业应当力求改造》。社论指出，改造私营工商业的经营，基本问题有二：一是经营方针问题，二是经营方法问题。过去为帝国主义、封建主义、官僚资本主义服务的工商业，必须改变为面向农村，面向人民。改善经营的方法，一是精简节约，裁减冗员，减轻生产或营业成本，积极增加资金；二

① 这一社论明显反映政务院财政经济委员会私营企业局的意见，与薛暮桥当时的意见一致。参见《人民日报》社论（1950）：《私营工商业应当力求改造》，载中国社会科学院、中央档案馆编《1949—1952 中华人民共和国经济档案资料选编　工商体制卷》，北京：中国社会科学出版社，1993 年，第 25—29 页。

② 徐建青、董志凯、赵学军主编（2017）：《薛暮桥笔记选编（1945—1983）》第一册，北京：社会科学文献出版社，2017 年，第 196—197 页。

是实行联合经营。[①]

**6 月 25 日** 朝鲜战争爆发。毛泽东 28 日发表讲话，号召“全国和全世界的人民团结起来，进行充分的准备，打败美帝国主义的任何挑衅”[②]。

**6 月 26 日至 29 日** 出席政务院财政经济委员会举行的第二次全体委员会议。会议听取并讨论财委系统 16 个部、行、署和中财委计划局、私营企业局等部门的工作报告，批准 1950 年下半年的四项工作计划：一、巩固国家财政经济工作的统一管理和统一领导，巩固财政收支的平衡和物价稳定；二、继续调整工商业，召集三十几个专业会议，解决公私企业的产销问题；三、拟订 1951 年至 1955 年全国经济恢复与建设计划的轮廓，拟订 1951 年的国民经济恢复与建设计划；四、拟定 1951 年财政收支预算草案。[③]这四项工作中，第二项工作为重心。私营企业局工作更加繁重。

（对于调整工商业的经过，中共中央文献研究室 1987 年委托薛暮桥主持研究，以充分利用参与其事的老同志健在条件，整理和记录这段历史。但此项研究最终未能完成。[④]）

**7 月 5 日** 《政务院财政经济委员会公告》通报工业产销情况。公告指出：根据最近各地工商局长的报告，目前有若干生产事业，有的已经发生生产过剩现象，有的已达到饱和状态。如任其继续盲目发展，将为我国现有生产力之严重的浪费。兹公告如下：

---

① 《当代中国商业》编辑部（1989）：《中华人民共和国商业大事记（1949—1957）》，北京：中国商业出版社，1989 年，第 32 页。

② 中共中央文献研究室编（2015）：《陈云年谱（修订本）》中卷，北京：中央文献出版社，2015 年，第 83 页。

③ 同上；徐建青、董志凯、赵学军主编（2017）：《薛暮桥笔记选编（1945—1983）》第一册，北京：社会科学文献出版社，2017 年，第 197—198 页、第 206—211 页。

④ 李海口述、宁静整理（2005）：《李老师的故事》，澳门：中华出版社，2005 年，第 230—231 页。

第一类为生产已发生严重过剩现象的工业，在全国人民购买力未提高以前，不可能打开销路，计属于此类者有火柴工业、卷烟工业、肥皂业、面粉业、丝织业、酱油业等。第二类为过去依赖外销市场的工业，在目前生产能力已超过市场的需要，短期内恐无扩充外销市场的可能，计属于此类者有地毯业、丝织业、手帕业、针织业、干蛋业等。第三类为已达饱和状态的工业，暂时不宜再扩充生产，以免发生生产过剩，计属于此类者有橡胶工业、玻璃工业（光学、化学玻璃除外）、染织业、硫化氰、油漆业、毛巾、被单、钢笔、铅笔、灯泡、干电池、电珠等。以上第一、第二两类应按产销状况适当限制产量，第三类亦不应再盲目发展，希望各地从事生产事业者注意。①

**7 月 5 日至 27 日**　在刘少奇、薄一波的指导下②，主持召开中华全国合作社工作者第一次代表会议。③刘少奇、朱德到会讲话，薄一波作总结报告。④会议规定了合作社“走入正轨后再稳步发展”的方

---

① 《政务院财政经济委员会公告》（1950 年 7 月 5 日），载《1949—1952 中华人民共和国经济档案资料选编　工商体制卷》，北京：中国社会科学出版社，1993 年，第 843—844 页。《陈云年谱》将陈云签署或签发该公告的时间分别记在 1950 年 7 月 4 日和 7 月 14 日，条目内容均根据政务院财政经济委员会公告，但将硫化氰记为硫化业，本条根据公告，未使用《陈云年谱》记载。参见中共中央文献研究室编（2015）：《陈云年谱（修订本）》中卷，北京：中央文献出版社，2015 年，第 86 页。

② 新华社（1950 年 8 月）10 日讯：《全国合作社工作者首次代表会议闭幕　合作社决成立联合总社　会议向毛主席致敬，并号召社员反对美国侵略》，载《人民日报》，1950 年 8 月 11 日，第一版。权威文献的另一种说法是，这次会议“在刘少奇、朱德的直接指导下，由中央合作事业管理局召开的”。参见杨德寿主编（1998）：《中国供销合作社发展史》，北京：中国财政经济出版社，1998 年，第 364 页。

③ 周志兴整理（1985）：《薛暮桥谈刘少奇关心合作社》，载《文献和研究》1985 年第 6 期，第 25—26 页。

④ 薄一波（1950）：《全国合作社工作者第一届代表会议的主要内容》，载《薄一波文选》，北京：人民出版社，1992 年，第 121—129 页。

针[①]，选出合作社中央领导机关——中华全国合作社联合总社临时理事会理事薄一波、程子华、张启龙、王卓如、薛暮桥等 31 人和临时监事会叶季壮等[②]，成立全国合作社联合总社，通过了中国合作社应参加国际合作社联盟，号召全国合作社员反对美帝侵略台湾、朝鲜和以大会全体名义写信给毛主席致敬三项临时动议。[③]

会议通过《中华人民共和国合作社法（草案）》。草案规定："合作社是劳动人民自愿联合起来保护自己正当利益的经济组织"；"合作社是具有独立组织系统的人民团体之一，有权选举代表参加人民代表会议"。[④]草案还规定，合作社应根据国家的经济计划，执行一定的经济任务。[⑤]

---

① 据《人民日报》报道，全国合作事业最近一年多以来已有显著发展，特别是已实行土地改革的东北、华北和华东部分地区发展尤为迅速。主要原因是老解放区完成土地改革后，党和政府重视了合作社工作的领导。但是，大多数合作社还没有走上正轨。有些属于国营商店性质，有些属于机关生产性质，有些是资本主义的合股商店或合股作坊。合作社的管理机关很少真正由下而上民主选举，因此部分合作社因缺乏群众监督而发生贪污浪费损失现象。全国合作社工作者第一届代表会议根据以上情况，明确今后全国各地的合作社必须根据会议精神进行有计划的整顿，走入正轨后再稳步发展。合作社干部必须进行整风，从思想上提高一步，进而把合作社业务推进一步。参见本报讯（1950）：《社员超过二千万资金达三千七百亿　全国合作事业迅速大量发展　今后要整顿业务走上正轨后再稳步前进》，载《人民日报》，1950 年 8 月 11 日，第一版。

② 新华社（1950 年 8 月）10 日讯：《全国合作社联合总社临时理、监事会名单》，载《人民日报》，1950 年 8 月 11 日，第一版。

③ 新华社（1950 年 8 月）10 日讯：《全国合作社工作者首次代表会议闭幕　合作社决成立联合总社　会议向毛主席致敬，并号召社员反对美国侵略》，载《人民日报》，1950 年 8 月 11 日，第一版；徐建青、董志凯、赵学军主编（2017）：《薛暮桥笔记选编（1945—1983）》第一册，北京：社会科学文献出版社，2017 年，第 211—223 页。

④ 中共中央文献研究室、中华全国供销合作总社编（1987）：《刘少奇论合作社经济》，北京：中国财政经济出版社，1987 年，第 195 页。

⑤ 薄一波（1950）：《全国合作社工作者第一届代表会议的主要内容》，载《薄一波文选》，北京：人民出版社，2008 年，第 97 页。

会议期间，浙江代表带来大批温州草席。当时土产公司和华北合作总社都认为北方气候并不酷热，这种南方的草席恐怕不会受京津人民欢迎。[①] 但事实并非如此：

那时候我们做具体工作的人保守得很，说这不行呀，北方人不睡凉席子的，凉席拿到北京来卖不掉的，不敢买。后来我们向上一反映，说买，买来，有什么买什么。把席子弄到北京来了，一下子就抢光了。为什么？很多南方人跑到北京来了，南方人要睡席子，北方人也睡起席子来了。……此后不久，中央作了一个决定，要开展地区的物资交流，开展城乡的物资交流，把各地方的土特产品尽量地交流。这样一来，就把国民经济搞活了。[②]

合作社被确定为社团组织后，中央合作事业管理局职能逐步削弱。1950年12月，中华全国合作社联合总社正式对外行文，中央合作事业局一般不再对外行文。[③]

**7月15日** 政务院指示各大行政区军政委员会或人民政府及其财委，并转各省、市政府，要求调整公私关系，加强私营企业局工作。指示主要内容如下：

---

① 雨林（1951）：《继续调整工商业，争取全面好转！》，载《学习》，第4卷第1期，1951年4月16日，第18页。

② 薛暮桥（1978）：《过渡时期经济领域中的两条道路斗争》，上海：上海人民出版社，1978年，第14页；雨林（1951）：《继续调整工商业，争取全面好转！》，载《学习》，第4卷第1期，1951年4月16日，第18页。前者将此事记在七大城市工商局长会议期间，薛暮桥署名“雨林”的文章则记为合作社工作者代表会议期间。因在土特产品交流方面合作社发挥了主干作用，且1951年记忆比1978年更可靠，我们采用后文说法。

③ 杨德寿主编（1998）：《中国供销合作社发展史》，北京：中国财政经济出版社，1998年，第364页。

为继续调整公私关系，适时地解决私营工商业中所发生的各种问题，决定加强中财委私营企业局工作，并与各地工商行政机关及中央各部私营企业主管部门建立工作上的联系，俾在中财委的直接领导下，负责处理有关公私关系及工商行政的一切问题。今后私营企业局应实际成为中财委指导私营工商业的办事机关。兹决定私营企业局今后应即负责下列工作：

一、工商情况通报。各省工商厅、市工商局及其他工商行政机关，应随时将私营工商业动态及有关材料报告中财委私营企业局了解情况。凡有关调整公私关系及其所属处理重要的案件，除呈报各大行政区外，应以复本呈报中财委私营企业局。

二、举办公司登记。私营工商业除应向当地主管机关申请许可营业外，如系公司组织，并应向中财委私营企业局进行统一登记。关于统一登记办法，另行通知。

三、举办商标注册。在商标注册暂行条例公布后，此项注册工作亦将移交中财委私营企业局，组织专门机构负责办理。

四、公私合营企业的管理。此项工作应由投资机关（银行）、业务部门（主管各部）及中财委私营企业局会同处理，具体分工另订之。

五、对各地工商业联合会的指导。

此外如公私产权处理及私营工商业的辅导等工作，仍由中财委私营企业局会同有关部门继续负责处理。①

**7 月 21 日** 刘少奇与薄一波、薛暮桥、叶季壮、姚依林、孟用潜等人谈话，对如何经营好合作社提出意见。谈话要点在《刘少奇论

① 周恩来（1950）：《关于调整公私关系 加强私营企业局工作的指示》（1950 年 7 月 15 日），载《建国以来周恩来文稿 第三册》，北京：中央文献出版社，2008 年，第 43—44 页。

合作社经济》一书公开发表。①

**7 月 25 日** 应薛暮桥之请，刘少奇在中南海怀仁堂向全国合作社工作者第一届代表会议与会代表作报告。薛暮桥回忆：

那时，刘少奇同志亲自去作报告的会议还不多见。他在这次会议上的报告，内容很丰富，可以说是他建国初期的一个极为重要的报告。前几年我到处搜集这份文献资料，找不到，最近档案局复制了一份给我，我赶快告诉了你们文献研究室。我并建议全国供销合作总社把这份材料作为一个历史文献，永远保存下去。②

该报告已收录于《刘少奇论合作社经济》一书并公开发表。

**7 月 28 日** 在董必武主持召开的政务院第 43 次政务会议上作关于《私营企业投资暂行条例（草案）》要点的汇报。会议指定小组审查此条例，并由《私营企业投资暂行条例》改为起草《私营企业暂行条例》。

私营企业局组织起草的《商标注册暂行条例》在这次会议上得到原则批准，8 月 28 日发布。该条例规定商标从注册之日起，注册人即取得专用权，专用权期限为 20 年。③

**7 月下旬** 出席政务院财政经济委员会委务会议，听取了食品工业部关于油脂会议的汇报。④

---

① 刘少奇（1950）：《国营经济要扶助合作社走上轨道》，载《刘少奇论合作社经济》，北京：中国财政经济出版社，1987 年，第 69—71 页。

② 周志兴整理（1985）：《薛暮桥谈刘少奇关心合作社》，载《文献和研究》，1985 年第 6 期，第 25—26 页。

③ 国家工商总局商标局：《新中国商标注册与管理制度的建立和发展》，《中华商标》，2003 年第 2 期，第 11—13 页。

④ 徐建青、董志凯、赵学军主编（2017）：《薛暮桥笔记选编（1945—1983）》第一册，北京：社会科学文献出版社，2017 年，第 198—199 页。

**7 月 29 日** 作为全国工农兵劳动模范代表会议筹委会委员①，出席筹委会召开的首次会议。会议讨论并通过《关于召开全国工农兵劳动模范代表会议的计划》。7 月 30 日筹委会发出这一计划。②

**8 月 3 日** 政协全国委员会财政经济组举行会议，讨论政务院交付审查的《私营企业投资暂行条例（草案）》。参加讨论的还有政务院政务委员及法制委员会、财经委员会、税务局的人员。③

**8 月 7 日** 毛泽东对中财委关于全国进出口会议情况摘报做出批示。批示要求：政务院所属各部每次召集会议决定的政策方针，都应如中财委所属某些部门一样，做出总结性报告，呈报我及中央书记处看过，经同意后，除用政务院、各委或各部自己名义公告执行外，有些须用内部电报通知各地。过去有些部门这样做了，有些部门尚未这样做，请通知所属一律照办。军委所属各部亦然。④

**8 月 8 日** 出席政务院财政经济委员会委务会议。会议听取关于纸烟专业会议以及东北林业的工作汇报。⑤

---

① 全国工农兵劳动模范代表会议筹委会经政务院指定，由陈云、李立三、朱学范、刘澜涛、萧华、毛齐华、王新元、宋裕和、吴觉农、吴羹梅、李颉伯、李范五、李葆华、季方、陈郁、许之桢、张琴秋、董昕、刘景范、薛暮桥、罗叔章等 26 位委员组成，陈云为筹委会主任。参见新华社（1950 年 7 月）29 日讯：《劳模代表会筹委会召开首次会议　通过召开代表会计划》，载《光明日报》，1950 年 7 月 30 日，第一版。

② 当代中国研究所编（2006）：《中华人民共和国编年史：1950 年卷》，北京：当代中国出版社，2006 年，第 548、550 页。

③ 由于该项条例草案为中财委私营企业局起草，薛暮桥应出席了这次会议。参见政协全委会研究室编（1988）：《中国人民政治协商会议全国委员会大事记》，北京：中国文史出版社，第 19 页。

④ 当代中国研究所编（2006）：《中华人民共和国编年史：1950 年卷》，北京：当代中国出版社，2006 年，第 581 页。

⑤ 徐建青、董志凯、赵学军主编（2017）：《薛暮桥笔记选编（1945—1983）》第一册，北京：社会科学文献出版社，2017 年，第 199—200 页；中国社会科学院、中央档案馆编（1993）：《1949—1952 中华人民共和国经济档案资料选编　工商体制卷》，北京：中国社会科学出版社，1993 年，第 844—845 页。

**8 月 15 日** 参加刘少奇召集的会议。会上，刘少奇要求合作社领导机关深入研究解决合作社一系列业务问题，并就商品、批发、价格、资金周转、营业方式等 15 个业务问题发表意见。他指出，合作社是群众工作，又是经济工作，经济工作就是业务工作。合作社只讲方针政策，不把业务上一系列的问题解决好，要使它走上正轨，仍是不可能的。孟用潜、梁耀等参加了谈话。①

出席政务院财政经济委员会委务会议，研究邮电、侨汇等问题。②

**8 月 18 日** 出席政务院财政经济委员会召开的工作会议，布置精简节约检查工作，研究技术局任务、工作计划和机构编制等问题。③

**8 月 22 日** 出席政务院财政经济委员会召开的委务会议，研究合作社会议和橡胶会议问题。④

**8 月 31 日** 政务院财政经济委员会就永利、久大两公司要求与政府合营问题致电周恩来并报中央请示：永利、久大两公司以其产品均为民生日用、工业原料与国防必需，如全国经济情况好转后，势将供不应求，而两公司机器多半陈旧，不能很好发挥效能，永利虽已由国外购入硫酸铔厂的扩充设备，但无力安装，如另建一相当生产量的工厂，至少需要两年多方可完成。因此永利经该董事会赞同，曾向重工业部洽商与政府合营。但因久大与永利有深切关联，就资金一项而

---

① 刘少奇（1950）:《合作社业务的若干问题》（1950 年 8 月 15 日》，载中共中央文献研究室、中华全国供销合作总社编《刘少奇论合作社经济》，北京：中国财政经济出版社，1987 年，第 91 页。

② 徐建青、董志凯、赵学军主编（2017）:《薛暮桥笔记选编（1945—1983）》第一册，北京：社会科学文献出版社，2017 年，第 200 页。

③ 同上。

④ 同上。

言，久大投资于永利者实占永利总股本四分之一强。因此该两公司皆要求与政府合营。永利侯德榜前曾要求过合营，后又失悔。但自己解决不了问题，又屡次向我要求合营，我都答复愿意帮助他，但以不合营为好，希望继续自己办。这次要求是第三次了。我们认为该两公司是国内有数的企业，可以利用现有基础发展肥料与酸碱工业，同时合营后也可以减少政府对他们的临时救济。现两公司既已再三明确提出，其中永利且经董事会的赞同，似可同意其合营要求。是否妥当，请指示！①中共中央 1950 年 9 月 7 日致信中财委，表示同意中财委批准永利、久大两公司与政府合营的要求，并指出“一切具体商谈仍应采明确又审慎的方针”，“商订成方案后，望经政务院党组审定转报中央批准”。②

对于永利公司公私合营的来龙去脉，薛暮桥这样回忆：

私营经济后来搞不下去了，但是有很多私营工厂我国还要发展，希望他们发展生产。他们要求国家投资，帮助他们发展生产，搞公私合营。一搞公私合营生产马上增长一至两倍。第一个公私合营③的是侯德榜的南京永利化学公司，这是我搞的。那时，我是中财委的秘书长、私营企业局局长。开始他们还不愿意，写了封信给总理告

① 《中财委关于永利、久大两公司要求与政府合营问题致周总理并报中央的请示电》（1950 年 8 月 31 日），载中国社会科学院、中央档案馆编《1949—1952 中华人民共和国经济档案资料选编　工商体制卷》，北京：中国社会科学出版社，1993 年，第 491—492 页。这一请示电应系薛暮桥为政务院财政经济委员会起草。

② 薄一波（1950）：《致薛暮桥》，载《薄一波书信集》，北京：中共党史出版社，2009 年，第 157 页。

③ 薛暮桥曾经解释过：“过去我们也有许多公私合营企业，那是由于初解放时该企业既有官僚资本，又有民族资本，因而成为公私合营的。由国家对私营工厂投资成为公私合营的，永利化学公司是第一家。”参见薛暮桥（1991）：《薛暮桥回忆录稿》，手稿，1991 年，薛小和藏。

状，说："国民党想吃掉我们，没有吃掉。想不到共产党来了，也要把我们吃掉。"周总理看了信，非常生气，叫我不要理他。他每月找我一次，他要我收买他的化肥。农民那样穷，谁还买得起化肥。我三个月不见他，他没有办法了。他派人来说，"我们愿意公私合营"。公私合营以后，生产发展了，生产增加了一倍以上，利润增加了几倍。①

侯德榜很有事业心。他赚了钱，不分红利。赚了钱，他就发展生产。他办了十来年厂，从未分过红利。公私合营以后，也分了红，分得很多。资本家非常高兴。接着，很多私营工厂都要求公私合营，公私合营后，生产马上发展了，营业额马上增加了。

到后来，大工厂合营完了，小工厂更没法生存下去。②他们就敲锣打鼓要求全行业公私合营。全行业公私合营不是我们提出来的，是他们提出来的。工商联主任陈叔通老先生对我说："你们把肥肉都吃光了。"因为合营的都是大厂，剩下来的都是些破破烂烂的小厂。还

---

① 薛暮桥另一个版本的叙述可以与上引回忆相互参照："总理因为我同民主人士比较熟悉，所以民主人士每有请求，常常要我负责处理。像侯德榜先生的永利化肥公司，由于化肥滞销，几乎每月都要来找我请商业部收购他的化肥。总理预测到化肥销路将要增加，就要我同侯先生商谈，由中央投资实行公私合营。这是在总理的亲自指导下成立的第一个公私合营企业。合营后产、销数量大增，股东分到红利（合营前只发股息、分不到红利），因此就有许多工厂要求公私合营。"参见薛暮桥（1986）：《在周恩来同志领导下工作的回忆》，载《薛暮桥文集》第十二卷，北京：中国金融出版社，2011 年，第 4 页。薛暮桥晚年言及："侯德榜、李烛尘认为，公私合营问题不是出于自愿。"参见苏星（2016）：《积之四十年》，载《苏星经济论著全集》第八卷，北京：知识产权出版社，2016 年，第 98 页。

② 1954 年中央决定发展公私合营，很快出现各个工厂要求实行公私合营的高潮。1955 年国营工业的产值占全部工业产值的 67.7%，公私合营工业的产值占 16.1%，加工订货企业的产值占 13.2%，自产自销的资本主义工业的产值只占 3%。参见薛暮桥（1984）：《运筹帷幄之中　决胜千里之外》，载《薛暮桥文集》第十卷，北京：中国金融出版社，2011 年，第 196 页。

说,“你们把骨头都扔到垃圾里，不行呀，你们不能不管。”我说：“怎么管。”他说：“你们国家统统包下来，这样公私合营。”[①]后来没办法，中央批准了全行业公私合营。当然这些破破烂烂的小厂都像永利化学公司一样，扩大生产，国家没有这个力量。工厂要关门，很多小厂要合并，合并又很麻烦，怎么办呢？搞定息制度，按 5% 定息。赚了钱 5%，赔了钱也 5%，厂关掉了，也拿 5% 的定息。这样一来，他们不关了。交给你们——国家，“你们要关就关，要合并就合并，反正我只拿 5%。反正我不管了”。后来把几十万个小工厂合并的合并，改组的改组[②]（参见 1950 年 9 月 11 日条、1952 年 2 月 21 日条）。

**9 月 1 日**　在薛暮桥、曾凌等人的指导下，上海商业储蓄银行召开大会，宣布公私合营。此前该行常务董事会做出合营决议，周恩来

---

① 薛暮桥另一个版本的回忆如下：陈叔通老先生“跑到中财委来，说‘国家把肥肉都吃掉了，剩下来的骨头总不能像资本主义国家那样丢到垃圾桶中去’，向陈云同志要求全行业公私合营。在这以前，个别城市已经作了个别行业公私合营的试点，取得成功。到这时候全行业公私合营已经成为滚滚浪潮，势不可当”。参见薛暮桥（1984）：《运筹帷幄之中　决胜千里之外》，载《薛暮桥文集》第十卷，北京：中国金融出版社，2011 年，第 197 页。薛暮桥没有说明陈叔通谈话的具体时间。据《毛泽东年谱》记载，1955 年 10 月 27 日下午 5 时，毛泽东在中南海颐年堂邀请陈叔通等工商业界代表座谈，指出“社会主义改造是三个五年计划基本完成，还有个尾巴要拖到十五年以后，总之是要瓜熟蒂落、水到渠成”。10 月 29 日下午，毛泽东在中南海怀仁堂邀集全国工商联执行委员座谈，“劝朋友们，大家安下心来”。我们推测，陈叔通与薛暮桥的谈话，要求“国家统统包下来”的时间很可能是 1955 年 10 月 28 日。参见中共中央文献研究室（2013）:《毛泽东年谱（一九四九——一九七六）》第二卷，北京：中央文献出版社，2013 年，第 457—459 页。

② 薛暮桥（1980）:《薛暮桥同志在全国职工思想政治工作座谈会上的讲话》（记录整理稿），1980 年 7 月 25 日，薛小和藏。

6 月 9 日对该行合营申请批示同意。[①]

**9 月 11 日** 薄一波致信薛暮桥，要求“指定专人开始与李烛尘、侯德榜谈判合营的具体办法”[②]（参见 1950 年 8 月 31 日条、1952 年 2 月 21 日条）。

**9 月 12 日** 出席政务院财政经济委员会委务会议，研究棉花工作会议问题。[③]

**9 月 13 日** 薄一波致信陈云、李富春、宋劭文、薛暮桥：阅正后送总理批发。由于这一改变，开支要增加 12 亿斤（米），收入可能增加 7 亿斤，收支相抵，需增加开支 5 亿斤（从 10 月到 12 月止）。[④]“阅正后送总理批发”的文件，指为周恩来起草的关于调整财政米价问题给各大行政区、华北五省二市的通知。[⑤]

---

① 资耀华最先提议并具体负责上海商业储蓄银行的公私合营筹备工作，合营之后任上海商业储蓄银行总管理处副总经理。他在回忆录中谈到合营过程时，说该行是在“中央财经委员会私营企业局局长及中国人民银行总行曾凌等同志的指导下”实现公私合营的，当时中央财经委员会私营企业局局长正是薛暮桥。参见资耀华（1992）:《凡人小事八十年》，北京：中国金融出版社，1992 年，第 221 页、第 258—259 页。

② 薄一波（1950）:《致薛暮桥》，载《薄一波书信集》，北京：中共党史出版社，2009 年，第 157 页。

③ 徐建青、董志凯、赵学军主编（2017）:《薛暮桥笔记选编（1945—1983）》第一册，北京：社会科学文献出版社，2017 年，第 200 页。

④ 薄一波（1950）:《致陈云、李富春、宋劭文、薛暮桥》，载《薄一波书信集》，北京：中共党史出版社，2009 年，第 159—160 页。

⑤《关于调整财政米价问题给各大行政区、华北五省二市的通知》指出：从五月份起，全国各地粮价继续下跌……今年秋禾丰收在望，各地粮价还在继续下降。由于我们发工资和经费均以粮食价格为计算单位，因此工厂、机关、学校等工薪生活者和部分供给制工作人员，均受到米价下跌生活水准降低的影响，同时也影响到各业务部门的财务计划不能健全执行。为此特决定调整财政收支的米价，其办法如下：（一）各地区各部门的财政开支，包括经济建设投资在内，凡以粮食为计算单位者，均以当地 5 月份的财政米价（北京为五五米，各地区则为原来评定的财政粮价）为基数，今后不论粮价下降多少，均以各该地区五月财政粮价为计算标准，上涨者按上涨粮价计算。（二）所有财政收入，包括企业利润和税收，凡以粮食为计算单位者，（接下页）

**9 月 19 日** 出席政务院财政经济委员会第三十四次委务会议。会议讨论海关总署关于全国关务会议的总结报告以及海关总署、铁道部等部门提出的提高技术人员工资待遇的意见。[①]

**9 月 26 日** 出席政务院财政经济委员会第三十五次委务会议。会议讨论并通过《关于治理淮河的决定》。[②] 会议还研究了增设农业银行问题和派代表团赴苏联参观的问题。[③]

**10 月 5 日** 毛泽东主持中共中央政治局扩大会议。会议做出“抗美援朝，保家卫国”的战略决策。会议决定由彭德怀率志愿军入朝作战。[④]

**10 月 12 日** 出席政务院财政经济委员会委务会议。会议研究了经济形势，要求严加注意投机又见活跃的问题，加强国营经济领导；要求贸易部与农业部会商调整棉价，保证棉花增产。[⑤]

**10 月 17 日** 出席政务院财政经济委员会第三十七次委务会议。

---

亦按此办理。但货物税、关税、盐税及其他税收原按货币从价计征者，仍按货币从价依率征收。工商税原依货币营业额计征者，仍按货币营业额依率征收，唯各地财政税务机关上解这些税款时，其货币折合粮数时均按五月财政粮价折算。（三）本办法自十月一日起实行，十月份以前的不再计算。

① 徐建青、董志凯、赵学军主编（2017）：《薛暮桥笔记选编（1945—1983）》第一册，北京：社会科学文献出版社，2017 年，第 201 页；中共中央文献研究室编（2015）：《陈云年谱（修订本）》中卷，北京：中央文献出版社，2015 年，第 91 页。

② 中共中央文献研究室编（2015）：《陈云年谱（修订本）》中卷，北京：中央文献出版社，2015 年，第 91 页。

③ 徐建青、董志凯、赵学军主编（2017）：《薛暮桥笔记选编（1945—1983）》第一册，北京：社会科学文献出版社，2017 年，第 201 页。关于农业银行问题，毛泽东 1950 年 9 月 24 日为中共中央起草的电报中要求“请中财委考虑提出意见”。参见中共中央文献研究室（2013）：《毛泽东年谱（一九四九——一九七六）》第一卷，北京：中央文献出版社，2013 年，第 197 页。

④ 中共中央文献研究室（2013）：《毛泽东年谱（一九四九——一九七六）》第一卷，北京：中央文献出版社，2013 年，第 205 页。

⑤ 徐建青、董志凯、赵学军主编（2017）：《薛暮桥笔记选编（1945—1983）》第一册，北京：社会科学文献出版社，2017 年，第 224 页。

会议讨论了交通部关于浦口码头抢修工程的综合报告。[①]

**10 月 20 日**　政务院财政经济委员会发出《关于防止物价波动问题的指示》。指示说：由于国内经济发展情况和工农业产品生产不平衡，以及朝鲜战争的影响，物价不断呈现波动。为稳定物价，拟采取以下措施：（一）对库存充足的商品，坚决大量出售。（二）对投机、囤积居奇、哄抬物价、扰乱市场者，严格取缔。（三）对较缺乏而又与人民生活关系重大的商品，遇有特殊情况时，采取统购统销及配售禁卖办法。[②]

**10 月 23 日**　出席政务院财政经济委员会委务会议。会议研究了《中华人民共和国劳动保险条例草案》。[③]

**10 月 26 日**　到食品工业部，与黄炎培商量将食品工业部并入轻工业部。黄炎培表示，原则上服从上级，待办公室去了解情况后再定。[④]

**10 月 28 日**　到劳动人民文化宫，为 10 月 27 日因病去世的任弼时送灵和吊唁。[⑤]

**11 月 11 日**　刘少奇致信新闻总署署长胡乔木、副署长范长江，指出“我们必须迅速建立新的信贷制度，同时鼓励农民互助信

---

① 中共中央文献研究室编（2015）：《陈云年谱（修订本）》中卷，北京：中央文献出版社，2015 年，第 97 页；徐建青、董志凯、赵学军主编（2017）：《薛暮桥笔记选编（1945—1983）》第一册，北京：社会科学文献出版社，2017 年，第 224 页。

② 中共中央文献研究室编（2015）：《陈云年谱（修订本）》中卷，北京：中央文献出版社，2015 年，第 97—98 页。

③ 徐建青、董志凯、赵学军主编（2017）：《薛暮桥笔记选编（1945—1983）》第一册，北京：社会科学文献出版社，2017 年，第 201—202 页。

④ 黄炎培著、中国社会科学院近代史研究所整理（2012）：《黄炎培日记》，北京：华文出版社，2012 年，1950 年 10 月 26 日条。

⑤ 新华社（1950 年 10 月）28 日讯：《任弼时同志遗体昨日入殓　毛主席亲视含殓移灵至劳动人民文化宫　各界人民瞻仰遗容和吊唁者络绎不绝》，载《人民日报》，1950 年 10 月 29 日，第一版。

贷”；在建立一套相应的经济机构前，“首先要在理论上方法上解决一系列的问题，望你们与暮桥研究这一问题，并能写篇文章发表”。[①] 当时农村一般由供销合作社兼办信贷业务。后农村成立信用合作社，信贷业务统一由信用合作社办理。

**11 月 22 日** 毛泽东致信胡乔木，指出：“请你负责用中央名义起草一个指示，纠正写电报的缺点，例如：不要用子丑寅卯、东冬江支等字代替月、日，要写完全的月、日，例如十一月二十二日；署名一般要用完全的姓名，不要只写姓不写名，只在看报的人完全明了其人者允许写姓不写名，例如刘、邓、陈、饶等；地名、机关名一般必须写完全，只在极少数情况下允用京、津、沪、汉等省称；还有文字结构必须学会合乎文法，禁止省略主词、宾词及其他必要的名词，形容词和副词要能区别其性质，等等。请你为主，起草一个初稿，再邀杨尚昆、李涛、齐燕铭、薛暮桥及其他你认为有必要邀请的同志开会一次或两次，加以修改充实，然后送交我阅。”[②]

**11 月 27 日至 30 日** 出席中华全国合作社联合总社（简称全国合作总社）在京召开的临时理事会第一次会议。会议听取关于第一次全国合作社工作者代表会议以来四个月的工作报告，讨论并通过 1951 年合作社发展计划，华北、华中、华东合作社的交换物资计划，

---

① 刘少奇（1950）：《必须建立新的信贷制度》，载《刘少奇论合作社经济》，中国财政经济出版社，1987 年，第 94—95 页。1950 年 12 月 20 日，中国人民银行召开第二届全国金融会议，会后颁发《第二届全国金融会议若干问题的决定》。该决定对农村金融工作等做出了规定。次年 1 月 22 日，农业部、中国人民银行颁发《关于布置 1951 年农业生产放款的联合指示》，规定农业生产放款的政策方针是对农民小生产者的生产困难主要通过贸易收购来解决，直接贷款只能扶助生产提高技术及帮助贫苦农民解决生产资料问题。参见尚明、陈立、王成铭主编（1993）：《中华人民共和国金融大事记》，北京：中国金融出版社，1993 年，第 37、40 页。

② 中共中央文献研究室编（2013）：《毛泽东年谱（一九四九——一九七六）》第一卷，北京：中央文献出版社，2013 年，第 247—248 页。

1951 年第一季度重点配售计划；决定于 12 月 15 日召开全国主要省市合作社的业务会议，具体布置明年第一季度工作。[①]

**12 月 12 日** 出席政务院财政经济委员会第四十二次委务会议，并在会上对私营企业局副局长吴羹梅关于《私营企业重估财产、调整资本办法草案》的说明[②]做出补充说明。补充说明指出，在目前情况下进行重估财产、调整资本是有困难的。一方面，对工商局是一件很繁重的工作；另一方面，时局的变化可能引起工商界的顾虑，因而影响重估财产的正确程度。但是，这是工商界的普遍要求。至于办得好坏，主要依靠工商户自觉实报，这就必须解除他们的思想顾虑，所以条文中明确指出：第一，重估财产与征收今年所得税是两回事情，即私营企业办理 1950 年度通常决算之所得仍依工商业税暂行条例及其他有关规定征收所得税。第二，因币值变化，财产账面而增值额，不得作为盈余分派红利，亦不得征收工商业所得税。

---

① 本报讯（1950）：《中华全国合作社联合总社召开临时理事会第一次会议 讨论通过一九五一年合作社发展计划》，载《人民日报》，1950 年 12 月 16 日，第一版。

② 吴羹梅在会上表示，由于国民党统治时期货币不断贬值与币制几经变换，私营企业的财产记账已不确实，难以准确计税，影响公私关系，有的企业还因分红问题影响劳资关系。企业本身则因此无法合理计算折旧，核算成本，在发行、转让股票或增加投资上都有困难。因此由中央公布一个统一的办法是有必要的。工商局局长会议上已经有重估财产调整资本之议，6 月税务会议做出了明确决定，预定年底举办，由私营企业局主持，税务局参加，成立小组，筹划草案起草事宜。10 月初邀请各地工商局、税务局、工商联代表暨税务总局、人民银行、法制委员会等单位座谈讨论。座谈中较为一致的意见是应在全国同时举办，估价标准应一律以 1950 年 12 月 31 日的当地价格为基期。完竣期间一般应以 1951 年 6 月 30 日为限。经争论取得一致的意见是：存货作价允许工商户按实际情况与一般习惯略低于公议价格单所订标准报价，但须经评审会审查同意；调整资本与重估财产应同时进行；各地评审委员会规定由各地工商局主持，会同税务局、工商联并邀请有关机关团体（包括地方工会或行业工会）及会计技术专家参加组成。参见中国社会科学院、中央档案馆编（1993）：《1949—1952 中华人民共和国经济档案资料选编 工商体制卷》，北京：中国社会科学出版社，1993 年，第 609—610 页。

此外，评审会对工商户自报材料的审查只能评定其报价合理与否，而无法挨户清查其存货实数多少。故对其确定程度不能完全负责，所以条文规定如果报告不实，仍由原报告人自己负责。[①] 会议讨论并通过该草案，同月 22 日正式公布实施。但因各地经验不足，干部缺乏，加以抗美援朝、镇压反革命、土地改革、土产交流等工作任务繁重，若干地区至 1951 年底尚未完成，或仅开始布置。因而 1951 年 12 月 7 日中财委做出《关于私营企业重估财产调整资本工作的补充决定（草案）》。[②]

**12 月 23 日、24 日**　出席政协第一届全国委员会常务委员会第二十一次会议，薄一波、薛暮桥在会上分别作关于《中华人民共和国合作社法（草案）》和《中华人民共和国私营企业暂行条例（草案）》的报告；会议进行了分组讨论。26 日，政协常委会举行第二十二次会议，继续讨论这两个草案。[③]

**12 月 29 日**　在政务院第六十五次政务会议上就《私营企业暂行条例》作题为"《私营企业暂行条例》起草经过及其说明"[④] 的报告。这一报告由中央私营企业局副局长千家驹执笔起草，薛暮桥修改定

---

① 中国社会科学院、中央档案馆编（1993）：《1949—1952 中华人民共和国经济档案资料选编　工商体制卷》，北京：中国社会科学出版社，1993 年，第 610—611 页。

② 徐建青、董志凯、赵学军主编（2017）：《薛暮桥笔记选编（1945—1983）》第一册，北京：社会科学文献出版社，2017 年，第 226 页；中国社会科学院、中央档案馆编（1993）：《1949—1952 中华人民共和国经济档案资料选编　工商体制卷》，北京：中国社会科学出版社，1993 年，第 611—618 页。

③ 政协全委会研究室（1988）：《中国人民政治协商会议全国委员会大事记》，北京：中国文史出版社，1988 年，第 24 页。

④ 薛暮桥（1950）：《中央私营企业局薛暮桥局长关于〈私营企业暂行条例〉起草经过及其说明的报告》，载《中央财经政策法令汇编》第二辑，北京：政务院财政经济委员会，1951 年 6 月，第 176—185 页。

稿。[①] 对于起草《私营企业暂行条例》的来由、重点和这次会议的讨论情况，千家驹晚年回忆：

当时工商界人士希望中央人民政府颁布一个新公司法。因解放初期，私营工商业还占国民经济很大比重，旧的公司法已经废止（新中国成立后，宣布所有国民政府时代的一切法规均无效），新公司法又未颁布，对于私营企业应如何组织、如何登记、股东会、董事会职权如何、利润如何分配、公积金应该多少……均无所遵循。……有一天，周恩来总理约了薛暮桥、我和吴羹梅去政务院谈话，周总理说，工商界人士一再提出要有一套新公司法，以便有所遵循，我们是否可以考虑把范围扩大一些，不仅包括公司组织，也包括独资与合资的企业，即所有的私营企业在内的条例。显然，起草私营企业条例的目的不是要消灭私营企业，而是要保护和发展有利于国计民生的私营工商业，这是当时包括周总理、陈云同志在内的我们的主导思想。我们根据的原则便是人民政协《共同纲领》第三十条："凡有利于国计民生的私营经济事业，人民政府应鼓励其经营的积极性，并扶助其发展。"……在起草过程中，我们召开了十多次工商界代表人物的座谈会，征求其意见。私企条例总的精神是鼓励私营企业的投资，特别表现得突出的是条例的第二十五条："企业如有盈余，除缴纳所得税弥补亏损

---

① 据千家驹回忆，《私营企业暂行条例》"提交政务院时，薛暮桥局长代表私营企业局作了一个《关于私营企业暂行条例的起草经过和说明》的书面报告，这个报告是我执笔的，不过因为薛是正局长，故由他具名"。吴承明和方行则回忆，中财委私营企业局起草《私营企业条例》时，由于薛暮桥在中财委的工作繁忙，"私营企业局的日常工作，实际上是由大同同志（管大同时任中财委私营企业局秘书处处长兼外资企业处处长。——引者注）主持"。参见千家驹（1993）：《从追求到幻灭：一个中国经济学家的自传》，台北：时报文化出版企业有限公司，1993 年，第 181 页；吴承明、方行（1994）：《功在开拓　遗范长存》，载本书编辑组编《管大同纪念文集》，北京：工商出版社，1994 年，第 137—144 页，引文见第 139 页。

外，先提百分之十以上作为公积……提存公积后的余额，先分派股息，股息最高不得超过年息百分之八。分派股息后的余额依下列比例分配：（一）股东红利及董事、监察人、经理、厂长酬劳金，一般应不少于百分之六十；（二）改善安全卫生设备基金，工矿企业应不少于百分之十五；（三）职工福利基金一般应不少于百分之十五；其他。”

按照这一条，企业所得盈余，除缴纳税款外，约有百分之八十以上归资方所得，公积金仅有 10%，这也定得稍低。私企条例共三十条，其中表现对私营企业限制的条文，共有两条，一为第六条，规定“为克服盲目生产，调整产销关系，逐渐走向计划经济，政府得于必要时制定某些商品的产销计划，公私企业均应遵照执行。”还有第七条：“企业应切实执行政府一切劳动法令。”这是唯一的体现新中国私营企业不同于资本主义国家私营企业的两条。

条例起草好后，先提到全国政协去讨论（当时全国人民代表大会尚未成立，政协代替人大行使职权，重要法令在送交政务院通过之前，先经政协讨论研究），我记得当讨论时，有民主人士潘震亚先生表示异议，认为条例过于照顾资本家，没有表现新民主主义的特色（参见 1950 年 12 月 23 日、24 日条）。后经陈云同志加以解释，才得通过。又当最后定稿提到政务院政务会议讨论时，也有两位朋友反对，一位是代表总工会的陈少敏同志，一位是政务委员黄绍竑先生。陈少敏是站在工会立场，认为条例对资本家利益照顾得太多，而对工人福利照顾得太少。黄绍竑先生是国民党元老，因参加国民党的和平谈判代表团而任政务委员，他也认为公积金只有百分之十未免太少。以后也经陈云（陈是政务院副总理）加以说明，才得以通过。①

---

① 千家驹（1993）：《从追求到幻灭：一个中国经济学家的自传》，台北：时报文化出版企业有限公司，1993 年，第 180—181 页。

对于条例中有关股息、税收和公积金的条款，薛暮桥的回忆有所不同：

回想在 1951 年[①] 国家颁布《私营企业条例》(应为《私营企业暂行条例》。下同。——引者注）时，国家同资本家在股息是否税前提取问题上曾有争论。当时私营企业的平均资金利润率约为 16%，股息一般是 8%，如果先提股息，所得税将减少一半。所以陈云同志坚持先交所得税，后发股息，把这载入《私营企业条例》。股息不是按盈利，而是按投资数额计算的，因此先交所得税不会影响股息，但交所得税（当时所得税的最高税率是 35%）和发股息后可以发红利的部分就比较少了。为了保障企业在盈利少的年份交所得税后仍然能够发 8% 的股息,《私营企业条例》还规定企业盈利交所得税[②] 和发股息后剩余部分应当提留 10%~20% 的公积金和 5%~10% 的公益金。公积金用于企业的革新或扩建，在发不出 8% 的股息的年份用历年的公积金来贴补，尽可能保证仍发 8% 的股息。公益金用于职工的集体福利事业。在经过这些提留以后，多余部分才发红利，这样红利就为数不多了。这是当时我们“节制资本”的一项措施。过去有些有远见的企业家（如南京永利化学公司）只发股息不发红利，把红利部分全部用于扩大再生产，企业发展较快。企业发展以后，它的股票就会增值，所以这种做法也能被股东接受。[③]

---

① 应为 1950 年。

② 当时所得税平均 25%，最高额为 35%。参见薛暮桥（1984）:《运筹帷幄之中　决胜千里之外》，载《薛暮桥文集》第十卷，北京：中国金融出版社，2011 年，第 196 页。

③ 薛暮桥（1987）:《我国生产资料所有制的演变》，载《薛暮桥文集》第十二卷，北京：中国金融出版社，2011 年，第 177 页。

《私营企业暂行条例》通过后，与周恩来等在中南海共进午餐。[①]《人民日报》次年 1 月 17 日发表社论《私营企业正确发展的途径》。

**12 月 31 日** 在《人民日报》发表《〈私营企业暂行条例〉起草经过及其说明》。

① 千家驹（1993）：《从追求到幻灭：一个中国经济学家的自传》，台北：时报文化出版企业有限公司，1993 年，第 181—182 页。

## 1951 年

**1 月 5 日** 下午，出席政务院第六十六次政务会议，并在会上作关于企业中公股公产清理办法草案的报告。会议批准了这一报告。[①]

**1 月 9 日** 出席政务院财政经济委员会第四十三次委务会议。会议研究了全国水利会议的总结报告。[②]

**1 月 16 日** 出席政务院财政经济委员会第四十四次委务会议。会议研究了全国棉纺织会议的有关问题。[③]

**1 月 24 日** 根据中央人民政府政务院《关于开展职工业余教育的指示》以及政务院批准发布的《各级职工业余教育委员会组织条例》规定，正式成立全国职工教育委员会。委员会由马叙伦、钱俊瑞、林汉达、江凌、马印秋、刘子久、冯宿海、张修竹、董昕、吴平、董锄平、杨述、胡耐秋、何长工、陈郁、武竞天、邵荃麟、薛暮桥等 22 人组成，马叙伦、刘子久分别担任正副主任委员。[④]

**1 月 31 日** 陈翰笙返回北京。回国之后，陈翰笙担任外交部顾问，负责外交决策咨询工作，并参加英文《中国建设》（*China*

---

① 新华社（1951 年 1 月）5 日讯：《政务院举行六十六次会议》，载《人民日报》，1951 年 1 月 7 日，第一版。

② 徐建青、董志凯、赵学军主编（2017）：《薛暮桥笔记选编（1945~1983）》第一册，北京：社会科学文献出版社，2017 年，第 232 页。

③ 同上书，第 232—233 页。

④ 新华社（1951 年 1 月）26 日讯：《全国职工业余教育委员会成立》，载《人民日报》，1951 年 1 月 28 日，第三版。

*Reconstructs*）杂志的组织和编辑工作。①

**2 月** 陈翰笙邀集中国农村经济研究会在京理事和会员 20 多人，借南河沿北京市政协俱乐部（欧美同学会）座谈。座谈会上，多数会员认为该会“已完成了历史任务，大家参加了新的工作，也无力兼顾”，于是发表结束该会的宣言。上海会员全部转入中国新经济学会。② 薛暮桥晚年回顾：

> 新中国成立后，中国农村经济研究会的会员大部分到政府中去担负重要工作，没有时间再来领导这个群众团体，而且以为有了自己的农业部，群众团体可以不要了，所以 1950 年（应为 1951 年。——引者注）初就宣布解散了。现在看来，这种群众性的学术研究团体十分必要，它的作用绝不是农业部甚至农业经济研究所可以代替的。③

**3 月** 因工作过于繁重，患高度神经衰弱症，住院治疗之后在家

---

① 陈翰笙（1967）：《向革命造反大队报告履历》，1967 年 5 月 2 日，中国社会科学院中国近代史研究所藏；陈洪进笔记（1998）：《陈翰笙同志谈〈地下工作二十五年〉》，载《陈翰笙百岁华诞集》，北京：中国社会科学出版社，1998 年，第 298 页。

② 陆文明（1992）：《中国农村经济研究会的活动》。另据薛暮桥回忆：“1951 年陈翰老回到国内，中国农村经济研究会完成了历史任务。我们大家都很忙，当时的骨干分子都担任了很重要的工作，农村经济研究会自动结束。”参见薛暮桥（1985）：《陈翰笙与中国农村调查》，载《陈翰笙百岁华诞集》，北京：中国社会科学出版社，1998 年，第 238—240 页。值得注意的是，《吴觉农年谱》将此事记在 1949 年 11 月，称：“中国农村经济研究会在京同志钱俊瑞、秦柳方、狄超白、孙晓村、千家驹、吴觉农等举行聚餐会。大家认为，中国农村经济研究会已完成使命，今后，同志间仍可保持一定联系，互相探讨经济问题。”考虑到中国农村经济研究会理事会主席为陈翰笙，农研会停止活动理应在陈翰笙回国之后。因此没有采用《吴觉农年谱》的说法。但《吴觉农年谱》所记忠实反映了 1949 年农研会核心会员的共同意见。参见《吴觉农年谱》编写组（1997）：《吴觉农年谱》，上海：上海市茶叶学会，1997 年，第 127 页。

③ 薛暮桥（1981）：《提高农业经济学的科学水平》，载《薛暮桥文集》第九卷，北京：中国金融出版社，2011 年，第 143 页。

休养。[①]

**3 月 4 日**　中国土产公司总公司在天津召开第三次经理联席会议，决定土产经营以扩大内销为主，大力依靠合作社，组织私商，积极推销各种土产。各省市根据当地人民需要和自身经营能力，因地制宜经营各种土产。会议期间，各大区、省、市代表互相订立了 54 件土产交换协议，通过协议交流的土产达到 160 多种。[②]3 月 22 日，中共中央发出《关于召开土产会议加强推销土产的指示》，要求各大行政区、各省（市）、各专区、各县和各区、乡，在两个月内召开一次土产会议。指示指出，有计划地召开土产会议，组织城市和乡村、地区和地区间的物资交流，打开国内市场，活跃城乡经济，是解决各地农村日益恢复和发展农副土特产销售问题的关键。土产会议的任务主要是积极打开滞销货的销路。办法是恢复旧有的或开辟新的商业渠道，鼓励私商下乡推销工业品和收购农副产品，大力发挥合作社的组织作用，开展群众性的短距离的物资交流，广泛推行现购、订购、代购等各种合同制度，加强土产品生产的指导，等等[③]（参见 4 月 16 日条）。

**3 月 27 日**　出席政务院财政经济委员会委务会议。会议讨论了轻工业部工作报告。[④]

**4 月 16 日**　在《学习》半月刊发表《继续调整工商业，争取全面好转！》（署名“雨林”）。文章指出，我们尚未完全渡过困难，调

---

① 北京医院薛暮桥病历记录；薛暮桥（1996）：《薛暮桥回忆录》，载《薛暮桥文集》第二十卷，北京：中国金融出版社，2011 年，第 163 页。回忆录将此次生病时间记为 1951 年 2 月，我们根据病历记录加以订正。

② 房维中主编（1984）：《中华人民共和国经济大事记（1949—1980 年）》，北京：中国社会科学出版社，1984 年，第 43—44 页。

③ 同上书，第 45—46 页。

④ 徐建青、董志凯、赵学军主编（2017）：《薛暮桥笔记选编（1945~1983）》第一册，北京：社会科学文献出版社，2017 年，第 233 页。

整工商业工作有许多重要问题尚待继续解决。第一，开展城乡物资交流，目前是发展工商业的中心关键。一年来的经验充分证明像中国这样一个农业国家，农民占全国人口的 **80%** 以上，城市工业不但依靠农村供给粮食和原料，而且必须把广大的农村作为工业品最主要的销售市场。开展城乡物资交流，帮助农民推销各种多余的农产品和土产品，为工业品开辟更广大的销售市场，要从继续发展国营商业、在农村广泛组织供销合作社、发展私营商业奖励城市商人下乡三方面努力，谁想包办一切，限制其他方面的发展，谁就实际上阻碍了城乡物资交流，阻碍了农业的发展和工商业的继续好转。第二，继续调整工商业，贯彻“国营经济领导之下，统筹兼顾，分工合作”的方针。一年来社会主义国营经济在国民经济中的领导地位渐渐巩固了，这特别明显地表现在国家已经大体上掌握了金融市场、商品市场，已有相当的力量来支持市场价格，保障物价的大体稳定。私营经济必须欢迎国营经济的领导，国营经济则必须对私营经济及其他各种经济成分采取“统筹兼顾，分工合作”的方针。国营经济领导私营经济，最好的办法是通过市场，通过商业。如在工业方面，国营贸易机构利用价格政策、收购政策，来领导比较分散的小工业和手工业生产，利用有计划的加工订货等类办法，来领导中等的和规模较大的工业。更进一步说，在国家的领导下，实行联购联销和统购统销，如纺织工业的实行棉花联购、纱布统销，便是一个最成功的范例。在商业方面，国家掌握某些重要物资的批发和一定数量的零售，以保证物价的稳定。同时留给私营商业以足够的活动余地，奖励私商经营各种土产运销；并调节地区的差价、季节的差价、批发和零售的差价，保证私营商业有利可图。第三，继续召开各种专业会议，制订各种重要物资的产销计划，公私企业共同保证计划的实现。文章还指出，今后中国经济必然要向计划经济的方向前进[①]（参见 3 月 4 日条）。

**4 月 17 日**　出席政务院财政经济委员会第五十三次委务会议。会议讨论了文化用纸的生产和供应问题。[②]

**4 月下旬至 5 月中旬**　与薄一波去上海调研调整工商业以来的公私关系、进一步调整工商业、中央与地方关系、市场与金融等问题。其间因过度劳累昏倒一次。[③]

**5 月 1 日**　在《学习》半月刊第 4 卷第 2 期发表《什么是合作社》。文章认为，在新民主主义的中国，合作社以组织广大的农民及一部分手工业者和城市工人，用集体的力量来解决自己生产上和生活上的困难为其主要任务。这种合作社是半社会主义性质的，是一种过渡性质的经济组织。城市消费合作社应以工厂、机关、学校和有组织的劳动人民为其主要对象。至于一般城市人民的消费合作社，虽然亦可设立，但在今天暂不提倡。农村供销合作社及农业生产信用合作社首先应该组织供销，满足农村劳动人民生产和生活上的需要。手工业生产合作社应按行业组织，分别组织各种行业的手工业生产合作社。把分散的农民组织为大规模的集体农场，是“在中国经济发展下一阶段中的任务”，“今天过早提倡，是会使合作事业脱离群众，以致遭受失败

---

① 雨林（1951）：《继续调整工商业，争取全面好转！》，载《学习》，第 4 卷第 1 期，1951 年 4 月 16 日，第 18—19 页。

② 徐建青、董志凯、赵学军主编（2017）：《薛暮桥笔记选编（1945~1983）》第一册，北京：社会科学文献出版社，2017 年，第 234 页。

③ 薛暮桥（1996）：《薛暮桥回忆录》，载《薛暮桥文集》第二十卷，北京：中国金融出版社，2011 年，第 163 页；徐建青、董志凯、赵学军主编（2017）：《薛暮桥笔记选编（1945~1983）》第一册，北京：社会科学文献出版社，2017 年，第 235—291 页。前书记载赴上海调研的时间为 1951 年 4 月初，但后书记载薛暮桥 4 月 17 日还在出席政务院财政经济委员会的委务会议，且薄一波说到在上海调研 20 多天，因此我们将时间记为 4 月下旬至 5 月中旬。

的”。[①]

**5 月 9 日** 陈云在中共武汉市委就解决工商界悲观情绪问题给中央的报告上做出批示，指出：这在新区城市中是一个普遍存在的问题，中财委决定组织一个以薛暮桥为首的委员会，研究解决的办法。同时，贸易部和合作总社以叶季壮为首，总工会和劳动部以李立三为首，分别各组织一个小组进行研究，再把两组提出的问题在中财委的委员会中加以讨论决定，于 6 月定出办法。[②]

**5 月 15 日** 出席政务院财政经济委员会第五十六次委务会议。会议研究了重工业部报告、棉花播种计划、印尼华侨投资等问题。[③]

**6 月 2 日** 因头晕、呕吐、畏光、怕声而住院治疗。苏联专家采用“睡眠疗法”医疗，昼夜吃安眠药，昏睡 18 天。[④]

**7 月 1 日** 到青岛休养三个月。[⑤]政务院财政经济委员会日常工作交周荣鑫、杨放之。[⑥]

**7 月 10 日至 17 日** 因头晕在青岛住院。[⑦]

**10 月** 回到北京，每天试做半天工作。[⑧]

**10 月 24 日** 《人民日报》发表中国人民政治协商会议第一届全

---

① 薛暮桥（1951）：《什么是合作社》，载《学习》，第 4 卷第 2 期，第 10—11 页。这篇文章收录于《薛暮桥文集》第三卷，但将时间错记为 1949 年 4 月。此处已订正。

② 中共中央文献研究室（2015）：《陈云年谱（修订本）》中卷，北京：中央文献出版社，2015 年，第 146—147 页。

③ 徐建青、董志凯、赵学军主编（2017）：《薛暮桥笔记选编（1945~1983）》第一册，北京：社会科学文献出版社，2017 年，第 234—235 页。

④ 北京医院薛暮桥病历记录；薛暮桥（1996）：《薛暮桥回忆录》，载《薛暮桥文集》第二十卷，北京：中国金融出版社，2011 年，第 163 页。

⑤ 北京医院薛暮桥病历记录。

⑥ 薛暮桥（1996）：《薛暮桥回忆录》，载《薛暮桥文集》第二十卷，北京：中国金融出版社，2011 年，第 163 页。

⑦ 北京医院薛暮桥病历记录。

⑧ 薛暮桥（1996）：《薛暮桥回忆录》，载《薛暮桥文集》第二十卷，北京：中国金融出版社，2011 年，第 163 页。

国委员会第三次会议出席、列席名单。薛暮桥作为“中央人民政府各部门负责人”之一列席会议。[①]

**10 月底** 全国工商联筹委会筹备处成立，筹备处成员共计 18 人：陈叔通、章乃器、沙千里、薛暮桥、南汉宸、叶季壮、李烛尘、乐松生、巩天民、李季升、经春先、魏岐山、项叔翔、苗海南、江炳炎、余金堂、温少鹤、李琢庵。[②]

**11 月 8 日** 全国工商联筹委会筹备处举行第一次会议，推举陈叔通为筹备处主任委员，沙千里兼任秘书长。会议推举项叔翔等六人组成工作小组，负责起草工商联组织通则（参见 1952 年 6 月 20 日至 30 日条）等项工作。[③]

**11 月 10 日** 所著《思想方法与学习方法》由（东京）骏台社出版日语版，译者尾琦庄太郎。

**12 月 1 日** 中共中央发出《关于实行精兵简政、增产节约、反对贪污、反对浪费和反对官僚主义的决定》，“三反”运动开始。薄一波任中央人民政府节约检查委员会主任。

**12 月 5 日** 三女儿薛小和在北京出生。罗琼忆及取名由来：

> 回想大女儿（指薛宛琴。——引者注）是在上海法国巡捕房（指法租界巡捕房。——引者注）追捕我时诞生的；第二个女儿（指薛小沂。——引者注）在国民党反动派挑起内战，人民解放军被迫自卫，在战略防御中于沂蒙山区生的；今天在新中国建立的胜利声中，在全家团聚的时候生了这个小宝贝，希望她成长为和平建设新中国的

---

① 《中国人民政治协商会议第一届全国委员会第三次会议出席列席名单》，载《人民日报》，1951 年 10 月 24 日，第二版。

② 本书编写组（2013）：《中华全国工商业联合会简史（1953—2013）》，北京：中华工商联合出版社，2013 年，第 15 页。

③ 同上书，第 15—16 页。

人才。[①]

**12 月 31 日**　薄一波在中央直属机关总党委召开的党、政、军、团、群等机关处级以上干部参加的党委扩大会议上作“三反”运动动员讲话，讲话批评中财委还是“静静一潭死水”。[②]

---

① 罗琼谈、段永强访（2000）：《罗琼访谈录》，载薛小和编《把国放在家前面：罗琼逝世一周年纪念文集》，北京：中国妇女出版社，2007 年，第 180 页。

② 阎濂甫（2000）：《九十春秋》，北京：自印本，2000 年，第 154 页。

## 1952年

**1月26日** 中共中央发出《关于首先在大中城市开展“五反”斗争的指示》。文件指出：在全国一切城市，首先在大城市和中等城市中，团结工人阶级、守法的资产阶级及其他市民，向违法的资产阶级开展一个大规模的，坚决、彻底地反对行贿、反对偷税漏税、反对盗骗国家财产、反对偷工减料和反对盗窃经济情报的斗争，以配合党政军民内部的反对贪污、反对浪费、反对官僚主义的斗争，是极为必要和极为适时的。此后，“五反”运动迅速开展起来。薛暮桥回忆：

1952年春节前[①]，毛主席发起一个“三反”运动，在国家机关内部反对贪污、受贿等违法行为；不久又在私营工商业中发起反对偷税漏税、偷工减料等违法行为。由于国家机关接收了大量的留用人员，我们的税务和市场管理制度尚不健全，这种违法行为确实是相当多的，但这需要通过法律手段来进行，不应当用群众运动来代替法律手段。在劳动人民已经夺取政权以后，应当建立法制（应为“法治”。——引者注），运用法律手段来打击一切违法行为。运用群众运动的方法来打击违法行为，势必带来不少消极作用，也有伤法律的尊严，为建立法治制造障碍。“文化大革命”的悲剧，正是忽视民主、

① 此处时间不准确。应为1951年12月。

忽视法治，滥用群众运动所产生的恶果。我在过去同苏星、林子力同志合著的《中国国民经济的社会主义改造》一书中，仍然完全肯定“三反”、“五反”运动，直到1989年[①]在中央党校《理论动态》和《求是》杂志发表的《从新民主主义到社会主义初级阶段》中，才提出上述见解。

回想当时的“三反五反”运动确实可笑。“三反”运动发动机关干部检查批评领导干部，不但在两个月的时间内严重影响机关的正常工作，而且向各机关主观摊派打“大老虎”（贪污受贿一万元以上，要受严重刑事处分）的数字，结果打虎计划几乎完全落空，使有些领导同志受到一场虚惊。“五反”由工厂工人“背对背”（不要企业主参加）揭发，揭发出的数字远远大于实际情况，许多资本家也受到一场虚惊。最后落实的补罚数基本上是符合于实际情况的，绝大部分资本家被评为“守法户”或“基本守法户”，受处分的只占极少数。即使如此，也在一定程度上挫伤了资产阶级的积极性，有一时期许多资本家借口缺乏资金躺倒不干。陈云同志建议扩大加工订货，放宽优惠条件，把资本家的积极性又调动起来，资本家说这是国家用“人工呼吸”把他们救活的。在此以前，资本家还有人投资办新厂，或将老厂投资改造，此后就抱残守缺，不愿继续投资，或者要求将国家投资变为公私合营企业。[②]

**2月21日**　所指导的永利化学工业公司公私合营取得进展。中央人民政府重工业部化学工业局与永利化学工业公司正式签订了公私合营协议书，规定中央重工业部化学工业局开始拨付合营资本后，即为正式合营的开始，由公私双方各派代表六人，并各指定首席代

---

① 此处应订正为“1988年、1989年”。《理论动态》发表《从新民主主义到社会主义初级阶段》是在1988年，《求是》杂志发表同名但有所压缩的文章是在1989年。

② 薛暮桥（1991）：《薛暮桥回忆录稿》，手稿，1991年，薛小和藏。

表一人，组成合营委员会[①]（参见1950年8月31日条、9月11日条、1952年9月17日条）。

**3月1日** 出席政务院财政经济委员会会议。会议对“三反”运动的目的、方法和力量进行了部署。[②]

**3月5日** 听取中央私营企业局“三反”汇报。[③]

**3月7日** 出席政务院财政经济委员会会议，研究“三反”汇报。[④]

**3月23日** 听取中央私营企业局“三反”汇报。[⑤]

**3月29日** 出席政务院财政经济委员会会议。会议要求4月底要准备好第一个五年计划轮廓，各部必须加紧工作，做出估计。[⑥]

**3月30日** 出席中央私营企业局“三反”会议。[⑦]

**3月31日** 出席政务院财政经济委员会召开的党组党委会议，研究“继续打虎”、党员处分、纪律检查委员等问题。[⑧]

**4月4日** 出席政务院财政经济委员会会议。中央私营企业局副局长千家驹在会上作“三反”检讨。[⑨]

**4月21日** 下午，以中国经济学会副主任委员身份，与国际贸易促进委员会委员刘宁一、中华全国工商业联合会筹备委员会筹备处

---

① 《中央人民政府重工业部化学工业局、永利化学工业公司公私合营协议书》（1952年2月21日），载中国社会科学院、中央档案馆编《1949—1952中华人民共和国经济档案资料选编　工商体制卷》，北京：中国社会科学出版社，1993年，第492—494页。薛暮桥谈及此事得到陈云的支持：“1952年，陈云同志选择南京永利化学工厂作为公私合营的试点。这个厂是全国唯一生产化肥的工厂，前两年农业生产尚未完全恢复，化肥没有销路，全部由国家收购。陈云同志预见到，随着农业生产的发展，化肥需要量将日益增大，决定投资把这个厂改建和扩建。经理侯德榜同志（后来被任命为化工部副部长）接受合营，工厂经过改建、扩建，化肥产量迅速增长，盈利也随之增加。”参见薛暮桥（1984）:《运筹帷幄之中　决胜千里之外——读〈陈云文选〉第二卷的心得》，载《薛暮桥文集》第十卷，北京：中国金融出版社，2011年，第196页。

②③④⑤⑥⑦⑧⑨　薛暮桥笔记，中国社会科学院经济研究所藏。

委员项叔翔、民主建国会总会常务委员孙晓村、北京市工商业联合会主任委员傅华亭、清华大学教授陈定民等人，到机场欢迎国际贸易促进委员会秘书长香贝朗及其夫人，以及出席莫斯科国际经济会议的阿根廷、加拿大、锡兰、智利、印度尼西亚、墨西哥和委内瑞拉的 9 位代表到北京参观。①

**4 月 23 日** 下午，出席中华全国工商业联合会筹备委员会筹备处会同民主建国会总会举行、陈叔通主持的座谈会，与前来我国参观的国际经济会议的代表会面。中华全国工商业联合会筹备委员会筹备处主任陈叔通，委员叶季壮、章乃器、项叔翔；民主建国会总会召集人黄炎培，常务委员王新元、孙晓村、杨卫玉、孙起孟；国际贸易促进委员会委员冀朝鼎，我国出席国际经济会议代表盛丕华、吴蕴初，北京市工商业联合会主任委员傅华亭等多人出席会议。会上，黄炎培讲述了中华人民共和国两年来经济发展情况，叶季壮、薛暮桥、孙起孟答复了各国代表提出的有关我国经济和对外贸易的问题。②

**4 月 29 日** 出席政务院财政经济委员会党组会议。会议决定中财委办公会议于每个星期二下午召开，部长参加，副部长列席，各局长列席（副局长不参加）。会议议事日程由宋劭文、薛暮桥会商决定。各部（铁路、邮电、合作、纺织、轻工、燃料、重工、交通）的工作总结，要提交政务院讨论。③

**4 月** 开滦煤矿总经理余明德报告英方总经理扣留公司款项并逃回英国，积欠款项和薪资急待清偿，申请政府派员管理，清理各项债

---

① 新华社（1952 年 4 月）21 日讯：《出席国际经济会议后来我国参观　香贝朗和阿根廷等国代表抵京　香贝朗发表谈话赞扬我国的伟大成就》，载《人民日报》，1952 年 4 月 22 日，第四版。

② 新华社（1952 年 4 月）23 日讯：《全国工商联筹委会筹备处和民建总会邀来我国的各国经济界代表座谈》，载《人民日报》，1952 年 4 月 24 日，第一版。

③ 薛暮桥笔记，中国社会科学院经济研究所藏。

权债务。薛暮桥主持组织开滦煤矿总管理处，在中央人民政府燃料工业部领导下代管开滦煤矿企业，派徐达本为总管理处主任，范文彩为副主任。清理资产后标明资不抵债，开滦煤矿于 5 月收归国营。①

**5 月 4 日**　中国国际贸易促进委员会正式宣布成立，并举行第一次会议。中国国际贸易促进委员会由南汉宸、马寅初、刘宁一、薛暮桥、周荣鑫、章乃器、冀朝鼎、雷任民、陈维稷、孟用潜、李烛尘、盛丕华、吴蕴初、许涤新、陈翰笙、刘子久、卢绪章 17 人组成，南汉宸任主席，冀朝鼎兼任秘书长，组织秘书处，负责对国内外联络、宣传、研究等工作。国际贸易促进委员会秘书长香贝朗出席第一次会议。②

**5 月 5 日**　上午，与前来我国参加"五一"节观礼的各国工会代表团和工会代表、来北京出席阿维森纳、达·芬奇、雨果、果戈理四大文化名人周年纪念会的外国代表，以及出席国际经济会议之后来我国参观的各国代表，举行关于中国经济建设问题的座谈会。薛暮桥在会上报告了新中国经济的迅速恢复与发展情况，介绍了解放后新中国在停止通货膨胀、稳定物价以及提高工、农业生产等方面所取得的成就，并回答了外宾所提出的若干问题。报告中说，新民主主义经济制度的优越性将保证中国工业化的迅速实现，并将保证中国顺利地走向社会主义。报告受到外宾热烈的欢迎。③

**5 月 10 日**　出席政务院财政经济委员会党组会议。④

---

① 薛暮桥（1996）:《薛暮桥回忆录》，载《薛暮桥文集》第二十卷，北京：中国金融出版社，2011 年，第 163 页；熊性美、阎光华主编（2004）:《开滦煤矿矿权史料》，天津：南开大学出版社，2004 年，第 836—838 页。

② 新华社（1952 年 5 月）12 日讯:《中国国际贸易促进委员会正式成立》，载《人民日报》，1952 年 5 月 15 日，第一版。

③ 新华社（1952 年 5 月）5 日讯:《政务院财政经济委员会秘书长薛暮桥向外宾介绍我国经济建设的情况与成就》，载《人民日报》，1952 年 5 月 6 日，第一版。

④ 薛暮桥笔记，中国社会科学院经济研究所藏。

**5 月 13 日** 出席政务院财政经济委员会办公会议。[①]

**6 月 1 日** 上午，出席中日贸易协议签字仪式。协议规定签字双方在以货易货的基础上，每方购入与售出价值各为 3 000 万英镑的货物，这对于恢复和发展中日两国正常贸易以及第二次世界大战后的中日交往有重要开端意义。代表中国方面签字的是中国国际贸易促进委员会主席南汉宸。代表日本方面签字的是日本出席国际经济会议代表高良富、日本中日贸易促进会代表帆足计、中日贸易促进议员联盟理事长宫腰喜助。马寅初、周荣鑫、章乃器、陈维稷、孟用潜、陈翰笙、刘子久、倪蔚庭、张奚若、沈钧儒、彭泽民、邵力子、梁希、许德珩、蔡廷锴、梅汝璈、章伯钧等参加签字仪式。[②]

**6 月 9 日** 向薄一波提出《编制 1952 年工业品不变价格工作报告》：本委统计处前编 1936 年工业产品不变价格经批示不能采用，决定以 1952 年为基准年份，另行编制不变价格。薄一波和陈云分别批示同意。[③]

**6 月 20 日至 30 日** 出席在北京召开的中华全国工商业联合会筹备代表会议。会议指定薄一波、李维汉、叶季壮、程子华、李立三、王首道、南汉宸、薛暮桥、孟用潜、赖若愚、许涤新、吴雪之、曾传六、李哲人、黄达、李维新、王廷弼组成党组干事会，负责具体领导这次会议。薛暮桥、郑新如负责拟订执委和常委名单。[④]到会各

---

① 薛暮桥笔记，中国社会科学院经济研究所藏。

② 新华社（1952 年 6 月）1 日讯：《恢复发展中日两国人民间正常贸易的开端　中日贸易协议昨在京签字　双方规定进出口总额共值 6000 万英镑》，载《人民日报》，1952 年 6 月 2 日，第一版；《南汉宸纪念册》编辑委员会（2005）：《南汉宸纪念册》，北京：中央文献出版社，2005 年，第 42—43 页。中日贸易协议全文刊登在 1952 年 6 月 2 日的《人民日报》上。

③ 中华人民共和国国家统计局编（2009）：《中华人民共和国统计大事记（1949—2009）》，北京：中国统计出版社，2009 年，第 14 页。

④ 薛暮桥笔记，中国社会科学院经济研究所藏。

省、市、区及台湾工商界代表414名，其中包括国营企业及合作社代表76名，特邀代表18名，私营工商业代表320名，涵盖全国大中小城市的大中小工商业企业、手工业者、摊商和资方代理人代表，以及少数民族、海外侨胞工商业者代表。①

这次会议由陈叔通致开幕词，沙千里作全国工商联筹委会筹备经过报告，周恩来到会作关于学习《共同纲领》的报告，陈云讲话，薛暮桥作关于工商联组织通则草案的报告，李烛尘致闭幕词。会议通过《中华全国工商业联合会筹备委员会章程》，选出筹备委员会委员计160名，陈叔通为主任委员，沙千里为秘书长。这次会议在“三反”“五反”运动五个月后召开，主要回应工商业者多有怀疑、顾虑和牢骚的问题。②

**7月3日** 出席全国工商联筹委会举行的第一次委员会议。会议选举李哲人、乐松生、周叔弢、刘佩芝、项叔翔、苗海南、华煜卿、蚁美厚、千家驹、沙千里、施复亮、刘鸿生、薛暮桥、叶季壮等17人为常务委员。加以此前全国工商联筹备代表会议上推选产生的筹委会主任委员1名以及副主任委员13名，按照筹委会章程规定为当然

---

① 新华社（1952年6月）20日讯:《中华全国工商业联合会筹备代表会议在京开幕》，载《人民日报》，1952年6月21日，第一版。

② 郑志新作为浙江省工商界代表参加了这次会议。他回忆：“大会在北京中山公园的中山堂举行，有来自全国国营企业、合作社企业、私营企业、全国性的公私合营企业和小商小贩的代表，济济一堂，还有港澳华侨代表，身穿民族服装的少数民族代表，在大会接近闭幕时，西藏代表转道印度也赶到了，充分体现了工商业者和各族人民大团结。……为了庆祝大会召开，还邀请了艺术大师、京剧表演家梅兰芳为代表们演出《宇宙锋》。……特别感受深刻的是全体代表去中南海礼堂，受到毛主席的接见，周总理为我们作《共同纲领总纲》的报告，使我思想豁然开朗，对党钦敬之情感彻肺腑。晚上朱总司令等领导同志出席了全国政协在北京饭店为来京参加大会的代表举行的酒会，大家以欢欣鼓舞的心情，迎接全国工商联筹备领导机构的成立。”参见郑志新（1984）:《爱国之路：庆祝中华全国工商业联合会成立三十周年文章专辑》，北京：中华全国工商业联合会编印，1984年5月，第110—111页。

的常务委员。至此，全国工商联筹委会组织成立31人的常务委员会，负责日常会务。筹委会经过多次研究，拟定了全国工商联第一届会员代表大会的代表产生办法，展开协商和推选代表等工作。筹委会还拟订代表大会的各种文件草案，起草章程等文件。①

**8月1日** 代表中央私营企业局提请政务院第一百四十七次政务会议审议《工商业联合会组织通则》(参见1951年11月8日条)，并在会上就通则作出说明。②

会议审议通过《工商业联合会组织通则》。该通则共计五章、二十四条，对工商联的性质、基本任务、组织体系、领导关系、会员对象、组织原则、机构、经费等均做出明确规定。通则确定，工商联是各类工商业者联合组成的人民团体。全国工商业联合会以省、中央及大行政区直辖市及相当于省一级的工商业联合会、国营企业的全国总机构、全国合作社联合总社为会员，对工商界有特殊贡献的人士，得被邀请参加各级工商业联合会为会员。工商业联合会的基本任务：一、领导工商业者遵守共同纲领及人民政府的政策法令；二、指导私营工商业者在国家总的经济计划下发展生产，改善经营；三、代表私营工商业者的合法利益，向人民政府或有关机关反映意见，提出建议，并与工会协商有关劳资关系等问题；四、组织工商业者学习、改造思想和参加各种爱国运动。③8月16日《工商业联合会组织通则》公布施行。9月16日，中共中央向各中央局、分局并各地党委批示下发中央统战部《关于改组工商业联合会的指示》，要求结合《工商业联合会组织通则》，有计划、有步骤地对工商联、同业公会进行

① 本书编写组(2013)：《中华全国工商业联合会简史(1953~2013)》，北京：中华工商联合出版社，2013年，第19—20页。

② 薛暮桥笔记，中国社会科学院经济研究所藏。

③ 本书编写组(2013)：《中华全国工商业联合会简史(1953~2013)》，北京：中华工商联合出版社，2013年，第13—14页。

改造。[①]

薛暮桥在说明中指出，现在我们的工商业联合会与过去的旧商会不同，它是新民主主义国家各类工商业者的组织。新民主主义经济是一个有机的整体，私营经济不可能离开国营经济和合作社而单独繁荣。因此国营企业和合作社亦应参加工商业联合会，并在这个组织中担负一定的责任。工商业联合会各项任务都是符合于国家和人民的利益，同时亦符合于工商业者自身的利益的。私营工商业如果遵守《共同纲领》和人民政府的政策法令，并符合国家总的经济计划，是可以健全发展的，这是新民主主义国家私营工商业所必须遵循的道路。说明还指出，去年 10 月，政协全国委员会第三次全体会议中提出要使中小工商业者享有平等权利后，这个问题引起各地工商业联合会的关注。但在大城市和一般中等城市，由一个工商业联合会来照顾全市大中小企业，事实上是困难的。因此通则规定，"在工商业较发达的大、中城市，市工商业联合会得在区设立工商业联合会或区分会"，成为工商联的一级组织。说明还指出，工商业联合会不再以同业公会为会员，而直接吸收工商业户为其会员。但这并不是要废弃同业公会这一组织，而是要把同业公会变为工商业联合会领导下的专业性的组织。关于手工业者、行商和摊贩，说明指出大中城市一般分别组织到区工商联或区分会之下，如果户数很多，也可以建立手工业者、行商和摊贩的联合会，并按行业或按地区分编小组。[②] 该说明与《工商业联合会组织通则》一起，8 月 18 日在《人民日报》公开发表。

① 本书编写组（2013）：《中华全国工商业联合会简史（1953~2013）》，北京：中华工商联合出版社，2013 年，第 17 页。

② 薛暮桥（1952）：《工商业联合会组织通则说明》，载《1949—1952 中华人民共和国经济档案资料选编　工商体制卷》，北京：中国社会科学出版社，1993 年，第 88—92 页。该书收录薛暮桥的说明时，将时间标记为 1950 年 8 月 1 日。此处已订正。

对于工商联组织的历史演变，薛暮桥这样回顾：

新中国刚成立时，各大城市都有各行业的同业公会，各同业公会联合组织工商业联合会，它们对内起协商协调作用，对外则成为企业与政府之间的桥梁。当时的同业公会和工商业联合会，在加工订货、代购代销等问题上代表私营企业与政府有关部门签订合同，很好地发挥着政府与企业之间的桥梁作用。由于当时参加工商联的主要是私营企业，所以在全行业公私合营以后，工商联就丧失了原来的作用，成为政治协商会议中的一个统一战线组织。①

关于《工商业联合会组织通则》中的国营企业条款，薛暮桥这样评论：

当时工商联和同业公会主要是私营企业的组织，它们受中财委私营企业局指导。1952 年制定的第一个工商业联合会的章程，规定公私企业都可以参加，但因国营企业受政府有关部门直接领导，不积极参加工商联，所以规定公私联合，以私为主。1956 年私营工商业的全行业公私合营基本完成以后，工商业联合会的作用削弱，逐渐成为原私营企业家的联合组织，仍参加全国各级政治协商会议，受中央和地方统战部指导。②

**8 月 7 日**　中央人民政府委员会召开第十七次会议，政务院总理周恩来作调整中央、地方人民政府机构的决议说明。会议通过《关

---

① 薛暮桥（1988）：《〈企业法〉和〈破产法〉生效以后》，载《薛暮桥文集》第十三卷，北京：中国金融出版社，2011 年，第 88—89 页。

② 薛暮桥（1988）：《建立和发展行业民间自治团体》，同上书，第 91 页。

于调整中央人民政府机构的决议》，决定在原中财委统计总处的基础上成立国家统计局，薛暮桥被任命为中央人民政府国家统计局局长。[①]

**8 月 25 日至 9 月 4 日**　中国新民主主义青年团中央委员会在北京举行第三次全体会议。薛暮桥到会作关于财政经济问题的报告。[②]

**9 月**　毛泽东指示统计部门进行工农业总产值（当时称生产总值）和劳动就业两项调查，并对抗日战争前工农业比重的材料进行查证核对。[③]调查工作由中财委发出指示，不久前成立的国家统计局组织实施。前者有 6 种表式，后者主要调查就业、待业和无业者人数。这两项调查的统计资料，是总结国民经济恢复时期成就和制订第一个五年计划的重要依据。两项调查于 1954 年 1 月完成。[④]

---

① 在此前后，薛暮桥向李富春提出辞去政务院财政经济委员会秘书长职务。参见岳巍主编（1990）：《当代中国的统计事业》，北京：中国社会科学出版社，1990 年，第 38 页；薛暮桥（1992）：《怀念卓越的经济工作领导者李富春同志》，载《薛暮桥文集》第十四卷，北京：中国金融出版社，2011 年，第 148 页。

② 《人民日报》，1952 年 9 月 12 日。

③ 关于毛泽东的指示时间有 9 月和 10 月两种说法：9 月的说法见于岳巍 1986 年 8 月 13 日在辽宁省平衡统计工作座谈会上的讲话，10 月的说法见于薛暮桥在 1954 年第三届全国统计工作会议上的报告以及王一夫主编的《新中国统计史稿》。根据《中华人民共和国统计大事记（1949—2009）》，1953 年 1 月 30 日国家计委报送的《关于劳动就业状况的简报》中提到“1952 年 9 月，毛主席曾指示各地财委主任进行工农业总产值及劳动就业状况两项调查”。因此，我们可以确定毛泽东的指示时间是 1952 年 9 月而不是 10 月。参见岳巍（1986）：《我国国民经济综合平衡统计工作的历史经验》，载《论统计分析和综合平衡》，北京：中国统计出版社，1987 年，第 113—125 页；王一夫主编（1986）：《新中国统计史稿》，北京：中国统计出版社，1986 年，第 50—51 页；中华人民共和国国家统计局（2009）：《中华人民共和国统计大事记（1949—2009）》，北京：中国统计出版社，2009 年，第 11 页。

④ 中华人民共和国国家统计局（2009）：《中华人民共和国统计大事记（1949—2009）》，北京：中国统计出版社，2009 年，第 8 页。

**9 月 8 日**　批发中财委国家统计局给各大区财委（计委）、中央各部、署、行，各省、市财委统计局、本委各部、各单位发出启用新章通知：本局遵照八月七日中央人民政府委员会第十七次会议决议，业已正式成立，并已开始办公。前中财委计划局统计总处名义即行撤销。①

国家统计局向政务院财政经济委员会报告《国家统计局正式成立开始办公》：遵照中央人民政府委员会第十七次会议决议，国家统计局已在本委统计总处原有基础上正式成立，开始办公。本年度内局的组织拟陆续设立秘书处、综合统计处、工业统计处、农业统计处、贸易统计处、基本建设统计处、交通统计处及劳动工资统计组、物资分配统计组、世界经济统计组 10 个部门。本局如需兼管文教政法统计，则尚须设立文教统计处、社会统计处。今明两年编制暂定 250 名（其中不包括勤杂人员）。②

**9 月 12 日至 18 日**　全国私营企业工会工作会议召开，集中研究私营企业劳资关系与工人监督等问题，要求私营企业工会合理解决职工工资、工时、福利等问题。薛暮桥在会上作报告。③

**9 月 17 日**　中华全国总工会党组提出关于永利化学工业公司合营的一些原则问题的意见。意见指出，私营永利化学工业公司，“五反”之后改为公私合营。合营后，对内对外的一切问题由厂长全权负责处理，副厂长协助厂长办事，但同时又是资方代理人，可以而且应

---

① 中华人民共和国国家统计局（2009）：《中华人民共和国统计大事记（1949—2009）》，中国统计出版社，2009 年，第 8 页。该页插图系通知的复印件照片，通知末尾署名“中财委国家统计局”，薛暮桥批发该通知时批示：要向政务院作报告。

② 同上书，第 7—8 页。

③《中华全国总工会召开全国私营企业工会工作会议》，载《新华日报》，1952 年 10 月 30 日，第四版。

该以资方代表身份出现。工人在公私合营的企业里面，应该说是国家社会与企业的主人。合营以后，劳资关系应该通过公私关系来处理，关乎原则的重大问题，应集中合营委员会统一处理。目前永利公司公股小（20%），私股大（80%），其管理的组织形式——各种管理制度、生产竞赛、奖励、福利等一系列问题，可以完全比照国营工厂来进行。公司所得利润的分配比例应由永利化学公司合营委员会（委员会中有工会代表参加）提出方案。意见建议，在合营委员会内建立党组，工厂成立党委，加强领导。中华全国总工会提出的这些意见得到中央批准。[①] 永利化学工业公司合营后开始分到红利，“股东皆大欢喜”,“这一个试点的成功，使许多私营工厂也要求公私合营” [②]（参见 1950 年 8 月 31 日条）。

**10 月 1 日** 所写《三年来中国经济战线上的伟大胜利》在《学习》半月刊发表。文章指出，解放后新中国在经济方面的首要任务是如何制止通货膨胀，稳定物价，取缔投机活动，把工商业纳入正常状态；如何进行土地改革，恢复和发展农业生产，改善农民生活和提高农民购买力；如何恢复工业生产，发展国营工业，扶助并调整私营工商业，从发展生产中改善职工生活；如何恢复交通，建立新的贸易体系，畅通城乡内外交流，保障工农业生产的顺利发展。在解决这些问题的基础上，三年来财政经济情况逐步好转，农业生产总值一般已超过抗日战争前的水平，工业生产总值除个别产品均已超过解放前的最高水平，交通运输，特别是铁道恢复和修建以惊人的速度进展。同

---

① 《中华全国总工会党组关于永利化学工业公司合营一些原则问题的意见》（1952 年 9 月 17 日），载《1949—1952 中华人民共和国经济档案资料选编　工商体制卷》，北京：中国社会科学出版社，1993 年，第 515—518 页。

② 薛暮桥（1984）：《运筹帷幄之中　决胜千里之外——读〈陈云文选〉第二卷的心得》，载《薛暮桥文集》第十卷，北京：中国金融出版社，2011 年，第 196 页。

时，工人的生活已得到显著改善，严重的失业现象正逐渐消灭。国内贸易在新的基础上建立起来，国际贸易在封锁禁运政策下继续发展，苏联和人民民主国家在进出口总值中的比重已占到70%上下，且从70多年的入超转为进出口平衡。解放三年，中国的社会经济面貌已经完全改变，“现在中国不但再不是半殖民地半封建的国家，而且也不是资本主义的国家，而是一个新民主主义的国家了”。[①]

**10月12日**　中共中央批准政务院各分党组的书记及各党组小组的书记任免名单。薛暮桥为中财委直属小组书记。

**10月**　所编《三年来新中国经济的成就》（署名“中国国际贸易促进委员会”）由人民出版社出版。[②]

本书收录毛泽东、刘少奇、陈云、薄一波、李富春、廖鲁言、李书城、傅作义、滕代远、姚依林、叶季壮、程子华、赖若愚和薛暮桥等人的22篇重要文章。其中11篇为国庆纪念时所写，具体说明中国经济各部门的成就。另外11篇是1949年12月至1952年6月发表过的“重要论文”，“用来具体说明这排除障碍克服困难的过程”。前言认为：“我们已经在全国范围内根本改造了革命胜利时由旧时代所遗留下来的半殖民地半封建的经济状况，建立了独立自主的新民主主义经济；我们已经在全国范围内胜利地完成了恢复整个国民经济的任

---

① 薛暮桥（1952）：《三年来中国经济战线上的伟大胜利》，载《薛暮桥文集》第四卷，北京：中国金融出版社，2011年，第17—30页。该文原载《学习》杂志1952年第7期，实际上是10月1日出版，而不是1952年4月。此处时间已订正。

② 在回忆录手稿中，薛暮桥明确说：“我曾编了一本《三年来新中国经济的成就》，收录这一时期毛泽东、刘少奇、陈云、李富春、几位部长和我自己的重要经济论文，由人民出版社出版。”在正式出版的版本中则讲得比较模糊。参见薛暮桥（1991）：《薛暮桥回忆录稿》，手稿，1991年，薛小和藏。

务，为即将到来的大规模经济建设准备了必要的基础条件。”①

① 具体文章如下：毛泽东《为争取国家财政经济状况的基本好转而斗争》（1950年6月6日）、刘少奇《在北京庆祝五一劳动节干部大会上的演说》（1950年5月1日）、陈云《关于物价问题与发行公债的报告》（1949年12月2日）、薄一波《关于1950年度全国财政收支概算草案的编成》（1949年12月2日）、陈云《关于财政状况和粮食状况的报告》（1950年4月13日）、陈云《关于经济形势、调整工商业和调整税收诸问题》（1950年6月15日）、薄一波《关于调整税收问题》（1950年6月15日）、陈云《中华人民共和国过去一年财政和经济工作的状况》（1950年10月1日）、陈云《关于经济工作和财政工作的报告》（1951年10月25日）、李富春《中国工业的目前情况和我们的努力方向》（1951年10月31日）、陈云《在中华全国工商业联合会筹备代表会议上的讲话》（1952年6月24日）、薄一波《中华人民共和国三年来的成就》（1952年9月26日）、廖鲁言《三年来土地改革运动的伟大胜利》（1952年9月21日）、李富春《三年来我国工业的恢复与发展》（1952年9月29日）、李书城《三年来新中国农业生产上的伟大成就》（1952年9月18日）、傅作义《三年来我国水利建设的伟大成就》（1952年9月19日）、滕代远《三年来人民铁道的成就》（1952年9月29日）、姚依林《三年来全国商业的调整与发展》（1952年9月30日）、叶季壮《中华人民共和国三年来的对外贸易》（1952年9月29日）、程子华《三年来新中国合作社运动的成就》（1952年9月19日）、赖若愚《大规模经济建设前夜的中国工人阶级》（1952年9月16日）、薛暮桥《三年来中国经济战线上的伟大胜利》（1952年10月1日）。参见中国国际贸易促进委员会编（1952）：《三年来新中国经济的成就》，北京：人民出版社，1952年。

# 跋

## 时间的纪念碑

《薛暮桥年谱：1904—1952》起源于为《薛暮桥回忆录》补充脚注的尝试。从脚注发展为三部曲（1952—1976 年卷和 1977—2005 年卷尚在定稿过程中），并非科学计划的产物，而是无知无畏的意外结果。

2005 年 7 月薛暮桥去世后，我们合作编辑了 20 卷本《薛暮桥文集》（中国金融出版社，2011 年版）。在编辑过程中注意到《薛暮桥回忆录》存在不准确和不全面之处，有必要通过脚注的方式加以订正补充。2013 年夏我们着手这项工作。经过半年努力，形成一份 3 万字左右的编者脚注稿。在脚注写作过程中，我们发现越来越多的问题，而脚注体例过于拘束，对前人未解决的复杂问题无法展开论证，《薛暮桥回忆录》中未涉及的内容也无从注释。所以，2014 年初我们干脆将编者脚注稿与编辑《薛暮桥文集》时写的工作笔记合并，一起组织在年谱的体例下。只用了短短一个月的时间，就形成 8 万字左右的《薛暮桥年谱》草稿。我们计划再用半年时间，也就是 2014 年夏完成《薛暮桥年谱》。事实上，这项工作持续进行 9 年，完成的只是其中的三分之一。

在工作重心转向《薛暮桥年谱》后，我们很快陷入泥潭之中。薛暮桥本人使用过的笔名千变万化，作品版本繁多，回忆和研究文献时间模糊、矛盾重重，档案记录复杂而分散，口述访问对象通常只了解薛暮桥在新中国成立后的经历，历史文献发掘工作看不到尽头。我们为有责任解决而事实上难以解决的无数问题而困扰，完成时间遥遥无期更令人沮丧。

幸好，这项工作带来的不只是困扰和沮丧，还有发现的快乐。薛暮桥早年的文学作品让我们感到惊奇。这些文学作品并不足以使薛暮桥变成文学家，却可以改变薛暮桥的经济学家枯燥单调形象。薛暮桥投身工人运动时，面临工人不切实际的工资待遇诉求和反革命政府围捕的双重压力，他回忆被捕入狱后，反而感到松了一口气。这与我们关于工人运动的认识不同，也为理解薛暮桥在劳动就业政策方面的贡献提供了帮助。浙江陆军监狱的气氛惊悚肃杀，而同一牢房的张秋人在被枪杀前仍读书不辍。薛暮桥和一群难友在张秋人烈士的影响下，以用功读书应对这段困厄时光。这不同于暴动、越狱等暴烈行动，代表了另外一种革命类型。诸如此类的发现让我们感到喜悦。如果说困扰、沮丧是我们面对繁杂多样的问题感到难以解决时的心情，那么喜悦则是我们点点滴滴解决问题感到有所发现、有所前进时的心情。确实，这本书的研究和写作，是一个充满挑战也充满喜悦的痛并快乐的旅程。

回想起来，我们一旦确定采用年谱体例研究薛暮桥，“闪电战”计划变成“持久战”也就成为必然了。这来源于三个根本方面。

首先，薛暮桥本人作品和经历的复杂性。

从 20 世纪 30 年代到 90 年代，薛暮桥始终保持勤奋多产，这些著述常用笔名或公文方式发表。查找、识别和确立薛暮桥作品本身是繁难的艰巨工作。

薛暮桥生前自编论文集是我们工作的起点。通过他自编论文集作品和原始发表记录的比较，我们识别出来一组薛暮桥常用笔名和公文。根据这些笔名和对应公文（如《大众日报》社论、中共中央山东分局文件），再结合作品内容和发表途径，我们发现一批鲜为人知的薛暮桥作品。薛暮桥还曾提到长期未找到的少数作品，我们一一设法找到了，结果发现这些作品是用笔名发表的。比如，薛暮桥谈及1932年“一·二八”抗战期间，他经陈翰笙介绍，到宋庆龄创办的国民伤兵医院服务，并将所见所闻写成《伤兵医院服务十日记》，发表在《民众周报》。我们逐期核查《民众周报》，发现有关上海国民伤兵医院服务的文章只有《伤兵医院服务三日记》一文，作者署名“黎明”，其中谈到伊罗生、史沫特莱、何香凝等人，与薛暮桥、陈翰笙的回忆一致。这表明薛暮桥所指的其实是《伤兵医院服务三日记》，“黎明”是薛暮桥的笔名之一。根据“黎明”这个笔名进一步查证，我们找到更多署名“黎明”的作品。是不是署名“黎明”的文章就一定是薛暮桥写的呢？不一定。其他人也可能使用“黎明”作为笔名。我们进一步收集信息，反复斟酌后，确定其中一部分为薛暮桥作品。借助此类考证，截至目前，我们新发现薛暮桥1952年以前的作品有230多篇，较《薛暮桥文集》收录的篇目多出一倍半，而薛暮桥使用过的笔名近40个。

除了高产且笔名众多，薛暮桥作品版本也纷繁复杂。薛暮桥在新四军中完成的《经济学》一书于1939年初版后不胫而走，风行各根据地乃至国统区。在西柏坡工作时期，此书又经刘少奇和华北人民政府教育部审定推荐，成为中学教科书，一直使用到二十世纪五十年代苏联《政治经济学教科书》中译本出版。现在浙江财经大学孙冶方经济科学奖文献馆已经收集这本书九十多种版本。如果扩展为完整的薛著《经济学》版本档案，版本数目将在百种以上。这是薛暮桥作品版本复杂性的一个典型例证。实际上他的不少作品都出现日译、英译和翻印版本，虽不像《经济学》一书这样复杂，整理起来也并不容易。除了公开发表的版本，薛暮桥作品的版本复杂性还表现在内部刊物和政府公文中。我们走访近二十家中央部门和省市档案馆，每家档案馆都可以找到薛暮桥作品的记录版本或转发、翻印版本。这表明薛暮桥作品曾成为指导当地或当地部门工作的文件，并在地方或部门档案中留存下来。这种作品档案版本的丰富性，折射出薛暮桥的身份复杂性，他的言论和作品在政策实践层面产生广泛且深入的影响。虽然薛暮桥作品的版本复杂性是其影响力的有力证据，但一一调查的工作量过于巨大，我们最终采用抓大放小、适可而止的原则进行了简化处理。

识别和记录薛暮桥作品还只是年谱研究写作中的一小部分工作，探寻和记录他在著述之外的活动同样是复杂的工作。为了弄清他的活动，我们需要熟悉薛暮桥学习、工作或密切相关的组织机构、人际和权力关系。这些机构性质不同，类型差别很大，以1952年前而论，主要包括无锡东林学堂、江苏省立第三师范学校、沪杭甬铁路、上海总工会、沪杭甬铁路总工会、杭州市总工会、浙江省陆军监狱、南京省立民众教育馆、国立中央研究院社会科学研究所、徐州省立民众教育馆、广西省立师范专科学校、中国农村经济研究会、新知书店、上海妇女界救国会、上海文化界救国会、全国各界救国会、新四军教导总队、华中抗大第五分校、华中抗大总分校、工合国际委员会、山东省临时参议会、山东省战时工作推行委员会、中共中央山东分局、山东省战时行政委员会、山东省工商局、山东省实业厅、山东省政府、山东大学、华北财经办事处、中共中央财政经济部、中国人民银行、政务院财政经济委员会、政务院财经委私营企业局、中华全国供销合作总社。在熟悉这些组织及其人际、权力关系的基础上，我们一一识别薛暮桥在这些组织中的身份和所发挥的作用，记录下来成为年谱的内容。鉴于这些工作远远超出我们的知识范围，只能边干边学，这也使研究和写作不可能在短期完成。

其次，年谱体例要求应有尽有。

如果我们选择写一部薛暮桥的传记或专题论文，可以在既有的文献基础上撰写。如果感到有些作品或活动不那么重要或不容易查找，可以略过不提或用一笔带过的方式处理。年谱体例的应有尽有原则却不允许我们这样做。我们必须将自己的主观性降至最低，充分发掘和利用薛暮桥的全部著作和活动记录。即使我们觉得微不足道的细小问题，也要用各种办法努力解决。正是在这个与大大小小的问题斗争过程中，我们才对薛暮桥的经历和作品的复杂性有了越来越深入的认识，对其思想背景和行动旨趣有了更多的理解。

年谱体例要求应有尽有，但何谓应有尽有并不是显而易见的。这其实是一个指导探索和发现过程的方法论原则。薛暮桥曾回忆说："人民银行初成立时，银行负责印发票子，由总理决定怎样分配，我起草电报。"他还说过，在 1949 年前后，国民党报纸曾经有这样一个报道：周恩来手下有两个人，一个人负责发炮弹，是杨立三；一个人负责发钞票，是薛暮桥。我们长期认为这是难以求证的说法，直到后来在中国人民银行藏档中找到薛暮桥写给时任中国人民银行行长南汉宸的五封信函手稿原件，才改变了认识。比如，1949 年 3 月 19 日，薛暮桥在给薄一波、南汉宸的信中写道："一波同志，并告汉宸同志：屡接来电，知平津票币印制可能完成预定计划，各地所需票币亦能按时供给，不知最近情况有无变化？周副主席对此极为关心，嘱最修函询问。各地票币需要状况，前已络续电告。华野中野所需一百亿，及中原地方所需二十亿，希望能按约定时间（十五日，二十日）分两批送出，以供前线急需。西北所需十亿，亦希望于月底以前陆续送出，并酌给部分小票。东野所需五十亿，请与子恢同志约定于本月底及下月初陆续拨付。四月份各地所需票币，除华东华北地方开支外，当在二百亿至三百亿之间，亦请早行准备。"这从侧面印证了薛暮桥"负责发钞票"并非虚言。不仅如此，我们还在石家庄中国人民银行旧址纪念馆藏品中发现薛暮桥为华北财经办事处起草的两份工作文件——1948 年 1 月撰写的《对于整理货币的意见》及《关于整理货币的几点补充意见》，证明薛暮桥是统一货币和人民币发行的主要政策设计者，同时也是解放战争时期主要的货币政策执行者。但薛暮桥在西柏坡、香山和政务院财经委员会工作时期的货币政策实践还有很大的探索空间，只能期待中央财经档案的进一步整理和披露。这可以说明我们以应有尽有为原则所取得的进展，也说明达到这一原则的要求绝非易事，更像是一个复杂的动态探索要求。

第三，年谱要求以日为基本的记录单元。

年谱体例类似日记，要求活动或思想精确到日，以月或年为记录单元只是不得已的条件下退而求其次的选择。但是，现有的薛暮桥的回忆和研究文献几乎都无法达到这样的时间精确程度。即使回忆和研究文献提供了具体时间，通常也需要根据更早更权威的文献加以复核。因此，写作年谱过程也是对既有文献进行时间确认和精确化处理的过程。

文献中的时间模糊混乱几乎是无处不在的。比如，薛暮桥表示自己“受业于陈翰笙”，因而我们在年谱中需要记录薛暮桥与陈翰笙的主要关联。其中一个主要的关联是中国农村经济研究会。该会由陈翰笙筹备发起并始终担任理事会主席，是民国时期共产党领导的主要经济研究团体。薛暮桥是中国农村经济研究会发起人之一，在 1934 年至 1938 年主持研究会日常工作并主编机关刊物《中国农村》杂志。因此，中国农村经济研究会的成立时间是年谱必须记录的重要事项。但中国农村经济研究会的回忆文献是 1980 年，也就是该组织成立半个世纪左右之后才出现的，当事人的回忆时间模糊且相互矛盾。有人说研究会于 1932 年在南京成立，有人说是 1933 年在上海成立。我们经过反复调查，结果发现早在 1932 年 9 月 30 日，中国农村经济研究会简章已公开发布，但直到 1933 年 12 月才完成在国民政府的全部立案手续。当时会址设在南京的行政院农村复兴委员会，1934 年夏在上海增设会址。当事人的回忆混同了中国农村经济研究会筹备、正式立案和增设会址过程中的不同事件。

时间的精确化处理过程异常艰苦，而年谱的呈现方式通常是简单的。我们可以举山东货币奇迹的例子来解释这一点。在抗日战争时期，由于财政收入难以弥补战费支出，国统区、沦陷区和根据地为弥补严重的财政赤字，均通过货币发行弥补赤字，导致恶性通货膨胀。山东根据地卓有成效地开展了对敌货币战，所发行的北海币不仅独占根据地市场，且币值远较国统区和沦陷区稳定。这被称为山东货币奇迹。薛暮桥正是山东对敌货币战的主要领导人。从1979年起，他多次谈及一位美国记者（有时称美国经济学家）高度赞扬山东货币战，但并未指出年份和美国记者姓名。为解决美国记者姓名和访问时间问题，我们一一检查了20世纪40年代访华的著名美国记者的资料，但并没有找到有关记录。经历数年困扰之后，我们偶然得知美联社和《大美晚报》（*The Shanghai Evening Post and Mercury*）记者罗尔波（Edward Rohrrough）曾在第二次世界大战结束后访问山东解放区。随后查核罗尔波文献，终于在1946年4月6日《密勒氏评论报》找到他访问薛暮桥的报道。罗尔波在文中表示，“山东根据地的经济学家对日货币战，甚至比战场上的战争更为成功”，“在对日货币战中负重要责任的薛暮桥，对这过程最为明白”。这就确定下来，薛暮桥所指的美国记者正是罗尔波，我们在年谱中引用了罗尔波的文章并注明来源。我们还发现新华社记者李普大体同时在美国朋友的关切下访问了薛暮桥，对山东货币奇迹进行了专题报道。这样，关于山东货币奇迹的最初报道就摆脱了回忆录的模糊性，得以在清晰的时间框架下记录下来了。

总之，《薛暮桥年谱》遵循应有尽有原则，以日为基本记事单元，对薛暮桥丰富多彩的生活和著述进行了记录。这一目标是简单的，研究和写作的道路却是曲折漫长的。

1935年薛暮桥曾用笔名写了一首小诗，诗中写道：“时光刻刻不停，推着我们前进！”“必须斩除荆棘，开出一条路径！”从《薛暮桥年谱》密集的记录中读者可以发现，薛暮桥在早年就建立了明确的时间意识，无论外界条件怎样困厄，决不虚度光阴，他通过坚韧持久的努力，建立了自己的时间纪念碑。我们将继续追随薛暮桥的脚步，在痛并快乐中完成《薛暮桥年谱》三部曲的写作。

范世涛　薛小和

# 附　录

# 附录一 “× 团体”人员组成

- 钱俊瑞△
  - “×团体”
    - 中国经济情报社（为《中华日报》编写《中国经济情报周刊》和《世界经济情报周刊》）
      - 姜君辰（发起人，情报社创办人）△
      - 骆耕漠（成员，情报社负责人）△
      - 石西民（成员）△
      - 蔡素吾（姜君辰侄女）
      - 钱兆雄（钱俊瑞哥哥）
    - 中国农村经济研究会（出版《中国农村》）
      - 陈翰笙（发起人，理事会主席）
      - 吴觉农（常务理事）
      - 孙晓村（理事）
      - 冯和法（理事）
      - 秦柳方（外地会员）
      - 孙冶方（理事）
      - 张锡昌（理事，曾主编《中国农村》）△
      - 千家驹（理事，曾主编《中国农村》）
      - 薛暮桥（理事，《中国农村》主编）△
      - 王寅生（发起人，理事）
      - 狄超白（成员）
      - 罗琼（成员）△
      - 朱楚辛（成员，曾编辑《中国农村》）△
      - 刘怀溥（成员，曾编辑《中国农村》）△
      - 陈洪进（成员，曾编辑《中国农村》）△
      - 于化琪（同前）
      - 陈少景（同前）
      - 郭影秋（外地会员）
    - 新知书店
      - 徐雪寒（成员，经理）△
      - 华应申（成员，副经理）△
      - 孙克定（成员）△
      - 马宾△
      - 林立△
      - 鲍浙潮

图注：△指“× 团体”成员。

# 附录二　人名索引

**编者按：** 1. 人名索引将薛暮桥笔名（包括个人署名和机构署名）单独列出，其他著者的姓名按照字母顺序排列，排名不分先后。2. 同一著者多名并行的，合并至常用名。著者的原名、笔名、曾用名、别名等非常用名，均标注其后。如“陈翰笙”原名“陈枢”，则“陈翰笙”条录作“陈翰笙（见陈枢）”。3. 同一著者如果因使用别字而致姓名有异的，合并为同一条。如“李佰蒙”又作“李百蒙”，则视作同一条“李百蒙”。4. 有些著者的姓名因辗转抄录而致误，经查对可证实的，正文已经予以回改并说明，这里不再单独列出。尚不可查对证实的，则予以保留。如“崔价”条与“崔介”条。

## 薛暮桥笔名索引

### B



### F



### G



### H

## W



## X



## Y



## Z



# 其他著者人名索引

## A

## D

## H

## J

## M

## N



## P

## Q

## T

## W

## X

## Y

# 附录三　薛暮桥著述目录

## 1924年

1月27日　诗作《乐园》

8月10日　小说《落花流水》

## 1928年

1月22日　世界语文章《我在狱中生活的一夜》

## 1930年

11月10日　新体诗《夜风》

## 1931年

3月　禽言诗《得过且过》《切莫》

7月5日《全国棉产统计》

7月12日《禁用洋文》

7月19日《惩戒贪官污吏》《从低处到高处》

8月16日《中国目前的大问题》《今后本报的路线》

8月23日《关于高等考试》《国富民穷的美国》《各国民歌拾零》

8月30日《哀我弱国无外交》《中国的恐慌，世界的恐慌》《生物的生活》

9月6日《自今以后》《当局者迷　旁观者清》《生物的生活》

9月13日　《最后的奋斗》《赈灾杂谈》《人类的生活》《水灾》

9月20日　《养生送死》《一片和平统一声》《各国民歌拾零》《人类的生活》（续）

9月27日　《打倒日本帝国主义！》《异哉所谓革命的外交》《日本铁蹄下的满蒙条约》

10月4日　《民众自决》《求人不如求己》《甘地，开倒车》《天文常识》《世界的末日》《金镑被金元和法郎所屈服了么？》《各国俗谚拾零》

10月10日　《凄风惨雨中的双十节》《当前准备的自救办法》《十字街头》（小说）

10月18日　《抗日运动与工农群众》《谁是中华民国的主人》《国难临头，武力呢？外交呢？》

10月25日　《忙于对人，忽于对事》《日本暴力侵占东北之经济的背景》《日本暴力侵占东北之面面观》《怎样应付国难》《抗日声中中俄复交谈》《少爷请愿小姐兵》

10月　《从经济的背景上来观察九一八事件》

11月1日　《不可思议的中华民族》《抗日运动之经济的背景》《暴日侵占东北之面面观（二）》《〈谈谈检查日货事件〉附记》

11月8日　《醒得太早了》《经济战争的防御线》《静候国联的吩咐》《天文常识》《各国俗谚拾零》《李代桃僵》

11月15日　《一一一六以后》《国难声中农民应有的认识》《死得太冤枉了》《天文常识》《各国俗谚拾零》《李代桃僵》（连载）

11月22日　《最后的希望》《国人对于日本此次提出五项要求应有之认识》《中国人的“例外“》《冲动》《血！血！血！》《天文常识》《枫叶》《李代桃僵》（续）

12月6日　《国难声中青年学生应有的觉悟》

12月20日　《扶植青年的牺牲》《生死关头告各界同胞》《裁减

军备之回顾》

本年　出版两本小册子《天文常识》《生物常识》

## 1932 年

3 月 20 日　《认识沪变》《伤兵医院服务三日记》《魔障》

4 月 20 日　《社会主义的利弊问题》《春假日记》《各国谣谚拾零》

5 月至 6 月　《江南农村衰落的一个缩影》

6 月 30 日　《浙江省的二五减租》

9 月 10 日　《社会调查的意义和进行步骤》

10 月 30 日　《民众教育的新道路》

12 月 30 日　《铜山县八里屯农村经济调查报告》《萧县长安村农村经济调查报告》《农村经济调查杂谈》

## 1933 年

1 月 10 日　译文《苏联教育的进步》《中国农村的根本问题》

2 月 15 日　《上海抗日战争的回顾与批评》

2 月　演讲《怎样研究中国农村经济》

5 月 21 日　《桂林六塘的劳动市场》

6 月 20 日　《农村经济讲述大纲（节录一）》

7 月下旬　合写《广西苍梧农村——三乡八个村庄视察记》

12 月 10 日　合写《关于手工业形态与中国社会性质问题》

12 月　《农村经济讲述大纲（节录二）》，该课程讲义经修改后以《中国农村经济常识》为名出版

## 1934 年

3 月　《新广西的乌托邦——垦殖水利试办区》

6 月 4 日　《“新广西”的经济基础》

6月25日　合著《广西农村经济调查报告》

7月7日　《日本帝国主义控制下的东北对外贸易》

9月2日　《控制东北的南满铁道公司》

9月16日　《国民经济废墟上的公路建设》

10月10日　《怎样研究农村经济》、合著《广西农村经济调查》

11月1日　《封建社会底农业生产关系》《关于“生产教育”问题》《山西农村底特异现象》

11月7日　《减轻田赋与废除苛杂》

12月1日　《资本主义社会底各类农业经营》《评古楳先生所著〈中国农村经济问题〉》

12月5日　《中国农村中的耕地分配》

## 1935年

1月1日　《土地施用形态问题的分析》《关于雇役制的商榷》《如何利用寒假举行农村调查》

1月13日　《答复古楳先生“一封公开讨论中国农村经济问题的信”》

1月24日　《粤桂的“自梳女”和“不落家”》

1月26日　《答复王宜昌先生》

2月1日　《中国农业生产关系的检讨》《农业经营中的劳动问题和资本问题》《答复古楳先生“一封公开讨论中国农村经济问题的信”》

2月9日　《答覆王宜昌先生》

2月16日　《龙州农村视察记》

3月1日　《资本主义社会底农业恐慌——研究中国农村经济的基本知识（六）》

3月16日　《广西农村中的劳动妇女》

4月1日　《评陈正谟先生著〈各省农工雇佣习惯之调查研究〉》

4月15日　《介绍并批评王宜昌先生关于中国农村经济的论著》

5月5日　《公路建设与中国农民》

5月16日　《中国手工业底分析》

7月10日　《介绍并批评〈中国农村问题〉》

8月20日　《研究中国农村经济的方法问题》

9月16日　《容县玉林两县农村调查日记》

9月30日　《中国农村社会性质问答》《〈中国农村〉的过去和今后》，出版《中国农村社会性质论战》

11月2日　《本年中国对外贸易之展望》

11月14日　儿歌《登高》

11月16日　《广西各地的农业劳动》

12月26日　诗作《新年献辞》

## 1936年

1月1日　短文《不堪回首》《中日经济提携》《英美枪法不同》《秋风落叶的民族工业》《棉花减少二百万担》《"租妻团"和"遣嫁团"》《国民劳动服务》，《对于农村文艺写作的几点意见》《中国农村中的基本问题》《农村通讯怎样写法》《乡村工作的理论与实践》

2月1日　短文《市民国货年》《华北农村的自力更生？》《枪杆子和老头子票双管齐下》《"真调查假分配"》《究竟是哪一个损失来得大》《平津学生深入农村》《"追租"和"减租"》，《救国运动中的乡村工作青年》《帝国主义和中国农村》《我们是否应当改进生产技术》

2月　出版《中国农村描写——农村通讯选》

3月1日　短文《禁烟与救国》，《中国农村中的土地问题》《怎样"助成地方自治"？怎样"促兴社会生产"？》

3月　《商品和商品的价值》

4月1日　《"经济提携"中的民族工业》《海外和关外的同胞》

《春荒一瞥》《从山额夫人谈到人口问题》《中国现阶段的租佃关系》

4月15日　《我们的任务》

4月　《怎样计算价值？》

5月1日　《银行出路与农村出路》《从改书到烧书》《研究农村经济的参考书籍》《中国农业中的雇佣劳动》

5月2日　《教育救国与救国教育》

5月　《宪法给我们些什么？》

6月1日　《震动全国的走私问题》《贫困现象的基本原因——土地报酬递减法则批判》《中国现阶段的农业经营》

7月1日　《国民经济建设运动》《暑期调查研究工作大纲》《农产商品化和农村市场》《社会调查》

7月20日　《我们的出版工作》

7月　讲课《“国民经济建设”与民族危机》

8月1日　《中国农村中的高利贷》

9月1日　《农村副业和农民离村》《给农村工作人员的公开信——两个最严重的问题》

9月　出版合译著作《农业经济学（下）》

10月　《封建土地关系的资本主义化》

11月1日　《中国农村经济的新趋势》

12月1日　《〈中国农村〉两周岁纪念——过去的清算和未来的计划》《农村合作运动与农产统制》

## 1937年

1月1日　《社会科学研究什么》《怎样进行集体读书》

1月31日　出版《农村经济底基本知识》《中国农村经济常识》

1月　《怎样研究地租问题》《究竟是谁的错误》

2月1日　《殖民地农村经济底特质》《历史上的人类社会——社

会形式发展史》

2月6日 《什么叫作半封建社会》

3月1日 《乡村建设工作的新动向》《资本主义社会解剖——经济学的基本理论》

3月 出版《封建、半封建和资本主义》

4月1日 《反对？联合？投降？》

4月3日 《关于农业经济学的初步认识》

4月10日 《我们的研究工作》，合编《中国土地问题和商业高利贷》

4月20日 《1936年的中国农业》《关于"耕者有其田"》

4月 《〈农业经济学导论〉书评》

5月1日 《如何实现"耕者有其田"》《"农产丰收"的实际意义》

5月16日 《农村经济研究大纲》

6月1日 《土地法的修改原则》《国民大会的组织和任务》

6月26日 《略谈研究经济问题的方法论》

7月1日 《乡村工作者和参政运动》《"到农村去"的总动员令》，翻译《侵略政策和人口问题》

7月9日 《农村服务的组织问题》

7月16日 《农村服务的工作方式》

7月20日 《目前的农村复兴运动》

7月23日 《暑期服务中的农村调查》

8月1日 《资本主义农业在中国》《抗战爆发后的乡村工作》《经验主义和公式主义》

8月29日 《农村组织》

9月1日 《中国农村经济研究会乡村服务团计划》

9月20日 《怎样准备长期抗战》《怎样救济战地难民》《怎样防止汉奸活动》《抗敌战争与民众救亡运动》

10月10日 《救国公债》《战时外交问题》《征兵问题》

10月15日　《卷头语》《〈农村合作月刊〉编辑计划》《抗战时期的合作事业》《战时合作问题的探讨》《战时农民组织问题》《论抗战时期的银行紧缩政策》《农村通讯怎样写法》《解决战时经济财政问题之我见》

10月25日　出版汇编作品《抗战言论集》(上、下)

11月1日　《断绝中日邦交》《改革乡村政治》《改善农民生活》《发动农民抗战》《乡村工作的民主与独裁》

11月16日　《乡村救亡工作大会》《九国公约会议》《略谈干部训练问题》

11月25日　《抗战中的乡村政治问题》

12月1日　《争取最后胜利》《国民政府迁移重庆》《筑成我们新的长城》《迅速展开乡村救亡运动》《一个乡村工作纲要》

12月15日　《乡村救亡运动中的几个技术问题》

12月16日　《怎样取得国际援助》《如何动员农民》《从抗战四个月中所得到的教训》

## 1938年

1月16日　《抗战第二期》《游击运动的检讨》《救亡运动在江西》《抗战中的动员农民问题》

1月19日　《乡村运动与农民政纲》

1月25日　《怎样开展内地工作》

2月1日　《拥护政府抗战到底》《国际反侵略运动大会》

2月16日　《不怕困难　不求痛快》《乡村工作干部训练问题》，出版《经济科学常识》

3月1日　《略谈乡村的武装自卫》《战时农民教育问题》

3月20日　《怎样纪念总理》《怎样扩大春耕》《侵略者的又一暴行》《战时乡村政治问题》

4月5日　《健全乡村组织以推进乡村动员工作建议书》《促进农业生产增加抗战力量建议书》《希望于国民党临时代表大会》《怎样建立乡村统一战线》

4月9日　《抗战中的湖南知识青年》

4月20日　《抗战与建国》《乡村改革的基本原则》《关于农民迷信问题》，出版《战时乡村问题》

5月5日　《不要鼓励侵略》《怎样向农民宣传》

5月16日　《抗战时期的土地政策》

5月20日　《从国民参政到乡村自治》

5月30日　《〈抗战建国纲领〉解说》

6月5日　《怎样领导乡村青年》《乡村工作中的一个严重问题》

6月20日　《怎样动员民众保卫武汉》《怎样推进乡村文化工作》

6月　出版《战时的粮食》一书，收入"民众战时常识"丛书

7月5日　《报告一个不幸的消息》《抗战建国一周年》《学生暑期农村服务运动》

7月9日　《乡村工作者应如何努力——献给国民参政员梁漱溟、晏阳初、黄炎培、江问渔诸先生的公开信》

7月20日　《报告一个不幸的消息》《节约和献金》《关于农村问题会议》

7月　出版《战时宣传资料》

8月5日　《民众团体的领导问题》《如何设立地方民意机关》

8月20日　《苏日张鼓峰冲突剖析》

9月5日　《准备去和失败主义斗争》《民族统一战线与民众动员》

9月15日　《对于湖南民众自卫团的几点意见》

9月20日　《国联的援华制日问题》《"狮吼"乎？"犬吠"乎？》《战时合作运动的特殊任务》

10月5日　《对于国民参政会第二次会议的希望》《现实主义外

交的恶果》《晋察冀边区给我们的教训——读了克寒先生〈模范抗日根据地晋察冀边区〉后的感想》

11月1日 《民族自卫抗战的基本问题》

## 1939年

1月1日 《乡村工作中的统一战线问题》

1月16日 《在迁移中的教导队》

1月 《人类原始社会的解剖——社会进化史讲话之一》《新四军教导队的学习生活》

2月1日 《检点我们自己的工作态度》

2月 《奴隶社会和封建社会的解剖——社会进化史讲话之二》

3月20日 《战斗和牺牲》

4月 《资本主义社会是怎样出现的？——社会进化史讲话之三》

5月1日 《东战场的抗战情势》

5月 《商品和劳动——社会进化史讲话之四》

7月15日 出版《经济学》

8月16日 《现阶段的土地问题和土地政策》

11月10日 《关于创造新干部的教育工作》

## 1940年

1月16日 《谁是我们的教师和导师》

1月28、29日 诗歌《生路二部曲》

3月1日 《皖南农业经营管窥——农村经济研究材料之一》

3月16日 《皖南农村经济的副业与手工业——农村经济研究材料之二》

4月16日 《皖南租佃关系一瞥——农村经济研究材料之三》

6月16日 《皖南农村借贷制度一斑——农村经济研究材料之四》

7月15日《皖南土地分配缩影——农村经济研究材料之五》

10月16日　诗歌《送别》

12月1日《你们得斗争》

## 1941年

7月　完成《经济学》修订稿

8月　出版《中国革命问题》

## 1942年

8月《抗大政治文化教育报告》

本年　出版《中国革命的基本问题》

## 1943年

3月　报告《中国土地问题和土地政策研究》

4月3日《关于解决留雇复雇就雇问题给雇主雇工和职工会人员的一封信》

5月11日　社论《救国公粮征收办法评议》

7月9日　社论《关于停用法币的指示》

7月19日《为什么要停用法币》

7月27日　社论《拥护政府货币政策，就是拥护人民自己的利益》

7月《怎样改进调查研究工作》

8月13日　社论《贯彻货币斗争 巩固已得胜利》

9月《货币问题与货币斗争》

## 1944年

1月1日《新年献词》

1月25日《怎样帮助农民增加生产》

3 月 《山东各根据地现行征粮办法检讨》

4 月 《滨海区半年来的货币斗争》

5 月　出版《怎样办合作社》,《我们的贸易政策》

6 月 17 日 《工商管理中的几个问题》

7 月 1 日 《山东抗日根据地内的纺织手工业》

7 月 《山东的北海票》《山东抗日根据地内的纺织手工业》

10 月 13 日 《评国民党提示案乙项第八条》

## 1945 年

1 月 1 日　社论《迎接一九四五年，贯彻实现毛主席号召的十五项任务》

6 月 《公营工厂中的公私两利政策》

11 月 《今天应当做些什么》

## 1946 年

1 月 31 日　社论《迎接和平建设时期再把生产工作提高一步》

2 月 12 日 《论新民主主义经济》《中国农业发展的新方向》《农业生产建设问题》

4 月 20 日 《减租减息与发展生产》

5 月 18 日 《和平建设中的经济政策》

5 月 27 日　报告《精简机构　调整干部》

6 月 4 日　社论《奖励私营企业进一步开发工矿富源》

8 月　出版《工商管理工作的方针和政策》

## 1947 年

1 月 《现阶段的经济政策》

2 月 1 日 《山东合作事业的回顾与瞻望》

## 1948年

1月 《对于整理货币的意见》《关于整理货币的几点补充意见》

## 1949年

8月10日 《论新民主主义的合作社》

8月20日 《月亮与烧饼》

11月27日 《知识分子的思想改造》

## 1950年

1月1日 社论《完成胜利，巩固胜利》

2月20日 《工商业政策》

6月4日 《如何克服目前工商业困难》

6月6日 《如何调整公私工商业关系》

6月8日 《从虚假购买力的消失到真实购买力的增长》

6月17日 《私营工商业应当力求改造》

6月21日 《私营工商业应当力求改造》

12月31日 《〈私营企业暂行条例〉起草经过及其说明》

## 1951年

4月16日 《继续调整工商业，争取全面好转！》

5月1日 《什么是合作社》

11月10日 出版《思想方法与学习方法》日语版

## 1952年

10月1日 《三年来中国经济战线上的伟大胜利》

10月 出版《三年来新中国经济的成就》

# 附录四　参考文献

## 一、未刊资料

北京医院关于薛暮桥病历记录。

《代中央工委起草给东北中央局的电报》，1948 年 2 月 11 日，中国人民银行成立旧址纪念馆展板。

董必武（1948）：《华北财办工作总结报告》，手写清稿，中国人民银行成立旧址纪念馆藏。

顾准（1969）：《大反攻时期在山东的工作》，手稿，高粱藏。

罗琼（1952）：《党员登记表》，手稿，薛小和藏。

薛暮桥（1979）：《中国社会主义经济问题研究》征求意见稿，薛小和藏。

薛暮桥（1992）：《薛暮桥回忆录稿》，手稿，1991 年，薛小和藏。

薛暮桥：《作者自传稿》，手稿，1988 年，薛小和藏。

《薛暮桥笔记》，中国社会科学院经济研究所藏。

《薛暮桥口述录音资料》，未标明年份，薛小和整理。

《中财委七大城市工商局长会议经过情况及陈主任总结报告》，天津市人民政府工商局印，1950 年，天津市档案馆藏，档案号：X0053-D-006392。

《中央财政经济委员会关于宋劭文、薛暮桥、周荣鑫三人分工的通知》，1949 年 9 月 27 日，天津市档案馆藏，档案号 91-1-261。

王耕今：《王耕今自述》，手稿，未注年份。

《实业厅派出华北合作工作参观组报告薛暮桥同志对山东合作工作的意见》, 1949 年 5 月，山东省档案馆藏，档案号：华东局 -1-143-4。

《孙冶方给洪克平的信》, 1936 年 6 月 30 日，李昭藏。

《山东省战时行政委员会工商管理处对于清河区货币斗争的指示》, 1943 年 9 月 14 日。山东省档案馆藏，全宗号 15，目录号 1，卷号 1，文件顺序号 8。

《1946 年财委会记录》。山东省档案馆藏，档案号 4-1-68。

薛暮桥（1948）:《对于整理货币的意见》《关于整理货币的几点补充意见》，手稿，1948 年 1 月，中国人民银行成立旧址纪念馆藏。

《薛暮桥写给南汉宸的信》, 1949 年 1 月 30 日，手稿，中国人民银行档案室藏，档案号：中国人民银行行长办公室 -1949 年 -13。

《薛暮桥写给南汉宸的信》, 1949 年 2 月 4 日，手稿，中国人民银行档案室藏，档案号：中国人民银行行长办公室 -1949 年 -13。

《薛暮桥给薄一波并南汉宸的信》, 1949 年 3 月 19 日，手稿，中国人民银行档案室藏，档案号：中国人民银行行长办公室 -1949 年 -13。

《薛暮桥给南汉宸的信》, 1949 年 7 月 31 日，手稿，中国人民银行档案室藏，档案号：中国人民银行行长办公室 -1949-13。

《经济问题座谈会第三十三次会议记录》, 1958 年 5 月，范世涛藏。

陈翰笙（1967）:《向革命造反大队报告履历》, 1967 年 5 月 2 日，中国社会科学院中国近代史研究所藏。

孙冶方（1969）:《交代材料》, 1969 年 6 月 30 日，未刊稿，李昭藏。

《为中共中央起草关于成立华北财经委员会的电报》, 1948 年 10 月 6 日，中国人民银行成立旧址纪念馆复制展品。

《为中共中央起草拟关于印制中国人民银行新币问题的电报》, 1948 年 10 月 3 日，中国人民银行成立旧址纪念馆展板。

薛暮桥（1980）:《薛暮桥同志在全国职工思想政治工作座谈会上的讲话》（记录整理稿），1980 年 7 月 25 日，薛小和藏。

《薛暮桥写给宋任穷并报中央组织部的信》，手稿，1982 年 11 月 18 日，薛小和藏。

《薛暮桥给宋任穷、陈野苹并报中央组织部的信》，手稿，1983 年 3 月 12 日，薛小和藏。

《薛暮桥同志谈全国解放初期稳定市场物价的斗争》，1983 年 12 月 18 日上午，路南整理，薛小和藏。

薛暮桥（1984）:《在人大常委会小组会上的发言稿》，1984 年 10 月 30 日，薛小和藏。

薛暮桥（1984）:《关于价格体系改革问题的报告》，1984 年 11 月 12 日，报告录音整理稿，薛小和藏。

薛暮桥（1986）:《在师专校友座谈会上的讲话》，手稿，1986 年 12 月，国家图书馆藏。

《中共中央组织部关于薛暮桥同志党龄问题的通知》，1988 年 5 月 4 日，薛小和藏。

《关于薛暮桥同志辞去省实业厅长职务调艾楚南同志担任的意见》，1947 年 7 月，山东省档案馆藏，档案号 4-1-89。

《朱执诚给薛暮桥、罗琼的信》，1997 年 8 月 12 日，未刊稿，薛小和藏。

《山东省战时行政委员会工商管理处对于清河区货币斗争的指示》，1943 年 9 月 14 日，山东省档案馆藏，档案号 15-1-1-8。

## 二、报刊杂志

《大众日报》

《东方杂志》

《读书与出版》

《锻炼》
《国民周刊》
《江苏省立第三师范学校校友会杂志》
《江苏省立徐州民众教育馆周年纪念特刊》
《教育新路》
《教育与民众》
《经济日报》
《抗敌》
《客观旬刊》
《民国日报》
《民众教育月刊》
《民众周报》
《民主导报》
《民族战线》
《农村合作月刊》
《人民日报》
《认识月刊》
《申报》
《生活教育》
《时代论坛》
《突击手》
《文化战线》
《文摘》
《无锡新报　星期增刊》
《无锡学会会刊》
《小朋友》
《新湖南》

《新华日报》

《新秦先锋》

《新学识》

《新中国妇女》

《行列》

《学习》

《益世报》

《永生》

《战地知识》

《浙江工人日报》

《中国经济情报》

《中国农村》

《中国农村经济研究会会报》

《中国—世界经济情报》

《中山文化教育馆季刊》

## 三、著作

《“一二·九”以后上海救国会史料选辑》，上海：上海社会科学院出版社，1987 年。

《〈中国农村〉论文选》，北京：人民出版社，1983 年。

《1949—1952 中华人民共和国经济档案资料选编　工商体制卷》，北京：中国社会科学出版社，1993 年。

《阿英全集》，合肥：安徽教育出版社，2006 年。

《阿英散文选（1949—1999）》，天津：百花文艺出版社，1981 年。

《爱国之路：庆祝中华全国工商业联合会成立三十周年文章专辑》，北京：中华全国工商业联合会编印，1984 年 5 月。

《安徽革命根据地财经史料选（二）》，合肥：安徽人民出版社，

1983 年。

《傲霜集》，北京：中国展望出版社，1989 年。

《百年沧桑　一代宗师：薛暮桥逝世一周年纪念文集》，北京：中国发展出版社，2006 年。

《北大清华的教授们》，香港：凌天出版社，2005 年。

《北海银行五十周年纪念文集》，济南：山东省金融学会，1988 年。

《不屈的共产党人》，北京：人民出版社，1984 年。

《财经新闻》，大连：东北财经大学出版社，2006 年。

《蔡元培年谱长编（下册）(1)》，北京：人民教育出版社,1998 年。

《朝左走　向右转——我和我的时代》，北京：华夏出版社,2007 年。

《陈翰笙百岁华诞集》，北京：中国社会科学出版社，1998 年。

《陈翰笙集》，北京：中国社会科学出版社，2002 年。

《陈毅年谱》，北京：人民出版社，1995 年。

《陈毅在盐城》，北京：解放军出版社，2001 年。

《陈云传》，北京：中央文献出版社，2005 年。

《陈云年谱（修订本）》，北京：中央文献出版社，2015 年。

《陈云文集》，北京：中央文献出版社，2005 年。

《从减租减息到联产承包制》，北京：经济管理出版社，1992 年。

《从追求到幻灭：一个中国经济学家的自传》，台北：时报文化出版企业有限公司，1993 年。

《当代北京大事记（1949—1989）》，北京：北京出版社，1992 年。

《当代中国的统计事业》，北京：中国社会科学出版社，1990 年。

《党在山东革命根据地的执政研究》，济南：黄河出版社，2006 年。

《邓小平年谱（1904—1974）》，北京：中央文献出版社，2009 年。

《东南战线》，北京：中共党史出版社，2004 年。

《董必武年谱》，北京：中央文献出版社，1991 年。

《凡人小事八十年》，北京：中国金融出版社，1992 年。

《方毅传》编写组（2008）:《方毅传》，北京：人民出版社，2008 年。

《风雨四十年》第一部，北京：中央文献出版社，1996 年。

《风雨吟——朱庭光诗词选》，北京：团结出版社，2000 年。

《庚申忆逝》，太原：山西人民出版社，1984 年。

《工合历程》，北京：金城出版社，1997 年。

《共和国雏形——华北人民政府》，北京：西苑出版社，2000 年。

《谷牧回忆录》，北京：中央文献出版社，2009 年。

《顾准自述》，北京：中国青年出版社，2002 年。

《广东农村生产关系与农村生产力》，上海：中山文化教育馆，1934 年。

《广西省经济概况》，上海：商务印书馆，1936 年。

《郭影秋纪念文集》，南京：南京大学出版社，2002 年。

《国难中的学术与政治：中国经济学界的争鸣（1932—1937）》，北京：中国社会科学出版社，2014 年。

《合作运动的理论与实际》，渤海：渤海新华书店，1947 年 8 月。

《后勤工作大事记》，北京：解放军出版社，1997 年。

《胡绳论"从五四运动到人民共和国成立"》，北京：社会科学文献出版社，2001 年。

《湖南党史大事年表（新民主主义革命时期）》，长沙：湖南人民出版社，1986 年。

《湖南省志 · 第二十八卷 · 文物志》，长沙：湖南人民出版社，1995 年。

《华北解放区财政经济史料选编》第一辑，北京：中国财政经济出版社，1996 年。

《华北抗日根据地纪事》，天津：天津人民出版社，1986 年。

《华中抗日根据地财政经济史料选编（江苏部分）》第三卷，北京：档案出版社，1986 年。

《华中银行史》，南京：江苏人民出版社，2001年。

《怀念朱瑞》，北京：中央文献出版社，1994年。

《黄慕兰自传》，北京：中国大百科全书出版社，2004年。

《黄炎培日记》第十卷，北京：华文出版社，2008年。

《激流勇进：生活·读书·新知三联书店创建八十周年志庆》，北京：生活·读书·新知三联书店，2012年。

《建党以来重要文献选编（1921—1949）》第十三册，北京：中央文献出版社，2011年。

《晋冀鲁豫边区机关在武安》，北京：中共党史出版社，2004年。

《经济专刊论文选》，北京：政务院财政经济委员会印刷厂,1951年。

《救国会史料集》，北京：中央编译出版社，2006年。

《决战的历程》，合肥：安徽人民出版社，1991年。

《开国前后的信息》，北京：新华出版社，1984年。

《康克清回忆录》，北京：解放军出版社，1993年，第379—380页。

《抗日战争时期革命文化史料选编》，合肥：安徽省文化厅革命文化史料征编室，1998年。

《抗战建国的农业政策纲领刍议》，北京：中国财政经济出版社，1998年。

《抗战时期的郭沫若》，成都：四川省社会科学院出版社，1985年。

《抗战言论集》（上、下），南昌：中国农村合作出版社，1937年。

《拉丁化新文字运动的始末和编年纪事》，上海：知识出版社，1987年。

《赖传珠日记》，北京：人民出版社，1989年。

《黎玉回忆录》，北京：中共党史出版社，1992年。

《李老师的故事》，澳门：中华出版社，2005年。

《栗再温传记与年谱》，北京：中共党史出版社，2008年。

《梁漱溟日记（上下）》，上海：上海人民出版社，2014年。

《梁漱溟先生年谱》，桂林：广西师范大学出版社，2003 年。

《刘邓麾下十三年》，重庆：重庆大学出版社，1990 年。

《刘少奇论合作社经济》，北京：中国财政经济出版社，1987 年。

《刘少奇年谱（1898—1969）》，北京：中央文献出版社，1998 年。

《柳风拂晓——秦柳方选集之三》，北京：中国财政经济出版社，2001 年。

《罗荣桓传》，北京：当代中国出版社，1991 年。

《罗荣桓年谱》，北京：人民出版社，2002 年。

《罗荣桓元帅》，北京：解放军出版社，1987 年。

《骆耕漠早年文录》，大连：东北财经大学出版社，1987 年。

《漫话救国会》，北京：文史资料出版社，1983 年。

《民政部大事记（1949—1986 年）》，北京：中华人民共和国民政部，1988 年。

《南昌青年运动回忆录》，南昌：中国人民政治协商会议江西省委员会文史资料研究委员会，1981 年。

《南汉宸纪念册》，北京：中央文献出版社，2005 年。

《农村通讯》，上海：中华书局，1935 年。

《朋友和朋友们的书初集》，上海：汉语大词典出版社，1997 年。

《千家驹传》，上海：上海人民出版社，2010 年。

《千家驹年谱》，北京：群言出版社，2014 年。

《钱昌照回忆录》，北京：中国文史出版社，1998 年。

《钱俊瑞文集》，北京：中国社会科学出版社，1998 年。

《亲历重大历史事件实录》第四卷，北京：党建读物出版社、中国文联出版社，2000 年。

《人 · 岁月 · 事业》，南京：江苏古籍出版社，1987 年。

《任弼时年谱》，北京：中央文献出版社、人民出版社，1993 年。

《戎子和文选》，北京：中国财政经济出版社，1991 年。

《熔炉：从学徒工到共和国部长：杨波回忆录》，北京：中国轻工业出版社，2015 年。

《三年来新中国经济的成就》，北京：人民出版社，1952 年。

《三十年代中国社会性质论战》，上海：知识出版社，1987 年。

《三十年代左翼文艺资料选编》，成都：四川人民出版社，1980 年。

《山东大学百年史》编委会（2001）：《山东大学百年史：1901~2001》，济南：山东大学出版社，2001 年。

《山东党史资料 抗日战争时期山东渤海区农村经济调查》，济南：中共山东省委农村工作部农业合作化史编写办公室，1989 年。

《山东革命根据地北海银行历史年表》，北京：中国文史出版社，2014 年。

《山东革命根据地财政大事记》，济南：《山东财会》杂志社，1987 年。

《山东革命历史档案资料选编》，济南：山东人民出版社，1983 年。

《山东解放区大事记》，济南：山东人民出版社，1982 年。

《山东解放区的工商业》，临沂：山东新华书店，1946 年 4 月。

《陕甘宁革命根据地工商税收史料选编》第七册，西安：陕西人民出版社，1987 年。

《上海地方史资料（四）》，上海：上海社会科学院出版社，1986 年。

《上海革命文化大事记（1919.5—1937.7）》，上海：上海书店出版社，1995 年。

《深切怀念黎玉同志》，济南：山东人民出版社，1989 年，第 204 页。

《沈钧儒年谱》，北京：中国文史出版社，1992 年。

《生活 · 读书 · 新知三联书店图书总目：1932—1994》，北京：生活 · 读书 · 新知三联书店，1995 年。

《书林随缘录》，北京：中华书局，2002 年。

《书人书事新话》，北京：东方出版社，1985 年。

《四个时代的我》，北京：中国文史出版社，1988年。

《苏星经济论著全集》第八卷，北京：知识产权出版社，2016年。

《粟裕年谱》，北京：当代中国出版社，2006年。

《孙晓村纪念文集》，北京：中国文史出版社，1993年。

《孙冶方文集》，北京：知识产权出版社，2018年。

《泰山青松范明枢》，济南：黄河出版社，1996年。

《陶行知年谱长编》，成都：四川教育出版社，2012年。

《统一财经 为新中国奠基立业——记全国解放前后两次重要的财经会议》，北京：当代中国出版社，2008年。

《图映岁月：广西师范大学建设发展历史图片集》，桂林：广西师范大学出版社，2012年。

《王寅生文选》，北京：中国财政经济出版社，1999年。

《往事回忆》，北京：人民出版社，2004年。

《我的回忆》，南京：江苏人民出版社，1990年。

《我的一生：平杰三回忆录》，北京：华文出版社，1999年。

《无锡词典》，上海：复旦大学出版社，1990年。

《无锡掌故大观（附录）》，香港：香港天马图书有限公司，2000年。

《吴地经济学家》，南京：南京大学出版社，1997年。

《吴觉农年谱》，上海：上海市茶叶学会，1997年。

《西柏坡档案》，北京：中国档案出版社，2012年。

《新民主主义革命时期中共山东党史大事记》，济南：山东大学出版社，1992年。

《新四军回忆史料（1）》，北京：解放军出版社，1990年。

《新四军重建军部以后》，南京：江苏人民出版社，1983年。

《新知书店的战斗历程》，北京：生活·读书·新知三联书店，1994年。

《新中国从这里走来》，石家庄：河北教育出版社，2003年。

《新中国统计史稿》，中国统计出版社，1986年。

《徐特立年谱》，北京：人民出版社，2017年。

《徐雪寒文集（增订版）》，北京：生活·读书·新知三联书店，2006年。

《薛暮桥笔记选编（1945—1983）》第一册，北京：社会科学文献出版社，2017年。

《薛暮桥文集》（20卷），北京：中国金融出版社，2011年。

《杨东莼文集·论文卷》，武汉：华中师范大学出版社，2014年。

《杨立三传略》，北京：金盾出版社，2013年。

《杨立三文集》，北京：金盾出版社，2004年。

《杨尚昆回忆录》，北京：中央文献出版社，2001年。

《一个左联兵士的求索》，北京：人民日报出版社，1999年。

《一九四四年七一 七七纪念文献》，胶东联合社，1944年。

《英烈书生：广西师范大学英烈故事集》，桂林：广西师范大学出版社，2012年。

《云海滴翠——秦柳方选集之二》，北京：中国财政经济出版社，1995年。

《在前进的道路上》，北京：青年出版社，1950年2月。

《怎样办合作社》，山东新华书店，1944年。

《张治中回忆录》，北京：文史资料出版社，1985年。

《章乃器传》，北京：民主与建设出版社，2011年。

《政权建设的创举》，济南：山东人民出版社，1990年。

《中财委七大城市工商局长会议经过情况及陈主任总结报告》，天津：天津市人民政府工商局，1950年。

《中共滨海区党史大事记（1921年7月至1949年9月）》，济南：山东人民出版社，1988年。

《中共党史资料》，中共党史资料出版社，1984年。

《中共党史资料专题研究集：抗日战争时期（一）》，北京：中共党史出版社，1988 年。

《中共杭州党史（第一卷）》，北京：中共党史出版社，2002 年。

《中共鲁南党史大事记》，1987 年 10 月 7 日印。

《中共上海党史大事记（1919.5—1949.5）》，上海：知识出版社，1989 年。

《中共中央在香山》，北京：中共党史出版社，1994 年。

《中国大百科全书　经济学》第Ⅲ卷，北京、上海：中国大百科全书出版社，1992 年。

《中国妇女生活史》，北京：商务印书馆，1998 年。

《中国革命根据地北海银行史料》第一册，济南：山东人民出版社，1986 年。

《中国供销合作社发展史》，北京：中国财政经济出版社，1998 年。

《中国共产党八十年珍贵档案》，北京：中国档案出版社，2001 年。

《中国共产党的七十年》，北京：中共党史出版社，1991 年。

《中国共产党建设全书（1921—1991）第三卷 党的思想建设》，太原：山西人民出版社，1991 年。

《中国共产党江西出版史》，南昌：江西人民出版社，1994 年。

《中国共产党历史大事记（1919.5—1987.12）》，北京：人民出版社，1989 年。

《中国共产党人的文化自觉：新民主主义文化思想再研究》，北京：中共党史出版社，2008 年。

《中国共产党执政五十年（1949—1999）》，北京：中共党史出版社，1999 年。

《中国近代经济思想史大纲》，北京：中国社会科学出版社，1984 年。

《中国经济论文集（第一集）》，上海：生活书店，1934 年。

《中国农村经济参考资料索引》，上海：汉口路江海关四楼国际贸易局总务处，1934 年。

《中国农村经济问题》，上海：中国社会科学会出版部，1934 年。

《中国农村经济研究》，上海：神州国光社，1930 年版。

《中国农村社会性质论战》，上海：新知书店，1935 年。

《中国人民政治协商会议全国委员会大事记》，北京：中国文史出版社，1988 年。

《中国社会科学家联盟史》，北京：中国卓越出版公司，1990 年。

《中国铁路工人运动史大事记（1881—1949）》，北京：中华全国铁路总工会，1987 年。

《中国土地问题和商业高利贷》，上海：中国农村经济研究会，1937 年 4 月。

《中国现代出版史料（丙编）》，北京：中华书局，1956 年。

《中国现代新闻史》，北京：新华出版社，1997 年。

《中国乡村建设批判》，上海：新知书店，1937 年。

《中国新闻事业史》，武汉：武汉大学出版社，2000 年。

《中国学术界大事记（1919—1985）》，上海：上海社会科学院出版社，1988 年。

《中华全国工商业联合会简史（1953~2013）》，北京：中华工商联合出版社，2013 年。

《中华人民共和国出版史料》第一卷，北京：中国书籍出版社，1995 年。

《中华人民共和国金融大事记》，北京：中国金融出版社，1993 年。

《中华人民共和国经济管理大事记》，北京：中国经济出版社，1986 年。

《中华人民共和国商业大事记（1949—1957）》，北京：中国商业出版社，1989 年。

《中华人民共和国史编年（1949 年卷）》，北京：当代中国出版社，2004 年。

《中华人民共和国统计大事记（1949—2009）》，北京：中国统计出版社，2009 年。

《周恩来年谱（一八九八——九四九）》，北京：人民出版社、中央文献出版社，1989 年。

《朱德年谱》，北京：人民出版社，1986 年。

《朱镜我评传》，宁波：宁波出版社，1998 年。

《朱克靖传》，北京：中共党史出版社，2006 年。

崔介（1994）：《拾遗集》，自印本，1994 年 10 月。

江西省文化厅革命文化史料征集工作委员会编《江西抗战文化史料汇编》，南昌：江西省文化厅革命文化史料征集工作委员会办公室，1997 年。

阎濂甫（2000）：《九十春秋》，自印本，2000 年。

约德（Fred Roy Yoder, 1929）著，万国鼎译：《农业经济学导论》（*Introduction to Agricul-tural Economics*），南京：正中书局，1936 年。

张剑（2003）：《忆沂蒙八年》，自印本，2003 年，第 262 页。

## 四、中文文章

《华中整风学习的经验》（1942 年），载《延安整风运动（资料选辑）》选编组编《延安整风运动（资料选辑）》，北京：中共中央党校出版社，1984 年。

《中国农村经济研究会 1940 年会务报告》，载《民国档案》，2011 年第 3 期，第 48 页。

《中央财政经济部关于对敌经济斗争若干问题的决定》（1948 年 5 月 26 日），载张志平主编《中共中央在西柏坡》，石家庄：河北教育出版社，1996 年。

《中央关于与国民党进行货币斗争的指示》，载《中共中央在西柏坡文献选编》，石家庄：河北教育出版社，1996 年。

爱泼斯坦（1992）：《作者简介》，载葛兰恒等《解放区见闻》，北京：新华出版社，1993 年。

安樱（2010）：《从〈妇女生活〉到〈妇女专刊〉——三十年代〈申报〉女性副刊研究》，安徽大学新闻学专业硕士论文，2010 年。

薄一波（1947）：《薄一波同志关于华北财经会议情况向中央的报告》，载《华北解放区财政经济史料选编》第一辑，北京：中国财政经济出版社，1996 年。

陈大文（1992）：《广西师专中国社会性质问题论战的回忆》，载《桂林文史资料第 20 辑：三十年代广西师专》，桂林：漓江出版社，1992 年。

陈大文（1997）：《关于〈桂林抗战文化研究文集〉（1~3）中若干问题的意见》，载刘寿保、魏华龄主编《桂林抗战文化研究文集（5）》，桂林：广西师范大学出版社，1997 年。

陈翰笙（1935）：《广东的生产关系与农村生产力》，载《陈翰笙集》，北京：中国社会科学出版社，2002 年。

陈翰笙（1939）：《致爱德华 · C. 卡特》，载《陈翰笙文集》，北京：商务印书馆，1999 年。

陈洪进（1942）：《中国农村经济研究需要新的开展》，载《〈中国农村〉论文选》，北京：人民出版社，1983 年。

陈洪进笔记（1998）：《陈翰笙同志谈〈地下工作二十五年〉》，载《陈翰笙百岁华诞集》，中国社会科学出版社，1998 年。

陈其襄（1981）：《抗战时期的南昌生活书店》，载《南昌青年运动回忆录》，南昌：中国人民政治协商会议江西省委员会文史资料研究委员会，1981 年。

陈毅、刘少奇（1941）：《陈毅、刘少奇关于皖南事变后苏南的工作方针致邓振询、罗忠毅电》（1941 年 1 月 27 日》，载《南京市江宁区军事志》，南京：南京市江宁区军事志编纂委员会，2011 年。

迟爱萍（2006）：《建国初经济工作中的一项重大举措——陈云指导下的系列专业会议》，载《陈云百周年纪念（下）》，北京：中央文献出版社，2006 年，第 1243 页。

迟爱萍（2009）：《中财委的创立和组织机构》，载《近代史研究》2009 年第 1 期，第 91—110 页。

崔介（1990）：《山东省战工会与滨海区抗日民主政权建设》，载《政权建设的创举》，济南：山东人民出版社，1990 年，第 91 页。

范世涛（2019）：《陈翰笙〈农村中国〉和中国农村派的国际化：全球视角的经济思想史研究》，载吴敬琏主编《比较》第 105 辑，2019 年第 6 期。

范世涛（2020）：《陈翰笙与"国立中央研究院"无锡农村经济调查》，载《中国经济史研究》，2020 年第 5 期。

范世涛（2020）：《从分散多元货币迈向统一人民币——关于薛暮桥两份整理货币手稿的说明》，载《中国金融》，2020 年第 18 期。

范纬青、莫湘（1986）：《怀念与敬仰——纪念石英同志逝世二十周年》，载《上海商业经济》，1986 年第 5 期。

范银怀（2010）：《重温新民主主义——追记 60 年前中央团校二期的学员生活》，载《党史文汇》，2010 年第 1 期，第 26—32 页。

冯和法（1982）：《中国农村经济研究会的战斗历程（上）》，载《农业经济丛刊》，1982 年第 4 期。

冯和法（1983）：《孙冶方和中国农村经济研究会》，载《孙冶方颂》，北京：光明日报出版社，1983 年。

冯和法（1988）：《中国农村》，载《中国大百科全书 经济学》第Ⅲ卷，北京、上海：中国大百科全书出版社，1992 年。

冯和法（1993）：《半个世纪同志情》，载中国人民政治协商会议全国委员会文史资料委员会编《孙晓村纪念文集》，北京：中国文史出版社，1993 年。

龚育之（2000）：《党史研究：繁荣还是萎缩？》，载《党史札记末编》，北京：中共党史出版社，2008 年，第 100 页。

何砺锋（1993）：《杨东莼与广西》，载广西师范大学社会科学联合会编《纪念杨东莼先生文集》，桂林：广西师范大学出版社,1994 年。

胡子婴（1980）：《“一二・九”到“七七”上海抗日救亡运动的发展》，载《“一二・九”以后上海救国会史料选辑》，上海：上海社会科学院出版社，1987 年。

江涵（2008）：《周恩来及 10 位新四军将领早年珍贵题词浮出水面》，载《宣城日报 皖南晨刊》，2008 年 9 月 23 日，第 7 版。

姜宣（1999）：《当代经济学家姜君辰》，载《无锡文史资料》第 39 辑。

蒋传源（1997）：《回忆浙皖区工合办事处》，载卢广绵等编《回忆中国工合运动》，北京：中国文史出版社，1997 年。

金冲及（2008）：《说不完的毛泽东与周恩来》，载《文史博览》，2008 年第 3 期。

李普（1946）：《北海票与油盐柴米》，载《开国前后的信息》，北京：新华出版社，1984 年。

李斯颐（1989）：《抗战时期的〈东方杂志〉》，载中国社会科学院新闻研究所《新闻研究资料》编辑部编《新闻研究资料》总第 45 辑，1989 年。

李勇、张仲田（1988）：《抗日民族统一战线大事记》，北京：中国经济出版社，1988 年。

林立（1980）：《回忆上海“妇救”和行动指挥部》，载《“一二・九”以后上海救国会史料选辑》，上海：上海社会科学院出版社，1987 年。

林玉章（1998）：《新四军的〈抗敌报〉》，载《抗日时期革命文化史料选编》，合肥：安徽省文化厅革命文化史料征编室，1998 年 10 月。

刘洁、安振民（1999）：《开辟新区贸易 保证生产生活需要——回顾财经大队贸易队的艰辛创业》，载《为有牺牲多壮志——雨花台革命烈士故事》，昆明：云南地质矿产局，1999 年。

刘居英（1990）：《山东省人民政权的诞生和成长》，载中共临沂地委党史资料征集委员会编《政权建设的创举》，济南：山东人民出版社，1990 年。

刘少奇（1942）：《刘少奇给薛暮桥的信》，载中共中央文献研究室、中央档案馆编《建党以来重要文献选编（1921—1949）》第 19 册，中央文献出版社，2011 年。

罗琼（1935）：《江苏北部农村中的劳动妇女》，载《苦难与抗争——三十年代中叶经济与妇女》，北京：中国妇女出版社。

罗琼（1937）：《一线曙光（南昌通讯）》，载《罗琼文集》，北京：中国妇女出版社，2000 年。

欧阳雪梅（2011）：《刘少奇与中国人民大学的筹建》，载《当代中国史研究》，2011 年第 3 期。

千家驹（1981）：《在桂林的八年》，载《学术论坛》，1981 年第 1 期。

钱俊瑞（1941）：《皖南惨变记》（1941 年 2 月 20 日），载《中共党史资料》第 11 辑，中共党史资料出版社，1984 年。

钱俊瑞（1982）：《钱俊瑞同志的讲话》，载《生活·读书·新知革命出版工作五十年纪念集》，北京：中国出版工作者协会，1984 年。

任志明（1988）：《战斗在沂蒙山区的总行印钞厂》，载《北海银行五十周年纪念文集》，济南：山东省金融学会，1988 年。

沙文汉（1944）：《整风自传》，载《沙文汉诗文选集》，上海：上海社会科学院出版社，1998 年。

申春（1996）：《罗青与“七君子事件”》，载《炎黄春秋》，1996

年第 12 期。

沈树正（2000）：《孙冶方年谱》，载《锡山文史资料》第十六辑，锡山：锡山市政协学习和文史资料委员会、锡山市玉祁镇人民政府，2000 年。

石鼎（2018）：《父亲石英》，载上海下文纪念研究所编：《上海名人研究集刊》第一辑，2011 年 10 月。

孙方琪（1994）：《沈大夫率领我们去延安》，载王聿先等主编《怀念沈其震院士》，北京：人民卫生出版社，1995 年。

孙琳（1987）：《深深的怀念——皖南军部直属队军旅生活的回顾与思考》，载《抗日时期革命文化史料选编》，合肥：安徽省文化厅革命文化史料征编室，1998 年 10 月。

孙晓村（1978）：《学习、继承和发扬这种精神》，载《新知书店的战斗历程》，北京：生活·读书·新知三联书店，1994 年。

唐锡强（1998）：《一份珍贵的历史文献——〈抗敌〉杂志介绍》，载《抗日时期革命文化史料选编》，合肥：安徽省文化厅革命文化史料征编室，1998 年 10 月。

唐锡强（2013）：《周恩来视察皖南新四军军部》，载《铁流》，解放军出版社，2013 年。

陶行知（1938）：《西来的印象——致吴涵真》，载顾明远、边守正主编《陶行知选集》第三卷，北京：教育科学出版社，2011 年。

王耕今（1950）：《合作社发展的新阶段》，载《经济专刊论文选》，北京：政务院财政经济委员会印刷厂，1951 年。

王耕今（1988）：《抗日战争时期山东滨海区农村经济调查》，载《山东党史资料抗日战争时期山东滨海区农村经济调查》，济南：中共山东省委农村工作部农业合作化史编写办公室，1989 年。

王学文（1946）：《解放区工业建设》，载《王学文经济学文选（一九二五—一九四九年）》，北京：经济科学出版社，1986 年。

王易今（1999）：《深切怀念王寅生同志》，载《王寅生文选》，北京：中国财政经济出版社，1999 年。

王中忱（2018）：《“翰档”之憾——兼议全面整理陈翰笙的学术遗产》，载《读书》，2018 年第 6 期。

魏华龄（2005）：《薛暮桥在桂林》，载《中共桂林市委党校学报》第 5 卷第 3 期，2005 年 9 月。

伍卓琼（2009）：《浅论民国时期民众教育馆的出版事业》，载《黑龙江史志》，2009 年第 23 期，总第 216 期。

谢胥甫、程豪（1994）：《王纪华传（1910—1984）》，载《为革命事业奉献终生——王纪华纪念集》，北京：华龄出版社，1995 年。

徐雪寒（1945）：《华中解放区的货币》，载《徐雪寒文集（增订版）》，北京：生活·读书·新知三联书店，2006 年。

徐雪寒（1991）：《海枯石烂　风范永存》，载《徐雪寒文集（增订版）》，北京：生活·读书·新知三联书店，2006 年。

徐雪寒（1992）：《武汉时期的新知书店》，载《新知书店的战斗历程》，北京：生活·读书·新知三联书店，1994 年。

许涤新（1977）：《解放初期工人阶级同资产阶级两条道路的斗争》，载《学习资料 1》，北京：石油化学工业部政治部宣传部，1977 年 7 月，第 20—21 页。

许卿卿（2000）：《华北财经办事处》，载《中共党史资料》第 75 辑，2000 年。

薛葆鼎（2002）：《为救国运动加一把力——记无锡“万方楼会议”》，载《爱国主义的丰碑：中国人民救国会纪念文集》，北京：群言出版社，2002 年。

杨波（1995）：《全国财经工作由分散走向统一 ——回忆建国前夕两次重要的财经会议》，载《杨波经济文集》（下卷），北京：中央文献出版社，2000 年，第 412 页。

杨君辰（1980）:《立此存照（四）：第一次全国高等教育会议》，载《人民教育》，1980年第9期，第61页。

杨立三（1948）:《一切为了前线的胜利》，载《杨立三文集》上卷，北京：金盾出版社，2004年。

姚惠泉（1985）:《我在上海孤岛从事的抗日救亡工作》，载《上海文史资料存稿汇编》第三卷，上海：上海古籍出版社，2001年。

叶进明、忻元锡（2011）:《新四军（皖南）总兵站始末》，载《上海人民支援新四军后勤工作的楷模——叶进明同志》，上海：学林出版社，2011年。

叶英（1987）:《随朱毅同志到党中央汇报大连军工生产》，载辽宁省国防科技工业办公室史志办编《辽宁军工史料选编第一辑（解放战争时期）》，沈阳：辽宁省国防科技工业办公室史志办，1987年，第79页。

易明善（1980）:《抗战时期郭沫若在武汉活动纪略：沫若自传〈洪波曲〉补遗》，载《武汉师范学院（哲学社会科学版）》，1980年第4期，第17—28页。

于岸青（2013）:《战争时期访问〈大众日报〉的三名外国记者》，载《青年记者》，2013年4月，第87—90页。

于光远（1978）:《成立全国经济学团体 开展经济研究工作》，载《思考与实践》，长沙：湖南人民出版社，1984年。

岳巍（1986）:《我国国民经济综合平衡统计工作的历史经验》，载《论统计分析和综合平衡》，1987年。

云峰（1997）:《江西抗战文化运动大事记（1937—1945年）》，载江西省文化厅革命文化史料征集工作委员会编《江西抗战文化史料汇编》，南昌：江西人民出版社，1997年。

詹若文（1987）:《少年好学歌燕市 白首穷经尚直言》，载《中国当代经济学家传略（二）》，沈阳：辽宁人民出版社，1987年。

张克明（1986）：《抗日战争时期国民党政府查禁书刊目录（二）（1938.3—1945.8）》，载《出版史料》第5辑，1986年。

张友仁（2014）：《薛暮桥的生平和学术》，载《西安财经学院学报》第27卷第3期，2014年5月。

张执一（1983）：《自述》，载《张执一文集》，北京：华文出版社，2006年。

章乃器（1936）：《上海文化界救国会对中宣部〈告国人书〉之辩正》，载章立凡选编（1995）：《章乃器文集》下卷，北京：华夏出版社，1995年。

章有义（1988）：《二十世纪二三十年代中国地权分配的再估计》，载《明清及近代农业史论集》，北京：中国农业出版社，1997年。

赵丹忱（1986）：《难忘的税收斗争——忆与石英同志相处的日子》，载《上海商业经济》，1986年第5期。

郑铁鹰（1991）：《在皖南军部"农村经济调查委员会"的岁月里》，载新四军历史丛刊社编《华中抗日斗争回忆》，上海：百家出版社，1991年。

植恒钦（1995）：《张锡昌为桂林抗战文化而忘我工作》，载魏华龄、刘寿保主编《桂林抗战文化研究文集（五）》，桂林：广西师范大学出版社，1997年。

周朝阳（1986）：《深入调查实际 潜心农业经济——姜君辰传略》，载《中国当代经济学家传略（一）》，沈阳：辽宁人民出版社，1986年。

朱微明（1983）：《回忆孙晓梅同志》，载《往事札记》，广州：广东人民出版社，2001年。

朱微明（1983）：《孙晓梅同志牺牲四十年祭》，载《华中抗日斗争回忆（第六辑）》，上海：上海市新四军暨华中抗日根据地历史研究会，1985年。

邹嘉骊（2005）:《韬奋年谱》，载《出版史料》2005 年第 1 期。

## 五、外文文章

Chen Han-seng, 1933, "Economic Disintegration in China," in Xin-Yu Li edited, Chen Han-seng's Writings 1919-1949, Beijing: The Commercial Press International Ltd., 1996, p.171; Chen Han-seng, The Present Agrarian Problem in China, Shanghai: China Institute of Pacific Relations, 1933, p. 29.

Edward Rohrrough. 1946. "Currency Battle in Communist-Held Areas during War Recounted", The China Weekly Review, vol. 101, no. 6, p.115.

Lin Chu-ching, 1932, "The Twenty-five Percent Reduction of Rent in Chekiang", Sin Tsan Tsao, Vol. II No.1 and 2, July 1932, Shanghai; translated as "The Kuomingtang Policy of Rent Reduction", printed in Agrarian China: Selected Souce Materials from Chinese Authors, compiled and translated by the Research Staff of the Secretariat, Institute of Pacific Relations, London: George Allen & Unwin, Ltd., 1939, pp.144—149.

The Observer, "Japanese Imperialism: Past, Present and Future", China Forum, March 15, 1932, p.1, 6; Xin-Yu Li, ed., Chen Han-seng's Writings 1919-1949, Beijing: The Commercial Press International Ltd, 1996, pp.115-126.

W. I., "Letter to the Editor", China Forum, June 18, 1932, p.3.

Yu Lin, 1937, "On the Revision of the Land Law", CHUNG-KUO NUNG-TS' UN, Vol. III, No.6, June 1937, Shanghai; translated as "The Latest Agrarian Policy of Kuomingtang", printed in Agrarian China: Selected Souce Materialss from Chinese Authors, Compiled and Translated by the Research Staff of the Secretariat, Institute of Pacific Relations, London: George Allen & Unwin, Ltd., 1939, pp.154-156.